莊子義證

莊子天下篇述義

上册

馬叙倫全集

許嘉璐 主編

李林 點校

浙江古籍出版社

圖書在版編目(CIP)數據

莊子義證　莊子天下篇述義／許嘉璐主編；李林點校. —杭州：浙江古籍出版社，2019.1（2023.9 重印）
（馬叙倫全集）
ISBN 978-7-5540-1415-8

Ⅰ.①莊… Ⅱ.①許… ②李… Ⅲ.①道家②《莊子》-研究 Ⅳ.①B223.55

中國版本圖書館 CIP 數據核字(2018)第 257023 號

莊子義證　莊子天下篇述義

許嘉璐　主編
李　林　點校

出版發行　浙江古籍出版社
（杭州市體育場路 347 號　郵編：310006）
網　　址　www.zjguji.com
責任編輯　陳小林
封面設計　劉　欣
責任校對　余　宏
責任印務　樓浩凱
照　　排　浙江時代出版服務有限公司
印　　刷　浙江新華印刷技術有限公司
開　　本　850mm×1168mm　1/32
印　　張　28.125　　　插　頁　4
字　　數　573 千字
版　　次　2019 年 1 月第 1 版
印　　次　2023 年 9 月第 2 次印刷
書　　號　ISBN 978-7-5540-1415-8
定　　價　168.00 圓（全二册）

馬叙倫先生像（攝于一九五五年）

馬叙倫先生像

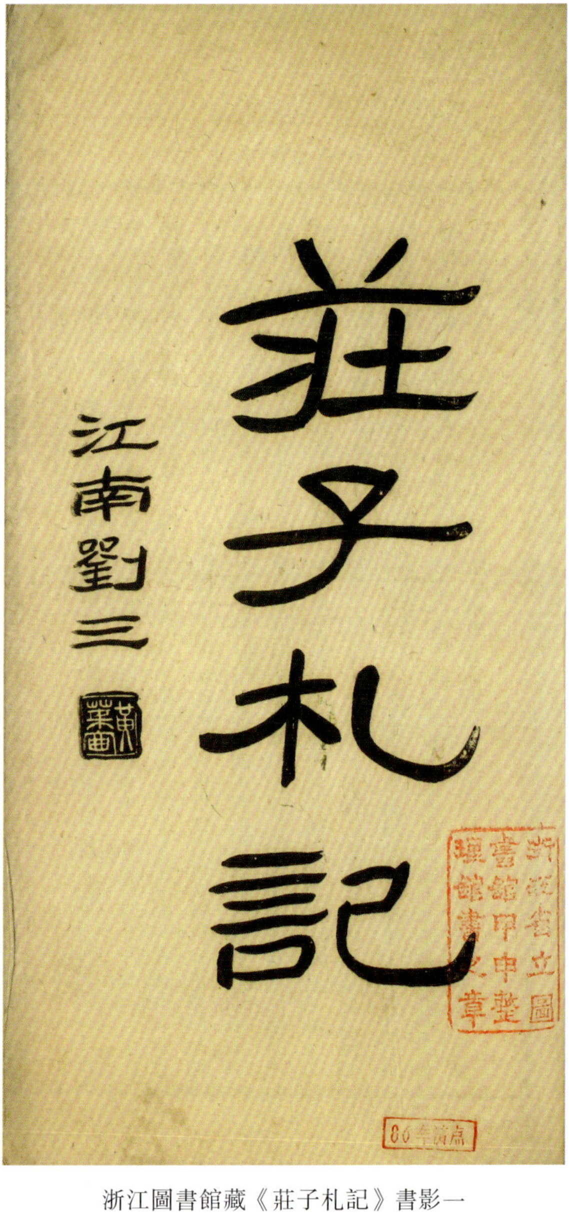

浙江圖書館藏《莊子札記》書影一

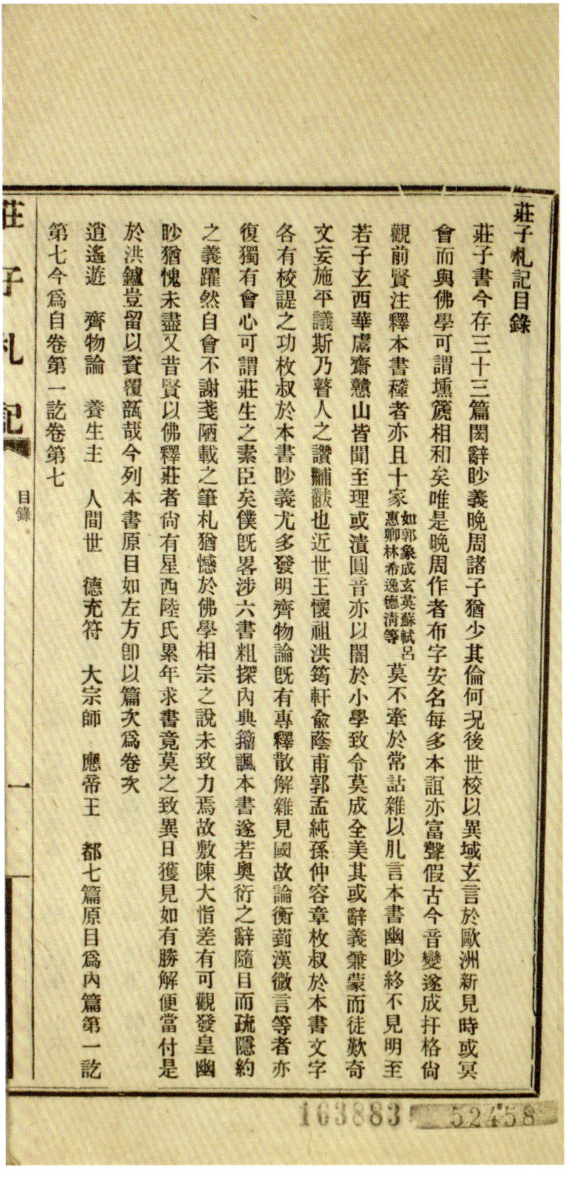

莊子札記目錄

莊子書今存三十三篇閎辭眇義晚周諸子猶少其倫何況後世校以異域玄言於歐洲新見時或冥會而與佛學可謂壎篪相和矣唯是晚周作者布字安名每多本誼亦富聲假古今音變遂成扞格尙觀前賢注釋本書稺者亦且十家（如郭象成玄英蘇軾呂惠卿林希逸德淸等）莫不牽於常詁雜以肊言本書幽眇終不見明至若子玄西華鬳齋憨山皆聞至理或遺圓音亦以闇於小學致令莫成全美其或辭義龐蒙而徒歎奇文妄施平議斯乃瞽人之讚黼黻也近世王懷祖洪筠軒兪蔭甫郭孟純孫仲容章枚叔於本書文字各有校諟之功枚叔於本書眇義尤多發明齊物論既有專釋散解雜見國故論衡菿漢微言等者亦復獨有會心可謂莊生之素臣矣僕既畧涉六書粗探內典緬諷本書遂若奧衍之辭隨目而疏隱約之義躍然自會不謝淺陋載之筆札猶憾於佛學相宗之說未致力焉故敷陳大恉差有可觀發皇幽眇猶愧未盡又昔賢以佛釋莊者尙有星西陸氏累年求書竟莫之致異日獲見如有勝解便當付是於洪鑪豈留以資覆瓿哉今列本書原目如左方卽以篇次爲卷次

逍遙遊　齊物論　養生主　人間世　德充符　大宗師　應帝王　都七篇原目爲內篇第一訖第七今爲自卷第一訖卷第七

浙江圖書館藏《莊子札記》書影二

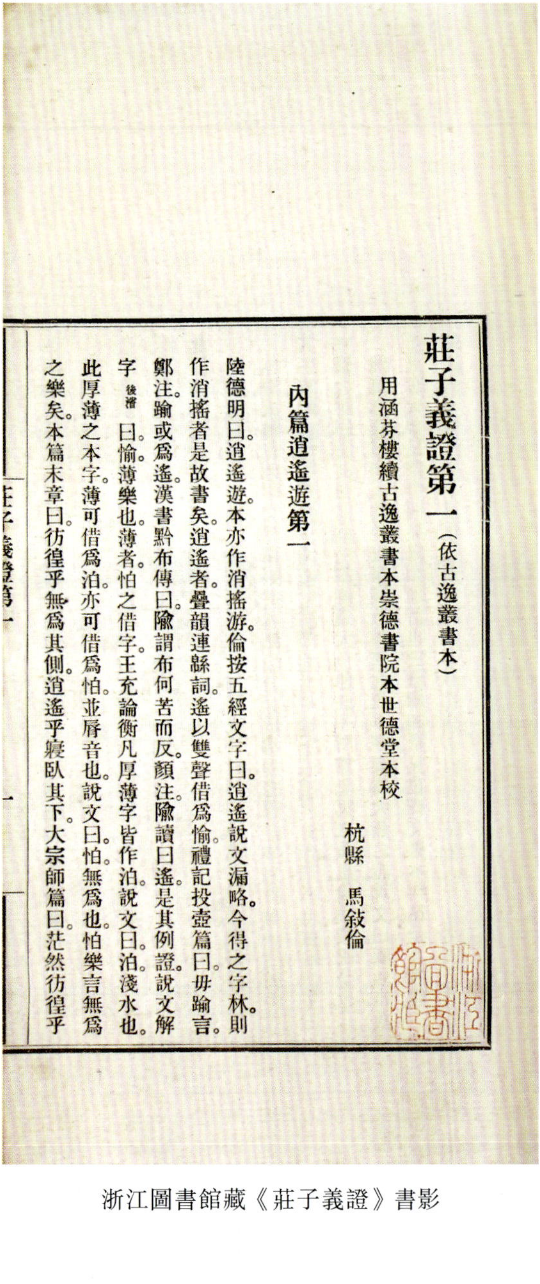

莊子義證第一（依古逸叢書本）

用涵芬樓續古逸叢書本崇德書院本世德堂本校

杭縣　馬敍倫

內篇逍遙遊第一

陸德明曰。逍遙遊。本亦作消搖游。倫按五經文字曰。逍遙說文漏略。今得之字林。則作消搖者是故書矣。逍遙者。疊韻連緜詞。遙以雙聲借爲愉。禮記投壺篇曰。毋踰言。鄭注。踰或爲遙。漢書黥布傳曰。隃謂布何苦而反。顔注。隃讀曰遙。是其例證。說文解字後審曰。愉。薄樂也。薄者。怕之借字。王充論衡凡厚薄字皆作泊。說文曰。泊。淺水也。此厚薄之本字。薄可借爲泊。亦可借爲怕。並脣音也。說文曰。怕。無爲也。怕樂言無爲之樂矣。本篇末章曰。彷徨乎無爲其側。逍遙乎寢臥其下。大宗師篇曰。芒然彷徨乎

莊子義證第一　一

浙江圖書館藏《莊子義證》書影

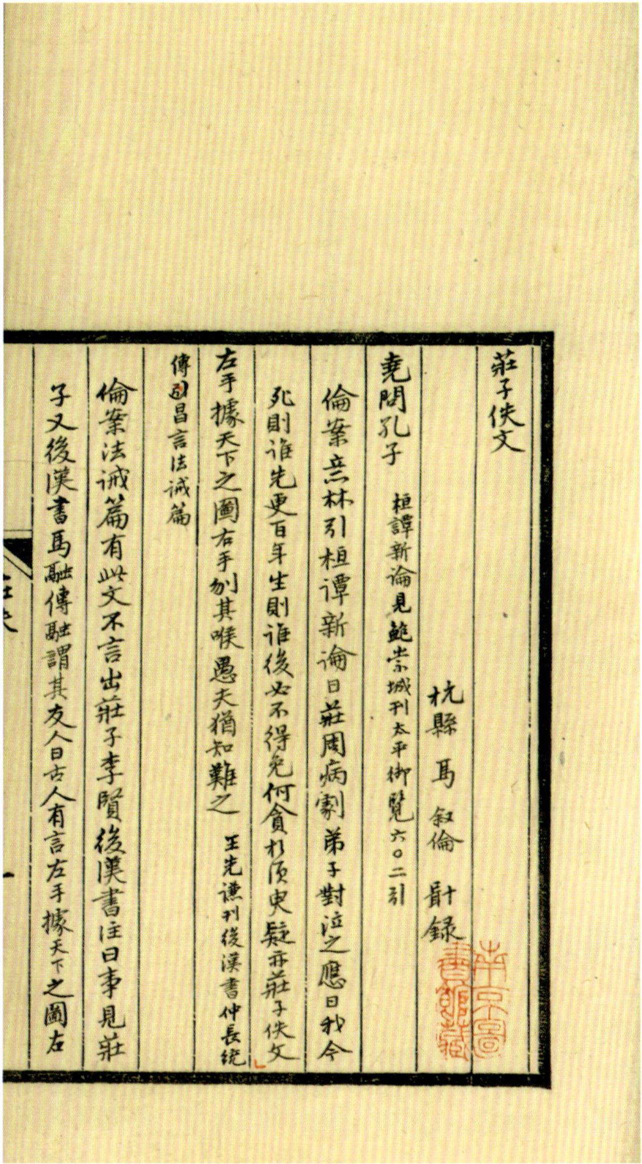
莊子佚文

杭縣 馬叙倫 斟録

堯問孔子 桓譚新論見鮑崇城刊太平御覽六〇二引

倫案意林引桓譚新論曰莊周病劇弟子對泣之應曰我今死則誰先更百年生則誰後必不得免何貪于須臾疑亦莊子佚文

左手據天下之圖右手刎其喉愚夫猶知難之 王先謙刊後漢書仲長統傳引昌言法誡篇

倫案法誡篇有此文不言出莊子李賢後漢書注曰事見莊子又後漢書馬融傳融謂其友人曰古人有言左手據天下之圖右

南京圖書館藏稿本《莊子佚文》書影

出版説明

《莊子義證》和《莊子天下篇述義》是馬叙倫研究《莊子》的重要成果。如《莊子義證》者，實積先生十數年之精力而成。而其間又另有一番掌故。一九一七年，馬叙倫在北京大學任教時，即已開講《莊子》，并在其後將當時講義經過修訂印成《莊子札記》。不過《莊子札記》的印行，卻引來一樁筆墨官司：傅斯年在《新潮》上刊文，指摘此書有抄襲胡適之處。後馬叙倫雖撰文反駁，但此事還是對他的心境造成不小影響，使其在研究《莊子》上，更趨於文字上的校勘與考訂。加之《莊子札記》中的校訂成果，也經過修訂收入《莊子義證》之中，因此這次整理《馬叙倫全集》，就不再收入《莊子札記》一書了。

《莊子義證》一書的特色，大抵有三：一是注重文字的校勘，馬氏在校訂《莊子》時，參照衆本進行取捨。二是在文字的釋義上，多引用《説文解字》，因馬氏精研《説文》及文字之學，所以他對文字的解釋也多獨特之處。三是馬氏在解釋《莊子》一書的義理時，多引佛典以爲參證。

《莊子義證》另附録《莊子年表》及作者輯録的《莊子佚文》，《莊子年表》後又附有《莊子宋人考》一文。這兩個附録一考莊子生平，一在今本《莊子》之外，遍覽群籍，輯出郭象注釋《莊子》時所删去的内容，對於莊子及其思想的研究頗爲有益。

《莊子・天下篇》是研究先秦諸子之學的重要材料，但因先秦子學材料的缺失，有些學派的思想較爲難懂。馬叙倫撰《莊子天下篇述義》，一一予以箋釋疏證，對於研究者當有助益。

本次整理《馬叙倫全集》，將《莊子義證》與《莊子天下篇述義》合刊。其中，《莊子義證》以《民國叢書》影印中華書局一九三〇年本爲底本整理。書末原有校補記一卷，本次整理時，直接將這些校勘成果改入正文，以便讀者閱讀。書中尚有其他明顯訛誤之處，也參考相關資料直接訂正。《民國叢書》影印時，曾有數頁順序錯置，此次直接乙正。《莊子天下篇述義》以一九五八年龍門聯合書局本爲底本進行整理。需要説明的是，《莊子年表》也曾附於《莊子天下篇述義》後，與《莊子義證》所附文字偶有差别，因《莊子天下篇述義》晚出，應是馬叙倫後期修改而成，所以在整理時，以《莊子天下篇述義》所附年表爲底本，《莊子義證》所附年表則删去不録。

《莊子》本身義理宏贍，馬氏注釋也頗爲宏富，整理者才疏學淺，定有不妥之處，敬請各位專家、讀者指正。

李　林

二〇一八年十二月十二日

目録

莊子義證

李林 點校

自序

莊周所箸書，《史記》本傳稱『十餘萬言』。又謂『作《漁父》《盜跖》《胠篋》以詆訾孔子之徒，以明老子之術。《畏累虚》《亢桑子》之屬，皆空語，無事實』。此司馬遷記其都數與其篇目大氏。至《漢書・藝文志》箸録五十二篇，陸德明謂即司馬彪、孟氏所注是也。然陸氏記司馬彪二十一卷，五十二篇，内篇七、外篇二十八、雜篇十四、解説三。今司馬本不可復見，余意并解説數爲五十二篇，或非莊生之舊文、《漢志》之陳篇也。陸氏又記崔譔注十卷二十七篇，内篇七、外篇二十。向秀注二十卷二十六篇，一作二十七篇、一作二十八篇，亦無雜篇。又曰：『内篇衆家並同，自餘或有外無雜。』然則向本外篇，或多於崔一篇，或少於崔一篇。司馬本獨多。今所傳者，即陸氏所記郭象注三十三篇，内篇七、外篇十五、雜篇十一。外篇獨少，而雜篇亦較司馬本爲少。陸引郭象曰：『一曲之才，妄竄奇説。若《閼奕》《意脩》之首、《危言》《游鳧》《子胥》之篇。凡諸巧雜，十分有三。』陸氏曰：『《漢書・藝文志》：《莊子》五十二篇。即司馬彪、孟氏所注是也，言多詭誕。或似《山海經》，或類占夢書。故注者以意去取。今《游鳧》《子胥》《閼奕》之文，尚略可考見。司馬本雖亡，其佚文之幸存者，亦頗略睹，並見《佚文輯録》。皆爲郭本所無。』又《史記》本傳索隱曰：

『按《莊子・畏累虛》，篇名也，即老聃弟子畏壘。』《北齊書・杜弼傳》曰：『弼嘗注《莊子・惠施篇》。』此亦莊書篇目之可考者，爲今郭本所無。《惠施篇》或即《天下篇》『惠施多方』以下，詳《天下篇》。然則五十二篇者，固不免有後人增足。如今郭本者，其所刊落亦衆矣。

余怪郭象以《鬬奕》《意脩》《危言》《游鳧》《子胥》之雜巧而去之。若《說劍》者，其義趣淺陋，若無涉於莊周之恉，辭亦與他篇不倫，必出於僞造無疑。即過而存之，則其所削者，寧無可比於是？而一不存，何邪？然象自《讓王》《盜跖》《漁父》三篇最括大恉，餘篇皆詳爲之注。獨《說劍》不置一辭。余疑郭本亦非故書。檢《盜跖篇》『孔子與柳下季爲友』章末，象注曰『此篇寄明因衆之所欲亡而亡之，雖王紂可去也。不因衆而獨用己，雖盜跖不可御也』，與《漁父篇》於末注曰『此篇言無江海而言閒者』云云同例。則郭本《盜跖篇》固僅一章。其後『子張無足』兩章，蓋爲別一篇之辭。又《讓王篇》末，《音義》引唐云：『或曰：《讓王》之篇，其章多重生。而務光二三子自投於水，何也？』唐不知何人，蓋有疑於是篇先後辭恉之異。余檢是篇，自『故許由娱乎潁陽而共伯得乎共首』以上，惟『孔子窮於陳蔡』章，義亦不倫。餘皆重生之說，而郭氏都無所注。《田子方》篇末，《音義》曰：『俗本此後有「孔子窮於陳蔡」及「孔子謂顏回」二章，與《讓王篇》同。衆家並於《讓王篇》音之。』檢此二章無郭注，似各重出，古本皆無。謂無者是也。依陸說，則郭本自有錯亂。又陸謂俗本《田子方》篇末『孔子窮於陳蔡』及『孔子謂顏回』二章無郭注，則《讓王篇》宜有之。又檢《路史·發揮》曰：『向秀、郭象援古之説，以爲共和者，周王之孫也。懷道抱德，食封於共。厲王之難，諸侯立之。宣王立，乃廢之。立之不喜，廢之不怒。』則宋人所見郭本《讓王篇》『共伯得乎共首』句下有象注。其言及向秀，而曰『援古之説』者，蓋象注如『湯將伐桀』章注，不自爲説，而引舊説。以郭注有竊自向秀之説，遂及於秀耳。然則《讓王篇》郭注之奪失者多矣。以此推之，《盗跖篇》之『子張無足』兩章，本爲别篇之辭，亡其篇首，傳寫遂綴於《盗跖》之末。既佚一篇，乃就司馬本取《説劍》以補其亡。《説劍》，《音義》僅引司馬本，則衆家蓋無也。是又象削之而後人復留之者也。《音義》無説，其來久矣。

古書多僞。僞書多託於周秦，若《鬻子》《列子》《鄧析》《尹文》之類，是其諭也。莊書之爲後人附益者，郭象已删除之。則今所存三十三篇中，自《説劍》而餘，固郭象之所不疑也。蘇軾始以《寓言篇》舍人與楊子争席、《列御寇篇》列子食於十漿而五漿先饋，辭義若爲一章，因謂《讓王》《盗跖》《説劍》《漁父》爲後人羼入。夫今郭本篇章次弟之非舊觀固然，如《盗跖》《漁父》者，其名見於《史記》本傳，則豈失其故篇而好事者補之邪？不然，司馬遷去周之世僅百餘年，即出僞作，亦秦漢之際所爲。夫古人書不必皆己作。莊書如《山木》《寓言》諸篇之有弟子所記，固焯然也。其弟子所記，或其私淑者所爲，不違其旨，而附益於其書，苟在成帝求書以前已然者，蓋未可以其書已亡而後人僞作以代之如《鬻子》《列子》《鄧析》《尹文》者視之也。且莊書果孰出於莊子所親譔，無諭也。司馬遷稱其書十餘萬言。今三十三篇者，固不及此數。而前人乃謂《駢拇》《馬蹄》《胠篋》《繕性》《刻意》《盜跖》《讓王》《説劍》《漁父》皆僞作，是將去其三之一也。余以爲摘其僞，必有所譣。苟無事據可依，而以意必之辭，未可信也。余以爲如《説劍》者，其義既無取，辭又不倫，其用字復無足疏釋者，以比《駢拇》《馬蹄》《盜跖》且不類，雖司馬本已有之，或非《漢志》之陳篇也。自餘惟《讓王》有綴緝之迹，然以其用字觀之，尚與全書相稱。今本既非《漢志》之舊，未易必其出於司馬遷以後人所爲。

《齊物論》，《音義》引崔譔曰：『《齊物》七章，此連上章，而班固説在外篇。』則漢後諸家注本，不徒篇有去取，章次亦復更迻。陸氏謂崔、向無雜篇。然余以《音義》所引崔、向音説覈之，今郭本《雜篇·庚桑楚篇》『偏得老聃之道，以北居畏壘之山』，《音義》曰：『偏，向：音篇。畏，向：於鬼反。壘，崔本作纍。向：良裴反。』《徐無鬼篇》『掔好惡』，《音義》曰：『掔，崔云：「引去也。」』『從説之則以金版六弢』，《音義》曰：『崔云：《金版六弢》，皆《周書》篇名。』『譬之猶一覝也』，《音義》曰：『覝，向：芳舌反。』『至鄧之虚』，《音義》曰：『鄧，向云：邑名。』《則陽篇》『門尹登恒』，《音義》曰：『向云：門尹，官名。登恒，人名。』《外物篇》『側足而墊之』，《音義》曰：『墊，崔云：下也。』《盜跖篇》『堯殺長子』，《音義》曰：『崔云：堯殺長子考監明。』《列御寇篇》『呻吟裘氏之地』，《音義》曰：『崔云：呻，誦也。之地，崔本作之地蛇。』《天下篇》『薰然慈仁』，《音義》曰：『崔云：以仁慈爲馨聞也。』

『以巨子爲聖人』，《音義》曰：『巨子，向、崔作鉅子。』是獨《寓言》《讓王》《説劍》《漁父》四篇，崔、向本無之。抑或有之，而《音義》無所取。然則陸氏所謂崔、向無雜篇者何邪？且陸所列記，自崔譔以下，注莊書者僅七家，惟王叔之《義疏》三卷，當是最括以明義。然陸又曰：『亦作注。』今檢《音義》引王説，見於今之雜篇者獨多，《庚桑楚》《徐無鬼》《則陽》《寓言》《讓王》《列御寇》《天下》七篇皆有。豈皆出於《義疏》邪？不然，是王有雜篇也。李頤《集解》三十卷，三十篇，一作三十五篇。今《音義》引李説，獨《繕性》《説劍》二篇無之。孟氏注十八卷，五十二篇，《音義》無所引。然五十二篇之數，與司馬本同，意必有雜篇者。然則陸氏所謂『内篇衆家並同，自餘或有外而無雜』者，竟不諭也。余是以知衆家無雜者，徒分内外，不列雜名耳。非郭本所謂雜篇者，諸家皆無之也。由此以言，篇既分合不同，章亦失其舊次，安知郭不以其所見而有易迻？余觀《在宥篇》『至世俗之人皆喜人之同乎己』以下，義與前文不類。他篇亦往往有之。意郭氏未必即就《閼奕》《意脩》《危言》《游鳧》《子胥》之篇而盡去之，或有於諸篇之中，剌取其意，以爲較馴者，而附之今存各篇之中。惜今衆本共亡，不可復覈。

陸氏記郭注三十三卷，三十三篇。今所傳郭本篇數如故，爲卷者十，則與陸記異矣。此由琱板與寫紙殊也。唐以前寫本莊書《山木篇》殘卷，上虞羅氏影印《古佚殘叢》中。每章各自起訖。證以《盜跖》《漁父》《讓王》郭注之例，及《天地篇》音義曰：『此兩夫子曰，元嘉本皆爲别章，崔本亦爾。』是郭本亦然。是固古法也。今皆章相連續，無復别自起訖，已非郭氏舊觀。至錯簡奪簡、譌奪字句，有爲郭本已然，有自郭氏後始然者。陸氏未爲覈正，並詳當篇。陸氏據郭本爲《音義》，然如《大宗師篇》『不以心捐道』，《音義》曰：『捐，郭作揖。』《則陽篇》『魏瑩與田侯牟約』，《音義》曰：『瑩，郭作罃。』『所搏弊而扶翼』，《音義》曰：『弊，郭作幣。』詳陸氏所引郭氏異本，如元嘉本其最焯也。其或稱一本者，亦郭氏異本。此言郭，則所據者非郭，所不能詳也。今世所行世德堂刊郭本，其奪譌視諸本爲最。晚近遵義黎氏覆宋刊成玄英疏本，亦載郭注。然余疑成疏雖據郭本，本亦自行，今乃取别一郭本而附以成疏。此詳檢疏注而可知者。湘鄉郭氏所刊《集釋》本，蓋據黎本，顧亦時與黎本異。余治莊書，苦無所從，乃欲爲之讎勘。以近日涵芬樓《續古逸叢書》影印宋本，雖面目無差，病其合兩殘本而一之。又涵芬樓有所謂趙諫議宅本者，未得窺其原書。讀孫氏毓修所爲校記，則差佳於世德堂本。不得已而取黎本爲主，以涵芬樓影宋本、世德堂本及明刊崇德書院本及陳景元《莊子闕誤》所記各本異文，兼取《北堂書鈔》《藝文類聚》《初學記》《白孔六帖》《太平御覽》《文選注》《後漢書注》覈之。宋以前人所箸書中稱引者，偶有所見，亦並及之。雖於大體無益損，奇文零字，借以覈正者致多。掃葉之譏，固不能免。恉在證明意誼，遂不辭於疏漏。

莊子書辭趣華深，度越晚周諸子，學者喜讀之。然其用字多以音類比方假借爲之，復有字之本義世久不用，而猶存於莊書。學者多不明文字本義，又昧古今音讀變遷之迹，是以注釋此書者，無慮百家，率皆望文生訓。奇談秒論，雖足解頤，顧使莊周復生，當復大笑。夫所貴爲古書注釋者，乃欲使今人讀古書，如與古人晤言一室之内，得一譯人耳。苟人爲一解，家張一説，使聽者何所從？爾者海外學人，亦相尋繹。苟使游辭謬説，誤彼見聞，斯亦國之恥也。近代如王念孫、洪頤煊、孫詒讓、章炳麟、劉師培及俞先生樾，皆於此書有校詑疏證之功，惜其未嘗有事全書。郭慶藩者，乃爲《集釋》，其意甚美。顧僅拾王、俞之説，閒附其所見，徒侈徵援，不應所需。余末學膚受，妄欲發憤，使此書離離如日星，遂爲《義證》。篇次悉如陸氏所記郭本之數，所見前人及並世師友詮釋愜當者，皆爲收録。其所不知，闕如也。作始於建國七年，至今年而畢。《記》曰：『學然後知不足。』余事此書，一字不得其當，欲廢寢饋。然十有二三，猶未致塙。吾生未涯，俟之來日。中華民國十七年六月，杭縣馬叙倫。

莊子義證目録

莊子義證弟一　内篇逍遥遊弟一

陸德明曰：『逍遥遊，本亦作消摇游。』倫按：《五經文字》曰：逍遥，《説文》漏略，今得之《字林》。則作消摇者是故書矣。『逍遥』者，疊韻連緜詞，『遥』以雙聲借爲『愉』。《禮記·投壺篇》曰：『毋踰言。』鄭注：『踰或爲遥。』《漢書·黥布傳》曰：『喻謂布何苦而反。』顔注：『喻讀曰遥。』是其例證。《説文解字》後湝曰：『愉，薄樂也。』『薄』者，『怕』之借字。王充《論衡》凡厚薄字皆作泊。《説文》曰：『泊，淺水也。』此厚薄之本字。薄可借爲泊，亦可借爲怕，並脣音也。《説文》曰：『怕，無爲也。』怕樂，言無爲之樂矣。本篇末章曰：『彷徨乎無爲其側，逍遥乎寢臥其下。』《大宗師篇》曰：『芒然彷徨乎塵垢之外，逍遥乎無爲之業。』即明示此義矣。《天道篇》曰：『無爲則俞俞。』俞即愉之省，亦足相證。後文逍遥字同此。游字《説文》不收。游者，《説文》曰：『旌旗之流。遌，古文游。』然古文不從㫃，無旌旗之義。當是汓之或體。古文經傳借此爲游耳。《説文》曰：『汓，浮行水上也。』此行遊之本字，作游者借字。作遊者蓋游之别體，亦借字。後文游遊字同此。

北冥有魚，涵芬樓景元刊本《玉篇》引『冥』作『溟』。

陸德明曰：『冥，本亦作溟。』倫按：成玄英疏曰：『溟，猶海也。』是成本『冥』作『溟』。冥溟並借爲瀛，支耕對轉相通。《説文》曰：『瀛，渤瀛，海之別也。』『海，天池也。』此下文曰：『南冥者，天池也。』是冥借爲瀛之證。

其名爲鯤。 藴石齋本《初學記》一、胡克家覆宋本《文選》謝靈運《遊赤石進帆海》詩注引『爲』作『曰』。

錢大昕曰：『《詩》「其魚魴鰥」，毛訓鰥爲大魚，即《莊子》所謂北冥之魚也。』倫按：錢説是也。《孔叢·抗志篇》曰：『衛人釣於河，得鰥魚焉，其大盈車。』亦鰥爲大魚之證。《説文》曰：『鰥，魚也。』『魚』上奪『大』字。昆衆音同見紐，相通借也。《爾雅·釋親》『翼，兄也。』《釋文》：『翼，本作昆。』是其例證。

鯤之大，不知其幾千里也。化而爲鳥，

倫按：《説文》曰：『匕，變也。』變化字當作匕，化借字。後文變化字同此。

其名爲鵬。 《初學記》一、《文選》江淹《古別離詩》注、鮑崇城刊本《太平御覽》九引『爲』作『曰』。

陸德明曰：《説文》云：朋及鵬皆古文鳳字也。

鵬之背，不知其幾千里也。怒而飛，

王筠曰：『努字不見《説文》，古者以弩字代之。』然疑當作怒。《呂氏春秋·至忠篇》『非怒王』，高誘注：『怒讀如强弩之弩，莊子怒而飛即此音。』倫按：《方言》曰：『南楚之外謂勉曰薄努。』莊子宋人，宋楚鄰，故亦用楚語。

其翼若垂天之雲。

倫按：垂借爲遮，並舌音也。《説文》曰：『遮，遏也。』

是鳥也。海運，則將徙於南冥。《文選》謝靈運《游赤石詩》注引『徙』作『圖』。**南冥者，天池也。齊諧者，**

陸德明曰：『齊諧，司馬、崔並云人姓名。簡文云書。』俞樾曰：『按下文諧之言曰，則當是人姓名。』倫按：『齊諧』，《列子·湯問篇》作『夷堅』。夷齊聲同脂類，諧堅脂真對轉，通用。

志怪者也。

倫按：志借爲記，聲同之類。《周禮·外史》『掌四方之志』，鄭注：『志，記也。』是其例證。《説文》曰：『記，疏也。』後隨文義別之。

諧之言曰：鵬之徙於南冥也，水擊三千里，

倫按：擊借爲激，音同見紐。《漢書·賈誼傳》『遥增擊』，《文選·鵩鳥賦》『擊』作『激』，是其例證。《説文》曰：『激，水礙衺疾波也。』

搏扶摇而上者九萬里。世德堂本、陸子玄刊本《藝文類聚》九七、明刊本《白孔六帖》二、《文選》江淹《古別離詩》注引『搏』作『摶』。

陸德明曰：『搏，一本作搏。』今本作『一音搏』，依盧文弨説。章炳麟曰：字當作搏。《考工記注》：『搏之言拍也。』作搏者形譌。倫按：搏借爲拍，與薄借爲泊同例。《説文》曰：『拍，拊也。』後文『搏扶摇』同此。扶摇者，飈之緩言。《説文》曰：『飈，扶摇風也。』

去以六月息者也。

倫按：息借爲愒，聲同脂類。愒者，休息之本字，今亦作憩。《詩·甘棠》『召伯所憩』，《釋文》：『憩，本又作揭。』是其例證。《素問·生氣通天論》『煩則喘喝』，喘喝謂喘息也，《説文》曰『喘也』。是《素問》借喝爲息，此則借息爲喝。故《説文》曰：『愒，息也。』後隨文義别之。

野馬也，

錢坫曰：《莊子》『野馬』，字當作壄。《説文》曰：『壄，塵也。』

塵埃也，生物之以息相吹也。《類聚》六引『吹』下有『者』字。

陸德明曰：『吹，崔本作炊。』倫按：息借爲眉，並從自聲。詳拙著《説文解字六書疏證》。《説文》曰：『眉，臥息也。』氣息字當作眉，後同此。炊從火，吹省聲。故通用。

天之蒼蒼，其正色邪。其遠而無所至極邪。本書『無』字原作『无』，亦有作『無』者，今依各本作『無』。《六帖》一、《御覽》二引『其遠』上有『以』字。《六帖》『極邪』作『極也』。

倫按：極借爲濶，音同谿紐。古書無極字，訓無窮無盡者，皆當爲濶。《説文》曰：

『渴，盡也。』後同此。

其視下也，亦若是。則已矣。 陳景元《莊子闕誤》引文如海本『則』作『而』。楊慎《莊子闕誤》本陳氏，而楊謂文本作『則』。**且夫水之積也不厚，則其負大舟也無力。** 涵芬樓本、崇文書院本、世本無『其』字。

倫按：負借爲保，同脣音也。《説文》曰：『保，養也。』此勹字義，保當訓負子也。況麟祥謂保象人負子，是也。保從人從𤓽。𤓽即緥之初文，負兒衣也。叔向父敦『保』字作[illegible]。吴大澂謂『從人負子，丿象保衣之形』，是也。『保』即『負戴』之『負』本字。《論語》『襁負其子而至矣』，襁負即襁緥。是其例證。後文負戴字同此。

覆杯水於坳堂之上，

陸德明曰：『杯，崔本作盃。』倫按：杯爲桮省。崔作盃者，如槃籀文作盤耳。坳字，《説文》不收，蓋當爲『奥』。坳從土幼聲，幼奥影紐雙聲，故得通借。《説文》曰：『奥，宛也，室之西南隅。』

則芥爲之舟。

朱駿聲曰：芥借爲丯。劉秀生曰：《説文》：『夰，從大介聲。讀若蓋。』《爾雅·釋言》：『蓋，舍人本作害。』《説文》：『害，從宀、口，丯聲。』此芥、丯聲通之證。倫按：芥丯音同見紐。《説文》曰：『丯，艸蔡也。讀若介。』《春秋·哀元年左傳》曰『以民爲土芥』，

《孟子・離婁篇》『君之視臣如芥』，並借芥爲丯之證。

置杯焉則膠，

倫按：焉，猶於是也。説詳王引之《經傳釋詞》。後隨文讀之。

水淺而舟大也。風之積也不厚，則其負大翼也無力。故九萬里，則風斯在下矣。而後乃今培風背，負青天，而莫之夭閼者。

陸德明曰：『培，本或作陪。風絶句。一讀以背字屬上句。』奚侗曰：『《釋文》謂一讀以背字屬上句。是也。』倫按：乃讀爲忍，泥紐雙聲。《説文》曰：『忍，能也。』忍即賢能、才能之能本字。《墨子・節葬篇》曰：『冬不仞寒，夏不仞暑。』即《漢書・鼂錯傳》之『能寒能暑』也。是其例證。『培』借爲『保』，並脣音也。今通借背字或負字。本書《養生主篇》曰『是遁天倍情』，《音義》曰：『倍，本又作背。』《漢書・東方朔傳》曰『倍陽宣曲尤幸』，顔注：『倍陽即萯陽也。』《呂氏春秋・孟夏紀》曰『王菩生』，《夏小正》《月令》並作『王萯生』。是音、負、背三音相通之證。『保風背』，言鵬負於風之背也。『保青天』，言鵬背青天也。『夭閼』，影紐雙聲連緜詞。《説文》曰：『閼，遮擁也。』

而後乃今將圖南。

劉師培曰：上文兩言徙南冥，此蒙彼言，圖疑徙譌。《古文尚書》『圖』作『図』，或省作『𡈼』，與『𧺆』形近。『𧺆』譌爲『𡈼』，因易爲『圖』矣。倫按：上文『則將徙於南冥』，

《文選》謝靈運《游赤石詩》注引『徙』字作『圖』，可爲劉説之證。

蜩與鷽鳩笑之，崇本『鷽』作『鶯』，涵本、世本作『學』。

陸德明曰：『學本作鷽，本或作鸒。崔云：學讀爲滑，一名滑鳩。司馬云：學鳩，小鳩也。李云：鶻鵰也。《毛詩艸木疏》云：鶻鳩，班鳩也。』王懋竑曰：『以下二蟲言之，當作學。若作鷽，亦爲鷽鳩，非別一小鳥也。鸒乃刻譌，字書無鸒字。』俞樾曰：『《釋文》：「學本或作鷽。」據《文選》江文通《雜體詩》「鷽斯高下飛」，李善注即以莊子此文説之。又引司馬云：「鸒鳩，小鳩。」毛萇《詩傳》：「鸒斯，鵯居，鵶烏也，音豫。」然則李氏所據本固作鸒，不作學也。今《釋文》引司馬云「學鳩，小鳥」，經後人改亂矣。』倫按：下文曰『之二蟲又何知』，俞先生謂蜩與學鳩也，則學鳩不得爲二物。此文陸本作『學』，崔讀爲滑，最是。學鳩即鶻鵰，亦即鶻鵃。鶻鵃即鵰鳩。《説文》曰：『鵰鳩，鶻鵃也。』鵰、鶻音同見紐，鵃、鳩聲同幽類，故得通借。學、滑音同匣紐，而滑、鶻並從骨聲。故莊子借學爲鶻。崔讀爲滑，陸引司馬云『學鳩，小鳩』，是陸所見司馬本作『學』。《選》注所據司馬本作鸒者，蓋後人以別本改之，或傳寫致誤。本作鷽者，由讀者不解學字妄改。從鳥作鷽者，形近而誤。作鸒者，讀者以無鸒字妄改，亦或由形近而誤。《漢書・埶文志》：『禮古經者，出於魯淹中及孔氏學七十篇文相似。』劉敞謂學當作與，此學與交譌之證。

曰：我決起而飛，

倫按：決借爲趹。《説文》曰：『趹，馬行貌。』唐寫本《切韻》曰：『赽，馬疾行也。』是『趹』『赽』一字。《説文》『馬』下『行』上當奪『疾』字。《廣雅》曰：『趹，奔也。』亦可爲證。

槍榆枋，涵本、崇本『槍』作『搶』。《闕誤》引文如海本、江南古藏本『枋』下有『而止』二字。

王闓運曰：『枋當爲枌。』倫按：《音義》出搶字，是陸本槍作搶也。槍借爲党，聲同陽類。《説文》曰：『槍，歫也。』然槍從木倉聲，無歫義。蓋槍之本義亡而以党字之義訓之也。文本多『而止』二字者，由淺人不明『槍』字之義而妄增。『枋』字王説是，形近而譌。

時則不至而控於地而已矣。

俞樾曰：『王氏引之《經傳釋詞》曰：「則猶或也。」引《史記·陳丞相世家》「則恐後悔」爲證。此文「則」字亦當訓「或」。』

奚以之九萬里而南爲？《御覽》九四四引『而』下有『圖』字。

俞樾曰：『而下當有圖字。上文「而」後乃「今將圖南」，此即承上文而言也。《文選》江淹《雜體詩》李注引此正有「圖」字。』劉秀生曰：『奚借爲曷，匣紐雙聲。《説文》曰：「曷，何也。」』倫按：『爲』借爲『乎』，同喉音也。古書乎于通用。《儀禮·聘禮》記曰：『賄在聘于賄。』注：于讀曰爲。可爲例證。後隨文别之。

適莽蒼者，

倫按：『莽蒼』疑爲『壙』字，緩言之也。《孟子·離婁篇》曰『獸之走壙』，趙注以壙野釋之。《説文》曰：『壙，塹穴也。一曰大野。』倫謂大野是本義。塹穴者，坑字義。坑，《説文》作阬。今《説文》『阬』下曰：『門也，又閬字義。』由《説文》奪『閬』字，其義誤以訓阬。阬壙聲同陽類，又以阬義訓壙，而壙之本義轉爲别義。

三湌而反，涵本『湌』作『湌』，崇本作『飡』。《六帖》三四引作『餐』。

倫按：湌當從水邊食。《説文》『餐』之重文作『湌』。俞先生樾據《詩·伐檀》正義引《説文》『湌，水澆飯也。從夕食』，謂湌當爲飧重文。倫謂湌疑是饡之重文。《説文》曰：『饡，以羹澆飯也。』『飧』次『饡』下，《詩·伐檀》正義引《説文》：『飧，水澆飯也。從夕食。』《釋文》引《字林》曰：『飧，水澆飯也。』則《説文》或有傳寫失『饡』字者，以『饡』下之訓及其重文誤入『飧』下，復奪『飧』字之訓矣。《爾雅·釋言》《釋文》引《説文》：『飧，餔也。』《字林》云：『水澆飯也。本又作餐。』此又因『飧』『餐』形近而譌，傳寫復迻『湌』於『餐』字下矣。此當作餐。《説文》曰：『餐，吞也。』『餐』『飧』形近，故或作『飧』。《音義》出『湌』字，是陸本『湌』作『湌』也。反爲返省，後文還反字同此。

腹猶果然。《闕誤》引文如海本『果』作『顆』。

倫按：果爲夥省。《方言》曰：『大物盛多，齊宋之郊、楚衛之際曰「夥」。』莊子宋人，此宋語。』

適百里者，宿舂糧。世本『舂』作『春』。**適千里者，三月聚糧。之二蟲又何知。**《闕誤》引文如海本『之』上有『彼』字。

劉秀生曰：『何借爲曷，匣紐雙聲。』倫按：《詩·桃夭》『之子于歸』，《爾雅·釋言》曰：『之子，是子也。』此之字亦讀爲是，不得上有彼字，乃淺人妄加。

小知不及大知，

陸德明曰：『知，本亦作智。』倫按：知爲智省，後隨文讀之。

小年不及大年，奚以知其然也？朝菌不知晦朔，

王引之曰：『《淮南·道應訓》引此，「朝菌」作「朝秀」。今本作「朝菌」，乃後人據《莊子》改之。《文選·辯命論》注及《太平御覽·蟲豸部》引《淮南》並作「朝秀」。高注曰：「朝秀，朝生莫死之蟲也，生水上，狀似蠶蛾，一名孳母。」據此，則朝秀與蟪蛄皆蟲名也。』郭慶藩曰：『王引之説是也。《廣雅》正作朝蜏，以其爲蟲，故字從蟲耳。』倫按：王據《淮南》證朝菌非芝，是也。然高注謂朝生莫死之蟲，與本文不知晦朔之義不合。桂馥曰：『萊州秋稼生雜色蟲，長寸許，首皆向上，時在六月望後。老農云：「此蟲壽盡月杪，不能踰朔。」余於晦之前二日往視，首皆向下。閱日再往，不見一蟲矣。』倫謂如桂所説，是朝秀也。

蟪蛄不知春秋，

陸德明曰：『惠，本作蟪。』盧文弨曰：『蟪係《説文》新附字。』倫按：《方言》曰：『蛥蚗，楚謂之蟪蛄。』蛥蚗，《説文》作『蛚蚗』，蛁蟟也。

此小年也。楚之南有冥靈者，《御覽》二四引『楚』作『荆』。

陸德明曰：『冥，本或作榠。』劉秀生曰：『《説文》：樠，松心木。』馬融《廣成頌》：『陵喬松，履修樠。』《漢書·西域傳》：『烏孫國山多松樠。』小顔曰：樠，木名，其心似松。《禹貢》『杶幹栝柏』，栝即柏葉松身之檜。《尚書》以杶、栝並言，此以杶與冥靈並舉，疑『冥靈』即『樠』之緩言。

以五百歲爲春，五百歲爲秋；上古有大椿者，

倫按：椿，《説文》作杶，或作櫄。郭璞《山海經注》曰：『櫄似樗，材中車轅。』

以八千歲爲春，八千歲爲秋。《闕誤》引成玄英本此下有『此大年也』一句。

倫按：陳景元謂成玄英本此下有『此大年也』一句，今成玄英本無此句。

而彭祖乃今以久特聞，

陸德明曰：『特聞，崔本作待問。』孔廣森曰：『彭祖者，彭姓之祖也。彭姓諸國，大彭、豕韋、諸稽。大彭歷事虞夏，於商爲伯，武丁之世滅之。故曰「彭祖八百歲」。謂彭國八百年而亡，非實籛不死也。』嚴可均曰：『《鄭語》：「史伯曰：祝融之後八姓，大彭、豕韋爲商伯。彭姓彭祖、豕韋、諸稽，商滅之。」韋昭曰：「大彭，陸終弟三子曰籛，爲彭姓，封於大彭，謂之彭祖。」又曰：「彭祖，大彭也。」《史記·楚世家》，陸終生子六，三曰彭祖。《集解》引虞翻曰：「名翦，爲彭姓，封於大彭，謂之彭祖。」《索隱》引《世本》曰：「三曰籛，是爲彭祖。」《周書·嘗麥解》曰：「皇天哀禹，賜以彭壽，思正夏略。」《竹書紀年》：「帝啓十五年，武觀以西河叛，彭伯壽率師征西河，合而斷之。知彭祖國名，即大彭。夏商爲方伯，古五霸之一。唐虞封國，傳數十世，百歲而滅於商。此其事實也。彭祖八百，猶言夏四百、商六百、周八百矣。」倫按：孔、嚴之説是也。本書《大宗師篇》曰：「彭祖得之，上及有虞，下及五霸。」尋《史記·楚世家》曰：「帝嚳誅重黎，而以其弟吳回爲重黎。吳回生陸終。陸終生子六人，三曰彭祖。」《大戴禮·五帝德篇》曰：「堯舉彭祖而任之。」然則彭祖生當唐堯之世。《周書·嘗麥解》及《紀年》之彭壽，蓋即一人。《世本》注謂彭祖姓籛名鏗者誤。籛、鏗實皆壽之借字。由壽音定紐。鏗字《説文》不收，蓋從金臤聲，臤從臤聲，臤從臣聲，臣音亦定紐也。今並屬禪紐。故彭壽或作彭鏗，真元聲類相近。故彭鏗又或作彭籛。《史記·楚世家》索隱引《世本》曰：「三曰籛，是爲彭祖。」可證籛非彭祖姓也。籛翦音同精紐，故又或作彭翦。《史記·楚世家》集解引虞翻曰「名翦」是也。不悟聲類通借之由，遂誤以籛爲彭祖姓矣。彭祖者，以始受封於彭言之也。《鄭語》曰：「大彭、豕韋爲商伯矣。」《楚世家》曰：「彭祖，殷之時嘗爲侯伯。」

伯言爲諸侯長，故《白虎通德論》以大彭氏爲五霸之一，則莊子所謂『上及有虞，下及五伯』者蓋以此。然依此文，似《莊子》亦誤信彭壽有七八百歲之久。蓋俗有此説，莊子從而言之。《荀子》亦然。久借爲壽，之幽聲類相通也。《説文》曰：『壽，久也。』古書言長久新舊者，壽其本字也。後文隨義別之。待、特皆穉之借字。《説文》曰：『穉，特止也。』特止猶獨足。《論語》『如有所立卓爾』，本書《大宗師篇》『而況其卓乎』，即穉之省。本書《養生主篇》『天之生是使獨也』，亦穉之借。由特、獨定紐雙聲，獨、卓並屬舌音，故通借耳。後文特、獨字同此。聞、問形聲並近，作聞字是。

衆人匹之，

倫按：匹借爲比，並脣音也。

不亦悲乎。湯之問棘也是已：

郭慶藩曰：『《列子·湯問篇》：「殷湯問於夏革。」張注：「夏革即夏棘。」革、棘古字通用。《論語》棘子成，《漢書·古今人表》作革子成。《詩》「匪棘其欲」，《禮·坊記》引作「匪革其猶」。皆可證。』倫按：唐僧神清《北山録》曰：『湯問革曰：「上下四方有極乎？」革曰：「無極之外，復無極也。」』僧慧寶注曰：『語在《莊子》，與《列子》小異。』似慧寶所見莊本有湯革問答語，今失。然諭今載於《列子》者，義與此篇不類，疑僞作《列子》者，今本《列子》係僞書，詳倫所箸《列子僞書考》。因莊子有湯問棘之説，其義已闕，謬補其辭。讀者因據校注於本文下，辭復不具。慧寶所見如此，故謂與《列子》少異。審觀《音義》，陸無其辭，諸家並闕。

窮髮之北，有冥海者，天池也。有魚焉，其廣數千里，未有知其脩者，

倫按：脩借爲髟，同齒音也。《説文》「㲃」下曰：「疾也，長也。」長爲别義。《説文》凡别義類有本字。「髟」字下曰「長髮猋猋」也。《五經文字》髟音必由反，則長義字當作髟也。《方言》曰：「長，陳楚之間曰脩。」後隨文義讀之。

其名爲鯤。有鳥焉，其名爲鵬。翼若垂天之雲，摶扶摇羊角而上者九萬里。《御覽》九二二引「爲」作「曰」。世本「摶」作「搏」。**背若太山，**崇本、世本「太」作「泰」。

陸德明曰：「羊角，司馬云：風曲上行若羊角。」倫按：《御覽》九引此文，注曰：「扶摇，羊角風也。今旋風上如羖羊角也。」不知是何家莊子注語。其義則以旋風釋羊角，以羊角釋扶摇。詳《説文》曰：「飆，扶摇風也。」「飄，回風也。」回風即旋風，則羊角即飄也。然《爾雅》孫炎注曰：「迴風從下上曰猋。」《禮記·月令》注曰：「回風爲猋。」則扶摇與羊角均爲回旋之風。疑羊角是古注文，誤入正文。《音義》獨引司馬説。疑崔、李諸家無之。

絶雲氣，

倫按：絶借爲越，聲同脂類。《説文》曰：「越，度也。」本書《盗跖篇》：「絶俗過世之士。』絶俗、過世爲對文，可證。後文『絶塵』『絶俗』字同此。氣，當作气。《説文》曰：『气，雲气也。』後文氣字同此。

負青天，然後圖南，且適南冥也。斥鴳笑之。《古逸叢書》本《玉燭寶典》引『鴳』作『鷃』。

陸德明曰：『斥，本亦作尺，崔本同。鴳，亦作鷃。』郭慶藩曰：『崔本斥作尺，是也。斥、尺古字通。《文選》曹植《七啓》注：「鴳雀飛不過一尺，言其劣弱也。」正釋尺字之義。《淮南》高注：「斥澤之鷃，爲飛不出頃畝，喻弱也。」《文選》宋玉《對楚王問》「尺澤之鯢」注：「尺澤，言小也。」夏侯湛《抵疑》「尺鷃不能陵桑榆」字正作尺。』倫按：吴夌雲亦以斥爲借字。《周禮·考工記》『麋斥蠖濶』，鄭注：『斥蠖，屈蟲也。』李賡芸謂斥蠖即尺蠖。此斥、尺古字通借之證，音同透紐也。

曰：『彼且奚適也。我騰躍而上，不過數仞而下。世本『仞』作『仭』。**翱翔蓬蒿之間，此亦飛之至也。而彼且奚適也？』**

倫按：自『窮髪之北』至此，義爲重出，辭則小異。蓋一本異文，校者旁寫於下，誤入正文也。下文『此小大之辯也』，直結上文。

此小大之辯也。

奚侗曰：本書多借辯爲辨。此當作辨。《説文》曰：『辨，判也。』

故夫知效一官，《文選·褚淵碑文》注、《皇太子釋奠會作》詩注引『效』作『効』。

倫按：成玄英疏曰：『自有智數功效。』是成本『知』作『智』。效借爲覈，音同匣紐。《説文》曰：『考事襾笮，徼遮其辭，得實曰覈。』故古書凡校讎考校字，皆覈之借。本書《庚桑楚篇》『相與交食乎地而交樂乎天』，《徐無鬼篇》作『邀食』『邀樂』，是其例證。

行比一鄉，

倫按：《説文》曰：『比，密也。二人爲从，反从爲比。』比當訓相與比叙也。密也乃毖字義。毖下曰『慎也』，又乃謐字義也。今相與比叙之訓，誤入匕下，乃以毖字之義訓比矣。詳《説文六書疏證》。《漢書·卜式傳》『所居人皆從式』，此比字意與《卜傳》從字蓋同。或爲庇省，《説文》曰：『庇，蔭也。』鄉爲饗之初文。鄉里字當作郒。《説文》曰：『郒，鄰道也。』後文同此。

德合一君，

倫按：道德字當作悳。《説文》曰：『悳，内得於己、外得於人也。』後文同此。

而徵一國者，

郭慶藩曰：『而讀爲能，聲近通用。知、仁、德、能相對，則非轉語詞明矣。《淮南·原道訓》「而以少正多」，高注：「而，能也。」《堯典》「柔遠能邇」，《漢督郵班碑》作「而邇」。《皋陶謨》「能哲而惠」，《衛尉衡方碑》作「能悊能惠」，《史記·夏本紀》作「能智能惠」。《禮運正義》曰：「劉向《説苑》能字皆作而。」是其例。』倫按：能本獸名。賢能字當作忍，而忍音同泥紐。此借而爲忍。

其自視也亦若此矣。而宋榮子猶然笑之。

梁玉繩曰：『宋榮子即宋鈃。《荀子》言宋子見侮不辱，《韓子》言宋榮子義不設鬭，與《天下篇》言鈃諸語正同。』倫按：梁説是也。宋鈃又即孟子之宋牼。榮、鈃、牼聲同耕類。《禮記·月令》『腐艸爲螢』，《吕氏春秋》『螢』作『蚈』，《説文》刑與刭爲轉注字，並其例證。猶借爲嗂，音同喻紐。《説文》曰：『嗂，喜也。』《禮記·樂記》『詠斯猶』，郭璞謂猶即繇也。《爾雅·釋詁》：『繇，喜也。』郝懿行謂繇借爲嗂也。是其例證。

且舉世而譽之而不加勸，

倫按：『而譽之』，『而』當讀爲『如』，音同泥紐。《孟子》『而何其血之流杵也』，《論衡·語增篇》引『而』作『如』，是其例證。下句而非之而同。後文隨義别之。

舉世而非之而不加沮，

倫按：非爲誹省。《説文》曰：『誹，謗也。』沮借爲阻。《説文》曰：『阻，險也。』『險，阻難也。』後文沮難字同此。

定乎内外之分，辯乎榮辱之境，涵本、世本『境』作『竟』。

倫按：辯借爲辨，榮借爲寵。《説文》曰：『榮，桐木也。』『桐，榮也。』是榮、桐爲轉注字，由古音東耕相通也。此榮與辱對，故知借爲寵。《老子》『寵辱若驚』，即用本字。

《説文》曰：『寵，尊居也。』後文榮辱字同此。辱借爲黷，古讀日紐歸泥，故辱、黷並爲舌音。《廣雅·釋詁》三曰：『辱，汙也。』《儀禮·士昏禮》『今吾子辱』，注：『以白造緇曰辱。』皆黷之義。是其例證。境，《音義》出境字，是陸本作竟也。竟借爲畕，或作畺，畺、畕一字。見紐雙聲。《説文》曰：『畕，比田也。』此竟界之本字，境俗字。後同。

斯已矣。彼其於世未數數然也。

倫按：『彼其於世未數數然也』九字，涉下文而羨。

雖然，猶未有樹也。

朱駿聲曰：『樹借爲豎。《説文》曰：「豎，堅立也。」』倫按：朱説是，後隨文義别之。

夫列子御風而行，

陸德明曰：『列子，李云：鄭人，名御寇。得風仙，乘風而行。與鄭穆公同時。』倫按：《漢書·藝文志》道家：『《列子》八篇。』班固自注曰：『名圄寇，先莊子，莊子稱之。』《吕氏春秋·觀世篇》高誘注曰：『列子著書八篇，在莊子前，莊子稱之。』皆不言何時人。今《列子書》有劉向校録叙曰：『列子鄭人，與鄭繆公同時。』柳宗元謂列子與駟子陽同時，魯穆公時人。葉大慶謂駟子陽乃鄭繻公時，劉向以爲穆公者，誤以繻爲繆，而繆、穆古字通耳。倫按：《史記·鄭世家》注曰：『繻或作繚。』考《謚法》並無繻、繚二謚。梁玉繩謂謚繆公，傳寫誤爲繻繚。倫檢《文選·琴賦》注引正作繆公。考本書《讓王篇》曰：『列子窮，容貌有飢色。客有言之於鄭子陽者。』又曰：『民果作難而殺子陽。』《吕氏春秋・觀世篇》高誘注曰：『子陽，鄭君也。一曰鄭相。』尋鄭相謂駟子陽，而高知爲鄭君者。《韓非・説疑篇》曰：『鄭王孫申之爲臣也，思小利而忘法義。進則揜蔽賢良，以陰闇其主；退則撓亂百官而爲禍難。有臣如此，身死國亡，爲天下笑。故鄭子陽身殺，國分爲三。』然史無鄭君名子陽者。惟《史記・鄭世家》：『繻公二十七年，子陽之黨弒繻公。』注引徐廣曰：『一本云：立幽公弟乙陽爲君，是爲康公。』《六國年表》曰：『立幽公子駘。』又以鄭君陽爲鄭康公乙。班固曰：『鄭康公乙爲韓所滅。』然則《韓非》所謂子陽，即鄭康公，康公與繻公相承。劉言列子與鄭繆公同時，豈指其始居鄭時邪？然《讓王篇》或疑僞作，所載列子事，蓋出《吕氏春秋》。本書《德充符篇》曰：『申屠嘉兀者也，而與子産同師於伯昏無人。』《田子方篇》曰：『列御寇爲伯昏無人射。』又《吕氏春秋・下賢篇》曰：『子産相鄭，往見壺丘子林。與其弟子坐，必以年。是倚其相與門也。』高誘注曰：『子産，壺丘子弟子。』而本書《應帝王篇》曰：『列子見之而心醉，歸以告壺子。』司馬彪曰：『壺子，名林。列子師。』是列子與子産同時。又《史記・老子傳》：『老子見周之衰，遂去至關。關令尹喜曰：「子將隱矣，强爲我著書。」』《漢書・埶文志》道家《關尹子》，班固自注曰：『名喜，爲關吏。老子過關，喜去吏而從之。』《吕氏春秋・審己篇》高誘注曰：『關尹喜師老子也。』而本書《達生篇》曰：『子列子問關尹子。』《吕氏春秋・審己篇》曰：

『子列子嘗射中矣，請之於關尹子。』則列子與老子、關尹子同時，亦正與子産同時。《讓王篇》所謂子陽，疑當爲子駟。子駟亦當子産時。蓋傳其事者，以子駟、駟子陽並爲鄭相，又並不得其死，相涉而誤耳。

泠然善也，《初學記》一引重『泠』字。

倫按：泠借爲甹，聲同真類。《説文》曰：『甹，升高也。』正與御風義合。

旬有五日而後反。《初學記》一引『反』作『返』。**彼於致福者，未數數然也。**

倫按：福借爲葡，古讀福如備。《説文》曰：『福，備也。』備亦當作葡。《説文》曰：『葡，具也。』致葡即致具。列子御風，定非事實。尋列子名御寇。《易·蒙卦》坎下艮上，上九爻辭曰：『擊蒙，不利爲寇，利禦寇。』《象傳》曰：『利用禦寇，上下順也。』虞翻注爻辭曰：『巽爲高，艮爲山。登山備下，順有師象，故利御寇也。』注《象傳》曰：『自上禦下，故順也。』蓋蒙體坎下艮上，二之五則艮成巽。巽爲風，故曰『巽爲高也』。蒙之上九以五變而成利用御寇之象。是《莊子》以列子用《易》義爲名，故有御風致福之説。福之當爲葡，義尤愜矣。《易·漸卦》艮下巽上，六三爻辭曰：『利用禦寇，順相保也。』而本書《列御寇篇》載列子之齊，遇伯昏瞀人，亦有人將保汝之説。又此文當作『彼其於世致福者，未數數然也』。今上文羨『彼其於世，未數數然也』九字，此文轉奪『其』『世』二字。數借爲遱。《説文》曰：『遱，連遱也。』今通用屢字。

此雖免乎行，

倫按：免借爲蜕。《説文》曰：『蜕，蛇蟬所解皮也。』此即今人所用免除字。《説文》無免字，錢大昕謂免即免也。李賡芸謂免脱雙聲。本書《天道篇》：『巧知神聖之人，吾自以爲脱焉。』即謂免於巧知神聖也。後文免字同此。乎讀爲于，同喉音也。本書《人閒世篇》『且有翦乎』，崔本作『前于』。《論語・爲政篇》『孝于惟孝』，《釋文》：『于，本作乎。』並其例證。後隨文義别之。

猶有所待者也。若夫乘天地之正，而御六氣之辯，《御覽》一五引『辯』作『辨』。

陸德明曰：『辯，崔本作和。』郭慶藩曰：『辯讀爲變。《易・坤・文言》：「猶辯之不早辯也。」荀本作變。辯、變古通用。』倫按：辯借爲變，聲同元類。崔本作和者，歌、元對轉通借也。

以遊無窮者，

倫按：窮借爲冬，聲同侵類。冬爲凍之初文，借爲四時盡之稱，今通用終字。上文『窮髪之北』，《列子・湯問篇》作終髪，是其例證。後文窮終字同此。

彼且惡乎待哉！

劉秀生曰：『惡借爲曷，皆喉音也。』倫按：劉説是也。後隨文隨義讀之。乎，猶所也，聲同魚類。後亦隨文别讀。

故曰：至人無己，神人無功，聖人無名。堯讓天下於許由，

陸德明曰：『許由，隱人也。隱於箕山。司馬云：潁川陽城人。簡文云：陽城槐里人。李云：字仲武。』湯師中曰：『堯始讓四岳，四岳舉舜，乃讓於舜。《左傳》曰：「夫許，太岳之後。」杜注曰：「堯四岳。」則太岳非由乎？』章炳麟曰：『堯讓天下於許由，宋氏《尚書略説》以爲伯夷，其義曰：大傳陽伯，鄭謂伯夷掌之。《左・隱十一年傳》：「夫許，太岳之胤也。」《墨子・所染》《呂氏春秋・當染》皆云，舜染於許由伯陽。伯陽，陽伯也。故知許由即伯夷矣。按《呂氏》高注謂伯陽即老子，説誠誣謬。然《尸子》言舜得六人，曰雒陶、方回、續耳、伯陽、東不識、秦不空，皆一國之賢者也。《御覽》八一引。是固別有伯陽，非許由矣。余以許由即咎繇，《古今人表》書作許繇，正與咎繇同字。《夏本紀》曰：「封皋陶之後於英六，或在許。」皋陶即咎繇。古者多以後嗣封邑，逆稱其先人。以其子姓封許而因稱咎繇曰許繇，亦猶契曰殷契、棄曰周棄。見《殷本紀》及《晉世家》。《夏本紀》言禹立而薦舉皋陶，薦之，且授政焉，而皋陶卒。後乃展轉謏遷以爲堯讓。《伯夷列傳》曰：「余登箕山，其上蓋有許由冢。」《夏本紀》言益讓帝禹之子啟，而避居箕山之陽。益同咎繇子也。高注《呂氏春秋・當染》，以許由爲陽城人。箕山者，下臨陽城。《括地志》：陽城在箕山北十三里。由冢在是，歸葬故里也。益避在是，誓守父墓也，亦猶禹避商均於陽城。陽城以北爲崇伯之國，將守故封而示終身不奸天室之政矣。《夏本紀》正義：「陽城縣在嵩山南二十三里。」按，嵩本作崇，即崇伯鯀所封邑。禹鯀封邑相鄰，特分南北耳。或曰：墨、呂既箸舜染許由之文。又云：禹染於皋陶伯益。誠使許由、皋陶爲一人，何故變名更舉？則以堯讓之譸言，遠起三季，墨、呂固習聞焉而不察其爲異稱也。』倫按：章謂許由即皋陶，是也。許、咎、皋音同爲淺喉。《爾雅・釋木》『狄臧梂』，《釋文》：『樊光：梂作棤。』此咎、皋相通之例證。鯀、由、陶者，聲並幽類。《史記・孔子弟子傳》『顏無繇』，《索隱》引《家語》作顏由。《韓非・十過篇》『由余』，《漢書・古今人表》作繇余。此由、繇通借之證。《禮記・檀弓》『人喜則斯陶』，陶爲再成丘，無喜義。蓋借爲嗂。《説文》曰：『嗂，喜也。嗂從口䍃聲。』䍃、䚻並從肉聲。古書䚻字多以繇爲之。此陶、繇聲通之證。陶，致譌遷爲堯讓，則湯説較長矣。嚴可均引迂齋説，申、呂、齊、許，皆四岳後。堯讓許《尸子》舜得六人，其一曰雒陶。雒從各聲，咎亦從各聲。是雒陶即咎陶，亦皋陶也。惟章謂禹薦皋由，即其一也。汝能庸命，是讓許由之實。鄭曉亦謂四岳即許由，故曰：『許，太岳之後。』倫謂《説文》記古文四作卯，與古文大形近易譌。《左傳》之太岳，當爲四岳。堯讓許由，非莊子之假託，古籍之譌傳矣。

曰：『日月出矣，

倫按：《呂氏春秋・求人篇》作『十日出而焦火不息』，此文當作『十日出矣而爝火不息』。《齊物論篇》：『舜對堯曰：「昔者十日並出，萬物相照。」』可以相證。

而爝火不息，

陸德明曰：『爝。本亦作燋。』倫按：爝、燋蓋一字。爝爲苣火祓，祓當作炦，火气也。燋亦用苣爲之，則一物也。《説文》噍之重文作嚼，則爝之重文亦可作燋矣。息借爲烕，聲同脂類。《説文》曰：『熄，畜火也。一曰滅火。』滅火即烕字義。烕從火戌聲，詳《説文六書疏證》。後息烕之字同此。

其於光也，不亦難乎！

倫按：難借爲癉，並舌頭音。《説文》曰：『癉，勞病也。』後隨文別之。

時雨降矣，而猶浸灌，

倫按：《説文》，浸、灌皆爲水名，而通用則爲浸漬、灌溉之義。或其本義如此，而爲水名所專與？浸或借爲涔，《説文》曰：『涔，漬也。』浸涔同齒音也。或借爲淋，或借爲淫，聲並同侵類。《説文》曰：『淋，以水渼也。』『淫，浸淫隨理也。』灌借爲淮，同淺喉音。或借爲渼，渼深喉音。《説文》曰：『淮，灌也。』『渼，溉灌也。』

其於澤也，不亦勞乎！夫子立而天下治，

倫按：立即初文位字。《周禮·小宗伯》注曰：『《古文春秋》，公即位爲公即立。』是其證。皋陶時爲四岳，故云然也。治借爲薙，同舌音也。《説文》曰：『薙，除艸也。』此治亂之治本字。後同。

而我猶尸之，吾自視缺然。

倫按：《孟子·盡心篇》曰：『如其自視欿然。』文義與此同。段玉裁謂欿借爲坎。倫謂欿借爲歉。卷子本《玉篇·欠部》：『歉，口咸反。』《淮南》『自視歉如也』，許叔重曰：『歉，不滿也。』今《説文》曰：『歉，食不滿也。讀若坎。』是其證。此作缺者，本爲坎字，借爲歉也。寫譌成缺，或爲淺人妄改。

請致天下。』許由曰：『子治天下，天下既已治也。而我猶代子，吾將爲名乎？名者實之賓也，吾將爲賓乎？

俞樾曰：『本作吾將爲實乎，與上吾將爲名乎相對成文。』『名者，實之賓也』，其意已足，此當連下文讀之。

鷦鷯巢於深林，

陸德明曰：『李云：鷦鷯，小鳥也。郭璞云：鷦鷯，桃雀。』倫按：《説文》以鷦爲鷦鷯，以鷯爲刀鷯。此言鷦鷯者，疊韻爲名，鷦鷯即小鳩也。《方言》曰：『鳩，其小者，梁宋之閒謂之鷦。』莊子宋人，此宋語。

不過一枝；「枝」，原作「枝」，世本亦作「枝」，今正。後同。偃鼠飲河，《初學記》二九引「偃」作「鼴」。

陸德明曰：『偃鼠，李云：鼷鼠也。《説文》：「鼢鼠，一曰偃鼠。」』郭慶藩曰：『李楨曰：《說文》：「鼢，地行鼠，伯勞所化也，一曰偃鼠。」偃，或作鼴，俗作鼹。《玉篇》：「鼴，大鼠也。」《廣雅》：「鼴鼠，鼢鼠。」《本草》：「鼹鼠在土中行。」陶注：「俗一名隱鼠，一名鼢鼠。常穿耕地中行，討掘即得。」《說文》：「鼷，小鼠也。」《爾雅》：「鼷，鼠有螫毒者。」《公羊·成七年傳》注：「鼷鼠，鼠中之微者。」據此，知偃鼠、鼷鼠是二物，李說誤。』

不過滿腹，歸休乎？

陸德明曰：『乎君絶句。一讀至乎字絶句，君別讀。』倫按：一讀是。

君：予無所用天下爲。

倫按：予借爲吾，古讀疑紐字亦喉音也。《說文》曰：『吾，我自稱也。』後文予我字同此。

庖人雖不治庖，尸祝不越樽俎而代之矣。』

陸德明曰：『樽本亦作尊。』盧文弨曰：『尊乃正體。』倫按：越借爲敓，脂真對轉。《說文》曰：『敓，强取也。』今通用奪字。

肩吾問於連叔曰：『吾聞言於接輿，

陸德明曰：『輿，本又作與，同音餘。接輿，楚人也，姓陸，名通。皇甫謐云：接輿躬耕，楚王遣使以黄金百鎰、車二駟聘之，不應。』徐鼒曰：『《四書釋地》載王復禮之説曰：《論語》止云楚狂，其名氏原不傳。然前云楚狂接輿，後云孔子下，不特兩相照應，抑且記事書法之妙。正見接輿而歌，所以欲下。其不復用車者，以有輿字在前也。按《莊子·人閒世篇》曰：「孔子適楚，楚狂接輿遊其門，曰：鳳兮！鳳兮！」莊子去聖人之世不遠，其以接輿爲名，當必不妄。又《楚辭·涉江篇》：「接輿髡首兮，桑扈臝行。」《莊子·人閒世》既云楚狂接輿遊其門，《應帝王篇》又云肩吾見接輿，《淮南子》《尸子》亦云「楚狂接輿，耕於方城」，《戰國策》：「范雎對秦王曰：箕子、接輿漆身以爲厲，被髮以爲狂。」《韓詩外傳》亦載接輿躬耕以食其妻，之市未返事。觀諸書屢引接輿，可知其人雖隱士，而世多知之。又漆身髡首，被髮行歌，皆其佯狂之迹，爲世所指目者，故謂之爲狂接輿也。孔安國《論語注》曰：「接輿楚人。」鄭康成注《論語》「孔子下」曰：「下堂出門。」本諸《莊子》，信而有徵。』凌揚藻曰：『王復禮之説，閻氏《釋地》、江氏《圖考》皆尊用之。』姜樟圃曰：『《莊子》三十三篇，以内七篇爲主，先儒稱是莊子手定之文。接輿之名，一見《逍遥遊》，再見《人閒世》，三見《應帝王》，均在内篇。况以接輿爲人名，不獨《莊子》，《楚辭》《國策》皆然。莊不足信，豈《國策》《楚辭》亦皆不足信邪？至皇甫謐謂接輿姓陸，名通，抑知自齊宣王封少子於平陸，其後始以陸爲氏。當接輿時，無陸姓也。』倫按：《論語》曰：『楚狂接輿歌而過孔子。』朝鮮本下有『之門』二字。《論語》『孔子下，欲與之言』，鄭玄曰：『下，下堂出門也。』是鄭本亦有『之門』二字，與本書《人閒世篇》『孔子適楚，楚狂接輿遊其門』者合。既孔子在堂，接輿是其姓名。本書《則陽篇》曰

『接子之或使』，則古自有接氏。惟接子，《漢書·蓺文志》作捷。接、捷聲並談類，通借。接輿疑亦當作捷輿。《元和姓纂》引《風俗通義》：『捷，邾公子捷菑之後。』王隱《道地記》、劉昭《郡國志注》、酈道元《水經注》並曰『楚宣王滅邾』，《漢書·地理志》《説文·邑部》並曰『邾江夏縣』，則邾入楚，捷菑之後亦在楚矣。又《左氏春秋·文十六年》『晉人納捷菑於邾』，《公羊》作接菑，是接輿當爲捷輿之明證。又《左·昭八年傳》『齊子車來犇』，杜預注：『子車，頃公之孫捷也。』捷字子車，王引之謂取疾驅之義。捷輿之義，蓋亦同此。

大而無當，

倫按：《説文》曰：『當，田相值也。』無當猶今言没對回矣。對、當端紐雙聲。

往而不反。吾驚怖其言，《北山録》注引「其言」作「焉其」。**猶河漢而無極也。大有逕庭，**

陸德明曰：『逕，司馬本作莖。』倫按：有讀爲爲，音同喻紐。《國語·晉語》曰：『克國得配，其有吉孰大焉。』《春秋·昭五年左傳》『有』作『爲』。本書《大宗師篇》『莫然有閒』，《音義》曰：『有閒，本亦作爲閒。』是其例證。逕、庭疊韻連語。《方言》曰：『娗，欺謾之語也。』又曰：『娗，謾也。』此庭義亦爲欺謾。然娗、庭二字並無欺謾義，蓋借爲誕，庭、誕並舌頭音也。大有逕庭，言大爲欺誕也，與下文『吾以是狂而不信也』相應。

不近人情焉。』

倫按：焉，猶嘫也。《禮記·三年問》曰：『焉使倍之。』《釋文》曰：『焉，由然也。』《詩·小弁》『惄焉如擣』，王引之曰：『焉，狀事之詞，與然同義。』焉、嘫聲同元類。後隨文義別之。

連叔曰：『其言謂何哉？』

倫按：何借爲曷。後隨文義別之。

曰：『「藐姑射之山，

倫按：藐，僞《列子·天瑞篇》作列，是也。《山海經·海内北經》：『列姑射在海河洲中。』郭璞注曰：『《莊子》所謂藐姑射之山也。』列聲脂類，藐聲宵類，脂從之轉通宵也。

有神人居焉，肌膚若冰雪。《初學記》二、《御覽》一二引『肌』作『容』。世本『冰』作『冰』。

王闓運曰：冰，古凝字。

綽約若處子。各本『綽』作『淖』。《六帖》二引『若』作『如』。

倫按：《音義》出『淖』字，是陸本『綽』作『淖』也。又《音義》引李云：『淖約，柔弱貌。』是也。本書《在宥篇》『淖約柔乎剛彊』，作『淖約』，皆疊韻連緜詞。約、弱則疊韻通借，正當作脜弱，今作柔弱。《説文》曰：『脜，面和也。讀若柔。』古讀日紐歸泥，故借淖爲脜。《在宥篇》同。

不食五穀，吸風飲露。乘雲氣，御飛龍，而遊乎四海之外。《類聚》七作引『御』作『馭』。**其神凝，**

倫按：《説文》曰：『凝，俗冰字。』

使物不疵癘而年穀熟。」

陸德明曰：『癘本或作厲。』倫按：癘，《説文》作癘。癘、厲音同來紐，古書多借厲爲癘。

吾以是狂而不信也。』

章炳麟曰：『狂借爲誑。「吾以是誑」者，吾以是爲誑言。古言「以爲」，多省「爲」字。』倫按：狂爲誑省。《説文》曰：『誑，欺也。』

連叔曰：『然。

倫按：然爲嘫省。《説文》曰：『嘫，語聲也。』後同此。

瞽者無以與乎文章之觀。

倫按：文章者，彣彰之省。《説文》曰：『彣，䘵也。』『彰，彣彰也。』後同。

聾者無以與乎鐘鼓之聲。涵本、世本「鐘」作「鍾」。

陸德明曰：崔、向、司馬此下更有『眇者無以與乎眉目之好，夫刖者不自爲假文屨』。

倫按：崔、向、司馬本多者，或異文而讀者誤合之，刖者句義亦不明。《御覽》七四〇引作

『許由曰：夫眇者無與乎眉目之好』，則《大宗師篇》文。

豈惟形骸有聾盲哉？《闕誤》引天台山方瀛館古藏本「盲」作「瞽」。**夫知亦有之。是其言也，猶時女也。**

焦竑曰：『時，是也。女，汝也。謂知有聾盲，即汝之狂而不信者。是也。』奚侗曰：『「時」借爲「之」，《漢書・張蒼傳》「草立土德時歷制度」，《史記》「時」作「之」。是其證。女讀爲汝，謂肩吾也。是其言也，謂上文「豈惟形骸有聾盲哉。夫知亦有之」之語。猶之汝也，之爲助詞，謂是言乃似汝也。』倫按：時、是音同禪紐，之亦舌音也。

之人也，

倫按：之讀爲是。後隨文讀之。

之德也，將旁礴萬物以爲一，世蘄乎亂，

陸德明曰：『旁字又作磅。』姚鼐曰：『旁礴萬物以爲一，所謂合萬物爲己者。亂，治也。世自化之，蘄乎治耳。彼非有意以天下爲事而治也。《釋文》亦以世蘄乎連讀。』奚侗曰：『《釋文》出「世蘄」二字。《文選・吳都賦》劉淵林注引至「一」字，可見古無有以「一世」連讀者。』倫按：礴借爲溥。《說文》曰：『旁，溥也。』『蘄』字《說文》不收，鄭珍謂從艸斵省聲。斵得旂聲，則借爲祈也。後蘄求字同此。亂當作𤔔，《說文》曰：『𤔔，治也。』

孰弊弊焉以天下爲事！

陸德明曰：『弊弊，司馬本作蔽蔽。』倫按：弊借爲憊，同脣音也。《易·遯卦》『有疾憊也』，《釋文》引王肅本『憊』作『斃』。是其例證。《説文》曰：『憊，瘚也。』《通俗文》曰：『疲極曰憊。』《刻意篇》：『形勞而不休則弊。』同此。

之人也，物莫之傷，大浸稽天而不溺，《類篇》引「溺」作「休」。

章炳麟曰：『稽借爲詣，同從旨聲也。《説文》曰：「詣，候至也。」』倫按：浸、疑以幽侵對轉借爲滔。《尚書·堯典》曰：『浩浩洪水滔天。』《説文》曰：『滔，水漫漫大貌。』溺借爲休，《説文》曰：『休，没水。從水人，讀與溺同。』古書多借溺爲休，後文沈溺字同此。

大旱，金石流土山焦而不熱。是其塵垢粃糠，將猶陶鑄堯舜者也。

陸德明曰：『粃，本作秕。穅字亦作糠。涵芬樓本《音義》糠作康。陶，本亦作匋。』倫按：《説文》曰：『秕，不成粟也。』『粊，惡米也。』段玉裁謂《莊子》『粃康』字即『粊』字。秕亦從比聲，故通假。糠，《説文》作穅，穀之皮也，或省作康。然康實爲初文。陶當作匋，《説文》曰：『匋，作瓦器也。』《説文》無鋾字，疑《莊子》本作匋，後人因鑄字誤加金旁也。

孰肯以物爲事！

倫按：肯借爲可，谿紐雙聲。肯否字當作可。後文同。

宋人資章甫而適諸越，《御覽》六八五引「諸」作「於」。

李楨曰：『諸越猶言於越。《春秋·定五年經》「於越入吴」，杜注：「於，發聲也。」《公羊傳》：「於越者，未能以其名通也。」何休注：「越人自名於越。」此作諸者，《廣雅·釋言》：「諸，於也。」是疊韻假借。』倫按：資借爲齎。《儀禮·聘禮》『問歲月之齎』，鄭司農曰：『齎，或爲資。』是其例證。《説文》曰：『齎，持遺也。』後隨文别之。

越人斷髮文身，

陸德明曰：『斷，司馬本作敦。』章炳麟曰：『作敦者是故書，敦、斷一聲之轉。』倫按：敦借爲斷，並舌頭音也。

無所用之。堯治天下之民，平海内之政，

倫按：平借爲辯，奉紐雙聲。《堯典》『平章百姓』，《後漢書·劉愷傳》注引『平』作『辯』，是其例證。《説文》曰：『辯，治也。』《刻意篇》『此平世之士』，同此。

往見四子藐姑射之山，《御覽》六四又八〇引無「藐」字。

陸德明曰：『司馬、李云：「王倪、齧缺、被衣、許由。」李楨曰：「《東山經》之姑射，是否爲冀州域内之山，經文究無可考。《隋志》以屬臨汾，或後儒據此篇『汾水之陽』一語以名其地之山，亦未可知。」』倫按：《齊物論篇》『齧缺問乎王倪』，《應帝王篇》『齧缺問於王倪，四問而四不知。齧缺因躍而大喜，行以告蒲衣子』，《天地篇》『堯之師曰許由，許由之師曰齧缺，齧缺之師曰王倪，王倪之師曰被衣』，《知北遊篇》『齧缺問道乎被衣』，被衣即蒲衣。此司馬、李説所依也。『藐姑射之山』五字，蓋涉上文而羨。

汾水之陽，

陸德明曰：『按汾水出太原，今莊生寓言也。司馬、崔本作盆水。李楨曰：古讀汾如盆。』説見錢大昕《養新録》。

窅然喪其天下焉。《御覽》六引『窅』作『杳』。

陸德明曰：『窅，徐烏了反，郭武駢反。』段玉裁曰：『如郭音，是郭本「窅」作「窵」也。』朱駿聲曰：『窅疑窵之譌字。』倫按：《説文》曰：『窵，窵窵不見也。』與『喪其天下』義似合。

惠子謂莊子，

陸德明曰：『惠子，司馬云：名施，爲梁相。』倫按：《漢書・藝文志》道家『《惠子》一篇』，班固自注曰：『名施，與莊子並時。』本書《天下篇》『惠施多方』，《秋水篇》『惠子相梁，莊子往見之』，則惠子是惠施也。

曰：『魏王貽我大瓠之種，世本「瓠」作「匏」。

陸德明曰：『魏王，司馬云：「梁惠王也。」按魏自河東遷大梁，故謂之魏，或謂之梁也。』倫按：《秋水篇》『惠子相梁，莊子往見之』，《則陽篇》『魏罃與田侯牟約，田侯牟背之。魏罃怒，將使人刺之。惠子聞之而見戴晉人』，《山木篇》『莊子衣大布而補之，正緳係履而過魏王』，然以《戰國策》檢之，惠施歷相惠王、襄王，此曰魏王者，是惠是襄，不能決也。『貽』字《説文》不收。《説文》曰：『詒，一曰，贈也。』即貽字義。貽即贈也。《説文》曰：『贈，玩好相送也。』台、曾之蒸對轉，故或作貽字，古書或用詒字。『瓠』者，《説文》曰『匏也』。張文虎曰：『匏、瓠一類而二種，瓠可食，匏不可食。』《詩·南有嘉魚》『甘瓠纍之』，《公劉》『酌之用匏』。詩言匏、瓠迴别，而後世混其稱。故毛傳云：『匏謂之瓠。』瓠如瓜而長，俗謂之扁蒲，匏圓而扁。小者徑不及二寸，大者如槃，有徑二三尺者。其小者用爲酒器，如《公劉》詩所稱。其大者用以濟渡，《魯語》：『叔孫穆子曰：豹之業及匏有苦葉矣。叔向曰：夫匏不材，於人共濟而已。』韋注：『佩匏可以渡水。』《論語》：『吾豈匏瓜也哉，焉能繫而不食？』亦謂匏止可備濟渡而不可食也。此文云五石之瓠，則亦匏也。故云何不慮以爲大尊而浮於江湖。『種子』字，《説文》作『穜，埶也』。此借。後文並同。

我樹之成而實五石，

倫按：石爲柘省。《説文》曰：『柘，百二十斤也。』

以盛水漿，其堅不能自舉也。剖之以爲瓢，

倫按：《方言》曰：『蠡，陳、楚、宋、衛之間或謂之瓢。』

則瓠落無所容。

倫按：瓠落疊韻連語，瓠借爲霩，聲同魚類。《説文》曰：『霩，雨止雲罷貌。』《方言》曰：『張小使大謂之廓。』《爾雅·釋詁》曰：『廓，大也。』廓今字。

非不呺然大也，

陸德明曰：『呺，本作号。李云：号然，虚大貌。崔作謞，簡文同。』俞樾曰：『《説文》曰：「号，痛聲也。」呺、謞，《説文》所無。《文選》謝靈運《初發都詩》李注引此作「枵」，當從之。《爾雅·釋天》：「玄枵，虚也。」虚則有大義，故曰枵然大也。』郭慶藩曰：『《文選》謝靈運《初發都詩》注引司馬云：「枵然，大貌。」』倫按：《説文》曰：『枵，木貌。』段玉裁謂木大貌，是也。

吾爲其無用而掊之。』

倫按：掊借爲仆，同脣音也。《説文》曰：『仆，頓也。』《釋名》曰：『仆，踣也。』本書《刻意篇》『枯槁，赴淵者之所好也』，赴淵者，即《外物篇》所謂『申徒狄因以踣河』，此卜、音聲通之證。或借爲破，亦同脣音。

莊子曰：『夫子固拙於用大矣。宋人有善爲不龜手之藥者，

王念孫曰：『龜借爲皸。』朱駿聲曰：『龜皸雙聲。』李楨曰：『《釋文》云：龜，徐舉倫反，蓋以龜爲皸之假借。龜、皸雙聲。《衆經音義》十一：皸。《通俗文》：手足坼裂曰皸，經文或作龜坼。下引《莊》此文郭注爲證。是玄應以龜、皸互通。《漢書・趙充國傳》「將軍士寒，手足皸瘃」，文穎曰：「皸，坼裂也。瘃，寒創也。」不龜手，猶言不皸手。皸，《説文》作𨂐。』倫按：《説文》曰：『𨂐，瘃足也。』『瘃，中寒腫覈也。』

世世以洴澼絖爲事。

倫按：洴澼，即潎之緩言。《説文》曰：『潎，於水中擊絮。』絖者，纊之或體。《説文》曰：『纊，絮也。』『絖，纊，或從光。』

客聞之，請買其方百金。《闕誤》引江南古藏本「方」下有「以」字。

倫按：方借爲法，非紐雙聲。後文隨義別之。

聚族而謀，

倫按：族借爲屬，聲同侯類。《説文》曰：『屬，連也。』宗族字當用屬。後同。

曰：「我世世爲洴澼絖，不過數金。今一朝而鬻技百金，崇本『技』作『技』。

陸德明曰：『鬻，音育。司馬云：賣也。技，本或作伎。』倫按：鬻，《説文》曰：『鍵也。』錢坫、鈕樹玉並以爲從米得聲，應讀武悲切。楚之姓爲芈，而古書借鬻爲芈，是其證。至讀之六切者，乃𧶠字音。惟𧶠字難於書寫，故謬以鬻字代之。而古書凡𧶠字均改爲鬻字矣。此説是也。𧶠借爲𧶠，音同喻紐。《説文》曰：『𧶠，衒也。讀若育。』『衒，行且賣也。』後鬻賣字同此。技從手旁作者，是也。《説文》曰：『技，巧也。』

請與之。」

倫按：與借爲予。《説文》曰：『予，推予也。』以聲同魚類，故古書多以『與』爲『予』。《詩・干旄》『何以予之』，《論衡・率性篇》『予』作『與』，是其證。後文推與字同此。

客得之，以説吴王。越有難，

倫按：『有』讀爲『爲』，『難』借爲『憚』，同舌頭音。《説文》曰：『憚，忌難也。』忌難猶忌憚，此難易之難本字。後同。

吴王使之將，冬與越人水戰，大敗越人，裂地而封之。

倫按：裂當作列，《説文》曰：『列，分解也。』後分裂字同此。

能不龜手一也，或以封，或不免於洴澼絖，則所用之異也。

倫按：『異』字，金文作[illegible]，甲文作[illegible]，象人戴由於顛，此『負戴』之『戴』初文也。『異同』字當作『冀』。《説文》曰：『冀，北方州也。』由本義譌遷爲異字之訓，乃以州名爲其義耳。後異同字同此。

今子有五石之瓠，「瓠」原作「[illegible]」，世本同，今正。後同。何不慮以爲大樽，

陸德明曰：『樽，本亦作尊。司馬云：樽如酒器，縛之於身，浮於江湖，可以自渡。

慮，猶結綴也。按所謂腰舟。』洪頤煊曰：『《文選》謝靈運《初發都詩》李注引此，「慮」作「攄」。攄，抒也。謂抒空以爲大尊。』倫按：成玄英疏曰：『攄者，繩絡之也。』是成本『慮』作『攄』。慮爲攄省，攄借爲抒，古讀皆舌音也。《説文》曰：『抒，挹也。』而斜訓爲抒，浚亦訓爲抒，則抒有治義。樽者尊之俗字，司馬以尊爲如酒器者，陸以爲腰舟，張湨以爲即《鶡冠子》所謂『中流失船，一壺千金』之『壺』。

而浮於江湖，而憂其瓠落無所容？

倫按：憂當作㥑，《説文》曰：『㥑，愁也。』後文憂愁字同此。

則夫子猶有蓬之心也夫！』

倫按：蓬借爲冡，並脣音也。本書《大宗師篇》『芒然彷徨乎塵垢之外』，《音義》曰：『塵垢，崔本作塚均，云塚音塳。』是冡古讀如蓬也。《史記·老子列傳》『不得其時，則蓬累而行。』蓬累借爲冡塿，猶蒙塵也。亦其例證。《説文》曰：『冡，覆也。』覆謂有蔽。

惠子謂莊子曰：『吾有大樹，人謂之樗。其大本擁腫而不中繩墨，

奚侗曰：擁當作癰，《説文》曰：『癰，腫也。』

其小枝卷曲而不中規矩，

陸德明曰：『卷，本又作拳。』倫按：作卷者是。《説文》曰：『卷，厀曲也。』

立之塗，「塗」，原作「塗」，世本同，今正。後同。

倫按：道塗字當作徒，《説文》曰：『徒，步行也。』行，金文作㆒，象交道形，故衖、衢等字從之。則步行即步道也。後文道塗字同此。

匠者不顧。今子之言，大而無用，衆所同去也。』

倫按：『去』疑『弃』之譌也。

莊子曰：『子獨不見狸狌乎？

陸德明曰：『狌，司馬云：狖也。』朱駿聲曰：『狌，又作鼪。《爾雅·釋獸》「鼬鼠」注：「江東呼爲鼪。」』馬其昶曰：『狸同貍。』倫按：獨借爲稺，後同。狸，《説文》作貍，伏獸似貙。《秋水篇》『捕鼠不如狸狌』，崔本狌作鼬。《説文》亦無狌字，蓋狖之譌。狖爲鼬別體，《説文》『鼬』下曰：『如鼠，赤黄而大，小徐本作「赤黄色，尾大」。食鼠者。』錢坫謂今鼠狼也。《秋水篇》同。

卑身而伏，「卑」，原作「畢」，今正，後同。

倫按：卑爲椑之初文。卑屈字當作庳，《説文》曰：『庳，中伏舍。』此省。後文卑伏字同此。伏借爲勹，同脣音也。勹爲匐之初文，《説文》曰：『勹，象人曲形。』『匐，伏地也。』《周禮·考工記》『輈人不伏其轅』，注：『故書伏作偪。』《春秋·昭十三年左傳》『奉壺飲冰以蒲伏焉』，《釋文》：『伏，本作匐。』是其例證。後文匍匐字同此。

以候敖者，

陸德明曰：『敖，本又作傲。』倫按：成玄英疏曰：『伺候傲慢之鼠。』是成本『敖』作『傲』。《説文》曰：『敖，出遊也。』《漢書・景十三王傳》：『請閉諸姬舍門，無令出敖。』師古曰：『敖，遊戲也。』敖字爲正。

東西跳梁，

倫按：跳梁，雙聲連緜詞，古讀並舌音也。《説文》曰：『越，雀行也。』跳借字。

不避高下，各本「避」作「辟」。

陸德明曰：『辟，音避。今本多作避。』倫按：作辟者是故書，避正字。

中於機辟，

王念孫曰：『辟，疑爲繴之借字。《爾雅》：「繴謂之罿。」「罿，罬也。」罬謂之罦。「罦，覆車也。」郭璞曰：「今之翻車也，有兩轅，中施罥以捕鳥。」』

死於罔罟。今夫斄牛，《御覽》八九九引「斄」作「氂」。

倫按：斄借爲犛，《説文》曰：『犛，西南夷長氂牛也。從牛，𠩺聲。』孔昭孔謂犛應里之切，今作莫交切者，與氂下音切傳寫倒轉。𠩺從攴從厂，來聲。故斄可借爲犛也。

其大若垂天之雲。此能爲大矣，而不能執鼠。今子有大樹，患其無用，何不樹之於無何有之鄉、廣莫之野，

倫按：莫借爲怕，同脣音也。本書《繕性篇》『古之人在混芒之中，與一世而得澹漠焉』，澹漠即憺怕。是其例證。

彷徨乎無爲其側，

陸德明曰：『彷徨，崔本作方羊。簡文同。』倫按：彷徨疊韻連緜詞。彷，《説文》作徬，附行也。崔本作方羊者，方爲徬省，羊徨聲同陽類也。

逍遥乎寢臥其下。不夭斤斧，

倫按：夭借爲殀，音同影紐。上文『而後乃今培風，背負青天而莫之夭閼者』，夭閼爲雙聲連緜詞。是夭閼猶閼閼也，夭借爲閼。《説文》曰：『菸，一曰殀也。』蓋古書借菸爲殀，非菸有殀義。是夭亦可借爲殀，《説文》曰：『殀，病也。』今俗用殀字。後隨文別之。

物無害者，無所可用。安所困苦哉？』《闕誤》引文如海本『困苦』作『窮困』。

倫按：『安所』之『所』，疑爲『取』譌。或借爲取，同齒音也。《説文》曰：『取，捕取也。』

莊子義證弟二　内篇齊物論弟二

孫志祖曰：『張文潛、王厚齋皆以「物論」二字連讀，謂物論之難齊，而莊子欲齊之也。按《文選·魏都賦》「萬物可齊於一朝」，劉淵林注：「莊子有齊物之論。」劉琨《答盧諶書》云「遠慕老莊之齊物」。晉人崇尚玄學，皆不以「物論」二字連讀。梁劉勰《文心雕龍·論説篇》直云「莊周齊物，以論爲名」，尤可證六朝舊讀矣。』倫按：《輔行記》曰：『彼論齊物，一夢爲短而非短，百年爲長而非長。』是唐人亦不以『物論』連讀也。檢《説文》曰：『論，議也。』莊子以物不可齊，故論之。後儒以中有辯是非之亂，讀『物論』爲一詞，非是。

南郭子綦隱几而坐，

陸德明曰：『机，李本作几。』倫按：隱几字當爲㥯，《説文》曰：『㥯，有所依也，讀與隱同。』古書多借隱爲之。後同。几，陸本作机者，借字。

仰天而嘘，嗒焉似喪其耦。《玉篇》、《六帖》八九引『焉』作『然』。《玉篇》『耦』作『偶』，《文選·北山移文》、盧諶《贈劉琨詩》注引亦作『偶』。

陸德明曰：『荅，本又作嗒。耦，本又作偶。』倫按：嗒字，《説文》不收。《説文》

『始』下曰：『一曰無聲。』蓋即嗒字義。耦，《説文》曰：『耕，廣五寸爲伐，二伐爲耦。』偶借字，後文對偶字同此。

顔成子游立侍乎前，

陸德明曰：『李云：子綦弟子也，姓顔，名偃，謚成，字子游。』劉師培曰：《廣韻》十四清以顔成爲複姓，與伯成、務成並詮，蓋並莊書古誼。

曰：『何居乎？

倫按：居讀爲故。

形固可使如槁木，而心固可使如死灰乎？今之隱几者，非昔之隱几者也。』

倫按：昔借爲夕，同齒音也。本書《天運篇》『蚊虻噆膚，則通昔不寐矣』，《意林》引『昔』作『夕』。是其例證。後文今昔字同此。

子綦曰：『偃，

倫按：偃借爲㫃，《説文》曰：『㫃，旌旗之游。』讀若偃。古人名㫃字子游。

不亦善乎，而問之也。

倫按：而讀爲爾汝之汝。後文隨義别之。

今者，吾喪我，汝知之乎？汝聞人籟而未聞地籟，汝聞地籟而未聞天籟夫！』

陸德明曰：女聞，音汝。下皆同。本亦作汝。

子游曰：『敢問其方。』

倫按：方借爲狀，聲同陽類。《說文》曰：『狀，犬形也。』

子綦曰：『夫大塊噫氣，

陸德明曰：『塊，《說文》云：「俗凷字也。」衆家或作大槐，班固同。《淮南子》作大味。』倫按：《說文》曰：『凷，墣也。』塊字是。衆家作槐者，借字。《淮南》作昧，亦聲同脂類通借。

其名爲風。《御覽》六引「爲」作「曰」。**是唯無作，**各本「唯」作「惟」，後同。**作則萬竅怒呺。**

奚侗曰：呺借爲號，《說文》曰：『號，嘑也。』《文選·月賦》注引正作『號』。

《文選·月賦》注引「呺」作「號」。

而獨不聞之翏翏乎？

陸德明曰：『翏，李本作飂。』奚侗曰：『當作飂，《說文》曰：「高風也。」』倫按：翏爲飂省。

山林之畏佳，《玉篇》引「畏佳」作「嵔崔」。

陸德明曰：『畏，崔本作崼。』奚侗曰：『林當爲陵，《六韜·絶糧第三十九》「依山林險阻水泉林木而爲之固」，《通典》五十七引作山陵。是陵誤爲林之例證。畏佳，猶崔嵬，言山阜之高大也。』倫按：佳爲崔或隹之省，《說文》曰：『崔，大高也。』『隹，隹隗，高也。』嵔、嵬一字，畏、鬼一字，詳《說文六書疏證》。《說文》曰：『嵬，山石崔嵬，高而不平也。』此言畏隹，義重不平。

大木百圍之竅穴，

陸德明曰：『崔本竅作窾。』倫按：圍爲囗之後起字。後文周圍字同此。竅，《音義》謂崔本作窾者，音同谿紐。《說文》無窾字。

似鼻，似口，似耳，似枅，

洪頤煊曰：枅通作鈃，《說文》曰：『鈃，似鍾而頸長。』謂瓶罍之屬，故與杯圈一例。

似圈，

劉秀生曰：『圈從卷聲，卷音見紐，疑以雙聲借爲䃭，《說文》曰：「䃭，小桮也。」』倫按：《孟子·告子篇》『義猶桮棬也』，《禮記·玉藻篇》『母沒而杯圈存焉』，均以爲飲器。然棬，《說文》作桊，牛鼻環也。圈，養畜之閑也。皆無飲器義。《廣雅·釋器》曰：『盞，盂也。』《說文》曰：『盂，飲器也。』是《廣雅》之盞，即《孟子》之棬、《禮記》之圈也。此與鈃連文，當爲飲器。

似臼，「臼」，原作「曰」，世本同，今正。後凡「臼」字或「臼」旁字作「曰」者，並正之。**似洼者，似污者。**

倫按：《説文》曰：『洼，深池也。』『汚，薉也。一曰小池爲汚。』小池爲汚者，字當作洿，《説文》曰：『洿，濁水不流池也。』『池』字依玄應《一切經音義》補。此與洼連文，當是借汚爲洿也。

激者，

奚侗曰：激借爲噭，《説文》曰：噭，吼也。

謞者，

奚侗曰：『謞與號同，《説文》曰：「號，嘑也。」《春秋緐露·深察名號篇》「古之聖人，謞而效天地謂之號」，號之爲言謞而效也。此謞、號一義之證。』倫按：《説文》曰：『號，嘑也。從号，虎聲。』小徐本。『唬，從口，虎聲。從宋保説。讀若暠。』是謞得借爲號之證。

叱者，**吸者**，**叫者**，「叫」原作「呌」，世本同，今正。**譹者**，

倫按：譹借爲嗸，聲同宵類。《漢書·食貨志》『不得豪奪吾民』，注：『豪謂輕侮之也，字當作勢。』蓋通用耳。《説文》勢讀若豪。是其例證。《説文》曰：『嗸，衆口愁也。』

宎者，

奚侗曰：『宎爲笑之譌字，笑或省作矢，矢與宎形相近也。』倫按：《説文》無笑字，『媄』字下曰：『巧也。一曰：女子笑貌。』

咬者，

倫按：咬借爲喈。《説文》不收咬字，蓋從口交聲。交、喈音同見紐。《説文》曰：『喈，鳥鳴聲也。』《詩·周南》『其鳴喈喈』，毛傳：『喈喈，和聲之遠聞也。』此承宎言，亦謂和聲。

前者唱于而隨者唱喁。

倫按：于、喁疊韻。《説文》曰：『于，於也，象气之舒于。』于、喁並舒气之聲。《吕氏春秋·淫辭篇》：『今舉大木，前呼輿謣，後亦應之。』《淮南·道應訓》：『前呼邪許，後亦應之。』輿謣、邪許亦疊韻。輿、邪皆于之借字，音同喻紐也。

泠風則小和，涵本、崇本「泠」作「泠」。

倫按：《音義》出泠字，是陸本『泠』作『泠』也。泠、泠並借爲零，《説文》曰：『零，徐雨也。』零風謂徐風。

飄風則大和，厲風濟，

倫按：厲借爲颲，來紐雙聲。《説文》曰：『䬆，風雨暴疾也。』『颲，䬆颲也。』讀若列。』《禮記·祭法篇》『厲山氏』，《春秋·昭二十九年左傳》作『烈山氏』。《詩·思齊篇》『烈假不遐』，鄭：『烈作厲。』是其例證。濟借爲霽，《説文》曰：『霽，雨止也。』《書·洪範篇》：『曰雨曰霽。』即以濟爲霽之證。

則衆竅爲虚。

倫按：虚借爲空，谿紐雙聲。後文空虚字同此。

而獨不見之調調之刁刁乎？』《玉篇》引『刁刁』作『刀刀』，世本亦作『刀刀』。

倫按：『刁刁』，當依《玉篇》引作『刀刀』。《音義》出『刀刀』，是陸本亦作『刀刀』。『刁』俗字。調刀者，摇柖之借。《説文》曰：『摇，樹動也。』『柖，樹摇貌。』調、摇聲同幽類，柖亦從刀得聲也。

子游曰：『地籟則衆竅是已，人籟則比竹是已。敢問天籟。』子綦曰：『夫吹萬不同，而使其自己也。

郭慶藩曰：《文選》謝宣城《九日從宋公戲馬臺集送孔令詩》注引司馬云：『已，止也。』倫按：郭象注曰：『或者謂天籟役物，使從己也。』是郭讀已爲人己之己。倫從郭讀。

咸其自取，

倫按：咸爲鹹之初文，此借爲僉。咸音匣紐。僉讀如劍，則在見紐。同淺喉音也。《説文》『咸』下曰『皆也』，即僉字義。詳《説文六書疏證》。

怒者其誰邪！』

倫按：怒讀爲努。

大智閑閑，各本『智』作『知』，下句同。

倫按：《音義》出大知音智，是陸本『智』作『知』也。閑借爲憪，音同匣紐。《説文》『暇』下曰『閑也』，閑也當作嫺也。『鷳，雝也。』《廣雅·釋鳥》作『鷳』，是其例證。《説文》曰：『憪，愉也。』或借橌，《説文》曰：『橌，大木貌。』《詩·淇澳》傳曰：『僩，寬大也。』《文選·魏都賦》注引《韓詩章句》曰：『閑，大也。』謂閑然大也。皆橌之借字。簡文訓廣博之貌，字當作橌。聲同元類。

小智閒閒；『閒』原皆作『門』中『日』，世本、崇本同，今正。後同。

倫按：閒疑爲嫺省，《説文》曰：『嫺，嫺雅也。』嫺雅即閒暇。

大言炎炎，

陸德明曰：『炎，李作淡。』章炳麟曰：『炎，當從李本作淡。《老子》曰：道之出乎口，淡乎其無味也。』

小言詹詹。

陸德明曰：『詹，崔本作閻。』倫按：《説文》曰：『詹，多言也。』閻借字，古詹音在端紐。讀同憺，則在定紐。閻從門召聲。召音匣紐，讀同啗窞，亦在定紐。故相通借也。

其寐也魂交，其覺也形開，與接爲構，

倫按：構借爲冓，《説文》曰：『冓，交積材也。』

日以心鬬。 本書『鬬』字原並作『鬪』，今依各本改。**縵者，**

倫按：縵借爲慲，同脣音也。《説文》：『鬗讀若蔓。』《爾雅·釋獸》『貙獌似貍』，《釋文》：『獌，本作貓。』是其例證。《説文》曰：『慲，忘也。』下文『大恐縵縵』同此。

窖者，

倫按：窖借爲慽，聲同幽類。《賈子·保傅篇》『慼然易容』，《大戴禮》『慼』作『造』。是其例證。《説文》曰：『慽，憂也。』

密者，

倫按：密借爲必，《説文》曰：『必，分極也。』

小恐惴惴，大恐縵縵。其發若機栝，

倫按：成玄英疏曰：『發心逐境，速如箭栝。』疑成本『若』作『如』。

其司是非之謂也。

倫按：『司』爲『飼』之本字，此借爲寺，音同邪紐。『寺』爲『侍』之初文。後隨文義別之。

其留如詛盟，其守勝之謂也。

奚侗曰：守勝，謂常守其勝也。《管子·法法篇》『無守也故能守勝』，即此文『守勝』之義。

其殺若秋冬，崇本『若』作『如』。

倫按：殺借爲衰，同齒音也。《儀禮·士冠禮篇》『德之殺也』，注：『殺，猶衰也。』《易》『神武不殺』，虞翻本『殺』作『衰』。並其例證。《說文》曰：『㾮，減也。』後隨文義別之。成玄英疏曰：『物景貿遷，驟如交臂。』是成本『若』作『如』。

以言其日消也。其溺之所爲之不可使復之也。

吴汝綸曰：王引之說：之猶於也。此溺之當訓於，十二字爲句。

其厭也如緘，

倫按：《說文》曰：『厭，笮也。一曰：合也。』『合也』乃『弇』字義，此厭字亦借爲弇，音同影紐。

以言老洫也。各本『言』下有『其』字。《闕誤》引江南古藏本『洫』作『溢』。

陸德明曰：『洫，本亦作溢。』章炳麟曰：『洫借爲侐，《說文》曰：「侐，靜也。」』倫按：溢爲益之後起字，洫、益同喉音通借。

近死之心，莫使復陽。各本『陽』下有『也』字。**喜、怒、哀、樂、慮、歎、變、**

倫按：歎借爲憚，與難借爲憚同例。

倫按：變借爲䜌，《說文》曰：『䜌，慕也。』今字作戀。

慹、世本作『熟』。**姚**、『姚』，原作『始』，依各本改。

倫按：成玄英疏曰：『姚則輕浮妄動。』是成讀姚爲佻也。姚借爲佻，《説文》曰：『佻，愉也。』愉借爲媮。

佚、

倫按：佚借爲詄，《説文》曰：『詄，忘也。』

啓態。樂出虚，蒸成菌。

倫按：蒸借爲烝，《説文》曰：『烝，火气上行也。』

日夜相代乎前，而莫知其所萌。已乎，

倫按：已讀爲此，《爾雅·釋詁》曰：『已，此也。』之、支聲近通用。

已乎！旦暮得此，

陸德明曰：『暮，本亦作莫。』倫按：莫爲暮之本字。

其所由以生乎！非彼無我，

倫按：非借爲違，聲同脂類。《説文》曰：『違，離也。』非對是言者，是爲射臬，離臬爲不中也。後文是非字同此。

非我無所取。是亦近矣，而不知其所爲使。若有真宰而特不得其眹。崇本『眹』作『朕』。

奚侗曰：段玉裁曰：朕在舟部，其解當曰『舟縫也』。《釋文》云『兆也』，蓋借兆爲兆，《說文》：『兆，灼龜坼也。』龜坼則縫理見，故朕、兆同義。倫按：『眹』字當從崇德書院本作『朕』。《說文》作舽，此借爲始，之、蒸對轉。後文隨義別之。

可行已信而不見其形，有情而無形。百骸九竅六藏賅而存焉，

倫按：藏當爲臧，此俗字，後同。賅當爲晐，《說文》曰：『晐，兼晐也。』

吾誰與爲親？汝皆悦之乎？各本『悦』作『說』。

陸德明曰：『說音悦，今本多作悦。後皆仿此。』倫按：《說文》無悦字，古書通借說爲之。後同。

其有私焉？

倫按：公私之字不可得而作，古借□爲之。《韓非》曰『自營爲厶，背厶爲公』者，以公字作㕣作㕣，從八從口也。隸書變口爲厶。今書借私爲□，私從禾□聲。後文公私字同此。

如是，皆有爲臣妾乎？

吴汝綸曰：有與以同，《唐韻正》曰：『有字古讀若以。』倫按：有爲一義，疑羡一字。

其臣妾不足以相治乎？其遞相爲君臣乎？其有真君存焉？如求得其情與不得，

倫按：逑爲尋求本字。今《說文》『逑』字下曰『斂聚也』，乃『勼』字義。詳《說文六書疏證》。此爲逑省。後同。

無益損乎其真。一受其成形，不亡以待盡。

劉師培曰：『「不亡」，《田子方篇》作「不化」，「亡」即「化」譌。下云「其形化」，即冡此言。郭注以「中易其性」爲詮，亦作化也。蓋化本作匕，與亡形近，因譌爲亡。』

與物相刃相靡，

倫按：靡爲礳省，《説文》曰：『礳，石磑也。』今省作磨。

其行盡如馳而莫之能止，

倫按：『盡』字涉上文而羨。

不亦悲乎！終身役役而不見其成功，

倫按：役借爲夐，同喉音也。《説文》曰：『夐，營求也。』下文疲役同。

苶然疲役而不知其所歸，《玉篇》引『苶』作『茶』，世本作『薾』。

盧文弨曰：『苶當作茶，字小變耳，今注本乃作薾。』郭慶藩曰：『苶，司馬本作薾。《文選》謝靈運《過始寧寺詩》注引司馬云：「薾，極貌也。」』朱駿聲曰：司馬本作薾字，借爲闔，《説文》曰：『闔，智少力劣也。』

可不哀邪？人謂之不死，奚益？其形化，其心與之然，可不謂大哀乎？人之生也，固若是芒乎？

倫按：芒借爲懜，微紐雙聲。《說文》曰：『懜，不明也。』《周禮·遂人》注曰：『甿猶懵懵，無知貌。』可爲例證。

其我獨芒，而人亦有不芒者乎？

劉洪曰：其，豈辭。其、豈音相近。

夫隨其成心而師之，誰獨且無師乎？奚必知代而心自取者有之？愚者與有焉。未成乎心而有是非，是今日適越而昔至也。是以無有爲有。無有爲有，雖有神禹且不能知。

崇本『且』作『日』。

吾獨且奈何哉？夫言，非吹也。言者有言，其所言者，特未定也。果有言邪？其未嘗有言邪？本書『嘗』字原並作『甞』，今依各本改。**其以爲異於鷇音，亦有辯乎，其無辯乎？**

倫按：辯借爲辨，下句同。後文隨義別之。

道惡乎隱而有真僞？

陸德明曰：『僞，一本作詭，崔本作然。』章炳麟曰：『隱讀如隱几之隱，字正作㥯。』

倫按：僞本作詭者，同喉音通借。崔作然者，疑與僞歌元對轉通借。

言惡乎隱而有是非？道惡乎往而不存？言惡乎存而不可？道隱於小成，言隱於榮華。

倫按：泛言榮華者，英華之借，榮、英皆喉音也。此言榮華者，雙聲連語。華借爲誇，《說文》曰：『誇，譀也。譀，誕也。』

故有儒墨之是非，以是其所非而非其所是。欲是其所非而非其所是，則莫若以明。物無非彼，

章炳麟曰：『彼借爲匪，《小雅》「彼交匪敖」，《左·襄二十七年傳》作「匪交匪敖」，是其證。匪即非字。此下「彼」「是」對舉者，即「非」「是」對舉也。』倫按：非、彼同脣音也。

物無非是。自彼則不見，自知則知之。故曰：彼出於是，是亦因彼。彼是，方生之説也。

雖然，方生方死，方死方生；方可方不可，方不可方可；因是因非，因非因是。是以聖人不由而照之於天。

王闓運曰：『方，古旁字，倚也。』倫按：《説文》曰：『方，併船也。』言兩舟相傍。

亦因是也。是亦彼也，彼亦是也。彼亦一是非，此亦一是非。果且有彼是乎哉？果且無彼是乎哉？彼是莫得其偶，謂之道樞。樞始得其環中，以應無窮。

倫按：由借爲𠷎，音同喻紐。𠷎爲作用本字，古書由字訓用者，皆𠷎之借。

倫按：應借爲譍，《説文》曰：『譍，以言對也。』後文應對字同此。

是亦一無窮，非亦一無窮也。故曰：莫若以明。以指喻指之非指，不若以非指喻指之非指也；以馬喻馬之非馬，不若以非馬喻馬之非馬也。

徐常吉曰：『《公孫龍》有《白馬》《指物》二篇，莊子蓋據此立論。』倫按：喻當作諭，《說文》曰：『諭，告也。』

天地一指也，萬物一馬也。可乎可，不可乎不可。道行之而成，物謂之而然。惡乎然？然於然。惡乎不然？不然於不然。物固有所然，物固有所可。《文選·鵩鳥賦》注引『固』作『故』。**無物不然，無物不可。**

陸德明曰：『崔本此下更有「可於可，而不可於不可，不可於不可，而可於可也」。』

故爲是舉莛與楹，

俞樾曰：『《說文》曰：「莛，莖也。」《漢書·東方朔傳》「以莛撞鐘」，《文選·答客難篇》「莛」作「筳」。李注引《說苑》曰：「建天下之鳴鐘，撞之以筳，豈能發其音聲哉？」筳與莛通。古書言莛者，謂其小也。筳楹以大小言，厲與西施以好醜言。』倫按：莛疑借爲梃，《說文》『梃』下曰：『一枚也。』錢坫以爲此似後人所改，古無此說。《山海經》曰：『梃木牙交。』

厲與西施，

陸德明曰：『西施，司馬云：夏姬也。按句踐所獻吴王美女也。』朱駿聲曰：『厲借爲癘。』倫按：西施，司馬云：夏姬。朱駿聲謂此涉陳少西而誤。《左·宣十一年傳》：陳少西字子夏。倫按：左氏之陳少西，與此何涉？而司馬乃致誤如此，必不然矣。陸云：越女。檢《管子·小偁篇》曰：『毛嬙、西施，天下之美婦人也。』《孟子・離婁篇》曰：『西子蒙不潔。』趙歧注曰：『古之好女西施。』後儒謂《小偁》非《管子》文，然趙亦不斥言是越女。倫疑西施乃西姬也。夏、西、施、姬皆聲近通借。真書西與西近，故譌爲西。焦循、沈濂謂西施似古美人之名，而後世借以相美，如善射偁羿之類。倫謂本是夏姬，越女之美似之，又亡人國，故以夏姬名之。枚乘《七發》曰：『使先施、徵舒、段干、吴娃、閭娵、傅予之徒。』《文選注》曰：『徵舒、段干、傅予未詳。一曰：《左氏傳》曰：「楚莊王欲納夏姬。」《史記》曰：「夏姬，徵舒母也。」』據注，則疑徵舒爲陳夏徵舒。蓋枚列數人，不必皆女。徵舒母美，徵舒亦或有色。而文以先施在徵舒上，或枚亦謂先施即夏姬也。

恢恑憰怪，

陸德明曰：『恢，简文本作弔。』倫按：恢借爲悝，音同谿紐。《説文》曰：『悝，啁也。』『啁』今作『嘲』。简文本作弔者，疑借弔爲啁也。《説文》『祒』讀若雕。可爲例證。啁即悝也。

道通爲一。

吴汝綸曰：《爾雅・釋詁》：『道，直也。』

其分也，成也；其成也，毁也。凡物無成與毁，復通爲一。唯達者知通爲一，爲是不用而寓諸庸。庸也者，用也。

倫按：庸即用之後起字。

用也者，通也。通也者，得也。

章炳麟曰：『庸、用、通、得皆以疊韻爲訓，得借爲中。《地官・師氏》「中失」，故書「中」爲「得」。得與中相通者，古無舌上音，中讀如冬，與得雙聲。』

適得而幾矣。

倫按：幾借爲近，脂真對轉。《周禮・大司馬》『乃以九畿之籍』，注：『故書畿爲近。』《易・小畜》『月幾望』，子夏『幾』作『近』。是其例證。後文隨義别之。

因是已。已而不知其然謂之道。

陸德明曰：『謂之道，向、郭絶句。崔讀謂之道勞。』戴震曰：『《爾雅・釋詁》：「已，此也。」』倫按：向、郭讀是。

勞神明爲一，而不知其同也，謂之朝三。何謂朝三？狙公賦芧，

朱駿聲曰：『芧借爲柔。』倫按：賦借爲𡗝，《説文》曰：『𡗝，賦事也，讀若頒。一曰：讀若非。』古書通以賦爲𡗝，賦音非紐，是古與𡗝同音也。

曰：『朝三而暮四。』涵本、世本『暮』作『莫』，下句同。**衆狙皆怒。曰：『然則朝四而暮三。』衆狙皆悦。名實未虧而喜怒爲用，亦因是也。是以聖人和之以是非，而休乎天均，**各本『均』作『鈞』。

陸德明曰：『鈞，本又作均。』倫按：《説文》唱和字作和，調和字作龢，其實一字。均正字，《説文》曰：『均，平徧也。』《管子·七法篇》曰：『猶立朝夕於運均之上。』運均即員均。《漢書·鄒陽傳》曰：『獨化於陶鈞之上。』張晏曰：『陶家名模下圓轉者爲鈞。』則字當作口，即圓初文。均口同喉音，通借。後同。

是之謂兩行。古之人，其知有所至矣。惡乎至？有以爲未始有物者，至矣，盡矣，不可以加矣。其次以爲有物矣，而未始有封也。其次以爲有封焉，而未始有是非也。是非之彰也，道之所以虧也。道之所以虧，愛之所以成。果且有成與虧乎哉？果且無成與虧乎哉？有成與虧，故昭氏之鼓琴也。

章炳麟曰：『故，此也。義見《墨子·天志篇》。』倫按：馬其昶讀『故』字絶句。

無成與虧，故昭氏之不鼓琴也。昭文之鼓琴也，

俞樾曰：《列子·湯問篇》載師文從師襄學鼓琴事，注云：『師文，鄭國樂師。』豈即其人與？《列子》稱師文，舉其官；此稱昭文，舉其氏。倫按：《吕氏春秋·君守篇》：『鄭太師文終日鼓瑟而見再拜其瑟，曰：「我效於子，效於不窮。」』即《列子注》所本。古書言琴瑟不甚别異。《史記·魏世家》『中旗憑琴而對』，《韓非子》作『推瑟』，《説苑》作『伏瑟』。是其例也。

師曠之枝策也，《世説》二二五注引『枝』作『支』。

倫按：成玄英疏曰：『支，柱也。』是成本『枝』作『支』。枝策事未詳。《淮南·氾論訓》：『譬猶師曠之施瑟柱也，所推移上下者，無尺寸之度而靡不中音。』疑即其事。

惠子之據梧也，

劉師培曰：《德充符篇》，莊語惠子曰：『今子外乎子之神，勞乎子之形，倚樹而吟，據槁梧而瞑。』與此文合。槁梧與樹對文，似非樂器。《天運篇》曰『倚於槁梧而吟』，亦非琴及瑟也。倫按：據梧事未詳。或謂梧借爲敔，《周禮·小師》『掌教鼓鞀柷敔塤簫管絃歌』，鄭注：『敔，木虎也。』《白虎通德論·禮樂篇》引《樂記》『木曰柷敔』。《說文》『敔』下：『禁也。』不云樂器，以椌即敔也。椌、梧皆喉音，故通借。今本《說文》『敔』下有『一曰樂器，椌楬也，形如木虎』十一字，段玉裁謂後人妄增，是也。《周禮·大司樂》注『合止柷敔』，《釋文》：『敔，本作梧。』

三子之知幾乎，《世說》二五注引『乎』作『矣』。**皆其盛者也？**

奚侗曰：盛當作成，即上文成虧之成。盛亦通作成，《易·繫辭傳》『成象謂之乾』，蜀才本『成』作『盛』。《史記·封禪書》『日主祠成山』，《漢書·郊祀志》『成』作『盛』。並其證也。

故載之末年。

奚侗曰：『載，事也。見《逸周書·謚法解》及《周禮·載師》注。末，終也。見《書·立政》

注。言從事於此以至盡年也。』倫按：載、事並齒音也。

唯其好之也，

倫按：唯讀爲雖，《禮記·表記》『唯天子受命於天』，鄭注：『唯當爲雖。』本書《庚桑楚篇》『唯蟲能蟲』，《音義》：『一本唯作雖。』此古書以唯爲雖之證。後隨文義别之。

以異於彼，

倫按：彼借爲違，違即非也。

其好之也，欲以明之。彼非所明而明之，故以堅白之昧終。而其子又以文之綸終，

倫按：綸疑借爲論，《説文》曰：『論，議也。』

終身無成。若是而可謂成乎？雖我亦成也。《闕誤》引江南古藏本作『雖我無成，亦可謂成矣』。**若是而不可謂成乎？物與我無成也。是故滑疑之耀，**

倫按：滑疑即本書《胠篋篇》及《徐無鬼篇》之頡滑。《胠篋篇》曰：『知詐漸毒頡滑堅白解垢同異之變多』，《音義》引李曰：『頡滑，滑稽也。』然正字當作詰詘。《説文》曰：『詰，問也。』『詘，詰詘也。』彼文借頡爲詰，此借疑爲詰，同爲淺喉音也。滑亦以同淺喉音借爲詘，《國語·周語》鄭武公名滑突，《史記·鄭世家》作掘突。是其例證。詰、詘爲問難之意，故《徐無鬼篇》曰：『其問之也，不可以有涯，而不可以無涯。』頡滑有實。

聖人之所圖也。

倫按：圖借爲吝，同舌音也。《説文》曰：『吝，相與語唾而不受也。』

爲是不用而寓諸庸，此之謂以明。今且有言於此，不知其與是類乎？其與是不類乎？類與不類，相與爲類，則與彼無以異矣。雖然，請嘗言之。有始也者，有未始有始也者，有未始有夫未始有始也者。有有也者，有無也者，有未始有無也者，有未始有夫未始有無也者。俄而有無矣，而未知有無之果孰有孰無也。

倫按：也讀爲邪，音同喻紐。《顔氏家訓·音辭篇》曰：『邪者，未定之詞，北人即呼爲也。』《史記·屈原傳》『庚子日施兮』，即借施爲衺。是其例證。後隨文别之。

今我則已有謂矣，而未知吾所謂之其果有謂乎，其果無謂乎？天下莫大於秋豪之末，崇本『豪』作『毫』。

陸德明曰：『豪，依字應作毫。』倫按：後『毫』毛字同。

而太山爲小，各本『太』作『大』，《輔行記》三之四引作『泰』。

倫按：太，當依各本作大，不謂東魯泰山也。

莫壽乎殤子，而彭祖爲夭。世本無『夭』字。天地與我並生，而萬物與我爲一。既已爲一矣，崇本『矣』作『夫』。且得有言乎？既已謂之一矣，且得無言乎？一與言爲二，二與一爲三。自此以往，巧歷不能得，倫按：歷借爲鬫，音同來紐。《説文》曰：『鬫，數也。』《呂氏春秋・安死篇》『孔子歷階』，《論衡》作『麗階』。是其例證。

而況其凡乎？

倫按：凡借爲衆，聲同浸類。《説文》曰：『衆，多也。』

故自無適有以至於三，而況自有適有乎？無適焉，因是已。夫道，未始有封，

陸德明曰：『崔云：《齊物》七章，此連上章而班固説在外篇。』倫按：今諸本此章並在本篇，班固説在外篇，則今本非復《漢志》之次第矣。

言未始有常，爲是而有畛也，請言其畛：有左有右，

陸德明曰：『右，崔本作宥。』依盧文弨説。倫按：宥借字。

有倫有義，

陸德明曰：『崔本：有論有議。』王懋竑曰：『當從崔本，下文「論而不議，議而不辯」，正從此句來。』

有分有辯，有競有爭，

倫按：競借爲誩，《説文》曰：『誩，競言也，讀若競。』爭爲諍省，《説文》曰：『諍，止也。』後競爭字同。

此之謂八德。六合之外，聖人存而不論。六合之内，聖人論而不議。春秋經世先王之志，

倫按：經借爲行，同淺喉音。

聖人議而不辯。故分也者，有不分也。辯也者，有不辯也。曰：何也？聖人懷之，

倫按：懷抱字當作褱，《説文》曰：『褱，俠也。』古書通以懷爲之。後同。

衆人辯之以相示也。故曰：辯也者，有不見也。夫大道不稱，

倫按：稱借爲偁，《説文》曰：『偁，揚也。』後稱揚字同此。

大辯不言，大仁不仁，大廉不嗛，

奚侗曰：嗛借爲謙，《史記·封禪書》『陛下謙讓而弗發也』，《漢書·司馬相如傳》作『嗛讓』。是其證。倫按：廉借爲鎌，《説文》曰：『鎌，嘰也。』讀若風溓溓。一曰：若廉絜也。』從江沅説，『廉』上補『若』字。『嘰，小食也。』凡廉絜字當作鎌。後同。

大勇不忮。『忮』原作『忮』，世本同，今正。

倫按：忮疑借爲馶，《説文》曰：『馶，馬彊也。』《淮南·詮言訓》『不忮』作『不矜』。矜，《説文》作矜。古書多借矜爲兢，以兢讀若矜也。《説文》曰：『兢，競也。』『競，彊語也。』

道昭而不道，言辯而不及，仁常而不成，《闕誤》引江南古藏本『成』作『周』。

奚侗曰：『成，江南古藏本作周，是也。郭注：「物無常愛而常愛必不周。」是郭本亦作「周」，「成」字涉下「勇忮而不成」句誤。』

廉清而不信，勇忮而不成。五者园而幾向方矣。

陸德明曰：『向，本亦作嚮。音同。下皆放此。』奚侗曰：『《淮南・詮言訓》載此文，作「五者無棄而幾向方矣」，疑古本「無」作「无」。「棄」字破爛不可辯，鈔者乃作□以志之。後人不察，誤无爲元，又與口相合爲园。』倫按：园字未詳。《後漢書・孔融傳》『豈有員园委曲可以每其生哉』，是园字或非誤。嚮，俗字。向借爲𠨍，卯當作𠨍，從兩人相向。卿字從此，即向背本字。凡方向字當作𠨍。後同。

故知止其所不知，至矣。孰知不言之辯，不道之道？若有能知，此之謂天府。注焉而不滿，酌焉而不竭，

倫按：竭借爲渴，《説文》曰：『渴，盡也。』後文隨義别之。

而不知其所由來，此之謂葆光。

倫按：葆，《淮南・本經訓》作瑶，此借爲寶，音同幫紐。《易・繫辭》『聖人之大寶曰位』，孟喜本『寶』作『保』。是其例證。《説文》曰：『寶，珍也。』

故昔者堯問於舜，曰：『我欲伐宗、膾、胥敖，

梁履繩曰：『屈鶩與胥敖相似，恐有譌錯。』洪亮吉曰：『膾當即鄶。』朱亦棟曰：『胥敖二字切爲苗。』孫詒讓曰：『《人閒世篇》曰：「昔堯攻叢枝胥敖。」宗膾當即叢枝。《荀子・議兵篇》曰：「堯伐驩兜。」《戰國策・秦策》亦有此語。楊注曰：「《書》曰：放驩兜於崇山。」宗即崇之借字。宗、崇聲類同。《書·牧誓》「是崇是長」，《漢書·谷永傳》引「崇」作「宗」。《呂氏春秋·召類篇》「禹攻曹、魏、屈鶩、有扈」，敖疑與鶩字通，胥當作骨，形近而譌。骨敖即屈鶩，《列子·楊朱篇》「禽骨釐」，釋文骨作屈。是其例證。』倫按：本書《在宥篇》曰：『堯於是放讙兜於崇山，投三苗於三峗，流共工於幽都。』此文伐宗，即放讙兜。伐膾者，流共工也。伐胥敖者，投三苗也。宗即崇省，其事易明。膾，《毛詩》作檜，本亦作鄶。見《釋文》。蓋鄶爲正。本書《人閒世》作枝，奚侗謂『枝』係『快』字之譌，『快』又『膾』之借字。其説是也。《説文》噲讀若快，《公羊春秋·昭二十七年》『邾婁快來奔』，釋文：『快，本作噲。』是其例證。快、鄶同淺喉音也。《説文》曰：『鄶，祝融之後。』《詩譜》亦曰：『檜者，古高辛氏火正祝融之墟。』則鄶是祝融國也。《山海經·海内經》曰：『祝融生共工。』《大戴禮記·帝繫篇》曰：『吳回氏產陸終。』《史記·楚世家》曰：『帝嚳誅重黎，以其弟吳回爲重黎。後復居火正爲祝融。』《潛夫論·志姓氏》曰：『黎，顓頊氏裔子吳回也。』高誘《淮南注》曰：『祝融，顓頊之孫老童之子吳回也。一名黎，爲高辛氏火正，號爲祝融。』《漢書·古今人表》：『陸終，祝融子。』是祝融即吳回，而陸終即共工。《大戴禮記·帝繫篇》曰：『陸終取於鬼方氏，鬼方氏之妹謂之女隤氏，產六子。其四曰萊言，是謂邴鄶人。』《國語·周語》曰：『鄶由叔妘。』是鄶爲共工子來言所封國。「萊」，世本作『求』。古者多以後嗣封邑逆偁其先人，如《春秋左氏傳》言封皋陶之後於許，而皋陶遂偁許由。此乃以鄃偁共工。《韓非·外儲説左上篇》曰：『堯欲禪天下於舜，共工諫曰：「孰以天下而傳之於匹夫。」堯不聽，舉兵而流共工於幽州之都。』《周書·史記解》曰：『昔有共工自賢，自以無臣，久空大官，下官交亂，民無所附。唐氏伐之，共工以亡。』二記雖殊，堯伐共工，有其事矣。胥當作骨，骨敖爲苗之緩言。《通鑑·前篇》：『堯七十六載，竄三苗於三危。』本書《在宥篇》音義作『六十六年』。《竹書紀年》：『堯七十六年，司空伐曹魏之戎，克之。』《吕氏春秋·召類篇》：『禹攻曹魏屈驁以行其教。』攻曹魏屈驁並言，疑《竹書》亦當有屈驁。曹爲共工弟五子安之國，魏疑亦鄃之借字，同淺喉音也。殆堯伐共工、三苗，皆以禹行。郭璞《山海經·海外南經》注曰：『昔堯以天下讓舜，三苗之君非之。帝殺之。有苗之民叛入南海，爲三苗國。』亦見《博物志》。而經偁三苗國在赤水東。《吕氏春秋·召類篇》：『堯戰於丹水之浦，以服南蠻。』《六韜》：『堯與有苗戰於丹水之陽。』是丹水即赤水。此二記雖亦或殊，堯伐三苗，亦有其事。依《虞書》《山海經》《韓非子》《竹書紀年》《吕氏春秋》等書，唐虞時數伐三苗、共工，或克而又叛。或如《山海經·大荒北經》言禹殺共工臣相，繇而《書》亦偁伐共工。

南面而不釋然。

倫按：釋讀爲懌，《説文》無懌，古書多以釋爲之。後文隨義別之。

其故何也？』舜曰：『夫三子者，猶存乎蓬艾之閒。若不釋然，何哉？昔者十日並出，

萬物皆照，《山海經·海外南經》注引作「十日並出，草木焦枯」。

馬其昶曰：照與灼同，《説文》：『灼，炙也。』《淮南》言：『堯時，十日並出，焦禾稼，殺草木。』即此所謂並照也。倫按：照、灼音同照紐。《詩·大明》箋：『照哲見乎天。』《釋文》：『照，本作灼。』是其例證。

而況德之進乎日者乎？』『況』原作『况』，今正，後同。**齧缺問乎王倪，**

倫按：齧借爲齺，音同疑紐。《説文》曰：『齺，缺齒也。』

曰：『子知物之所同是乎？』曰：『吾惡乎知之。』『子知子之所不知邪？』曰：『吾惡乎知之。』『然則物無知邪？』曰：『吾惡乎知之。雖然，嘗試言之。庸詎知吾所謂知之非不知邪？

陸德明曰：『詎，徐本作巨。』劉淇曰：『庸，寧辭。詎，豈辭。庸、詎重言也。』王引之曰：『庸猶何也，安也，詎也，故亦稱庸安。《荀子·宥坐篇》曰：「女庸安知不得之桑落之下。」』劉秀生曰：『庸、詎雙聲連語。《説文》曰：「詎，詎鰈也。」』是其例證。

庸詎知吾所謂不知之非知邪？且吾嘗試問乎汝：各本『汝』作『女』。

倫按：《音義》出『女』字，是陸本『汝』作『女』也。

民，溼寢則腰疾偏死，

倫按：腰俗要字，偏借爲痛，《説文》曰：『痛，半枯也。』

鰌然乎哉？木處則惴慄恂懼，

陸德明曰：『恂，班固作眴。』朱駿聲曰：『恂借爲愳，《説文》曰：「愳，驚詞也。」』

猨猴然乎哉？《御覽》九一〇引『猴』作『猱』。

倫按：猨當作蝯，《説文》曰：『蝯，善援，禺屬。』後同。

三者孰知正處？民食芻豢，麋鹿食薦，蝍蛆甘帶，涵本、世本『蛆』作『且』，《藝文類聚》九二引『帶』作『蝃』。

陸德明曰：『且字或作蛆，李云：「蝍且，蟲名也。」《廣雅》云：「蜈公也。」《爾雅》云「蒺蔾蝍蛆」，郭璞注云：「似蝗，大腹長角，能食蛇腦。」』倫按：『蝍蛆』二字，《説文》並無。《玉篇》亦云：『蝍蝛蝍蛆，能食蛇，亦名蜈蚣。』王引之曰：《淮南·説林訓》云：『騰蛇游霧而殆於蝍蛆。』《御覽》引《春秋考異郵》云：『土勝水，故蝍蛆搏蛇。』《本草》『蜈蚣』，陶注：『一名蝍蛆，其性能制蛇。見大蛇，便緣而噉其腦。』是也。其郭璞注《爾雅》『蝍蛆』云：『似蝗而大腹長角，能食蛇腦。』與《廣雅》説異。按蔡邕《短人賦》云：『蟄地蝗兮蘆蝍蛆，視短人兮形若斯。』『蝗』與『蝍蛆』並稱，明爲二物相類，且似蝗。大腹，體甚局促，故以況短人之狀。若蜈蚣，似蚰蜒而長大，不得謂之爲短。是蔡邕賦蝍蛆，正與郭注相合。但蜈蚣同名蝍蛆，食蛇之技相等，則未知《爾雅》所云當爲確指何物也。《開元占經》引京房云：『見山蝍蛆入于邑。』此則生於山者。《爾雅翼》云：『蜈蚣生深山枯木中者，遇天將雨，羣就最高處作拏空欲奮之狀。』郝懿行曰：『蜈蚣似蚰蜒而長，大尾，末有歧。』郭云『似蝗而大腹長角』，則必非蜈蚣矣。高誘《淮南注》以蝍蛆爲蟋蟀，但蟋蟀似蝗而小，亦非大腹。《唐本草注》，山東人呼蜘蛛一名蝍蛆，亦能制蛇。但蜘蛛大角而無長角，又不似蝗。此二物又未聞能食蛇也。《初學記》十九引蔡雝《短人賦》云：『蟄地蝗兮蘆蝍蛆。』以蝍蛆與蝗爲類，又以譬況短人，决非蜈蚣之比。今有一種蚅蜢蟲，大腹長角，色紫緑而形麤短，俚人呼之曰山草驢，亦名蛆。蛆與蝍聲近，蔡賦、郭注疑俱指此物。而食蛇之説，又所未聞。《淮南・説林訓》云：『騰蛇游霧而殆於蝍蛆。』注：『蝍蛆，蟋蟀。』《爾雅》謂之蜻蛚，大腹也。上蛇，不敢動，故曰：『殆於蝍蛆。』然則蝍蛆似蜻蛚而大腹，高説與郭義正合。帶，當依《類聚》引作螮，《説文》曰：『螮，螮蝀，虹也。』『虹，螮蝀也，狀似虫。』它，虫也。則似虫者，謂似它也。它，今作蛇。

鴟鴉耆鼠。《山海經・西山經》郭注引『鴉』作『雅』、『耆』作『甘』。

陸德明曰：『鴉，本亦作鵶。耆，或作嗜，崔本作甘。』劉師培曰：『慧琳《大藏經音義》引「耆」作「嗜」。』倫按：成玄英疏曰：『鴟鳶鵶鳥。』是成本『鴉』作『鵶』也。鴉、鵶並是雅之別字。《水經・㶟水》注引孫炎曰：『卑居，楚烏，犍爲舍人以爲壁居，《説文》謂之雅。』雅，楚烏，《莊子》曰雅賈矣。《山海經・西山經》郭注引亦作雅。然則本書字本作雅也。耆者，嗜之省。

四者孰知正味？猨，猵狙以爲雌，麋與鹿交，鰌與魚游。

章炳麟曰：鰌亦魚也，此當借爲䲡。

毛嬙麗姬，《類聚》一八引『麗』作『驪』。《御覽》三八一引『麗姬』作『西施』，在『毛嬙』上。

陸德明曰：『麗姬，晉獻公之嬖，以爲夫人。崔本作西施。』朱亦芹曰：『《左·襄二十六年傳》：「宋芮司徒生女子，赤而毛，棄諸堤下。共姬之妾取以入，名之曰棄。長而美。平公入夕，見棄也而視之，尤，姬納諸御。」然則毛嬙宋平公夫人也，以體生毛，故曰毛；以備嬪嬙，故曰嬙。』劉秀生曰：『麗姬，崔本作西施。《管子·小稱篇》：「毛嬙西施，天下之美婦人也。」《文選·神女賦》注引《慎子》：「毛嬙先施，天下之姣也。」先施即西施。是古多以「毛嬙」「西施」並舉。疑麗姬、西施一也。古書以洒爲灑埽字可證。或本作西施，後人因下文麗之姬句而改。』

人之所美也，

倫按：美爲媄省。《説文》曰：『媄，色好也。』後同。

魚見之深入，鳥見之高飛，麋鹿見之決驟。

郭慶藩曰：決當作赽，《説文》曰：『赽，馬行皃。』

四者孰知天下之正色哉？崇本『哉』作『我』。**自我觀之，仁義之端，**

倫按：仁義字當作誼，《説文》曰：『誼，人所宜也。』此借，音同疑紐。後同。端，

《説文》曰：『直也。從立，㠯聲。』立古位字，則端訓直者，直立於位也。此言仁義之端，猶言仁義之位矣。仁義之端，與是非之塗，對文。

是非之塗，樊然殽亂，

陸德明曰：『殽，郭作散。』朱駿聲曰：『殽借爲爻，《説文》：「爻，交也。」』倫按：樊當爲棥，《説文》曰：『棥，藩也。』治亂字，《説文》作敽，煩也。後同。

吾惡能知其辯？齧缺曰：『子不知利害，則至人固不知利害乎？』王倪曰：『至人神矣！大澤焚而不能熱，

倫按：澤借爲瀶，古讀知紐歸端、澄紐歸定，同舌音也，古書通以澤爲之。《説文》曰：『瀶，土得水沮也。』田澤、川澤字當作瀶。《韓非·内儲説上篇》曰：『魯人燒積澤。』俞樾曰：『所謂火田也。』後同。

河漢沍而不能寒，

陸德明曰：『沍，户故反。徐：又户各反。李：户格反。向云：凍也。崔云：沍猶涸也。』倫按：《説文》無沍字，『垎』下曰：『水乾也。一曰：堅也。』《禮記·學記》『扞格』注：『讀如凍垎之垎。』倫謂水乾者涸字義，《篇韻》作土乾，則與堅爲一義。垎當以凍垎爲本義，此文沍字爲垎之借。《音義》引『李：户格反，云凍也』，是也。互、洛匣紐雙聲。

疾雷破山風振海而不能驚。《闕誤》引江南李氏本『山』下有『飄』字。《御覽》五〇一引皇甫謐《高士傳》引作『暴風振海』。

奚侗曰：『風上脱飄字。據成玄英疏曰：「雷霆奮發而破山，飄風濤蕩而振海。」是成本有飄字。江南李氏本亦有飄字。』倫按：振借爲震，《説文》曰：『震，劈歷振物者。』

若然者，乘雲氣騎日月而遊乎四海之外。死生無變於己，而況利害之端乎。

倫按：端當爲耑，《説文》曰：『耑，初生之題也。』後隨文别之。

瞿鵲子問乎長梧子，《廣韻》十『虞』引『瞿』作『鸜』。**曰：『吾聞諸夫子，**

陸德明曰：『長梧子，崔云：名丘。夫子，向云：瞿鵲之師。』俞樾曰：『瞿鵲子必七十子之後人所稱。「聞之夫子」，謂聞之孔子也。下文「長梧子曰：是黄帝之所聽熒也，而丘也何足以知之」，丘即是孔子名。因瞿鵲子述孔子之言，故曰「丘也何足以知之」。而讀者不達其意，以丘也爲長梧子自稱其名，故《釋文》云「長梧子，崔云：名丘」。此大不然。下文云：「丘也與女皆夢也，予謂女夢亦夢也。」丘非長梧子名明甚。

聖人不從事於務，不就利，不違害，不喜求，不緣道。

倫按：緣借爲掾，此攀緣之本字。《説文》曰：『掾，緣也。』後同。

無謂有謂，有謂無謂，而遊乎塵垢之外。

陸德明曰：『而遊，崔本作而施。』倫按：遊與施形近，故譌爲施。或借爲馳。

夫子以爲孟浪之言，

陸德明曰：『向云：孟浪音漫瀾。』倫按：孟浪借爲謾讕，《説文》曰：『謾，欺也。』『讕，抵讕也。』孟、謾音同明紐，浪、讕音同來紐也。

而我以爲妙道之行也。

倫按：《説文》無『妙』字，『玄妙』、『微妙』字當作『秒』。《説文》曰：『秒，禾芒也。』後同。

吾子以爲奚若？』長梧子曰：是皇帝之所聽熒也，涵本『皇』作『黄』。涵本、世本『螢』作『熒』。

陸德明曰：『皇，本又作黄。熒，本亦作瑩。向、崔作韕榮。』成玄英曰：『皇，本亦有作黄字者。』朱駿聲曰：『熒借爲瞢，《説文》曰：「瞢，瞢惑也。」』倫按：皇當作黄，聲同陽類通借。向、崔本作韕字未詳。盧文弨曰：《字彙補》云：『韕字見釋典中。』《隨函》云：『韕與輝同。』

而丘也何足以知之。且汝亦大早計，各本『汝』作『女』。**見卵而求時夜，**

倫按：時當爲寺，今通作侍。

見彈而求鴞炙。『炙』原作『灸』，世本同，今正。**予嘗爲汝妄言之，**

倫按：成玄英疏曰：『我試爲汝妄説。』又上文『論而不議』，疏曰：『故下文云我亦妄説之。』疑成本『言』作『説』。

汝以妄聽之。 各本『汝』作『女』。**奚旁日月，**

陸德明曰：『旁，崔本作傍。』倫按：旁借爲方，《説文》曰：『方，併船也。』

挾宇宙，

陸德明曰：『挾，崔本作扶。』倫按：當作挾，正作夾，《説文》曰：『夾，持也。』

爲其䏚合，

陸德明曰：『䏚，本或作脗。』倫按：《説文》曰：『吻，邊也。』脗、吻或從肉昬。從此作䏚或作脗者，蓋誤合吻脗爲一，而又或譌脗。六朝人書每然也。吻借爲㝠，並脣音也。《説文》曰：『㝠，冥合也。』

置其滑涽，

陸德明曰：『滑，向本作汩。涽，崔本作緡。』倫按：滑、汩聲同脂類通借。《吕氏春秋·本生篇》注曰：『扫讀曰骨。』《玉篇》扫亦搰字。並其例證。涽爲涽之譌字。滑、涽疊韻，借爲詘詰。涽、詰並淺喉音也。緡又涽之譌字。

以隸相尊。衆人役役，

倫按：役借爲𠳮，役音營隻切，收音在照紐，是役以殳爲聲也。殳音禪紐，古並舌音。形聲字有以雙聲字爲聲者，説見孔廣居《説文疑疑》。𠳮音當侯切，收音在匣紐。役音喻紐，皆屬喉音，有深淺耳。《説文》曰：『吺，讘吺，多言也。』

聖人愚芚，《闕誤》引劉得一本『芚』作『萅』。

倫按：芚爲蒠之省，借爲惷。惷音丑江切，在徹紐。然惷從舂得聲，舂音書容切，在審紐。惷在穿紐。古讀徹穿審並歸透紐，故惷與惷通借。

參萬歲而一成純，

倫按：參爲糝省，《説文》曰：『糝，以米和羹也。』後文隨義别之。純借爲均，《儀禮·士昏禮》注：『古文純爲鈞。』是其例證。《説文》曰：『均，平徧也。』

萬物盡然而以是相蘊。

陸德明曰：『蘊，本亦作緼。』倫按：當作緼，《説文》曰：『緼，紼也。』『紼，亂枲也。』亂枲相依以成。

予惡乎知悦生之非惑邪！各本『悦』作『説』。《文選·辯命論》注引作『或非邪』。

倫按：《音義》出『説』字，音悦。是陸本『悦』作『説』。

予惡乎知惡死之非弱喪而不知歸者邪！《文選·辯命論》注引作『予惡乎知惡死之或是邪』。

倫按：弱借爲休。

麗之姬，艾封人之子也。晉國之始得之也，涕泣沾襟。《御覽》七〇六引『襟』作『衿』。

倫按：沾爲霑省，《説文》曰：『霑，雨䨣也。』

及其至於王所，

陸德明曰：『崔云：六國時，諸侯僭稱王，因此謂獻公爲王也。』倫按：所借爲處，同齒音也。《説文》曰：『處，止也。』後文隨義别之。

與王同匡牀，『匡』原作『匡』，今正，後同。各本作『筐』。

陸德明曰：『筐，本亦作匡。』倫按：匡借爲匚，《説文》曰：『匚，受物之器，讀若方。』

食芻豢，而後悔其泣也。予惡乎知夫死者不悔其始之蘄生乎！夢飲酒者，

倫按：夢爲㝱省，《説文》曰：『㝱，寐而覺者也。』後同。

旦而哭泣。夢哭泣者，旦而田獵。其夢也，崇本『其』作『真』。**不知其夢也。夢之中又占其夢焉，覺而後知其夢也。且有大覺而後知此其大夢也，而愚者自以爲覺，竊竊然知之。**

倫按：竊借爲睩，音同清紐。本書《庚桑楚篇》『竊竊然又何足以濟世哉』，崔本『竊竊』作『察察』。是其例證。《説文》曰：『睩，察也。』

君乎，牧乎，

陸德明曰：『牧，崔本作跂。』倫按：跂字形近而譌也。

固哉。丘也與汝皆夢也，各本『汝』作『女』，下句同。**予謂汝夢亦夢也。是其言也，其名爲弔詭。**

朱駿聲曰：『詭借爲恑。』倫按：弔當作憰，憰從矞聲，矞字從矛。《說文》矛之古文作𢦒，衺之籀文作[illegible]，蟊之籀文作[illegible]，其矛字形與金文弔字相似，故憰字爛奪成弔，傳寫成吊。《說文》曰：『憰，權詐也。』『恑，變也。』

萬世之後，而一遇大聖。知其解者，是旦暮遇之也。既使我與若辯矣，若勝我，我不若勝，若果是也，我果非也邪？我勝若，若不吾勝，我果是也，而果非也邪？其或是也，

倫按：或讀爲有，音並喻紐。《書・無逸篇》『亦罔或克壽』，《漢書・鄭崇傳》作『亦罔有克壽』。是其例證。

其或非也邪？其俱是也，其俱非也邪？我與若不能相知也，則人固受其黮闇。

倫按：闇借爲黯，《說文》曰：『黯，深黑也。』

吾誰使正之？使同乎若者正之，既與若同矣，惡能正之？使同乎我者正之，既同乎我矣，惡能正之？使異乎我與若者正之，既異乎我與若矣，惡能正之？使同乎我與若者正之，既同乎我與若矣，惡能正之？然則我與若與人俱不能相知也，而待彼也邪？何謂和之以天倪？

陸德明曰：『倪，崔云：或作霓。班固曰：天研。』倫按：天倪與《大宗師篇》之『端倪』、《天下篇》之『端崖』不同。倪當從班固作研，疑紐雙聲相通借也。《說文》曰：『研，礦也。』天研猶言自然之礦。礦道回旋，終而復始，以諭是非之初無是非也。《寓言篇》曰：『天均者，天倪也。』可證。

曰：是不是，然不然。是若果是也，則是之異乎不是也，亦無辯。《闕誤》引江南古藏本亦作其『辯』下有『矣』字。**然若果然也，則然之異乎不然也，亦無辯。**《闕誤》引江南古藏本『辯』下有『矣』字。**化聲之相待，若其不相待。和之以天倪，因之以曼衍，**

倫按：曼衍借爲氾濫，曼、氾同脣音也。衍屬喉音喻紐，濫屬半舌音來紐。半舌者，半舌上半喉音也。故來紐字與喉音字多爲雙聲。《説文》讀若睞，相或體作梩，齊人謂芓爲莒。《春秋》『僖公』，《史記》作『釐公』。並其例證。

所以窮年也。

倫按：吕惠卿移『化聲之相待』至此於上文『何謂和之以天倪』上。

忘年忘義，振於無竟，

陸德明曰：『竟，崔作境。』倫按：振借爲氐，脂真對轉。《説文》『蚳』之古文作『蝁』。《禮記・内則篇》『祇見孺子』注：『祇或爲振。』《尚書・無逸篇》『治民祇懼』，《史記・周世家》『祇』作『震』。並其例證。《説文》曰：『氐，至也。』境者，畺之俗字，此當作竟。《説文》曰：『樂曲盡爲竟。』

故寓諸無竟。罔兩問景，

陸德明曰：『罔兩，崔本作罔浪。景，本或作影，俗也。』倫按：罔兩，本書《天地篇》

作罔象。《史記・孔子世家》『木石之怪夔、罔閬』，《索隱》曰：『《家語》作蝄蜽。《周禮・方相氏》「歐方良」注：「方良，罔兩也。」』引《國語》曰：『木石之怪夔、罔兩。』又本書《達生篇》『水有罔象』，司馬本作『無傷』，皆聲類相同，因通借耳。《説文》曰：『蝄蜽，山川之精物也。』《淮南王》説：『蝄蜽，狀如三歲小兒，赤黑色，赤目，長耳，美髮。』《國語》曰：『木石之怪夔、蝄蜽。』如許説，蝄蜽實有其物。然賈逵《國語注》曰：『罔兩、罔象，言有夔龍之形，而無實體。』此崔注曰：『罔兩，有無之象。』向、郭、司馬亦皆釋爲重陰，於莊義爲得之。《顔氏家訓・書證篇》曰：『景字，葛洪《字苑》傍始加彡，音於景反。』而世間輒改莊從葛。則作景是故書矣。

曰：『曩子行，今子止。

倫按：止爲趾之初文。止住字當作此，《説文》曰：『此，止也。』後同。

曩子坐，今子起。何其無特操與？』

陸德明曰：『特，本或作持。』倫按：特、持並從寺聲，並借爲穉。與爲歟省，《説文》曰：『歟，安气也。』後同。

景曰：『吾有待而然者邪？吾所待又有待而然者邪？《漢書・敍傳》顔師古注引無兩「者」字、兩「邪」字。吾待蛇蚹蜩翼邪？

朱駿聲曰：『蚹即柎字。《説文》曰：「柎，闌足也。」』倫按：蚹借爲柎。《方言》

曰：『蟬，宋衛之閒謂之蝭蟧。』

惡識所以然？惡識所以不然？』昔者，莊周夢爲胡蝶，

陸德明曰：『胡蝶，司馬、崔云：蛺蝶也。』倫按：胡從古聲，古音見紐，故借爲蛺也。

栩栩然胡蝶也，

陸德明曰：『栩，崔本作翮。』倫按：栩當依崔本作翮，《說文》曰：『翮，疾飛也。』

自喻適志與？

朱駿聲曰：『喻當作愉，《說文》：「愉，樂也。」』

不知周也俄然覺。

倫按：本書《大宗師篇》『成然寐』，『成』本或作『戌』，又作眓，亦作俄。倫謂此文俄然，當作眓然。《說文》曰：『眓，視高皃。』段玉裁謂豁目字當作眓。是也。傳寫轉譌爲俄，或爲淺人妄改。

則蘧蘧然周也。《御覽》九四五引『蘧蘧』作『瞿瞿』。

陸德明曰：『蘧蘧，崔作據據。引《大宗師》云「據然覺」。』倫按：蘧據並借爲瞿，同淺喉音也。《說文》曰：『瞿，舉目驚瞿然也。』

不知周之夢爲胡蝶與？蝶之夢爲周與？周與胡蝶則必有分矣。此之謂物化。

莊子義證弟三　內篇養生主弟三

倫按：主爲住省，《説文》作侸，從人，豈省聲，今本作『豆聲』，非。讀若樹。來者爲賓，住者爲主也。後賓主字同此。

吾生也有涯，

陸德明曰：『涯，本亦作崖。』倫按：當作崖，《説文》曰：『崖，高邊也。』後同。

而知也無涯。以有涯隨無涯，殆已。已而爲知者，

倫按：已讀爲此。

殆而已矣。爲善無近名，爲惡無近刑。緣督以爲經，

倫按：緣借爲循，聲同脂類。《廣雅·釋詁》曰：『緣，循也。』是其例證。《説文》曰：『循，順行也。』督借爲中，同舌音也。《靈樞》：『頸中央之脈謂之督脈。』《説文》『衣躬縫即背縫。謂之裻』，讀若督。是其例證。經借爲徑，《説文》曰：『徑，步道也。』本書《庚桑楚篇》『衛生之經』，亦謂衛生之道。

可以保身，

倫按：保護字當作勹，《説文》曰：『勹，覆也。』此借，同脣音也。後同。

可以全生，可以養親，可以盡年。庖丁爲文惠君解牛，《北堂書鈔》一二三、《御覽》三四六引『文惠』作『惠文』。

陸德明曰：『庖，崔本作胞。《管子》有屠牛坦，一朝解九牛，刀可剃毛。』倫按：《呂氏春秋・精通篇》曰：『宋之庖丁。』則庖丁宋人。坦、丁並舌頭音，庖丁即屠牛坦與？《淮南・齊俗訓》作屠牛吐。吐亦舌音也。惟《淮南》以吐與丁爲二人。

手之所觸，世本『觸』作『解』。**肩之所倚，足之所履，膝之所踦，**

倫按：膝爲厀俗字。踦借爲掎，《説文》曰：『掎，偏引也。』從段本。

砉然，各本『砉』作『砉』。

陸德明曰：『砉，向：呼鵙反。徐：許鵙反。崔：音畫，又古鵙反。李：又呼歷反。』倫按：『砉』字《説文》所無，蓋從石丯聲，而借爲契。《説文》『㓞』，籀文作『䂿』。《詩》『有略其耜』，《釋文》：『略，字書本作䂿』。《匡謬正俗》引張楫《古今字詁》曰：『略，古作䂿。』一本作䂿。䂿字亦《説文》所無。疑砉爲䂿之省，䂿爲䂿之譌。䂿、契並淺喉音也。契，《説文》曰：『畫堅也。』

嚮然，

陸德明曰：『嚮然，本或無然字。』倫按：嚮借爲響。契然響，承上『手之所觸』四句言也，當依一本去『然』字。

奏刀騞然，各本『騞』作『騞』。

陸德明曰：『騞，呼獲反。徐：許嬖反。向：他亦反，又音麥。崔云：音近獲。』倫按：陸本作騞。騞、騞二字均《說文》所無，疑借爲捇。《說文》曰：『捇，裂也。』音呼麥反。

莫不中音。合於桑林之舞，乃中經首之會。

奚侗曰：『經字疑貍字之誤。《禮記・樂記》「左射貍首」，鄭注：「貍首，所以歌爲節也。」《儀禮・大射儀》「奏貍首」，鄭注：「貍首，逸詩《曾孫》也。」是貍首本古樂章之名。』

文惠君曰：『譆，

倫按：譆借爲歖，《說文》曰：『歖，卒喜也。』

善哉！技蓋至此乎？』『技』原作『技』，各本同，今正。後同。

倫按：蓋借爲曷，同淺喉音。《書・湯誓》『時日曷喪』，《孟子・梁惠王篇》作『害喪』。《爾雅・釋言》：『蓋，裂。』《釋文》：『蓋，舍人本作害。』此曷、害、蓋互通之證。《說文》曰：『曷，何也。』

庖丁釋刀，

倫按：釋借爲捨，音同審紐。《儀禮・大射儀》『獲而未釋獲』注：『古文釋爲舍。』

《儀禮·聘禮記》『釋軷』，《周禮》『大馭』注作『舍軷』。是其例證。《説文》曰：『拾，釋也。』後文隨義别之。

對曰：『臣之所好者，道也，進乎技矣。

倫按：進爲盡。《説文》：『津。古文作𦨊。』蓋從水𦨊聲，𦨊即進字。詳《説文六書疏證》。《漢書·高帝紀》『主進』，顔注：『進本作賮。』並其例證。《説文》曰：『盡，器空也。』

始臣之解牛之時，所見無非牛者。三年之後，未嘗見全牛也。方今之時，

倫按：方借爲當，聲同陽類。《説文》曰：『當，田相值也。』後文隨義别之。

臣以神遇而不以目視，官知止而神欲行。依乎天理，批大郤，「郤」，原作「郄」，世本同，今正。後同。

倫按：批，《説文》作㧗，反手擊也。

導大窾，

陸德明曰：『道，音導。』盧文弨曰：『今本道作導。』朱駿聲曰：『窾借爲空。』劉秀生曰：『窾借爲竅。《齊物論》「大木百圍之竅穴」，崔本作「窾」，是其例證。』

因其固然，技經肯綮之未嘗，

陸德明曰：『技，本或作猗。肯，《説文》作肎，《字林》同，口乃反。云「箸骨肉也」。

一曰：「骨無肉也。」崔云：許叔重曰：骨閒肉肯肯箸也。』倫按：技借爲肢，或傳寫之誤也。《說文》曰：『胑，體四胑也。』或從支作肢。本作猗者，支、歌二類通轉相借也。《說文》曰：『攲，三足釜也。』《詩・采蘋》『惟錡及釜』，《釋文》：『錡，三足釜也。』《方言》：『鍑，江淮陳楚之閒謂之錡。』注：『錡，三脚釜也。』是錡即攲也。此其例證。經爲脛誤，或借爲脛。《說文》曰：『脛，胻也。』綮當作脊，《廣雅・釋親》曰：『脊，腨也。』《廣韻》引《字林》曰：『脊，腨腸也。』吴仁傑曰：《山海經・海外經》曰『無脊之國』，或作綮。郭璞注曰：『脊，腓腸也。』莊周書：技經肯綮之未嘗。』《集韻》以綮爲筋肉結處，不言與脊通，蓋偶忘《山海經》耳。倫檢《說文》無脊字。段玉裁謂腨即脊也。《禮經》多作肫。脊、肫脂真對轉也。或作膞，脊、膞聲同脂類，腨、膞則古音並在定紐也。肢、脛、肯、綮均屬於股，故曰『肢脛肎脊之未嘗，而況大軱乎』。

而況大軱乎。

倫按：軱借爲髁，《說文》曰：『髁，髀骨也。』段玉裁曰：髀骨猶言股骨，醫經亦謂之股骨。《漢書・賈誼傳》：『屠牛坦一朝解十二牛，而芒刃不頓者，所排擊剥割皆衆理解也。』至於髖髀之所，非斤則斧，此可證軱之爲髁也。軱從瓜聲，髁從果聲。瓜、果音同見紐，髁音谿紐，古讀見谿皆淺喉音。

良庖歲更刀，割也。族庖月更刀，

倫按：族借爲丵，古音同在從紐。《說文》曰：『丵，叢生草也。』

折也。今臣之刀十九年矣，所解數千牛矣，而刀刃若新發於硎。

陸德明曰：『硎，崔本作形。』王闓運曰：『硎，疑當作研。』倫按：《呂氏春秋·精通篇》作『刃若新鄜研』。《說文》曰：『研，礸也。』

彼節者有閒，《御覽》三四六引「有閒」作「無閒」。

倫按：節當作卪。《說文》曰：『卪，瑞信也。』然卪部所屬字，或從骨卪之卪，或從匒之初文作[illegible]而譌爲卪者，無從瑞信義之字。故知卪實骨卪之本字。

而刀刃者無厚。以無厚入有閒，恢恢乎其於遊刃必有餘地矣，《御覽》八九九引「遊」作「投」。

倫按：『遊』當依《御覽》作『投』。幽、矦最近旁轉也。《說文》曰：『投，擿也。』

是以十九年而刀刃若新發於硎。雖然，每至於族，

倫按：族借爲[illegible]，並齒頭音。《說文》曰：『[illegible]，卪也。』闕，段玉裁謂闕其音。嚴可均謂[illegible]讀若奏，是也。《白虎通德論》曰：『族，奏也。』是其例證。

吾見其難爲，怵然爲戒，視爲止，行爲遲，動刀甚微，謋然已解，

陸德明曰：『謋，化百反。徐：又許百反。』王念孫曰：《說文》：『捇，裂也。』謋與捇同。奚侗曰：『謋』疑『磔』之誤。《廣雅·釋詁》：『磔，開也。』倫按：未詳。謋、捇曉紐雙聲，磔從桀聲。桀開同淺喉音也。**如土委地。**《闕誤》引文如海、劉得一本上有「牛不知其死也」一句。**提刀而立，爲之四顧，爲之躊躇滿志，**

倫按：躊躇，《說文》作䇾箸。

善刀而藏之。』

倫按：善借爲飾，同爲舌音。郭注：『拭刀而弢之。』即以拭訓善。拭者，飾之今字。

文惠君曰：『善哉。吾聞庖丁之言，得養生焉。』公文軒見右師而驚，曰：『是何人也？惡乎介也？

陸德明曰：『介，崔本作兀，又作趴，云「斷也」。』倫按：本書《德充符篇》『魯有兀者王駘』，又曰『申屠嘉，兀者也』，又曰『魯有兀者叔孫無趾』，詳文均爲喪足者之偁。此下文曰：『天之生是使獨也。』是爲一足者明甚，當從崔木作兀。兀爲趴省，趴爲跀之或體。《說文》曰：『跀，斷足也。』通用刖字爲之。

天與？其人與？』曰：『天也，非人也。天之生是使獨也，

倫按：獨借爲犢，《說文》曰：『犢，特止也。』特止猶獨足。

人之貌，

倫按：王煦曰：貌疑爲貓字。《說文》『緢』字下引《書》『惟緢有稽』，今《書》作

『貌』。是其證例。其説是也。頌、貌字當作皃。《説文》曰：『皃，容儀也。』

有與也。以是知其天也，非人也。』澤雉，

倫按：《説文》曰：『翰，天雞赤羽也。』《逸周書》曰：『文翰若翬雉。』錢坫曰：《王會篇》：『蜀人以文翰，文翰者若皐雉。』莊子澤雉即皐雉。如『皐門』，《左傳》云『澤門』，二字捚也。

十步一啄，『啄』，原作『涿』，今正，後同。**百步一飲，不蘄畜乎樊中。**《類聚》引九〇引『蘄』作『期』。

朱駿聲曰：『樊借爲棥。』倫按：後文樊籬字同此。畜借爲育，聲同幽類。《説文》曰：『育，養子也。』後隨文義别之。

神雖王，

朱駿聲曰：『王借爲暀。』倫按：王爲盛暀本字。

不善也。老聃死，世本、崇本『聃』作『眲』，本書亦有作『眲』者，今並正。

陸德明曰：『老聃，司馬云：老子也。』倫按：《説文》曰：『聃，耳曼也。』《史記·老子列傳》曰：『老子名耳，字聃。』今本作謚曰聃，誤詳余著《老子覈詁》。

秦失弔之，

陸德明曰：『失，本又作佚。』倫按：失爲佚之初文。

三號而出。

倫按：號當爲号，《說文》曰：『号，痛聲也。』

弟子曰：『非夫子之友邪？』涵本『友』作『犮』，《文選·吴都賦》劉注引『友』作『交』。**曰：『然。』『然則弔焉若此，可乎？』曰：『然。始也，吾以爲其人也，**《闕誤》引如海本「其」作「至」。

奚侗曰：『其，當從文本作至。下文「遁天倍情」，即以爲非至人也。』倫按：傷死當慽。今見老君非人而天，故隨順俗情，三号而已。下文『向者』至『古者謂之遁天之刑』，乃斥其他哭者，亦不定斥弟子。『其人也』與上章『其人與』辭例相如。其猶殆也，文本作至，或因上文郭注『至人無情』而妄改也。又《天下篇》曰：『關尹老聃，古之博大真人哉。』又曰：『不離於真，謂之至人。』以此相明，此不得斥老君爲非至人矣。

而今非也。《御覽》五六一引「非」下有「人」字。**向吾入而弔焉，有老者哭之，如哭其子；少者哭之，如哭其母。**《廣弘明集》引釋法琳《辨正論》引「母」作「父」，又「老者」句與「少者」句乙轉。**彼其所以會之，必有不蘄言而言，不蘄哭而哭者。**

倫按：蘄借爲期，同淺喉音也。《說文》曰：『期，會也。』

是遁天倍情，涵本「遁」作「遯」。

陸德明曰：『遯，又作遁。倍，本又作背。』倫按：遯、遁音同透紐，字當作遁。《說文》曰：『遁，逃也。』遯蓋與逐一字，詳《說文六書疏證》。後遯逃字同此。倍、背同重脣音也，字當作倍。《說文》曰：『倍，反也。』

忘其所受，古者謂之遁天之刑。《辨正論》引「刑」作「形」。**適來，**《文選·吴都賦》劉注引「來」作「爲」。**夫子時也。適去，夫子順也。**

倫按：順借爲川，《說文》曰：『川，貫穿通流水也。』後順逆字同。

安時而處順，哀樂不能入也，《文選·吴都賦》劉注引「哀」作「憂」。**古者謂是帝之縣解。**』

倫按：帝爲根蒂本字。縣，《說文》曰：系也。

指窮於爲薪，

陸德明曰：『指窮於爲薪。如字。絶句。』倫按：爲是撝之省文，《說文》曰：『撝，裂也。』

火傳也，不知其盡也。

成玄英疏曰：『舊本分此一篇爲七章明義。觀其文勢，過於繁冗。今將「爲善」合於「弟一」，「指窮」合於「老聃」，總成五章。』倫按：此見古本分章，成本亦分章。今此成本非其舊矣。

莊子義證弟四　内篇人閒世弟四

顔回見仲尼，「尼」，原作「𡰥」，今正，後同。請行。**曰：『奚之？』曰：『將之衞。』曰：『奚爲焉？』曰：『回聞衞君，其年壯，其行獨，輕用其國而不見其過。輕用民死，死者以國量乎澤，若蕉，**

章炳麟曰：「《説文》曰：『蕉，生枲也。』死者以國量乎澤若蕉，猶言死人如麻耳。」奚侗曰：「『國量之國，涉上文而衍，當斷「死者以量乎澤」爲句。《吕覽·期賢篇》「死者量乎澤矣」，與此相同。』倫按：『輕用民死』，《吕氏春秋·聽言篇》有此句法。然此以下文諭之，蓋當作『輕用其國而不見其過，死者以量乎澤若蕉』。《北堂書鈔》九〇引作『輕用國民』，乃有略節，不足依據。蓋其誤衍久矣。

民其無如矣。

倫按：《説文》曰：『如，從隨也。』無如，言無所從也。

回嘗聞之夫子，曰：「治國去之，亂國就之，醫門多疾。」願以所聞思其則。《闕誤》引李氏本「思其」下有「所行」二字。

陸德明曰：『思其則絶句。』倫按：思借爲司，音同心紐。《周禮·司市》『上旌於思次』，鄭注：『思當爲司，聲之誤也。』是其例也。司今俗作伺，爲侍候字，正當作寺，則爲側省。《説文》曰：『側，傍也。』李氏本『所行』二字，由淺人不達『思則』二字之義，妄加之也。

庶幾其國有瘳乎？』

倫按：幾借爲期，並淺喉音也。《詩·楚茨》『如幾如式』，傳曰：『幾，期也。』是其例證。後隨文讀之。

仲尼曰：『譆！若殆往而刑耳。《闕誤》引張君房本作「若往而殆刑耳」。**夫道不欲雜，雜則多，多則擾，擾則憂，憂而不救。**

奚侗曰：憂而之而借爲乃，而、乃雙聲。

古之至人，先存諸己而後存諸人。所存於己者未定，何暇至於暴人之所行。且若亦知夫德之所蕩而知之所爲出乎哉？

倫按：蕩借爲惕，定紐雙聲。《説文》潒讀若蕩。是其例證。《説文》曰：『惕，放也。』

德蕩乎名，知出乎争。名也者，相軋也。

陸德明曰：『札，崔云：夭也，亦作軋。崔又云：或作禮。』郭慶藩曰：『《廣雅》：「札，甲也。」今本札譌作禮。古禮字作礼，札、礼相似，譌爲礼，後人又改爲禮。崔本札或作禮，亦然也。』奚侗曰：『札借爲軋。』倫按：《説文》曰：『軋，輾也。』『輾，轢也。』

知也者，争之器也。二者凶器，非所以盡行也。且德厚信矼，涵本「厚」作「享」。

倫按：矼，《説文》作硿，此借爲鞏。《説文》『硿』字下引《春秋傳》曰『闕硿之甲』，今《左傳》作鞏。是其例證。《説文》曰：『鞏，以韋束也。』

未達人氣，名聞不争，未達人心。而彊以仁義繩墨之言，

陸德明曰：『强，其兩反。』倫按：彊，陸本作强。强爲勥省，彊爲𢐋省。《説文》曰：『勥，迫也。』『𢐋，古文勥，從彊。』後隨文別之。

術暴人之前者。《闕誤》引江南古藏本「術」作「衒」。

倫按：術，當依江南古藏本作衒。《説文》曰：『衒，行且𧶠也。』

是以人惡有其美也，

陸德明曰：『有，崔本作育。』俞樾曰：『惡與美相對爲文，當讀如本字。有者，育字之誤。《説文》：「𧶠，衒也。讀若育。」此育字即𧶠之假借。以人惡育其美，謂以人之惡𧶠己之美也。』倫按：美爲媄省。《説文》曰：『媄，色好也。』後同。

命之曰菑人。

倫按：菑借爲害，之、脂二類通轉也。《説文》曰：『害，傷也。』本書《應帝王篇》『且鳥高飛以避矰弋之害』，《音義》曰：『害，崔本作災。』是其例證。

菑人者，人必反菑之，若殆爲人菑夫！且苟爲悦賢而惡不肖，惡用而求有以異？

倫按：『而求之』，『而』讀爲『汝』。下『而色』『而目』同。

若唯無詔，

陸德明曰：『唯，郭如字，一音唯癸反。無詔絶句。詔，崔本作詺。』奚侗曰：『若，汝也。唯係雖誤。』倫按：唯，陸一音唯癸反，即雖字音。唯爲雖省。詔，當從崔本作詺。《説文》曰：『詺，論訟也。』

王公必將乘人而鬭其捷。

陸德明曰：『「王公必將乘人」絶句。崔讀「若唯無詺王公」絶句，「必將乘人而鬭」絶句。捷作接。』倫按：崔本捷作接者，借字。捷爲疌後起字，《説文》曰：『疌，疾也。』

而目將熒之，

陸德明曰：『熒，崔本作營。』郭慶藩曰：『熒、營皆借爲䁝，《説文》：「䁝，惑也。」』

而色將平之，

倫按：平借爲變，同脣音也。《説文》曰：『變，更也。』或爲𠂒譌，篆文形近。《説文》曰：『釆，辨别也。古文釆作𠂒。』惠棟曰：『《尚書》平章、平秩，平字皆當作此，與古文平相似而誤。其例證也。𠂒亦借爲變，《書·堯典》『黎民於變時雍』，《漢書·成帝紀》『變』作『蕃』。蕃從番聲，番、釆一字。詳《説文六書疏證》。是其例證。

口將營之，

倫按：營借爲訮，與宋鈃作宋榮同例。《說文》曰：『訮，諍語訮訮也。』

容將形之，

倫按：容爲頟省，頟爲頌之籀文。《說文》曰：『頌，皃也。』後容貌字同。

心且成之。是以火救火，以水救水，名之曰益多。順始無窮，

倫按：順借爲循，循從盾聲，順、盾音同定紐。《儀禮·大射儀》『順左右隈』，注：『今文順爲循。』本書《天下篇》『已之大順』，一本順作循。皆其例證。《說文》曰：『循，行順也。』後隨文義別之。

若殆以不信厚言，必死於暴人之前矣。且昔者，桀殺關龍逢，

倫按：關借爲豢，聲同元類。古有豢龍氏也。

紂殺王子比干，涵本「干」作「千」。**是皆修其身以下傴拊人之民，**各本「修」作「脩」。

俞樾曰：『「下」字因下文「以下拂其上者也」誤衍。』倫按：《荀子·富國篇》『拊循之，嘔呴之』，其義例同。以口曰嘔，以手曰拊。《說文》無嘔字，嘔吐字作歐。此借爲欨，聲同幽類。《說文》曰：『欨，吹也。一曰笑意。』『以下』二字涉下文而羨。《音義》於此以下出『遐嫁反』，下句不出，亦不言下句同，是陸本無下句『以下』二字。成玄英疏曰：『修飾其身，伏行忠節。以臣下之位憂君上之民。臣有德而君無道，拂戾其君。』是成本亦無下句『以下』二字。

以下拂其上者也，

倫按：拂當作弗，《説文》曰：『弗，矯也。』

故其君因其修以擠之。 涵本、世本「修」作「脩」。

倫按：修借爲髟，《説文》曰：『髟，長髮猋猋也。』亦如字。作脩者借字。

是好名者也。昔者堯攻叢枝、胥敖，「叢」，原作「藂」，今依各本正。

奚侗曰：『叢枝，《齊物論》作宗膾，叢、宗音近。枝疑快字之誤，快、膾音近。』倫按：《音義》出『叢支』二字，是陸本『枝』作『支』也。

禹攻有扈，國爲虚厲。 各本「墟」作「虚」。

倫按：虚正字，厲借爲迾，來紐雙聲。《周禮》『墓大夫帥其屬而巡墓厲』，注：『厲，塋域遮列處。』遮列即遮迾。《説文》曰：『迾，遮也。』

身爲刑戮，其用兵不止，其求實無已。是皆求名實者也，

倫按：郭象注曰：『夫暴君非徒求恣其欲，復乃求名。』成玄英疏曰：『豈惟貪求實利，亦乃規取虚名。』是『名』下『實』字涉上句而誤羨。

而獨不聞之乎？名實者，

倫按：實字亦羨文。

聖人之所不能勝也，而況若乎？雖然，若必有以也，嘗以語我來。』顔回曰：『端而虚，勉而一，則可乎？』曰：『惡！

倫按：惡借既，音同影紐。《説文》曰：『既，驚詞也。』後同。

惡可！夫以陽爲充孔揚，

吴汝綸曰：『陽與佯同。』倫按：《説文》無佯字，古止作陽。充、孔疊韻。孔借爲空，音同谿紐。揚字疑涉上陽字而誤羨。此指顔回之『端而虚、勉而一』言。郭象以來，解者多謂指斥衛君，故句讀多歧，義解不一。

采色不定，

倫按：采借爲彰。彰者，飾也，音在從紐。然猜從青聲，仍在清紐。玄應《一切經音義》曰：『古文睵、猜二形。今作倸同。』是古或借猜爲倸，以青、采音同清紐也。又《説文》曰：『静，宷也。』今作『審也』，誤。宷字見《爾雅》，亦《説文》所無。蓋宷也即采也，静、彰一字耳。古争、青同聲，故竫訓亭安也，靖訓立竫也，爲轉注字。古書安靖字通作静。並其證。《文選・蜀都賦》『袨服靚妝』，劉注引張揖曰：『靚，謂粉白黛黑也。』《上林賦》『靚妝刻飾』，郭注：『靚莊，粉白黛黑也。』是靚爲彰之借字。《論衡・量知篇》曰：『染練布帛，名之曰采。』《漢書・貨殖傳》曰：『文采千匹。』注：『帛之有色者曰采。』是加色於質皆謂之采，故粉白黛黑亦曰彰。彰即采飾本字。

常人之所不違，

倫按：常借爲當，《禮記・少儀》『馬不常秣』，《釋文》：『常，本亦作當。』是其例證。違借爲韙，《説文》曰：『韙，是也。』

因案人之所感，

倫按：案借爲遏，影紐雙聲。《詩・皇矣》『以按徂莒』，《釋文》：『按，本作遏。』《孟子・梁惠王》引正作『遏』。《説文》『頞』重文作『齃』。並其例證。《説文》曰：『遏，微止也。』

以求容與其心。

倫按：與讀爲於，並喉音也。

名之曰日漸之悳不成，各本「悳」作「德」，下句同。

倫按：漸借爲蹔，《説文》曰：『蹔，進也。』

而況大悳乎？將執而不化，外合而内不訾，

倫按：前人釋此，有以連下句『其庸』絶句者，陸樹芝謂非是。是也。本書『庸詎』連文甚多，不當於此獨異。蓋由『内』下誤羨『不』字耳。『將執而不化，外合而内訾』兩句，斥衛君也。訾，《説文》作呰，訶也。

其庸詎可乎？』『然則我内直而外曲，成而上比。内直者，與天爲徒。與天爲徒者，知

天子之與己，皆天之所子。而獨以己言蘄乎而人善之，蘄乎而人不善之邪？

倫按：而人猶若人。

若然者，人謂之童子，

倫按：童爲僮省，《説文》曰：『僮，未冠也。』後同。

是之謂與天爲徒。外曲者，與人之爲徒也。擎跽曲拳，

倫按：拳借爲卷，《説文》曰：『卷，膝曲也。』

人臣之禮也，人皆爲之，吾敢不爲邪？爲人之所爲者。人亦無疵焉。

倫按：疵借爲呰。後無疵同。

是之謂與人爲徒。成而上比者，與古爲徒。其言雖教，讁之實也。

倫按：讁，《説文》作讁，罰也。

古之有也，非吾有也。若然者，雖直而不病，崇本、世本「而不病」作「不爲病」。是之謂與古爲徒。若是則可乎？』仲尼曰：『惡！惡可！大多政法而不諜，

陸德明曰：『大，崔本作太。大多絶句。大古讀與太同。』倫按：『法政』二字有一字衍也。《説文》『法』之古文作『佱』形，與正近。蓋一本作法，一本作佱。《論語》『齊桓公正而不譎』，《漢書·賈鄒枚路傳》引『正』作『法』。是其例證。讀者以一本作法者，旁注一本作佱者之下，因譌爲正文。又後人不知佱爲法之古文，以爲政之譌文，改爲

政字，遂成今文。郭象注曰：『以政之與事不冥也。』則郭本雖誤爲政，而尚無法字。諜借爲媟，《説文》曰：『媟，嬻也。』

雖固亦無罪。

倫按：罪借爲辠，《説文》『罪』下曰：『秦始皇以爲辠字。』

雖然，止是耳矣。夫胡可以及化？猶師心者也。』顔回曰：『吾無以進矣，敢問其方。』

倫按：方即傍之初文，其方猶其他也。

仲尼曰：『齋，

陸德明曰：『齊，本亦作齋。下同。』倫按：陸本齊，齋省也。後同。

吾將語若。有而爲之，其易邪？《闕誤》引張君房本「有下」有「心」字。

倫按：郭象注曰：『夫有其心而爲之者，誠未易也。』成玄英疏曰：『故有心而索玄道，誠未易者也。』是郭、成本並作『有心而爲之，其易邪』，當據增。易爲傷省，《説文》曰：『傷，輕也。』

易之者，皞天不宜。』『皞』，原作『暤』，崇本、世本同。今正。

倫按：皞借爲昦，同淺喉音。《詩·蓼莪》『昊天罔極』，《漢書·鄭崇傳》作『皥天罔極』，昊爲昦俗字。《説文》昦、皞並從夰聲，則皞亦可借爲昦也。

顔回曰：『回之家貧，唯不飲酒不茹葷者數月矣。《類聚》八二引「數」作「三」。**如此，**各本及《書鈔》九〇引「如」作「若」。

倫按：成玄英疏曰：『請若此得爲齋否。』是成本『如』字作『若』也。

則可以爲齋乎？』曰：『是祭祀之齋，非心齋也。』回曰：『敢問心齋？』仲尼曰：『若一志，無聽之以耳，而聽之以心。無聽之以心，而聽之以氣。聽止於耳，

俞樾曰：『上文曰「無聽之以耳而聽之以心」，此文「聽止於耳」，當作「耳止於聽」，傳寫誤倒也。言耳之爲用，止於聽而已。』倫按：郭象無注。成玄英疏曰：『不簉聲塵，止於聽。』此釋『無聽之以耳』也，是成本猶未誤。

心止於符。氣也者，虚而待物者也。唯道集虚。虚者，心齋也。』顏回曰：『回之未始得使，實自回也。

陸德明曰：『「未始得使」絶句。崔讀至「實」字絶句。』奚侗曰：『「自」係「有」字之誤。下文「得使之也，未始有回也」，正與此文反應。郭注「未始使心齋，故有其身」，亦其證也。』倫按：陸讀是也。

得使之也，未始有回也。可謂虚乎？』夫子曰：『盡矣。吾語若，若能入遊其樊而無感其名，入則鳴，不入則止。無門無毒，

陸德明曰：『毒，崔本作每。』章炳麟曰：『毒借爲竇。』倫按：毒、竇透紐雙聲。崔本作每者，毒亦從母聲也。

一宅而寓於不得已，

陸德明曰：『而寓，崔本作如愚。』倫按：而如日紐雙聲。《詩・常武》『如怒』，《釋文》：『如，本作而。』此其例證。宅寓義重，蓋『一』爲『而』字壞文，本作『而宅於不得已』，校者以他本作『而寓』者注其下，誤成今文也。《禮記・郊特牲》『諸侯不臣寓公』，注：『寓或爲託。』託即宅之借字。是其例證。宅寓聲同魚類。下文『託不得已以養中』，即此義。《方言》曰：『寄，宋衛之閒曰寓。』則作寓者是故書。

則幾矣。絶迹易，無行地難。

陸德明曰：『「絶迹易無」絶句。向、崔皆以「無」字屬下句。』倫按：向、崔讀是。

爲人使，易以僞。爲天使，難以僞。聞以有翼飛者矣，未聞以無翼飛者也。聞以有知知者矣，未聞以無知知者也。

陸德明曰：『上知字音智，下如字。』倫按：成玄英疏曰：『人無二智。』是成本二句上『知』字並作『智』也。

瞻彼闋者，

倫按：闋借爲窦，聲同脂類。《説文》曰：『窦，穿也。』

虚室生白，

倫按：白，日光也。詳《説文六書疏證》。

吉祥止止。

奚侗曰：『下「止」字當作「之」。「止」「之」篆形相似，易誤。《陳風》「歌以訊止」，今本「止」譌作「之」。《小雅》「高山仰止，景行行止」，《史記·孔子世家》引並作「之」。皆其證。』

夫且不止，是之謂坐馳。夫徇耳目内通而外於心知，

倫按：徇借爲睿，脂真對轉。《戰國策》『中國者，聰明睿知之所居也』，《史記·趙世家》作『徇智』。是其例證。《説文》曰：『睿，深明也。』

鬼神將來舍，而況人乎？

倫按：鬼神字，《説文》作䰠。後同。

是萬物之化也，禹舜之所紐也，

倫按：紐借爲𥻆，古音同在泥紐。《儀禮·大射儀》『公親揉之』，注：『揉，古文作紐。』是其例證。《説文》曰：『𥻆，復也。』『復，行故道也。』

伏羲、几蘧之所行終，而況散焉者乎？』涵本、崇本『羲』作『戲』。

陸德明曰：『戲，本又作羲，亦作犧。』胡遠濬曰：『几，讀若殊。』倫按：成玄英疏曰：『伏犧風姓。』是成本『羲』作『犧』。戲、羲曉紐雙聲。散，當作㪔。《説文》曰：『㪔，分離也。』後同。

葉公子高將使於齊，問於仲尼，曰：『王使諸梁也甚重，齊之待使者，蓋將甚敬而不急。

奚侗曰：『急當作怠，形近而誤。』倫按：甚爲諶省，《説文》曰：『諶，信也。』後同。

匹夫猶未可動，而况諸侯乎？各本「動」下有「也」字。

倫按：匹借爲鄙，並重脣音。《説文》曰：『百家爲酇，五酇爲鄙。』

吾甚慄之。子嘗語諸梁也，

倫按：《音義》出『常語』二字，是陸本『嘗』作『常』也。

曰：「凡事，若小若大，寡不道以懽成。《闕誤》引江南古藏本『懽成』作『成懽』，『不』上有『有』字。

倫按：郭象注曰：『少有不言以成爲懽者。』成玄英疏曰：『雖復大小不同，而莫不以成遂爲歡適也。』是郭本作『寡有不道以成懽』，成本作『寡不道以成歡』。

事若不成，則必有人道之患。事若成，則必有陰陽之患。『陰』原作『隂』，今正，後同。**若成若不成而後無患者，唯有德者能之。」吾食也執粗而不臧，爨無欲清之人。**

陸德明曰：『執，衆家本並然，簡文作熱。臧，善也，絶句。一音才郎反，句至爨字。清，七性反，字宜從冫。』倫按：諸家釋『吾食也』句，皆無明詮，文有闕謬，未可肊正。疑『執』或爲『埶』之譌耳。《説文》曰：『埶，食飪也。』

今吾朝受命而夕飲冰，我其内熱與？吾未至乎事之情，而既有陰陽之患矣。事若不成，必有人道之患。是兩也。爲人臣者，不足以任之。子其有以語我來。』仲尼曰：『天下有大戒二：

倫按：戒借爲界，見紐雙聲。《後漢書・和帝紀》『界惟人面』，本亦作戒。是其例證。《説文》曰：『界，境也。』

其一命也，

倫按：命借爲令，《説文》曰：『令，發號也。』此乃命字義也。《荀子・正名篇》『節遇謂之命』，節當作卪。命當作令。卪遇謂之令者，謂令之字從兩卪相遇，此令字本義。今篆誤爲亼卪，其本義遂亡。本書《天地篇》曰：『未形者有分，且然無閒謂之命。』分而無閒，正與卪遇之義合。知《荀子》之説，是令字之本義矣。又本書《天運篇》曰：『奏之以無怠之聲，調之以自然之命。』自然之命，謂自然之節奏。節奏本字當作卪，則命常爲令。又可證節遇謂之命、墒爲令字之本義矣。命，從口，令聲。故古書多借令爲命。《左・僖九年傳》『令不及魯』，《釋文》：『令本作命。』本書《田子方篇》『先君之命』，《音義》：『令，本作命。』皆其證。

其一義也。子之愛親，命也，不可解於心。臣之事君，義也，無適而非君也，無所逃於天地之閒。是之謂大戒。是以夫事其親者，不擇地而安之，孝之至也。夫事其君者，不擇事而安之，忠之盛也。

倫按：盛借爲誠。

自事其心者，哀樂不易施乎前，

倫按：施，從㫃，也聲。也、易喻紐雙聲。《詩·何人斯》『我心易也』，《韓詩》『易』作『施』。是易、施古同音。此易施雙聲連緜詞。《説文》曰：『旖，旗旖施也。』『施，旗貌。』旗旖施者，言旗之動摇貌也。

知其不可柰何，「柰」原作「奈」，世本同，今正。後同。而安之若命，德之至也。爲人臣子者，固有所不得已。行事之情而忘其身，何暇至於悦生而惡死。夫子其行可矣。丘請復以所聞：凡交，近則必相靡以信，《御覽》四三〇引「近」作「運」，四〇六引「靡」作「磨」。

王敔曰：靡、縻通，維繫也。《漢書》『羈縻』字亦用『靡』字。

遠則必忠之以言，言必或傳之。「傳」原作「傅」，今正，下同。夫傳兩喜兩怒之言，

陸德明曰：怒，本又作怒。下同。倫按：怒字是。

天下之難者也。夫兩喜必多溢美之言，兩怒必多溢惡之言。凡溢之類妄，妄則其信之也莫，

奚侗曰：《論語》『無莫也』，邢疏：『莫，薄也。信之也莫，猶言信之不篤也。』倫按：莫借爲泊，與漠借爲怕同例。《説文》曰：『泊，淺水也。』

莫則傳言者殃。故《法言》曰：「傳其常情，無傳其溢言，則幾乎全。」且以巧鬬力者，始乎陽，常卒乎陰，

倫按：卒爲猝省。《説文》曰：『大夫死曰猝。』後同。

泰至，則多奇巧。

陸德明曰：大，本亦作泰。

以禮飲酒者，「禮」原作「礼」，依各本改。**始乎治，常卒乎亂，泰至，則多奇樂。凡事亦然。始乎諒，常卒乎鄙。**

俞樾曰：諒爲諸譌，諸讀爲都。《爾雅·釋地》『宋有孟諸』，《史記·夏本紀》作『明都』。是其例也。始平都，常卒乎鄙。都、鄙正相對。《淮南·詮言篇》曰：『故始於都者，常大於鄙。』即本《莊子》。彼文『大』字。乃『卒』字之譌耳。倫按：諸借爲奢，《説文》曰：『奢，張也。』鄙，當爲啚。《説文》曰：『啚，嗇也。』

其作始也簡，「簡」原作「簡」，今正，後同。

倫按：簡借爲襌，聲同元類。《説文》曰：『襌，衣不重也。』

其將畢也必巨。

倫按：畢借爲醖，同重脣音。《説文》曰：『醖，飲酒盡也。』《説文》『珌』，《玉篇》有古文作瑆。《吕氏春秋·審分篇》《貴信篇》《觀表篇》注、《爾雅·釋詁》並曰：『畢，盡也。』是其例證。後隨文别之。巨爲鉅省，《説文》曰：『鉅，大剛也。』《方言》曰：『大，齊宋之閒曰巨。』此宋語。後同。

夫言者，涵本無「夫」字，世本「夫」字在下文「風波易以動」上。**風波也。**

倫按：波如字讀。

行者，實喪也。風波易以動，實喪易以危。故忿設無由巧言偏辭。

陸德明曰：『偏，崔本作諞。』俞樾曰：『「故忿設無由巧言諞辭」九字一句。由，用也。』倫按：偏借爲諞。

獸死不擇音，氣息茀然，

陸德明曰：『氣息，向本作謥器，云：謥，馬氏作息。器，氣也。崔本作謥簭，云：喘息，簭不調也。又作筆字。』郭慶藩曰：『氣、器古通用。《大戴禮·文王官人篇》「其氣寬以柔」，《周書》「氣」作「器」。是其證。』倫按：氣息當作詯氣，謥即誚息二字之并譌。蓋有一本作息，一本作詯者，校者互注，因并爲一字也。《説文》曰：『詯，膽气滿聲。』息、詯二字並從自聲，故可通借。氣，向本作器，聲近通假也。崔本又作筆者，聲同脂類。茀爲鬻，《穀梁·昭十七年經》『有星茀於大辰』，《釋文》：『茀，本或作孛。』《爾雅·釋水》『紼縭維之』，《釋文》：『紼，本或作綍。』是其例證。《説文》曰：『鬻，炊聲沸也。』

於是並生心厲。

倫按：厲借爲沴，音同來紐。《説文》曰：『沴，水不利也。』《續漢書·五行志》引《五行傳説》曰：『氣之相傷謂之沴。』

尅核大至，

倫按：尅爲勀俗字。《説文》曰：『勀，尤劇也。』核借爲覈。『核，從木，亥聲。』亥、覈匣紐雙聲。《周禮》經文『覈』字，注並作『核』。是其例證。《説文》曰：『覈，考事實也。』

則必有不肖之心應之，而不知其然也。苟爲不知其然也，孰知其所終。故《法言》曰：「無遷令，

倫按：令借爲命。

無勸成。過度，益也。」

倫按：益即溢之初文。

遷令勸成，殆事。美成在久，惡成不及改，可不慎與？且夫乘物以遊心，託不得已以養中。

倫按：託借爲宅。

至矣，何作爲報也。

王懋竑曰：語不分明，疑有脱譌。

莫若爲致命。此其難者。』顔闔將傅衛靈公太子，世本『傅』作『傳』，各本『太』作『大』。

陸德明曰：『闔，向、崔本作廅。』倫按：《説文》有瘟無廅。

而問於蘧伯玉曰：『有人於此，其德天殺。

奚侗曰：『天爲夭譌。』倫按：夭殺即噍殺，噍殺即醮顇。《禮記·樂記》『志微噍殺之音作』，《史記·樂書》作『焦衰』，《漢書·樂志》作瘁瘁。殺衰古同心紐。《易》『神武不殺』，虞飜本『殺』作『衰』。是其例證。夭醮幽宵最近通借也。《史記·周本紀》『所棄妖子於路者』，徐廣曰：『妖，幼少也。』本書《大宗師篇》『善夭善老』，郭象本『夭』作『少』，古少小一字。《説文》譙之重文作誚，肖從小聲，此夭可通焦之例證。殺顇則並齒音也。《説文》曰：『醮，面焦枯小也。』『顇，顦顇也。』

與之爲無方，則危吾國。與之爲有方，則危吾身。其知適足以知人之過，而不知其所以過。若然者，吾柰之何？』蘧伯玉曰：『善哉，問乎！戒之，慎之，正汝身也哉！各本「汝」作「女」，崇本無「也」字。

倫按：《音義》出女字，是陸本『汝』作『女』。

形莫若就，心莫若和。雖然，之二者有患。就不欲入，和不欲出。形就而入，且爲顛，

倫按：顛借爲趚，《説文》曰：『趚，走頓也。』

爲滅，爲崩，爲蹶。心和而出，且爲聲，爲名，爲妖，

倫按：妖當作祅，《說文》曰：『衣服歌謡艸木之怪謂之祅。』

爲孽。

倫按：孽當爲蠥，《說文》曰：『禽獸蟲蝗之怪謂之蠥。』

彼且爲嬰兒，亦與之爲嬰兒。「兒」原作「兒」，今正，後同。

倫按：嬰借爲嫛，音同影紐。兒爲婗省，《說文》曰：『嫛，婗也。』『婗，嫛婗也。』

後同。

彼且爲無町畦，亦與之爲無町畦。彼且爲無崖，亦與之爲無崖。達之入於無疵。汝不知夫螳蜋乎，各本「蜋」作「螂」。

倫按：螳蜋，《說文》作堂蜋。

怒其臂以當車轍，

倫按：《淮南·人閒訓》曰：『齊莊公出獵，有一蟲，舉足將搏其輪。問其御曰：「此何蟲也？」對曰：「此所謂螳螂者也。其爲蟲也，知進而不知卻，不量力而輕敵。」莊公曰：「此爲爲人而必爲天下勇武矣。」』《韓詩外傳》八同。《說文》無轍字，『軌』下曰：『車徹也。』則古書通用『徹』字。

不知其不勝任也。是其才之美者也。戒之，慎之。積伐而美者以犯之，幾矣。

倫按：幾借爲危，古讀皆淺喉音也。《爾雅·釋詁》曰：『幾，危也。』即借幾爲危也。

汝不知夫養虎者乎，不敢以生物與之，爲其殺之之怒也。不敢以全物與之，爲其決之之怒也。

倫按：浅當作叏。《説文》曰：『叏，分也。』後隨文别之。

時其飢飽，

倫按：時借爲寺，今字作侍。

达其怒心。虎之與人異類而媚養己者，順也。故其殺者，逆也。

倫按：逆借爲屰。《説文》曰：『屰，不順也。』凡順逆字同此。

夫愛馬者，

倫按：愛借爲㤅。《説文》曰：『㤅，惠也。』後同。

以筐盛矢。《御覽》七六〇引「矢」作「屎」。

陸德明曰：『矢，或作屎。』朱駿聲曰：『矢借爲菡。』劉師培曰：『慧琳《大臧經音義》引矢作菡。』倫按：矢、菡音同審紐。《説文》曰：『菡，糞也。』後凡矢溺字同此。屎者，《玉篇》曰：『戻，糞也。與矢同。俗又作屎。』倫謂戻更俗也。

以蜄盛溺。

倫按：溺借爲㞙，並舌音也。《説文》曰：『㞙，人小便也。』後凡矢溺字同。

適有蚉䖟僕緣，《御覽》九四五引「僕」作「撲」。

陸德明曰：『蚉，本又作蟁。』王念孫曰：『僕與附聲相近。《大雅·既醉篇》「景命有僕」，毛傳曰：「僕，附也。」』劉師培曰：『《玉篇》引此釋僕爲附。』倫按：『僕借爲坿，同脣音也。』《說文》曰：『坿，益也。』緣借爲循。

而拊之不時，

陸德明曰：『拊，崔本作府。』倫按：府借字。

則缺銜，

倫按：缺借爲叏。

毀首，碎胷。意有所至而愛有所亡，可不慎邪？』匠石之齊，至于曲轅，崇本、世本及《書鈔》八七、《類聚》八九引『于』作『乎』。《類聚》八九、《御覽》九五作引『轅』作『園』。**見櫟社樹。**《書鈔》八七、《類聚》八九引『櫟社』作『社櫟』。**其大敝數千牛，**各本『敝』作『蔽』，涵本、世本及《玉燭寶典·外鈔》八七、《類聚》三九、影日本鈔本《玉篇》引並無『數千』二字，《御覽》三九九引作『庇牛』，五三二引作『蔽千牛』。

倫按：陸德明出『蔽牛』二字，是陸本無『數千』二字。成玄英曰：『江南莊本多言其大蔽牛，無數千字，此本應錯。且商丘之木，既結駟千乘，曲轅之樹，豈蔽一牛？以此格量，則數千之本是也。』倫按：下文曰『絜之百圍』，則應有『數千』二字。依成說，『敝』字當同陸本作『蔽』。蔽借爲庇，音同幫紐。《說文》曰：『庇，蔭也。』《方言》曰：『寄，宋衛之閒曰庇。』

絜之百圍，

倫按：絜借爲契，《説文》曰：『契，大約也。』

其高臨山十仞而後有枝，《書鈔》八七引『十』作『七』，《御覽》五三二、《文選・吴都賦》劉注引作『千』。

陸德明曰：『十，崔本作千。』

其可以爲舟者旁十數。

俞樾曰：旁讀爲方。《尚書・臯陶謨》『方施象形，惟明』，《新序・節士篇》『方』作『旁』。《甫刑》『方告無罪於上』，《論衡・變動篇》『方』作『旁』。並其證也。《在宥篇》『出入無旁』，即『出入無方』。此本書借旁爲方之證。《詩・正月篇》『民今方殆』，鄭箋：『方，且也。』此方字亦訓且。

觀者如市，匠伯不顧，

德陸明曰：『伯，崔本亦作石。』倫按：伯、石聲同魚類通借。

遂行不輟。

倫按：遂當作家。《説文》曰：『家，從意也。』後隨文别之。輟借爲柮，聲同脂類。《説文》曰：『柮，斷木也。』後文不輟字同此。

弟子厭觀之，

倫按：厭當作猒，《說文》曰：『猒，飽也。』後文厭飽字同此。

走及匠石，曰：『自吾執斧斤以隨夫子，未嘗見材如此其美也。先生不肯視，行不輟，何邪？』曰：『已矣，勿言之矣。散木也，以爲舟，沈；以爲棺槨，則速腐；

陸德明曰：『速，如字，崔本作數。』倫按：數借爲速，古音並心紐也。《周禮·考工記》『不微至無以爲戚速也』，鄭注：『速，或作數。』是其例證。

以爲器，則速毁；以爲門户，則液樠；

章炳麟曰：樠借爲槾，《說文》曰：『槾，杇漫也。』倫按：樠、槾音同明紐，與縵借爲慲同例。

以爲柱，則蠹。是不材之木也，無所可用，故能若是之壽。』匠石歸，櫟社見夢，曰：『汝將惡乎比予哉？各本「汝」作「女」。

倫按：《音義》出『女將』二字，是陸本『汝』作『女』。

若將比予於文木邪？

朱駿聲曰：文借爲彣。

夫柤梨橘柚果蓏之屬，《類聚》八九、《御覽》三九九引「柤」作「樝」。

奚侗曰：『柤借爲樝。《說文》曰：『樝，果似梨而酢。』倫按：篆文從虘之字，後多省作且，故樝遂與柤相混矣。

實熟則剝，剝辱。崇本、世本不重「剝」字。

章炳麟曰：『《釋名》：「辱，衄也。言折衄也。」此辱字借爲衄。』倫按：辱、衄古音並在泥紐。

大枝折，小枝泄。

俞樾曰：『泄，當讀爲抴。《荀子·非相篇》楊注：「抴，牽引也。」《詩·七月》「猗彼女桑」，鄭箋：「女桑，少枝。」少枝即小枝。猗爲掎之借字，《説文》：「掎，偏引也。」是與抴同義。小枝抴，謂小枝見牽引也。』倫按：《説文》曰：『抴，捈也。』

此以其能苦其生者也，

陸德明曰：『苦，崔本作枯。』倫按：枯正字，《説文》曰：『枯，槀也。』

故不終其天秊而中道夭，各本「秊」作「年」。**自掊擊於世俗者也。**

倫按：掊借爲攴，同脣音也，與掊借爲仆同例。《説文》曰：『攴，小擊也。』今俗作扑。後文掊擊同。

物莫不若是。予求無所可用，久矣，幾死，乃今得之，爲予大用。使予也而有用，且得有此大也邪？且也，若與予也皆物也，柰何哉其相物也？而幾死之散人，

陸德明曰：『「而幾死之」絶句，向同。一連下「散人」爲句，崔同。』倫按：一讀是也。而幾死之散人，謂汝近死之散人也。《墨子·非儒篇》曰：『散人焉知良儒。』是賤其物之散，古習語也。

又惡知散木？』匠石覺而診其夢。

倫按：診借爲證，古音並在端紐。《説文》曰：『證，告也。』《爾雅》釋畛爲告，亦證之借。

弟子曰：『趣取無用，則爲社何邪？』曰：『密。

章炳麟曰：密借爲謐。《説文》曰：『謐，静語也。一曰：無聲也。』此以一字斷句。若，女也。《田子方篇》『默，女無言』，詞例正同。

若無言，彼亦直寄焉，以爲不知己者詬厲也。

倫按：厲借爲謑，聲同脂類。《説文》曰：『謑，謑詬，恥也。』

不爲社者，且幾有翦乎。

陸德明曰：『翦乎，崔本作前于。』郭慶藩曰：『乎，崔本作于。于即乎也。《論語·爲政篇》「《書》云『孝乎惟孝』」，皇侃本及漢石經並作于。《吕覽·審應篇》「然則先王聖于」，高注：「于，乎也。」皆其例。』倫按：幾借爲祈，與借爲近同例。有讀爲爲，翦當依崔本作前。《説文》曰：『前，斷也。』即剪之初文。

且也，彼其所保與衆異，

倫按：保借爲寶。

而以義譬之，

吴汝綸曰：義讀爲儀。倫按：而讀爲汝。

不亦遠乎？』南伯子綦遊乎商之丘，

陸德明曰：『南伯，李云：即南郭也。』倫按：伯借爲郭，聲同魚類。又伯之送音與郭之收音幫紐雙聲。

見大木焉，有異，

倫按：『有異』二字涉下文『此必有異材夫』句而羨。

結駟千乘，隱將芘其所藾。《類聚》八八引『芘』作『庇』，無『所』字。《闕誤》引張君房本『隱將』作『將隱』。

陸德明曰：『將芘，本亦作庇，崔本作比。所藾，崔本作賴。』奚侗曰：『當依張本作將隱。《説文》：「隱，蔽也。」芘，當從或本作庇。《爾推·釋言》：「庇，蔭也。」《釋文》引舍人曰：「庇，蔽也。」隱、庇同義。郭注：「其枝所蔭，可以隱芘千乘。」可證郭本正作「將隱芘其所藾」。』倫按：芘借爲庇，比爲庇省。《説文》曰：『庇，蔭也。』《方言》二曰：『寄，齊魯宋衛陳晉汝潁荆州江淮之閒曰庇。』藾字，《説文》不收。疑賴、比聲同脂類，賴借爲庇。本有作『將隱藾其所者』，校者互注，傳寫譌入『所』下。將隱芘其所者，言將隱庇其處也。

子綦曰：『此何木也哉？此必有異材夫！』《類聚》八八、《御覽》九五二引『此』作『然』。

劉秀生曰：『有讀爲爲。』倫按：陸德明出『異材夫』三字，蓋陸讀『夫』字屬上句。成玄英屬下句讀，失之。

仰而視其細枝，《類聚》八八、《御覽》九五二引『仰』作『從』。

陸德明曰：『仰，向、崔本作從。』倫按：從、仰形近而譌，仰字是。

則拳曲而不可以爲棟梁。

陸德明曰：『拳，本亦作卷。』

俯而見其大根，世本及《御覽》九五二引『見』作『視』。

倫按：見，當依世德堂本作視。

則軸解而不可以爲棺槨。

倫按：軸解與拳曲對文，軸疑借爲岫。《説文》曰：『岫，山有穴也。』《廣雅》曰：『甹，空也。』則借甹爲之。是其例證。

咶其葉，《類聚》八八引『咶』作『舐』。

倫按：咶，《説文》作𦧇，重文作弛，以舌取食也。本書《田子方篇》『舐筆和墨』，《音義》曰：『舐，本作䑛。』䑛者，弛之譌字，音形並相近也。作舌旁氏者，氏、䑛古音皆在定紐，它氏真書形亦相近。此作咶者，古𠯑字今偏傍多作舌。又由舌旁輾轉寫譌也。

則口爛而爲傷。《類聚》八八、《御覽》九五二引『口』作『舌』。

倫按：口當依《類聚》引作舌。

嗅之，

陸德明曰：『嗅，崔本作齅。』倫按：嗅爲臭俗字，齅亦臭之後起字。《説文》曰：『臭，引氣自畀也。』

則使人狂酲三日而不已。子綦曰：『此果不材之木也，以至於此其大也。嗟乎！神人以此不材。』

倫按：以此，當始讀爲似此，省字。《易·明夷》『文王以之』，鄭玄、荀爽『以』作『似』。是其例證。

宋有荆氏者，宜楸柏桑。

倫按：《音義》出『宜秋柏桑』三字，則陸本『楸』作『秋』，省字。

其拱把而上者，求狙猴之杙者斬之。

陸德明曰：『杙，司馬本作杙，崔本作杙。』奚侗曰：『杙，古作弋，與樴同訓。《説文》曰：「弋，橜也。」「樴，弋也。」《爾雅·釋宮》：「樴謂之杙。」《周禮·牛人》「以授職人」，注：「職讀爲樴，可以繫牛。」此言求狙猴之杙者，謂求可以繫狙猴者耳。』倫按：杙當作弋，杙、杙皆借字。杙、拔聲同脂類，之脂通轉也。

三圍四圍，求高名之麗者斬之。

倫按：名借爲宀。《説文》曰：『矈，目旁薄緻宀宀也。』段玉裁謂矈、宀疊韻。洪頤煊謂矈即《爾雅·釋訓》目上爲名之名，則名可借爲宀也。名、宀音同微紐。《説文》曰：『宀，交覆突屋也。』麗借爲梁，音同來紐。梁借爲宗，聲同陽類。《釋名》曰：『欐或謂之望。』郝懿行謂望即宗也。《説文》曰：『宗，棟也。』《爾雅》：『宗廇謂之梁。』

七圍八圍，貴人富商之家求樿傍者斬之。涵本『樿傍』作『榜』。

陸德明曰：『樿，本亦作擅。』章炳麟曰：『《説文》：「楄部，方木也。」《春秋傳》曰「楄部薦榦」，今傳作「楄柎」。楄、柎聲轉爲便房。柎之爲房，猶泭之爲方爲舫也。《漢書·霍光傳》「賜梓宫便房黄腸題湊各一具」，便房音小變，則爲樿榜。今人並名其木曰沙方，沙方又樿榜之轉。』倫按：樿本亦作擅者，並舌音也。《史記·鄭世家》『殺其大夫單伯』，《左傳》作『檀伯』。《詩·昊天有成命》『單厥心』，《國語·周語》『單』作『亶』。並其例證。借樿擅爲楄者，真元聲類最近。楄之收音屬透之紐，爲舌音。而樿音𥳑紐，古亦歸端。擅音禪紐，古亦歸定。端、定並舌音也。部而借榜爲之者，同脣音也。傍字依成玄英疏曰：『樿旁，棺材也。』是成本作『旁』。

故未終其天秊，而中道之夭於斧斤，崇本、世本『秊』作『年』。**此材之患也。故解以之牛之白顙者，**世本『以之』作『之以』。

羅勉道曰：『古者，天子春有解祠，見《漢書·郊祀志》。』吴汝綸曰：『《淮南·脩務訓》：「禹之爲水，以身解於陽盱之河。」』倫按：『以之』當從世德堂本作『之以』。

與豚之亢鼻者，

倫按：亢爲閌省。閌者，高門也。今《説文》失閌字，見新附。

與人有痔病者，不可以適河。

倫按：適爲擿之省文，《説文》曰：『擿，投也。』今字作擲。

此皆巫祝以知之矣，

奚侗曰：以讀爲已。

所以爲不祥也。此乃神人之所以爲大祥也。支離疏者，《輔行記》四之三引作「燕支離」，無「疏」字。

倫按：本書《德充符篇》『闉跂支離無脤説衛靈公』，陸德明引司馬彪曰：『支離言腳常曲，行體不正卷縮也。』倫謂支離者，尷尬之借字。尷音端紐，從是得聲。而是音禪紐，支音照紐。古照歸端，禪歸定，則並舌音也。《説文》『𤜕』之重文作『𤜕』，緹之重文作秖。可爲例證。離音半舌半喉音，來紐。尬音喉音，匣紐。又聲爲脂歌旁通也。《説文》曰：『尷不能行爲人所引曰尷尬。』古書皆作支離。後同。疏，從㐬，疋聲，借爲疋字。《説文》曰：『足也。』

頤隱於臍，世本「臍」作「齊」。**肩高於頂，**

陸德明曰：『頂，本亦作項。』倫按：項當依一本作項，形近而譌。本書《大宗師篇》『肩高於頂』，音義曰：『頂本亦作項，崔本作釭，音項。』可證也。《説文》曰：『項，頭後也。』既頤隱於臍，肩自高於項矣。

會撮指天，

奚侗曰：會借爲鬠，髻之異文。《説文》：『髻，絜髮也。亦作括。』《士喪禮》『主人髻髮』，鄭注：『古文髻作括。』又《士喪禮》『鬠笄用桑』，賈疏以髻爲鬠，義取以髮會聚之意。《淮南・精神訓》『燭營指天』，高注：『燭營讀曰括撮。』蓋亦以括爲髻也。《漢書・司馬遷傳》『撮名法之要』，顏師古曰：『撮，總取也。』總取與聚之意相類，單言之曰鬠，複言之鬠撮。倫按：本書《大宗師篇》曰：『頤隱於齊，肩高於頂，句贅指天。』辭義相同。而字作『句贅』。《淮南・精神訓》曰：『脊管高於頂，腸下迫頤，兩脾在上，燭營指天。』辭義小異，而字又作『燭營』。高注：『燭，陰華也。營，其竅也。燭營讀曰括撮也。』是高雖讀燭陰爲括撮，而義指陰竅，疑有許慎注闌入。燭營讀曰括撮，或是許文也。然奚以會爲髻，其説甚善。《説文》有髻無鬠，以話之重文作譮，襘之或體作禬，證知鬠當爲髻之異文。《大宗師篇》作句者，髻、句音同見紐也。撮借爲宂，同齒音也。《説文》曰：『宂，首笄也。』今通作簪。《大宗師篇》作贅者，贅音之芮切，收音在日紐，半齒音也。

五管在上，

陸德明曰：『管，崔本作筦。』倫按：筦借字，聲同元類。

兩髀爲脅。

陸德明曰：『髀，本又作脾。』朱駿聲曰：脾借爲髀。

挫鍼治繲，

陸德明曰：『繲，崔作𦄻，音綫。』王闓運曰：『挫，當作擂。』倫按：《說文》曰：『擂，引也。』形與挫近，因而致譌。繲，當依崔本作𦄻，形近而譌。𦄻字《說文》不收，蓋從糸，鮮聲，當爲綫之別體，音同心紐也。

足以餬口。

陸德明曰：『崔云：餬，字或作互，或作餂。』倫按：餂爲餬省，互爲借字，音同匣紐。

鼓筴播精，《文選·東方朔傳贊》注引「精」作「糈」。

陸德明曰：『播精如字，一音所，字則當作數。精，司馬云：簡米曰精。崔云：播精，卜卦占兆也。』王應麟曰：『播精，《文選·東方朔贊》注作播糈。』翁元圻曰：『《文選》李善注：「糈，音所。」』朱駿聲曰：『筴借爲㢝。』郭慶藩曰：『精當爲糈之譌，《說文》：「糈，糧也。」』倫按：《說文》曰：『播，種也，一曰布也。』一曰之義，字當爲譒。譒，敷也。

此借爲譒。

足以食十人。崇本『足』作『是』。上徵武士，則支離攘臂而遊於其間。各本無「而遊」二字。

陸德明曰：『攘臂於其閒，崔本作攘臂於其閒。』倫按：陸本無『而遊』二字。

上有大役，則支離以有常疾不受功。上與病者粟，則受三鍾與十束薪。夫支離其形者，猶足以養其身，終其天秊。『秊』，各本作『年』。又況支離其德者乎？』孔子適楚，狂接輿遊其門，曰：『鳳兮，鳳兮。何如德之衰也。

陳鱣曰：『漢石經《論語》「如」作「而」。如、而古字通。』俞樾曰：『如讀爲而，而即爾也，蓋指鳳言。』倫按：衰爲瘪省。《説文》曰：『瘪，病減也。』後盛衰字同此。

來世不可待，往世不可追也。天下有道，聖人成焉。天下無道，聖人生焉。方今之時，僅免刑焉。福輕乎羽，莫之知載。禍重乎地，莫之知避。

陸德明曰：『避，崔本作寘，云：置也。』倫按：寘，《説文》作窴。避、寘聲同脂類通借，避字爲正。

已乎，已乎，臨人以德。

章炳麟曰：『自「禍重乎地」以下十句，皆言行路之事。德當依《説文》訓升也，平聲，即登字。臨人以德，謂以登高臨人也。』

殆乎，殆乎，畫地而趨。迷陽，迷陽，

王應麟曰：『胡明仲云：荆楚有草，叢生修條，四時發穎。春夏之交，花亦繁麗。條之腴者，大如巨擘，剥而食之，其味甘美。野人呼爲迷陽。其膚多刺，故曰「無傷吾足」。』倫按：《方言》曰：『凡艸木刺人，北燕朝鮮之間謂之茦，或謂之壯。』注曰：『今淮南人亦呼壯。』壯，傷也。《山海經》謂刺爲傷也。

無傷吾行。吾行卻曲，《闕誤》引張君房本「吾行卻曲」作「卻曲卻曲」。

陸德明曰：『卻曲，去逆反，字書作叺。《廣雅》云：「叺，曲也。」』焦竑曰：『「吾行卻曲」，當從碧虚作「卻曲卻曲」。』倫按：卻曲借爲稽稛，同淺喉音也。《説文》曰：『稽，稽稛而止也。』然字當從九，咎聲；從九，枸聲。今譌。詳《説文六書疏證》。

無傷吾足。』山木自寇也，膏火自煎也。桂可食，

俞正燮曰：『古人鹽梅薑桂，所以調和。又食藥若桂皮桂心桂枝，故云可食。是中土常木，不曾遠求之交阯也，亦非秋華無子之木犀。』

故伐之。《類聚》八九、《御覽》九五七引『故』下有『斧』字。《御覽》七六六引作『人故伐之』。**漆可用，**

倫按：漆當作桼，《説文》曰：『桼，木汁，可以髹物。』後同。

故割之。《御覽》七六六引『故』下有『人』字。**人皆知有用之用，而莫知無用之用也。**

莊子義證弟五　内篇德充符弟五

魯有兀者王駘，

陸德明曰：『兀，五忽反，又音界。李云：刖足曰兀。案篆書兀、介字相似。』奚侗曰：『兀借爲跀。跀爲跀之或體。《説文》：「跀，斷足也。」』倫按：兀爲跀省，後兀者字同。

從之遊者，與仲尼相若。常季問於仲尼，曰：『王駘，兀者也，從之遊者，與夫子中分魯。立不教，坐不議，虛而往，實而歸。固有不言之教，無形而心成者邪？是何人也？』

仲尼曰：『夫子，聖人也，丘也直後而未往耳。

王引之曰：直猶特也，直特古同聲。《詩·柏舟》『實惟我特』，《韓詩》『特』作『直』。《史記·叔孫通傳》『吾直戲耳』，《漢書》『直』作『特』。

丘將以爲師，而況不若丘者乎？奚假魯國，

倫按：假借爲家，《説文》曰：『家，尻也。』『尻，處也。』『處，止也。』故《爾雅》曰：『假，已也。』『已，止也。』

丘將引天下而與從之。』常季曰：『彼兀者也，而王先生，

朱駿聲曰：王借爲旺。倫按：王爲盛旺初文。

其與庸亦遠矣。

朱駿聲曰：庸借爲衆。

若然者，其用心也，獨若之何？』仲尼曰：『死生亦大矣，而不得與之變。雖天地覆墜，亦將不與之遺。

陸德明曰：『墜，本又作隊。』倫按：《説文》曰：『隊，從高隊也。墜俗字。』遺借爲隤，《説文》曰：『隤，下隊也。』《淮南・精神訓》『遺』作『抮』者，㐱音照紐，古讀歸端，與隤並舌音也，亦脂真對轉。

審乎無假，

郭慶藩曰：『假當是瑕之誤，瑕謂瑕疵。《淮南・精神訓》正作「審乎無瑕」。』倫按：《淮南》作「瑕」者借字，或借爲假。《説文》曰：『假，至也。』

而不與物遷。命物之化而守其宗也。』《闕誤》引江南古藏本『宗』下有『者』字。**常季曰：『何謂也？』仲尼曰：『自其異者視之，肝膽楚越也。自其同者視之，萬物皆一也。夫若然者，且不知耳目之所宜，而遊心乎德之和。物，視其所一而不見其所喪，**

倫按：『物』字疑涉上『萬物皆一也』而羨。

視喪其足，猶遺土也。』常季曰：『彼爲己，以其知。得其心，以其心。得其常心，

俞樾曰：『以其知得其心』絶句，『以其心得其常心』絶句，『彼爲已』三字總冒此二句。郭象讀『彼爲己以其知』爲句，『得其心以其心』爲句，而以『得其常心』屬下讀，失之。倫按：已讀爲此，斷句俞説是也。成玄英以來諸家皆如此讀。

物何爲最之哉？』

倫按：《説文》曰：『最，犯而取也。』

仲尼曰：『人莫鑑於流水，而鑑於止水。

陸德明曰：『流水，崔本作沬水，云：沬，或作流。』郭慶藩曰：『流水與止水相對爲文，崔本作沬者，隸書流、沬形近，故譌爲沬。《淮南・説山訓》「人莫鑑於沬雨」，高注：「沬雨或作流潦。」是其例證。』倫按：鑑借爲鏡，音同見紐。《説文》曰：『鏡，景也。』後隨文義别之。或借爲覽。

唯止能止衆止。受命於地，唯松柏獨也在，冬夏青青。《闕誤》引張君房本「在」上有「正」字。《文選・古詩十九首》注引「夏」字下有「常」字。何敬祖《遊仙詩》注引無「也」字。

受命於天，唯舜獨也正，《闕誤》引張君房本「舜」上有「堯」字，「獨也正」下有「在萬物之首」五字。

俞樾曰：在疑正字之譌。

幸能正生以正衆生。夫保始之徵，不懼之實。勇士一人，雄入於九軍。

倫按：雄借爲勇。本書《大宗師篇》『不雄成』，洪頤煊引《墨子・修身篇》『雄而不修者其後必惰』，證『雄』即『勇』之借字。是也。此亦然。

將求名而能自要者，而猶若是，

倫按：要借爲徼，今通作邀。古讀見紐爲淺喉音，故通影紐。《文選·西京賦》『徼行要屈』，薛注曰：『要或爲徼。』是其例證。《説文》曰：『徼，循也。』

而況官天地，

倫按：俞先生説官爲館之初文。

府萬物，直寓六骸，

章炳麟曰：『官府同物，則寓象亦同物。《漢書·郊祀志》「木寓龍一駟，木寓車馬一駟」，寓即偶象字。』倫按：寓借爲偶，《淮南·覽冥訓》正作『偶』。《説文》曰：『偶，桐人也。』

象耳目，

倫按：象爲像省，《説文》曰：『像，象也。』讀若養字之養，今俗用樣字。後同。

一知之所知，而心未嘗死者乎？彼且擇日而登假，

洪頤煊曰：《禮記·曲禮》『天王崩，告喪曰登假』，鄭注：『登，上也。假，已也。』上已者，若僊去云爾。倫按：假借爲假，《説文》曰：『假，至也。』後登假字同。

人則從是也。

陸德明曰：『假人，徐音遐，讀連上句，人字向下。』吴汝綸曰：『是，之也。』倫按：當依徐讀。

彼且何肯以物爲事乎？』申屠嘉，兀者也，

倫按：申借爲司，之真旁轉相通，才屯一字，詳《説文六書疏證》。才聲之類。而存從才聲在真類。可證也。《潛夫論・志姓氏篇》曰：『信都者，司徒也。俗閒音不正曰信都，或曰申徒，或勝屠。然其本共一司徒耳。』本書《大宗師篇》『申徒狄』，崔本作『司徒狄』。亦可證也。

而與鄭子産同師於伯昏無人。

陸德明曰：『無人，《雜篇》作瞀人。』倫按：無、瞀古同明紐也。

子産謂申徒嘉曰：『我先出，則子止。子先出，則我止。』其明日，又與合堂同席而坐。子産謂申徒嘉：『我先出，則子止。子先出，則我止。今我將出，子可以止乎，其未邪？且子見執政而不違，子齊執政乎？』申屠嘉曰：『先生之門，涵本「生」作「王」。**固有執政焉如此哉？**

王引之曰：『如猶於也，言先生之門固無執政於此也。《吕氏春秋・愛士篇》「人之困窮，甚如饑寒」，言甚於饑寒也。是其例證。』

子而悦子之執政而後人者也？

胡遠濬曰：『「而悦」讀爲「乃悦」，「也」讀爲「邪」。』

聞之曰：『鑑明則塵垢不止，止則不明也。久與賢人處，則無過。』今子之所取大者，先生也，而猶出言若是，不亦過乎？」子産曰：「子既若是矣，猶與堯争善，計子之德，不足以自反邪？」申徒嘉曰：「自狀其過以不當亡者衆，不狀其過以不當存者寡。

王懋竑曰：『「自狀」「不狀」疑互譌。』

知不可柰何而安之若命，唯有德者能之。遊於羿之彀中。中央者，中地也。然而不中者，命也。人以其全足笑吾不全足者多矣，世本「多」作「衆」。

倫按：成玄英疏曰：『況己形好，嗤彼殘兀，如此之人，其流甚衆。』是成本『多』字作『衆』。

我佛然而怒。

倫按：《説文》曰：『佛，鬱也。』鬱爲愠之借字，音同影紐。愠，怒也。是佛亦怒也。

而適先生之所，則廢然而反。不知先生之洗我以善邪？《闕誤》引張君房、褚伯秀本下有「吾之自寤邪」一句。

奚侗曰：『洗借爲先。《易・繫辭》「聖人以此洗心，退藏於密」，《釋文》：「京、虞、董、張、蜀才『洗』作『先』，石經同。」是其例也。《周禮・大司馬》「以先愷樂獻於社」，鄭注：「先猶導也。」』倫按：先，前進也。詳郭象注曰：『不知先生洗我以善道故邪？我爲能自反邪？』則郭本似亦有『吾之自寤邪』一句。

吾與夫子遊十九季矣，《文選》何敬祖《贈張華詩》注引「十」下有「有」字，「季」各本作「年」。**而未嘗知吾兀者也。**《文選》何敬祖《贈張華詩》注引「嘗」作「言」。

陸德明曰：『介，本又作兀。』

今子與我遊於形骸之内，而子索我於形骸之外。

王懋竑曰：『内、外二字當互易。』倫按：索爲㮕省，《説文》曰：『㮕，入家搜也。』後文求索字同此。

不亦過乎？』子産蹵然，

倫按：蹵借爲欶，同齒音也。《説文》曰：『欶，㤘然也。』《孟子》曰：『曾西欶然。』今《孟子》作『蹵』。是其證矣。後『蹵然』字同此。

改容更貌，曰：『子無乃稱。』

倫按：乃借爲再，聲同之類。《爾雅》曰：『仍，再也。』仍從乃得聲。是其例證。

魯有兀者叔山無趾，

陸德明曰：『趾，音止。』倫按：止即趾之初文也。

踵見仲尼。

朱駿聲曰：『踵當爲歱。《説文》曰：「歱，相迹也。」』

仲尼曰：『子不謹前，

陸德明曰：子不謹前絶句。一讀以謹字絶句。倫按：一讀非也。

既犯患若是矣。

倫按：犯借爲逢，奉紐雙聲。本書《大宗師篇》『今一犯人之形而猶喜之』，《淮南·修務訓》『犯』作『逢』。是其例證。《説文》曰：『逢，遇也。』

雖今來，何及矣？』無趾曰：『吾唯不知務，

倫按：『務』下疑奪『學』字。

而輕用吾身，吾是以亡足。今吾來也，猶有尊足者存，吾是以務全之也。夫天無不覆，地無不載。吾以夫子爲天地，安知夫子之猶若是也？』孔子曰：『丘則陋矣。夫子胡不入乎，請講以所聞？』無趾出，孔子曰：『弟子勉之。夫無趾，兀者也，猶務學以復補前行之惡，

倫按：惡當爲亞，《説文》曰：『亞，醜也。』《書大傳》『鼓鐘惡，觀臺惡』，鄭注曰：『惡讀爲亞。』是其例證。下文『衛有惡人焉』，惡亦醜也。《御覽》六〇七引「補」下有「其」字。

而況全德之人乎？』無趾語老聃，曰：『孔丘之於至人，其未邪？彼何賓賓以學子爲？

倫按：賓借爲諞，同脣音也。《説文》獱之重文作猵。是其例證。《説文》曰：『諞，便巧言也。』諞諞今語猶然，惟字作偏。

彼且蘄以諔詭幻怪之名聞，

倫按：諔爲譎之譌字。

不知至人之以是爲己桎梏邪？』老聃曰：『胡不直使彼以死生爲一條，

倫按：條貫、條理字當作卤，此借，音同透紐。《説文》曰：『卤，艸木實烝卤卤然。』《至樂篇》『條條達而福持』同。

以可不可爲一貫者，

倫按：貫爲毌之後起字。《説文》曰：『毌，穿物持之也。』後同。

解其桎梏，其可乎？』無趾曰：『天刑之，安可解？』魯哀公問於仲尼，曰：『衛有惡人焉，曰哀駘它。《文選》司馬遷《報任少卿書》注引「它」作「佗」。

倫按：哀者，駘它之姓也，漢有哀章。駘借爲佁，《説文》曰：『癡貌，讀若騃。』今以騃字爲之，謂癡曰騃它。今紹興縣語猶然。

丈夫與之處者，「丈」原作「丈」，今正。**思而不能去也。**

倫按：思借爲寺。

婦人見之，請於父母，曰「與爲人妻，寧爲夫子妾者」，十數而未止也。世本「十數」作「數十」。**未嘗有聞其唱者也，常和人而已矣。無君人之位以濟乎人之死，**

倫按：濟借爲齎。

無聚禄以望人之腹，

李楨曰：望借爲朢，《説文》曰：『朢，月滿也。』

又以惡駭天下，

陸德明曰：『駭，崔本作駴。』倫按：《説文》無駴字，當是駭之或體。亥、戒古讀並淺喉音。《周禮・大司馬》『鼓皆駴』，《釋文》曰：『駴，本亦作駭。』是其例證。

和而不唱，知不出乎四域，而雌雄合乎前。是必有異乎人者也。寡人召而觀之，果以惡駭天下。與寡人處，不至以月數，而寡人有意乎其爲也。不至乎期年，

倫按：期借爲稘，《説文》曰：『稘，復其時也。』

而寡人信之。國無宰，寡人傳國焉。崇本、世本「寡」上有「而」字。**悶然而後應，**

倫按：悶借爲懣，音同明紐。《説文》曰：『懣，忘也。』

氾若而辭，各本「若而」作「而若」。

奚侗曰：『當作氾若而辭。《田子方篇》「泛然而辭」，氾、泛通用。氾若猶泛然也。』

寡人醜乎，

倫按：醜借爲媿，《説文》曰：『媿，慙也。』

卒授之國。無幾何也，去寡人而行，寡人卹焉若有亡也，

倫按：卹借爲忽，《説文》卹、侐實一字。詳《説文六書疏證》。侐、忽音同曉紐。《説文》曰：『忽，忘也。』

若無與樂是國也。是何人者也？』仲尼曰：『丘也嘗使於楚矣，

陸德明曰：『嘗使於楚矣。使，本亦作遊。又直云嘗於楚矣。』倫按：孔子無使楚事，本作遊者是也。一本奪遊字。

適見豚子食於其死母者，崇本、世本「豚」作「㹠」。

陸德明曰：『㹠子，本又作豚。』倫按：陸本作㹠。《説文》無㹠字，屯、豚聲同真類通借。

少焉眴若，

陸德明曰：『眴，本又作瞚。』俞樾曰：『眴若猶恂然也。《徐無鬼篇》「衆狙見之，恂然棄而走」，恂眴並䀏之借字。《説文》：「䀏，驚辭也。」「眴若皆棄之而走，言㹠子皆驚而走也。』眴若二字以其子言，不以母言。』倫按：眴、瞚古今字。

皆棄之而走。涵本「棄」作「異」。**不見己焉爾，不得類焉爾。所愛其母者，非愛其形也，愛使其形者也。戰而死者，其人之葬也，不以翣資。**

陸德明曰：『翣資，崔本作翣枚，謂先人墳墓也。』孫詒讓曰：『翣資，疑即翣柳。《周禮·縫人》「衣翣柳之材」，鄭注：「故書翣柳作接櫝。」鄭司農曰：「接讀爲澀，櫝讀爲栜，皆棺飾。』此資即櫝之譌。』倫按：資爲櫝省，賈字傳寫作貿，形與資近，故譌爲資矣。崔本作杴者，由櫝譌爲檳，省譌爲杴，又爲杴也。本書《庚桑楚篇》『簡髮而櫛』，『櫛』，陸本作『抆』，王引之謂『抆』即『杴』誤。是其例證。栜借爲翣，同舌音也。《說文》曰：『翣，翳也，所以舞也。』尋翳即纛之本字。《爾雅·釋言》曰：『纛，翳也。』《釋文》曰：『纛，本又作翳。』是其證。纛又謂之羽葆幢。見《周禮·鄉師》注。《周禮·鄉師》『及葬，執纛以與匠師御匶而治役』，《禮記·喪大記》『君葬用輴，御柩用羽葆』，是翳亦用於喪事，故與翣連文。《說文》曰：『翣，棺羽飾。』

刖者之屨，無爲愛之。皆無其本矣。爲天子之諸御，不爪翦，

倫按：《禮記·曲禮篇》曰：『大夫士去國踰境，爲壇位，鄉國而哭。素衣，素裳，素冠，徹緣，鞮屨，素簚。乘髦馬，不蚤鬋。』鄭注曰：『蚤讀爲爪。鬋，鬋鬢也。』《淮南·兵略訓》曰：『君若許之，臣辭而行，乃爪鬋。』倫謂不爪鬋者，不刮鬢也。《曲禮》之蚤爲搔省，《淮南》與此均借爪爲搔，此借翦爲鬋。《說文》曰：『搔，刮也。』『鬋，女鬢垂貌。』

不穿耳。取妻者止於外，不得復使。

陸德明曰：『崔本作「不得復使入」，云不復入直也。』羅勉道曰：《禮記》『三年之喪與新有昏者期不使』。

形全，猶足以爲爾，而況全德之人乎？今哀駘它未言而信，無功而親，使人授己國，唯

恐其不受也，是必才全而德不形者也。』哀公曰：『何謂才全？』仲尼曰：『死、生、存、亡，窮、達、

倫按：《説文》曰：『達，行不相遇也。』此與窮對，疑借爲德，同舌音也。《説文》曰：『德，升也。』

貧、富，賢，與不肖、毁、譽，飢、渴、

倫按：死生存亡、窮達貧富、賢與不肖、毁譽寒暑，皆反對之詞。飢渴不相反，飢疑當爲飽。

寒、暑，是事之變，命之行也。

倫按：命借爲令。

日夜相代乎前，而知不能規乎其始者也。

倫按：規爲窺省。

故不足以滑和，

倫按：滑借爲歆，《説文》曰：『歆，咽中息不利也。』

不可入於靈府。使之和豫，

倫按：豫借爲愉，音同喻紐。《尚書・金縢篇》『有疾勿豫』，《説文》『悆』字下引作『悆』。『悆，忘也。』訓喜者，愉字義。

通而不失於兑。

段玉裁曰：古假閲爲穴，兑爲閲省。倫按：閲、穴皆喉音也。

使日夜無郤而與物爲春，

倫按：本書《田子方篇》『日夜無隙而不知其終』，郤字作隙者，音義相同也，當各讀如字。以郤爲隙之借者，非是。春，《説文》曰：『推也。』

是接而生時乎心者也，世本「乎」作「于」。**是之謂才全。』『何謂德不形？』曰：『平者，水停之盛也。**

倫按：平水二字當互易。停借爲汀，《説文》曰：『汀，平也。』

其可以爲法也，内保之而外不蕩也。

倫按：蕩借爲潒，《説文》曰：『潒，水潒瀁也。讀若蕩。』

德者，成和之脩也。

倫按：上『文故不足以滑和』，本書《庚桑楚篇》作『滑成』，則成、和義同。疑成爲咸譌，咸爲諴省。《説文》曰：『諴，和也。』《尚書·無逸篇》『咸和萬民』，咸即諴省。可爲例證。脩借爲修，《説文》曰：『修，飾也。』後隨文讀之。

德不形者，物不能離也。』

劉師培曰：離疑麗假，或係雜譌。『物不能褵』，猶《刻意》云『不與物交』也。《淮南・原道》《精神》二訓『交』並作『散』，『散』實『殺』誤。《文子・原道篇》作『褋』，足與此旨互昭。

哀公異日以告閔子，

倫按：異爲翼省，翼借爲昱，音同喻紐。《尚書・武成》『越翼日，癸巳』，《漢書・律歷志》作『翌日』。《爾雅・釋地》『南方有比翼鳥』，《釋文》：『翼，本亦作昱。』並其例證。《說文》曰：『昱，明日也。』

曰：『始也，吾以南面而君天下，執民之紀而憂其死，吾自以爲至通矣。今吾聞至人之言，恐吾無其實，輕用吾身而亡其國。崇本、世本作「亡吾國」。**吾與孔丘非君臣也，德友而已矣。』**『友』原作『犮』，今正。後同。

闉跂『跂』原作『跂』，世本同，今正。

倫按：《說文》曰：『闉，城曲重門也。』故《音義》引司馬曰：『曲也。』跂借爲肢，闉肢猶曲肢矣。

支離無脤

倫按：無脤即無止也，止、脤古並端紐。無止亦跛者也。

說衛靈公，靈公悅之。各本『悅』作『說』，下句同。**而視全人，其脰肩肩。**

羅勉道曰：『肩同顧。《周禮・梓人》「數目脰顧」，注：「顧，長脰兒。」』奚侗曰：『脰古通頭。《儀禮・士虞禮》「取諸脰膉」，鄭注：「脰，古文爲頭。」是其例證。肩借爲顧，《説文》：「顧，頭鬢少髮也。」」倫按：頭鬢少髮者，鬝字義也。顧當依《周禮注》訓長脰皃。詳《説文六書疏證》。或借爲痙，音同見紐。《周禮·梓人》注：『顧或爲牼。』是其例證。《説文》曰：『痙，彊急也。』

甕㼜大癭説齊桓公，桓公悦之。而視全人，其脰肩肩。故德有所長而形有所忘，人不忘其所忘而忘其所不忘。此謂誠忘，故聖人有所遊，

倫按：故者，發耑之詞。『聖』字疑涉下文『聖人不謀』而羨。

而知爲孽，

倫按：孽借爲讞。《吕氏春秋·過理篇》『宋王築爲櫱帝』，高注：『櫱當作巘。』《説文》巘之重文作櫱。並其例證。《説文》曰：『讞，議罪也。』即謀孽字。

約爲膠，德爲接，

倫按：德借爲㝵，今通用得字。下文喪德對文，可證。《説文》：『㝵，取也。』今篆誤作『㝵』。《易·剥卦》傳『君子得輿』，《釋文》：『得，京本作德。』是其例證。

工爲商。 世本『商』作『商』。

倫按：商借爲賫。《説文》曰：『賫，行賈也。』

聖人不謀，惡用知？不斲，惡用膠？無喪，惡用德？不貨，惡用商？四者，天鬻也。

倫按：鬻音當與芉同。《説文》曰：『鬻，鍵也。』

天鬻者，世本『者』上有『也』字。**天食也。既受食於天，又惡用人？有人之形，無人之情。有人之形，故羣於人。無人之情，故是非不得於身。眇乎小哉，**

朱駿聲曰：眇借爲秒。

所以屬於人也。謷乎大哉，

王念孫曰：謷與驁通。《廣雅》：『驁，大也。』倫按：《説文》曰：『驁，駿馬也。』

獨成其天。

陸德明曰：『天如字，崔本作大。』倫按：天字是。

惠子謂莊子，曰：『人故無情乎？』莊子曰：『然。』惠子曰：『人而無情，何以謂之人？』莊子曰：『道與之貌，天與之形，惡得不謂之人？』惠子曰：『既謂之人，惡得無情？』莊子曰：『是非吾所謂情也。吾所謂無情者，言人之不以好惡内傷其身，常因自然而不益生也。』惠子曰：『不益生，何以有其身？』莊子曰：『道與之貌，天與之形，無以好惡内傷其身。今子外乎子之神，勞乎子之粗，倚樹而吟，據槁梧而瞑。天選子之而形，

倫按：選當作巽，《説文》曰：『巽，具也。』

子以堅白鳴。』

莊子義證弟六　内篇大宗師弟六

知天之所爲，知人之所爲者，至矣。知天之所爲者，天而生也。

陸德明曰：『天而生，崔、向本作「失而生」。』倫按：天字是。

知人之所爲者，以其知之所知，以養其知之所不知，終其天年而不中道夭者，是知之盛也。雖然，有患。夫知有所待而後當，其所待者，特未定也。庸詎知吾所謂天之非人乎？所謂人之非天乎？且有真人而後有真知。何謂真人？古之真人，不逆寡，不雄成，

洪頤煊曰：『雄借爲勇。』倫按：成與寡對文，當讀爲盛衰之盛。

不謨士。各本『謨』作『謩』。

德清曰：『士即事。』倫按：《說文》曰：『士，事也。』

若然者，過而弗悔，當而不自得也。若然者，登高不慄，入水不濡，

倫按：濡借爲溼，音同日紐。《說文》曰：『溼，漸溼也。』《詩·羔裘》傳：『如濡，潤澤也。』《淮南·俶真訓》『割之猶濡』，高注：『濡，濡溼。』皆濡借爲溼之證。後濡溼字同。

入火不熱。是知之能登假於道者也，各本無『者』字。**若此。古之真人，其寢不夢，其覺**

無憂，其食不甘，

倫按：甘爲含之初文，此爲酣省。《説文》曰：『酣，酒樂也。』

其息深深。真人之息以踵，衆人之息以喉。屈服者，

倫按：服借爲勹，同脣音也。勹爲匍匐之匐初文。《詩·生民》『誕實匍匐』，《釋文》：『匍匐，本亦作扶服。』《爾雅·釋詁》『服宜貫公』，《釋文》：『服，本作艆。』是其例證。《説文》曰：『勹，伏地也，象人曲身形。』後隨文別之。

其嗌言若哇。

朱駿聲曰：嗌借爲噎，哇當爲吐。《孟子》『出而哇之』，《論衡·刺孟》正作『吐』。

倫按：嗌、噎音同影紐。《説文》曰：『噎，飯窒也。』言，疑當爲音，形近而誤。

其耆欲深者，

倫按：耆爲嗜省。成玄英疏曰：『耽嗜諸塵。』是成本『耆』作『嗜』。

其天機淺。古之真人，不知説生，也不知惡死。其出不訢，

章炳麟曰：訢借爲忻，《説文》曰：『忻，闓也。』《司馬法》曰：『善者忻民之善，閉民之惡。』距亦閉也。忻、距相對爲文。

其入不距。

陸德明曰：『距，本又作拒。』倫按：《説文》曰：『歫，止也。』距爲借字，《説文》無

『拒』字。

翛然而往，

陸德明曰：『翛，本又作儵。』朱駿聲曰：『儵借爲倏，《説文》：「倏，疾也。」』

翛然而來而已矣。不忘其所始，崇本『忘』作『志』。

倫按：忘爲忌譌。本書《則陽篇》『未生不可忌』，是其證。《説文》曰：『忌，憎惡也。』

不求其所終。受而喜之，忘而復之，

倫按：忘當作亡。

是之謂不以心捐道，《史記·賈誼傳》索隱引『捐』作『損』。

陸德明曰：『捐，郭作揖。崔云：或作楫。』倫按：捐字是也。捐借爲掾，音同喻紐。

本書《齊物論篇》『聖人不緣』，可證也。

不以人助天。是之謂真人。若然者，其心志，

王懋竑曰：『志當作忘。其心忘，其容寂，文義顯然。』

其容寂，

陸德明曰：『家，本亦作寂，崔本作宋。』倫按：陸本作家，家字見《方言》，宋之俗譌。《説文》曰：『宋，無人聲也。』寂今字。

其顙頯。世本『頯』作『頯』。

陸德明曰：『頯，向本作䫜。』倫按：頯借爲頔，頔、䫜聲同脂類，頯、䫜音同谿紐。《説文》曰：『頔，出額也。』

凄然似秋，崇本『凄』作『淒』。

倫按：凄借爲清，音同清紐。《素問·氣交變大論》『其德淒滄』，注：『淒滄，薄寒也。』淒即清之借字。《漢書·王襃傳》『不憂至寒之悽搶』，注：『悽愴，寒冷也。』悽亦借爲清。《春秋·左昭十四年傳》『春無淒風』，注：『淒，寒也。』《説文》無淒，淒當爲清。並其例證。《説文》曰：『清，寒也。』

煖然似春。《文選》王儉《褚淵碑文》注引『煖』作『暖』，《意林》引作『暵』。

倫按：《文選》注引『煖』作『暖』，蓋暖之譌字。暖，俗煖字。《意林》引作暵。暵當作煗，煖、煗聲同元類。《説文》曰：『煗，温也。』

喜怒通四時，與物有宜而莫知其極。

倫按：有讀爲爲。

故聖人之用兵也，亡國而不失人心。利澤施乎萬世，

倫按：利澤雙聲連緜詞，古讀澄紐歸定，來、定並舌音也。利益字當作賴，音同來紐。《説文》曰：『賴，贏也。』後隨文别之。施借爲貤，聲同歌類。《韓詩外傳》一『岸峭則陂』，《説苑·政理篇》『陂』作『陁』。陁，《説文》作阤。《説文》『㔹』『髮』轉注，而『㔹』之重文作『髢』。可爲例證。《説文》曰：『貤，迻予也。』後文施舍字同。

不爲愛人。故樂通物，《列子·仲尼篇》張湛注引『樂』下有『窮』字。

倫按：當依《列子注》引『樂』下補『窮』字。『通物』二字涉下『利害不通』而誤羨。『利』之古文作『粅』，與『物』形近，故又譌爲『物』。

非聖人也。有親，非仁也。天時，

倫按：郭象注曰：『時天者，未若忘時而自合之賢也。』是郭本作『時天』，當依改。時當爲寺。

非賢也。利害不通，非君子也。行名失己，非士也。亡身不真，非役人也。若狐不偕、

倫按：《韓非·説疑篇》曰：『若夫許由、續牙、晉伯陽、秦顛頡、衛僑如、狐不稽、重明、董不識、卞隨、務光、伯夷、叔齊，此十二人者，皆上見利不喜，下臨難不恐，或與之天下而不取，有萃辱之名則不樂，食穀之利。』狐不稽，即狐不偕也。偕、稽音同見紐。老子是謂稽式，河上本作楷式。是其例證。

務光、

倫按：本書《讓王篇》作瞀光，《荀子·成相篇》作牟光，牟、務並脣音也。《詩·瞻卬》『蟊賊蟊疾』，《釋文》『蟊』作『蛑』。《禮記·曲禮》『進矛戟者』，《釋文》：『矛』本亦作『鉾』。是其例證。

伯夷、叔齊、箕子、胥餘。

朱亦芹曰：『《尸子》曰：「箕子、胥餘，漆身爲厲，披狂佯狂。」《秦策》：「箕子、接輿，漆身爲厲，被髮爲狂，無益於殷楚。」與《尸子》語正同。是胥餘即接輿也。』倫按：接、胥並齒音也。餘、輿音同喻紐，相通。《説文》：『輿，從車，舁聲。』舁讀若余。是其例證。

紀他、申徒狄，

陸德明曰：『申徒狄，崔本作司徒狄。司馬云：殷時人。』劉台拱曰：『服虔《漢書注》、高誘《淮南·説山訓》注亦曰：「申徒狄，殷末人。」然《韓詩外傳》及《新序》並載申徒狄事。其答崔嘉，有吴殺子胥、陳殺泄冶語，則非殷時人。』倫按：紀他、申徒狄事見本書《外物篇》。《通志·氏族略》引《風俗通義》曰：『申徒狄，夏賢人。』《史記·鄒陽傳》索隱引韋昭曰：『六國時人。』尋《御覽》引《墨子》曰：『申徒狄謂周公曰：「賤人何可薄也。周之靈珪，出於土石。隨之明月，出於蚌蜃。」』又證以答崔嘉書有吴殺子胥、陳殺泄冶語，則周公乃東西周之君。韋昭謂六國時人，近之矣。

是役人之役，適人之適，而不自適其適者也。古之真人，其狀義而不朋，

俞樾曰：『義讀爲峨，朋讀爲崩。』倫按：朋爲崩省。

若不足而不承。與乎其觚而不堅也，

劉師培曰：『此節文均協韻，堅華獨否，疑堅本作固，隋籍諱堅改固，唐人復固爲堅，其有故文作固，亦或例易堅。猶宋人於古籍理字，或亦易爲治也。郭象曰：「是常遊於獨而非固守。」益證堅當作固。』倫按：與疑借爲奢，聲同魚類。《史記·貨殖傳》『子贛廢著』，《弟子傳》『著』作『舉』。是其例證。《説文》曰：『奢，張也。』觚借爲夵，《説文》曰：『夵，夵大也。』

張乎其虚而不華也。

倫按：華借爲夸，《説文》曰：『夸，奢也。』

邴邴乎其似喜乎。《闕誤》引文如海、成玄英、張君房本『乎』作『也』。**崔乎其不得已乎。**《闕誤》引文如海、成玄英、張君房本重『崔』字，『乎』作『也』。

章炳麟曰：『崔借爲摧、誰、催。《詩》「室人交徧催我」，《韓詩》「催」作「誰」。誰，就也。就即蹴之省借。誰就今言催蹙。』倫按：當依《闕誤》引成本重『崔』字。

滀乎進我色也，

陸德明曰：『滀，本又作慉。』倫按：滀、慉並借爲慉。《説文》曰：『慉，起也。』

與乎止我德也。

倫按：與疑爲趣省。《説文》曰：『趣，安行也。』

厲乎其似世乎。《闕誤》引文如海、成玄英、張君房本『乎』作『也』。

陸德明曰：『厲，崔本作廣。』郭慶藩曰：『世借爲大，大、世古音同。《禮記·曲禮》「不敢與世子同居」，注：「世或爲大。」《春秋·文三十年》「大室屋壞」，《公羊》作「世室」。皆其證。』倫按：厲、廣形近而譌。厲借爲嬾，音同來紐。《史記·南越傳》『爲戈船下厲將軍』，《集解》引徐廣曰：『厲，一作瀨。』《春秋·昭四年左傳》『滅賴』，《公》《穀》皆作『滅厲』。皆其例證。《說文》曰：『嬾，懈也。』世借爲大，古讀審歸透也。驕泰即驕大，泰亦透紐借字也。

鶩乎其未可制也。

奚侗曰：『鶩當作鶩，形近而譌。《說文》曰：「鶩，亂馳也。」』劉秀生曰：『制借爲馽，古音同在端紐。《說文》曰：「馽，絆馬也。」』

連乎其似好閉也，

倫按：連借爲闌，音同來紐。《詩·伐檀》『河水清且漣猗』，《爾雅·釋水》注引『漣』作『瀾』。《淮南·天文訓》『日至於連石』，高注：『連讀腐爛之爛。』並其例證。《說文》曰：『闌，門遮也。』

悗乎忘其言也。

陸德明曰：『悗，字或作免。』劉師培曰：『言字疑說字之譌。』倫按：悗借爲懣，免、滿明紐雙聲。《呂氏春秋·重己篇》『胃充，則中大鞔』，高注：『鞔讀曰懣。』是其例證。《説文》曰：『懣，忘也。』言當作説，與上句閉字爲韻，蓋爛奪右方耳。

以刑爲體，以禮爲翼，以知爲時。

倫按：時當爲寺。

以德爲循。

陸德明曰：『循，本亦作脩，兩得。』俞樾曰：『下文「與有足者至於丘也」，自作循爲是。《説文》曰：「循，順行也。」』

以刑爲體者，綽乎其殺也。

陸德明曰：『綽，崔本作淖。』章炳麟曰：『綽借爲焯，《説文》曰：「焯，明也。」殺借爲察。』倫按：殺、察皆齒音也。《禮記·鄉飲酒義》『愁以時察守者也』，注：『察或爲殺。』《春秋·昭元年左傳》『周公殺管叔而蔡蔡叔』，釋文曰：『上蔡字音素葛反。』《説文》作㝗。是其例證。然明察字當作瞭。《説文》曰：『瞭，察也。』後同。

以禮爲翼者，所以行於世。以知爲時者，不得已於事也。以德爲循者，言其與有足者至於丘也。

倫按：《荀子·宥坐篇》：『孔子曰：「如垤而進，吾與之如丘而止。」』此言至於丘，即《荀子》所謂『如丘而止』。《説文》：『丘，土之高，非人所爲也。』

而人真以爲勸行者也。

倫按：疑『人真』當作『真人』，傳寫誤煭。

故其好之也一，其弗好之也一。其一也一，其不一也一。其一與天爲徒，其不一與人爲徒。天與人不相勝也，是之謂真人。死、生，命也，其有夜旦之常，天也。人之有所不得，與皆物之情也。

陸德明曰：『旦，如字。崔本作䩦。』

倫按：『得』字絶句。『與』爲『舉』之初文，此當讀爲『舉』音。

彼特以天爲父，而身猶愛之，而況其卓乎？

郭慶藩曰：卓當作稺，《説文》曰：『稺，特止也。』

人特以有君爲愈乎己，

倫按：愈，《説文》作愉，薄樂也。

而身猶死之，而況其真乎？　泉涸，魚相與處於陸，相呴以濕，

倫按：呴，《説文》作欨，吹也。濕借爲溼，古讀審紐歸透也。《説文》曰：『溼，幽溼也。』後同。

相濡以沫，世本『濡』作『濡』。

陸德明曰：『濡，本又作儒。沫，音末。』倫按：《説文》無濡字，濡之俗書也。濡借爲茹，音同日紐，與濡借爲濘同例。《説文》曰：『茹，飲馬也。』

不如相忘於江湖。與其譽堯而非桀也，世本、崇本『與』作『而』。**不如兩忘而化其道。**

王懋竑曰：『「泉涸」以下一節，疑爲錯簡，與上下文不甚相貫通。「大塊」六句又見後「子祀章」，其爲錯簡重出無疑也。』倫按：『泉涸』至『相忘於江湖』，又見《天運篇》。『其道』之『其』，當讀爲之。之猶於也，詳王引之《經傳釋詞》。

夫大塊，載我以形，勞我以生，佚我以老，《史記・賈誼傳》索隱引作『休我以死』。**息我以死。故善吾生者，乃所以善吾死也。**

倫按：此節疑爲下文錯簡，校者以未錯者對之，未敢删除，遂成羡文。

夫藏舟於壑，藏山於澤，

俞樾曰：『山疑借爲汕。《爾雅・釋器》：「罺謂之汕。」《詩・南有嘉魚》傳曰：「汕，汕樔也。」箋云：「今之撩罟也。」』倫按：罺謂之汕者，借汕爲罺，同齒音也。《説文》無罺字。

謂之固矣。《淮南・俶真訓》謂上有『人』字。**然而夜半有力者負之而走，**《類聚》七一、《御覽》三九四引『然而』作『然則』。《書鈔》一三七、《御覽》六七、《文選・頭陀寺碑文》注、《後漢書・獻帝紀》注、《輔行記》四之三引『走』作『趨』，《淮南・俶真訓》亦作『趨』。

劉師培曰：『《世説》劉注引「力」上有「大」字，據郭注似亦有「大」字。』

昧者不知也。《文選·辯命論》注引『昧』上有『其』字。《淮南·俶真訓》『昧』作『寐』。

倫按：昧借爲寐，《説文》曰：『寐，臥也。』

藏小大有宜，猶有所遯。《淮南·俶真訓》『遯』作『遁』。**若夫藏天下於天下而不得所遯，是恒物之大情也。特犯人之形而猶喜之。**《淮南·俶真訓》『而不得所遯』作『無所遁其形矣』。《淮南·俶真訓》『犯』作『範』。

奚侗曰：『犯借爲笵。』《説文》曰：『法也。』《通俗文》曰：『規模曰笵。犯人之形，謂模笵人之形也。』故下文以『大冶鑄金』與『犯人之形』對舉。』

若人之形者，萬化而未始有極也，其爲樂可勝計邪？

王懋竑曰：『「特犯人之形」以下三句，與上下文不協，亦疑錯簡。』倫按：自『特犯人之形』至『可勝計邪』，爲下文錯簡，當在『夫造化者必以爲不祥之人』下。

故聖人將遊於物之所不得遯而皆存。善夭，《闕誤》引張君房本『夭』作『少』。

陸德明曰：『妖，崔本作狡，本又作夭。』奚侗曰：『張君房本妖作少，是也。郭象注曰：「不善少而否老。」是郭本亦作少。』倫按：妖、夭、狡並借爲少，聲同宵類。《史記·周本紀》『所棄妖子出於路者』，徐廣曰：『妖，幼少也。』亦妖借爲少之證。

善老，善始，善終，人猶效之，又況萬物之所係，

倫按：係疑借爲傒，奚爲係之初文，詳《説文六書疏證》。則係可借爲傒也。傒、係音同谿紐。《説文》曰：『徯，待也。』

而一化之所待乎？

倫按：『善夭』至此，疑爲後文錯簡，當與此文『可勝計邪』連接。

夫道，有情，有信，《輔行記》十之二引作『有性有情』。

奚侗曰：『情借爲精。《老子》：「窈兮冥兮，其中有精。其精甚真，其中有信。」本文即襲《老子》之義。《呂覽・察賢篇》「弊生事精」，《説苑・政理篇》作「弊性事情」。是精、情通用之證。』

無爲，無形；可傳而不可受，可得而不可見；自本自根，未有天地，自古以固存；神鬼，神帝，生天，生地；在太極之先而不爲高，

章炳麟曰：『神與生同義，《説文》：「神，天神引出萬物者也。」』

陸德明曰：『之先，一本作之先未，崔本同。』盧文弨曰：『今本《音義》作「一本作先之，無未字」。』俞樾曰：『《淮南・覽冥訓》作「太極之上」，當依改。』倫按：郭象注曰：『且上下無不格者，不得以高卑稱也。』成玄英疏曰：『道在五氣之上，不爲高遠。』是郭、成二本『先』並作『上』。

在六極之下而不爲深，

倫按：六疑當爲大。

先天地生而不爲久，長於上古而不爲老。世本無『爲』字。**狶韋氏得之，**

倫按：狶韋氏，《左・襄二十四年傳》作豕韋氏。《國語・鄭語》曰：『祝融之後八姓，大彭豕韋爲商伯。』狶當依《說文》作豨。

以挈天地。

成玄英曰：『挈，又作契。』朱駿聲曰：『挈借爲契，《說文》：「契，大約也。」』

伏羲氏得之，各本『犧』作『戲』，無『氏』字。

陸德明曰：『伏戲音羲，崔本作伏戲氏。』倫按：成玄英疏於狶韋氏曰：『狶韋氏，文字已前遠古帝王號也。』於此下曰：『伏犧，三皇也。』是成本無氏也。

以襲氣母。

倫按：襲借爲佮，聲同談類。《淮南・天文訓》『天地之襲精爲陰陽』，注：『襲，合也。』《荀子・不苟篇》『齊秦襲』，注：『襲，合也。』《儀禮・士喪禮》『古文襚者以襲』，注：『襲當爲袷。』並其例證。《說文》曰：『佮，合也。』

維斗得之，終古不忒。

陸德明曰：『忒，崔本作代。』倫按：代、忒音同透紐，義均爲更。

日月得之，終古不息。堪坏得之，

陸德明曰：『坏，崔本作邳。堪坏，《淮南》作欽負。』倫按：《淮南・齊俗訓》『堪坏』

作『鉗且』。莊達吉謂『鉗且』當依此《音義》引作『欽負』，形近故誤耳。《山海經》作『欽䲹』，錢坫曰：『古丕與負通，故《尚書》「丕子之責」，《史記》作「負子」。丕與負通，故從丕之字亦與負通。堪、欽亦同聲。』倫謂欽、堪音同谿紐，鉗音羣紐，同淺喉音。且則負之譌耳。

以襲崐崘。

陸德明曰：『崐，或作岷。』倫按：襲疑借爲入，聲同侵類。崐、岷聲同真類，通借。

馮夷得之，

胡應麟曰：『《竹書紀年》：「帝芬十六年，洛伯用與河伯馮夷鬬。」夫洛與河，國名也，伯，爵也。用與馮夷，人名也。「帝泄十六年，殷侯以河伯之師伐易。」則河伯爲諸侯，而馮夷非鬼神昭昭矣。』徐文靖曰：『《穆天子傳》曰：「天子西征，騖行，至於陽紆之山，河伯無夷之所都居，是惟河宗氏。河宗伯夭逆天子燕然之山。」郭璞注曰：「無夷，馮夷也。」蓋馮夷爲伯夭之遠祖，帝芬時諸侯也。』陳逢衡曰：『馮夷之説不一。《淮南子》：「昔者，馮夷大丙之御。」《博物志》：「馮夷得龍虎恍惚萬里。」《括地圖》：「馮夷乘龍車。」此一馮夷也。《山海經》：「中極之淵，深三百仞，惟氷夷恒都焉。氷夷人面，乘兩龍。」《龍魚河圖》：「河伯姓呂，名公子。夫人姓馮，名夷。」《抱朴子》：「馮夷以上庚溺死，天帝署爲河伯。」《清泠傳》：「馮夷服八石，得水仙，是謂河伯。」此又一馮夷也。《紀年》之河伯馮夷，則夏時之諸侯。而夏桀末年，又有馮夷，則兩日並出時，費昌所問者。《論衡》及《博物志》俱載此事。』倫按：馮夷，《山海經·海内北經》作冰夷，《穆天子傳》作無夷，《淮南·原道訓》作馮遲。《説文》：『馮，從馬，仌聲。』仌爲冰之初文，故通借也。馮、無並爲脣音，故《穆傳》作無。遲、夷疊韻，通借。《詩》『周道倭遲』，《韓詩》作『郁夷』。是其例證。

以遊大川。

陸德明曰：『大，崔本作泰。』

肩吾得之，以處太山。各本『太』作『大』。

陸德明曰：『大山，音泰。又如字。』倫按：《山海經·西山經》：『崐崘之丘，是實惟帝之下都，神陸吾司之。』郭注：『即肩吾也。』莊周云：『肩吾得之，以處大山也。』則作大山是也。

黄帝得之，以登雲天。顓頊得之，以處玄宫。

倫按：《墨子·非攻下篇》：『昔者，三苗大亂，天命殛之，有妖宵出，民乃大振。高陽乃命禹於玄宫。』《藝文類聚·符命部》引《隨巢子》：『天命夏禹於玄宫。』尋禹在舜世，而《墨》言高陽者，舜爲高陽六世孫也。高陽即顓頊，則玄宫自顓頊立之。

禺强得之，

陸德明曰：『司馬云：《山海經》曰：「北海之渚，有神，人面，鳥身，珥兩青蛇，踐兩赤蛇，名禺强。」案《海外經》曰：北方禺强，黑身。手足兩龍，一名禺京。』倫按：《山海經·大荒東經》作禺京，《大荒北經》作禺彊，聲並陽類。

立乎北極。《山海經·海外北經》注引『乎』作『于』。**西王母得之，**

丁謙曰：『西王母者，古加勒底國之月神也。《軒轅黄帝傳》言：「時有神人西王母，太陰之精，天帝之女。」可爲月神碻證。考加勒底國都於吾耳，一名威耳。城有大月神宮殿，其國合諸小邦而成，無統一之王，外人但稱爲月神國。以中國語意譯之，則曰西王母，即稱其國曰西王母。嗣並移而名其國之。且國統雖易，中國人稱之如故。以周穆王所至西王母邦考之，其地爲亞西利亞。不特國勢相符，道里亦脗合。』

坐乎不廣，莫知其始，莫知其終。彭祖得之，上及有虞，下及五伯。崇本『五』作『王』。

傅說得之，世本『傅』作『傳』。**以相武丁，**崇本無『以相』二字。**奄有天下，**

倫按：奄借爲弇，音同影紐。《説文》『奄』下曰：『大有餘也，覆也。』覆也即『弇』字義。『弇』下曰：『蓋也。』蓋借爲盇。『盇』下曰：『覆也。』詳《説文六書疏證》。《易·困》：『剛。揜也。』《釋文》：『揜本作弇，又作掩。』《禮記·王制篇》『諸侯不掩坎』，《釋文》：『揜，本作掩。』是其例證。

乘東維騎箕尾而比於列星。《荀子·富國篇》楊注引『星』作『宿』。

陸德明曰：『崔本此下更有「其生無父母，死登假三年而形遯，此言神之無能名者也」凡二十二字。』

南伯子葵問乎女偊，

陸德明曰：『李云：葵當爲綦，聲之誤也。』

曰：『子之季長矣，『季』，各本作『年』。**而色若孺子，**涵本「孺」作「孺」。

陸德明曰：『孺，本亦作孺。』

何也？』曰：『吾聞道矣。』南伯子葵曰：『道可得學邪？』「邪」原作「耶」，今正。**曰：『惡！惡可！子非其人也。夫卜梁倚有聖人之才，而無聖人之道。我有聖人之道，而無聖人之才。吾欲以教之，庶幾其果爲聖人乎？不然，以聖人之道，告聖人之才，亦易矣。吾猶守而告之，參日而後能外天下。**

倫按：參借爲三。

已外天下矣，世本無「下」字。**吾又守之，七日而後能外物。**世本無「能」字。**已外物矣，吾又守之，九日而後能外生。已外生矣，而後能朝徹。朝徹，而後能見獨。見獨，而後能無古今。無古今，而後能入於不死不生。殺生者不死，**《闕誤》引江南古藏本「殺」上有「故」字。**生生者不生。其爲物無不將也，**

倫按：將借爲送，同齒音也。《介疋·釋言》曰：『將，送也。』《詩·鵲巢》『百兩將之』，傳：『將，送也。』並以將爲送也。後凡將迎字同此。

無不迎也，無不毁也，無不成也，其名爲攖寧。

倫按：『攖』字《説文》不收，此借爲『㝯』。《説文》曰：『㝯，安止也。』寧讀爲成，同得，丁聲也。

攖寧也者，攖而後成者也。』南伯子葵曰：『子獨惡乎聞之？』曰：『聞諸副墨之子，副墨之子聞諸洛誦之孫，

倫按：洛借爲詻，《説文》曰：『詻，論訟也。』

洛誦之孫聞之瞻明，瞻明聞之聶許，

倫按：《説文》曰：『聶，附耳私小語也。』許，聽也。

聶許聞之需役，需役聞之於謳，

倫按：於疑借爲于。

於謳聞之玄冥，玄冥聞之參寥，

倫按：參寥猶蕭條也，蕭、參並齒音，蕭、寥則疊韻。寥，《説文》作廫，空虛也。

參寥聞之疑始。』

倫按：疑讀爲擬，《史記・蘇秦傳》『疑於王者』，《索隱》曰：『疑作擬讀。』蓋疑即擬度之擬初文也。

子祀、

陸德明曰：『崔云：《淮南子》作「子永行年五十四，而病傴僂」。』倫按：《淮南·精神訓》曰：『子永行年五十有四，而病傴僂。』所言與本文『子輿有病』者合，則《淮南》誤以子永爲子輿耳。《抱朴子·博喻篇》曰：『子永歎天倫之偉。』檢以此文，則子來事也。然則子來當作子永耳。

子輿、《御覽》四〇九引『輿』作『與』。

陸德明曰：『輿，本又作與。』

子犁、《初學記》一八、《御覽》七三八引作『犂』，四〇九引作『梨』。**子來，四人相與語，曰：『孰能以無爲首，以生爲脊，以死爲尻，孰知死生存亡之一體者，吾與之友矣。』四人相視而笑，莫逆於心，遂相與爲友。俄而子輿有病，子祀往問之。曰：『偉哉！**

陸德明曰：『崔云：「自偉哉至鑑於井，皆子祀自説病狀也。」』倫按：自『偉哉』至下文『又將以予爲此拘拘也』，皆子輿自説病狀也。

夫造物者，將以予爲此拘拘也。

王引之曰：『也與邪同。下文「又將以予爲此拘拘也」，《淮南·精神訓》「也」作「邪」。可證。』倫按：拘借爲痀，《説文》曰：『痀，曲脊也。』

曲僂發背，

倫按：曲借爲傴，古讀區、曲皆喉音。《春秋·桓十一年經》『盟於曲池』，《公羊》『曲池』作『歐蛇』。是其例證。《説文》曰：『傴，僂也，尫也。』周公韈僂，或言背僂。

上有五管，頤隱於齊，肩高於頂，

陸德明曰：『頂，本亦作項。崔本作釭，音項。』倫按：作項是。

句贅指天。』陰陽之氣，有沴其心。

陸德明曰：『沴，李同。崔本作灑，云：滿也。崔以「其心」屬上句。』倫按：沴當作瀰，省書作沵，因譌爲沴。《説文》曰：『瀰，水滿也。』郭象以『其心』屬下句讀，非是。

閒而無事，

倫按：成玄英疏曰『心神閑逸』，是成本『閒』作『閑』。

跰𨇤而鑑于井，涵本、崇本『于』作『於』。

陸德明曰：『跰𨇤，崔本作邊鮮。』倫按：跰𨇤疊韻連緜詞也，跰、邊皆借爲躄，幫紐雙聲。《説文》曰：『躄，人不能行也。』鑑借爲覽。《説文》曰：『覽，觀也。』

曰：『嗟乎！夫造物者又將以予爲此拘拘也。』子祀曰：『汝惡之乎？』曰：『亡，予何惡？

陸德明曰：『亡，如字，絶句。惡，烏路反。一音如字。讀則連亡字爲句。』倫按：當亡字絶句。

浸假而化予之左臂以爲雞，

朱駿聲曰：『浸借爲侵。《説文》曰：「侵，漸進也。」』奚侗曰：『雞當作卵。《齊物論》「見卵而求時夜」可證。』倫按：侵當以浸犯爲本義。漸進也者，趣字義也。詳《説文六書疏證》。《説文》曰：『趣，進也。』侵、趣並齒音。假借爲假。

予因以求時夜。

陸德明曰：『一本無求字。』倫按：當有求字。

浸假而化予之右臂以爲彈，予因以求鴞炙。《御覽》三五〇引「鴞」作「鶚」，「炙」原作「灸」，各本同，今正。**浸假而化予之尻以爲輪，以神爲馬，予因以乘之，**涵本、世本作「因而乘之」。**豈更駕哉？且夫得者，時也；失者，順也。安時而處順，哀樂不能入也。此古之所謂縣解也，而不能自解者，物有結之。**

倫按：有讀爲或，音同喻紐。《詩·烈祖》『奄有九有』，《韓詩》『九有』作『九域』。是其例證。

且夫物不勝天久矣，吾又何惡焉？』俄而子來有病，喘喘然將死，

陸德明曰：『喘喘，崔本作惴惴。』倫按：《説文》曰：『喘，疾息也。』惴爲借字。

其妻子環而泣之。

倫按：環借爲口，口爲喻紐。環爲匣紐，深淺喉音耳。

子犂往問之，各本『犂』上無『子』字。**曰：『叱！避！無怛化！』**

陸德明曰：『怛，崔本作靼。』倫按：怛借爲憚，並舌音也。《周禮·考工記》鄭衆注：『「不能驚憚。」』本文《音義》引『憚』作『怛』。是其例證。

倚其户，與之語，曰：『偉哉！造化又將奚以汝爲，將奚以汝適？以汝爲鼠肝乎？以汝爲蟲臂乎？』

陸德明曰：『臂，亦作腸。崔本同。』

子來曰：『父母於子，東西南北，唯命之從。陰陽於人，不翅於父母。《意林》引「翅於」作「翅爲」，《御覽》七三八引「於」作「爲」。

王引之曰：『翅與啻同。《説文》曰：「啻，語時不啻也。」《書·多士》「爾不啻不有爾土」，《釋文》：「啻，徐本作翅。」』倫按：翅、啻音同審紐。於讀爲如，聲同魚類。

彼近吾死而我不聽，

倫按：近借爲祈。

我則捍矣，各本「捍」作「悍」。

陸德明曰：『悍，本亦作㨎。』倫按：捍，《説文》作扞，忮也。忮，很也。很，不聽從也。悍借字，㨎譌字。

彼何罪焉。

倫按：罪借爲辠，《説文》曰：『秦以罪爲辠字。』後同。

夫大塊載我以形，勞我以生，佚我以老，息我以死。故善吾生者，乃所以善吾死也。今之大冶鑄金，各本無「之」字。**金踊躍，曰：「我且必爲鏌鋣。」大冶必以爲不祥之金。今一犯人之形，而曰：「人耳人耳。」夫造化者必以爲不祥之人。**

倫按：上文『特犯人之形而猶喜之，若人之形者萬化而未始有極也。其爲樂可勝計邪？善夭，善老，善始，善終，人猶效之，又況萬物之所係，而一化之所待乎』五十五字當在此下。

今一以天地爲大鑪，以造化爲大冶，惡乎往而不可哉？』世本無『惡乎』。**成然寐，**原作『寐』，依各本改。

陸德明曰：『成，本亦作戍，音恤。簡文云：當作滅，本又作眓，本亦作俄。』倫按：俄字是。《説文》曰：『俄，頃也。』蓋言俄頃而寐也。

蘧然覺。

陸德明曰：『蘧，崔本作據。向、崔本此下更有「發然汗出」一句。』倫按：蘧借爲畀。此下當依向、崔本補『發然汗出』一句。惟『發』字當依《文選・七發》注引作『泚』，『發』字草書與此字相近也。《孟子・滕文公篇》『其顙有泚』，注：『泚，汁出貌。』或『發』借爲『鬻』，同脣音也。《説文》曰：『鬻，炊釜溢也。』

子桑户、《御覽》四〇九引『户』作『扈』。**孟子反**、

倫按：《論語》有孟子反。《孟子·萬章篇》曰：『如琴張、曾皙、牧皮者，孔子之所謂狂矣。』牧、孟音同明紐，皮反形既相似，聲亦歌元對，疑孟子反即牧皮也。

子琴張，《書鈔》一〇六、《御覽》五七一引『琴』作『禽』。

倫按：孔子弟子有琴張，見《春秋·昭二十年左氏傳》及《孟子·萬章篇》。

三人相與友，曰：『孰能相與於無相與，相爲於無相爲？孰能登天遊霧，撓挑無極。

世本「撓挑」作「橈桃」。

陸德明曰：『挑，又作兆。』倫按：撓、挑疊韶連緜詞。撓借爲傜，古讀日紐歸泥也。本書《在宥篇》『挈汝適復之撓撓，以遊無端』，義與此同。『撓撓』承『適復』言，故知撓借爲傜也。《説文》曰：『傜，復也。』

相忘以生，無所終窮。』三人相視而笑，莫逆於心，遂相與爲友。各本無『爲』字。**莫然有閒，**

陸德明曰：『有，本亦作爲。』王引之曰：『有本亦作爲者，爲猶有也。《孟子·滕文公》「夷子憮然爲閒」注：「爲閒，有頃之閒也。」』倫按：莫爲嗼省，《説文》曰：『嗼，啾嗼也。』

而子桑户死，未葬。孔子聞之，使子貢往侍事焉。各本『侍』作『待』，《書鈔》一〇六引亦作

『待』。**或編曲，**

倫按：曲爲苗省，《説文》曰：『苗，蠶薄也。』《方言》曰：『薄，宋衛陳楚江淮之閒謂之苗。』

或鼓琴，相和而歌，曰：『嗟，來，桑户乎！嗟，來，桑户乎！而已反其真，而我猶爲人猗！』釋慧遠《沙門不敬王者論》引作『以生爲人羈，死爲反真』。

陸德明曰：『猶，崔本作獨。』倫按：『而』讀爲『汝』。『猶』，崔本作『獨』者，形近而誤。『猗』借爲『兮』，同喉音也。《詩·伐檀》『河水清且漣猗』，漢石經『猗』作『兮』。是其例證。《説文》曰：『兮，語所稽也。』

子貢趨而進曰：『敢問臨尸而歌，

倫按：敢借爲可，同淺喉音。後同。

禮乎？』二人相視而笑，《書鈔》一〇六引『視』作『顧』。**曰：『是惡知禮意！』**書鈔一〇六引『惡』下有『乎』字。**子貢反，以告孔子，曰：『彼何人者邪？脩行無有，而外其形骸，臨尸而歌，顏色不變。無以命之。**

倫按：命借爲名，音同微紐。《孟子·公孫丑篇》『其閒必有名世者』，《三國志》注引『名』作『命』。是其例證。《説文》曰：『名，自命也。』

彼何人者邪？』孔子曰：『彼遊方之外者也，

倫按：方借爲法。

而丘遊方之内者也。外内不相及，而丘使汝往弔之，各本「汝」作「女」。**丘則陋矣。彼方且與造物者爲人，**

王引之曰：『人，偶也。爲人，猶爲偶。《中庸》：「仁人者，人也。」鄭注：「讀如相人偶之人。」人偶漢語也。』

而遊乎天地之一氣。彼以生爲附贅縣疣，《荀子・宥坐篇》注引「附」作「負」，《輔行記》一之二引作「生爲縣疣附贅」。

倫按：附借爲坿，益也。《説文》曰：『坿，益也。』贅疑借爲瘤，古讀照紐歸端，同舌音也。《説文》曰：『瘤，腫也。』《釋名》曰：『贅，屬也。横生一肉屬著體也。』《聲類》曰：『瘤，瘜肉也。』《説文》曰：『瘜，寄肉也。』可以相證。『疣』，《説文》作『肬』，贅也。後附贅縣疣字同。

以死爲決𤺌潰。《輔行記》一之二引作「決肒殨癰」。

倫按：𤺌潰，當依《輔行記》引作肒殨。《説文》曰：『肒，搔生創也。』『殨，爛也。』

夫若然者，又惡知死生先後之所在？假於異物，託於同體。忘其肝膽，

倫按：忘當作亡。《淮南・精神訓》『正肝膽，遺耳目』，辭例與此同，『正』即『亡』之譌。可爲證也。

遺其耳目。反覆終始，

倫按：反借爲覂，音同非紐。《説文》曰：『覂，覆也。』後同。

不知端倪。

陸德明曰：『倪，本亦作淣。』朱駿聲曰：『端借爲耑。倪當作兒。』

芒然彷徨乎塵垢之外，

陸德明曰：『塵垢如字，崔本作塳坸，云：塳，音逢。坸垢同。齊人以風塵爲塳堁。』

倫按：『芒借爲忘。』錢大昕曰：『謂風爲篷，古音也。吾鄉稱風塵爲蓬塵。』倫謂風、篷皆坋之借字，同脣音也。《説文》曰：『坋，塵也。』崔本塵字作塳，而借爲坋。塳字《説文》不收，蓋從土，冡聲。冡亦脣音也，塳或坋之異文。坸，《説文》作垢。《説文》詬之重文作詢。其例證也。

逍遥乎無爲之業。彼又惡能憒憒然爲世俗之禮，

倫按：憒借爲韇，《説文》曰：『韇，革繡也。』禮以爲節文，故曰『憒憒然爲世俗之禮，以觀衆人之耳目』。

以觀衆人之耳哉？』子貢曰：『然則夫子何方之依？』

倫按：方借爲㠯。

孔子曰：『丘，天之戮民也。雖然，吾與汝共之。』子貢曰：『敢問其方。』孔子曰：『魚

相造乎水，人相造乎道。相造乎水者，穿池而養給。

陸德明曰：『池，本亦作地。崔同。』倫按：池字是。

相造乎道者，無事而生定。

俞樾曰：『定疑足字之誤。穿池而養給，無事而生足，兩句一律，給亦足也。《管子·中匡篇》：「功定以得天與失天，其人事一也。」今本定亦誤作足。與此可以互證。』倫按：本書《在宥篇》『故舉天下以賞其善者不足，舉天下以罰其惡者不給』，亦可證。

故曰：魚相忘乎江湖，人相忘乎道術。』《類聚》二一引兩『乎』字皆作『於』。**子貢曰：『敢問畸人。』**

朱駿聲曰：『畸借爲奇。』倫按：奇爲踦之初文，《説文》曰：『踦，一足也。』今奇下曰『異也』，一曰『不耦』，皆『綺』之引申義。

曰：『畸人者，畸於人而侔於天。故曰：天之小人，人之君子。人之君子，天之小人也。』

奚侗曰：『「人之君子，天之小人」，當作「天之君子，人之小人」。』倫按：成玄英疏曰：『故知子反、琴張不偶於俗，乃曰畸人，實天之君子。重言之者，復結其義也。』是成本亦作『天之君子，人之小人』也。

顔回問仲尼，曰：『孟孫才，

陸德明曰：『崔云：才，或作牛。』

其母死，哭泣無涕，中心不戚，各本「戚」作「慼」。

倫按：戚爲慼省。

居喪不哀。無是三者，以善處喪蓋魯國。世本無「處」字。

李楨曰：《釋文》以「善處喪」絶句，文義未完。蓋「魯國」當屬上爲句。』倫按：涵芬樓本、世德堂本《音義》出下文『回壹怪之』下，是陸德明亦以『魯國』絶句。成玄英以『處喪』絶句，『蓋』爲發語辭，失之。蓋借爲盇。《説文》曰：『盇，覆也。』後隨文義別之。

固有無其實而得其名者乎？回一怪之。』『一』原作『壹』，依各本改。**仲尼曰：『夫孟孫氏盡之矣，**

倫按：《説文》曰：『盡，器空也。』

進於知矣。唯簡之而不得，

倫按：唯讀爲雖，《説苑·修文篇》：『孔子曰：「可也簡。」』簡者，易野也。易野者，無禮文也。此簡字之義，亦無禮文之意。然字當作𧝓，《説文》曰：『𧝓，衣不重也。』

夫已有所簡矣。孟孫氏不知所以生，不知所以死。不知就先，不知就後。若化爲物，

倫按：若借爲川，古讀日紐歸泥，讀穿紐歸透，並舌音也。古書訓若爲順者，即借若爲川也。《書·堯》『欽若昊天』，《漢書·藝文志》作『敬順昊天』。是其例證。

以待其所不知之化已乎。且方將化，惡知不化哉？方將不化，惡知已化哉？吾特與汝其夢未始覺者邪？且彼有駭形而無損心，

陸德明曰：『駭，崔本作咳。』倫按：《淮南·精神訓》作『有戒形而無損於心』，高注：『戒，或作革。』檢戒、亥古通借，如駭之或作駴矣。《説文》：『諽，讀若戒。』則戒、革古通，音同見紐也。然革亦借字，正當作改，音亦見紐。《説文》曰：『改，更也。』

有旦宅而無情死。

陸德明曰：『旦宅，李本作怛咤，崔本作靻宅。』章炳麟曰：『旦借爲嬗，《説文》：「一曰傳也。」』劉師培曰：『「情死」，當依《淮南》作「耗精」，與「損心」對文。古書「耗」多作「眊」，眊、死形近互譌，又復倒之耳。』倫按：《淮南·精神訓》作『有綴宅而無耗精』，旦借爲傳，古讀澄紐歸定，旦、傳並舌音也。《淮南》作『綴』者，古讀知紐歸端，故綴亦可借爲傳也。『死』字當依《淮南》作『耗』，而借爲『眊』。《説文》曰：『眊，目少精也。』情如字。

孟孫氏特覺，人哭亦哭，是自其所以宜。各本「宜」作「乃」。

陸德明曰：『崔本乃作惡。』倫按：郭象注曰：『故人哭亦哭，正自是其所宜也。』是郭本亦作宜。宜字是也。《説文》曰：『宜，所安也。』陸本作乃者，章炳麟曰：『乃以雙聲借爲然也。然、宜歌元對轉。本或作惡者，歌魚聲近，借爲宜也。或惡爲**卤**傳寫之譌，**卤**讀若仍，仍從乃聲也。

且也，相與吾之耳矣，

王懋竑曰：『「且也」以下與上文不相屬，似是錯簡。』奚侗曰：『吾借爲寤，《說文》曰：「寐覺而有言曰寤。」』

庸詎知吾所謂吾之乎？且汝夢爲鳥而厲乎天，《淮南·俶真訓》「夢」作「寢」，「厲」作「飛」。

倫按：厲借爲逮，來紐雙聲。《說文》曰：『逮，臨也。』

夢爲魚而没於淵。不識今之言者，其覺者乎？其夢者乎？造適不及笑，

陸德明曰：『適，崔本作敵。』奚侗曰：『適當作謫。』倫按：造爲誥借字，適爲謫借字。《說文》曰：『誥，告也。』『謫，罰也。』

獻笑不及排，

陸德明曰：『崔本作「獻芥不及整」。』奚侗曰：『排當作誹。』倫按：獻借爲僖，或借爲嫛，音同曉紐。《周禮·司尊彝》『其朝踐用兩獻尊』，《釋文》：『獻，本或作戲。』古書戲樂字皆僖或嫛之借。是其例證。《說文》曰：『僖，樂也。』『嫛，説樂也。』

安排而去化，

陸德明曰：『去，崔本作造。』倫按：安排蓋疊韻連緜詞，安古音蓋與曷同，故《說文》『頍』或作『鶡』。《荀子・宥坐篇》『女庸安知吾不得之桑落之下』，《富國篇》『安特將學雜識志順詩書而已耳』，《春秋・宣十二年左傳》『暴而不戢，安能保大』，『安』字皆『曷』字之借。是其例證。曷、非聲皆脂類也。排借爲斐，《說文》曰：『斐，往來斐斐也。』蓋今徘徊之徘本字。安排即徊徘也。回聲亦脂類，回、安亦並喉音。去爲告之譌，告爲造省。

乃入於寥天一。』『一』原作『弌』，依各本改。

陸德明曰：『寥，本亦作廖，崔本作漻。「乃」上有「不及眇眇，不及雄漂淰，雄漂淰不及簟筵，簟筵」十八字。』倫按：寥、廖皆當作廫，漻爲廫之借。

意而子見許由。許由曰：『堯何以資汝？』意而子曰：『堯謂我：「汝必躬服仁義，

倫按：服借爲復，音同奉紐。《爾雅・釋詁》『服宜貫公』，《釋文》曰：『服，本作艘。』是其例證。復爲复之後起字。《說文》曰：『复，行故道也。』『服仁義』、『言是非』對文。『复仁義』，猶行仁義矣。

而明言是非。」』許由曰：『而奚來爲軹？

朱駿聲曰：軹借爲只，《說文》曰：『只，語已詞也。』

夫堯既已黥汝以仁義，而劓汝以是非矣，汝將何以遊夫遙蕩恣睢轉徙之塗乎？』

段玉裁曰：『恣睢當作姿雎。《說文》曰：「雎，姿雎，恣也。」』倫按：遙蕩雙聲連緜詞，遥當讀託侯切，字借爲愉。《方言》：『江沅之閒謂戲爲婬，或謂之惕。』《廣雅》：『婬惕，戲也。』戲爲僖或嬰之借字。《説文》僖、嬰並訓樂也。愉亦訓樂也。本書《天地篇》『聖人之治天下，摇蕩民心，使之成教易俗，舉滅其賊心，而皆進其獨志』，字作『摇蕩』，而義亦爲愉樂。可相證也。

意而子曰：『雖然，吾願遊於其藩。』

倫按：藩借爲楙，同脣音也。《説文》播讀若楙。是其例證。

許由曰：『不然。夫盲者無以與乎眉目顔色之好，《御覽》七四〇引「盲」作「眇」。

陸德明曰：『盲，本又作眇。崔本作目，云：目或作刑。刑，黥劓也。』倫按：崔本作目者，眇字之脱壞者也。本書《逍遥遊篇》『瞽者無以與乎文章之觀』，《音義》引崔、向、司馬本下更有『眇者無以與乎眉目之好，夫刖者不自爲假文屨』二句，以此崔語合之，或是此文而傳寫復見於彼篇也。崔云『目或作刑者』，疑本作旮，誤奪目字，讀者因加刀旁。或借刑爲旮也。《説文》曰：『旮，蔽人視也。』

瞽者無以與乎青黄黼黻之觀。』意而子曰：『夫無莊之失其美，

倫按：無莊疑即毛嬙，無、毛同脣音也。《後漢書·馮衍傳》『飢者毛食』，李賢注：『按衍集，毛字作無。』《水經·漯水注》引《地理風俗記》：『燕語呼毛爲無。』是其例證。《説文》無嬙字，蓋從女，牆省聲。牆、莊並得聲於爿也。

據梁之失其力，

倫按：據梁疑即杞梁也。杞，從木，己聲。己、據音皆見紐。《説苑》：『齊莊公且伐莒，爲車五乘之賓，而杞梁華舟獨不與焉。故歸而不食。其母曰：「汝生而無義，死而無名，則雖非五乘，孰不汝笑也。汝生而有義，死而有名，則五乘之賓，盡汝下也。」趣食，乃行。杞梁華舟同車，待於莊公而行。至莒，莒人逆之。杞梁華舟下鬭，獲甲首三百。莊公止之，曰：「子止，與子同齊國。」杞梁華舟曰：「君爲五乘之賓，而舟梁不與焉，是少吾勇也。臨敵涉難，止我以利，是污吾行也。深入多殺者，臣之事也。齊國之利，非吾所知也。」遂進鬭，壞軍，陷陣，三軍弗敢當。至莒城下，莒人以炭置地。二人立有閒，隰侯重爲右，曰：「吾聞古之士，犯患涉難者，其去遂於物也。來，吾踰子。」隰侯重仗楯伏炭，二子乘而入，顧而哭之。華舟後息，杞梁曰：「汝無勈乎，何哭之久也？」華舟曰：「吾豈無勇哉，是其勈與我同也，而先吾死，是以哀之。」莒人曰：「子毋死，與子同莒國。」杞梁華舟曰：「去國歸敵，非忠臣也。去長受賜，非正行也。且雞鳴而期，日中而忘之，非信也。深入多殺者，臣之事也。莒國之利，非吾所知也。」遂進鬭，殺二十七人而死。』

黄帝之亡其知，《文選·廣絶交論》注引「亡」作「忘」。**皆在鑪錘之閒耳。** 涵本、世本「錘」作「捶」，崇本作「甀」。

陸德明曰：『埵，本又作錘。』章炳麟曰：『《知北遊篇》「大馬之捶鉤者」，《釋文》

曰：「江東三魏之閒，人皆謂鍛爲捶。」《淮南・道應訓》注：「捶，鍛擊也。」蓋捶從𠂹聲，古音如朶，歌、寒對轉爲鍛。《説文》曰：「鍛，小冶也。」倫按：古讀照紐歸端，故捶借爲鍛。

庸詎知夫造物者之不息我黥而補我劓，使我乘成以隨先生邪？』許由曰：『噫！

陸德明曰：『噫本亦作意。』倫按：意、噫並借爲歖，同喉音也。古書噫、嘻連用，雙聲連綿詞也。《説文》無嘻，歖即嘻也。歖，卒喜也。

未可知也。我爲汝言其大略。吾師乎。吾師乎。盭萬物而不爲義，各本「盭」作「𩐳」。

盧文弨曰：『𩐳，《説文》作䪡，或作齏。』倫按：《説文》曰：『䪡，從韭，次、𠂔皆聲。』齏、䪡或從齊。檢《説文》九千餘文，以二字爲聲者，僅竊、䪡二字。竊從古文疾聲，而廿爲古文疾字，猶待考。若䪡則本從韭，次聲，作𩐎。或從韭，𠂔聲，作韭𠂔。或從韭，齊聲，作齏。此與『造趚』之作『造次』，『資斧』之作『齊斧』同例。後人誤合韭𠂔、𩐎爲一耳。韭𠂔借爲碎，同齒音也。《説文》『趚』下曰：『倉卒也。』是『造趚』實『倉卒』之本字，音同清紐。卒可借爲趚，則韭𠂔可借爲碎矣。《説文》曰：『碎，䃺也。』義當從本書《天運篇》作『戾』，『戾』借爲『盭』，音同來紐。《説文》曰：『盭，弼戾也。讀若戾。』《史記・司馬相如傳》『盭夫爲之垂淚』，索隱：『盭，字或作戾。』《上林賦》『膠盭』，《漢書》作『戾』。賈誼《新書・道術篇》『心兼愛人謂之仁，反仁爲戾』，亦借戾爲盭也。並其例證。

澤及萬世而不爲仁，

倫按：澤借爲賴，與利借爲賴同。後利澤字同。

長於上古而不爲老，覆載天地刻雕衆形而不爲巧。此所遊已。』顏回曰：『回益矣。』仲尼曰：『何謂也？』曰：『回忘仁義矣。』曰：『可矣，猶未也。』他日，涵本、世本『他』作『它』，下亦然。

陸德明曰：『他日，崔本作異日。』下亦然。

復見，曰：『回益矣。』曰：『何謂也？』曰：『回忘禮樂矣。』

倫按：《淮南·道應訓》，上句作『禮樂』，此句作『仁義』，宜據改。

曰：『可矣，猶未也。』它日，『它』，各本作『他』。**復見，曰：『回益矣。』曰：『何謂也？』曰：『回坐忘矣。』仲尼蹵然，**《御覽》四九〇引『蹵』作『蹴』。**曰：『何謂坐忘？』顏回曰：『墮肢體，**「墮」原作「隳」，依各本改。崇本、世本「肢」作「枝」。**黜聰明，**

倫按：黜借爲柮，《説文》曰：『柮，斷也。』後同。

離形去知，同於大通，《御覽》四九〇引「通」作「道」。

奚侗曰：『大當作化，字之誤。下文「同則無好也，化則無常也」，即分釋此兩句。《淮南·道應訓》正作「洞於化通」。』倫按：郭象注曰：『然後曠然與變化爲體而無不通也。』是郭本亦作化通。

此謂坐忘。』仲尼曰：『同則無好也，《淮南·道應訓》「好」作「善」。化則無常也。而果其賢乎？丘也請從而後也。』子輿與子桑友，涵本『友』作『犮』。而霖雨十日。

陸德明曰：『霖，本又作淋。』倫按：《説文》曰：『雨三日以上爲霖。』

子輿曰：『子桑殆病矣。』裹飯而往食之。至子桑之門，則若歌若器，鼓琴，曰：『父邪？母邪？天乎？人乎？』有不任其聲而趨舉其詩焉。

倫按：趨借爲趣，音同清紐。《吕氏春秋·尊師篇》『顔涿聚』，《漢書·人表》作『顔燭雛』。是其例證。《説文》曰：『趣，疾也。』

子輿入，曰：『子之歌詩，何故若是？』曰：『吾思夫使我至此極者而弗得也。

倫按：極借爲憖，音同谿紐。《説文》曰：『憖，𢘓也。』今本誤作『悑也』。晉人書札言小極者，即小𢘓。借極爲憖也。

父母豈欲吾貧哉？天無私覆，地無私載，天地豈私貧我哉？求其爲之者而不得也。然而至此極者，命也夫？』

莊子義證弟七　內篇應帝王弟七

齧缺問於王倪，四問而四不知。齧缺因躍而大喜，行以告蒲衣子。

倫按：蒲衣子，本書《知北遊篇》作被衣，同脣音也。

蒲衣子曰：『而乃今知之乎？有虞氏不及泰氏。

王懋竑曰：『《史記》：「古有泰王。」即泰氏。』

有虞氏其猶藏仁以要，

陸德明曰：『藏，本亦作臧，簡文同。』倫按：要疑代爲徼，或借爲交。

亦得人矣，而未始出於非人。泰氏，其臥徐徐。

陸德明曰：『徐徐，崔本作袪袪。』倫按：《淮南・覽冥訓》作倨倨，袪、居同淺喉音也，徐、袪聲同魚類，然皆借爲眉。眉音曉紐，古與見谿並屬淺喉。《詩》『民之攸塈』，傳：『塈，息也。』《集韻》以塈爲古文『屆』字，『屆』當作『眉』，實借『塈』爲『眉』。又《淮南》高注曰：『倨，讀虛田之虛。』虛音亦曉紐也。徐從余得聲，余音喻紐，亦喉音。故徐可借爲眉。《說文》曰：『眉，臥息也。』《盜跖篇》『臥則居居』，同。

其覺于于。

郭慶藩曰：『于于，即盱盱也。《説文》曰：「盱，張目也。」』倫按：《淮南・覽冥訓》作『眄眄』，眄、盱篆文形近而譌。

一以己爲馬，一以己爲牛。其知情信，

劉師培曰：『情爲誠之借字。《吕氏春秋・具備篇》「三月嬰兒，慈母之愛諭焉，誠也」，《淮南・繆稱訓》「誠」作「情」。其例也。』倫按：情、誠聲同耕類。後隨文别之。

其德甚真，

倫按：甚爲諶省，《説文》曰：『諶，誠諦也。』古書諸言甚者，率諶之省。

而未始入於非人。』肩吾見狂接輿。狂接輿曰：『日中始何以語女？』

陸德明曰：『崔本無日字。』俞樾曰：『日猶日者也，謂日者中始何以語女也。《文七年・左傳》「日衛不睦」，《襄二十六年・傳》「日其過此也」，《昭七年・傳》「日君以夫公孫段爲能任其事」，《十六年・傳》「日起請夫環」，並與此日字同義。』

肩吾曰：『告我，君人者以己出經式義度，《闕誤》引張君房本「度」作「庶」。

陸德明曰：『「出經」絶句，「式義度人」絶句。』王念孫曰：『當以「以己出經式義度」爲句，義讀爲儀。經式儀度，皆謂法度也。』倫按：經借爲徑。

人孰敢不聽而化諸？』《御覽》九四五引『人』作『民』，《闕誤》引張君房本亦作『民』。**狂接輿曰：**涵本、世本、崇本無『狂』字。**『是欺德也。其於治天下也，猶涉海鑿河而使蚊負山也。**各本

「蚊」作「蚉」。

陸德明曰：『蚉本亦作蝱。』倫按：鑿借爲踖，同齒音也。《史記索隱》：『晉出公名鑿，《六國表》作錯。』是其例證。《説文》曰：『踖，長脛行也。』蚊者，蝱之俗字。

夫聖人之治也，治外乎。正而後行，

倫按：正爲射的。《禮·中庸篇》注：『畫布曰正。』是也。本書《天運篇》曰：『外無正而不行。』《則陽篇》曰：『由中出者，有正而不拒。』並用此義。

確乎能其事者而已矣。

陸德明曰：『確，崔本作橐。』倫按：確，《説文》作确，礐石也。礐，堅也。崔本作橐者，魚、侯聲近通借。能借爲忍。

且鳥高飛以避矰弋之害，

陸德明曰：『害，崔本作災。』倫按：弋爲惟省，《説文》曰：『惟，以繳射飛鳥也。』害，崔本作災者，之、脂二類聲近通借。

鼷鼠深穴乎神丘之下以避熏鑿之患，涵本、世本「熏」作「重」。《御覽》九二引「鑿」作「灌」。

而曾二蟲之無知。』

王懋竑曰：『「且鳥高飛」以下數句，與上文義不相入，疑有誤。』章炳麟曰：『《爾雅·釋詁》：「知，匹也。」《詩·檜風》「樂子之無知」，箋云：「樂其無妃匹之無意。」此知亦謂匹。』倫按：知借爲比，聲同脂類，故《爾疋》訓匹也。

天根遊於殷陽，

陸德明曰：『殷陽，或作殷湯。』倫按：《通志·氏族略》引《風俗通·姓氏篇》曰：『虔氏，黄帝之後。《莊子》有虔天根。』疑應見《莊子》天根上有『虔』字。

至蓼水之上，適遭無名人而問焉，曰：『請問爲天下。』無名人曰：『去。汝鄙人也，何問之不豫也？世本「豫」作「預」。

俞樾曰：『《爾疋·釋詁》：「豫，厭也。」不豫即不厭。』倫按：豫借爲猒，同喉音也。《説文》曰：『猒，飽也。』

予方將與造物者爲人，厭，則又乘夫莽眇之鳥，世本「眇」作「渺」。

陸德明曰：『莽，崔本作猛。』倫按：厭借爲謝。《爾疋·釋詁》：『豫，射，厭也。』射即謝字之省。是厭豫皆可借爲謝。猒，從甘，然聲。詳《説文六書疏證》。然音日紐，半齒音也。謝音邪紐，齒音。厭從猒聲，故可借爲謝。本書《天地篇》『千歲厭世』，厭世謂辭去世間，厭亦借爲謝。可以互證。《説文》曰：『謝，辭去也。』莽，崔本作猛者，音同明紐。莽、眇雙聲連緜詞。疑莽借爲忘也。

以出六極之外，而遊無何有之鄉，以處壙埌之野。

倫按：壙埌借爲㾿㝗，聲同陽類。《説文》曰：『㾿，屋㾿㝗也。』『㝗，㾿也。』

汝又何帠以治天下感予之心爲？』涵本、世本『帠』作『帠』。

陸德明曰：『帠，一本作寱，崔本作爲。』孫詒讓曰：『帠，疑當爲叚。《説文》叚或作叚，古金文叚字或作□，故隸變爲帠。』倫按：『帠爲叚譌，則當讀爲暇。然疑崔本作爲者是也。爲字《説文》載其古文作□，召伯敦作□，公伐郤鼎作□，形皆相近。是帠爲爲字之譌也。爲音喻紐，寱音疑紐。古讀疑紐爲淺喉音，故通借。

又復問。無名人曰：『汝遊心於淡，

倫按：淡借爲憺，音同定紐。《説文》憺、惔並訓安也，蓋是一字異體耳。《老子》『恬憺爲上』，釋文：『澹本作惔。』並其例證。後同。

合氣於漠，

倫按：漠借爲怕，與莫借爲怕同。後同。

順物自然而無容私焉，而天下治矣。』陽子居見老聃，

倫按：《寓言篇》『陽子居南之沛』，音義曰：『姓楊，名戎，字子居。』《山木篇》『陽子之宋』，音義引司馬云：『陽子，陽朱也。』二説均不知何本。本書《駢拇篇》曰：『駢於辯者，纍瓦結繩竄句游心於堅白同異之間，而敝跬譽無用之言。非乎？而楊朱是已。』《胠篋篇》曰：『鉗楊墨之口。』《天地篇》曰：『楊墨乃始離跂自以爲得。』《徐無鬼篇》曰：『然則儒墨楊秉四，與夫子爲五。』皆以楊、墨並稱，而字皆作楊。古書楊、陽通叚。

《山木篇》『陽子』，《韓非·説林篇》作『楊子』。《孟子·盡心篇》『楊子取爲我』，《吕氏春秋·不二篇》曰『陽生貴己』，貴己與爲我殆同，則陽子即楊子矣。是其證。然本書與墨並偁者作楊，與老聃答問者作陽，斠然若不可紊。此與《山木》《寓言》所記，亦無貴己之義，固不足證其爲《吕覽》所偁貴己之陽生。疑此與《山木》《寓言》所記陽子、陽子居，爲老聃弟子。《駢拇》《胠篋》《天地》《徐無鬼》所記，别是一人，亦未定是《孟子》《吕覽》所謂爲我貴己者也。《困學紀聞》引《吕覽》『陽生』作『楊朱』。然《荀子·王霸篇》記楊朱哭衢塗，《韓非·説林》記楊朱止其弟楊布弗怒狗，《説苑·政理篇》記楊朱見梁王言治天下如運諸掌，然其言皆不與爲我合。則楊朱或即陽子居，朱、居魚侯聲近通借。《左·昭二十五年傳》『鸜鵒』，《説文》作『鴝鵒』。其例證也。後人不辯，合《莊子》與墨並偁之楊及陽子居爲一人，又以楊子居即陽朱而《吕覽》作陽生，又見生、朱字形相近，因改『生』爲『朱』。然高誘注僅曰：『《孟子》曰：「陽子拔體一毛以利天下，不爲也。」』不及其名。則吕書自作陽生。王氏所據本，蓋不足信也。

曰：『有人於此，嚮疾彊梁，世本「彊」作「彊」。

倫按：嚮疾借爲蠁肹。屑疾疊韻亦雙聲。《説文》曰：『肹，響布也。』《漢書·司馬相如傳》『肹蠁布寫』，晉羊舌肹字叔向，則肹、蠁古多連文。蠁屑猶肹蠁也。屑，《説文》曰：『動作切切也。』《方言》及《廣雅·釋詁》並曰：『屑，勞也。』彊爲彊省，彊、梁疊韻連繇詞。

物徹疏明，

倫按：物借爲務，音同微紐。徹爲𢾺省。《説文》曰：『務，劇也。』『𢾺，發也。』疏借爲䟽，音同審紐。《説文》曰：『疏，通也，從㐬，疋聲。』乃今言舒服字也。此疏明連文，義當用䟽。《説文》曰：『䟽，門户疏窗。』

學道不勌。

倫按：勌，《説文》作券，勞也。

如是者，可比明王乎？』老聃曰：『是於聖人也，胥易技係，

陸德明曰：『係，崔本作繫，或作㲉。簡文曰：音繫。』朱駿聲曰：『胥借爲諝，《説文》曰：「諝，知也。」』倫按：易疑借爲馳，易、也喻紐雙聲。《説文》『𩢲』之重文作『𩢳』，『𩣡』之重文作『髢』，可爲例證。《説文》曰：『馳，大驅也。』『係』，崔本作『繫』者，古讀匣紐爲淺喉音，故得借繫爲係。㲉爲繫省。

勞形怵心者也。且也，「也」，原作「曰」，依各本改。**虎豹之文來田，**

倫按：本書《天地篇》『執留之狗成思』，孫詒讓謂『思』爲『累』誤，是也。此『田』字疑亦『累』之爛奪者也。郭象注曰：『此皆以其文章技能係累其身。』或郭本尚作『累』字。

猨狙之便，

倫按：便借爲諞，同脣音也。《說文》曰：『諞，便巧言也。』《論語》『友便佞』，《集解》引鄭注曰：『便，辯也。』此借便爲諞之證。

執斄之狗來藉。《山海經·南山經》注引「斄」作「犂」。

倫按：『斄』，當依《天地篇》作『留』，字借爲『鼦』，音同來紐。《說文》曰：『鼦，竹鼠。』《呂氏春秋·士容篇》曰：『齊有善相狗者，其鄰假以買取鼠之狗。朞年，乃得之，曰：「是良狗也。」其鄰畜之數年而不取鼠，以告相者。相者曰：「此良狗也，其志在獐麋豕鹿，不在鼠。欲其取鼠也，則桎之。」其鄰桎其後足，狗乃取鼠。』藉借爲籍，《說文》曰：『籍，刺也。』《淮南·繆稱訓》『猿狖之捷來措』，與此文同，措借爲籍。《列子·仲尼篇》『長幼羣聚而爲牢藉』，《釋文》：『藉，本又作籍。』並其例證。

如是者，可比明王乎？』陽子居蹵然曰：『敢問明王之治。』老聃曰：『明王之治，功蓋天下而似不自己，化貸萬物而民弗恃。

倫按：化爲貨省。

有莫舉名，使物自喜。立乎不測，而遊於無有者也。』鄭有神巫曰季咸，知人之死生存亡、禍福壽夭，期以歲月旬日若神。鄭人見之，皆弃而走。列子見之而心醉，歸以告壺子，曰：『始吾以夫子之道爲至矣，則又有至焉者矣。』壺子曰：『壺』原作『壷』，今正。下同。**『吾**

與汝，既其文，《闕誤》引江南古藏本「既」作「無」。

錢繹曰：『《方言》曰：「既，失也。」』

未既其實，而固得道與？ 衆雌而無雄，而又奚卵焉？ 而以道與世亢，必信夫？ 故使人得而相汝。 嘗試與來，以予示之。』

倫按：亢爲抗省，《説文》曰：『抗，扞也。』

陸德明曰：『示，本亦作視。』

明日，列子與之見壺子。 出而謂列子，曰：『嘻，子之先生死矣，弗活矣，不以旬數矣。 吾見怪焉，見濕灰焉。』

倫按：嘻借爲譆，《説文》曰：『譆，痛也。』

倫按：濕借爲溼。

列子入，泣涕沾襟，以告壺子。 壺子曰：『鄉吾示之以地文，

陸德明曰：『鄉，本作嚮。 亦作向，同。 崔本作康，云：向也。』倫按：鄉爲嚮省，康借字，聲同陽類。

萌乎不震不正。《闕誤》引江南古藏本「正」作「止」。

陸德明曰：『崔作「不誫不止」。』俞樾曰：『《列子・黄帝篇》作「罪乎不誫不止」，當從之。 罪讀爲嶏。《説文》作㠑，云：山貌。 誫即震之異文。』

是殆見吾杜德機也。

倫按：杜疑借爲𢼄，聲同魚類。《書·費誓篇》『杜乃擭』，《周禮》『雍氏』注引杜作『𢼄』。《說文》曰：『𢼄，閉也，讀若杜。』

嘗又與來。』明日，又與之見壺子。出而謂列子曰：『幸矣，子之先生遇我也。有瘳矣，全然有生矣。吾見其杜權矣。』

倫按：杜爲柮誤，柮借爲出，權借爲萌，元、陽聲近。又權之送音與萌之收音爲雙聲也。《說文》曰：『蕍，灌渝。讀若萌。』灌渝即《爾雅·釋詁》『權輿，始也』之『權輿』。權輿即蕍。《釋草》：『茨藡，其萌蘿。』是其證。

列子入，以告壺子。壺子曰：『鄉吾示之以天壤，名實不入，而機發於踵。是殆見吾善者機也。嘗又與來。』明日，又與之見壺子。出而謂列子曰：『子之先生不齊，

陸德明曰：『齊，本又作齋。』

吾無得而相焉。試齊，且復相之。』列子入，以告壺子。壺子曰：『吾鄉示之以太沖莫勝。

倫按：太借爲大，沖借爲盅。《說文》曰：『盅，器虛也。』『勝』，《列子·黄帝篇》作『朕』，並借爲始，古同舌音也。下文『而遊無朕』同。

是殆見吾衡氣機也。鯢桓之審爲淵，

陸德明曰：『桓，崔本作拒，云：拒或作桓。審，司馬云：當爲蟠。崔本作潘。』俞樾曰：『審當爲瀋，《説文》云：「大波也。」作「潘」者，字之省。又《列子·黄帝篇》九淵全列，然與上下文殊不相屬，疑爲他處之錯簡，《莊子》所見已然，雖不敢徑去，而實非本篇文義所繫，故聊舉其三耳。』倫按：鯢借爲研，與計倪作計研、天倪作天研同例。《説文》曰：『研，礳也。』桓，《列子·黄帝篇》作旋。旋，從疋，㫃聲。詳《説文六書疏證》。㫃桓同喉音也，字當作旋爲正。研旋猶礳旋。本書《天下篇》曰：『若磨石之隧。』隧借爲回，亦謂磨旋也。《列子·黄帝篇》季咸章全襲本書，而作者不達《莊子》之恉，乃發《列子》貴虛之意，故章末云『亦虛而已』，既以『一以是』終結此一章，復於莊子取三淵以擬修持之方者，雜用《淮南》《爾雅》具成九淵，遂絶文義，非爲錯簡也。

止水之審爲淵，流水之審爲淵。淵有九名，此處三焉。嘗又與來。』明日，又與之見壺子。立未定，自失而走。

倫按：失即逸之初文。

壺子曰：『追之。』列子追之，不及。反以報壺子，

倫按：報借爲誥，聲同幽類。

曰：『已滅矣，已失矣，吾弗及已。』壺子曰：『鄉吾示之以未始出吾宗。 涵本「鄉」作「嚮」。**吾與之虛而委蛇，**

倫按：委爲逶省，蛇借爲池，聲同歌類。《説文》曰：『逶池，衺去之貌。』

不知其誰何，因以爲弟靡，「弟」原作「第」，今正。

陸德明曰：『弟，徐音頽。』倫按：弟，《列子·黄帝篇》作茅，形近而誤。《韓非·外儲説右上》『荆莊王有茅門之法』，《御覽》六三八引作『弟門』。是其例證。弟借爲披，脂歌聲近。披靡者，雙聲連緜詞。《説文》曰：『靡，披靡也。』

因以爲波流，

陸德明曰：『流，崔本作隨。』王念孫曰：『蛇、何、靡、隨爲韻。蛇古音徒禾反，靡音摩，隨古音亦徒禾反。』倫按：流借爲隨，流音來紐。隨古音定紐，並舌音也。波隨亦疊韻連緜詞也。

故逃也。』然後列子自以爲未始學而歸，三年不出。爲其妻爨，食豕如食人。於事無與親，

倫按：古予、與通用。《方言》：『予，賴，讎也。』《春秋·僖十年穀梁傳》『何與我之深也』，王念孫謂與我猶讎我。此與字義亦爲讎，蓋借爲仇。仇音羣紐，古讀羣紐歸見，屬淺喉音。與音喻紐，則深喉也。《説文》曰：『仇，讎也。』

彫琢復朴，涵本『彫』作『雕』。

倫按：朴借爲樸，音同滂紐。《禮記·檀弓》『卜人師扶右』，注：『卜當爲僕，聲之誤也。』《爾疋・釋詁》：『卜，予也。』即借卜爲僕。並其例證。《説文》曰：『樸，木素也。』後同。

塊然獨以其形立。紛而封哉，《闕誤》引張君房本『紛』下有『然』字。

陸德明曰：『哉，崔本作戎。』朱駿聲曰：『紛借爲紊。李楨曰「紛而封哉」，《列子・黄帝篇》作「怭然而封戎」，戎字是也，六句並韻。「食豕」二句，人親爲韻。「彫瑑」二句，朴立爲韻。「紛而」二句，戎終爲韻。』劉秀生曰：『而讀爲然。《刻意篇》「澹然無極」，《釋文》：「然，一本作而。」是其例。「而」「然」音同泥紐。張君房本「紛」下有「然」字，蓋一本「而」作「然」，校者因注其下，誤入正文耳。倫按：紊、紛並脣音。《説文》曰：『紊，亂也。』封戎者，與《詩》『狐裘蒙茸』之『蒙茸』同，皆芃字之緩言也。《詩》：『有芃者狐。』《説文》曰：『芃，艸盛也。』

一以是終。無爲名尸，無爲謀府。無爲事任，無爲知主。體盡無窮而遊無朕。盡其所受乎天，而無見得，亦虚而已。至人之用心若鏡，《書鈔》一三六引『鏡』下有『焉』字，《類聚》七〇、《御覽》七一七引『心』下有『也』字。**不將不迎，**世本『迎』作『逆』。**應而不藏，**

陸德明曰：『藏，本又作臧。』

故能勝物而不傷。《書鈔》一三六、《類聚》七〇、《六帖》一三、《初學記》二五、《御覽》七一七及《意林》引『不』作『無』，《淮南・覽冥訓》作『故萬化而無傷』。**南海之帝爲儵，**《類聚》八引『儵』作『倏』，

《御覽》六〇引作『儵』。

倫按：儵借爲悠。《説文》曰：『悠，憂也。』此以悠與忽對，即憂與忘對，如佛法之言空假矣。

北海之帝曰忽，中央之帝爲渾沌。

倫按：渾沌疊韻連緜詞，渾借爲棞，音同匣紐。《説文》曰：『棞，完木未析也。』

儵與忽時相與遇於渾沌之地，《史記·五帝紀》正義引無『與』字，《六帖》引『遇』作『過』。**渾沌待之甚善。**《類聚》八、《御覽》六〇引『善』作『厚』。**儵與忽謀報渾沌之德，**《史記·五帝紀》正義引『謀』下有『欲』字。**曰：『人皆有七竅，以視聽食息。此獨無有，嘗試鑿之。』日鑿一竅，**崇本無『日鑿』二字。**七日而渾沌死。**

莊子義證弟八　外篇駢拇弟八

倫按：駢借爲幷，《說文》曰：『幷，相從也。』

駢拇枝指，

倫按：枝借爲跂，《說文》曰：『跂，足多指也。』今通作歧。

出乎性哉，而侈於德。

倫按：侈借爲多，《說文》曰：『多，重也。』

附贅縣疣，出乎形哉，而侈於性。多方乎仁義而用之者，

倫按：《說文》曰：『方，併船也。』此文『多方』平列，當如字讀。

列於五藏哉，

倫按：列爲迾省，《說文》曰：『迾，遮迾也。』陳列字當作迾。後同。藏當爲鑿，《荀子·哀公篇》『五鑿爲正』，楊注：『鑿，竅也。五鑿，謂耳目鼻口及心之竅。一曰：五鑿，五情也。』《韓詩外傳》作五藏。是其例證。藏本作臧，臧、鑿並齒音也。《說文》曰：『鑿，穿木也。』故古以鑿爲竅。

而非道德之正也。是故駢於足者，連無用之肉也。

倫按：連借爲聯，音同來紐。《説文》曰：『聯，連也。』後同。

枝於手者，樹無用之指也。多方駢枝於五藏之情者，

倫按：依上文及郭象此注曰：『五藏之情，直自多方耳，而少者横復尚之，以至淫僻而失至當於體中也。』則『駢枝』二字羨文。

淫僻於仁義之行，

陸德明曰：『僻，本又作辟。』倫按：淫僻借爲姪甓，《説文》曰：『姪，私逸也。』『甓，人不能行也。』此僻側字。後同。

而多方於總明之用也。『聰』原作『聦』，今正。後同。**是故駢於明者，亂五色，淫文章，**

倫按：淫借爲酖，聲同侵類。《大戴禮記·勸學篇》『瓠巴鼓瑟而沈魚出聽』，《淮南·説山訓》作『淫魚』。是其例證。《説文》曰：『酖，樂酒也。』下淫六律同。後亦隨文别之。

青黄黼黻之煌煌，非乎？

陸德明曰：『煌，向、崔本作韹。』倫按：《説文》《玉篇》並無韹字。本書《齊物篇》『是皇帝之所聽熒也』，崔、向本作韹。疑『韹』『韹』一字，且亦與此同例。或借爲洸，聲同陽類。《説文》曰：『洸，水涌光也。』

而離朱是已。

陸德明曰：『司馬云：離朱，黄帝時人，百步見秋毫之末。一云：見千里針鋒。《孟子》作離婁。』俞樾曰：『而、如古通用，而當讀爲如。』倫按：朱、婁疊韻，故《孟子》作離婁也。《淮南·原道訓》『離朱之明，察箴末於百步之外』，高注曰：『離朱，黄帝臣，明目人也。』

多於聰者亂五聲，

陸德明曰：『聲，本亦作音。』

淫六律，金石絲竹黄鐘大吕之聲，涵本『鐘』作『鍾』。**非乎？而師曠是已。枝於仁者，擢德塞性，**

王念孫曰：『塞當爲搴，擢、搴皆謂拔取之也。《淮南·俶真篇》「俗世之學，擢德攓性」，是其證也。搴、塞形近而誤。《説文》作攓，拔取也。』

以收名聲，使天下簧鼓以奉不及之法，

倫按：《漢書·梅福傳》：『閒者愚民上疏，多觸不及之法。』蓋本此。

非乎？而曾、史是已。

陸德明曰：『曾參、史鰌也。』

駢於辯者，纍瓦，

陸德明曰：『瓦，危委反。向同。崔如字。一云：瓦當作丸。』倫按：瓦當作丸，篆文形近而譌。本書《達生篇》『累丸二而不墜』，是其證。丸借爲垸，《説文》曰：『垸，以漆和灰丸而髼也。』音同匣紐。

結繩，竄句，

陸德明曰：『句，紀具反，一音鉤。』陳壽昌曰：『《周官·考工記·盧人》「句兵欲無彈」，注：「句兵，戈戟屬。句音鉤。」竄句作竄鉤解，始與纍瓦、結繩相類。』劉師培曰：『句，音鉤。是也。』倫按：竄借爲鍛，聲同元類。《説文》曰：『鍛，小冶也。』句爲鉤省。

遊心於堅白同異之閒，而敝跬譽無用之言，

陸德明曰：『敝，本亦作蹩。跬，向、崔本作趌。』倫按：《説文》曰：『蹩，踶也。一曰：跛也。』跛也乃躄字義。『躄，人不能行也。』此『蹩』字乃借爲『躄』，並脣音也。躄趌疊韻連緜詞，猶支離也。

非乎？而楊、墨是已。故此皆多駢旁枝之道，

倫按：旁借爲方。

非天下之至正也。彼正正者，

王敔曰：『正正當作至正。』

不失其性命之情。故合者不爲駢，而枝者不爲跂。『跂』原作『跂』，今正。《闕誤》引江南古藏本『跂』作『岐』。

陸德明曰：『跂，崔本作枝。』

長者不爲有餘，短者不爲不足。是故鳧脛雖短，

陸德明曰：『脛，本又作踁。』倫按：《說文》無踁字，蓋脛之俗體。

續之則憂。鶴脛雖長，《書鈔》九九引『鶴』作『鵠』，《意林》引作『雀』。**斷之則悲。故性長非所斷，性短非所續，無所去憂也。**

馬其昶曰：『去弃通。去憂，臧憂也。《漢書》「主皆臧去以爲榮」，師古曰：「去亦臧也。」』倫按：《說文》無弃字。『凵』下曰：『凵盧，飯器。』是凵有臧義。

意仁義其非人情乎？『意』，原作『噫』，依各本改。

陸德明曰：『意，亦作醫。』倫按：意借爲啻，音同影紐。《論語》『億則屢中』，『億』，《說文》作**㥶**，即借爲啻。《說文》曰：『**㥶**，訣也。』今作誤作『快也』。『訣，早知也。』情讀如性命之情，情借爲誠也。

彼仁人何其多憂也？且夫駢於拇者，決之則泣；枝於手者，齕之則啼。

陸德明曰：『啼，崔本作諦。』倫按：啼，《說文》作嗁，號也。諦借爲嗁，並舌音也。

二者或有餘於數，或不足於數，其於憂一也。今世之仁人，蒿目而憂世之患；

朱駿聲曰：『蒿借爲眊，《說文》曰：「眊，目少精也。」』章炳麟曰：『蒿借爲眊，猶薹之作耄矣。』

不仁之人，決性命之情而饕貴富。故意仁義其非人情乎？自三代以下者，天下何其囂囂也？『囂』原作『嚻』，今正。**且夫待鉤繩規矩而正者，是削其性者也；**世本無『者』字。**待繩約膠漆而固者，**

倫按：下文曰：『附離不以膠漆，約束不以纆束。』又曰：『仁義又奚連連如膠漆纆束而遊乎道德之間爲哉？』並膠漆、纆束對文，此亦宜然。且上文曰『待鉤繩規矩而正』，則此不作『繩』字尤顯。

是侵其德者也。世本無『者』字。**屈折禮樂，**

陸德明曰：『屈，崔本作詘。』倫按：屈當依崔本作詘。折借爲詰，聲同脂類。《書傳》言折獄、折難者，皆詰之借。《説文》曰：『詰，問也。』『詘，詰詘也。』詘詰亦疊韻連緜詞。

呴俞仁義，

陸德明曰：『呴，本又作傴俞，本又作呴。』王念孫曰：『《説文》曰：「欨，笑意也。」呴、欨古通用。』倫按：句、俞、區聲並侯類。《逸周書·官人解》『欲色嫗然以愉』，即借嫗爲欨。呴俞疊韻連緜詞。

以慰天下之心者，此失其常然也。天下有常然。常然者曲者不以鉤，直者不以繩，圓者不以規，

倫按：《説文》囗部誤以圓之初文作○者，與周圍之囗合而爲一。許瀚曰：『囗，古蓋作○，讀若圓。』員從囗聲可證也。詳《説文六書疏證》。圓後起字。後同。

方者不以矩，附離不以膠漆，《文選·魏都賦》注引作『麗』。

倫按：附借爲坿。離借爲麗，音同來紐。《易·兑卦》『麗澤』，鄭玄本作『離澤』。《詩》『月離于畢』，《論衡·説日篇》引『離』作『麗』。並其例證。《説文》『麗』之古文作『丽』，篆文作『𠧙』，蓋爲伉儷之本字。篆文從二元，古文從二兀，元、兀一字。並詳《説文六書疏證》。今作儷。

約束不以纆索。

倫按：纆，《説文》作纆，大索也。

故天下誘然皆生而不知其所以生，

倫按：誘疑借爲川，《説文》『誘』作『羑』，從口，羞聲。詳《説文六書疏證》。羞音心紐。故重文從言秀聲，從言盾聲。盾、川古皆舌音，故古書循、順通借。川即順逆本字。

同焉皆得而不知其所以得。故古今不二，不可虧也。則仁義又奚連連如膠漆纆索，而遊乎道德之閒爲哉？使天下惑也！崇本作『矣』。**夫小惑易方，**

倫按：易借爲迻，音皆喻紐。《詩·何人斯》『我心易也』，《韓》『易』作『施』。《説文》『旖施』，移下作『倚移』。此『易』可借爲『迻』之證。《説文》曰：『迻，遷徙也。』後隨文別之。

大惑易性。何以知其然邪？自虞氏招仁義以撓天下也，

倫按：招撓當互易。撓借爲蹻，聲同宵類。《説文》曰：『蹻，舉足小高也。』《漢書·高帝紀》『亡可蹻足待也』，《史記》作翹足。是其例證。或招借爲蹻，撓借爲招。《國語·周語》『好盡言以招人過』，韋注：『招，舉也。舊音曰：招音翹。』是招讀爲翹而借爲蹻也。此下文曰：『天下莫不奔命於仁義。』則撓當爲招。《説文》曰：『招，手評也。』

天下莫不奔命於仁義，是非以仁義易其性與？故嘗試論之，自三代以下者，天下莫不以物易其性矣。小人則以身殉利，

倫按：《説文》無『殉』字。陸德明引崔譔曰：『殺身從之曰殉。』檢下文曰：『其於傷性以身爲殉一也。』則崔説是。

士則以身殉名，大夫則以身殉家，聖人則以身殉天下。故此數子者，事業不同，名聲異號，其於傷性以身爲殉，崇本無『殉』字。**一也。臧與穀二人，**

陸德明曰：『《方言》云：「齊之北鄙，燕之北郊，凡民男而壻婢謂之臧，女而婦奴謂之獲。」張揖云：「壻婢之子謂之臧，婦奴之子謂之獲。」穀，崔本作𥡴，云：孺子曰𥡴。』倫按：臧穀即臧獲。臧借爲奴，魚陽對轉。帑從巾奴聲，《廣韻》引《通俗文》『徂浪切』，

《五經文字》引《字林》音儻。是其例證。穀，崔本作穀，當作穀，並借爲童，東侯對轉。《説文》曰：『男有辠曰奴。奴曰童。』『穀』，《方言》作『獲』者，見匣二紐古皆淺喉音也。

相與牧羊而俱亡其羊。問臧奚事，則挾筴讀書。《類聚》九四、《御覽》七五四引『筴』作『策』。

陸德明曰：『筴，字又作策。』倫按：成玄英疏曰：『册，簡也。』是成本『筴』作『册』。筴、册皆借爲策。『筴』字《説文》所無，蓋從竹夾聲。夾音失冄切，屬審紐。册、策音同穿紐，古讀皆歸透紐。本書《達生篇》『祝宗人玄端以臨牢筴』，《列子·仲尼篇》釋文引作『牢栅』。《易·繫辭》『乾之策』《釋文》：『策，本作筴。』是其例證。《顔氏家訓·書證篇》曰：『簡策字竹下施束，末代隸書似杞宋之宋，亦有竹下遂爲夾者。』則筴字是漢後俗書。《説文》曰：『策，馬箠也。』後同。

問穀奚事，則博塞以遊。

倫按：《説文》曰：『簙，戲局也。六箸十二棊也。』『簺，行棊相塞謂之簺。』此省。

二人者事業不同，其於亡羊均也。伯夷死名於首陽之下，盗跖死利於東陵之上。二人者，所死不同，其於殘生傷性均也。奚必伯夷之是而盗跖之非乎？天下盡殉也。彼其所殉仁義也，則俗謂之君子。其所殉貨財也，則俗謂之小人。其殉一也，則有君子焉，有小人焉。若其殘生損性，則盗跖亦伯夷已，又惡取君子小人於其閒哉？

陸德明曰：『崔本無「小人於」三字。』

且夫屬其性乎仁義者，雖通如曾、史，非吾所謂臧也。

倫按：臧當訓兵械庫，詳《說文六書疏證》。今訓善者，古即借臧爲善，並齒音也。

屬其性於五味，雖通如俞兒，

陸德明曰：『「雖通如楊、墨」，一本無此句。俞兒，崔云：《尸子》曰：「膳，俞兒和之以薑桂，爲人主上食。」《淮南》云：「俞兒、狄牙，嘗淄澠之水而别之。」一云：俞兒，黃帝時人。一云：俞兒，齊人。《淮南子》一本作申兒，疑申當爲臾。』俞樾曰：『俞兒即臾兒。又《管子·小問篇》桓公北伐孤竹所見之俞兒，爲山神之名，與此别。』孫詒讓曰：『據《釋文》，陸本正文有「雖通如楊、墨」一句，今本無之。然依陸說，似亦不當止多一句，疑當云：「屬其性乎辯者，雖通如楊、墨，非吾所謂臧也。」蓋舊本屬「其性乎仁義」章後，屬「其性乎五味」章前，多此一章。上文亦以「曾史枝於仁義」「楊墨駢於辯」分舉，即其例也。』倫按：《淮南·氾論訓》：『臾兒、易牙，淄澠之水合者，嘗一哈水而甘苦知矣。』高注：『俞兒、易牙，皆齊之知味者。』此成玄英疏引《孟子》云『俞兒，齊之識味人也』。俞或作臾者，音皆喻紐。《荀子·大略篇》『流丸止于甌臾』，錢坫謂臾即匬也。《說文》曰：『甌匬，器也。』是其例證。

非吾所謂臧也。屬其性乎五聲，雖通如師曠，非吾所謂聰也。屬其性乎五色，雖通如

離朱，非吾所謂明也。吾所謂臧者，非仁義之謂也，臧於其德而已矣。吾所謂臧者，非所謂仁義之謂也，任其性命之情而已矣。吾所謂聰者，非謂其聞彼也，自聞而已矣。吾所謂明者，非謂其見彼也，自見而已矣。夫不自見而見彼，不自得而得彼者，是得人之得而不自得其得者也，適人之適而不自適其適者也。夫適人之適而不自適其適，雖盜跖與伯夷，世本『跖』作『蹠』。是同爲淫僻也。余愧乎道德，

陸德明曰：『愧，崔本作媿。』倫按：愧字是。

是以上不敢爲仁義之操，而下不敢爲淫僻之行也。

莊子義證弟九　外篇馬蹄弟九

馬，蹄可以踐霜雪，毛可以禦風寒，

陸德明曰：『禦，崔本作辟。』倫按：禦借爲敔，音同疑紐。《説文》御之重文作䢩，是其例證。《説文》曰：『敔，禁也。』後同。崔作辟者，避之省，異文。

齕草飲水，翹足而陸，《文選·江賦》注引『足』作『尾』。

陸德明曰：『足，崔本作尾。』桂馥曰：『陸，《文選·江賦》注引作「踛」，字當作𨃩。《説文》：「𨃩，曲脛也。讀若逵。」是踛即𨃩之變體，謂馬曲一脛也。』倫按：翹借爲蹻。足，崔本作尾者，後人依《淮南·修務訓》改之。依此文議，作足是也。成玄英疏曰：『即舉足而跳躑。』是成本『陸』字作『踛』。

此馬之真性也。雖有義臺路寢，《類聚》九三、《御覽》八九六引『義』作『儀』。

陸德明曰：『義，崔本同。一作羲。』俞樾曰：『《周官》「肆師」鄭注曰：「故書儀爲義。」是儀即古義字也。儀臺猶言容臺。《淮南子·覽冥篇》「容臺振而掩覆」，高注曰：「容臺，行禮容之臺。」儀與容異名同實，蓋是行禮儀之臺。』倫按：《史記·魏世家》：『惠王六年，伐宋，取儀臺。』《索隱》曰：『《表》亦作義臺。』然義臺見《莊子》。倫謂魏所伐取宋儀臺，當是地名。此義臺蓋謂⿸厂坐⿸厂儀之臺，義即⿸厂儀之省耳。俞說亦得。

無所用之。及至伯樂，曰：『我善治馬。』燒之，剔之，

陸德明曰：『剔，向、崔本作鬄。』倫按：剔爲鬄省。《說文》曰：『鬄，鬀髮也。』向、崔作鬄者，借字。

刻之，雒之，《御覽》八九六引『雒』作『絡』，《闕誤》引江南古藏本亦作『絡』。

王念孫曰：『雒讀爲絡。《說文》曰：「絡，鬄也。」《吴子·治兵篇》說畜馬之法云：「刻剔毛鬣，謹落四下。」此云燒之、剔之、刻之、雒之，語意略相同。』倫按：絡訓鬄者，以金器燒灼而去其毛，如今之烙印。

連之以羈馽，《類聚》九三、《御覽》八九六引『馽』作『絆』，《御覽》三五九引作『羈』，《文選·吴都賦》劉注及日本抄本《玉篇》引作『䪿』。

陸德明曰：『馽，本或作⿰馬冊，非也。司馬、向、崔本並作䋄。崔云：絆前兩足也。』

倫按：⿰馬冊馽古並舌音，故借⿰馬冊爲馽。馽義同䋄，故司馬、向、崔本作䋄。

編之以皁棧，

倫按：皁，《說文》作草。草斗，櫟實也。此當作皂，爲皀之譌字。《玉篇》：『皁，重文作皂。』《廣韶》三十二皓：『皁，俗作皂。』此皁或作皂之證也。《說文》曰：『廄，馬舍也。』⿱宀九，古文從九。古文蓋從宀皀聲，詳《說文六書疏證》。此省宀耳。《春秋·僖二年公羊傳》：『馬出之内廏，繫之外廏爾。』《吕氏春秋·權勳篇》作『猶取之内皁而著之外皁也』。此皁即廏之塙證。《方言》五曰：『櫪，梁、宋、齊、楚、北燕之間或謂之樎，或謂之皁。』錢繹謂櫪即笠也。苙，圂也。馬棧謂之櫪，猶豕闌謂之苙。倫謂錢説是也。莊子宋人，故曰皁棧。

馬之死者十二三矣。飢之，渴之，

倫按：渴爲㵣省。《説文》曰：『㵣，欲飲。』後同。

馳之，驟之，整之，

倫按：整爲政俗字。詳《説文六書疏證》。

齊之，前有橛飾之患，《文選》司馬相如《上書諫獵》引『橛飾』作『飾橛』，《御覽》三五九引『飾』作『角』，八九六引『飾』作『飭』。

朱駿聲曰：『橛借爲亅。《説文》：「鉤，逆者謂之亅。」讀若橛。』倫按：《史記索隱》引《周·輿服志》曰：『鉤，逆上者爲槃。』此借槃爲亅之證。飾借爲釳，之脂聲近相通。《説文》曰：『釳，乘輿馬頭上防釳，插以翟尾鐵翮象角，所以防網羅。』釳，去之也。

而後有便筴之威。世本『便』作『鞭』，《文選》司馬相如《上書諫獵》注引『便筴』作『鞭策』，《御覽》三五九及八九六引『莢』作『策』。

陸德明曰：『鞭，必然反。』倫按：陸本作『鞭』，是也，此作『便』者省耳。

而馬之死者，已過半矣。陶者曰：

倫按：陶當作匋。後同。

『我善治埴，圓者中規，方者中矩。』匠人曰：世本曰『作者』。『我善治木，曲者中鉤，直者應繩。』

倫按：『鉤』讀爲『句股』之『句』。

夫埴木之性，豈欲中規矩鉤繩哉？然且世世稱之，曰：『伯樂善治馬，而陶匠善治埴木。』此亦治天下者之過也。吾意善治天下者不然。彼民有常性，織而衣，耕而食，是謂同德。一而不黨，

倫按：黨借爲潒，並舌音也。《說文》曰：『潒，水潒瀁也。』

命曰天放。

陸德明曰：『放，崔本作牧。』倫按：黨放韻。

故至德之世，其行填填，

陸德明曰：『填填，《淮南》作莫莫。』倫按：《淮南・覽冥訓》作蹎蹎。莫莫或真真或冥冥之譌。填借爲趪。《說文》曰：『趪，走頓也。』『蹎，跋也。』一字。

其視顛顛。

陸德明曰：『顛顛，《淮南》作瞑瞑。』倫按：顛借爲瞋，《說文》曰：『瞋，張目也。』《淮南》作瞑者，真、耕聲近通假，瞑亦作眠。其例證也。

當是時也，山無蹊隧，

倫按：《說文》無隧字，此借爲術，皆齒音也。《禮記·月令篇》『審端徑術』注：『術，《周禮》作遂。』《春秋·僖三十三年左傳》『西乞術』，《公羊·文十二年傳》作西乞隧。並其例證。《說文》曰：『術，邑中道也。』《天地篇》『鑿隧而入井』同。

澤無舟梁，萬物羣生，連屬其鄉，禽獸成羣，草木遂長。

倫按：遂借爲甤，甤從生豕聲。遂從㒸聲，㒸亦豕聲，同齒音也。《說文》曰：『甤，艸木實甤甤也。』或爲䅎省。《說文》曰：『䅎，禾采之皃。』《音義》並與甤同，一字轉注耳。詳《說文六書疏證》。後隨文別之。

是故禽獸可係羈而遊，烏鵲之巢，《類聚》五二引『烏』作『鳥』。**可攀援而闚。**

陸德明曰：『攀，本又作扳。』倫按：扳俗字。

夫至德之世，同與禽獸居，族與萬物並，

倫按：族借爲羋。

惡乎知君子小人哉。同乎無知，

倫按：同借爲惷，古讀皆舌音也。《說文》曰：『惷，愚也。』玄應《一切經音義》引《蒼頡解詁》曰：『惷，愚無知也。』《淮南·氾論訓》『愚夫惷婦』注：『惷亦愚無知之貌。』

其德不離。

倫按：離絶字當作㓯，音同來紐。《説文》：『㓯，坼也。』古書通用離字。後隨文別之。此或借爲醨，《説文》曰：『醨，薄酒也。』讀若離。

同乎無欲，是謂素樸。素樸而民性得矣。及至聖人，蹩躠爲仁，

陸德明曰：『蹩。向、崔本作弊。躠，本又作薛，向、崔本作殺。』倫按：蹩躠疊韻連緜詞也。《説文》無躠字，蓋從辥聲。辥、殺並齒音，故通借。蹩躠與敝跬同。

踶跂爲義，

倫按：踶跂疊韻連緜詞，踶借爲徥。

而天下始疑矣；澶漫爲樂，

陸德明曰：『澶，本又作儃，向、崔本作但。漫，向、崔本作曼。』倫按：澶漫疊韻連緜詞。澶借爲撣，古讀禪紐歸定也。《詩》『東門之墠』《釋文》：『墠，一本作壇。』《荀子·議兵篇》『又有路亶者也』，《新序·雜事》作落單。是其例證。《説文》曰：『撣，提持也。』

摘僻爲禮，

陸德明曰：『辟，或作僻。』倫按：摘辟亦疊韻連緜詞。摘當作擿，《説文》曰：『擿，投也。』

而天下始分矣。故純樸不殘，

倫按：純借爲醇，音同禪紐。《説文》𦎫讀若純，諄讀若庉。並其例證。《説文》曰：『醇，不澆酒也。』殘當作𣦼，音同從紐。《説文》曰：『𣦼，殘穿也。』讀若殘。後凡純樸殘破字並同。

孰爲犧樽？

陸德明曰：『尊或作樽。司馬云：畫犧牛象以飾尊也。王肅云：刻爲牛頭。鄭玄曰：畫鳳皇羽飾尊婆娑然也。犧，音先河反。』倫按：《周禮・司尊彝》『其朝踐用兩獻尊』，鄭注引鄭司農曰：『獻讀爲犧。犧尊，飾以翡翠。』又注《禮記》曰：『犧尊以沙羽爲畫飾。』孔疏引《鄭志・答張逸問》：『犧讀如沙。沙，鳳凰也。刻畫鳳凰之像於尊婆娑然。』則與先鄭微異。王肅據太和中得齊大夫子送女器，有犧尊，云：『全刻牛形，鑿背爲尊。』韋昭《國語注》：『犧尊，飾以犧牛。』二説又異先後鄭。清代學者率掊王肅，申張鄭義。晚近黄以周從《毛詩》，云：『犧尊有沙羽飾。』而以後鄭刻畫鳳凰之形者爲象尊。孫詒讓據《説文》『犧』字下引賈侍中説非古字，以明字既作羲，不從牛，故毛有沙飾之訓。又據《周官》六尊『雞鳥虎蜼皆畫其形』，安得犧象獨全刻其形。又據本書《天地篇》『百年之木，破爲犧尊，青黄而文之』，《淮南・俶真訓》『百圍之木，斬爲犧尊，鏤之以剞劂，雜之以青黄，華藻鎛鮮龍蛇虎豹，曲成文章』，以證犧尊者，刻而畫之，具衆物之形，在六尊之中，最爲華美。毛鄭説不同，而同是彫文刻鏤之義。倫謂莊子周人，毛萇、淮南王皆生漢初，所説雖微異，不謂犧是牛則同。鄭玄之説，據《梁書·劉杳傳》、《鄭志》作『畫鳳凰尾娑娑然』，則刻鳳凰之像者，孔所見或經後人改易本也。如劉引，則鄭正與毛同。至先鄭謂飾以翡翠者，《説文》：『翡，赤羽雀。』『翠，青羽雀。』《爾疋》：『翠，鷸。』是以鷸釋翠。《漢書·五行志》注引張晏曰：『鷸鳥，赤足，黄文。』《山海經》孟山有白翡翠，可證翡翠不但赤羽、青羽。《左·僖二十四年》疏引李巡曰：『鷸，一名翠，其羽以爲飾。』然則先鄭所謂飾以翡翠者，正與本書『青黄而文之』者合。毛謂沙羽，沙、翠並屬齒音。或沙即翠之借也。又鳳、翡音皆奉紐，鳳亦或翡之音譌。太和中所出犧尊爲銅笵，亦與此不合。

白玉不毁，孰爲珪璋？道德不廢，安取仁義？性情不離，

安用禮樂？五色不亂，孰爲文采？五聲不亂，孰應六律？夫殘樸以爲器，《意林》引以爲『作以成』，下句同。**工匠之罪也。毁道德以爲仁義，聖人之過也。**

倫按：《音義》出『情性不離』，是陸本『性情』作『情性』。成玄英疏曰：『情苟不散，安用和心。性苟不離，何勞檢迹。』是成本亦作『情性』。

倫按：過失字當作𧾷咼，《説文》曰：『𧾷咼，不正也，從立，咼聲。』咼讀若過。

夫馬，陸居則食草飲水，

倫按：陸字疑羨文。

喜則交頸相靡，

郭慶藩曰：『靡與摩通。』倫按：《説文》曰：『摩，礳也。』

怒則分背相踶。馬知已此矣。

倫按：已借爲此，此爲止住本字。

夫加之以衡扼，『衡』原作『衡』，今正。後同。『扼』原作『枙』，依各本正。

王懋竑曰：『衡扼即衡軶。』倫按：軶，《説文》作軶，轅前也。

齊之以月題，

倫按：月題者，䡇輗之借也。月、䡇音同疑紐。䡇，《論語》作軏。蓋元、兀一字。《説文》『跀』之重文作『跀』。是其例證。《説文》曰：『䡇，車轅耑持衡者。』題、輗聲同支類。端倪或作端題。是其例證。《説文》曰：『輗，大車轅耑持衡者。』

而馬知介倪、

孫詒讓曰：『倪借爲輗。』倫按：介者兀之譌字。兀爲扤省，《説文》曰：『扤，動也。』『抈，折也。』扤、抈一字。詳《説文六書疏證》。扤輗言折輗也。

闉扼、原作『枙』，依各本改。

朱駿聲曰：『扼者爲軶。』倫按：闉借爲捆，音同影紐。《説文》曰：『捆，就也。』

『扔，捆也。』《後漢書·馬融傳》注引《聲類》曰：『扔，摧也。』則捆訓就也者。就讀爲蹵，摧、蹵雙聲。就也即摧也，捆軶即摧軶也。

鷙曼、

朱駿聲曰：『曼爲幔省，《説文》曰：「幔，衣車蓋也。」』倫按：鷙借爲輊，古同端紐。《説文》曰：『輊，抵也。』

詭銜、

倫按：詭借爲毀，古讀見曉二紐並淺喉音。《説文》曰：『垝，毀垣也。』『陒，危也。』並以雙聲相訓。是其例證。《説文》曰：『毀，缺也。』

竊轡。

倫按：竊借爲齧，聲同脂類。《説文》曰：『齧，噬也。』

故馬之知而態至盜者，世本『態』作『能』。

倫按：態當爲能。《楚辭·九章》『固庸態也』，《論衡·累害篇》『態』作『能』。《漢書·司馬相如傳》『君子之態』，《史記》作能。《集解》引徐廣本。此書傳能、態通用之證。又檢《音義》出態作二字。郭注亦曰：『故有力竭而態作者。』然《音義》態作吐代反，是爲態音。循例乃音正文態字，則陸本態下有『作』字。疑此文本作『馬之知而作盜者』，一本『而』作『能』，校者因注其下，誤入正文耳。本書《逍遥遊篇》『而徵一國』，即能徵一國也。

伯樂之罪也。夫赫胥氏之時，

陸德明曰：『赫，本亦作䓇。』俞樾曰：『赫胥，即《列子》所稱華胥。華、赫一聲之轉。羊舌赤字伯華，公西赤字子華。是華亦赤也。赤謂之赫，亦謂之華。可證赫胥之即華胥矣。』倫按：華從咢聲，咢、赫音同曉紐。

民居不知所爲，行不知所之，含哺而熙。《御覽》三七一引『哺』作『餔』，《書鈔》一五引『熙』作『嘻』，《初學記》九引作『嬉』。

倫按：熙借爲嬰，《説文》曰：『嬰，説樂也。』《北堂書鈔》《初學記》引作『嘻』『嬉』者，嘻、嬉並當作僖，音義相同也。

鼓腹而遊，民能以此矣。

倫按：以即已字。

及至聖人，屈折禮樂，以匡天下之形。

倫按：匡疑借爲養，聲同陽類。《説文》曰：『養，供食也。』本書《在宥篇》『堯舜於是乎股無胈、脛無毛，以養天下之形』。是其證也。

縣跂仁義，

倫按：陸德明出『縣企』二字，是陸本『跂』作『企』。檢《孟子》『跂予望之』，字應作企，蓋並淺喉音通借也。縣跂説者多家，倫謂跂蓋借爲系，古讀羣、匣二紐並爲淺喉音也。屈折義同，縣系義亦同也。《説文》曰：『系，繫也。』

以慰天下之心。而民乃始踶跂好知，争歸於利，不可止也。此亦聖人之過也。

莊子義證弟十　外篇胠篋弟十

陸德明曰：『胠，《史記》作擠。』倫按：胠借爲劫，《説文》曰：『劫，人欲去，以力脅止曰劫。』或曰：『以力止去曰劫。』《史記》作擠者，擠，《説文》作㩦，借爲劫，古讀見曉二紐皆淺喉音也。

將爲胠篋探囊發匱之盜而爲守備，則必攝緘縢，

陸德明曰：『縢，向、崔本作縢。』倫按：攝疑借爲收，審紐雙聲。然收束字當作䪞，或作掔。《説文》曰：『䪞，收束也。』古書多以收爲掔。縢借字。

固扃鐍，此世俗之所謂知也。然而巨盜至，則負匱揭篋擔囊而趨，

倫按：揭借爲竭，《説文》曰：『竭，負舉也。』後隨文別之。

唯恐緘縢扃鐍之不固也。『扃』，原作『扃』，今正。**然則向之所謂知者，**各本『向』作『鄉』。

陸德明曰：『鄉，本又作向，亦作曏。』

不乃爲大盜積者也？《漢書・光武紀》注引『乃』作『反』、『也』作『乎』，《御覽》四九九引『也』亦作『乎』。

倫按：乃借爲𠷎，古讀同舌音也。《説文》曰：『𠷎，語時不𠷎也。』後不乃同。

故嘗試論之，世俗之所謂知者，崇本、世本無『俗』下『之』字。有不爲大盜積者乎？所謂聖者，有不爲大盜守者乎？何以知其然邪？昔者齊國，鄰邑相望，雞狗之音相聞，崇本『狗』作『犬』。罔罟之所布，

倫按：布借爲尃，並脣音也。《儀禮·聘禮》『布幕於寢外』，注：『今文布作敷。』是其例證。《説文》曰：『尃，布也。』

耒耨之所刺，方二千餘里。闔四境之内，各本『境』作『竟』。所以立宗廟社稷，各本『廟』作『庿』。治邑屋州閭鄉曲者，

陸德明曰：『《周禮》：「夫三爲屋。五比爲閭，二十五家也。五黨爲州，二千五百家也。五州爲鄉，萬二千五百家也。」』倫按：《説文》曰：『邑，國也。』《周禮·小司徒》『四井爲邑』，《司馬法》同。是邑、屋、州、閭、鄉、曲並是分别界域之名。鄉曲連文，雖數見古書。而曲爲分别界域之名，古無其證。丘曲谿紐雙聲，曲借爲丘。《司馬法》『四邑爲丘』，《周禮·小司徒》同。本書《則陽篇》『何謂丘里之言』。

曷嘗不法聖人哉？《闕誤》引張君房本『人』作『智』，下『十聖人』字並同。然而田成子一旦殺齊君而盜其國。《後漢書·光武紀》注引『旦』作『日』。

陸德明曰：『旦，宋元嘉本作日。』

所盜者，豈獨其國邪？并與其聖知之法而盜之。故田成子有乎盜賊之名，而身處堯、

舜之安，小國不敢非，大國不敢誅，十二世有齊國。

陸德明曰：『自敬仲至莊子，九世知齊政。自太公和至威王，三世爲齊侯。故云十二世也。』司馬貞曰：據系本自成子至王建之滅，祇十代。若如《紀年》，則悼子及侯剡即十有二代，與《莊子》《鬼谷子》合。』姚鼐曰：『自田常至王建十世，上合桓子無宇、釐子乞爲十二世。』俞樾云：『本文是說田成子，不當追從敬仲數起。疑《莊子》原文本作「世世有齊國」，古書遇重字，止於字下作「二」字以識之，應作「世二」有齊國，傳寫者誤倒之，於是其文不可通。而從田成子追數至敬仲，適得十二世，遂加十字於其上耳。』倫按：《賈子・益壤篇》『此世世之利也』，《漢書・賈誼傳》作『二世』。洪頤煊謂古書凡重言皆爲二字，後人因誤乙爲二世。可與俞說相證。倫又疑十二者，乃『世』字爛文。蓋世字篆書作𠀍，爛壞則成十二矣。

則是不乃竊齊國并與其聖知之法，以守其盜賊之身乎？嘗試論之，世俗之所謂至知者，有不爲大盜積者乎？所謂至聖者，有不爲大盜守者乎？何以知其然邪？昔者龍逢斬，比干剖，

陸德明曰：『剖，崔本作節，云：支解也。』倫按：比干剖心，古說盡同。節者，疑有傳寫作劄者，因此致譌耳。

萇弘胣，唐寫本《切韻》引『弘』作『洪』，各本『胣』作『施』。

陸德明曰：『胣，本又作肔。崔云：讀若拖。或作施。胣，裂也。《淮南子》曰：「萇弘鈹裂而死。」』倫按：《韓非·難言篇》曰：『比干剖心，龍逢斬，萇弘胣。』辭與此同。胣、肔二字均不見《說文》。崔引《淮南》『鈹裂而死』，今本作『車裂』。倫疑胣、鈹音皆歌類，與元對轉，借爲轘。《說文》曰：『轘，車裂人也。』

子胥靡，

倫按：《荀子·宥坐篇》『吴子胥不磔姑蘇東門外乎』，疑靡爲桀譌。《說文》曰：『桀，磔也。』即磔初文。《漢書·景帝紀》『改磔曰棄市』，顔師古曰：『磔，謂張其尸也。或讀如字。』《說文》曰：『靡，被靡也。』被靡猶分裂。《淮南·説山訓》：『比干以忠靡其體。』

故四子之賢而身不免乎戮。故跖之徒問於跖曰：『盜亦有道乎？』跖曰：『何適而無有道邪？「邪」原作「耶」，今正。夫妄意室中之藏者，《抱朴子·辯問篇》引「妄意而知人之藏者」。

劉師培曰：『《淮南·道應訓》作「意而中藏」，意中即億中。意當作啻，文較此爲長，疑此出後人所改。』倫按：《吕氏春秋·當務篇》作『妄意關内中藏』，《抱朴子·辯問篇》引莊周云：『妄意而知人之藏者，明也。』然則此文必有誤。疑古本《莊子》如吕氏所引，或作『妄意室中，中藏』。古書於重文多作『二』字，傳寫因譌爲之。蓋謂妄啻室中，中其所藏，故謂之聖。若是徒啻不中，豈得謂聖？《淮南》作『意而中藏』，最爲明了，亦足相證。成玄英疏曰：『室中庫藏，以儲財寶。』又曰：『斟量商度，有無必中。』是成本正作『室中中藏』。

聖也。《抱朴子·辯問篇》作明也。**入先，勇也。出後，義也。知可否，**

陸德明曰：『知可，本或作知可否。』

知也。分均，仁也。五者不備，

倫按：備當作葡，《説文》曰：『葡，具也。』完備字當作葡。後隨文別之。

而能成大盜者，天下未之有也。』由是觀之，善人不得聖人之道不立，跖不得聖人之道不行。天下之善人少，而不善人多，則聖人之利天下也少，而害天下也多。故曰：脣竭則齒寒，

孫詒讓曰：『竭，當從《戰國策·韓策》作揭。《素問·五藏生成論》云：「多食酸，則肉胝䐢而脣揭。」王冰注云：「脣皮揭舉也。」』倫按：《説文》曰：『揭，高舉也。』

魯酒薄而邯鄲圍，

陸德明曰：『楚宣王朝諸侯，魯恭公後至，而酒薄。宣王怒，欲辱之。恭公不受命，乃曰：「我周公之胤長，於諸侯行天子禮樂，勳在周室。我送酒已失禮，方責其薄，無乃太甚？」遂不辭而還。宣王怒，乃發兵與齊攻魯。梁惠王常欲擊趙而畏楚救，以魯爲事，故梁得圍邯鄲。許慎注《淮南》云：「楚會諸侯，魯、趙俱獻酒於楚王。魯酒薄而趙酒厚。楚之主酒吏，求酒於趙。趙不與。吏怒，乃以趙厚酒易魯薄酒，奏之。楚王以趙酒薄，故圍邯鄲也。」』倫按：《史記·六國表》魏惠王元年，爲趙成侯五年，楚肅王十一年。是年，魏敗趙於槐。明年，爲楚宣王元年。《竹書紀年》『魏伐趙，圍濁陽』，《表》亦曰趙敗魏涿澤。《紀年》：惠王七年，伐邯鄲，取列人，取肥。《水經·漳水》注引《紀年》，則屬之八年。《表》：惠王九年，敗趙於澮。十七年，圍趙邯鄲。十八年，拔邯鄲。襄王三年，常依《竹書》爲惠五後三年。伐趙。十年，敗趙趙護。然自梁惠王元年訖於後十六年，楚無伐趙事。楚趙世家與《紀年》亦然。則許説不應也。終惠王之世伐趙者七，並《紀年》所記數之。而圍邯鄲在前十七年。檢《史記·魏世家》及《六國表》，惠王十五年，魯、衛、宋、鄭君來朝。《紀年》則屬之十四年，稱魯恭侯、宋桓侯、衛成侯、鄭釐侯來朝。《史記·魏世家》索隱曰：『鄭釐侯者，韓昭侯也。韓哀侯滅鄭而徙都之，改號曰鄭。』《六國表》：『魯、衛、宋、鄭侯來。』《集解》引徐曰：『《紀年》：一曰：魯共侯來朝，邯鄲成侯會燕成侯于安邑。』檢《史記·魏世家》：惠王三十六年，徙治大梁。則是年尚都安邑。邯鄲成侯即趙成侯。則是時趙成侯亦來朝。陸説與許説蓋一事而傳譌者。

聖人生而大盜起。掊擊聖人，縱舍盜賊，而天下始治矣。夫川竭而谷虚，丘夷而淵實。

倫按：夷爲徲省，《説文》曰：『徲，行平易也。』

聖人已，死，則大盜不起，天下平而無故矣。聖人不死，大盜不止。雖重聖人而治天下，則是重利盜跖也。爲之斗斛以量之，則並與斗斛而竊之。爲之權衡以稱之，

倫按：權借爲銓，聲同元類。《説文》曰：『銓，衡也。』凡經權字同此。衡借爲稱，衡聲陽類，稱聲蒸類，蒸陽古通。强從蟲弘聲，而『强』籀文作『彊』。是其例證。《説文》曰：『稱，銓也。』

則並與權衡而竊之。爲之符璽以信之，則並與符璽而竊之。爲之仁義以矯之，《鄧析子·轉辭篇》『矯』作『教』。**則並與仁義而竊之。何以知其然邪？彼竊鉤者誅，**《鄧析子·轉辭篇》『鉤』作『財』。

倫按：誅借爲殊，《説文》曰：『殊，死也。』後隨文讀之。

竊國者爲諸侯。諸侯之門而仁義存焉，

王引之曰：『存焉當作焉存。焉，於是也。言仁義於是乎存也。《吕氏春秋·季春篇》注曰：「焉，於是也。」《月令》曰：「天子焉始乘舟。」《晉語》曰：「焉始爲令。」《三年問》曰：「故先王焉爲之立中制節。」古書如此句法甚多，焉皆猶於是也。此四句誅侯爲韻，門存爲韻。《史記·遊俠傳》作「竊鉤者誅，竊國者侯。諸侯之門，仁義存」，是其明證。《盜跖篇》「小盜者拘，大盜者爲諸侯。諸侯之門，義士存焉」，存焉亦當作焉存。此皆後人不曉焉字之義而妄改之耳。』

則是非竊仁義聖知邪？故逐於大盜，揭諸侯，竊仁義，並斗斛權衡符璽之利者，

俞樾曰：『「故逐於大盜揭諸侯竊仁義並斗斛權衡符璽之利者」二十一字作一句讀。』倫按：疑有奪譌。

雖有軒冕之賞弗能勸，斧鉞之威弗能禁。

倫按：禁借爲救，見紐雙聲。《説文》曰：『救，止也。』《戰國策·西周策》『禁秦之攻』，《秦策》『王不能禁』，注皆訓止。是其證。後同。

此重利盜跖而使不可禁者，是乃聖人之過也。故曰：『魚不可脱於淵，

倫按：脱借爲奪，音同定紐。《周書》『奪攘矯虔』，《説文》引作敓。是其例證。《説文》曰：『奪，手持隹失之也。』

國之利器，不可以示人。』彼聖人者，天下之利器也，非所以明天下也。故絶聖弃知，世本、崇本『弃』作『棄』。

大盜乃止。擿玉毀珠，小盜不起。焚符破璽，而民朴鄙。《意林》引『朴』作『樸』。

倫按：成玄英疏曰：『弃智聖智。』是成本『知』作『智』。

成玄英疏曰：『可以反樸還淳。』是成本『朴』作『樸』。

掊斗折衡，而民不争。

倫按：掊借爲剖，《説文》曰：『剖，判也。』

殫殘天下之聖法，

倫按：殫殘疊韻連緜詞。

而民始可與論議。擢亂六律，

倫按：擢疑借爲攪，幽宵聲類最近也。《説文》曰：『攪，亂也。』

鑠絶竽瑟，

陸德明曰：『瑟，一作笙。』倫按：鑠疑借爲剁，聲同宵類。《説文》曰：『剁，絶也。』

塞瞽曠之耳，世本無『瞽』字。

陸德明曰：『崔本塞作杜。』倫按：塞當爲𡫯，《説文》曰：『窒也。』崔作杜者，異文。杜借爲㪣。

而天下始人含其聰矣。滅文章，散五采，膠離朱之目，而天下始人含其明矣。毁絶鉤繩而弃規矩，世本、崇本『弃』作『棄』。**攦工倕之指，**

孫詒讓曰：『攦與歷通。《天地篇》「則是罪人交臂歷指」，《説文》曰：「櫪欐，柙指也。」《呂氏春秋·順民篇》「鄽其手」，字當作鄽。《三國志·蜀志·郤正傳》引「鄽」作「攦」，《論衡·感虚篇》引作「麗」，皆「櫪」之借字。』

而天下始人有真巧矣。故曰大巧若拙。

王懋竑曰：『「故曰」以下六字衍文。』

削曾、史之行，鉗楊、墨之口，攘弃仁義，崇本『弃』作『棄』。**而天下之德始玄同矣。彼人含其明，則天下不鑠矣。**

倫按：鑠疑借爲眊，聲同宵類。《説文》曰：『眊，目少精也。』

人含其聰，則天下不累矣。

倫按：累疑借爲聵，聲同脂類。《史記·刺客傳》『韓相俠累』，《戰國策·韓策》作『韓隗』。《孟子·公孫丑篇》『於宋餽七十鎰』，《説文》餉餽字作饋，《爾疋·釋詁》『饋也』，《釋文》：『饋，本或作餽。』此累、貴古通之證。《説文》曰：『聵，聾也。』

人含其知，則天下不惑矣。人含其德，則天下不僻矣。

倫按：僻借爲壁。此辟側字。後隨文别之。

彼曾、史、楊、墨、師曠、工倕、離朱，世本『朱』下有『者』字。**皆外立其德而以爚亂天下者也，**

倫按：郭象注曰：『使天下躍而効之，効之則失我。我失由彼，則彼爲亂主矣。』是郭本『爚』作『躍』。成玄英疏曰：『炫燿群生。』則成本作『燿』。爚亂與擢亂同。《易·萃》『乃利用禴』，蜀本『禴』作『躍』。是其例證。擢借爲攪，爚亦同也。《音義》引司馬、崔云『散也』，則借爲殽。

法之所無用也。子獨不知至德之世乎？昔者容成氏、

倫按：《六韜》作庸成氏，音同喻紐。

大庭氏、伯皇氏、《類聚》一一、《御覽》七六引『伯』作『柏』。**中央氏、栗陸氏、驪畜氏、**《御覽》七六引『畜』作『連』。

倫按：畜爲留謌，驪、留雙聲，故《御覽》引一本作『連』也。

軒轅氏、

倫按：《帝王世紀》曰：『黄帝居軒轅之丘，因以爲名。』此文系軒轅於伏犧、神農之前，下文曰『當是時也，民結繩而用之』，則非始制文字之黄帝姓公孫名轩轅者矣。

赫胥氏、尊盧氏、祝融氏、伏犧氏、《文選·魏都賦》劉注引『伏』作『虙』，涵本、世本及日本刊本《羣書治要》三七引『犧』作『戲』。

倫按：《音義》出伏戲，是陸作伏戲也。

神農氏，當是時也，《治要》三七引『時也』作『之時』。**民結繩而用之，**《初學記》九引『用之』下有『以爲政』三字。**甘其食，**

倫按：甘爲酣省。

美其服，樂其俗，安其居，鄰國相望，《治要》三七引『鄰』作『隣』。**雞狗之音相聞，**《治要》三七引『狗』作『犬』。**民至老死而不相往來。**

陸德明曰：『而不相往來，一本作不相與往來。檢元嘉中郭注本及向崔永和中本，並無與字。』倫按：成玄英疏曰『不相往來』，是成本亦無『與』字。

若此之時，則至治已。今遂至使民延頸舉踵，曰『某所有賢者』，

倫按：古人於無名字可記者，輒以□識之。後人以□同於晦之初文作□者，詳《說文六書疏證》。因讀爲晦。晦、某音同明紐，故《說文》梅之重文作楳，謀之重文作𠱱。遂又借某爲□。《穀梁·桓二年》『蔡侯鄭伯會於鄧』，注：『鄧，厶地。』《釋文》：『厶，本亦作某。厶即□之隸變。』是其例證。

贏糧而趣之，『糧』原作『粮』，依各本改。

倫按：贏借爲儋，歌元對轉。《方言》七曰：『儋，齊楚陳宋之間曰攍。』郭璞注曰：『《莊子》曰：「攍糧赴之。」』是郭所見《莊子》『贏』字作『攍』。莊子宋人，儋謂之攍，宋語也。贏攍並從㐠聲，故本亦作贏耳。《說文》曰：『儋，何也。』《庚桑楚篇》同。趣，郭引作赴者，聲同侯類。

則內弃其親，崇本『弃』作『棄』。**而外去其主之事，足迹接乎諸侯之境，**崇本無『乎』字。**車軌結乎千里之外。**《御覽》七五五引『千里之外』下有『輪不迹於他』五字。**則是上好知之過也。**《治要》三七引『知』作『智』。『之』原作『也』，依各本改。**上誠好知而無道，則天下大亂矣。何以知其然邪？夫弓弩畢弋機變之知多，**《類聚》九〇引『畢』作『罼』，『知』作『智』。

倫按：弋爲隿省。弓弩畢隿機變，皆以捕鳥之器言。變疑借爲磻，聲同元類。

《書・堯典》『黎民於變時雍』，《漢書・成帝紀》『變』作『蕃』。是其例證。《說文》曰：『磻，以石箸隿繳也。』

則鳥亂於上矣。鉤餌罔罟罾笱之知多，《六帖》八五引『鉤』作『釣』，『罾』作『矰』，《治要》三七引『罔罟』作『罟罝』，世本『罔』作『網』。

王念孫曰：『鉤，本作釣。《釋文》曰：「釣，鉤也。餌，魚餌也。《廣雅》云：『罟謂之罔。』『罾，魚網也。』《爾雅》云：『嫠婦之笱謂之罶。』」此是釋釣餌罔罟罾笱六字之義。後人但知釣爲釣魚之釣，而不知其爲鉤之異名，以意改釣爲鉤。並改《釋文》「笱音苟」爲「音鉤」矣。』倫按：《治要》引罔罟作罟筐者，筐蓋是笸之譌耳。《說文》曰：『笸，罟也。』

則魚亂於水矣。削格羅落罝罘之知多，《文選・吳都賦》劉注引『落』作『絡』。

陸德明曰：『罘，本又作罦。』章炳麟曰：『削借爲箾，以竿擊人也。』倫按：格疑借爲閣。《詩・斯干》『約之閣閣』，《考工記・匠人》注引作『格格』。是其例證。《說文》曰：『閣，所以止扉者。』《爾雅・釋宮》曰：『杙，長者謂之閣。』本書《人間世》曰：『求狙猴之杙者斬之。』落借爲牢，來紐雙聲。《漢書・鼂錯傳》『爲虎落』，即虎牢也。《說文》曰：『牢，閑養牛馬者也。』罘爲䍖省。《說文》曰：『䍖，兔罟也。』本又作罦者，罦爲罠之重文。䍖、罠奉紐雙聲。

則獸亂於澤矣。知詐漸毒頡滑堅白解垢同異之變多，《治要》三七引『知』作『智』。

倫按：漸借爲譖，《說文》曰：『譖，愬也。』漸從水斬聲，斬、譖音同精紐。《書・洪範》『沈潛剛克』，《史記》作『沈漸』。是其例證。毒借爲讟，猶借爲竇也。《說文》曰：『讟，痛怨也。』頡借爲詰。滑借爲詘。解借爲謑，音同匣紐。垢借爲詬，《說文》曰：『謑詬，恥也。』變借爲辯。

則俗惑於辯矣。故天下每每大亂，

王念孫曰：『每每即夢夢也。《爾疋・釋訓》：「夢夢，訰訰，亂也。」夢之爲每，猶薨之爲甍矣。』倫按：每、夢之蒸對轉。然《釋訓》『夢夢，訰訰』者，訰借爲惷，夢亦以蒸真通轉借爲惷也。《說文》曰：『惷，亂也。』《說文》曰：『每，艸盛上出也。』此或是用本義。

罪在於好知。故天下皆知求其所不知，而莫知求其所已知者，皆知非其所不善，而莫知非其所已善者，是以大亂。故上悖日月之明，

倫按：悖借爲庇，同脣音也。

下爍山川之精，

陸德明曰：『爍，向、崔作櫟。』倫按：爍借爲鑠，《說文》曰：『鑠，銷金也。』

中墮四時之施，

倫按：墮借爲𡐦。墮，《說文》曰篆文，其籀作隓，從𨸏，差聲。𡐦，從㐱左聲，籀文作𦐇，從㐺，差聲，詳《説文六書疏證》。同從左聲也。施借爲迻，聲同歌類。《漢書·司馬相如傳》『旖旎從風』，『旖旎』即《説文》之『旑施』，《考工記》鄭注引作『倚移』。是其例證。《説文》曰：『迻，遷徙也。』後隨文別之。《天運篇》『中墮四時之施』，同此。

喘耎之蟲，世本『喘』作『惴』。

陸德明曰：『惴，本亦作蝡，又作喘。崔云：蠉蝡，動蟲也。一云惴耎，謂無足蟲。』朱駿聲曰：『耎借爲蝡，《説文》：「動也。」』倫按：據崔讀蝡爲蠉是也。蝡、蠉聲並元類。《説文》曰：『蠉，蟲行也。』耎爲蝡省。

肖翹之物，

倫按：肖翹疊韻連緜詞。肖借爲小，《説文》曰：『小，物之微也。』

莫不失其性。甚矣夫，好知之亂天下也！自三代以下者，是已。舍夫種種之民，世本『民』作『機』。

倫按：種借爲憃，《説文》曰：『憃，遲也。』即重厚之重。故《音義》引李云：『謹愨貌。一曰：淳厚也。』『民』當依世德堂本作『機』。『機』本作『幾』，與『民』字古文相似，故譌爲『民』。『幾』爲『僟』省，《説文》：『僟，精謹也。』

而悦夫役役之佞，

陸德明曰：『説，音悦。下同。』倫按：役借爲媮，媮從女俞聲，俞、役音同喻紐。《説文》曰：『媮，巧黠也。』與佞訓『巧諂，高材也』義合。

釋夫恬淡無爲，

倫按：恬，《説文》作恬，安也。後同。淡借爲倓，《説文》曰：『倓，安也。』又借爲憺，音同談紐。《説文》曰：『憺，安也。』倓、憺一字，詳《説文六書疏證》。後同。

而悦夫哼哼之意，

陸德明曰：『哼，向本作哼，音亨。崔本上句作哼哼。』倫按：哼借爲憃，古讀端紐歸透也。《説文》諄讀若庉，《爾雅・釋訓》『訰訰，亂也』，訰訰即憃之借。《釋文》：『訰，或作諄。』並其例證。

哼哼已亂天下矣。

莊子義證弟十一　外篇在宥弟十一

倫按：存、在一字。詳《説文六書疏證》。《説文》曰：『存，恤問也。』宥借爲右，《説文》曰：『右，助也。』《齊物論》『有左有右』，崔本『右』作『宥』。是其證也。

聞在宥天下，不聞治天下也。在之也者，恐天下之淫其性也。

倫按：淫借爲榣，音同喻紐。

宥之也者，恐天下之遷其德也。天下不淫其性，不遷其德，有治天下者哉。

陸德明曰：『有治天下者哉，崔本作有治天下者材失。』倫按：材借爲哉，失字疑夫字之譌，涉下文而羨。

昔堯之治天下也，使天下欣欣焉人樂其性，《御覽》八〇引『欣』上有『人』字，六二四引『焉』作『然』。**是不恬也。桀之治天下也，使天下瘁瘁焉人苦其性，**《御覽》八二引『瘁』上有『之人』二字。

陸德明曰：『瘁，崔本作醉。』倫按：瘁，《説文》作顇，醮顇也。

是不愉也。夫不恬不愉，非德也。非德也而可長久者，《御覽》六二四引『可』作『求』。**天下無之。人大喜邪？毘於陽。**

倫按：《淮南·原道篇》曰：『人大怒破陰，大喜墜陽。』義與此同。此毗蓋借爲破，同脣音也。《説文》曰：『破，石碎也。』

大怒邪？毗於陰。陰陽并毗，涵本、崇本『并』作『並』。**四時不至，寒暑之和不成，其反傷人之形乎？使人喜怒失位，居處無常，思慮不自得，中道不成章，於是乎天下始喬詰卓鷙，**世本『鷙』作『鷙』。

朱駿聲曰：『喬詰、卓鷙皆雙聲連語。』倫按：《説文》曰：『喬，高而曲也。』卓爲稺省。稺，從冘，棹聲。詳《説文六書疏證》。冘，彼曲脛也。

而後有盜跖、曾、史之行。

倫按：盜當爲桀，傳寫譌也。下文曰：『下有桀跖，上有曾史。』可證。

故舉天下以賞其善者不足，崇本無『其』字。**舉天下以罰其惡者不給，故天下之大，不足以賞罰。自三代以下者，匈匈焉終以賞罰爲事，**

倫按：匈借爲訩，《六書故》引唐本《説文》曰：『訩，訟也。』《爾疋·釋言》曰：『訩，訟也。』

彼何暇安其性命之情哉？而且説明邪？是淫於色也。説聰邪？是淫於聲也。説仁邪？是亂於德也。説義邪？是悖於理也。説禮邪？是相於技也。

倫按：相借爲傷，相從目，楊省聲，詳《説文六書疏證》。故得借爲傷也。《説文》曰：

『傷，創也。』或借爲放，聲同陽類。《説文》曰：『放，逐也。』

説樂邪？是相於淫也。

倫按：淫當與下文『説聖邪是相於藝也』之『藝』字互易。禮樂實事，故云技藝。聖知虛名，當云淫疵。如上文以聲色對聰明、德理對仁義也。淫借爲婬，《説文》曰：『婬，私逸也。』

説聖邪？是相於藝也。説知邪？

倫按：成玄英疏曰：『愛智計益，是非之疵病。』是成本『知』作『智』。

是相於疵也。天下將安其性命之情，之八者，存可也，亡可也。天下將不安其性命之情，之八者，乃始臠卷傖囊而亂天下也。崇本、世本『傖』作『愴』。

陸德明曰：『臠，崔本作欒。傖，崔本作戕。』倫按：臠卷、傖囊皆疊韻連緜詞也。臠、欒並借爲𤔔，《説文》曰：『𤔔，亂也。』囊借爲孃，《説文》曰：『孃，煩擾也。』

而天下乃始尊之，惜之。甚矣，天下之惑也。豈直過也而去之邪？

陸德明曰：『「而去之邪」，崔本惟此一字作「邪」，餘皆作「咫」。』王念孫曰：『此「邪」字與「乎」同義。下文「乃齋戒以言之」、「跪坐以進之」、「鼓歌以儛之」，三句之下，並有「邪」字，與「也」同義。今本無下文三「邪」字者，妄人删之也。《釋文》出「而去之邪」，云「崔本惟此一字作邪，餘皆作咫」，可證陸本有三「邪」字。』

乃齊戒以言之，

陸德明曰：『齊，本又作齋。』

跪坐以進之，

倫按：《說文》：『跪，拜也。』『跽，長跽也。』此當作跽，初文作己，即戊己之己，詳《說文六書疏證》。跪借字，古音同谿紐。

鼓歌以儛之，

倫按：儛即舞之俗字。

吾若是何哉？故君子不得已而臨莅天下，

倫按：莅，《說文》作埭，臨也。

莫若無爲。無爲也而後安其性命之情。故貴以身於爲天下，則可以託天下。愛以身於爲天下，則可以寄天下。

王念孫曰：『《老子》作「故貴以身爲天下，愛以身爲天下」，此衍「爲」字。蓋《莊子》本作「故貴以身於天下，愛以身於天下」。於猶爲也，後人依《老子》傍記「爲」字，而寫者因譌入正文。《老子》釋文：「爲，于僞反。」此釋文不出「爲」字。以是明之。』

故君子苟能無解其五藏，無擢其聰明，

倫按：擢借爲鑿，宵侯聲近也。

尸居而龍見，

陸德明曰：『見，向、崔本作睍。』

淵默而雷聲，

倫按：默借爲謐，本書或作密。謐、密皆從必聲。必、默皆脣音也。《說文》曰：『謐，無聲也。』後隨文別之。

神動而天隨，從容無爲而萬物炊累焉，

陸德明曰：『炊，本作吹。』倫按：從容疊韻連緜詞也。容借爲恭，東侯對轉。《論語》稱『舜無爲而治，恭己正南面而已矣』。炊，當依一本作吹。累借爲塿，音同來紐。《說文》曰：『塿，壓土也。』本書《大宗師篇》音義引崔譔曰：『齊人以風塵爲埄堁。』埄堁即《說文》之坋塿。此郭注曰：『若游塵之自動。』是郭亦以累爲壓土。

吾又何暇治天下哉？崔瞿問於老聃，

陸德明曰：『瞿，向、崔本作臞。』

曰：『不治天下，安臧人心？』

倫按：臧借爲儼，陽談古通，故香從甘聲。《詩・桑柔》瞻臧協音，《急就篇》談莊協音。漢避明帝諱而莊改爲嚴。均其例證。本嚴可均說。臧本訓兵械庫。詳《說文六書疏證》。《說文》曰：『戢，藏兵也。從戈，咠聲。』藏兵謂之戢，兵所藏謂之臧。其實亦以臧咠同齒音轉注耳。《説文》曰：『咠，聶語也。』『聶，附耳私小語也。』咠聶亦聲同談類轉注。臧可通咠，亦可通聶。《説文》曰：『慴，心服也。』下文曰『無攖人心』，曰『僨驕而不可係』，皆以不可服言。

老聃曰：『汝慎無攖人心。

倫按：攖當作嬰，《説文》曰：『嬰，繞也。』『繞，纏也。』『約，纏束也。』是嬰爲纏束之義。故下文曰：『僨驕而不可係者，其唯人心乎？』

人心排下而進上，

陸德明曰：『排，崔本作俳。』倫按：《説文》：『排，擠也。』『推，排也。』作排者是。

上下囚殺，

章炳麟曰：『囚殺即噍殺，亦即顦顇。』倫按：囚、顦皆齒音也。囚殺、顦顇亦雙聲連緜詞也。

淖約柔乎剛彊。

倫按：淖約、剛彊皆疊韻連緜詞。淖借爲脜，古讀日紐歸泥也。脜即柔弱本字。柔爲煣之初文。《説文》曰：『柔，木曲直也。』『煣，屈申木也。』乎讀爲爲。

廉劌彫琢，

倫按：廉借爲剡，聲並談類。《説文》兼剡皆爲萑之末秀，是一義轉注字也。是其例證。《説文》曰：『剡，鋭利也。』『劌，利傷也。』義正相聯。

其熱焦火，

倫按：焦借爲灼，幽宵聲近。《説文》曰：『灼，炙也。』

其寒凝冰。其疾俛仰之間，而再撫四海之外，

倫按：撫疑借爲幠，《説文》曰：『幠，覆也。』或借爲𣞤。『𣞤，亡也。』

其居也淵而静，

倫按：静借爲亭，聲同耕類。《説文》曰：『亭，民所安定也。』今作渟字。《文選·長笛賦》注引《埤蒼》曰：『渟，水止也。』

其動也縣而天。

陸德明曰：『「縣而天」，向本無「而」字。』俞樾曰：『向本無「而」字，宜從之。「而」與「天」篆文相似，致誤衍。』劉師培曰：『「淵而静，縣而天」，兩「而」字衍文。「天」「而」形近，別本「天」或譌「而」，校者並存，復於「淵」下益「而」字。本篇「尸居而淵默」，《天地篇》「淵静而百姓定」。淵默與淵静同，彼皆淵静連文，可證此誤衍「而」字。』倫按：淵静、縣天對文。縣天義不可通，疑有譌。

僨驕而不可係者，

倫按：僨借爲奔，《音義》引郭音奔。是也。驕疑借爲趫，《説文》曰：『趫，善緣木之士也。』或借爲趙，聲同宵類。《說文》曰：『趙，趍趙。』『趍趙，及也。』今作『久也』，此據錢坫說。《穆天子傳》『北征趙行』，郭注：『趙，猶超騰也。』

其唯人心乎。昔者黃帝，始以仁義攖人之心，堯舜於是乎股無胈、

陸德明曰：『胈，李：扶蓋反。云：白肉也。或云：字當作紱。紱，蔽膝也。崔云：胈，䏶也。』倫按：本書《天下篇》曰『腓無胈』，《史記·司馬相如傳》稱『禹之勤民，躬胝無胈』，即本之。《索隱》引韋昭曰：『胈，身中小毛也。』蓋胈爲𩮀之借字。胈從肉犮聲，犮𩮀皆脣音也。《說文》曰：『𩮀，毛紛紛也。』《方言》二曰：『毳，陳宋鄭衛之間謂之帗縷。』是胈爲宋語。

脛無毛，以養天下之形，愁其五藏以爲仁義，

倫按：愁借爲醮，並齒音也。《說文》䨝之重文作揫。是其例證。《說文》曰：『醮，面焦枯小也。』

矜其血氣以規法度。各本「狑」作「矜」。

倫按：矜借爲瘽，音同羣紐也。《方言》九：『矛，吴揚江淮南楚五湖之間謂之鍦，其柄謂之狑。』注：『矜，今字作穫。』是其例證。《說文》：『瘽，病也。』

然猶有不勝也，堯於是放讙兜於崇山，投三苗於三峗，

陸德明曰：『崔本投作殺，《尚書》作竄峗，本亦作危。』倫按：『投』崔本作『殺』者，殺爲㝋省，投從手殳聲，殳音禪紐。然芟從殳聲，所銜切。則古或讀殳齒音，故與殺竄通借。

流共工於幽都，此不勝天下也。夫施及三王而天下大駭矣。下有桀、跖，上有曾、史，而儒墨畢起。於是乎喜怒相疑，愚知相欺，善否相非，

倫按：否當爲杏，《説文》曰：『杏，相與語，唾而不受也。』形近而譌。

誕信相譏，而天下衰矣。

倫按：衰爲瘥省，《説文》曰：『瘥，減也。』盛衰字當作此。後同。

大德不同，而性命爛漫矣。

倫按：爛漫疊韻連緜詞，疑借爲讕謾，《説文》曰：『讕，抵讕也。』『謾，欺也。』或漫借爲懣，並脣音也。《左傳·宣六年》『晉立太子州蒲』，應劭：『舊名諱議作州滿。』《史記·晉世家》作壽曼。是其例證。《説文》曰：『懣，煩也。』

天下好知，而百姓求竭矣。

章炳麟曰：『求竭雙聲，即膠葛也，今作糾葛。求與膠古同聲。《王制》「東膠」注：「膠或作絿。」是其例。竭、葛皆從曷聲也。』倫按：求借爲丩，古讀羣紐歸見也。《説文》：『丩，相丩繚也。』

於是乎釿鋸制焉，《御覽》七六三引「制」作「顧」。

陸德明曰：『釿，本亦作斤。』倫按：成玄英疏曰：『工匠運斤，鋸以殘木。』是成本『釿』作『斤』。

繩墨殺焉，椎鑿決焉。世本「決」作「決」。**天下脊脊大亂，**

陸德明曰：『脊，音藉，本亦作肴肴。《廣雅》云：「肴，亂也。」』倫按：脊脊借爲藉藉，同齒音也。《説文》曰：『藉，艸不編狼藉。』本作肴者，脊之譌字。

罪在攖人心。故賢者伏處太山嵁巖之下，各本「太」作「大」，崇本、世本「巖」作「岩」。

陸德明曰：『大，音泰，亦如字。』俞樾曰：『此泛言山之大者，不必東嶽泰山也。當依《釋文》作大，讀如字。』倫按：伏借爲勹，嵁借爲暫。暫音從紐，嵁從山甚聲，甚音禪紐。而糂之籀文作䊮，從晉得聲，讀桑感切，在心紐。皆齒音也。《周禮·鍾氏》『以朱湛丹秫』，注：『湛讀如「漸車帷裳」之漸。』是其例證。《説文》曰：『暫，礹石也。』《玉篇》：『嶄礹，山貌。』又：『嶄岩，高峻貌。』或作磛。《説文》無嶄，蓋暫即嶄也。《淮南·覽冥訓》『熊羆匍匐，邱山暫巖』，亦暫巖連文。

而萬乘之君，憂慄乎庿堂之上。世本「慄」作「慓」，各本「庿」作「廟」。**今世殊死者相枕也，**

陸德明曰：『殊，崔本作殀。』倫按：殊字是，殀字形近而譌。

桁楊者相推也，

陸德明曰：『桁，腳長械也。崔云：械夾頸及脛者皆曰桁楊。』倫按：桁楊疊韻連緜詞。《説文》無桁字，衡即桁也。《文選·景福殿賦》注：『桁與衡同。』是其證。《説文》曰：『衡，牛觸人，横木其角。今本作「牛觸横，大木其角」不可通。段玉裁删「其角」二字，亦非。詳《説文六書疏證》。衡從行桔牛，因以爲凡械於頸上之稱。』衡從行亦聲，故別作桁字。

刑戮者相望也，而儒墨乃始離跂攘臂乎桎梏之間。

倫按：離爲攡省，《説文》曰：『攡，舒也。』

意，

章炳麟曰：『意字斷。《詩》釋文「噫嘻」作「意嘻」。此意亦借爲噫。』倫按：章謂意字斷，是也。意借爲誒，同喉音也。古書言意嘻者，猶嘻嘻也。《説文》無嘻，其喜詞作款，痛詞作譆。呻吟詞則作癡，惡詞則作誒，皆喉音也。《説文》『誒』下曰：『可惡之辭。』《春秋傳》曰『誒誒出出』，今《傳》『誒』作『譆』。是其例證。成玄英疏曰：『故發噫歎息。』是成本『意』作『噫』。

甚矣哉！其無愧而不知恥也甚矣！

陸德明曰：『愧，崔本作醜。』

吾未知聖知之不爲桁楊椄槢也，

陸德明曰：『槢，崔本作摺。云：讀爲牒。或作謵，司馬云：椄槢，械楔。』倫按：接槢借爲櫼楔，並齒音也。《説文》曰：『櫼，楔也。』『楔，櫼也。』

仁義之不爲桎梏鑿枘也，

陸德明曰：『向本「枘」作「内」。』

曾、史之不爲桀跖嚆矢也。各本「曾史」上有「焉知」二字。

陸德明曰：『嚆，本亦作嗃。崔本作蒿，云：蒿蒿可以爲箭。或作矯。矯，梟也。崔本此下更有「有無之相生也則甚曾史與桀跖生有無也又惡得無相轂也」凡二十四字。』俞樾曰：『嚆，當依一本作矯。《説文》曰：「矯，揉箭箝也。」』孫詒讓曰：『《釋文》引向秀曰：「嚆矢，矢之鳴者。」《唐六典》注引《通俗文》曰：「鳴箭曰骹。」』倫按：嚆、嗃二字《説文》所無，疑作蒿者是故書。本或作嗃，傳寫因譌爲嚆耳。《新序·雜事》：『中庶子跪而泣曰：「臣尚衣冠御十三年矣，前爲豪矢而後爲藩蔽。」』豪矢即嚆矢，蓋前驅者所用，故此言然。

故曰：「絶聖棄知而天下大治。」黄帝立爲天子，十九年，令行天下。聞廣成子在於空同之上，《書鈔》一二及八五、《文選》王融《永明九年策秀才文》注引作『崆峒之山』，《文選》曹植《七啓》注、《永明九年策秀才文》注、《類聚》七八、《御覽》七九引『空同』作『崆峒』，《闕誤》引張君房本『上』亦作『山』。

倫按：成玄英疏曰：『空桐山，涼州北界。』是成本『同』應作『桐』。尋《史記·五帝本紀》：『黄帝西至於空同。』《集解》引應劭曰：『山名。』韋昭曰：『在隴右。』《正義》引

《括地志》曰：『空桐山在肅州禄福縣東南。』《漢書·武帝紀》『遂踰隴，登空同』，『又西登空桐』，是空同在涼州。《水經》『涇水出安定涇陽縣高山涇谷』，注曰：『涇水導源安定朝那縣笄頭山。秦始皇巡北地，西出笄頭山，即是山也。蓋大隴之異名，一名崆峒。《莊子》謂黄帝學道於廣成子，蓋在此山。』

故往見之，曰：『我聞吾子達於至道，敢問至道之精。

倫按：至道之精，猶性命之情。精情皆謂真相也。

吾欲取天地之精，以佐五穀，

倫按：佐當作左，《説文》曰：『左，手相左助也。』

以養民人。吾又欲官陰陽以遂羣生，

倫按：官爲館之初文，詳《説文六書疏證》。此疑爲揞省。《説文》曰：『揞，搯也。』

爲之柰何？』廣成子曰：『而所欲問者，物之質也。而所欲官者，物之殘也。自而治天下，《類聚》一引「而」作「汝」。**雲氣不待族而雨，**

倫按：族借爲湊，同齒音也，與族借爲[illegible]同例。《説文》曰：『湊，水上人所會也。』

草木不待黄而落，日月之光，益以荒矣。

陸德明曰：『益，崔本作蓋。』章炳麟曰：『荒借爲普。《説文》：「普，日無色也。從日，並聲。」古音普如滂，荒從亡聲，音如芒，故得相借。』倫按：益、蓋形近而譌，益字義長。

而佞人之心翦翦者，《書鈔》三〇引「翦」作「剪」。

倫按：翦借爲諓，同齒音也。《儀禮·既夕禮》『緇翦』注：『今文翦作淺。』《詩·甘棠》『勿翦勿伐』，《韓詩》『翦』作『剗』。是其例證。《説文》曰：『諓，善言也。』又『戔』下引《周書》曰：『戔戔，巧言也。』則諓訓善言者，巧言也，與佞義合。

又奚足以語至道？』黄帝退，捐天下，築特室，席白茅，閒居三月，復往邀之。

倫按：成玄英疏曰：『藉白茅以絜浄閑居。』是成本『閒』作『閑』。

廣成子南首而臥。黄帝順下風，膝行而進，《書鈔》八五、《類聚》七八、《御覽》七九及三七二引『順』作『從』。

倫按：順借爲循。

再拜稽首而問，

倫按：稽借爲䭫，《説文》曰：『䭫，下首也。』後同。

曰：『聞吾子達於至道，敢問治身奈何，而可以長久？』廣成子蹶然而起，世本『蹶』作『蹷』。

倫按：《説文》曰：『蹷，蹠也。』楚人謂跳躍曰蹠，則此字當作蹷。

曰：『善哉，問乎！來，吾語汝至道。至道之精，窈窈冥冥。《意林》引「窈」作「杳」。

倫按：窈當依《意林》引作杳。《説文》曰：『杳，冥也。』杳、窈音同影紐通借。

至道之極，昏昏默默。

倫按：默借爲昒，之脂聲近。《説文》曰：『昒，尚冥也。』蓋與昏一字。詳《説文六書疏證》。

無視無聽，抱神以静，

倫按：抱借爲褱，《説文》曰：『褱，褢也。』此懷抱字。後同。

形將自正。必静必清，《類聚》七八引作「心静神清」。

倫按：静借爲竫，《説文》曰：『竫，亭安也。』動静字當作竫。後同。清借爲瀞，今通作净，並齒音也。《説文》曰：『瀞，無垢薉也。』清净字當作此。後同。

無勞汝形，無摇汝精，乃可以長生。目無所見，耳無所聞，心無所知，汝神將守形，形乃長生。慎汝内，閉汝外，多知爲敗。我爲汝遂於大明之上矣，各本「汝」作「女」，下句同。**至彼至陽之原也。爲汝入於窈冥之門矣，至彼至陰之原也。天地有官，**《御覽》一九一引「官」作「宫」。

倫按：官今作館。

陰陽有藏，慎守汝身，各本「汝」作「女」。**物將自壯。**

倫按：壯爲奘省，《説文》曰：『奘，駔大也。』

我守其一，以處其和，故我修身千二百歲矣，各本「修」作「脩」。**吾形未嘗衰。』黄帝再拜稽首，曰：『廣成子之謂天矣！』廣成子曰：『來，余語汝。**各本「汝」作「女」。**彼其物無窮，而人皆以爲有終。彼其物無測，而人皆以爲有極。**各本「無極」上有字。**得吾道者，上爲皇而下爲王。**

倫按：皇爲煌之初文，從白，王聲。白，日光也。王於金、甲文皆從火。鄭樵、黄生、吴大澂以爲盛旺字。詳《説文六書疏證》。此文『皇』『王』二字皆如字，作君人之稱解者非也。

失吾道者，上見光而下爲土。今夫百昌皆生於土而反於土，

倫按：昌借爲暘，同陽類。《説文》曰：『暘，草茂也。』或曰：《大戴禮·虞戴德篇》曰：『地事曰昌。』《語志篇》曰：『地曰作昌。』《吕氏春秋·任地篇》『菖始生』。菖者，百草先生者也。此昌字義同。

故余將去汝，各本「汝」作「女」。**入無窮之門，以遊無極之野。吾與日月參光，吾與天地爲常。當我，緍乎！**

倫按：緍借爲惛，《説文》曰：『惛，不憭也。』

遠我，昏乎！人其盡死而我獨存乎？』雲將東遊，過扶摇之枝，

陸德明曰：扶，亦作夫。

而適遭鴻蒙。鴻蒙方將拊髀爵躍而遊。各本『髀』作『脾』、『爵』作『雀』。

陸德明曰：『脾，本亦作髀。雀，本又作爵。』倫按：髀正字。《說文》曰：『髀，股外也。』雀、爵同音類，雀字是。遊字當作汓，今通作泅。拊髀雀躍，泅之狀也。

雲將見之，倘然止，

倫按：倘借爲党，《說文》曰：『党，歫也。』歫，止也。

贄然立，世本『贄』作『贄』。

倫按：贄借爲**㚻**。《說文》無贄。《書·堯典》『二生一死贄』，《史記·五帝紀》作『摯』。《禮記·郊特牲》『執贄以相見』，《釋文》：『本亦作贄。』是贄古讀若摯。摯古音端紐，**㚻**音疑紐。《詩·桑柔》與資維階爲韻，讀如尼，則爲舌音。故贄可借爲**㚻**也。《說文》曰：『**㚻**，定也。』今本作『未定也』，段玉裁謂『未』字衍，是也。詳《說文六書疏證》。《儀禮》『多言疑立』，鄭玄於《士昏禮》《鄉飲酒禮》注並曰：『疑止，立自定之貌。』疑爲**㚻**之借字。』是其例證。

曰：『叟，

陸德明曰：『叟，本又作傁。』倫按：叟借爲壽，聲同幽類。《說文》曰：『壽，久也。』或曰『長老之稱者』，字當爲叟。叟之重文作**傁**。安爲搜之初文，詳《說文六書疏證》。

何人邪？叟何爲此？』鴻蒙拊髀爵躍不輟，對雲將，曰：『遊。』雲將曰：『朕願有問

也。」

倫按：朕借爲吾，朕從灷聲，侁亦從灷聲，音以證切，屬喻紐。《爾雅・釋詁》朕陽並釋爲予。《禮・檀弓》「杜蕢洗而揚觶」，注：「《禮》『揚』作『媵』。」《燕禮》「升媵觚于賓」，注：「媵或讀爲揚。」是灷有昜音。昜音喻紐，吾音疑紐，古讀皆喉音，但分深淺耳。古書吾或借予、余爲之，予、余音亦喻紐。可證也。

鴻蒙仰而視雲將曰：「吁！」雲將曰：「天氣不和，地氣鬱結，

陸德明曰：「結，如字。崔本作綰，音結。」倫按：鬱借爲宛，音同影紐。《禮記・內則》「兔爲宛脾」，注：「宛或爲鬱。」是其例證。《說文》曰：「宛，屈艸自覆也。」後同。結，崔本作綰者，傳寫之譌。

六氣不調，四時不節。今我願合六氣之精以育羣生，爲之奈何？」鴻蒙拊髀爵躍掉頭，曰：「吾弗知，吾弗知！」雲將不得問。又三年，東遊，過有宋之野，而適遭鴻蒙。雲將大喜，行趨而進，曰：「天忘朕邪？天忘朕邪？」

馬其昶曰：「《爾疋》天及公侯同詁爲君。今人稱人曰公曰君，舉所尊者以爲敬也。稱天亦猶此矣。」

再拜稽首，願聞於鴻蒙。鴻蒙曰：「浮遊不知所求，猖狂不知所往。

倫按：猖狂疊韻連緜詞。狂爲𢗰省，《說文》曰：「𢗰，誤也。」

遊者鞅掌以觀無妄，

倫按：鞅掌亦疊韻連緜詞也。《詩·北山》『或王事鞅掌』，鞅掌乃急遽之義，今人所謂忙也。故傳以爲失容。本書《庚桑楚篇》『鞅掌之爲使』，亦連緜詞，借掌爲忘，此亦然也。

朕又何知？』雲將曰：『朕也自以爲猖狂，而民隨予所往。朕也不得已於民，今則民之放也。願聞一言。』鴻蒙曰：『亂天之經，

倫按：經借爲徑。

逆物之情，玄天弗成。解獸之羣，而鳥皆鳴。災及草木，禍及昆蟲。涵本、世本「昆」作「止」。

陸德明曰：『止，本亦作昆。崔本作正。』孫詒讓曰：『止當從崔本作正。《大戴禮·四代》「蜚征作」，《墨子·非樂》「蜚鳥貞蟲」，正、貞皆征之聲近假借字。』倫按：作昆者異文。昆借爲蚰，《説文》曰：『蚰，蟲之總名也。』讀若昆。

意，

陸德明曰：『意，音醫。本又作噫。』倫按：意借爲誒。

治人之過也。』雲將曰：『然則吾柰何？』鴻蒙曰：『意，

倫按：意借爲歖，下意心養同。

毒哉！

章炳麟曰：『毒當訓厚。凡筥、竺諸字，古音皆如毒。故身毒亦作天竺矣。』倫按：毒借爲筥，同舌音也。《説文》曰：『筥，厚也。』讀若篤。經傳即以篤爲筥。《書·微子》『天毒降災荒殷邦』，《史記·宋世家》『毒』作『篤』。是其例證。《説文》『毒』下今本亦曰『厚也』，誤。詳《説文六書疏證》。

僊僊乎歸矣。』雲將曰：『吾遇天難，願聞一言。』鴻蒙曰：『意，心養。

倫按：養借爲羕，聲同陽類。《説文》：『漾，重文作瀁。』是其例證。《説文》曰：『羕，水長也。』

汝徒處無爲而物自化，墮爾形體，吐爾聰明，

王引之曰：『吐當爲咄，咄與黜同。《大宗師篇》「墮枝體，黜聰明」，其證也。』倫按：咄借爲柮。

倫與物忘。

倫按：倫借爲惀，《説文》曰：『惀，欲知之思。』本桂馥説。今本『思』作『皃』。或借爲身，並舌音也。《説文》曰：『身，躳也。』下文『頌論形軀，合乎大同』，義與此同。

大同乎涬溟，

倫按：涬溟疊韻連緜詞也。涬借爲窒，聲同耕類。《説文》『巠』下曰：『一曰：水冥巠也。』此巠冥連文之例。又綷讀若陘，此涬可借爲窒之證。《説文》曰：『窒，空也。』或涬如字。溟借爲冥，《説文》曰：『冥，窈也。』

解心釋神，莫然無魂。

倫按：莫爲嘆、𦵏等字之省。

萬物云云，

倫按：云借爲員，音同喻紐。《史記·南越尉佗傳》『不戰而耘』，《漢書》『耘』作『殞』。《説文》：『賦，從員，云聲。』讀若鄖。並其例證。《説文》曰：『員，物數也。』

各復其根，各復其根而不知。渾渾沌沌，終身不離。若彼知之，乃是離之。無問其名，無闚其情，物固自生。』雲將曰：『天降朕以德，

倫按：降借爲贛，音同見紐。《説文》曰：『贛，賜也。』

示朕以默。

倫按：默疑借爲法，同脣音也。或借爲謐。

躬身求之，

倫按：躬借爲冬，今通作終，聲同侵類。本書《逍遥遊篇》『窮髮之北』，《列子·湯問篇》作『終髮』。《漢書·律曆志》注引孟康曰：『窮，終也。』並其例證。

乃今也得。』再拜稽首，起。辭而行。世俗之人，皆喜人之同乎己，而惡人之異於己

也。同於己而欲之，異於己而不欲者，以出乎衆爲心也。夫以出乎衆爲心者，曷常出乎衆哉？因衆以寧所聞，不如衆技衆矣。

倫按：因衆二句，疑有奪誤。

而欲爲人之國者，此攬乎三王之利而不見其患者也。

陸德明曰：『攬，本亦作覽。』倫按：覽字是。

此以人之國僥倖也，《闕誤》引江南古藏本作『以此因人之國僥倖也』。

陸德明曰：『僥，字或作儌。』朱駿聲曰：『僥借爲儌，《説文》：「儌，幸也。」』倫按：倖當作幸，《説文》曰：『幸，吉而免凶也。』

幾何僥倖而不喪人之國首？其存人之國也，世本無此句。無萬分之一。而喪人之國也，一不成而萬有餘喪矣。悲夫，有土者之不知也！夫有土者，有大物也。有大物者，不可以物。物而不物，故能物物。

俞樾曰：『當以「不可以物」絶句，「物而不物」絶句，「故能物物」絶句。』

明乎物物者之非物，豈獨治天下百姓而已哉？出入六合，遊乎九州，獨往獨來，是謂獨有。獨有之人，是謂至貴。各本『是』下有『之』字。大人之教，若形之於影，聲之於響。各本『響』作『嚮』，下『無嚮』同。

陸德明曰：『嚮，本又作響。下同。』倫按：本云『影之於形，響之於聲』。而今云然者，猶《左·昭十九年傳》曰『諺所謂室於怒市於色』也。

有問而應之，盡其所懷，爲天下配。

倫按：配借爲妃，《說文》曰：『妃，匹也。』後同。

處乎無響，

倫按：響借爲𠨍，《說文》作𠨍。卿字從此，卿即饗之初文也。

行乎無方，

倫按：方亦𠨍也。

挈汝適復之撓撓，

倫按：撓借爲䂨，古同泥紐。《說文》曰：『䂨，復也。』

以遊無端。出入無旁，

倫按：旁借爲𠨍，與方借爲𠨍同。

與日無始。頌論形軀，

倫按：論借爲身，與倫借爲身同。頌身形軀，猶形頌身軀，錯綜之辭。

合乎大同，大同而無己。無己惡乎得有有。覩有者昔之君子，覩無者天地之友。賤而不可不任者，物也。卑而不可不因者，民也。匿而不可不爲者，

倫按：匿爲暱省，《說文》曰：『暱，日近也。』或借爲縟，音同泥紐。《說文》曰：

『縟，緐采色也。』

事也。麤而不可不陳者，

倫按：麤借爲粗，或借爲伹，並齒音也。《說文》曰：『粗，疏也。』『伹，拙也。』

法也。遠而不可不居者，義也。親而不可不廣者，仁也。節而不可不積者，禮也。中而不可不高者，

倫按：中借爲得，古讀知紐歸端。《周禮·師氏》注：『故書中爲得。』是其例證。下文『成於德而不累』，得成高累，義並相對。

德也。一而不可不易者，

倫按：易借爲迻，音同喻紐。貿迻字當作貿迻，故《書》曰楙遷。是其例證。《說文》曰：『迻，遷徙也。』

道也。神而不可不爲者，天也。故聖人觀於天而不助，成於德而不累，

倫按：累當作絫，《說文》曰：『絫，增也。』篆文纍、絫義殊，真書字形不別。

出於道而不謀，

倫按：謀借爲貿，音同明紐。貿與上文『一而不可不易者』之『易』對文，又與本文『出』字對也。《說文》：『賣，出貨物也。』《說文》曰：『貿，易財也。』

會於仁而不恃，薄於義而不積，

倫按：薄借爲迫，與薄借爲泊同例。迫與上文『遠而不可不居者』之『遠』字對文。《說文》曰：『迫，近也。』

應於禮而不諱，

俞樾曰：『諱借爲違，《廣雅・釋詁》曰：「違，避也。」』倫按：《說文》曰：『違，離也。』『避，回也。』回也即違也，是違亦避也。

接於事而不辭，齊於法而不亂，恃於民而不輕，因於物而不去。物者，莫足爲也，而不可不爲。不明於天者，不純於德。

倫按：純借爲均。

不通於道者，無自而可。不明於道者，悲夫。何謂道？有天道，有人道。無爲而尊者，天道也。有爲而累者，

倫按：累爲纍省，《說文》曰：『纍，綴得理也。』此係累字。

人道也。主者，天道也。臣者，人道也。天道之與人道也，相去遠矣，不可不察也。

倫按：自『世俗之人』至此，疑非《在宥篇》文。

莊子義證弟十二　外篇天地弟十二

天地雖大，其化均也。萬物雖多，其治一也。人卒雖衆，其主君也。君原於德而成於天，故曰：玄古之君天下，無爲也，天德而已矣。以道觀言，而天下之君正。以道觀分，而君臣之義明。以道觀能，而天下之官治。以道泛觀，而萬物之應備。故通於天地者，德也。行於萬物者，道也。《闕誤》引江南古藏本作『故通於天者道也，順於地者德也，行於萬物者義也』。

王懋竑曰：『此下當脱「□□□者，義也」一句。』

上治人者，事也。能有所藝者，

倫按：藝，《説文》作埶，此借爲誼，音同疑紐。《説文》曰：『誼，人所宜也。』今通作義。故下文曰：『事兼於義。』

技也。涵本『技』作『枝』，下『技兼』同。技兼於事，事兼於義，義兼於德，德兼於道，道兼於天。故曰：古之畜天下者，無欲而天下足，無爲而萬物化，淵静而百姓定。《記》曰：『通於一而萬事畢，無心得而鬼神服。』夫子曰：

陸德明曰：此兩『夫子曰』，元嘉本皆别爲章。

『夫道，覆載萬物者也，洋洋乎大哉！

倫按：洋借爲羏，聲同陽類。或借爲汪。古書以水大爲洋者，皆汪之借。《說文》曰：『汪，深廣也。』亦同陽類。

君子不可以不刳心焉。世本「刳」作「刿」。

陸德明曰：『刳，崔本作軒。』倫按：刳借爲夻，古讀谿影皆喉音也。《說文》曰：『夻，大也。』非借爲夸者，夸爲胯本字。崔本作軒者，軒淺喉音也。

無爲爲之之謂天，無爲言之之謂德，愛人利物之謂仁，《御覽》四一九引「愛」作「義」。**不同同之之謂大，行不崖異之謂寬，**

倫按：崖借爲乖，同喉音也。《說文》曰：『菲，戾也。』

有萬不同之謂富。故執德之謂紀，

倫按：紀借爲起，《說文》曰：『起，能立也。』起立備完，相對爲詞。

德成之謂立，循於道之謂備，

陸德明曰：『循，或作脩。』倫按：脩字形近而譌。

不以物挫志之謂完。

朱駿聲曰：『完借爲院，《說文》：「院，堅也。」』倫按：挫借爲剉，《說文》曰：『剉，折傷也。』

君子明於此十者，則韜乎其事心之大也，

俞樾曰：『《禮記・郊特牲篇》鄭注曰：「事，猶立也。」《釋名》曰：「事，剚也。」「剚，立也。」』劉秀生曰：『事、吏一字，吏、立雙聲。』倫按：韜借爲滔，《説文》曰：『滔，水漫漫大皃。』事音禪紐。古讀禪歸定，故事、立並爲舌音，得通借也。

沛乎其爲萬物逝也。

陸德明曰：『逝，崔本作啓。』章炳麟曰：『啓疑哲之譌，啓哲聲亦同部。』倫按：沛借爲溥，音同滂紐。《説文》『旁』下曰：『溥也。』旁即滂之初文。而『滂』下曰：『沛也。』是沛也即溥也。《説文》曰：『溥，大也。』逝當爲哲，《説文》曰：『哲，知也。』《方言》一曰：『哲，知也。齊宋之間謂之哲。』

若然者，藏金於山，《文選・東都賦》李注引「藏」作「捐」。**藏珠於淵，**《闕誤》引張君房本「藏」作「沈」。**不利貨財，不近貴富。**《文選・東都賦》注引「近」作「尚」。

倫按：近借爲祈，或借爲訢。《説文》曰：『祈，求福也。』『訢，喜也。』

不樂壽，不哀夭，不榮通，不醜窮，

倫按：醜借爲愧。

不拘一世之利以爲己私分，

章炳麟曰：『拘與鉤同。《天運篇》「一君無所鉤用」，《釋文》云：「鉤，取也。」此拘亦訓取。』倫按：拘借爲取，聲同侯類。分字疑羨。

不以王天下爲己處。顯顯則明，

倫按：郭象以上『顯』字屬上句讀，『顯則明』爲句。范無隱以『顯則明』屬下句。吴汝綸以『顯顯則明』絶句。倫從吴讀。

萬物一府，死生同狀。』

倫按：狀借爲房，與方借爲狀同例。《説文》曰：『房，室在旁也。』

夫子曰：『夫道，淵乎其居也，

倫按：成玄英疏曰：『淵則歎其居寂以深澄，漻則歎其雖動而恒絜也。』本亦作『君』字者，蓋謂『居』字以形近『君』而譌爲『君』也。

漻乎其清也。金石不得無以鳴。故金石有聲，不考不鳴。

王念孫曰：考與攷通，《説文》：『攷，敂也。』

萬物孰能定之？

倫按：疑上有奪文。

夫王德之人，素逝而恥通於事。

章炳麟曰：『逝借爲哲。』

立之本原而知通於神。故其德廣，其心之出，有物採之。

章炳麟曰：『採當作采，謂采飾。』倫按：采飾字經傳止作采，今作彩，《説文》作彰。

故形非道不生，生非德不明。存形窮生，立德明道。非王德者邪？蕩蕩乎！

倫按：蕩借爲潒，《說文》曰：『潒，水潒瀁也。』讀若蕩。後動蕩、震蕩字同。

忽然出，

倫按：忽借爲汩，聲同脂類。《說文》曰：『汩，水流也，從水，曶聲。』今作曰聲，誤。曶，今作曶。春秋鄭昭公忽，《說文·曰部》作曶。《論語》仲忽，《漢書·古今人表》作曶。並其例證。

勃然動，

倫按：勃借爲䰯，《說文》曰：『䰯，炊聲沸也。』

而萬物從之乎？此謂王德之人。視乎冥冥，聽乎無聲。冥冥之中，獨見曉焉。無聲之中，獨聞和焉。故深之又深而能物焉，神之又神而能精焉。故其與萬物接也，至無而供其求，

陸德明曰：『供，本亦作恭。』朱駿聲曰：『供借爲龔，《說文》曰：「龔，給也。」』

時騁而要其宿。

顧炎武曰：『宿讀平聲，音羞。』倫按：《漢書·百官表》水衡都尉屬有御羞令丞，《揚雄傳》作御宿。《儀禮·特牲禮》『乃宿尸』注：『古文宿作羞。』皆其證。羞宿音並心紐。

大小長短脩遠。』

倫按：脩借爲遒，同齒音也。《説文》曰：『遒，迫也。』『迫，近也。』《淮南·原道訓》作『大小脩短各有其具』，此文似有奪誤。

黄帝遊乎赤水之北，登乎崑崙之丘而南望，還歸，遺其玄珠。使知索之而不得，使離朱索之而不得，

倫按：離朱者，雙聲連緜詞。古讀照紐歸端，故離朱並爲舌音。朱疑借爲愚，聲同侯類。本書《庚桑楚篇》『人謂我朱愚』，是其例證。

使喫詬索之而不得也。《類聚》八四引『喫』作『契』，『詬』作『溝』。《初學記》二七引『喫』作『懈』。

洪頤煊曰：『喫詬誠當作謑詬。』倫按：喫爲謑之譌也。

乃使罔象，各本『罔象』作『象罔』。

倫按：郭象注曰：『象罔然即真也。』是郭本『罔象』作『象罔』。《達生篇》『水有罔象』，則作罔象。是罔象疊韻連緜詞。罔借爲忘，《説文》曰：『忘，不識也。』

罔象得之。黄帝曰：『異哉！罔象乃可以得之乎？』堯之師曰許由，許由之師曰齧缺，齧缺之師曰王倪，王倪之師曰被衣。堯問於許由，曰：『齧缺可以配天乎？吾藉王倪以要之。』

倫按：藉借爲借，《説文》曰：『借，假也。』

許由曰：『殆哉！圾乎，

陸德明曰：『圾，本又作岌。』倫按：圾、岌《説文》並無其字，當作疲。《説文》曰：『疲，病劣也。』《列禦寇篇》同。

天下。齧缺之爲人也，聰明叡知，給數以敏，

倫按：給數借爲疌速，給、疌聲並談類。本書《徐無鬼篇》：『吴王登乎狙之山，有一狙焉，見巧乎王。王射之，敏給搏捷矢。』《淮南・説山訓》：『楚王有白猨，王自射之。則搏矢而熙。』事義相同。以之相校，則本書『捷』字，乃讀者以釋『給』字，旁注『給』下，傳寫誤入正文，又誤在『搏』下耳。《淮南・説山訓》『慶忌死，劍鋒不給搏』，《尚書大傳》『多問而齊給』，《晉語》『知羊舌職之聰敏肅給』，諸『給』字皆借爲『疌』。齊給即佽疌，肅給即速疌，並其證。《説文》曰：『疌，疾也。』

其性過人，而又乃以人受天。

倫按：乃借爲忍，古讀日歸泥也。忍，今通作能。

彼審乎禁過，而不知過之所由生。與之配天乎？彼且乘人而無天，方且本身而異形，

倫按：本借爲賁，幫紐雙聲。《詩・緜》『予曰有本走』，《釋文》：『本亦作奔。』《書・君奭》『矧咸奔走』，《釋文》：『奔，本又作本。』是其例證。《説文》曰：『賁，飾也。』異同字當作冀，形借爲行，匣紐雙聲。《列子・湯問篇》『大形王屋』，注：『形當爲行。』是其例證。

方且尊知而火馳，

孫詒讓曰：『火乃𣎆之誤，《說文》：「𣎆，分也。」𣎆馳猶舛馳。《外物篇》「火馳而不顧」，火亦𣎆之誤。』

方且爲緒使，

倫按：緒借爲諸，《說文》曰：『諸，辯也。』豁缺之辯見《齊物論》。

方且爲物絯，

王念孫曰：『《廣雅》曰：「絯，束也。」《說文》曰：「該，軍中約也。」絯、該義近。』倫按：《說文》無絯字，該即絯也。

方且四顧而物應，方且應衆宜，方且與物化，而未始有恒。

倫按：恒爲桓省，《說文》曰：『桓，竟也。』

夫何足以配天乎？雖然，有族，有祖，可以爲衆父，而不可以爲衆父父。治，

馬其昶曰：『治字絶句。』

亂之率也，

倫按：率爲達省，《說文》曰：『達，先導也。』

北面之禍也，南面之賊也。』堯觀乎華。華封人曰：『嘻，聖人！請祝聖人。』『使聖人壽。』堯曰：『辭。』『使聖人富。』堯曰：『辭。』『使聖人多男子。』堯曰：『辭。』封人曰：『壽、富、多男子，人之所欲也。女獨不欲，《治要》三七引「欲」作「用」。何邪？』堯曰：『多男子則多懼，富則多事，壽則多辱。是三者，非所以養德也，《治要》三七引「德」作「意」。故辭。』封人曰：『始也我以汝爲聖人邪？今然君子也。

倫按：嘻，《說文》作歖，猝喜也。

倫按：然讀爲乃，古讀日歸泥，故然乃雙聲。然或爲狀事之詞，則以然字絶句。

天生萬民，《治要》三七引「萬」作「烝」。必授之職。多男子而授之職，則何懼之有。富而使人分之，則何事之有。夫聖人鶉居而鷇食，《書鈔》一五引「鷇」作「鶉」，「食」作「飲」，《御覽》八及《後漢書·仲長統傳論》引「依」作「飲」，注同。鳥行而無彰。《治要》三七、《御覽》八及八〇，又四〇一引「彰」作「章」，《類聚》二〇引作「迹」。

馬其昶曰：『彰，當依《類聚》引作迹，與食韻。』倫按：《淮南·詮言訓》：『人之所指，動則有章，人之所視，行則有迹。』章與迹對文，是章亦有迹義。章蓋借爲迒也，聲同陽類。《說文》曰：『迒，獸迹也。』迒與昌閶儇鄉殃韻。《類聚》引作迹者，讀者以迹釋彰，旁注之文。歐陽詢等誤摘其注耳。

天下有道，則與物皆昌。

倫按：昌借爲藹。

天下無道，則脩德就閒。千歲厭世，《玉篇》人部引「厭」作「猒」。《初學記》一引「世」作「俗」。

倫按：厭借爲謝。

去而上僊。乘彼白雲，至於帝鄉。三患莫至，身常無殃，則何辱之有？』封人去之。堯隨之，曰：『請問。』封人曰：『退已。』《闕誤》引江南古藏本『已』作『人已』之『已』。堯治天下，伯成子高立爲諸侯。堯授舜，舜授禹，伯成子高辭爲諸侯而耕。禹往見之，則耕在野。禹趨就下風，立而問焉，曰：『昔堯治天下，吾子立爲諸侯。堯授舜，舜授予，而吾子辭爲諸侯而耕，敢問其故，何也？』子高曰：『昔堯治天下，不賞而民勸，《御覽》八〇引「民」作「人」，《後漢書・馮衍》注引「不賞」上多「至公無私」一句。不罰而民畏。今子賞罰而民且不仁，德自此衰，刑自此立，《呂氏春秋・長利篇》「刑自此立」作「利自此作」，《新序・節士篇》作「刑自此繁」。後世之亂，自此始矣。夫子闔行邪？

陸德明曰：『闔，本亦作盍。』倫按：闔借爲曷，音同匣紐。與蓋借爲曷同例。《說文》曰：『曷，何也。』《廣雅・釋詁》三曰：『盍，何也。』亦盍借爲曷之證。

無落吾事。』《後漢書・馮衍傳》注引『落』作『留』，《呂氏春秋・長利篇》作『慮』，《新序・節士篇》亦作『留』。

倫按：落借爲閣，《說文》曰：『閣，所以止扉者。』

倡倡乎耕而不顧。

朱駿聲曰：『倡借爲彶，《説文》曰：「彶，急行也。」』倫按：《儀禮·有司徹》『二手執挑匕枋以挹湆』，注：『今文挹皆爲扱。』此邑及聲通之證。

泰初有無，《御覽》一引『泰』作『太』。

倫按：《御覽》一引『太初有無』絶句，並引司馬彪注曰：『言太古之初，上下未形，所有者無。』是司馬亦以無字絶句。諭義應從司馬讀。

無有無名。一之所起，有一而未形。物得以生謂之德，未形者有分，且然無閒謂之命。

倫按：命借爲令。

留動而生物，《文選·讌曲水》詩注引『留』作『流』。

陸德明曰：『留，本或作流。』朱駿聲曰：『留借爲流。』倫按：留、流音同來紐。《詩·旄丘》『流離之子』，《釋文》：『流，本又作鶹。』《荀子·王制篇》『無有留滯』，《韓詩外傳》三作『流滯』。是其例證。

物成生理謂之形。形體保神，各有儀則謂之性。性脩反德，德至同於初。同乃虚，虚乃大。合喙鳴，喙鳴合與天地爲合。其合緡緡，

倫按：緡借爲㝠，古讀同明紐也。《説文》曰：『㝠，冥合也。』

若愚若昏，是謂玄德，同乎大順。夫子問於老聃，曰：世本『於』作『于』。**『有人治道，若相放，**

陸德明曰：『方，本亦作放。』倫按：方、放並借爲謗。《論語》『子貢方人』，《釋文》：『方，鄭本作謗。』是其例證。言有治道者，若相謗然。即一方可，一方不可。一方然，一方不然。如公孫龍論白馬曰：『馬者，所以命形也。白者，所以命色也。命色者非命形也。故白馬非馬。』又論堅白曰：『視不得其所堅，而得其所白者，無堅也。拊不得其所白，而得其所堅者，無白也。』是也。故下文出辯者云云。

可不可，然不然。辯者有言，曰：「離堅白若縣寓。」

倫按：若借爲與，聲同魚類。《儀禮・燕禮》曰：『羃用綌若錫。』《墨子・經說下》曰：『猶白若黑也。』若並是與義。本孫詒讓說。是其證。『縣寓』，即《墨子・經下》所謂『久宇』。《經下》曰：『不堅白，說在無久與宇。』依孫詒讓校。正堅白與久宇同說。《經上》曰：『久，彌異時也。』是久即宙。《尸子》曰：『往古來今曰宙。』然『宙』，《說文》訓『舟輿所極覆也』，『久』訓『從後灸之』，而實與『已』一字。詳《說文六書疏證》。久長字當作壽，壽久疊韻，壽宙則雙聲，澄、禪古讀皆歸定。而兼疊韻。此作縣者，疑借爲圜，古讀同喉音也。《穀梁・隱元年傳》『寰内諸侯』，《釋文》：『寰，音縣。』《漢書・高帝紀》顏注曰：『古書縣邑字皆作寰，以縣爲縣挂字。』是其例證。《說文》無『寰』字，『圜』下曰：

『天體也。』與舟輿所極覆者義亦合，則寰宇即宙宇。古或以天表時，故曰天時。因以宙爲往古來今之稱。又或縣爲緜字，形近而譌。《説文》曰：『緜，聯微也。』本書《庚桑楚篇》『有長而無本剽者，宙也』，或《莊子》以聯微表時。

若是，則可謂聖人乎？』老聃曰：『是胥易技係、勞形怵心者也。

成玄英曰：『技，本或作枝。』

執狸之狗成思，各本「狸」作「留」。**猿狙之便，自山林來。**

陸德明曰：『留，本又作貍。一本作狸。』成玄英曰：『狸，有本作貍者，竹鼠也。』是成本作狸。孫詒讓曰：『思疑累之誤。成累謂見繫累也。』倫按：留借爲鼬，狸借字，音同來紐。

丘，予告若，而所不能聞與而所不能言。凡有首有趾無心無耳者，衆有形者與無形無狀而皆存者盡無。

倫按：郭象、成玄英以『衆』字屬上讀。陸樹芝、馬其昶屬下讀。倫從陸讀。

其動止也，其死生也，其廢起也，此又非其所以也。有治在人，忘乎物，忘乎天，其名爲忘己。忘己之人，是之謂入於天。』將閭葂見季徹，

陸德明曰：『將，一本作蔣。葂，字亦作莬。』倫按：季徹疑即本書《則陽篇》之季真，古讀照紐歸端、徹紐歸透，皆舌音也。

曰：『魯君謂葂也，曰：「請受教。」辭，不獲命。既已告矣，未知中否，請嘗薦之。

倫按：薦借爲巽，同齒音也。《説文》曰：『巽，具也。』

吾謂魯君曰：「必服恭儉，拔出公忠之屬，而無阿私，民孰敢不輯？」』

倫按：輯借爲㑹，聲同談類。《説文》：『咠，聶語也。』『聶，附耳小語也。』是聶、咠一字，其證也。《説文》曰：『㑹，心伏也。』

季徹局局然笑，涵本『局』作『侷』。

倫按：局借爲噱，同群紐音也。《説文》曰：『噱，大笑也。』

曰：『若夫子之言，於帝王之德，猶螳蜋之怒臂以當車軼，

倫按：怒讀爲努，軼當爲徹。

則必不勝任矣。且若是，則其自爲處危，涵本『處』作『遽』。

陸德明曰：『遽，本又作處。』倫按：遽字形近而誤，處字是。

其觀臺多，物將往投迹者衆。』

倫按：郭象讀『臺』字、『往』字、『衆』字絶句，非。馬其昶以『危』字、『多』字、『衆』字絶句。倫從馬讀。

蔣閭葂覤覤然驚，

朱駿聲曰：『覤爲虩誤。《説文》曰：「《易》：履虎尾，虩虩恐懼。」』

曰：『葂也汒若於夫子之所言矣。

陸德明曰：『汒，本或作芒。』劉秀生曰：『若猶然也。詳《經傳釋詞》。《秋水篇》「今吾聞莊子之言，汒焉異之」，「焉」亦猶「然」也。「若」「焉」「然」古音同泥紐。』倫按：汒借爲懜，《説文》曰：『懜，不明也。』

雖然，願先生之言其風也。』崇本無『先』字。

俞樾曰：『風當讀爲凡，猶云言其大凡也。』

季徹曰：『大聖之治天下也，摇蕩民心，

倫按：摇蕩雙聲連緜詞。摇當讀託侯切，字借爲愉。

使之成教易俗，舉滅其賊心，而皆進其獨志，若性之自爲，而民不知其所由然。若然者，豈兄堯舜之教民，

陸德明曰：『兄，元嘉本作足。』孫詒讓曰：『兄當讀爲況，古況字多作兄。《詩·小雅·桑柔篇》「倉兄填兮」，《釋文》：「兄，本亦作況。」是其證。』倫按：元嘉本作足者，形近而譌。

溟涬然弟之哉？

倫按：溟涬疊韻連緜詞，溟借爲嫇。《説文》曰：『嫇，嬰嫇也。』《字林》：『嫈嫇，心態也。』朱駿聲曰：『心態當作小心態。』其説是。《説文》曰：『嫈，小心態也。』然則涬亦婺之借矣。幸、婺古讀同喉音也。弟爲鬏省，借爲薙。《周禮》『薙氏』，後鄭讀如鬏小兒頭之鬏，《説文》雉之古文作雉，並其證也。

欲同乎德而心居矣。』

倫按：居疑借爲怡，古音居與姬同。《禮記・檀弓篇》『何居』注：『居讀爲姬姓之姬。』《列子・黄帝篇》『姬將告汝』注：『姬，居也。』是其證。《漢書・文帝紀》『母曰薄姬』，如淳曰：『姬，音怡。』則居音亦同怡矣。《説文》曰：『怡，和也。』

子貢南遊於楚，反於晉，過漢陰，見一丈人，《六帖》一〇引『人』作『夫』。**方將爲圃畦，**《類聚》六五、《御覽》八二四引『圃』作『園』。**鑿隧而入井，抱甕而出灌，**

陸德明曰：『甕，字亦作瓮。』

搰搰然用力甚多，

王念孫曰：『《廣雅・釋詁》：「勖，勤也。」《衆經音義》一引《埤倉》云：「勖，用力也。」』倫按：《説文》無『勖』字，『勖』蓋『勔』之别體。《説文》曰：『勔，尤劇也。』古音搰、勔同淺喉。

而見功寡。子貢曰：『有械於此，《闕誤》引張君房本「有」下有「機」字。**一日浸百畦，用力甚寡，而見功多，夫子不欲乎？』爲圃者仰而視之，**各本『仰』作『卬』。

陸德明曰：『卬，本亦作仰。』倫按：卬即爲仰之初文。詳《説文六書疏證》。

曰：『柰何？』曰：『鑿木爲機，後重前輕，挈水若抽，《御覽》七六五引「抽」作「流」。

陸德明曰：『抽，司馬、崔作流。』倫按：抽借爲流，與䨱借爲流同例。

數如泆湯，

陸德明曰：『泆，本或作溢。司馬本作佚蕩。』倫按：數借爲速。湯借爲潒，與蕩借爲潒同例。

其名爲槔。』『槔』原作『桔』，今正。《六帖》一〇，又一一，《御覽》七六五引『爲槔』作『桔槔』。《文選》江文通《古別離》詩注作『名曰桔槔』，《闕誤》引張君房本『爲』作『桔』。

陸德明曰：『槔，本亦作橋，或作皋。』宋翔鳳曰：『桔槔合言爲橋，當作橋。』

爲圃者忿然作色而笑，曰：『吾聞之吾師，有機械者，必有機事。有機事者，必有機心。機心存於胸中，崇本無「存」上「心」字。則純白不備。純白不備，則神生不定。神生不定者，道之所不載也。吾非不知，羞而不爲也。』

倫按：羞借爲醜，聲同幽類。《説文》曰：『醜，可惡也。』後隨文別之。

子貢瞞然慙，

陸德明曰：『瞞，李：天典反，慙貌。司馬本作憮，崔本作撫。』倫按：瞞借爲怏，聲同真類。《説文》曰：『怏，青徐謂慙曰怏。』憮、撫皆形近而譌。或瞞、憮皆脣音，又借爲瞞也。

俯而不對。有閒，爲圃者曰：『子奚爲者邪？』曰：『孔丘之徒也。』爲圃者曰：『子非夫博學以擬聖，

倫按：博借爲溥，博爲阡陌之陌異文。博大字當作溥。《説文》曰：『溥，大也。』後同。

於于以蓋衆，

陸德明曰：『於于，本或作唹吁。蓋，司馬本作善。』馬其昶曰：『於于當從《淮南·俶真訓》作華誣。』倫按：於于借爲誇譌，故《淮南》作華誣。《説文》『雩』之重文作『荂』。是其證，古讀曉、谿兩紐皆淺喉音也。于譌相通者，譌從爲聲，于爲雙聲也。《淮南》作誣者，于誣聲同魚類。《説文》曰：『誇，譀也。』『譌，譌言也。』蓋，《淮南》作脅。脅、盍聲同談類，並借爲劫，與『劫篋』《史記》作『揩篋』同例。司馬本作『善』，『蓋』字之譌。《荀子·非相篇》『功名善於後世』，俞樾謂『善』乃『蓋』之譌。是其例證。或曰：《墨子·非儒篇》『孔某盛容脩飾以蠱世，弦歌鼓舞以聚徒』，義與此同。此『蓋』或『蠱』之譌。

獨弦哀歌以賣名聲於天下者乎？

倫按：賣當爲𧶠，形近而譌。

汝方將忘汝神氣，墮汝形骸，而庶幾乎？而身之不能治，而何暇治天下乎？子往矣，

無乏吾事。』

王念孫曰：『乏與覂聲近義同。《廣雅》曰：「覂，棄也，謂敗棄之也。」』朱駿聲曰：『乏當作覂，《説文》曰：「覂，覆也。」』

子貢卑陬失色，

章炳麟曰：『卑陬即顰蹙。《説文》曰：「顰從卑聲。」陬即趣之借，趣、蹙聲義近。』倫按：《易》『頻復』，鄭本頻作卑。是以卑爲顰之證。顰者，《説文》曰：『涉水顰蹙也。』然《説文》無『蹙』字，『蹴』即『蹙』也。蹴，《説文》曰：『躡也。』顰蹙之蹙當爲㰗，《説文》曰：『㰗，愁然也。』陬借爲㰗者，侯、幽聲近通借。

頊頊然不自得，

陸德明曰：『頊，本又作旭。』倫按：頊字是。《説文》曰：『頊，頭頊頊，謹也。』本作旭者，旭讀若好，古玉好侯幽聲近。《書·洪範篇》『惟辟玉食』，馬融注：『玉食，美食。』《説文》曰：『好，美也。』是玉借爲好也。

行三十里而後愈。其弟子曰：『向之人何爲者邪？

陸德明曰：『向，本又作鄉。』

夫子何故見之變容失色，終日不自反邪？』曰：『始吾以爲天下一人耳，不知復有夫人也。吾聞之夫子，事求可，功求成，用力少見功多者，聖人之道。今徒不然。

王引之曰：『徒猶乃也。』倫按：徒、乃皆舌音。

執道者德全，德全者形全，形全者神全。神全者，聖人之道也。託生與民並行，而不知其所之，汒乎淳備哉！

倫按：汒疑借爲忘，淳借爲惷，古讀禪歸定，讀徹歸透，同舌音也。《説文》曰：『惷，愚也。』

功利機巧必忘夫人之心。

陸德明曰：『心，或作道。』倫按：『道』字涉上文『聖人之道』而譌。

若夫人者，非其志不之，非其心不爲。雖以天下譽之，得其所謂，謷然不顧。

陸德明曰：『謷，司馬本作謷。』倫按：《説文》曰：『謷，不省人言也。』警字譌。

以天下非之，失其所謂，儻然不受。

陸德明曰：『儻，本亦作黨，司馬本作傥。』倫按：儻疑借爲党，《説文》曰：『党，歫也。』

天下之非譽無益損焉，是謂全德之人哉。我之謂風波之民。』反於魯，以告孔子。孔子曰：『彼假脩渾沌氏之術者也。

倫按：假借爲家，與《德充符篇》『奚假魯國』之『假』同。或借爲『嘏』，《方言》一曰：『大，宋魯陳衛之間謂之嘏。』《説文》曰：『嘏，大遠也。』術借爲説，古皆舌音也。

《漢書・埶文志》曰："『是以九家之説。』説，一本作術。《詩・定之方中》釋文引《鄭志》曰："『説或曰述。』《論語》『述而不作』，即説而不作也。並其例證。《説文》曰："『説，釋也。』《天下篇》方術、道術同。

識其一，不知其二。治其内，而不治其外。《文選・長楊賦》李注引「治」作「知」。**夫明白入素，無爲復朴，體性抱神，以遊世俗之間者，汝將固驚邪？**

倫按："將固猶固將，邪讀爲也。

且渾沌氏之術，予與汝何足以識之哉？』諄芒將東之大壑，

陸德明曰："『芒，本作汒。』朱駿聲曰："『諄借爲惷。』倫按："古讀照歸端，讀徹歸透，並舌音也。芒借爲忘。

適遇苑風於東海之濱。

陸德明曰："『苑，本亦作宛。』

苑風曰："『子將奚之？』曰："『將之大壑。』曰："『奚爲焉？』曰："『夫大壑之爲物也，注焉而不滿，酌焉而不竭，《類聚》九引「酌」作「取」。

陸德明曰："『酌，本作取。』

吾將遊焉。』苑風曰："『夫子無意于横目之民乎？願聞聖治。』

陸德明曰："『聞，本或依司馬本作問。下同。』

諄芒曰：『聖治乎？官施而不失其宜，

倫按：《荀子·王制篇》：『五疾，上收而養之，材而事之。官施而衣食，兼覆無遺。』《王霸篇》：『任德使能，而官施之。』是官施古多連文。《荀子》『官施』皆館舍之義也，此亦然。官爲館之初文。施舍審紐雙聲。《説文》曰：『館，客舍也。市居曰舍。』

拔舉而不失其能，畢見其情事而行其所爲，行言自爲，而天下化。手撓顧指，

陸德明曰：『顧，本作頋。』成玄英曰：『顧，本有作頋者。』倫按：撓借爲招。顧當從一本作頋。手招頋指，相對爲文。顧者，《説文》曰：『還視也。』義雖得通，頋字爲安。

四方之民，莫不俱至。此之謂聖治。』『願聞德人。』曰：『德人者，居無思，行無慮，不藏是非美惡。

倫按：惡當爲亞，陸德明音烏路反，失之。後美惡字同。

四海之内，共利之之爲悦，各本「爲」作「謂」。**共給之之爲安。**

王引之曰：『爲猶謂也。』

怊乎若嬰兒之失其母也，

倫按：怊字《説文》所無，蓋借爲惆，同舌音也。《荀子·君道篇》『倜然乃舉太公於州人而用之』，《韓詩外傳》四『倜』作『超』。是其例證。《説文》曰：『惆，失意也。』

儻乎若行而失其道也。

陸德明曰：『儻，司馬本作儻。』倫按：儻借爲悵，聲同陽類。《説文》曰：『悵，望恨也。』

財用有餘，而不知其所自來。飲食取足，而不知其所從。此謂德人之容。

陸德明曰：『容，或云依注當作客。』倫按：客字不可通。郭象注曰：『德者，神人之迹也，故曰容。』以其爲迹，故謂之容，亦不作客。

『願聞神人。』曰：『上神乘光，與形滅亡，此謂照曠。

倫按：與爲舉之初文，詳《説文六書疏證》。此讀爲舉。

王懋竑曰：『照，疑當作昭。』《文選》謝靈運《富春渚詩》注引「照」作「昭」。

致命盡情，天地樂而萬事銷亡，

倫按：樂爲鑠省，《説文》曰：『鑠，銷金也。』

萬物復情，此之謂混冥。』

倫按：混借爲淳，聲同真類。冥與芒同脣音，混冥即淳忘。忘與亡曠亡韻。

門無鬼與赤張滿稽觀於武王之師。

陸德明曰：『鬼，司馬本作畏。滿，本或作蒲。』倫按：鬼、畏一字。滿、蒲形近而譌，未知誰是。

赤張滿稽曰：『不及有虞氏乎？故離此患也。』

倫按：離借爲羅，音同來紐。《詩·兔爰》『雉離於罦』，《漢書注》引作『雉罹於罦』。《説文》無罹字。《書·湯誥》『罹其凶害』，《釋文》：『罹，本亦作羅。』蓋罹即羅字。是其證也。《説文》曰：『羅，以絲罟鳥也。』

門無鬼曰：『天下均治，而有虞氏治之邪？其亂而後治之與？』

陸德明曰：『與，本又作邪。』倫按：與、邪聲同魚類，邪借爲歟。

赤張滿稽曰：『天下均治之爲願，而何計以有虞氏爲！有虞氏之藥瘍也，

倫按：藥借爲爍，《説文》曰：『爍，治也。』療，或從尞。

秃而施髢，

倫按：秃借爲鬌，今《説文》『秃』下曰『無髪也』，非許文，詳《説文六書疏證》。古讀澄歸定，透定皆舌音也。《説文》曰：『鬌，髪墮也。』施借爲髲，與施借爲貤同。《説文》曰：『髲，益髪也。』

病而求醫。孝子操藥以脩慈父，

孫詒讓曰：『脩借爲羞。《鄉飲酒飲禮》「乃羞爵無算」，《鄉飲酒》作「脩」，是其例。《釋詁》：「羞，進也。」』倫按：脩羞心紐雙聲，《説文》曰：『羞，進獻也。』

其色燋然，

倫按：燋借爲醮。

聖人羞之。《闕誤》引張君房本作「聖人所羞也」。**至德之世，不尚賢，不使能；上如標枝，**涵本「枝」作「校」。

陸德明曰：『校，一本作枝。』倫按：標校雖疊韻，作枝是。

民如野鹿；端正而不知以爲義，

倫按：端借爲褍，《説文》曰：『褍，衣正幅也。』

相愛而不知以爲仁，實而不知以爲忠，當而不知以爲信，蠢動而相使，不以爲賜。

倫按：賜借爲敭，《説文》曰：『敭，侮也。』

是故行而無迹，「無」，原作「爲」，依各本改。**事而無傳。』孝子不諛其親，忠臣不諂其君**『諂』，原作『謟』，今正，後同。**臣子之盛也。親之所言而然，所行而善，則世俗謂之不肖子。君之所言而然，所行而善，則世俗謂之不肖臣。而未知此其必然邪？世俗之所謂然而然之，所謂善而善之，則不謂之導諛之人也。**各本『導』作『道』，下同。

王念孫曰：『道人即諂人。《荀子・不苟篇》「非諂諛也」，《賈子・先醒篇》「君好諂諛而惡至言」，《韓詩外傳》並作「道諛」。諂與道聲之轉。』倫按：道、諂皆舌音。《説文》曰：『諂，諛也。』

然則俗故嚴於親而尊於君邪？

吴汝綸曰：故讀爲固。

謂己導人，則勃然作色；

倫按：勃借爲怫，並紐雙聲。《説文》曰：『怫，恨怒也。』

謂己諛人，

陸德明曰：『諛，本又作衆。』倫按：『衆』字涉下文『而不自謂衆人』而譌。

則怫然作色。而終身導人也，終身諛人也，合譬飾辭聚衆也，

成玄英曰：『譬，本有作璧字者。』倫按：譬字是。

是終始本末不相坐。《闕誤》引張君房本『坐』下有『罪』字。

倫按：垂當作㸒，《説文》曰：『㸒，艸木華葉㸒。』後同。

設采色，動容貌，以媚一世，而不自謂導諛，與夫人之爲徒，通是非而不自謂衆人，愚之至也。知其愚者，非大愚也。知其惑者，非大惑也。大惑者，終身不解。大愚者，終身不靈。

三人行而一人惑，所適者猶可致也，惑者少也。二人惑，則勞而不至，惑者勝也。而今也以天下惑予，雖有所嚮，

陸德明曰：『不，本又作無。』

章炳麟曰：『《詩・大雅》傳：「祈，報也。」《釋詁》：「祈，告也。」《釋言》：「祈，叫也。」嚮即今鄉導字。凡嚮導主呼路徑以報告人，故謂之祈嚮。《左·昭二十年傳》曰：「海之鹽蜃，祈望守之。」祈望即祈嚮。』倫按：祈疑借爲旂，《説文》曰：『旂，旗有衆鈴以令衆也。』

不可得也。不亦悲乎！大聲不入於里耳，折揚皇華，各本『華』作『荂』。

陸德明曰：『荂，本又作華。司馬本作里華。』倫按：折揚、皇華未詳。《水經·穀水》注引《搜神記》：太康末，京洛始爲折揚之歌。其名蓋偶同此。荂即雩之重文。華，從艸，雩聲。皇、里形近。

則嗑然而笑。

陸德明曰：『嗑，本又作嗌。司馬本作榼。』倫按：嗑借爲凵，皆淺喉音。《説文》曰：『凵，張口也。』嗑、嗌形聲並近，故本又作嗌。

是故高言不止於衆人之心，涵本『止』作『上』。**至言不出，俗言勝也。以二垂踵惑而所適不得矣。**各本『垂』作『缶』。

陸德明曰：『缶，應作垂。鍾，應作踵。司馬本作二垂鍾。』馬其昶曰：『《説文》曰：「垂，邊也。」二垂者，歧路也，王仲宣詩所謂「路垂」者也。』倫按：垂字是。《周禮·掌節》注：『如今郵行有程矣。』《釋文》郵字從垂，作郵誤。《禮記·王制》『郵罰麗於事』，《釋文》：『郵，俗作郵。』日本抄本《玉篇》引本書《人間世篇》『缺銜毀首』，『缺』字作

『鉠』。此『垂』誤爲『缶』之證。鍾借爲緟，《説文》曰：『緟，增益也。』

而今也以天下惑予，雖有祈嚮，其庸可得邪？知其不可得也而强之，又一惑也，故莫若釋之而不推。不推，誰其比憂。

陸德明曰：『比，司馬作鼻。』倫按：鼻借爲比，同脣音也。比爲庇省，《方言》曰：『寄，宋衛之間曰庇。』

厲之人，

倫按：厲爲癘省。

夜半生其子，崇本無『其』字。**遽取火而視之，**

陸德明曰：『遽，本又作蘧。』倫按：遽借爲急，同淺喉音也。《説文》曰：『急，辮也。』今本作『褊也』，『褊』借爲『辮』。

汲汲然唯恐其似己也。

倫按：汲借爲彶，《説文》曰：『彶，急行也。』

百年之木，破爲犧樽，青黄而文之，其斷在溝中。《御覽》七六一引『其』下有『一』字。

陸德明曰：『斷，本或作故。』倫按：成玄英疏曰：『其一斷，棄之溝瀆。』是成本『斷』上有『一』字。《淮南·俶真訓》亦有『一』字，當据補。斷本或作故者，異文。

比犧樽於溝中之斷，則美惡有間矣，其於失性一也。跖與曾史行義有間矣，《御覽》七六一引『跖』上有『桀』字。

劉師培曰：「『跖』上奪『桀』字。成玄英疏曰：『桀跖之縱凶殘。』則成本亦作『桀跖』。《在宥篇》正桀跖與曾史連詞。」

然其失性均也。且夫失性有五：一曰五色亂目，使目不明；二曰五聲亂耳，使耳不聰；三曰五臭薰鼻，《輔行記》四之三引『薰』作『亂』。**困惾中顙；**《輔行記》四之三引『困惾』作『因悛』。世本『惾』作『惾』。

陸德明曰：『困，本或作悃。』倫按：困惾借爲癰腫。困借爲癰者，古讀谿紐深喉也。惾借爲腫者，凶、重聲皆東類也。《説文》曰：『癰，腫也。』今杭縣語鼻齆窒者謂之瓮鼻子，癰腫之合音也。

四曰五味濁口，《輔行記》四之三引『濁』作『噣』。

陸德明曰：『濁，本又作噣。』倫按：濁借爲觸，《説文》曰：『觸，牴也。』

使口厲爽；

倫按：厲疑借爲刺，與厲借爲嬾同例。《説文》曰：『刺，戾也。』爽借爲創，古讀穿審皆歸透也。《周書・謚法篇》、《廣雅・釋詁》並曰：『爽，傷也。』《説文》曰：『創，傷也。』是借爽爲創也。

五曰趣舍滑心，

陸德明曰：『滑，本亦作噣。』倫按：舍爲捨省。滑借爲歠，《説文》曰：『歠，咽中息不利也。』本亦作噣者，則異文。亦借爲觸也。

使性飛揚。此五者，皆生之害也。而楊墨乃始離跂自以爲得，非吾所謂得也。夫得者困，可以爲得乎？則鳩鴞之在於籠也，亦可以爲得矣。且夫趣舍聲色以柴其内，

倫按：下文『内支盈於柴柵』，劉師培謂柴與棧同，是也。《説文》曰：『棧，棚也。』柴、棧牀紐雙聲。《公羊傳》『亡國之社掩其上而柴其下』，《周禮》『喪祝』注引作棧。是其例證。此柴字亦借爲棧。

皮弁鷸冠，搢笏紳脩，以約其外，

陸德明曰：『鷸，本又作䴏。』郭慶藩曰：『《禮記》「知天文者冠鷸」，《匡謬正俗》曰：「案鷸，水鳥，天將雨即鳴。古人以其知天時，乃爲象此鳥之形，使掌天文者冠之。」鷸音聿，亦有術音，故《禮》之衣服圖及蔡邕《獨斷》謂爲術氏冠。亦音鷸，音轉爲術耳。此《釋文》鷸又作䴏。案《漢書・輿服志》引《禮記》曰「知天者冠述」，《説苑・修文篇》作「冠鉥」，蓋因鷸有述，故或作䴏，或作述，或作鉥耳。』倫按：矞、述聲同脂類。紳脩當作脩紳，與搢笏封文。脩借爲羞。

内支盈於柴柵，外重纆繳，睆睆然在纆繳之中，《古佚叢書》本《玉篇》引『睆』作『綰』。

倫按：睆借爲繯，古讀同喉音也。《説文》『繯』下曰：『一曰綰也。』『綰』下曰：『一曰絹也。』絹爲繯之借。蓋『繯』下『一曰綰也』，當在『繯』下。古以綰爲繯，以繯爲綰，因其聲通耳。是其例證。《説文》曰：『繯，落也。』

而自以爲得，則是罪人交臂歷指，

倫按：歷爲櫪省，《説文》曰：『櫪櫯，柙指也。』

而虎豹在於囊檻，

倫按：囊不可以養虎豹，蓋本是帣字。《説文》曰：『帣，囊也。』校者注囊字以釋之，傳寫譌爲囊耳。帣借爲圈，《淮南・主術訓》『故夫養虎豹犀象者爲之圈檻』，是其例證。《説文》曰：『圈，獸之閑也。』今本作『養畜之閑也』，譌。

亦可以爲得矣。

莊子義證弟十三　外篇天道弟十三

天道運而無所積，故萬物成。帝道運而無所積，故天下歸。聖道運而無所積，故海内服。明於天，通於聖，六通四辟於帝王之德者，其自爲也，

倫按：辟爲闢省，《説文》曰：『闢，閉也。』後隨文别之。

其自爲也，《闕誤》引張君房本『自』下無『爲』字。**昧然無不静者矣。**

陸德明曰：『眛，音妹。』倫按：昧眛均借爲寐，《説文》曰：『寐，卧也。』

聖人之静也，非曰静也。善，故静也。萬物無足以鐃心者，《御覽》七六引『鐃』作『撓』。

王念孫曰：『鐃借爲撓，《説文》：「擾也。」』倫按：成玄英疏曰：『是以參變同塵而無喧撓。』是成本作『撓』。

故静也。水静，則明燭鬚眉，平中準。各本『準』作『准』。**大匠取法焉。水静猶明，而況精神？聖人之心静乎。**《御覽》五八引無『精神』二字。

王懋竑曰：『「精神」二字疑衍。』

天地之鑑也，涵本、世本『鑑』作『鑒』。**萬物之鏡也。夫虚静恬淡寂漠無爲者，天地之平，**

倫按：平，《刻意篇》作本，今本誤作平。當從之。下文曰：『夫虚静恬淡寂漠無爲者，萬物之本也。』是其證。平、本形聲相近而譌。

而道德之至，《文選·勵志詩》注引『至』作『萬』。《闕誤》引張君房本『至』下有『也』字。

郭慶藩曰：『《刻意篇》作「道德之質」，「至」與「質」同。至，實也。《禮·雜記》「使某實」，注：「實當爲至。」《史記·蘇秦傳》：「趙得講於魏，至公子延。」《索隱》曰：「至當爲質。」《漢書·東方朔傳》「非至數也」，師古曰：「至，實也。」』倫按：至、質並借爲實，同爲舌音也。《文選注》引作『篤』者，篤音亦端紐也。《說文》曰：『實，富也。』

故帝王聖人休焉。休則虛，虛則實，實者倫矣。《闕誤》引江南古藏本『倫』作『備』。

倫按：者讀爲則，音同照紐。倫，當依江南古藏本作備。

虛則靜，靜則動，動則得矣。《文選》江淹《雜體詩》注引『則』作『者』。**靜則無爲，無爲也則任事者責矣。無爲則俞俞，**

朱駿聲曰：『俞借爲愉。』俞樾曰：『《儀禮·聘禮記》「私覿愉愉焉」，《釋文》作俞俞。是俞借爲愉之證。』

俞俞者，憂患不能處，年壽長矣。夫虛靜恬淡寂漠無爲者，萬物之本也。明此以南鄉，

陸德明曰：『鄉，本亦作嚮。』

堯之爲君也。明此以北面，舜之爲臣也。以此處上，帝王天子之德也。以此處下，玄聖素王之道也。以此退居而閒遊江海，山林之士服。以此進爲而撫世，則功大名顯，而天

下一也。靜而聖，動而王，無爲也而尊，樸素而天下莫能與之爭美。夫明白於天地之德者，此之謂大本大宗，與天和者也。所以均調天下，與人和者也。與人和者，謂之人樂。與天和者，謂之天樂。莊子曰：『吾師乎，吾師乎。**𩐁**萬物而不爲戾，世本「𩐁」作「䪡」。澤及萬世而不爲仁，長於上古而不爲壽，覆載天地，刻彫衆形，而不爲巧，此之謂天樂。故曰：「知天樂者，其生也天行，其死也物化。靜而與陰同德，動而與陽同波。」故知天樂者，無天怨無人非，無物累無鬼責。故曰：「其動也天，其靜也地，一心定而王天下。其鬼不祟，

王懋竑曰：『鬼當爲魄。』倫按：祟借爲疶，《説文》曰：『疶，病也。』後同。

其魂不疲，一心定而萬物服。」言以虚靜推於天地，通於萬物，此之謂天樂。天樂者，聖人之心以畜天下也。』夫帝王之德，以天地爲宗，世本『地』作『下』。以道德爲主，以無爲爲常。無爲也，則用天下而有餘。有爲也，則爲天下用而不足。故古之人貴夫無爲也。上無爲也，下亦無爲也，是下與上同德。下與上同德，則不臣。下有爲也，上亦有爲也，是上與下同道。上與下同道，則不主。上必無爲而用天下，下必有爲爲天下用，此不易之道也。故古之王天下者，知雖落天地，《書鈔》一引『落』作『洛』，《御覽》四六四引作『絡』。

倫按：落借爲籠，來紐雙聲。《説文》曰：『籠，兼有也。』讀若籠。此今用籠罩、籠絡之本字。籠絡者，雙聲連緜詞也。《秋水篇》『落馬首』同。

不自慮也。辯雖彫萬物，《治要》三七、《御覽》四六四引作『雕』。

章炳麟曰：「彫借爲周。《易》曰：『知周乎萬物。』魏徵《群書治要序》曰：『雖辯周萬物。』是唐人尚知彫即周字。」倫按：《治要》引彫作雕。《公羊·襄十五年經》『晉侯周卒』，《釋文》：『周，一本作雕。』是其例證。

不自說也。能雖窮海内，不自爲也。天不產而萬物化，地不長而萬物育，帝王無爲而天下功成。 各本無『成』字，《治要》三七引同此。

倫按：各本無『成』字。郭象注曰：『功自彼成。』王念孫曰：『如郭注，則「功」下須加「成」字，而其義始明。』不知功即成也，言無爲而天下成也。《爾雅》曰：『功，成也。』《大戴禮·盛德篇》曰：『能成德法者爲有功。』《周官·槀人》：『乃入功於司弓矢及繕人。』鄭注曰：『功，成也。』《荀子·富國篇》曰：『百姓之力，待之而後功。』謂待之而後成也。萬物化，萬物育，天下功，相對爲文。是功爲成也。

故曰：莫神於天，莫富於地，莫大於帝王。故曰：帝王之德配天地。此乘天地，馳萬物，而用人群之道也。 世本無『此』字。 **本在於上，末在於下。要在於主，**

倫按：《要略》字當作覈，此借字，聲同宵類。《說文》曰：『覈，考事實也。』

詳在於臣。三軍五兵之運，德之末也。賞罰利害，五刑之辟，教之末也。禮法度數形名比詳，《治要》三七、《御覽》六三六引『形』作『刑』，《闕誤》引張君房本亦作『刑』，下同。

倫按：成玄英疏曰：『數者，計算。度，尺丈。』是成本『度數』作『數度』。比疑借爲詖，同脣音也。《説文》曰：『詖，辯論也。』

治之末也。鐘鼓之音，羽旄之容，樂之末也。哭泣衰絰，

倫按：衰爲縗省，《説文》曰：『縗服，衣長六寸，博四寸，直心。』

隆殺之服，《治要》三七引『隆』作『降』。

倫按：殺借爲差，古讀皆齒音。《禮記・文王世子篇》『親親之殺也』，注：『殺，差也。』即借殺爲差也。《説文》曰：『差，不相值也。』後隨文別之。

哀之末也。此五末者，須精神之運，心術之動，然後從之者也。《治要》三七引無『從』下『之』字。**末學者，古人有之，**《治要》三七引『古』下有『之』字。**而非所以先也。君先而臣從，父先而子從，兄先而弟從，長先而少從，男先而女從，夫先而婦從。**《治要》三七引無『父先』『兄先』『夫先』三句。**夫尊卑先後，天地之行也，故聖人取象焉。天尊地卑，神明之位也。春夏先，秋冬後，**《治要》三七引無『先後』二字。**四時之序也。**

倫按：序借爲敍，音同邪紐。《書・舜典》『百官時敍』，《史記・五帝紀》『敍』作『序』。《易・文言》『與四時合其序』，《論衡・感應篇》『序』作『敍』。並其例證。《説文》曰：『敍，次弟也。』後次序字同。

萬物化作，萌區有狀。《治要》三七引無此句。《御覽》一九引『狀』作『壯』。

顧炎武曰：『萌區，即《禮記・樂記篇》之區萌。《月令》：「句者畢出，芒者盡達。」

古讀句若拘，萌即芒也。』倫按：《說文》曰：『區，踦區，藏匿也。』區謂草木之在地中者，故曰句者畢出也。區之作句，猶歐之爲欨矣。萌爲民之後起字。《說文》『民』之古文作『[篆]』，象屮萌芽句曲之形。詳《說文六書疏證》。芒與氓一字，皆民之別體。萌芽句曲，故曰芒者盡達也。

盛衰之殺，變化之流也。夫天地至神，《闕誤》引張君房本『神』下有『矣』字。**而有尊卑先後之序，而況人道乎？宗庿尚親，**『庿』各本作『廟』。**朝廷尚尊，**

倫按：朝廷即廟廷，朝爲廟省。

鄉黨尚齒，

倫按：黨借爲鄁，《說文》曰：『鄁，地名。』《玉篇》以爲鄉黨字。

行事尚賢，大道之序也。語道而非其序者，非其道也。語道而非其道者，安取道？《闕誤》引張君房本『道』下有『哉』字。**是故古之明大道者，先明天而道德次之，道德已明而仁義次之，仁義已明而分守次之，分守已明而形名次之，形名已明而因任次之，因任已明而原省次之，**

俞樾曰：『省之言察也，「原」與「省」同義。《晏子春秋·問下篇》「春省耕而補不足，謂之遊」，《管子·戒篇》作「春出原農事之本，謂之遊」。是「原」「省」義同也。』倫按：原借爲[篆]，《說文》曰：『[篆]，事有不善言[篆]也，从[篆]，京聲。』京音見紐，原音疑紐，同淺喉音也。《國語・晉語》『趙文子與叔向遊於九京』，《韓詩外傳》作『九原』。《後漢書・銚期傳》『更始將卓京』，《東觀記》作『卓原』。是其例證。今言原諒者，雙聲連緜詞，借諒爲緜也。

原省已明而是非次之，是非已明而賞罰次之。賞罰已明而愚知處宜，《治要》三七引『知』作『智』。**貴賤履位。仁賢不肖襲情，**《治要》三七引無此句。

倫按：襲疑借爲婚，聲同談類。《說文》襲從龖省聲，龖讀若沓。是其例證。《說文》曰：『婚，俛伏也。一曰伏意也。』

必分其能，必由其名。以此事上，以此畜下，以此治物，以此修身。涵本、世本『修』作『脩』。**知謀不用，必歸其天，此之謂太平，治之至也。故書曰：『有形有名。』形名者，古人有之，而非所以先也。古之語大道者，五變而形名可舉，九變而賞罰可言也。驟而語形名，**

倫按：驟者，造次之詞，疑借爲趚，同齒音也。《說文》曰：『趚，倉卒也。』

不知其本也。驟而語賞罰，不知其始也。倒道而言，

倫按：倒當爲県，《說文》曰：『県，到首也。』後顛到字同。

迕道而說者，

朱駿聲曰：『迕借爲啎。』倫按：《說文》曰：『啎，逆也，字當從屰。』今作干。屰從到大，今誤從午。詳《說文六書疏證》。午吾音同疑紐。《周禮・壺涿氏》『則以牡橭午貫象齒而沈之』，注：『古書午爲五。』《左・成十七年傳》『晉夷羊五』，《國語・晉語》『五』作『午』。是其例證。

人之所治也，安能治人？ 驟而語形名賞罰，此有知治之具，

倫按：有讀爲爲。

非知治之道。《闕誤》引江南古藏本『道』下有『者也』二字。 **可用於天下，不足以用天下，此之謂辯士，一曲之人也。**

章炳麟曰：『一曲，一埶也。《天下篇》亦云「一曲之士也」。蓋曲者，《考工記》所謂審曲面勢，《禮記》所謂曲埶。凡工必以榘爲度，榘形曲而可以爲方。方本作匚，籀文作匚，即凵字而植立之。曲引申爲埶，記言曲埶。方引申爲技，漢官有尚方，《埶文志》有方技略。世人誤解一曲爲一隅。』倫按：曲篆作凵。蓋《莊子》本作匚，後人少見匚字，以爲曲字而植立之。匚借爲法。

禮法度數，形名比詳，《治要》三七『形』作『刑』。 **古人有之，**《治要》三七引『古』下有『之』字。 **此下之所以事上，非上之所以畜下也。 昔者舜問於堯，曰：『天王之用心何如？』堯曰：『吾不敖無告，**《治要》三七引無「不」字。

成玄英曰：『敖，亦有作教字者。』倫按：《群書治要》引無『不』字。《治要》又引《尸子・綽子篇》『堯養無告』。尋《說文》『養』重文作『羧』，則『敖』或『羧』之譌也。後人以堯敖無告爲非事實，因加『不』字。又或『敖』『教』二字，並『殺』之譌字。《說文》：『𣪠，古文殺。』與敖之形近，故譌爲敖。又：『𢼸，亦古文殺。』形與『教』近，故譌爲『教』。《墨子·尚賢篇》『賊殺萬民』，今本『殺』譌作『敖』。《管子·小問篇》『其臣殺』，今本『殺』譌作『教』。是其例證。

不廢窮民，

倫按：疑本無『不』字。『廢』借爲『拔』，同脣音也。《說文》『𩿧』『帗』並讀爲撥。是其例證。《說文》曰：『拔，擢也。』養無告，拔窮民，苦死者，嘉孺子，而哀婦人，皆對文。《賈子·脩政》語上引堯曰：『吾加志於窮民。』

苦死者，

倫按：苦借爲㤥，古讀匣爲淺喉也。《說文》曰：『㤥，苦也。』《廣雅》曰：『㤥，痛也。』

嘉孺子而哀婦人。《書鈔》六引「嘉」作「喜」，「而」作「兼」。**此吾所用心已。』舜曰：『美則美矣，而未大也。』堯曰：『然則何如？』舜曰：『天德而出寧，**

孫詒讓曰：『出當爲土，形近而誤。《墨子·天志中篇》「君臨下土」，今本「土」誤「出」。是其證。天與土，日月與四時，文皆平列。』章炳麟曰：『德音同登。《說文》：「德，升也。」升即登之借。《公羊·隱五年傳》「登來」，亦作「得來」。故德可借爲登。

《釋詁》：「登，成也。」天登而土寧，所謂地平天成，與下「日月照而四時行」相儷。」

日月照而四時行，若晝夜之有經，雲行而雨施矣。』《治要》三七引無『而』字。 **堯曰：『膠膠擾擾乎。**《治要》三七引無「膠膠」二字。

錢坫曰：『擾當作獿。』倫按：膠借爲翏，《說文》曰：『翏，犬獿獿咳吠也。』『獿獿，翏也。』

子，天之合也。我，人之合也。』夫天地者，古之所大也，而黄帝、堯、舜之所共美也。故古之王天下者，奚爲哉？ 天地而已矣。 孔子西藏書於周室。

陸德明曰：『藏書，司馬云：藏其所箸書也。』倫按：仲尼見老聃，本書《天運篇》謂在五十一歲。尋孔子五十二歲方爲中都宰，何有箸書之事。 知司馬説爲非矣。 林希逸曰：『言西至周欲觀其藏書也。』似爲得之。

子路謀曰：『由聞之：周之徵藏史有老聃者，免而歸居。 夫子欲藏書，則試往因焉。』孔子曰：『善。』往見老聃而老聃不許，崇本『往』作『性』。 **於是繙十二經以說。**

倫按：繙借爲播，《說文》曰：『播，敷也。』

老聃中其説，

陸德明曰：『「其説」絶句。』倫按：中借爲得。

曰：『大謾，

倫按：謾借爲渙，聲同元類。《説文》曰：『渙，流散也。』

願聞其要。』孔子曰：『要在仁義。』老聃曰：『請問：仁義，人之性邪？』孔子曰：『然。君子不仁則不成，不義則不生。仁義，真人之性也，又將奚爲矣？』老聃曰：『請問何謂仁義？』孔子曰：『中心物愷，

陸德明曰：『物，本亦作勿。』章炳麟曰：『物爲易之誤。《書》「平在朔易」，《史記·五帝本紀》作「辯在伏物」。是其例證。「易」借爲「圛」，如「豈弟」一訓「樂易」，一作「闓圛」，是「易」「弟」「圛」三通。』倫按：易、圛音同喻紐。然圛借爲懌，《説文》奪『懌』字，『説』即『懌』也。

兼愛無私，此仁義之情也。』老聃曰：『意，

倫按：意借爲歖。

幾乎，

陸德明曰：『幾，司馬本作頎。』倫按：幾、頎並借爲近。

後言夫兼愛，

盧文弨曰：『舊本後作復，未詳。』倫按：後爲復字之譌。

不亦迂乎。無私焉，乃私也。夫子若欲使天下無失其牧乎，

成玄英曰：『「牧」本有作「放」字者。』倫按：本書《天運篇》亦箸老孔問答之辭。老

子曰：『吾子使天下無失其朴。』此作『牧』者，借爲『朴』也。牧、放形近，故或譌爲放。**夫子**

則天地固有常矣，日月固有明矣，星辰固有列矣，禽獸固有群矣，樹木固有立矣。

亦放德而行，

倫按：《天運篇》作『吾子亦放風而動』。《説文》曰：『放，逐也。』

循道而趨，已至矣。又何偈偈乎揭仁義若擊鼓而求亡子焉？

倫按：《説文》無偈字。《廣雅·釋詁》曰：『偈，健也。』疑借爲仡，同淺喉音也。《説文》曰：『仡，勇壯也。』揭借爲楬，《説文》曰：『楬，楬櫫也。』

意，

倫按：意借爲譆。

夫子亂人之性也。』士成綺見老子而問，曰：『吾聞夫子聖人也，吾固不辭遠道而來，

願見，百舍重趼而不敢息。

倫按：固讀爲故。

陸德明曰：『許慎云：足指約中斷傷爲趼。』朱駿聲曰：『趼借爲蠒，《説文》：「蠒，黑皴也。」』倫按：陸引許語，乃《淮南·脩務訓》注。然《説文》『趼』訓『獸足企也』，蓋借爲蠒。

今吾觀子非聖人也。鼠壤有餘蔬，

陸德明曰：『蔬，音所。司馬云：蔬讀爲糈。』王念孫曰：『《一切經音義》引《埤倉》曰：「場，鼠垤也。」字通作壤。』朱駿聲曰：『蔬借爲糈。』倫按：鼠壤，《穀梁·隱三年傳》疏引糜信曰：『齊魯之間謂鑿地出土、鼠作穴出土，皆曰壤。』蔬當作疏，《詩·召旻》箋曰：『疏，麤也。』謂麤米也。蓋借疏爲粗，同齒音也。《說文》曰：『粗，疏也。』司馬讀爲糈亦通，糈亦齒音也。《周禮》『巾車疏飾』，注：『故書疏爲糈。』《山海經·南山經》『糈用稌米』，注：『糈，或作疏。』並其例證。《說文》曰：『糈，糧也。』

而棄妹之者，不仁也。各本無「之者」二字。

陸德明曰：『棄妹，一本作棄妹之老。』倫按：成玄英疏曰：『妹猶昧也。闇昧之徒，應須誘進。棄而不教，豈曰仁慈。』疑成本亦無『之者』二字。無『者』是也。妹如字讀。

生熟不盡於前，而積斂無崖。』老子漠然不應。

倫按：漠借爲嘆，《說文》曰：『嘆，啾嘆也。』

士成綺明日復見，曰：『昔者吾有刺於子，

倫按：譏刺字當作呰，此借，同齒音也。《說文》曰：『呰，訶也。』

今吾心正卻矣，

倫按：正爲屈之譌。或本作出，讀者不明其義，妄改爲正。屈借爲慦，古讀並淺喉音也。《說文》曰：『慦，憜也。』今本誤作『慵也』。卻爲㕁省，《說文》曰：『㕁，勞也。』『㕁，徼御受屈也。』《方言》曰：『御，傍也。』段玉裁謂『御』『御』一字。

何故也？』老子曰：『夫巧知神聖之人，吾自以爲脱焉。

倫按：脱借爲蜕，《説文》曰：『蜕，蛇蟬所解皮也。』此即今人所用免字也。後同。

昔者子呼我牛也而謂之牛，呼我馬也而謂之馬。苟有其實，人與之名而弗受，再受其殃。

倫按：再猶仍也。

吾服也恒服，吾非以服有服。』

倫按：『有』字當讀爲『爲』。

士成綺鴈行避影，履行，遂進而問修身若何。各本『修』作『脩』。**老子曰：『而容崖然，**

倫按：崖疑爲厓譌，《説文》曰：『厓巖，山顛也。』

而目衝然，

倫按：衝，《説文》作衝，借爲覱，古讀穿、徹二紐皆歸透。本書《知北遊篇》『汝瞳焉如新生之犢』，《淮南·道應訓》『瞳』作『惷』。是其例證。《説文》曰：『覱，直視。』

而顙頯然，

陸德明曰：『頯，本又作顯，司馬本作䫜。』倫按：『頯』『䫜』並借爲『顀』，『顯』者譌字。

而口闞然，

章炳麟曰：『闞借爲凵。《説文》曰：「凵，張口也。」』口犯切。

而狀義然，

倫按：義爲㶢省，《説文》曰：『㶢，㕒㶢也。』今作峩。

似繫馬而止也。動而持，發也機，察而審，知巧而覩於泰，凡以爲不信。

倫按：信疑借爲勝，《潛夫論·姓氏篇》曰：『拜良爲韓信都。』信都者，司徒也。閒音不正，曰信都，或曰申徒，或勝屠。是其例證。《説文》曰：『勝，任也。』

邊竟有人焉，其名爲竊。』

倫按：《荀子·解蔽篇》曰：『空石之中有人焉，其名曰觙。其爲人善射以好思，射非射御之射，乃射策、射覆之射，見《諸子平議》。耳目之欲接，則敗其思。蚊虻之聲聞，則挫其精。是以闢耳目之欲，而遠蚊虻之聲，閒居靜思則通，思仁若是，可謂微乎？闢耳目之欲，蚊虻之聲聞，則挫其精，可謂危矣，未可謂微也。』原文有誤，依郭嵩燾説。鄧廷楨曰：『觙當作伋。伋字子思，名字相應。』倫檢《説文》『伋』下曰：『人名。』蓋失其本義矣。以孔伋字子思、燕伋字思推之，『伋』當有『思』義。此文疑有奪失。此所謂竊，即《荀子》所謂觙，乃好思之人，非盜竊之義也。空石即窮石。《左傳》：『魏莊子曰：昔夏之衰，后羿自鉏遷於窮石。』《説文》『竆』下曰：『夏后時諸侯夷羿之國。』《山海經》《離騷》

《淮南子》並謂弱水出於窮石。《説文》謂溺水自張掖删丹西至酒泉合黎，餘波入於流沙。漢之删丹，今之甘肅山丹縣，距夏都安邑甚遠。《説文》次『竆』於鄯善下，固謂西北邊地也。空石既是邊地，則竆、觬是一非二。疑空石嘗有習静之人，其人之名傳譯不定，但從音寫，或竆或觬。莊、荀並聞是人，故舉以左説。

夫子曰：『夫道，於大不終，

倫按：終借爲崇，聲同侵類。《書·君奭》『其終出於不祥』，《釋文》：『終，馬本作崇。』《詩·蝃蝀》『崇朝其雨』，傳：『從旦至食時爲終朝。』是其例證。

於小不遺，

倫按：遺借爲隤，《説文》曰：『隤，下隊也。』下『遺萬物』同。

故萬物備。廣廣乎其無不容也，淵乎其不可測也。《闕誤》引江南古藏本重『淵』字。

倫按：當依江南古藏本補『淵』字。

形德仁義，

倫按：形借爲刑。《孝經》『刑於四海』，《釋文》：『刑，又作形。』是其例證。

神之末也，非至人孰能定之。夫至人有世，

倫按：郭象注曰：『用世，故不患其大也。』是郭本『有』字作『用』。依義當作『用』，傳寫之譌。

不亦大乎，而不足以爲之累。天下奮棅而不與之偕，

陸德明曰：『棅，一本作棟。』倫按：『奮』疑當爲『奪』，傳寫之譌。『棅』『柄』一字，『棅』字是，『棟』字形近而譌。

審乎無假而不無利遷，

倫按：『利』當依《德充符篇》作『物』。古文『利』字作『𥝢』，形與『物』近，故誤爲『物』。

極物之真而能守其本，

倫按：『能』，《德充符篇》作『而』。

故外天地，遺萬物，而神未嘗有所困也。通乎道，合乎德，退仁義，

劉秀生曰：退疑借爲柮，皆舌音也。

賓禮樂，

倫按：賓借爲姘，同脣音也。《説文》曰：『姘，除也。』成玄英疏曰：『擯禮樂之浮華。』是成本『賓』作『擯』。

至人之心，有所定矣。』世之所貴道者，書也。書不過語，語有貴也。語之所貴者，意也。意有所隨。意之所隨者，不可以言傳也。而世因貴言傳書。世雖貴之我，猶不足貴也，各本『我』作『哉』。

倫按：『我』當從各本作『哉』，絶句。

爲其貴非其貴也。故視而可見者，形與色也。聽而可聞者，名與聲也。悲夫，世人以形色名聲爲足以得彼之情。夫形色名聲果不足以得彼之情，則知者不言，言者不知。而世豈識之哉？桓公讀書於堂上。《書鈔》一〇〇及一四一引『桓』上有『齊』字。

倫按：《韓詩外傳》五作楚成王。

輪扁斲輪於堂下，『斲』，原作『斵』，今正，後同。

倫按：《漢書·古今人表》作『輪邊』，同脣音也。

釋椎鑿而上，問桓公，《書鈔》一〇〇及一四一引『上問』作『觀之』。曰：『敢問公之所讀者，何言邪？』《書鈔》一〇〇及一四一引『言』作『書』，《淮南·道應訓》亦作『書』。公曰：『聖人之言也。』曰：『聖人在乎？』公曰：『已死矣。』曰：『然則君之所讀者，世本「者」作「爲」。古人之糟魄已夫。』《文選·文賦》注引『古』作『聖』，《書鈔》一〇〇〇、《御覽》四五七引『魄』作『粕』。

陸德明曰：『魄，本又作粕。』倫按：魄借爲粕。成玄英疏曰：『漬糟曰粕。』是成本『魄』作『粕』。

桓公曰：『寡人讀書，輪人安得議乎？有説則可，無説則死。』輪扁曰：『臣也以臣之事觀之。斲輪，徐則甘而不固，倫按：徐借爲徐，《説文》曰：『徐，緩也。』凡徐疾字當作徐。甘借爲繟，元、談旁轉相通。趙地有邯鄲，亦以叠韻爲名。可爲例證。《説文》曰：『繟，帶緩也。』

疾則苦而不入。

倫按：疾借爲疌，苦借爲快，谿紐雙聲。《方言》三：『快，宋鄭周洛韓魏之間曰苦。』此宋語也。然快急字，《説文》作趹，馬疾行貌。

不徐不疾，得之於手，而應於心，口不能言，有數存焉於其間。

倫按：焉讀爲於，同喉音也。疑本無『於』字，讀者以『於』釋『焉』，傳寫誤入正文。或讀與《詩》『於焉逍遥』『於焉嘉客』同。

臣不能以喻臣之子，臣之子亦不能受之於臣。是以行年七十而老斲輪。古之人與，其不可傳也死矣。《御覽》六一六引「也」作「者」。**然則君之所讀者，古人之糟魄已夫。』**

莊子義證弟十四　外篇天運弟十四

陸德明曰：『運，司馬本作員。』倫按：員借爲運，音同喻紐。《左・哀十二年傳》『公會衛侯宋皇瑗於鄖』，《公羊》『鄖』作『運』。《説文》：『䢵，讀若運。』並其例證。《説文》曰：『運，迻徙也。』

『天其運乎？地其處乎？日月其争於所乎？《輔行記》三之三引「争」作「静」。**孰主張是？**

倫按：主爲住省，張借爲党。古讀知歸端、讀徹歸透，同舌音也。

孰維綱是？孰居無事推而行是？「居」，原作『㞐』，依各本改。

陸德明曰：『推，司馬本作誰。』奚侗曰：『推而當作而推，「推行」連語，與「主張」、「維綱」相偶。』

意者。

倫按：意借爲啻。

其有機緘而不得已邪？

陸德明曰：『緘，司馬本作咸。』朱駿聲曰：『緘借爲感，《説文》：「感動人心也。」』

意者，其運轉而不能自止邪？雲者爲雨乎？雨者爲雲乎？孰隆施是？《輔行記》三之三引「隆」作「降」，《闕誤》引江南李氏本「施」作「弛」。

俞樾曰：『隆當作降，謂降施此雲雨也。《書大傳》「隆谷」，鄭注曰：「隆，讀如厖降之降。」蓋隆從降聲，古音本同。《荀子·天論篇》「隆禮尊賢而王」，《韓詩外傳》「隆」作「降」。《齊策》「歲八月，降雨下」，《風俗通義·祀典篇》「降」作「隆」。是古字通用之證。』倫按：施借爲攺。

孰居無事，淫樂而勸是？

陸德明曰：『勸，司馬本作倦，云讀曰隨。』成玄英曰：『勸，司馬本作倦字。』倫按：淫借爲媅，聲同侵類。本書《天下篇》『沐甚雨』，《淮南·修務訓》作『沐霪雨』。《史記·自序》『帝辛湛湎』，揚雄《光禄勳箴》作『桀紂淫湎』。是其例證。《説文》曰：『媅，樂也。』勸、倦並借爲隨，歌元對轉。

風起北方，一西一東，有上彷徨，《闕誤》引張君房本「有」作「在」。

陸德明曰：『彷徨，司馬本作旁皇。』吴汝綸曰：『有讀爲又。』

孰嘘吸是？孰居無事而披拂是？

陸德明曰：『拂，司馬本作翇。』倫按：拂、翇並借爲拔，同脣音也。本書《逍遥遊篇》注『便謂足以纓紱其心矣』，《釋文》：『紱，字或作綍。』《説文》『市』篆文作『紱』，經典通用『芾』。《詩・采菽》『赤芾在服』，《白虎通德篇》『芾』作『紼』。並其例證。《説文》曰：『拔，擢也。』

敢問何故？』巫咸祒曰：崇本『祒』作『招』。

倫按：祒借爲招，《説文》曰：『招，手呼也。』

『來，吾語汝。各本「汝」作「女」。**天有六極五常，**

俞樾曰：『六極五常，疑即《洪範》之五福六極也，常、祥古通。《儀禮・士虞禮》「薦此常事」，鄭注曰：「古文常爲祥。」是其證也。《説文》：「祥，福也。」然則五常即五福也。』

帝王順之則治，逆之則凶。「凶」原作「㐫」，依各本改。**九洛之事，**

俞正燮曰：『《洛書》九疇，故云九洛。』

治成德備，監照下土，天下戴之。涵本、世本「戴」作「載」。**此謂上皇。』商太宰蕩問仁於莊子。**

倫按：《音義》出『商大』，音泰，下文『大息』同，是陸本此二『太』字皆作『大』。蕩，下文『蕩聞之』，《音義》曰：『一本蕩作盈。』則蕩借爲潒。《説文》曰：『潒，水潒瀁也。』此盈而蕩本字。

莊子曰：『虎狼，仁也。』曰：『何謂也？』莊子曰：『父子相親，何爲不仁？』曰：『請問

至仁。』莊子曰：『至仁無親。』太宰曰：『蕩聞之，無親則不愛，不愛則不孝。謂至仁不孝，可乎？』莊子曰：『不然。夫至仁尚矣，孝固不足以言之。此非過孝之言也，不及孝之言也。夫南行者，至於郢，北面而不見冥山，是何也？則去之遠也。故曰：以敬孝易，以愛孝難。以愛孝易，以忘親難。

陸德明曰：『一本蕩作盈，崔本同。或云：盈，太宰字。』

涵本、世本作而「忘親難」，《輔行記》五之四引「忘」字皆作「亡」。

倫按：當從涵芬樓本作而『忘親難』。

忘親易，使親忘我難。使親忘我易，兼忘天下難。兼忘天下易，使天下兼忘我難。夫德遺堯舜而不爲也，

倫按：遺借爲繢，《說文》曰：『繢，織餘也。』德遺堯舜，言德餘於堯舜也。

利澤施於萬世，天下莫知也，豈直太息而言仁孝乎哉？夫孝、悌、仁、義、忠、信、貞、廉，

陸德明曰：『孝弟，音悌。』倫按：悌俗字。貞爲楨省，《說文》曰：『楨，剛木也。』

此皆自勉以役其德者也，

倫按：役借爲叟。

不足多也。故曰：至貴，國爵并焉。《文選》顏延年《陶徵士誄》引「并」作「屏」。

朱駿聲曰：『并借爲姘，《説文》：「姘，除也。」』倫按：并爲姘省。

至富，國財并焉。至願，

奚侗曰：『願爲顯譌。本篇下文「以顯爲是者，不能讓名」，《庚桑楚篇》「貴、富、顯、嚴、名、利，六者勃志也」，皆足爲本文「願」當作「顯」之證。《説文》曰：「顯，頭明飾也。」』

名譽并焉。是以道不渝。』

倫按：文有奪失。

北門成問於黄帝，《御覽》七九引『黄』作『皇』。**曰：『帝張咸池之樂於洞庭之野，吾始聞之，懼。**《御覽》七九引「始」作「所」，《書鈔》一〇五、《類聚》六引「之」下有「而」字，下句同。

陸德明曰：『懼，一本作戄，音況縛反。』按《説文》懼是正字，戄是古文。』盧文弨曰：『《説文》：「愳，古文懼字。」有㸑字與聳同，非懼字重文。並無戄字。』倫按：懼，一本作戄，當是作㸑。《説文》曰：『㸑，懼也，從心，雙省聲。』《春秋傳》曰『駟氏㸑』，《文選·魏都賦》『吴蜀二客，矍焉相顧』，張載注曰：『矍，懼也。《左傳》曰：駟氏戄。』李善曰：『張以㸑先龍反，今本並作戄。矍，大視，呼縛反。』尋張、李二注，則古本作㸑，俗譌爲矍。知《莊子》本文亦然，字本作㸑。後人因其訓懼，誤爲戄字，當是六朝譌體耳。陸音況縛反，與《文選》李音正同，但非《説文》懼字重文。或陸所見《説文》已譌，或陸稱

《説文》每是他書，不能盡据也。

復聞之，怠。《類聚》六引「復」作「後」。**卒聞之而惑。**《書鈔》一〇五、《類聚》六引「惑」作「感」。**蕩蕩默默，**《御覽》三九二引「蕩」作「藹」。

倫按：蕩借爲潒。

乃不自得。』帝曰：『汝殆其然哉。涵本「汝」作「女」，《書鈔》一〇五引「然哉」作「庶幾哉也」。

吾奏之以人，徽之以天，各本「徽」作「徵」，

陸德明曰：『徽，古本多作徵。』倫按：《文選・文賦》注引《淮南》許慎注曰：『鼓琴循弦謂之徽。』《淮南・主術訓》曰：『鄒忌一徽而威王終夕悲感於憂。』高注曰：『徽，鶩彈也。讀汾麻縗車之縗。』然則徽借爲扞，同喉音也。《説文》曰：『扞，指麾也。』今通作揮。《琴賦》曰『伯牙揮手』，《文選》陳琳《爲袁紹檄豫州》『楊素揮以啓路』，注：『揮與徽同。』並其證也。徵字形近而譌。

行之以禮義，建之以太清。《書鈔》一〇五引「建」作「達」，「太清」作「人情」。**夫至樂者，先應之以人事，順之以天理，行之以五德，應之以自然，然後調理四時，太和萬物。**

蘇轍曰：『「夫至樂者」以下三十五字是注文。』倫按：蘇説是也，當是郭象注，宜在下文『流光其聲』下注文『自然律吕云云』之上。

四時迭起，

陸德明曰：『迭，一本作遞。』倫按：迭、遞同是舌音，《説文》並訓更易也。蓋是一字。

萬物循生。一盛一衰，文武倫經。《書鈔》一〇五引「倫經」作「經綸」。

郭嵩燾曰：『《禮記・樂記》：「始奏以文，復亂以武。」以文武紀其盛衰。倫經猶經綸。』倫按：《北堂書鈔》一〇五引正作『經綸』。

一清一濁，「濁」原作「獨」，依各本改。**陰陽調和，流光其聲。**

馬其昶曰：『光讀爲廣。』倫按：《水經・濟水》注：『光里，齊人言廣，音與光同，即《春秋》所謂守之廣里者也。』此其例證。

蟄蟲始作，吾驚之以雷霆。其卒無尾，其始無首。一死一生，一僨一起。所常無窮，

奚侗曰：『常借爲當。』

而一不可待。汝故懼也。涵本、世本「汝」作「女」。**吾又奏之以陰陽之和，燭之以日月之明。**

倫按：燭借爲照，音同照紐。《文選・雜體詩》注引《蒼頡篇》曰：『燭，照也。』《吕氏春秋・知度篇》『若何而爲及日月之所燭』，注：『燭，照也。』並以燭爲照之證。

其聲能短、能長、能柔、能剛，

倫按：剛强疊韻。古言剛即謂强也。强爲勥省，後同。

變化齊一，不主故常。

倫按：主爲住省。常借爲𠨍，聲同陽類。方𠨍字今作向，常亦從向聲也。

在谷滿谷，在阬滿阬。《玉篇》引「阬」作「坑」。**塗郤守神，**

倫按：塗借爲杇，聲同魚類。《說文》無塗字，『杇』下曰：『所以涂也。』

以物爲量。其聲揮綽，

倫按：揮綽借爲暉焯，《說文》曰：『暉，光也。』『焯，明也。』

其名高明。是故鬼神守其幽，日月星辰行其紀。吾止之於有窮，流之於無止。予欲慮之而不能知也，各本「予」作「子」。

倫按：『予』當依各本作『子』。

望之而不能見也，逐之而不能及也。儻然立於四虛之道，《御覽》三九二引「儻」作「曭」。

倫按：儻借爲敞，《說文》曰：『敞，平治高土，可以遠望也。』

倚於槁梧而吟。目知窮乎所欲見，力屈乎所欲逐，

倫按：此有脱誤。上文『子欲慮之而不能知也，望之而不能見也，逐之而不能及也』，是『目窮乎所欲見』，應『望之』句；『力窮乎所欲逐』，應『逐之』句。則上宜有一句以應『慮之』句。此目下『知』字，即奪文之迹猶可尋者。今在『目』下，則文義不順。蓋本有『口窮乎所欲知』一句，今奪失耳。諸家竟徑改『目』字者，皆未察也。

吾既不及已夫。形充空虛，乃至委蛇。

陸德明曰：『蛇，又作施。』倫按：委爲逶省，蛇借爲迆，聲同歌類，故本又作施。《詩·漸漸之石》『俾滂沱矣』，《史記·仲尼弟子傳》作『俾滂池矣』。是其例證。《說文》曰：『逶迆，衺去之皃。』

汝委蛇故怠。涵本、世本「汝」作「女」。**吾又奏之以無怠之聲，調之以自然之命，**

倫按：命借爲令，令謂節奏。

故若混逐叢生，

倫按：郭象注曰：『混然無繫，隨叢而生。』成玄英疏曰：『混，同也。同風物之動吹，隨叢林之出聲。』是郭、成本『逐』皆作『隨』。成本『生』字或作『出』，或作『聲』。倫疑逐爲遯之省，混遯猶混沌。本書《德充符篇》『適見豚子食於其死母者』，《音義》本豚作㹠。是其例證。混沌疊韻，混借爲棞。隨古音徒禾反，與遯雙聲。

林樂而無形，

倫按：『林樂』來紐雙聲，『林樂』借爲成章。成章音同禪，古讀禪歸定，來定並舌音也。《老子》『亭之毒之』，河上本作『成之熟之』。亭音定紐，毒音透紐，亦並舌音。成章之作林樂，猶作亭毒矣。《說文》曰：『成，就也。』蓋當作孰也。成從戊丁聲，戊爲兵器，無孰義。蓋本義亡而以假借之義訓之也。詳《說文六書疏證》。故成孰即孰，猶混沌即椓，皆雙聲疊韻連緜詞。

布揮而不曳，「曳」原作「曳」，依各本改。

倫按：布借爲專，揮疑借爲運，曳疑當爲叟，與上下句韻。《説文》曰：『叟，引也。』

幽昏而無聲。動於無方，居於窈冥。「居」原作「屋」，依各本改。《書鈔》一〇五引「窈」作「杳」。

倫按：『窈』當依《北堂書鈔》引作『杳』。

或謂之死，或謂之生。或謂之實，《書鈔》一〇五引「實」作「貴」。**或謂之榮。**《書鈔》一〇五引「榮」作「賤」。

倫按：榮借爲英，同喉音也。《説文》曰：『英，艸榮而不實者。』

行流散徙，不主常聲。世疑之，稽於聖人。

奚侗曰：『稽當作卟，《説文》曰：「卟，卜以問疑也。讀若稽。」《達生篇》「不以心稽」，《天下篇》「以稽爲決」同。』

聖也者，達於情而遂於命也。《書鈔》一〇五引「命」作「性」。**天機不張，而五官皆備，此之謂天樂，無言而心説。**

王懋竑曰：『「無言而心説」，當在「此之謂天樂」上。』倫按：『天機不張』以下，似應在『世疑之，稽於聖人』上。或有奪文。

故有焱氏爲之頌，

陸德明曰：『焱，本亦作炎。』

曰：「聽之，不聞其聲。視之，不見其形。充滿天地，苞裹六極。」

陸德明曰：『苞，本或作包。』倫按：包裹字《説文》作勹。

汝欲聽之而無接焉，涵本、世本「汝」作「女」。而故惑也。樂也者，始於懼，懼故祟。吾又次之以怠，怠故遁。卒之於惑，惑故愚。愚故道，道可載而與之俱也。』孔子西遊於衞，顔淵問師金，曰：『以夫子之行爲奚如？』師金曰：『惜乎，而夫子其窮哉！』顔淵曰：『何也？』師金曰：『夫芻狗之未陳也，盛以篋衍，

陸德明曰：『篋，本或作筐。』朱駿聲曰：『衍借爲箪，《説文》：「箪，笥也。」』

巾以文繡，尸祝齊戒以將之。

陸德明曰：『齊，本亦作齋。』倫按：將借爲送。

及其已陳也，行者踐其首脊，蘇者取而爨之。

倫按：蘇借爲穌，《説文》曰：『穌，杷取禾若也。』

而已將復取而盛以篋衍，巾以文繡，遊居寢臥其下，「居」原作「屋」，依各本改。彼不得夢，必且數眯焉。

王念孫曰：『眯當爲寐，《説文》曰：「寐，寐而厭也。」』

今而夫子亦取先王已陳芻狗，聚弟子游居寢臥其下。涵本、世本「聚」作「取」。俞樾曰：『《周易·萃》象傳「聚以正也」，《釋文》：「聚，荀作取。」是聚、取古通用。』

故伐樹於宋，削迹於衛，倫按：伐樹與圍於陳、蔡皆適衛以後事，依《孔子世家》，孔子數往返於衛？然此言西遊，則自魯往。方將遊，安得云削迹於衛？自是寓言耳。

窮於商周，倫按：商即是宋。此言商周者，如《記》言大夫不得造車馬，因車而及馬，因周而及商也。

是非其夢邪？圍於陳、蔡之間，七日不火食，死生相與鄰，是非其眯邪？夫水行莫如用舟，而陸行莫如用車。以舟之可行於水也，而求推之於陸，則没世不行尋常。古今非水陸與？周、魯非舟車與？今蘄行周於魯，是猶推舟於陸也，勞而無功，身必有殃。彼未知夫無方之傳，

郭慶藩曰：『傳讀若轉，《吕氏春秋·必已篇》「若夫萬物之情、人倫之傳」，高注：「傳猶轉也。」《淮南·主術訓》「生無乏用，死無轉尸」，《逸周書·大聚篇》作「傳尸」。』

應物而不窮者也。且子獨不見夫桔槹者乎？「槹」原作「橰」，今正。引之則俯，舍之則

仰。彼人之所引，非引人也，故俯仰而不得罪於人。故夫三皇五帝之禮義法度，《御覽》五二三引「皇」作「王」。**不矜於同而矜於治。**

倫按：矜借爲兢，《説文》曰：『兢，競也，讀若矜。』或借爲憐。矜從令聲，憐令音同來紐。《書·多士》『予惟率肆矜爾』，《論衡·書虚篇》引『矜』作『憐』。《爾雅·釋詁》：『憐，愛也。』《方言》一曰：『愛，宋魯之間曰憐。』

故譬三皇五帝之禮義法度，《書鈔》八〇、《類聚》八六、《初學記》二一引「皇」作「王」。**其猶柤梨橘柚邪，**《書鈔》八〇引「柤」作「查」，《類聚》三八引作「楂」，《初學記》二一、《御覽》六一〇及九六六引作「樝」。

倫按：柤，當依《初學記》引作樝，此省。《説文》曰：『樝，似梨而酢。』

其味相反，而皆可於口。故禮義法度者，應時而變者也。今取猨狙而衣以周公之服，彼必齕齧挽裂，盡去而後慊。

陸德明曰：『慊，本亦作嗛。』朱駿聲曰：『慊借爲愜，《説文》曰：「快也。」』倫按：慊愜古讀皆淺喉音，故古書多借慊爲愜。

觀古今之異，猶猨狙之異乎周公也。故西施病心而矉其里，《輔行記》二之五、《御覽》三九二及七四一引「矉」作「嚬」，《御覽》三九二及七四一引無「其里」二字。

倫按：矉借爲顰，同脣音也。《漢書·司馬相如傳》『仁頻并閭』，顏注：『頻字或作賓。』《詩·桑柔》『國步斯頻』，《説文》『矉』下引作『矉』。是其例證。成玄英疏曰：『既病心痛，嚬眉苦之。』則成本作嚬。嚬俗字。『其里』二字涉下句而羨。《御覽》引無。下同。

其里之醜人見而美之，歸亦捧心而矉其里。其里之富人見之，堅閉門而不出。貧人見之，挈妻子而去之走。彼知矉美，涵本、世本、《御覽》三九二引「矉美」作「美嚬」。

倫按：成玄英疏曰：『彼之醜人，但美嚬之麗雅。』是成本『矉美』作『美嚬』。

而不知矉之所以美。

倫按：《輔行記》二之五引上文『夫三皇五帝之禮義法度』至『猶猨狙之異乎周公也』爲郭象注文，在此注『時過而不棄則醜人也』之下。又曰：『「穴者深潛，飛者高逝」，此之二句，在莊子毛嬙麗姬文中。』今文將此二句共成西施之文，則是湛然所据之本，有所錯亂。

惜乎而夫子其窮哉。』孔子行年五十有一而不聞道，乃南之沛，見老聃。老聃曰：『子來乎？吾聞子北方之賢者也，子亦得道乎？』孔子曰：『未得也。』老聃曰：『子惡乎求之哉？』曰：『吾求之於度數，五年而未得也。』老聃曰：『子又惡乎求之哉？』曰：『吾求之於陰陽，十有二年而未得。』老子曰：『然。使道而可獻，

倫按：獻借爲羞，《儀禮·大射儀》注：『獻讀爲沙。』《禮記·郊特牲》注：『獻讀爲莎。』《周禮・司尊彝》注：『獻讀爲摩莎之莎，齊語，聲之誤也。』是古齊音獻如莎。莎羞心紐雙聲，故獻可借爲羞。《說文》：『羞，進獻也。』羞獻亦以雙聲爲訓。後同。

則人莫不獻之於其君。使道而可進，則人莫不進之於其親。使道而可以告人，則人莫不告其兄弟。使道而可以與人，則人莫不與其子孫。然而不可者，無佗也，涵本、世本「佗」作「他」。**中無主而不止，外無正而不行。**

俞樾曰：『正乃匹字之誤。《禮記・緇衣篇》「唯君子能好其正」，鄭注：「正當作匹，字之誤也。」是其例矣。此云「中無主而不止，外無正而不行」，與《宣三年・公羊傳》「自内出者無匹不行，自外至者無主不止」文義相同。亦足相證。』倫按：此下文曰『由中出者，不受於外，聖人不出』，此承『外無正而不行』言也。本書《則陽篇》曰：『由中出者有正而不距。』義亦相貫。正、受義同，正爲射的，所以受矢。故曰：『由中出者，不受於外，聖人不出。』若易正爲匹，失其義矣。

由中出者，不受於外，聖人不出。由外入者，無主於中，聖人不隱。

章炳麟曰：『隱借爲㥯。』

名，《闕誤》引張君房本「名」下有「者」字。**公器也，不可多取。仁義，先王之蘧廬也，**

朱駿聲曰：『蘧借爲遽，《說文》：「遽，傳也。」』

止可以一宿而不可久處，崇本「久」上有「以」字。**覯而多責。**

倫按：覯借爲逗，聲同侯類。《説文》曰：『逗，止也。』責，《説文》曰：『求也。』亦讀爲債。

古之至人，假道於仁，託宿於義，以遊逍遥之墟，各本「墟」作「虚」。

陸德明曰：『虚，本亦作墟。』倫按：墟爲虚俗字。

食於苟簡之田，

陸德明曰：『簡，司馬本作間。』倫按：苟簡見紐雙聲，連緜詞也。簡借爲禪。

立於不貸之圃。

倫按：段玉裁謂貸、貣一字。《説文》曰：『貣，從人求物也。』『貸，施也。』

逍遥無爲也，苟簡易養也，不貸無出也。

倫按：《説文》：『賣，出物貨也。』此『出』疑『賣』之省。

古者謂是采真之遊。以富爲是者，

倫按：是爲題省，《説文》曰：『題，顯也。』

不能讓禄。

倫按：謙讓、辭讓字當作攘。《説文》曰：『攘，推也。』後同。

以顯爲是者，不能讓名。親權者，不能與人柄。操之則慄，舍之則悲，而一無所鑒以闚其所不休者，

倫按：鑒借爲覽。

恩、取、與、諫、教、生、殺，八者，正之器也，是天之戮民也。怨、「怨」原作「惌」，今正。

倫按：正爲政省。下正者同。

唯循大變無所湮者，崇本「唯」作「莊」。

陸德明曰：『湮，司馬本作歅，簡文作甄。』倫按：湮、甄、歅並借爲垔。《説文》曰：『垔，塞也。』歅，《説文》作歐。垔因影紐雙聲，故通假。

爲能用之。故曰：正者，正也。其心以爲不然者，天門弗開矣。』孔子見老聃而語仁義。老聃曰：『夫播糠眯目，各本「糠」作「穅」。

陸德明曰：『穅，字亦作康。』倫按：播借爲簸，歌元對轉。《説文》曰：『簸，揚米去穅也。』

則天地四方易位矣。蚊虻噆膚，世本「噆」作「嗒」。

陸德明曰：『蚊，字亦作蟁。虻，字亦作蝱。噆子盍反，郭：子合反。司馬云：齧也。』倫按：噆字《説文》所無，疑借爲噍，精紐雙聲。《説文》曰：『噍，嚼也。』『嚼，齧也。』

則通昔不寐矣。《意林》引「昔」作「夕」，《類聚》九四五引作「宵」。「寐」，原作「寐」，依各本改。

王念孫曰：『昔與夕通。《左・莊七年》「夏四月辛卯夜，恒星不見」，《穀梁》「夜」

作「昔」。「昔」可通「夜」，亦可通「夕」也。』郭慶藩曰：『昔猶夕也。《書大傳》「月之夕」，鄭注曰：「夕，字亦作昔。」』倫按：昔借爲夕，同齒音也。

夫仁義憯然，世本「憯」作「僣」，《類聚》一七、《御覽》三六六引作「翻」。

倫按：《方言》一曰：『憯，憂也，宋衛或謂憤，或曰憯。』此作『憯』者，同從朁聲也。然正當作慘，此借字。憯慘清紐雙聲。《詩·陳風》『勞心慘兮』，《正月》『憂心慘慘』，《抑》『我心慘慘』，三慘字，李賡芸謂皆當作懆。是也。今作慘者，音同清紐。又隸書參字多作枀，形亦與喿近也。慘憯同音。《説文》『糂』，重文作『糣』，又作『糝』。

乃憤吾心，

陸德明曰：『憤，本又作憒。』郭慶藩曰：『憤當作憒，形近而誤。《潛夫論·浮侈篇》「懷憂憤憤」，《後漢書·王符傳》作「憒憒」。即其證也。』倫按：《説文》曰：『憒，亂也。』

亂莫大焉。吾子使天下無失其朴，吾子亦放風而動，總德而立矣。各本「總」作「揔」。

倫按：總借爲循，同齒音也。《天下篇》作『循道而趨』。

又奚傑然若負建鼓而求亡子者邪？《闕誤》引張君房本重「傑」字。「鼓」，原作「鼔」，今正，後同。

洪頤煊曰：『桀古通揭。』劉師培曰：『「若負」以上，似脱「揭仁義」三字。』郭云：

『揭仁義以趨道德之鄉，所據弗誤。』倫按：當依張君房本補一『傑』字。『傑』借爲『仡』，《天道篇》作『偈』。《詩・碩人》『庶士有朅』，《韓詩》『朅』作『桀』。《成二年・左傳》『齊高固入晉師，桀石以投人』，『桀』言負舉也，蓋借爲『竭』。此傑、偈可通之證。偈可借爲仡，傑亦可借爲仡也。傑、仡古讀並淺喉音。負借爲攴，同脣音也。古負、音二聲相通。負借爲攴，猶掊借爲攴也。建借爲鼙，音同見紐。《說文》曰：『鼙，大鼓也。』

夫鵠不日浴而白，《類聚》九〇引「鵠」作「鶴」。

陸德明曰：『鵠，本又作鶴。』倫按：鵠借爲鶴，音同匣紐。

烏不日黔而黑。黑白之朴，不足以爲辯。名譽之觀，

陸德明曰：『觀，司馬本作讙。』倫按：觀當從司馬本作讙，讙、囂一字。詳《說文六書疏證》。《說文》曰：『囂，呼也。』

不足以爲廣。

倫按：廣借爲磺，《說文》曰：『磺，銅鐵樸石也。』『黑白之樸，不足以爲辯』，『名譽之讙，不足以爲磺』，相對舉義。

泉涸，魚相與處於陸，相呴以濕。《文選・廣絶交論》注、《御覽》五六引「呴」作「煦」，涵本作「吻」。**相濡以沫，不若相忘於江湖。』**

倫按：《大宗師篇》『泉涸』五句，即此錯簡。彼文下有『與其譽堯而非桀也，不如兩忘而化其道』兩句，亦當在此下。

孔子見老聃，歸，三日不談。

陸德明曰：『談，本亦作言。』

弟子曰：『夫子見老聃，亦將何規哉？』

倫按：規借爲諫，音同見紐。《説文》曰：『諫，証也。』古言規諫，雙聲連緜詞也。後同。

孔子曰：『吾乃今於是乎見龍。龍，合而成體，散而成章，乘雲氣而養乎陰陽。《文選·東方朔畫象贊》注、《御覽》九二九、《困學紀聞》一〇引及涵本「乘」下有「乎」字。

劉師培曰：『養借爲翔。《月令》「羣鳥養羞」，《淮南·時則訓》作「羣鳥翔」，是其比。』

予口張而不能嗋，《類聚》九六、《御覽》六一七引「嗋」作「成」，《御覽》引「予」作「余」。

倫按：嗋當從《執文類聚》作噏。《説文》作歙，縮鼻也。脅、翕音同曉紐，故通借。《堯典》『協和萬邦』，《史記·五帝紀》『協』作『合』。《易·繫辭》『其動也闢，其静也翕』，《漢書·王莽傳》作『動静闢脅』。皆其例證。

予又何規老聃哉？』《類聚》九六、《御覽》六一七引此句上有「舌出不能言」一句，《御覽》「言」作「縮」。《闕誤》引江南古藏本此上亦有「舌舉而不能訒」一句。

奚侗曰：『《闕誤》引江南古藏本此上有「舌舉而不能訒」一句，今本奪去，當據補。《秋水篇》「公孫龍口呿而不合，舌舉而不下」，可證文例相耦。』倫按：當依《埶文類聚》引補『舌出不能言』一句。『言』爲『訒』之爛脱右方。『訒』借爲『内』，古讀日歸泥也。《說文》曰：『内，入也。』又按《史記・老子傳》：『孔子謂弟子曰：「鳥，吾知其能飛。魚，吾知其能游。獸，吾知其能走。走者可以爲罔，游者可以爲綸，飛者可以爲矰。至於龍，吾不知其乘風雲而上天。吾今日見老子，其猶龍邪？」』《論衡・龍虚篇》引：『孔子曰：游者可爲網，飛者可爲矰。至於龍也，吾不知其乘風雲而上升。今日見老子，其猶龍乎？』是此文當有奪失。《埶文類聚》九〇引本書曰：『孔子見老子歸，三日不談，謂弟子曰：「人如飛鴻者，吾必矰繳而射之。今吾見龍矣。」』九六引作：『孔子曰：「人用意如飛鴻者，爲弓弩射之。如游鹿者，走狗而逐之。若游魚者，釣繳以投之。吾今見龍。」』《文選・東方朔畫象贊》注、《御覽》六一七引作：『孔子曰：「吾與汝處於魯之時，人用意如飛鴻者，吾走狗而逐之。用意如井魚者，吾爲鉤繳以投之。吾今見龍。龍，合而成體，散而成章，乘雲氣而養乎陰陽。余口張不能嗋，舌出不能縮，又何規哉？」』六二八引同此。是其明證。當依《論衡》《類聚》《御覽》等引，於『孔子曰』下補『吾與汝處於魯之時，人有用意如飛鴻者，吾爲弓弩而射之。如遊鹿者，吾走狗而逐之。如井魚者，吾爲鉤繳以投之』七句。

子貢曰：『然則人固有尸居而龍見，《闕誤》引江南古藏本「人」上有「至」字。**雷聲而淵默，**

奚侗曰：『當依《在宥篇》作「淵默而雷聲」。』

發動如天地者乎？《闕誤》引江南古藏本「乎」作「哉」。**賜亦可得而觀乎。』**

陸德明曰：『賜亦，本亦作賜也。』

遂以孔子聲見老聃。老聃方將倨堂而應，

倫按：倨借爲居，《說文》曰：『居，蹲也。』堂借爲牀，聲同陽類。《漢書·高帝紀》『沛公方踞牀』。《說文》曰：『牀，安身之几坐也。』古人坐皆反踵，故曰踞牀。老子方踞牀而坐，以子貢爲仲尼弟子，自居長者，故不起坐耳。此文當從《六帖》引以『應』字斷句，『微』字屬下句讀，言其語氣甚微。觀其言曰：『予年運而往矣，子將何以教我乎？』其語緩明甚。諸家以『微』字絕句者非。

微曰：

倫按：微細字，《說文》作敚。

『予年運而往矣，子將何以戒我乎？』

倫按：戒爲誡省，《說文》曰：『誡，敕也。』

子貢曰：『夫三王五帝之治天下不同，

陸德明曰：『三王，本或作三皇。依注作王。是也。餘皆作三皇。』

其係聲名一也。而先生獨以爲非聖人，如何哉？』老聃曰：『小子少進，子何以謂不同？』對曰：『堯授舜，舜授禹，禹用力而湯用兵，文王順紂而不敢逆，武王逆紂而不肯順，故曰不同。』老聃曰：『小子少進，余語汝，涵本、世本「汝」作「女」。三皇五帝之治天下。涵本、世本「皇」作「王」，《闕誤》引江南古藏本「下」下有「也昔」二字。黄帝之治天下，使民心一，民有其親死，不哭，而民不非也。堯之治天下，使民心親，民有爲其親殺其殺，而民不非也。

倫按：上『殺』字借爲『差』，下『殺』字借爲『縗』。

舜之治天下，使民心競，《御覽》三六〇引「競」作「兢」。

倫按：競借爲誩。

民孕婦十月生子，

倫按：『民』字疑羨。『孕婦』當作『婦孕』。

子生五月而能言，不至乎孩而始誰，

倫按：『孩』，《説文》爲『咳』之重文，小兒笑也。

則人始有夭矣。禹之治天下，使民心變，人有心而兵有順，

倫按：『順』借爲『刃』，古讀日歸泥、讀穿歸透，皆舌音也。

殺盜非殺人，

孫詒讓曰：『郭象讀「非殺」斷句。《荀子・正名篇》云「殺盜非殺人」，楊注：「殺盜

非殺人亦見《莊子》。」則楊讀人字斷句亦通。』倫按：當『殺人』斷句。

自爲種而天下耳，

倫按：種借爲鍾，古讀澄紐歸定、讀照歸端，同舌音也。又或本作穜字，今穜、種不別。鍾、穜音同照紐。此言以己爲鍾，以天下人爲耳。謂禹之聲爲律身爲度諸事也。

是以天下大駭，儒墨皆起。其作始有倫而今乎婦女，

奚侗曰：『乎當作焉。《逸周書序》「周道於是乎大備」，《玉海》三七及七八引「乎」作「焉」。可爲證。《廣雅·釋詁》：「焉，安也。」婦爲歸字之誤。女屬下讀，謂子貢也。』

倫按：奚説亦通。

何言哉？余語汝，涵本「汝」作「女」。**三皇五帝之治天下，名曰治之，而亂莫甚焉。三皇之知，上悖日月之明，**

倫按：悖借爲庇。

下睽山川之精，

倫按：睽，《胠篋篇》作爍，借爲爍。爍從樂聲，樂音疑紐，睽音谿紐，故睽可借爲爍也。

中墮四時之施。「墮」原作「隳」，依各本改。**其知憯於厲蠆之尾。**「厲」原作「蠆」，依各本改。《御覽》九四七引作「蠆蠍之尾」。

陸德明曰：『蠇，本亦作厲。或云依字上當作蠆、下當作蠍。』朱駿聲曰：『蠆借爲蠆，《說文》：「毒蟲。」』倫按：憯借爲慘，音相同也。《說文》『糂』重文作『糣』，又作『糝』。是其例證。『蠇』字《說文》不收，當從一本作『厲』。厲、蠆疊韻連緜詞也。

鮮規之獸，

倫按：鮮規聲同支類，疊韻連緜詞也。鮮借爲小，音同心紐。《論語》『以約失之者鮮矣』，鮮謂少也。少小一字。是其例證。鮮規之獸，謂小小之物也。

莫得安其性命之情者，而猶自以爲聖人，不可恥乎？其無恥也。』子貢蹵蹵然，立不安。孔子謂老聃曰：『丘治《詩》《書》《禮》《樂》《易》《春秋》六經，自以爲久，孰知其故矣。以奸者七十二君，

倫按：奸借爲迀，《說文》曰：『迀，進也。』

論先王之道，而明周召之迹，一君無所鉤用。

章炳麟曰：鉤借爲取。

甚矣夫！人之難說也，道之難明邪？』老子曰：『幸矣，子之不遇治世之君也。夫六經，先王之陳迹也，豈其所以迹哉？今子之所言猶迹也。夫迹，履之所出，而迹豈履哉？夫白鶂之相視，《御覽》九二五引「鶂」作「鷁」，《山海經·大荒東經》郭注引作「鵠」。

倫按：鶂，《御覽》引作鷁者，古讀疑紐淺喉、影紐深喉，故通借也。《說文》『鶂』下引《春秋傳》曰『六鷁退飛』，《左傳》作『鶂』。是其證。

眸子不運而風化。《闕誤》引張君房本「風」上有「感」字，《山海經·大荒東經》郭注引亦有「感」字。

倫按：『風』字疑涉下句『蟲雄鳴於上風，雌應於下風』而誤羨。《音義》本『雌應於下風而化』，無『風』字。郭璞《山海經·南山經》注引『類自爲雌雄，故風化』，作『類自爲雌雄而化』，亦無『風』字。可證也。

蟲，雄鳴於上風，雌應於下風而風化。涵本、世本無「而下風」字，《闕誤》引張君房本「而」下有「感」字。

陸德明曰：『而化，一本作而風化。』

類自爲雌雄，故風化。《山海經·南山經》注引「故」作「而」，無「風」字，《闕誤》引張君房本「故」下有「曰」字。

陸德明曰：『《山海經》云：「亶爰之山，有獸焉，其狀如貍而有髮，其名師類。帶山有鳥，其狀如鳳，五采文，其名曰奇類。皆自牝牡也。」』

性不可易，

倫按：易借爲迻。

**命不可變，時不可止，道不可壅。苟得於道，無自而不可。失焉者無自而可。』孔子不

出三月，復見，曰：『丘得之矣。烏鵲孺，

朱駿聲曰：『孺借爲乳。』倫按：孺、乳音同日紐也。

魚傅沫，各本「傅」作「傳」。

陸德明曰：『傳一本作傅。』倫按：傳當作傅，借爲哺。《説文》曰：『哺，哺咀也。』沫，《説文》曰：『沫水出蜀西南徼外，東南入江。』段玉裁謂沫水即涐水是也。《説文》『瀑』下曰：『一曰沫也。』沫謂水泡，則沫字本是水沫。

細要者化，有弟而兄啼。久矣夫，丘不與化爲人！不與化爲人，安能化人？』老子曰：『可，丘得之矣。』

莊子義證弟十五　外篇刻意弟十五

倫按：刻以同音借爲劾。《論語集解》弟子顔剋，《釋文》：『剋，本作亥。』剋即劾之俗字。是其例證。《説文》曰：『劾，尤劇也。』

刻意尚行，離世異俗，

倫按：異爲蕻省。俗言背俗也。

高論怨誹，『怨』，原作『怨』，今正。**爲亢而已矣，**

倫按：亢爲閌省，《説文》曰：『阬，閬也。』『閬，門高皃。』蓋奪閌字而以秦謂阬爲埂之阬當閌矣。詳《説文六書疏證》。

此山谷之士，非世之人，《御覽》五〇一引作『誹』。《文選》顔延年《和謝監詩》注引『世』作『俗』。

枯槁赴淵者之所好也。

劉師培曰：赴借爲仆。

語仁義忠信，恭儉推讓，爲修而已矣，各本『修』作『脩』。**此平世之士，教誨之人，遊居學者之所好也。**『居』原作『屋』，依各本改。**語大功，立大名，禮君臣，**

倫按：禮借爲理，音同來紐。《説文》曰：『理，治玉也。』

正上下，

倫按：正爲政省。

爲治而已矣，此朝廷之士，尊主强國之人，涵本、世本『强』作『彊』。

倫按：『强』當依涵芬樓本作『彊』。

致功并兼者之所好也。就藪澤，處閒曠，《文選》范曄《後漢書·逸民傳》注、沈休文《學省愁臥詩》注引『閒』作『閑』，《逸民傳》注『曠』作『暇』。

倫按：閒爲嫺省，《説文》曰：『嫺，嫺雅也。』嫺雅即嫺暇，下閒處同。曠借爲暇，古讀溪紐，匣紐皆淺喉音，亦魚陽對轉也。《説文》曰：『暇，閑也。』

釣魚閒處，《類聚》三六引『閒』作『閑』。

陸德明曰：『魡，本亦作釣。』倫按：『魡』俗字。

無爲而已矣，

奚侗曰：『上文爲亢爲修爲治，下文爲壽，皆言有所爲也。此無爲當作爲無。《説文》：「無，亡也。」「亡，逃也。」爲無猶言爲逃也。』倫按：或本作爲亡，淺人不明亡義而習見無爲，遂乙而改之。

此江海之士，避世之人，閒暇者之所好也。吹响呼吸，《類聚》七五引『响』作『吁』。

陸德明曰：『响，字亦作煦。』倫按：响，《説文》作欨。

吐故納新，

倫按：故借爲枯，新借爲鱻，音同心紐。鱻，《説文》曰：『新魚精也。』今通作鮮。新鮮雙聲連緜詞。

熊經鳥申，

倫按：經借爲頸，聲同耕類。《説文》曰：『頸，狹頭頸也。』《爾雅·釋詁》曰：『頸，直也。』申借爲臾。

爲壽而已矣，此導引之士，各本『導』作『道』，下『導引』同。

陸德明曰：『道，音導。』倫按：各本導作道，同音通借。《説文》『道』之重文作『衜』，即『導』初文。詳《説文六書疏證》。

養形之人，彭祖壽考者之所好也。若夫不刻意而高，無仁義而修，涵本、世本『修』作『脩』。**無功名而治，無江海而閒，不導引而壽，無不忘也，**

郭慶藩曰：『忘乃亡之借字。《淮南·修務篇》「南榮疇恥聖道之獨亡於己」，《賈子·勸學篇》作「忘」。是其例證。』倫按：忘借爲𣞤，與有對文。

無不有也，澹然無極，

陸德明曰：『然，一本作而。』倫按：然、而音同日紐。

而衆美從之，此天地之道，聖人之德也。故曰：夫恬淡寂漠虚無無爲，此天地之平，

《類聚》二二引『平』作『本』。**而道德之質也。**《文選》張茂先《勵志詩》、稽康《絶交書》注引『質』作『篤』。

倫按：『平』當依《執文類聚》引作『本』。『質』借爲『實』。

故曰：聖人休，休焉則平易矣。《闕誤》引張君房本作『休焉，休則平易矣』。

俞樾曰：『休休焉當作休焉休，傳寫誤倒。《天道篇》「故帝王聖人休焉，休則虚」，與此文法相似，可據訂正。』倫按：易借爲齊，支脂聲近通轉。《説文》曰：『齊，禾麥吐穗上平也。』

平易則恬淡矣。平易恬淡，則憂患不能入，邪氣不能襲，

倫按：邪借爲衺。《説文》曰：『衺，褢也。』後同。襲借爲㷉，之蒸對轉，蒸談通轉。《漢書·昭帝紀》『賜衣被一襲』，注：『一襲，一稱也，猶今言一副。』然則襲、副古今異言，由聲本通。副從畐聲，㷉亦從畐聲，故襲可借爲㷉。《説文》曰：『㷉，以火乾肉。』今作逼字。

故其德全而神不虧。『虧』，原作『虧』，今正。**故曰：聖人之生也天行，其死也物化。靜而與陰同德，動而與陽同波。不爲福先，不爲禍始。感而後應，迫而後動，不得已而後起。去知與故，**

倫按：迫借爲敀，《説文》曰：『敀，迮也。』『迮，迮迮起也。』後同。

倫按：《説文》曰：『故，使爲之也。』引申爲詐僞之義。故《吕氏春秋・論人篇》『去巧故』注：『巧故，僞詐也。』《淮南・主術訓》『上多故則下多詐』，注：『故，巧也。』

循天之理，故無天災，無物累，無人非，無鬼責。其生若浮，其死若休。不思慮，不豫謀。

倫按：豫借爲紓，聲同魚類。《左・襄四年傳》『后杼』，《史記・夏本紀》索隱引《系本》作『后佇』。是其例證。《説文》曰：『紓，幡也，所以盛米也。』此貯之本字。

光矣而不燿，涵本、世本作『耀』。**信矣而不期。其寢不夢，其覺無憂。其神純粹，**

倫按：純借爲醇。

其魂不罷。

倫按：罷借爲疲，同脣音也。《天道篇》正作『其魂不疲』。《左・成十六年傳》『而罷民以逞』，《釋文》：『罷，本作疲。』《襄三十三年傳》『楚子使薳罷來聘』，《公羊》作薳頗。是其例證。《説文》曰：『疲，勞也。』

虚無恬淡，乃合天德。故曰：悲樂者，德之邪。喜怒者，道之過。

倫按：道疑當爲德，三句皆承上天德言。

好惡者，德之失。故心不憂樂，德之至也。一而不變，静之至也。無所於忤，

倫按：忤當爲牾，《説文》無忤字。

虚之至也。不與物交，惔之至也。涵本、世本『惔』作『淡』，《意林》引作『澹』。無所於逆，粹之至也。故曰：形勞而不休則弊，《意林》引作『敝』。精用而不已則勞，勞則竭。水之性，不雜則清，莫動則平。鬱閉而不流，亦不能清。天德之象也，

倫按：象爲像省，下『不可爲象』同。

故曰：純粹而不雜，静一而不變，惔而無爲，涵本、世本『惔』作『淡』。動而以天行，此養神之道也。夫有干越之劍者，《書鈔》一二二、《御覽》三四四引『干』作『于』。

郭慶藩曰：『王念孫曰：干越猶言吴越。《漢書·貨殖傳》「辟猶戎翟之與于越，不相入矣」，于亦干字之誤。干、越皆國名。』倫按：《戰國策·趙策》：『馬服曰：夫吴干之劍。』《吕氏春秋·知分篇》『得寶劍於干遂』，注：『干遂，吴邑。』孫志祖曰：『《淮南·道應訓》「夫差之所以自剄於干遂也」，可爲干遂吴邑之證。《荀子·勸學篇》注引吕文作干越者誤矣。《周禮·考工記》「吴粤之劍」，可證干越即吴越，干非于字之誤。』劉台拱曰：『干與吴城邗溝通江淮之邗同。《尸子·勸學篇》曰：「使干越之工，鑄之以爲劍。」《新序·雜事篇》曰：「劍産干越。」並與此同。』

柙而藏之，《書鈔》一二二、《御覽》三四四引『柙』作『匣』，《玉篇》引作『拾』，崇本作『押』。

倫按：柙、匣並當依《玉篇》引作柗，《説文》曰：『柗，劍匣也。』古讀柙、柗皆喉音。

不敢用也，《書鈔》一二二引『用』上有『輕』字。

馬其昶曰：『《書鈔》引「用」上有「輕」字。』倫按：郭象注曰：『況敢輕用其神乎？』成玄英疏曰：『自非敵國大事，不敢輕用。』是郭、成本『敢』下並有『輕』字，傳寫奪之耳。

寶之至也。精神四達並流，

奚侗曰：『並讀爲旁。《史記·始皇紀》「並海」，《武帝紀》「並海」，皆借並爲旁。是其例證。』倫按：並、旁同脣音也。

無所不極，上際於天，下蟠於地。

倫按：蟠借爲方，同脣音也。方爲依傍本字。

化育萬物，不可爲象，其名爲同帝。

倫按：帝爲根蒂本字。

純素之道，唯神是守。守而勿失，與神爲一。一之精通，合於天倫。野語有之曰：『衆人重利，廉士重名，賢士尚志，聖人貴精。』故素也者，謂其無所與雜也。純也者，謂其不虧其神也。能體純素，謂之真人。

莊子義證弟十六　外篇繕性弟十六

倫按：繕疑借爲染，古讀日歸泥、讀禪歸定，同舌音也。《説文》曰：『染，以繒染爲色。』或借爲飾，與善借爲飾同。

繕性於俗俗學，崇本不重『俗』字，《闕誤》引張君房本亦不重『俗』字。

蘇輿曰：衍一俗字。

以求復其初；『初』，原作『初』，今正，後同。**滑欲於俗思，**《闕誤》引張君房本『俗』作『欲』。

倫按：滑疑借爲䵒，聲同脂類。《玉篇》『扫』爲『搰』重文。是其例證。《説文》曰：『䵒，黏也。』或借爲汨。聲同脂類。《齊物論》『置其滑涽』，向本滑作汨，音同。是其例證。《説文》曰：『汨，治水也。』

以求致其明，謂之蔽蒙之民。

倫按：蔽借爲庇。蒙借爲冡。

古之治道者，

王懋竑曰：治當作知。

以恬養知。《闕誤》引張君房本『知』作『智』，下『知生無以知』『知養』並同。**知生而無以知爲**

也，各本及《文選·養生論》注引『生』上無『知』字。

倫按：郭象注曰：『夫以無以知爲而任其自知，則雖知周萬物而恬然自得也。』似郭本『生』上無『知』字。『知』字涉上文而羨。

謂之以知養恬。知與恬交相養，而和理出其性。夫德，和也；道，理也。德無不容，仁也；道無不理，義也；義明而物親，忠也；《闕誤》引江南古藏本『忠』作『中』。**中純實而反乎情，**

倫按：純借爲惇，與純借爲醇同例。《說文》曰：『惇，厚也。』

樂也；信行容體而順乎文，禮也。

倫按：容爲頌省。頌，籀文頌。又按『中純實』以下文有奪誤。『忠也』下當有『□□而行□信也』七字。道德、仁義、忠信、禮樂相對爲文。今『中純實』以下辭不可解，又有『信』『行』二字，明其奪誤矣。

禮樂偏行，涵本、世本『偏』作『徧』。

陸德明曰：『偏，音遍。』俞樾曰：『郭注曰：「以一體之所履、一志之所樂，行之天下，則一方得而萬方失也。」是「偏」爲「一偏」之「偏」。《釋文》作偏音遍，非是。』

則天下亂矣。彼正而蒙己德，德則不冒，

倫按：疑有奪譌。

冒則物必失其性也。古之人在混芒之中，

朱駿聲曰：『混借爲梱。』倫按：混梱音同匣紐。《説文》曰：『梱，完木未析也。』芒借爲忘。

與一世而得澹漠焉。當是時也，陰陽和静，鬼神不擾，四時得節，《闕誤》引張君房本作『應』。**萬物不傷，群生不夭。人雖有知，**《書鈔》一五引『知』作『志』。**無所用之，此之謂至一。當是時也，莫之爲而常自然。逮德下衰，及燧人、伏羲始爲天下，**涵本、世本『羲』作『戲』。**是故順而不一。德又下衰，及神農、黄帝始爲天下，是故安而不順。德又下衰，及唐、虞始爲天下，興治化之流，澡淳散朴，**世本『澡』作『潒』。

陸德明曰：『潒，本亦作澆。醇，本亦作純。』朱駿聲曰：『潒，《説文》作澆。』倫按：成玄英疏曰：『豈非毁湻素以作澆訛。』是成本作澆。《説文》曰：『澆，渼也。』湻，當依陸本作醇。朴，《淮南・俶真訓》作樸。正字。

離道以善，

倫按：《説文》曰：『善，吉也。從誩從羊。』倫謂從誩，䪞省聲。詳《説文六書疏證》。善從誩。《説文》曰：『誩，競言也。』則善猶言也。《淮南・俶真訓》作『雜道以僞』。雜爲離誤，僞則歌元對轉借爲善也。善與行對，故下文曰『險德以行』。

險德以行，

倫按：險疑借爲憸。《説文》曰：『憸，憸詖也。』『詖』下曰：『古文以爲頗字。』『頗，頭偏也。』則險德猶頗德矣。或借爲譣，聲同談類。《史記·游俠傳》『傅説匿於傅險』，傅險即傅巖。《日者傳》『多言誇嚴』，誇嚴即誇譣。徐廣曰：『嚴，一作險。』是其例證。《説文》曰：『譣，誕也。』』

然後去性而從於心。心與心識，

陸德明曰：『識，衆本悉同，向本作職，云：彼我之心競爲先職矣。郭注既與向同，則亦當作職矣。』倫按：作識是。《説文》曰：『識，常也。』《釋名》曰：『識，幟也，有章幟可按視也。』是識爲對境之稱。對境即自心分別。《文選·五君詠》注曰：『湛然不動謂之心，分别是非謂之識。』向本作職者，同從戠聲，通借。《周禮·職方氏》《修華嶽碑》作識。是其例矣。

知而不足以定天下，然後附之以文，

倫按：附借爲坿，《説文》曰：『坿，益也。』

益之以博。文滅質，博溺心，然後民始惑亂，無以反其性情而復其初。由是觀之，世喪道矣，道喪世矣。世與道交相喪也，道之人何由興乎世，

奚侗曰：『「之人」二字誤衍。』

世亦何由興乎道哉？道無以興乎世，世無以興乎道，雖聖人不在山林之中，其德

隱矣。

倫按：隱借爲乚，《説文》曰：『乚，匿也。讀若隱。』

隱故不自隱。

馬其昶曰：故同固。

古之所謂隱士者，非伏其身而弗見也，《類聚》三六引『弗』作『不』。非閉其言而不出也，非藏其知而不發也，時命大謬也。當時命而大行乎天下，則反一無迹。不當時命而大窮乎天下，則深根寧極而待。此存身之道也。古之行身者，崇本、世本『行』作『存』。

陳壽昌曰：『行身或作身存，當作存身，方與上下文合。』

不以辯飾知，不以知窮天下，世本無『以』字。不以知窮德。危然處其所而反其性已，

陸德明曰：『危，司馬本作恑，崔本作垝。』倫按：危借爲頠，或借爲姽。《説文》曰：『頠，頭嫺習也。』『姽，閑體行姽姽也。』《文選·神女賦》注引作『靖好貌』。

又何爲哉？《闕誤》引張君房本『哉』上有『乎』字。道固不小行，德固不小識。小識傷德，小行傷道。故曰：『正己而已矣。』樂全之謂得志。古之所謂得志者，非軒冕之謂也，謂其無以益其樂而已矣。今之所謂得志者，軒冕之謂也。軒冕在身，非性命也。《闕誤》引張君房本『也』上有『之有』二字。物之儻來，

陸德明曰：『儻，崔本作黨。』朱駿聲曰：『儻借爲尚，猶曾也。』

寄者也。各本及《意林》引無『者』字。**寄之，其來不可圉，**《輔行記》六之二引『圉』作『卻』，《意林》引作『禦』。

陸德明曰：『圉，本又作禦。』倫按：圉、禦均借爲敔。圉借爲敔者，圉固一字。詳《説文六書疏證》。其例也。

其去不可止。故不爲軒冕肆志，不爲窮約趨俗，

倫按：約借爲貶，宵談對轉。《説文》曰：『貶，損也。從貝，乏聲。』即窮乏之乏本字。古書言約少儉約，皆貶之借。

其樂彼與此同，故無憂而已矣。今寄去則不樂，由之觀之，各本上『之』字作『是』。**雖樂未嘗不荒也。**

倫按：荒借爲亡。《書·微子》『天毒降災荒殷邦』，《史記·宋世家》『荒』作『亡』。是其例證。

故曰：喪己於物，失性於俗者，謂之倒置之民。

劉師培曰：『置借爲植。《論語》「植其杖而耘」，漢石經作「置」。本書《則陽篇》「草木之倒植者過半」，《釋文》：「植，本亦作置。」是其例證。』

莊子義證弟十七　外篇秋水弟十七

秋水時至，百川灌河，涇流之大。《水經注》一引『涇』作『經』。

陸德明曰：『涇，崔本作經，云：直度曰經。又云：字又作涇。』章炳麟曰：『涇借爲巠。《説文》曰：「巠，水脈也。」』

兩涘渚涯之閒，各本『涯』作『崖』。

陸德明曰：『崖，字又作涯，亦作厓。』朱駿聲曰：『渚借爲陼。《説文》曰：「陼，如渚者。」「陼丘，水中高者也。」』

不辨牛馬。各本『辨』作『辯』。

陸德明曰：『辯，別也。』倫按：陸本作辯，借字。

於是焉河伯欣然自喜，《類聚》八、《御覽》五八引無『焉』字。

王引之曰：『焉猶乎也。』

以天下之美爲盡在己。順流而東行，至於北海，東面而視，不見水端，於是焉河伯始旋其面目，望洋向若而歎，

陸德明曰：『盳，一本作望。司馬、崔云：「盳洋猶望羊，仰視貌。」』倫按：《御覽》

三八四引《春秋元命苞》曰：『文王龍顔柔肩，望羊。』《古微書》引《禮含文嘉》曰：『武王望羊，是謂攝揚，盱目陳兵，天下富昌。』《史記·孔子世家》『眼如望羊』，《左·哀十四年傳》『長而上僂，望視』，尋《禮》緯所言，粗可繹説。武王望羊是謂攝揚者，《方言》曰：『好目謂之順，驢瞳之子謂之䁖，宋衛韓鄭之閒曰鑠，燕代洌水之閒曰盱，或謂之揚。』郭注曰：『《詩》曰：「美目揚兮。」是揚乃美目之稱。』揚借爲滕，《禮記·檀弓篇》『杜蕢洗而揚觶』，注：『《禮》「揚」作「滕」。』是其例證。《玉篇》曰：『滕，美目也，大視也。』又《説文》曰：『盱，張目也。』張目與大視之義合，故謂之盱者，或謂之揚也。盱、揚魚陽封轉。揚是美目，則望羊非如世説望視太陽也。且望視太陽者，白盲是也，豈文、武、仲尼皆白盲乎？《史記》稱孔子眼如望羊，《左傳》名爲望視。本書《外物篇》稱孔子『脩上而趨下，末僂而後耳，目若營四海』，與《左傳》略同。知望羊、望視、營四海皆遠大之義。《史記集解》引王肅曰：『望羊，望羊視。』王肅《家語注》曰：『望羊，遠視也。』《釋名》曰：『望，茫也，遠視茫茫也。』望羊蓋以疊韻舉義，望羊即望也。

曰：『野語有之，曰「聞道百，

郭慶藩曰：『百讀若博，與若韻。』倫按：百借爲溥，同脣音也。《尒疋》：『鴡，伯勞。』《月令》注作『博勞』。《夏小正》『鴂則鳴』，鴂者百鷯也。是其例證。《説文》曰：『溥，大也。』

以爲莫己若者」，我之謂也。且夫我嘗聞少仲尼之聞而輕伯夷之義者，始吾弗信。今我睹子之難窮也，

陸德明曰：『案《説文》，睹今字，覩古字。崔本作今睹我。』

吾非至於子之門，則殆矣，吾長見笑於大方之家。』

倫按：方疑爲房省，或借爲法。

北海若曰：『井蛙不可以語於海者，各本「蛙」作「鼃」，《御覽》六〇、又九四四引同此，一二一、又九三五引作「魚」。

王引之曰：『「鼃」，本作「魚」，後人改之也。《太平御覽·時序部》七、《鱗介部》七、《蟲豸部》一引並作「井魚」，則舊本作「魚」可知。且《釋文》於此句不出鼃字，直至下文「埳井之鼃」，始云：「鼃本作蛙。」引司馬云：「鼃，水蟲，形似蝦蟇。」則此句作「魚」不作「鼃」明矣。再以二證明之，《鴻烈解·原道篇》「夫井魚不可與語大，拘於隘也」，梁張綰文「井魚之不識巨海，夏蟲之不見冬冰」，《水經·贛水》注云：「聊記奇文以廣井魚之聽」，倫按：梁張綰《龍棲寺碑》文見《埶文類聚》七六引。皆用莊子之文。則莊子之作「井魚」益明矣。《井》九二「井谷射鮒」，鄭注：「所生無大魚，但多鮒耳。」見劉逵《吴都賦注》。《困學紀聞》十引莊曰「用意如井魚者」，《吕氏春秋·諭大篇》曰「井中之無大魚也」，此皆井魚之證。後人以下文有埳井之鼃，而《荀子·正論篇》亦云「坎井之鼃，不可語東海之樂」，遂改「井魚」爲「井鼃」，不知井自有魚也。

拘於墟也。各本「墟」作「虚」。

陸德明曰：『虚，本亦作墟。』王念孫曰：『《廣雅》曰：「墟，凥也。」《文選·西征賦》注引《聲類》曰：「墟，故所居也。」凡經傳言邱墟者，皆謂故所居之地。言井魚拘於所居，故不知海之大也。』倫按：拘借爲局，虚借爲居，古讀並淺喉音也。《説文》曰：『局，促也。』『居，處也。』

夏蟲不可以語於冰者，篤於時也。

倫按：篤借爲㷓，聲同之類。《説文》『毒』之古文作『䓯』，古書『毒』『篤』通用，其例證也。《説文》曰：『㷓，以火乾肉。』

曲士不可以語於道者，

倫按：曲當作[illegible]，借爲法。

束於教也。今爾出於涯涘，各本「涯」作「崖」。**觀於大海，乃知爾醜，爾將可與語大理矣。天下之水，莫大於海，萬川歸之，不知何時，止而不盈。尾閭泄之，**《文選·江賦》注引「泄」作「渫」。

倫按：泄爲渫省，《説文》曰：『渫，除去也。』後同。

不知何時，已而不虚。春秋不變，水旱不知。此其過江河之流，

倫按：成玄英疏曰：『遠過江海之流。』似成本『河』字作『海』。

不可爲量數。而吾未嘗以此自多者，自以比形於天地，而受氣於陰陽，吾在天地之閒，猶小石小木之在大山也，方存乎見少，又奚以自多。計四海之在天地之閒也，不似礨空之在大澤乎？

涵本、世本「天」上有「於」字。

奚侗曰：『礨當作罍，空借爲坎。《爾疋·釋器》：「彝、卣、罍，器也。小罍謂之坎。」《風俗通》：「箜篌，一名坎篌，或曰空篌。」空、坎雙聲。』

計中國之在海内，不似稊米之在大倉乎？號物之數謂之萬，人處一焉。人卒九州穀食之所生，

俞樾曰：『人卒疑大卒之誤。《人閒世篇》郭注「卒然拊之」，《釋文》曰：「卒，或作卒。」是卒、卒形似易誤之證。卒誤爲卒，因改大爲人，以《至樂篇》有「人卒聞之」、《盜跖篇》有「人卒未嘗不興名就利」之文也。』

舟車之所通，人處一焉。此其比萬物也，不似豪末之在於馬體乎？

倫按：『人卒九州穀食之所生舟車之所通』十四字，當移至『不似豪末之在於馬體乎』下，誤多『人處一焉』一句。

五帝之所連，《闕誤》引江南古藏本「連」作「運」。

陸德明曰：『五常，本亦作五帝。』倫按：帝字是。連與争對，疑爲漣省。《説文》

曰：『漣，漣謱也。』

三王之所爭，仁人之所憂，任士之所勞，盡此矣。伯夷辭之以爲名，仲尼語之以爲博，此其自多也，不似爾向之自多於水乎？』河伯曰：『然則吾大天地而小毫末，涵本、世本「毫」作「豪」。**可乎？』北海若曰：『否。夫物量無窮，時無止，分無常，終始無故。**

倫按：故借爲尻。

是故大知觀於遠近，故小而不寡，大而不多，知量無窮。證曏今故，

倫按：曏借爲淺，故讀爲古。

故遙而不悶，

倫按：遙借爲櫾，《説文》曰：『櫾，崑崙河隅之長木也。』

掇而不跂，

陸德明曰：『跂，一本作企。』倫按：掇借爲頣，聲同脂類。《説文》曰：『頣，短面也。』《説文》『窶』下『短面也』即『頣』字義，『窶』之本義蓋失矣。或借爲短，端紐雙聲。尹桐陽説。跂借爲忮，《説文》曰：『忮，很也。』

知時無止。察乎盈虛，故得而不喜，失而不憂，知分之無常也。明乎坦塗，崇本「塗」作「途」。

倫按：上文『遠近』『今古』『盈虛』皆對言之，此亦宜然。坦借爲僤，與怛借爲憚同。

《說文》曰：『僤，疾也。』塗借爲徐，《說文》曰：『徐，緩也。』

故生而不悅，死而不禍，

倫按：禍借爲惡，同喉音也。《說文》曰：『惡，過也。』

知終始之不可故也。計人之所知，不若其所不知。其生之時，不若未生之時。以其至小求窮其至大之域，是故迷亂而不能自得也。由此觀之，又何以知毫末之足以定至細之倪，涵本、崇本「毫」作「豪」。

倫按：倪讀爲兒。

又何以知天地之足以窮至大之域？』河伯曰：『世之議者皆曰：「至精無形，至大不可圍。」

孫詒讓曰：『圍當作圉。《則陽篇》「大至於不可圉」，亦同。圉與御通，《繫辭》上曰：「夫易廣矣大矣，以言乎遠則不禦。」其證也。』倫按：孫說亦通。然圍字義長，圍當作口。

是信情乎？』北海若曰：『夫自細視大者不盡，自大視細者不明。夫精，小之微也。垺，

奚侗曰：『垺借爲孚，《說文》曰：「孚，卵也。」』

大之殷也，

倫按：殷借爲㬋，影紐雙聲。《説文》曰：『㬋，大皃。』讀若偃。

故異便。《闕誤》引張君房本「便」下有「耳」字。

倫按：此三字當在上文『自大視細者不明』下。

此勢之有也。夫精粗者，期於有形者也。無形者，數之所不能分也。不可圍者，數之所不能窮也。可以言論者，

倫按：下文『言之所不能論』，《音義》曰：『論，一本作論。』兩論字皆當從或本作諭。《説文》曰：『諭，告也。』

物之粗也。可以意致者，物之精也。言之所不能論，

陸德明曰：論，一本作諭。

意之所不能察致者，

倫按：察字羨文。

不期精粗焉。是故大人之行，不出乎害人，《闕誤》引張君房本「人」下有「之塗也」三字。**不多仁恩。動不爲利，不賤門隸。貨財弗爭，不多辭讓。**

倫按：讓借爲攘，《説文》曰：『攘，推也。』後隨文別之。

事焉不借人，不多食乎力，不賤貪汙。涵本、世本「汚」作「汙」。

倫按：『不賤貪汚』上有奪句。

行殊乎俗，不多辟異。

倫按：辟爲𨐨省，《説文》曰：『𨐨，仄也。』此乖僻字，今亦作僻。

爲在從衆，不賤佞諂。世之爵禄，不足以爲勸。戮恥，不足以爲辱。知是非之不可爲分，細大之不可爲倪。聞曰：「道人不聞，至德不得，大人無己。」約分之至也。』河伯曰：『若物之外，若物之内，惡至而倪貴賤？惡至而倪小大？』北海若曰：『以道觀之，物無貴賤。以物觀之，自貴而相賤。《史記·賈誼傳》索隱引「賤」下有「也」字。以俗觀之，貴賤不在己。以差觀之，因其所大而大之，則萬物莫不大；因其所小而小之，則萬物莫不小。知天地之爲稊米也，知毫末之爲丘山也，涵本、世本「毫」作「豪」。則差數覩矣。以功觀之，

倫按：《詩·崧高》傳曰：『功，事也。』或借爲空。

因其所有而有之，則萬物莫不有。因其所無而無之，則萬物莫不無。知東西之相反，而不可以相無，則功分定矣。以趣觀之，因其所然而然之，則萬物莫不然；因其所非而非之，則萬物莫不非。知堯、桀之自然而相非，則趣操覩矣。昔者，堯、舜讓而帝，之、噲讓而絶。湯、武争而王，白公争而滅。由此觀之，争讓之禮，堯、桀之行，貴賤有時，未可以爲常也。梁麗可以衝城，

陸德明曰：『梁麗，屋棟也。』郭慶藩曰：『《列子·湯問》：「雍門鬻歌，餘音繞梁欐。」梁欐即此所謂梁麗也。又《力命》「居則連欐」，《文選·上林賦》「連卷欐佹」注：

「欐佹，支柱也。」正謂椽柱之屬。爲梁麗必材之大者，故可用以衝城。』倫按：『梁麗』即《尒疋》之『宲廇』。廇、麗來紐雙聲。衝借爲㠉，《説文》曰：『㠉，陷陳車也。』

而不可以窒穴，言殊器也。騏驥驊騮，一日而馳千里，捕鼠不如狸狌，

陸德明曰：『捕，本又作搏。狌，崔本作鼬。』王引之曰：『《御覽》引《尸子》曰：「使牛捕鼠，不如猫狌之捷。」此云不如狸狌，是貓亦稱狸也。《廣雅·釋獸》：「貍，貓也。」』倫按：捕字是。

言殊技也。鴟鵂夜撮蚤，《意林》引「鵂」作「鴞」，「撮」作「攝」。《御覽》九二七引「鴟鵂」作「鵂鶹」。

陸德明曰：『鴟，崔云：鵂鶹，與委梟同。夜撮，崔本作最，音同。《淮南子》：「鴟夜聚蚤，察分毫末。」許慎云：「鴟夜聚食蚤蝨，不失也。」司馬本蚤作蚤，音文，云：鴟鵂夜取蚉食。今郭本亦有作蚉者。崔本蚤作爪，云：鵂鶹夜聚人爪於巢中也。』王引之曰：『「鵂」字涉《釋文》内鴟鵂鶹而衍。《釋文》引崔云「鴟鵂鶹」而不爲「鵂」字作音，則正文無「鵂」字明矣。《淮南·主術篇》亦無「鵂」字。』倫按：鴟舊與鴟鴞別。此是鴟舊，故崔以鵂鶹釋鴟。當依王説删『鵂』字，最爲撮省。爪借爲蚤，蚉誤字。

察毫末，涵本、世本、崇本「毫」作「豪」。**晝出瞋目而不見丘山，**

陸德明曰：『瞋，或作瞑。』蘇輿曰：『瞋字是。言鴟夜能撮蚤及晝，則雖瞋目而不見丘山矣。』

言殊性也。故曰：蓋師是而無非，師治而無亂乎？是未明天地之理、萬物之情者也。是猶師天而無地，師陰而無陽，其不可行明矣。然且語而不舍，

倫按：舍爲捨省，後隨文別之。

非愚則誣也。帝王殊禪，

倫按：帝王疑當作五帝。禪借爲嬗，猶澶借爲撣矣。《説文》曰：『嬗，傳也。』今本《説文》作『緩也』，一曰『傳也，緩也』，乃『繟』字義。

三代殊繼。差其時，逆其俗者，謂之篡夫。《闕誤》引張君房本「篡」下有「之」字。當其時，順其俗者，謂之義徒。世本「義」下有「之」字。默默乎河伯，

倫按：默借爲謐，後隨文義別之。

女惡知貴賤之門、小大之家！』河伯曰：『然則我何爲，何不爲乎？吾辭受趣舍，吾終奈何？』北海若曰：『以道觀之，何貴何賤，是謂反衍。

陸德明曰：『反衍，本亦作畔衍。』郭慶藩曰：『《文選》左太沖《蜀都賦》注引司馬本作叛衍。』倫按：反畔聲同元類，叛亦反聲也。反衍疊韻連緜詞，借爲般旋，聲同元類。《説文》曰：『旋，周旋。』旋從足㫃聲，詳《説文六書疏證》。

無拘而志，

倫按：拘借爲局。

與道大蹇。

陸德明曰：『與道大蹇，本或作與天道蹇。崔本蹇作浣。』倫按：大爲天之譌也。天、蹇疊韻連緜詞，謂屈曲也。或本作與天道蹇者，由讀者不解天蹇之義，移『天』字於『道』上耳。

何少何多，是謂謝施。

吴汝綸曰：『謝施連緜字，猶旖施、邪施，與委蛇同義。』倫按：謝、施同齒音，連緜詞也。《説文》曰：『施，旗皃。』

無一而行，與道參差。嚴乎若國之有君，

奚侗曰：『嚴字當重，與繇繇乎、汎汎乎相耦。』

其無私德。繇繇乎若祭之有社，其無私福。汎汎乎其若四方之無窮，各本「汎」作「泛」。

陸德明曰：『泛，字又作汎。』倫按：泛、汎並借爲氾，《説文》曰：『氾，濫也。』

其無所畛域。兼懷萬物，其孰承翼？

倫按：承翼當作丞翊，《説文》曰：『丞，翊也。』

是謂無方。萬物一齊，孰短孰長？道無終始，物有死生，不恃其成。一虚一滿，不位乎其形。年不可舉，《文選》魏文帝《與吴質書》注引「舉」作「攀」。

倫按：舉疑借爲歫，聲同魚類。

時不可止。消息盈虚，終則有始。《文選》魏文帝《與吴質書》注引「有」作「又」。是所以語大義之方，

倫按：方借爲法。

論萬物之理也。物之生也，若驟若馳，無動而不變，無時而不移。

倫按：移借爲迻，《説文》曰：『迻，遷徙也。』凡移徙字同此。

何爲乎，何不爲乎？夫固將自化。』河伯曰：『然則何貴於道邪？』北海若曰：『知道者，必達於理；達於理者，必明於權；明於權者，不以物害己。至德者，火弗能熱，水弗能溺，寒暑弗能害，禽獸弗能賊。非謂其薄之也。

倫按：薄借爲懼，聲同魚類。《廣雅·釋詁》曰：『薄，懼也。』或借爲怖，《説文》曰：『懼，恐也。』『怖，惶也。』『惶，恐也。』

言察乎安危，寍於禍福，涵本「寍」作「寧」，世本作「甯」。謹於去就，莫之能害也。故曰：天在内，人在外，德在乎天。知天人之行，《闕誤》引張君房本「天」作「乎」。本乎天，位乎得。

倫按：得疑當作德。

蹢躅而屈伸，反要而語極。』曰：『何謂天？何謂人？』北海若曰：『牛馬四足，是謂天。落馬首，穿牛鼻，是謂人。故曰：無以人滅天，無以故滅命，

倫按：《説文》曰：『故，使爲之也。』

無以得殉名。謹守而弗失，是謂反其真。』夔憐蚿，《玉燭寶典》引『憐』作『怜』。

倫按：《書·多士》『予惟率肆矜爾』，《論衡·雷虚篇》引『矜』作『憐』。《説文》『獜』下引《詩》曰『盧獜獜』，石經『獜獜』作『令令』。此獜、令古通之證，音同來紐也。故俗『憐』字作『心』邊『令』。《方言》曰：『憐，宋魯之閒曰憐。』此憐字亦宋語也。知者，《墨子·大取篇》曰：『愛二世有厚薄，而愛二世相若，其類在蛇文。』洪頤煊謂『文』爲『玄』誤，玄即蚿省。是其證。

蚿憐蛇，蛇憐風，風憐目，目憐心。夔謂蚿曰：『吾以一足趻踔而行，各本『趻』作『跉』。

陸德明曰：『跉卓，本亦作踔。』倫按：踔陸本作跉者，今甚聲同侵類也。《説文》並無『趻』『跉』二字。《音義》：『跉，勑甚反。』『卓，勑角反。』是跉踔爲雙聲連緜詞也。卓爲稺省，《説文》曰：『稺，特止也。』

予無如矣。《御覽》九四八引『予』作『子』，《文選·文賦》注引作『爾』。

章炳麟曰：『如以雙聲借爲能。《詩箋》「能猶侞也」，是其例。此言吾使一足，猶患力不勝。子使萬足，當以何力任之？』

今子之使萬足獨柰何？』蚿曰：『不然。子不見夫唾者乎？噴，羅振玉影日本鈔本《玉篇》引『噴』作『歕』。

倫按：噴當依《玉篇》引作歕，《説文》曰：『歕，吹气也。』

則大者如珠，小者如霧，雜而下者，不可勝數也。今予動吾天機而不知其所以然。』蚿謂蛇曰：『吾以衆足行，而不及子之無足，何也？』蛇曰：『夫天機之所動，何可易邪？

倫按：易爲傷省，《説文》曰：『傷，輕也。』

吾安用足哉？』蛇謂風曰：『予動吾脊脅而行，則有似也。

奚侗曰：『似借爲以。以，用也。』倫按：『有似』疑當作『似有』，故下文曰『而似無有』。

今子蓬蓬然起於北海，

倫按：蓬蓬，成玄英疏曰『風聲』，是也。蓬借爲彭，音同並紐。《詩・靈臺》『鼉鼓逢逢』，《釋文》引《埤蒼》曰：『逢逢，鼓聲也。』《説文》曰：『彭，鼓聲也。』

蓬蓬然入於南海而似無有，何也？』風曰：『然。予蓬蓬然起於北海而入於南海也，然而指我則勝我，䠓我亦勝我。各本「䠓」作「鰌」。

陸德明曰：『鰌，本又作䠓。』成玄英曰：『䠓，亦有作鰌字者。』倫按：鰌借爲蹴，音同清紐。《説文》『䠞』讀若『蹴』，是其例證。『䠓』者，蓋『蹴』之或體。《説文》曰：『蹴，躡也。』『躡，蹈也。』

雖然，夫折大木、蜚大屋者，《文選・演連珠》注引「蜚」作「飛」。

倫按：蜚借爲排，《説文》曰：『排，擠也。』

唯我能也，故以衆小不勝爲大勝也。爲大勝者，唯聖人能之。』孔子游於匡，宋人圍之，《御覽》四三七引『匡宋』作『宋匡』。

陸德明曰：『司馬云：宋當作衛。』

數匝，

倫按：匝借爲匌，聲同談類。《説文》曰：『匌，帀也。』『帀』下曰『周也』，當作『匔』也，即『匌』字，訓『帀』之本義亡矣。

而絃歌不輟。涵本、世本『絃』作『弦』，各本『輟』作『惙』。

陸德明曰：『惙，本又作輟。』

子路入見，曰：『何夫子之娱也？』孔子曰：『來！《御覽》四三七引「來」上有「由」字。吾語汝。各本「汝」作「女」，《御覽》四三七引作「爾」。我諱窮久矣，而不免，命也；求通久矣，而不得，《闕誤》引江南古藏本「得」作「遇」。時也。當堯、舜而天下無窮人，《闕誤》引張君房引「堯舜」下有「之時」字，下同。非知得也；當桀、紂而天下無通人，非知失也，時勢適然。夫水行不避蛟龍者，漁父之勇也；陸行不避兕虎者，獵夫之勇也；白刃交於前，視死若生者，烈士之勇也；知窮之有命，《御覽》四三七、《文選·辯命論》注引「知窮」上有「聖人」二字。知通之有時，臨大難而不懼者，聖人之勇也。由處矣，吾命有所制矣。』無幾何，將甲者進辭，陸德明曰：『將，本亦作持。』倫按：《說文》曰：『將，帥也。』

曰：『以爲陽虎也，故圍之。今非也，請辭而退。』公孫龍問於魏牟，

陸德明曰：『司馬云：龍，趙人。牟，魏之公子。』倫按：《漢書・執文志》：『名家：《公孫龍子》十四篇。』固自注曰：『趙人。』《呂氏春秋・審爲篇》：『趙惠王謂公孫龍曰：「寡人事偃兵十餘年矣。」』《淫辭篇》：『趙王以告平原君，平原君以告公孫龍。』《史記》：『平原君厚待公孫龍。』劉向《別録》：『齊使鄒衍過趙平原君，見公孫龍及其徒綦毋子之屬。』是龍趙惠王時人。又《漢書・執文志》：『道家：《公子牟》四篇。』固自注曰：『魏之公子也，先莊子，莊子稱之。』《荀子・非十二子篇》楊倞注曰：『魏牟，魏公子，封於中山。今《莊子》有公子牟，偁莊子之言，以折公孫龍。據即與莊子同時也。《列子》張湛注以牟爲文侯子，據年代非也。《說苑》：公子牟東行，穰侯送之。未知何者爲定。』錢大昭曰：『高誘注《呂覽》云：「公子牟，魏公子也，作書四篇。魏伐中山，得之，以封子牟，因曰中山公子牟也。」』倫按：《史記・魏世家》：『文侯十七年伐中山。』張湛蓋以是推之，故以牟爲文侯子。然《世家》曰：『伐中山，使子擊守之，趙倉唐傅之。』子擊即武侯。《說苑》乃出少子摯，封中山，而復太子擊，則無封牟事。《戰國策・趙策》：『建信君貴於趙，公子魏牟過趙，趙王迎之。顧反，至坐前，有尺帛，且令工以爲冠。工見客來也，因辟。趙王曰：「公子乃驅後車，幸以臨寡人，願聞所以爲天下。」魏牟曰：「王能重王之國若此尺帛，則王之國大治矣。王有此尺帛，何不令前郎中以爲冠，而必待而後乃使之。今爲天下之工或非也，社稷爲虛戾，先王不血食，而王不以予工，乃與幼艾。且王之先帝駕犀首而驂馬服，以與秦角逐。秦當時適其鋒，今王憧憧乃輦建信以與秦角逐，臣恐秦折王之椅也。」』《説苑・敬慎篇》作『魏公子牟東行』，然則牟蓋非文侯子、摯之後耳。又：『平原君謂平陽君曰：「公子牟游於秦，且東，而辭應侯。」』

曰：『**龍少學先王之道，長而明仁義之行。合同異，離堅白。然不然，可不可。困百家之知，窮衆口之辯。**《御覽》一八九引「辯」作「辨」。**吾自以爲至達已。今吾聞莊子之言，汒焉異之。**《御覽》一八九引「汒」作「茫」。

倫按：汒借爲夢。

不知論之不及與，知之弗若與？今吾無所開吾喙，

陸德明曰：『開，如字。本亦作闢，或作閡。』倫按：《説文》『開』之古文作『闢』，與『闢』形近，又誤爲『閡』。

敢問其方。』公子牟隱几大息，各本『几』作『机』。

倫按：陸德明出『机』字，是陸本『几』作『机』也。

仰天而笑，曰：『子獨不聞夫埳井之蛙乎？《類聚》一七引「埳」作「坎」，世本作「臽」。各本「蛙」作「鼃」。

陸德明曰：『鼃，本又作蛙。』倫按：《荀子・正論篇》：『坎井之鼃，不可與語東海之樂。』蓋本於此。是荀所見《莊子》作『坎』也。《説文》無『埳』字，『坎』下曰：『陷也。』『埳』蓋『陷』之或體而誤者也，字當依世德堂本作『埳』。坎、埳聲同侵類。《易》『習坎』，『坎』本亦作『埳』，是其例證。鼃，蝦蟇也。蛙，《説文》作圭，蠆也。鼃字是。

謂東海之鼈，

陸德明曰：『鱉，字亦作鼈。』倫按：陸本作鱉，俗字。

曰：「吾樂與。出跳梁乎井幹之上，崇本『出』上有『吾』字。《闕誤》引江南古藏本無『梁』字。

倫按：『梁』字羨文。成玄英疏曰：『出則跳躑井欄之上，入則休息乎破磚之涯。』可證成本無『梁』字。《音義》出『跳』字，不出『梁』字，是陸本亦無『梁』字。幹，《説文》作榦，此借爲韓，井桓也。

入休乎缺甃之崖。《御覽》一八九引『崖』作『岸』。**赴水，**

陸德明曰：『赴，司馬本作踣。』尹桐陽曰：『赴、踣滂母雙聲。』倫按：赴借爲仆。仆、踣一字，詳《説文六書疏證》。故司馬本作踣。

則接腋持頤，各本『腋』作『掖』。

倫按：接借爲挾，聲同談類。《儀禮》古文挾皆作接，是其例證。《説文》曰：『挾，俾持也。』

蹶泥，則没足滅跗；還虷蟹與科斗，《御覽》一八九引「還」下有「視」字。

倫按：當依《御覽》引「還」下補「視」字。成玄英疏曰：「顧瞻蝦蟹之類，俯視科斗之徒。」是成本亦有「視」字。虷借爲蜎，聲同元類。《説文》曰：「蜎，井中蟲也。」依《韻會》十六「銑」引。

莫吾能若也。且夫擅一壑之水，而跨跱埳井之樂，各本「埳」作「坞」，下同。世本「跨」作「跨」，下「埳」字同。

倫按：跨借爲躆，聲同魚類。《説文》曰：「躆，峙躆也。」

此亦至矣，夫子奚不時來入觀乎！」東海之鼈，涵本「鼈」作「鱉」。左足未入而右膝已縶矣。於是逡巡而卻，「卻」原作「却」，今正。

倫按：卻借爲迟，音同谿紐。本書《人間世篇》「吾行卻曲」，《音義》曰：「『卻』，字書作『迟』。」是其證。《説文》曰：「迟，曲行也。」

告之海，曰：「夫千里之遠，《類聚》八、《御覽》六〇及九三二引「海」字在「夫」字下。

俞樾曰：「『海』字當在『夫』字之下。」

不足以舉其大；千仞之高，不足以極其深。禹之時，十季九潦，「季」，各本作「年」，下同。而水弗爲加益；《御覽》九三引作「九年十潦」。湯之時，八年七旱，而崖不爲加損。《類聚》八引「崖」作「涯」、「加」作「滅」，《御覽》九三二引「崖」作「岸」。夫不爲頃久推移，《御覽》六〇引「頃」作

『傾』。**不以多少進退者，此亦東海之大樂也。」於是埳井之蛙聞之，適適然驚，**

倫按：適借爲愓，古讀審紐歸透也。《詩·斯干》『載衣之裼』，《説文》引『裼』作『禘』。是其例證。《説文》曰：『愓，驚也。』依《文選·射雉賦》注引。

規規然自失也。且夫知不知是非之境，而猶欲觀於莊子之言，是猶使蚊負山、商蚷馳河也，

陸德明曰：『蚷，本作蚷。』倫按：蚷誤字。

必不勝任矣。且夫知不知論極妙之言，而自適一時之利者，是非埳井之蛙與？且彼方跐黄泉而登大皇，

朱駿聲曰：『跐借爲趾，《説文》曰：「趾，淺渡也。」』倫按：皇即光之異文。大皇謂天也。《淮南·精神訓》『登太皇』，高注：『太皇，天也。』

無南無北，奭然四解，「奭」原作「爽」，今正。

倫按：『奭』『赫』一字，詳《説文六書疏證》。此承大皇言也。

淪於不測；無東無西，

郭慶藩曰：『「無東無西」失其韻矣，今本乃後人妄改之也。』王念孫曰：『「無東無西」，當作「無西無東」，與「通」爲韻。』倫按：北、解、測、西爲韻。疑『奭然四解』一句，當在『無東無西』下。

始於玄冥，反於大通。子乃規規然而求之以察，

倫按：規借爲䙺，同淺喉音。《説文》曰：『䙺，注目視也。』

索之以辯。是直用管闚天，用錐指地也，不亦小乎？子往矣。且子獨不聞夫壽陵餘子之學行於邯鄲與？

倫按：《漢書・敍傳》：『昔有學步於邯鄲者，曾未得其髣髴，又復失其故步，遂匍匐而歸耳。』蓋本此文。

未得國能，《御覽》三九四引「國」作「其」。

又失其故行矣，直匍匐而歸耳。今子不去，將忘子之故，

奚侗曰：『「國」字當依《御覽》引作「其」。』

失子之業。』公孫龍口呿而不合，

倫按：忘借爲亡。

倫按：呿，蓋本作凵。《説文》曰：『凵，張口也。』形與凵盧之凵近，讀者因讀爲凵，旁注『去』字於下，以明其音。後人迻寫，便作『去』字，因加『口』旁以就『口』義。

舌舉而不下，乃逸而走。莊子釣於濮水，《史記》本傳《正義》引『水』下有『之上』二字。**楚王使大夫二人往先焉，**《史記》本傳《正義》引無『先焉』二字，《世説新語注》引『往先焉』作『造焉』，《文選・秋興賦》注引作『使二大夫往聘莊子』，曹植《七啓》注引『往先焉』作『往聘』，《初學記》二二、《御覽》八

三四、《後漢書・馮衍傳》注引『往先焉』作『往見』。曰：『願以境内累矣！』世本『境』作『竟』，《世説注》引『累』下有『莊子』二字，《文選・秋興賦》注、《御覽》九三一引『累』下有『子』字，《後漢書・馮衍傳》注引『矣』作『也』，《御覽》八三四引『累矣』作『累夫子』。莊子持竿不顧，崇本『持』作『恃』。曰：『吾聞楚有神龜，死已三千歲矣，《史記》本傳《正義》引無「已」字，「三」作「二」，《世説注》引「歲」作「年」。王巾笥而藏之庿堂之上。各本「庿」作「廟」，《後漢書・馮衍傳》注引「王」下有「以」字。此龜者，寍其死爲留骨而貴乎？各本「寍」作「寗」，下同。《史記》本傳《正義》引「寍其」作「寧無」，《後漢書・馮衍傳》注引作「爲此龜者寗死留骨而貴乎」。寍其生而曳尾於塗中乎？』『曳』原作『曵』，依各本改。《史記》本傳《正義》引『塗』作『泥』。二大夫曰：『寍生而曳尾塗中。』《後漢書・馮衍傳》注引無『而』字。莊子曰：『往矣，吾將曳尾於塗中！』惠子相梁，莊子往見之。或謂惠子曰：『莊子來，欲代子相。』於是惠子恐，搜於國中，《古逸叢書》本《玉篇》引作『叜國中』。

陸德明曰：『按，字又作搜，或作叜。』倫按：按正搜俗，叜借字。

三日三夜。《玉篇》引無『三夜』二字。莊子往見之，《御覽》九一五引『莊子』下有『伏主人馬棧下』五字。曰：『南方有鳥，其名爲鵷鶵，涵本、崇本無「爲」字，《文選》嵇康《絶交書》引「鵷」作「鴛」。子知之乎？夫鵷鶵發於南海而飛於北海，《類聚》八八、《初學記》二八引「飛於」作「飛到」，《類聚》九五引作「飛至」，《御覽》九一一引作「飛渡」，九一五引作「飛之」。非梧桐不止，非練實不食。《類聚》八八、《初學記》二八作，《御覽》九一一、又九一五、又九五六、《文選》嵇康《絶交書》注引「練」作「竹」，

《御覽》九六三引同此井引注曰：「練實、竹實，取其潔白。」**非醴泉不飲。於是鴟得腐鼠，鵷鶵過之，仰而視之，曰：「嚇！」**

陸德明曰：『嚇，本亦作呼。《詩箋》曰：「以口拒人曰赫。」』倫按：呼、嚇曉紐雙聲。嚇者，奇之俗字。《説文》曰：『奇，語相訶歫也。讀若櫱。』《漢書·外戚傳》注引鄧展曰：『赫音兄弟鬩牆之鬩。』古讀疑、曉皆淺喉音。可證奇、嚇古今字也。

今子欲以子之梁國而嚇我邪？』《御覽》九一一、又九一五引『而』作『相』。**莊子與惠子遊於濠梁之上，**

陸德明曰：『濠，本亦作豪。』

莊子曰：『儵魚出遊，涵本、世本「儵」作「鯈」，《世説注》《爾雅郭注》引亦作「鯈」。

倫按：儵借爲鯈，《説文》：『鯈，魚名。』

從容，是魚之樂也。』崇本、世本無『之』字。**惠子曰：『子非魚，安知魚之樂？』**《類聚》二八引『安』作『焉』，『樂』下有『也』字，《文選·秋興賦》注、《世説注》、《意林》、《御覽》一六九、又九三七引『樂』下有『邪』字。**莊子曰：『子非我，安知我不知魚之樂？』**《類聚》二八引『安』作『焉』，下『我』字作『吾』，『樂』下有『也』字，《文選·秋興賦》注、《世説注》、《御覽》一六九引『樂』下有『也』字，《意林》、《御覽》九三七引『樂』下有『邪』字。**惠子曰：『我非子，固不知子矣。子固非魚也，子之不知魚之樂全矣。』莊子曰：『請循其本。**

倫按：循借爲揗，《説文》曰：『揗，摩也。』

子曰《闕誤》引張君房本「子」上有「且」字。「汝安知魚樂」云者，既已知吾知之而問我，我知之濠上也。』

莊子義證弟十八　外篇至樂弟十八

天下有至樂，無有哉？有可以活身者，無有哉？今奚爲？奚據？

倫按：據借爲岠，同淺喉音。《説文》『醵』之重文作『酟』，是其例證。《説文》曰：『岠，止也。』

奚避？奚處？奚就？奚去？奚樂？奚惡？夫天下之所尊者，富貴壽善也。所樂者，身安厚味美服好色音聲也。所下者，貧賤夭惡也。所苦者，身不得安逸，口不得厚味，形不得美服，目不得好色，耳不得音聲。若不得者，則大憂以懼。其爲形也亦愚哉。夫富者苦身疾作，多積財而不得盡用，其爲形也亦外矣。夫貴者夜以繼日，思慮善否，其爲形也亦疏矣。

倫按：疏密字當作疋。

人之生也，與憂俱生，壽者惛惛，涵本『惛惛』作『惽惽』。**久憂不死，**

倫按：憂借爲思。《爾疋·釋詁》曰：『憂，思也。』《方言》曰：『思，晉宋魯衛之閒謂之鬱悠。』鬱悠即鬱憂。是謂思爲憂者，宋人語。

何苦也！各本『何』下有『之』字。

倫按：『何』下當依各本補『之』字。章炳麟曰：『古「之」「其」二字互訓。《考工記》「以其一爲之厚」，《左·定二年傳》「奪之杖以敲之」，二「之」字皆訓「其」也。』

其爲形也亦遠矣。烈士爲天下見善矣，涵本、世本『烈』作『列』。未足以活身。吾未知善之誠善邪，誠不善邪？若以爲善矣，不足活身。以爲不善矣，足以活人。故曰：忠諫不聽，蹲循勿争。

倫按：蹲借爲遵，《説文》曰：『遵，循也。』

故夫子胥争之，以殘其形，不争，名亦不成。誠有善無有哉？今俗之所爲，與其所樂，吾又未知樂之果樂邪，果不樂邪？吾觀夫俗之所樂，舉群趣者，誙誙然如將不得已，

陸德明曰：『誙誙，本又作脛脛。』倫按：誙、脛並借爲磬，同淺喉音。《説文》『磬』之古文作『硜』。是其例證。《説文》曰：『磬，車堅也。』

而皆曰樂者，吾未之樂也，亦未之不樂也。《闕誤》引江南古藏本兩句『未』下有『知』字。果有樂無有哉？吾以無爲誠樂矣，《闕誤》引江南古藏本作『吾以無爲而誠者爲樂矣』。又俗之所大苦。故曰：至樂無樂，至譽無譽。天下是非果未可定也。雖然，無爲可以定是非。至樂活身，唯無爲幾存。請嘗試言之。天無爲以之清，地無爲以之寧，故兩無爲相合，萬物皆化。《闕誤》引江南古藏本『化』下有『生』字。芒乎芴乎，

倫按：芒借爲忘，芴借爲忽。《説文》曰：『忘，不識也。』『忽，忘也。』

而無從出乎。芴乎芒乎，而無有象乎。萬物職職，

倫按：職借爲秩，古讀照歸端、讀澄歸透，皆舌音也。《説文》曰：『秩，積也。』

皆從無爲殖。故曰：天地無爲也，而無不爲也。人也孰能得無爲哉？莊子妻死，惠子弔之。莊子則方箕踞鼓盆而歌。《書鈔》一〇六引『踞』作『倨』。惠子曰：『與人居，長子，老身，死不哭，亦足矣，又鼓盆而歌，不亦甚乎？』《文選》潘安仁《悼亡詩》注引『亦』作『已』。莊子曰：『不然。是其始死也，我獨何能無槩然。

倫按：槩借爲嘅，《説文》曰：『歎也。』

察其始而本無生，非徒無生也，而本無形，非徒無形也，而本無氣。雜乎芒芴之閒，變而有氣，氣變而有形，形變而有生，今又變而之死。《闕誤》引江南古藏本作「今有變之而死」。是相與爲春秋冬夏四時行也。人且偃然寢於巨室，

倫按：偃借爲宴，《説文》曰：『宴，安也。』

而我噭噭然隨而哭之，

倫按：噭借爲謷，《説文》曰：『謷，痛呼也。』

自以爲不通乎命，故止也。』支離叔與滑介叔觀於冥伯之丘、《御覽》三六九引『冥』作『宜』，九五七引『伯』作『泊』。

陸德明曰：『滑，崔本作潏。』倫按：滑借爲尳，介爲尬省。《説文》曰：『尳，厀病

也。』『尬，尲尬，行不正也。』滑，崔本作滑者，聲同脂類。伯借爲夢，與漠借爲泊同例。《説文》曰：『夢，死寂夢也。』

崑崙之虛，黃帝之所休。俄而柳生其左肘，

陸德明曰：『肘，司馬本作胕。』李慈銘曰：『柳者，瘤之借字。』倫按：肘、胕皆得寸聲，寸爲肘之初文。詳《説文六書疏證》。

其意蹶蹶然惡之。

倫按：蹶借爲悸，古讀羣紐歸見也。《説文》曰：『悸，心動也。』

支離叔曰：『子惡之乎？』滑介叔曰：『亡，予何惡？生者，假借也。假之而生，

倫按：『假之而生』疑是注文。

生者，塵垢也。死生爲晝夜。且吾與子觀化而化及我，我又何惡焉？』莊子之楚，《類聚》一七、《御覽》三五九引『之』作『使』。**見空髑髏，髐然有形，撽以馬捶，**《類聚》一七、《御覽》三七四引『徼』作『擊』，崇本作『檄』。《御覽》三五九引『捶』作『箠』。

陸德明曰：『撽，《説文》作擊，云：旁擊也。』倫按：擊字是。捶借爲箠，《説文》曰：『箠，所以策馬也。』

因而問之，曰：『夫子貪生失理，而爲此乎？將子有亡國之事，斧鉞之誅，而爲此乎？《御覽》五四八引「斧」作「鈇」。**將子有不善之行，愧遺父母妻子之醜，而爲此乎？**

倫按：遺借爲饋，《説文》曰：『饋，餉也。』

將子有凍餒之患，而爲此乎？將子之春秋，故及此乎？』

倫按：《説文》曰：『故，使爲之也。』

於是語卒，援髑髏，枕而卧。夜半，髑髏見夢，曰：『子之談者似辯士。《闕誤》引張君房本「子」上有「向」字。**視子所言，**各本及《御覽》三七四、又五四八引「視」作「諸」。

倫按：成玄英疏曰：『覩於此子所言。』蓋成本『視』作『覩』。覩借爲庶，古讀皆舌音也。《周禮·夏官·序官》注：『諸子，或曰庶子。』是其證。《説文》曰：『庶，屋下衆也。』後同。

皆生人之累也，死則無此矣。子欲聞死之説乎？』莊子曰：『然。』髑髏曰：『死，無君於上，無臣於下，亦無四時之事，從然以天地爲春秋，《闕誤》引張君房本「從」作「淵」，《御覽》三七四引亦作「泛」，五四八引作「縱」。

奚侗曰：『從，當依張君房本作泛，形近而誤。』

雖南面王樂，不能過也。』莊子不信，曰：『吾使司命復生子形，爲子骨肉肌膚，反子父母妻子閭里知識，子欲之乎？』髑髏深矉蹙頞，《御覽》三七六引『矉』作『顰』。

陸德明曰：『蹙，本又作顣，又作蹴。』朱駿聲曰：『矉借爲顰。』吴汝綸曰：『《釋文》引李云：「矉顣者，愁貌。」則「頞」字衍也。《列子注》引此文亦作「矉顣」。』倫按：蹙頞見《孟子》及《史記・蔡澤傳》，有『頞』字亦得。蹙頞字當作欲，聲同幽類。《説文》曰：『欲，縮鼻也。』

曰：『吾安能棄南面王樂，涵本、崇本「棄」作「弃」，《御覽》三六七引作「捨」。**而復爲人閒之勞乎？』**《闕誤》引張君房本『人閒』作『生人』。

劉秀生曰：『成玄英疏曰：「誰能復爲生人。」似成本「人閒」作「生人」。』

顏淵東之齊，孔子有憂色。子貢下席而問，曰：『小子敢問，回東之齊，夫子有憂色，何邪？』孔子曰：『善哉，汝問。昔者，管子有言，丘甚善之，曰：「褚小者不可以懷大，

郭慶藩曰：『褚當作𦈢，《説文》曰：「𦈢，幡也，所以盛米。」』倫按：古讀知歸端、讀徹歸透，同爲舌音，故褚借爲𦈢。《説文》『楮』重文作『柠』。《尒疋・釋宫》：『門屏之閒謂之宁。』《詩・齊》『俟我於著乎而』，著即宁也。並其例證。

綆短者不可以汲深。」夫若是者，以爲命有所成而形有所適也，

陸德明曰：『適，或作通。』

夫不可損益。吾恐回與齊侯言堯、舜、黄帝之道，

陸德明曰：『皇帝，司馬本作黄帝。』

而重以燧人、神農之言。彼將内求於己而不得，不得則惑，人惑則死。且汝獨不聞邪，各本「汝」作「女」。**昔者，海鳥止於魯郊，魯侯御而觴之于廟，**

倫按：御借爲訝，音同疑紐。古書多用御。

奏《九韶》以爲樂，具太牢以爲膳。鳥乃眩視憂悲，

陸德明曰：『眩，司馬本作玄。』朱駿聲曰：『眩借爲眴，《說文》曰：「眴，目搖也。」』

倫按：眴、眩音同匣紐。

不敢食一臠，不敢飲一杯，三日而死。此以己養養鳥也，非以鳥養養鳥也。夫以鳥養養鳥者，宜栖之深林，遊之壇陸，

陸德明曰：『壇，司馬本作澶。』倫按：澶借字。

浮之江湖，食之鰌鰷，隨行列而止，委虵而處。

倫按：委爲逶省，蛇借爲迆。

彼唯人言之惡聞，奚以夫譊譊爲乎？

倫按：譊借爲嘮，聲同宵類。《說文》曰：『嘮呶，讙也。』

《咸池》《九韶》之樂，張之洞庭之野，鳥聞之而飛，獸聞之而走，魚聞之而下入，人卒聞之，相與還而觀之。

倫按：還借爲□，或作○。《韓非子·五蠹篇》曰：『自環爲厶。』《說文》引『環』作『營』。《說文》曰：『營，帀居也，從宮省。』『宮，室也，從宀，躳省聲。』檢金文『宮』字作『[illegible]』，作『[illegible]』，作『[illegible]』，無作『宮』者。是知『宮』所從之『呂』，與『邕』之古文作『[illegible]』所

從之『吕』無異。蓋象環堵之形，故營從吕而訓帀居也。吕爲重□，《説文》曰：『□，象回帀之形。』口、營音同喻紐，環音匣紐，深淺喉音，故相通也。

魚處水而生，人處水而死，彼必相與異其好惡，故異也。《闕誤》引江南古藏本「故異也」作「好惡異」。**故先聖不一其能，不同其事。名止於實，義設於適，是之謂條達而福持。』**

倫按：福借爲艮，同脣音也。《詩·生民》『覃實匍匐』，《釋文》：『匐，本亦作服。』是其例證。《説文》曰：『艮，治也，從又持人。』今本誤作『持卪』。《論語》『弟子有事服其勞』，皇疏曰：『服謂執持之。』此艮字義同。

列子行食於道從，《御覽》八八七引『從』作『仄』，三七四、又九九七引無『從』字。

陸德明曰：『從，司馬云：道旁也。本或作徒。』盧文弨曰：『殷敬順《列子釋文》云：《莊子》「從」作「徒」。司馬云：徒，道旁也。本或作從。』倫按：『從』字，《御覽》八八七引作『仄』。古書仄、側通假。《爾疋·釋水》：『穴出，仄出也。』《釋文》：『仄，本亦作側。』《詩·賓之初筵》『側弁之俄』，《説文》引『側』作『仄』。是其證。豈本作仄，借爲側，仄、从形近，傳寫誤从，又誤爲從與？從、徒形近，故本又作徒。僞《列子·天瑞篇》『從』下着『者』字，於義難通。

見百歲髑髏，攓蓬而指之，

王念孫曰：『攓與搴通。』郭慶藩曰：『攓借爲搴，《説文》曰：「搴，拔取也。」』

曰：『唯予與汝，知而未嘗死未嘗生也。《御覽》九九七引兩「嘗」字作「曾」。**汝果養乎？**各本「汝」作「若」。

陸德明曰：『若果，一本作汝果。元嘉本作汝過。養，司馬本作暮。』洪頤煊曰：『過即果借字。』俞樾曰：『養讀爲恙。《爾疋·釋詁》：「恙，憂也。」《詩·二子乘舟》「中心養養」，傳訓「養」爲「憂」，即本雅詁矣。司馬本作「暮」，乃字之誤。』倫按：若、汝音同日紐，果、過聲皆歌類。《國語·晉語》『知果』，《漢書·人表》作『知過』。是其例證。養，司馬本作暮者，疑借爲嘆，嘆與讙對文。然論義則恙、歡爲長。

予果歡乎？』

陸德明曰：『予果，元嘉本作子過。歡，司馬本作讙。』

種有幾，《闕誤》引劉得一本『幾』下有『若鼃爲鶉』一句。

倫按：本書《寓言篇》曰：『萬物皆種也。』是此『種』字謂萬物之種也。幾者，《說文》曰：『微也，從二幺。』『幺，小也。』從二幺，故爲微也。《管子·地水篇》曰：『水者，萬物之準也，諸生之淡也，違非得失之質也，是以無不滿也、無不居也。集於天地而藏於萬物，產於金石，集於諸生，故曰水神。集於艸木，根得其度，華得其數，實得其量。鳥獸得之，形體肥大，羽毛豐茂，文理明著。萬物莫不盡其幾。反其常者，水之內度適也。』義與此相發。是幾者，謂種之極微而萬物所由生者也。

得水則爲㡭，世本『㡭』作『𢇍』。

陸德明曰：『㡭，此古絕字。徐音絕，今讀音繼。司馬本作繼。本或作斷，又作續斷。』倫按：陸謂此古絕字，則字當作𢇍，義未詳也。成玄英疏曰：『從無生有，均更相繼續也。』是成本『㡭』作『繼』。

得水土之際，則爲鼃蠙之衣；

成玄英曰：『鼃蠙之衣，青苔也。』倫按：《爾疋·釋草》：『藫，石衣。』郝懿行曰：『潭、苔聲相轉。《說文》曰：「菭，水衣。」菭即苔也。水衣即石衣，一曰魚衣。《周禮·醢人》曰：「加籩之實有菭菹。」鄭衆注曰：「菭，水中魚衣也。」據先鄭解字，當作箈，後鄭作箈，故解作箭萌。今本《周禮》作箈者，後人談合菭、箈爲一字。段玉裁說。』然則鼃蠙之衣即魚衣。蠙，《說文》作玭，《爾疋·釋魚》作蚍，《山海經·西山經》作魮。《說文》曰：『蠯，陛也。』陛借爲蜌，蜌即蚌也。

生於陵屯，

倫按：屯疑阜之譌，或借爲𠂤，古讀知紐歸透也。《說文》曰：『𠂤，小阜也。』

則爲陵舄；陵舄得鬱棲，則爲烏足；烏足之根爲蠐螬，

陸德明曰：『蠐螬，司馬本作螬蠐，云：蝎也。』王先謙曰：『蠐螬、螬蠐二物。《釋蟲》：「蟦，蠐螬。」郭注：「生糞土中。」又云：「蝤蠐，蝎。」郭注：「在木中。」今雖通名

蝎，所在異。《説文》：「蝤，蝤蠐也。」「蝎，蝤蠐也。」「蟦，蠐螬也。」據此，知司馬本誤爲一。惟《説文》無蟦字。《本草》：「蟦蠐生河内平澤及人家糞草中。」陶注：「蠐，亦作蟦。」《方言》：「蟦螬謂之蟦。」蠐、蟦雙聲。』倫按：蠐螬非螬蠐，韓保昇、蘇頌、陳藏器均辨之。《論衡·無形篇》曰：『蠐螬化而爲復育，復育轉而爲蟬。』陳藏器曰：『蠐螬居糞土中，身短足長，背有毛筋。但從夏入秋，蜕而爲蟬。』李時珍曰：『蠐螬，狀如蠶而大，身短節促，足長，有毛。生樹根及糞土中者，外黄内黑。生舊茅屋上者，外白内黯。』

其葉爲胡蝶。胡蝶胥也化而爲蟲，

俞樾曰：『《釋文》：胡蝶，一名胥。此失其義，當屬下句讀之。本云「胡蝶胥也化而爲蟲」，與下文「鴝掇千日爲鳥」相對。千日言久，胥也言速。《列子·天瑞篇》釋文曰：「胥，少也。」謂少時也。得其義矣。』倫按：胥借爲𩓣，音同心紐。《荀子·君道篇》『不胥時而落』，《韓詩外傳》五『胥』作『須』。是其例證。《説文》曰：『𩓣，待也。』古書言少時爲斯須、須臾，須即𩓣省，斯胥雙聲。《詩·角弓》『民胥傚矣』，《潛夫論·班禄篇》『胥』作『斯』。則斯須與胥須同。斯須雙聲連緜詞，猶須𩓣也。

生於竈下，其狀若脱，

倫按：脱借爲蜕，《説文》曰：『蜕，蛇蟬所解皮也。』

其名爲鴝掇。

倫按：鴝掇疑即竈馬。《酉陽雜俎》：『竈馬狀如促織，稍大，腳長，好穴竈旁。』

鴝掇千日爲鳥，其名爲乾餘骨。《御覽》八八七引『骨』作『胥』。**乾餘骨之沫爲斯彌，斯彌爲食醯。**

陸德明曰：『食，司馬本作蝕。云：蝕醯，若酒上蠛蠓也。』倫按：《埤雅》曰：『蠓，一名醯雞。』郝懿行曰：『醯雞，今醋蟲，與蠓異。』倫謂古人於小蟲似蠛蠓者，皆謂之蠛蠓。

頤輅生乎食醯，《御覽》八八七引『醯』下有『黄軦』二字。**黄軦生乎九猷，**崇本『軦』作『軏』，《御覽》八八七引『黄軦』上有『食醯』二字。

盧文弨曰：『《列子》作斯彌爲食醯頤輅，食醯頤輅生乎食醯黄軦，食醯黄軦生乎九猷，九猷生乎瞀芮。』

瞀芮生乎腐蠸。崇本『蠸』作『權』，《御覽》八八七引此句上有『九猷生乎瞀芮』一句。

朱駿聲曰：『瞀芮即蟁蜹也，瞀、蟁一聲之轉。』

羊奚比乎不箰久竹，《御覽》八八七引此句上有『腐蠸生乎羊奚』一句。

倫按：《音義》『羊奚比乎不箰』與『久竹生青寧』各出，是陸讀久竹屬下句。箰，《說文》作筍。此蓋從竹甹聲，甹誤爲孛。

生青寍，各本『寍』作『甯』，《御覽》八八七引『生』上有『不箰久竹』四字，『生』下有『於』字。《闕誤》

引張君房本『斯彌爲食醯』以下作『食醯生乎頤輅頤輅生乎黄軦黄軦生乎九猷九猷生乎瞀芮生乎腐蠸腐蠸生乎羊奚羊奚比乎不箰久竹生青寧』。

盧文弨曰：『殷敬順《列子釋文》曰：《莊子》從「羊奚」至「青寧」連爲一句。』

青寧生程，

倫按：《尸子》曰：『程，中國謂之豹，越人謂之貘。』沈括曰：『秦人謂豹曰程。予至延州，人至今謂虎豹曰程。』蓋言蟲也。

程生馬，馬生人，

陸德明曰：『俗本多誤，故具録之。』倫按：《音義》於此章皆具録全句，然疑陸本亦有奪文。

人又反入於機。

俞樾曰：『又當作久，字之誤也。《列子・天瑞篇》正作久。』倫按：機當爲幾，即『種有幾』之『幾』也。下同。

萬物皆出於機，皆入於機。

莊子義證弟十九　外篇達生弟十九

姚範曰：『生讀爲性，《淮南・詮言訓》正作性。』

達生之情者，不務生之所無以爲。謝靈運《山居賦》自注引作『達生者不務生之所無奈何』。**達命之情者，不務知之所無柰何。**《宏明集》引《正誣論》『知』作『命』。

倫按：『知』當依《正誣論》引作『命』，《淮南・詮言訓》亦作『命』。成玄英疏曰：『一生命之所鍾者，皆智慮之所無柰之何也。』疑成本『知』作『智』。

養形必先之以物，涵本、世本、崇本無『以』字，《御覽》七二〇引『以』作『于』。**物有餘而形不養者，有之矣。有生必先無離形，形不離而生亡者，有之矣。生之來不能卻，**『卻』原作『却』，今正。

倫按：卻借爲歫，同淺喉音。《說文》曰：『歫，止也。』《呂氏春秋・用民篇》『遽擊金而卻之』，高注：『卻，猶止也。』又《召類篇》『舜卻苗民』，高注：『卻，猶止。』是呂借卻爲歫。《說文》卻谷之重文作臄，醵之重文作䣊，並其相通之證。

其去不能止。悲夫，世之人以爲養形足以存生。而養形果不足以存生，則世奚足爲哉？雖不足爲而不可不爲者，其爲不免矣。夫欲免爲形者，《文選》鮑明遠《詠史》詩注引『免』

作『勉』。**莫如棄世。棄世則無累，無累則正平，正平則與彼更生，更生則幾矣。事奚足棄，而生奚足遺？棄事則形不勞，遺生則精不虧。夫形全精復，與天爲一。天地者，萬物之父母也，合則成體，散則成始。形精不虧，是謂能移。精而又精，反以相天。**

倫按：輔相字疑借相爲俌，魚陽對轉也。《説文》曰：『俌，輔也。』『傅，相也。』傅即俌之後起字。

子列子問關尹，

陸德明曰：『李云：關令尹喜也。』錢大昭曰：『高誘注《吕覽》云：「關尹，關正也，名喜，作道書九篇，能相風角，知將有神人而老子到。喜説之，請箸《上至經》五千言而從之遊也。」』

曰：『至人潛行不窒，「潛」原作「潜」，世本同，今正。**蹈火不熱，行乎萬物之上而不慄。請問何以至於此？』關尹曰：『是純氣之守也，**

倫按：純借爲醇。

非知巧果敢之列。

陸德明曰：『列，本亦作例。』倫按：果敢雙聲，果即敢也。列爲迾省。成玄英以列字屬下讀，失之。

居，予語汝。各本「汝」作「女」。

倫按：《音義》出『予語女』，是陸本『汝』作『女』。

凡有貌象聲色者，皆物也，物與物何以相遠？ 各本無「與物」二字。

倫按：《列子・黄帝篇》與此同。

夫奚足以至乎先？ 是色而已。《闕誤》引江南古藏本「色」上有「形」字。

奚侗曰：『當依江南古藏本作「是形色而已」，依郭注亦有「形」字。』

則物之造乎不形，

倫按：造借爲作，同齒音也。《列子・黄帝篇》張湛注：『造，音作。』《易・彖傳》『天造草昧』，虞注：『造，生也。』生、起義近。天造草昧，亦言天作草昧也。

而止乎無所化。 夫得是而窮之者，物焉得而止焉。《闕誤》引張君房本「止」作「正」。 **彼將處乎不淫之度，**

倫按：淫借爲𡈼，《説文》曰：『𡈼，象物出地挺生也。』《管子・内業篇》曰：『淫淫乎與我俱生也。』《吕氏春秋・任地篇》『子能使藋夷無淫乎』，高注曰：『淫，延生也。』皆借淫爲𡈼。度借爲宅，古讀同舌音也。《書・堯典》『宅西曰昧谷』，《周禮・縫人》注作『度西』。此宅、度通借之證。《説文》曰：『宅，人所託居也。』

而藏乎無端之紀，

倫按：紀借爲基，音同見紐。《詩・終南》『有紀有堂』，傳曰：『紀，基也。』此借

『紀』爲『基』之證。

遊乎萬物之所終始，壹其性，養其氣，合其德，

倫按：《列子・黃帝篇》『合』作『含』，義較長。

以通乎物之所造。

倫按：造借爲聚，同齒音也。《易》『大人造也』，劉向父子作『聚也』。是其例證。《說文》曰：『聚，會也。』或借爲作。

夫若是者，其天守全，其神無郤，「郤」，原作「郄」，今正。**物奚自入焉？ 夫醉者之墜車，**

陸德明曰：『墜，字或作隊，直類反。』後皆同。

雖疾不死。 骨節與人同，而犯害與人異。

倫按：節借爲卪，犯借爲逢。

其神全也，乘亦不知也，墜亦不知也，死生驚懼不入乎其胸中，是故遻物而不慴。涵本、世本「遻」作「遌」。**彼得全於酒而猶若是，而況得全於天乎？ 聖人藏於天，故莫之能傷也。 復讎者，不折鏌干，**

陸德明曰：『鏌，本亦作莫。』倫按：讎借爲仇，聲同幽類。《說文》曰：『仇，讎也。』《左・桓二年傳》曰：『怨耦曰仇。』

雖有忮心者，不怨飄瓦，是以天下平均。 故無攻戰之亂，無殺戮之刑者，由此道也。 不

開人之天而開天之天，《闕誤》引劉得一本「人之天」作「人之人」。

倫按：劉得一本作『不開人之人』，淺人妄改也。本書《庚桑楚篇》『全人惡天，惡人之天』，可證。

開天者德生，開人者賊生。

倫按：本言『開天之天者德生，開人之天者賊生』，此簡辭耳。開天之天者，如佛法言：由真如體，起真如用，非待作意，廢於機感，而能利益無邊，故曰德生。開人之天者，如佛法言：由八識作根本，七六隨興，五識依顯，故曰賊生。欲明劉本之不然，聊復宣其義蘊。

不厭其天，

倫按：《說文》曰：『厭，笮也。』

不忽於人，民幾乎以其真。』

倫按：馬其昶以『民』字屬上句『人』字讀，謂民、真爲韻。尋此言天人，皆承上文，依郭讀是。人、真亦韻。民者，幾之誤字，《胠篋》有證。讀者校讐兩本，旁注於下，傳寫遂成連文矣。

仲尼適楚，出於林中，見痀僂者承蜩，

陸德明曰：『承，一本作美。』王念孫曰：『承與抍同，抍與拯同。《易·艮》釋文

「拯」作「承」。是其證矣。』倫按：《説文》曰：『抍，上舉也。今通作「拯」，初文作「丞」。』詳《説文六書疏證》。承亦丞之後起字。一本作美者，疑弄之譌。然丞字是，借爲黏，古讀同舌音也。《淮南·説山訓》『孔子見黏蜩者』，即謂此事，字正作黏。

猶掇之也。

倫按：《説文》曰：『掇，拾取也。』『摭，拾也。』《方言》曰：『取，陳宋之閒曰摭。』掇、摭古同端紐。

仲尼曰：『子巧乎，有道邪？』曰：『我有道也。五六月累丸二而不墜，《類聚》九七引「丸二」作「二丸」。

郭慶藩曰：『《列子釋文》引司馬云：「纍垸，謂累丸於竿頭也。」則司馬本作纍垸。』倫按：累丸當依《列子·黃帝篇》作纍垸。《説文》曰：『纍，綴得理也。』『垸，以桼和灰丸而髹也。』丸借字。

則失者錙銖。累三而不墜，則失者十一。累五而不墜，猶掇之也。吾處身也，若橛株拘。世本「橛」作「厥」。

陸德明曰：『厥，本亦作橛。』朱駿聲曰：『厥借爲氒。《説文》曰：「氒，木根。」讀若厥。』』倫按：本作厥株，或借拘爲株，作厥拘。讀者校寫異本，旁注拘字，譌成今文矣。

吾執臂也，若槁木之枝。雖天地之大，萬物之多，而唯蜩翼之知。吾不反不側，不以萬

物易蜩之翼，何爲而不得。』孔子顧謂弟子曰：『用志不分，乃凝於神，

俞樾曰：『凝當作疑。《列子·黄帝篇》正作疑。』倫按：《雲谷雜記》引蘇軾曰：『蜀本《莊子》云「用志不分，乃疑於神」，此與《易》「陰疑於陽」、《禮》「使人疑汝於夫子」同。』今四方本皆作凝，倫尋下文『器之所以疑神者』，字正作疑，疑即擬度之擬初文。

其痀僂丈人之謂乎？』顏淵問仲尼，曰：『吾嘗濟乎觴深之淵，《御覽》三九五引「濟」作「遊」。

倫按：濟借爲越，音同清紐。《説文》曰：『越，淺渡也。』

津人操舟若神。吾問焉，曰：「操舟可學邪？」曰：「可。善游者數能。《六帖》一一引作『數習而後能』。

倫按：數借爲遫，今通作屢，後隨文讀之。或借爲速。

若乃夫没人，則未嘗見舟而便操之也。」《御覽》三九五「操之」下有「者」字。吾問焉而不吾告，敢問何謂也？』仲尼曰：『善游者數能，忘水也。若乃夫没人之未嘗見舟而便操之也，彼視淵若陵，視舟之覆，猶其車卻也。「卻」原作「却」，今正，下句同。

陸德明曰：『元嘉本無車字。』倫按：卻疑借爲㕁，同淺喉音。《説文》曰：『㕁，覆也。』

覆卻萬方陳乎前，而不得入其舍，惡往而不暇？以瓦注者巧，

洪頤煊曰：『《呂氏春秋・去尤篇》引「注」作「投」。字書無投字。《說文》：「豉，繇擊也。從殳，豆聲。」投即豉字。』倫按：豉從殳，豈省聲。豈省之字，隸變多作主，故豉亦爲投，豉字是故書。《淮南・說林訓》作鉒，《列子・黃帝篇》作摳，聲同侯類。巧，《呂氏春秋》作翔，借爲詳。《說文》曰：『詳，審議也。』《淮南》作全者，翔、全皆齒音。或佺之省，《說文》曰：『佺，謹也。』

以鉤注者憚，

倫按：『憚』，《呂氏春秋》作『戰』，《淮南》作『以金鉒者跂』。《墨子・辭過篇》曰：『暴奪民衣食之財，以爲錦繡文采靡曼之衣。鑄金以爲鉤，珠玉以爲佩。』則鉤是帶鉤。

以黃金注者殙。《御覽》七五二、又八一〇引「殙」作「昏」。

陸德明曰：『殙，本亦作殙，元嘉本作昏。』朱駿聲曰：『殙借爲惽，《說文》曰：「惽，不憭也。」』倫按：殙，《呂覽》作殆，《淮南》作發，《列子》作惽。成玄英疏曰：『故心智昏亂而不中。』是成本『惽』作『昏』。

其巧一也，

倫按：《呂覽》『巧』作『翔』。

而有所矜，

倫按：『矜』，《呂覽》作『殆』，下有『者』字。矜借爲憐。

則重外也。

倫按：《吕覽》作『必外有所重者也』。

凡外重者内拙。』

倫按：《吕覽》作『外有所重者泄，蓋内掘』。

田開之見周威公。《文選·幽通賦》、江文通《雜體詩》注引『威』作『成』。

陸德明曰：『崔本作周威公竈。』俞樾曰：『《史記·周本紀》：「孝王封其弟於河南，是爲桓公。桓公卒，子威公代立。」此周威公殆即其人乎？』倫按：《吕氏春秋·先識覽》：『中山亡，威公又見屠黍而問焉，曰：「孰次之？」屠黍不對。威公固問焉，對曰：「君次之。」威公乃懼，求國之長者，得義士田邑而禮之。』開之豈即田邑邪？

威公曰：『吾聞祝腎學生，

陸德明曰：『腎，字又作緊，本或作賢。』

吾子與祝腎遊，

陸德明曰：『司馬本以「吾子」屬上句，更云：子與視腎遊。』

亦何聞焉？』田開之曰：『開之操拔篲以侍門庭，

倫按：拔借爲帗，《説文》曰：『帗，一幅巾也。』篲爲彗或體。

亦何聞於夫子。』

陸德明曰：『「夫子」絶句。』

威公曰：『田子無讓，寡人願聞之。』開之曰：『聞之夫子，曰：善養生者，若牧羊然，視其後者而鞭之。』

陸德明曰：『鞭，崔本作趣。』倫按：鞭字是，趣蓋俗鞭字作趣，又譌爲趣也。

威公曰：『何謂也？』田開之曰：『魯有單豹者，巖居而水飲，崇本、世本「巖」作「岩」，《御覽》七二〇引「水」作「谷」。

陸德明曰：『水飲，元嘉本作飲水。』倫按：水當依《御覽》引作谷，《淮南·人閒訓》亦作谷。

不與民共利，行年七十，而猶有嬰兒之色。不幸遇餓虎，餓虎殺而食之。有張毅者，高門縣薄，《闕誤》引劉得一本「高」上有「見」字。

倫按：薄借爲幕，魚陽對轉，今字作箔。

無不走也，《文選》江淹《雜體詩》注、《幽通賦》注引作「無不趣義也」。

俞樾曰：『走乃趣之壞字，《文選·幽通賦》注引正作「趣」，《呂覽·必已篇》《淮南·人閒訓》皆作「趨」字。』倫按：《説文》曰：『走，趨也。』『趨，走也。』『趣，疾也。』《詩·緜》『來朝走馬』，《玉篇》引『走』作『趣』。是『走』本有『趣』義。

行年四十，「年」，各本作「年」。**而有内熱之病以死。豹養其内而虎食其外，毅養其外而**

病攻其内。此二子者，皆不鞭其後者也。』仲尼曰：『無入而藏，無出而陽，

倫按：陽借爲揚，《説文》曰：『揚，飛舉也。』

柴立其中央。

倫按：柴借爲棧。棧立者，木相依以立也。

三者若得，其名必極。夫畏塗者，十殺一人，

倫按：『十』疑當作『日』，下文曰『必盛卒徒而後敢出焉』，則不當作『十』也。

則父子兄弟相戒也，必盛卒徒而後敢出焉，不亦知乎。人之所取畏者，《闕誤》引江南古藏本「取」作「最」。

馬其昶曰：『取讀爲最。』

衽席之上，飲食之間。而不知爲之戒者，過也。』《御覽》四五九引『過也』上有『知之』二字。

倫按：『過也』上當依《御覽》引補『知之』二字。

祝宗人玄端以臨牢筴，《御覽》五三〇引『筴』作『策』，《列子·仲尼篇》釋文引作『檞』。

朱駿聲曰：『筴借爲柵，《説文》曰：柵，編樹木也。』倫按：錢坫謂《説文》『褍』即『玄端』字。

説彘，

陸德明曰：『彘，本亦作豕。』

曰：『汝奚惡死？吾將三月犧汝，《闕誤》引張君房本「犧」作「豢」。

陸德明曰：『犧，本亦作犧。』劉秀生曰：『成玄英疏曰：「豢，養也。」是成本「犧」作「豢」。』倫按：《説文》曰：『豢，以穀圈養豕也。』犧俗字，犧譌字。

十日戒，三日齊，藉白茅，

倫按：藉借爲席，同齒音也。《説文》曰：『席，藉也。』《在宥篇》正作『席白茅』。

加汝肩尻乎彫俎之上，「俎」，原作「爼」，今正，後同。**則汝爲之乎。』爲彘謀，曰：『不如食以糠糟而錯之牢筴之中。』**

陸德明曰：『錯，本又作措。』劉秀生曰：『成玄英疏曰：「措，置也。」是成本「錯」作「措」。』倫按：錯借爲措，《説文》曰：『措，置也。』

自爲謀，則苟生有軒冕之尊，死得於腞楯之上、

洪頤煊曰：『「腞」通「篆」字。《周禮·巾車》「孤乘夏篆」，《説文》引作「輲」。一曰：「下棺車曰輲。」楯即輴字。《禮記·檀弓》「天子龍輴，皆謂殯車」。王念孫曰：「腞讀爲輇，謂載柩車也。」《雜記》「載以輲車」，鄭云：輲讀曰輇。楯讀爲輴，亦謂載柩車也。《喪大記》曰：「君殯用輴。」鄭注：天子之殯，居棺以龍輴，諸侯輴不畫龍，大夫廢輴。輴與楯通。《雜記》注云：「載柩以楯。」是其證也。』倫按：『腞楯之上』與『聚僂之中』對文。『聚僂』即《德充符篇》之『翣翣』，皆棺飾也。『翣』『翣』二物，則『腞』『楯』非一器。古書川聲、盾聲之字相通。本書《天下篇》『已之大循』，循，本亦作順。是其證也。《説文》：『軕，車約也。』又曰：『下棺車曰軕。』則借軕爲輴。《玉篇》《廣韻》以『軕』『輴』爲一字，非也。知者，《説文》『欙』下引《虞書》曰『澤行乘軕』，以夏禹所製，乘以行水，故曰夏軕。然『澤行乘軕』，僞《古文尚書》《吕氏春秋・慎勢篇》《淮南・修務訓》並作『乘輴』，《史記・夏本紀》作『乘橇』。徐廣曰：『橇，他書或作蕝。』《史記・河渠書》《漢書・溝洫志》引《夏書》作『乘毳』，《尸子》作乘蕝。毳、蕝並以雙聲借爲輴，可乘者爲輴，輴軕音同，《説文》箸軕而失輴耳。《説文》以軕爲輴，故《路史》引《淮南・齊俗訓》許注曰：『泥地宜楯。』楯即輴也。字作楯者，許以爲楯是借字也。然楯字正與本文同，則楯借爲軕，亦借爲輴，而腞非軕矣。輴之字見《禮記・喪大記》，義見《説文》『軕』字下。本文楯爲輴之借字，墒不可易也。腞字不見《説文》，蓋從肉，彖聲。彖音透紐，輇音禪紐，古讀禪歸定，故王謂腞讀爲輇。《儀禮・士喪禮》鄭注曰：『載柩車。』《周禮》謂之蜃車，《雜記》謂之團，或作輇，或作槫，聲皆相同，未聞其正。又《周禮》『蜃車』注曰：『《禮記》或作槫，或作輇。』《禮記・雜記》『載以輲車』，注曰：『輲讀爲輇，或作槫。』又《喪大記》『葬用國車』，注：『輇，字或作團。』是以又誤爲國。輇，柩車也。尋柩車之名，鄭云未聞其正。《禮經》作槫，或作團者，並得專聲。專音照紐，古讀歸端，故得借爲軽也。或作輲者，耑音端紐也。《説文》歂讀若『車軽』，此軽或作輲之例證。《史記・屈原賈誼列傳》『何足控摶』，《索隱》『控摶』本作『控揣』，此『團』或作『輲』之例證。『輲』字又見《墨子・經説下》，曰：『兩輪高兩輪爲輲，車梯也。』孫詒讓曰：『古乘載車皆兩輪而平，此四輪而前高後低，是爲車梯。尋《説文》曰：「軽，蕃車下庳輪也。」義與《墨》合，則輲爲軽之異文，軽爲藩車下庳輪，則非載柩車之正名。《説文》曰：「輴，喪車也。」輴音日紐，古讀歸泥，與專彖團輲軽同爲舌音。故通借也。』

聚僂之中，

陸德明曰：『一云：聚當作菆，才官反。僂當作蔞，力久反。謂殯於菆塗蔞翣之中。』王念孫曰：『《雜記》注曰：「將葬，載柩之車飾曰柳。」《周官・縫人》「衣翣柳之材。」《檀弓》曰：「設蔞翣。」《荀子・禮論篇》曰：「無帾絲歶縷翣。」柳縷蔞蔞皆字異而義同。《呂氏春秋・節葬篇》「僂翣以督之」，其字亦作「僂」。』倫按：聚僂者翣黢之借，聚音清紐，翣從羽妾聲，妾音亦清紐也。僂音來紐，古讀來爲舌音，黢亦舌音也。本書《德充符篇》作翣資。

則爲之。爲僞謀，則去之；自爲謀，則取之，所異僞者何也？』《闕誤》引張潛夫本『所』上有『其』字。

倫按：所借爲處，或借爲取。

桓公田於澤，管仲御，見鬼焉。公撫管仲之手，曰：『仲父何見？』對曰：『臣無所見。』公反，

陸德明曰：『去反，一本作公反。』倫按：公字是。

誒詒爲病，

倫按：誒詒借爲譺佁，譺誒同淺喉音也。《說文》曰：『譺，騃也。』『佁，癡貌，讀若騃。』則騃也即佁也。

數日不出。

陸德明曰：『司馬本作數月。』

齊士有皇子告敖者，曰：『公則自傷，鬼惡能傷公。夫忿滀之氣，

奚侗曰：『滀借爲慉，《說文》曰：「慉，起也。」』倫按：忿借爲奔，同脣音也。《說文》：『坋，一曰大防。』《爾雅》：『墳，大防。』則大防是墳字義。《左·宣十七年傳》『苗賁皇』，《國語·晉語》『賁』作『棼』，《說苑·善說篇》作『盆』。《爾雅·釋獸》『鼢』，《釋文》：『字亦作鼖。』並其例證。《說文》曰：『奔，走也。』

散而不反，則爲不足。上而不下，則使人善怒。

倫按：怒讀爲努。

下而不上，則使人善忘。不上不下，中身當心，則爲病。』桓公曰：『然則有鬼乎？』

曰：『有。**沈有履**。

陸德明曰：『司馬本作沈有漏。』俞樾曰：『沈借爲煁。《詩·蕩》「其命匪諶」，《説文》引「諶」作「忱」。《棠棣》「和樂且諶」，《禮記·中庸》引「諶」作「耽」。並其證。《詩·白華》「卬烘於煁」，傳曰：「煁，竈也。」是煁、竈同類，故曰「沈有履，竈有髻」。』倫按：沈、煁古讀皆歸定紐，《説文》曰：『煁，烓也。』『烓，行竈也。』履、漏音同來紐，並借爲牖，幽侯脂聲近相通。《吕氏春秋·分職篇》『陬隅有竈』，《淮南》作『隩隅』，隩借爲奥。《説文》曰：『奥，室之西南隅。』是古設竈西南隅。《詩·采蘋》『宗室牖下』，王肅曰：『奥即牖下。』則竈上即牖。故曰『沈有牖』。《説文》曰：『牖，穿壁以木爲交窗也。』

竈有髻。《玉燭寶典》二引作「竈有髫」，世本「髻」作「髻」。

陸德明曰：『司馬云：髻，竈神，著赤衣，狀如美女。』郭慶藩曰：『《史記·孝武本紀》索隱引司馬本髻作浩，云：浩，竈神也，如美女，衣赤。』倫按：髻，《玉燭寶典》引作髫，不知何字。其下文引《雜五行書》曰：『竈神名禪，《後漢書·陰識傳》注引作「禪」。字子郭，衣黄衣，從竈中被髫而去。』《後漢書·陰識傳》注引作『被髮而去』，則髫是髮字，而形不近，疑髫是髻字之譌。《説文》曰：『髻，髮貌。』音步矛切，與浩聲近。或浩又涪之譌，髻、髻形近，故今作髻。然司馬謂髻爲竈神，未知何據。《説文》『竈』下曰：『《周禮》以竈祀祝融。』《五經異義》曰：『顓頊有子曰黎，爲祝融，祀以爲竈神。』賈逵《左氏春秋傳注》同。則竈神爲顓頊子名黎矣。《淮南・氾論訓》曰：『炎帝於火而死爲竈。』注：『炎帝神農以火德王天下，死托於竈神。』則又以竈神爲神農。惟《禮記・禮器篇》曰：『夫奧者，老婦之祭也。』鄭注：奧當爲爨字之誤也，或作竈。《玉燭寶典》引作竈。《儀禮・特牲饋食禮》：『尸謖而祭饎爨，以謝先炊者之功。』鄭玄據以駁許，謂祭竈爲先炊，是老婦。俞正燮據以別竈神與先炊，竈神爲祝融，先炊則老婦。倫謂《史記・武帝紀》曰：『少翁以方術蓋夜致王夫人及竈鬼之貌。』則竈鬼當爲婦人，司馬説或本於此。

户内之煩壤，

章炳麟曰：『煩壤即煩孃，《説文》曰：「孃，煩擾也。」』

雷霆處之。

倫按：《山海經・海内東經》：『雷澤中有雷神，龍身而人頭，鼓其腹，在吴西。』疑此謂雷霆乃此物也。

東北方之下者，倍阿鮭蠪躍之。

陸德明曰：『鮭，本亦作蛙。司馬云：倍阿，神名也。鮭蠪，狀如小兒，長一尺四寸，黑衣，赤幘，大冠，帶劍，持戟。』倫按：倍阿即《爾雅・釋蟲》蛶螪何之螪何，彼《釋文》引《字林》：『螪，之亦反。』段玉裁、郝懿行並以爲字當作螪。螪從虫，啇聲。啇、音篆文形似，疑當依本文作倍。古音負聲通，負何古多連詞。倍阿亦猶負何矣。《集韻》引《爾雅》：『蚒，蠇何。』以爲蜥易類。鮭字見《山海經》，郭璞以爲鯸鮐。王念孫謂即河豚，非能躍者，當從一本作蛙，正字又當作鼃。鼃，《爾雅》屬魚類，故字遂安魚，而與河豚混矣。蠪，《説文》曰：『丁螘也。』郝懿行謂丁與朾同，蛈朾音近，此螘赤駮，故以爲名。而《廣雅・釋魚》：『苦蠪、胡猛，蝦蟆也。』此鼃、蠪連類，疑當如《廣雅》説爲蝦蟆。古説蜥易能變化，蝦蟆能升天吐雹，故以爲神耳。

西北方之下者，則泆陽處之。

陸德明曰：『司馬云：泆陽，豹頭馬尾，一作狗頭。一云：神名也。』倫按：《山海經・大荒南經》：『南海之外，赤水之西，流沙之東，有獸，左右有首，名曰跊踢。』畢沅謂《莊子》『泆陽』即此。朱亦芹謂《國語・周語》『夷羊在牧』，韋注：『夷羊，神獸。』夷乃泆之平聲。《易・説卦》『兑爲羊』，鄭作『陽』。則羊與陽通，夷羊即泆陽也。

水有罔象，

陸德明曰：『罔象，司馬本作無傷，云：狀如小兒，赤黑色，赤爪，大耳，長臂。一云：水神名。』倫按：罔象見《天地篇》矣。《淮南・氾論訓》『水生罔象』，高注：『水之精也。』《國語》曰：『龍罔象也。』《尸子》曰：『地中有人，名曰無傷。』

丘有峷，

陸德明曰：『峷，本又作莘。司馬云：狀如狗，有角，文身五采。』倫按：峷陸作峷，則莩之譌。然萃與莩孰正，以無考不能定也。

山有夔，

倫按：《説文》曰：『夔，神魖也，如龍，一足，從夊，象有角，人面之形。』《山海經·大荒東經》：『東海中有流波山，入海七千里。其上有獸，狀如牛，蒼身而無角，一足。出入水，則必風雨。其聲如雷，其名曰夔。』

野有彷徨，各本「彷」作「仿」。

陸德明曰：『方，本亦作彷。皇，本亦作徨。司馬云：方皇，狀如蛇，兩頭，五采文。』倫按：《嶺表録異》曰：『兩頭蛇嶺外極多，長尺餘，大如小指，背有錦文，腹下鮮紅。』又《文選·東京賦》『斬蝼蛇，腦方良。』薛綜注：『方良，草澤之神也。』賦用莊義，而字作方良。《周禮·方相氏》『敺方良』，鄭注：『方良，罔兩也。』則彷徨即方良，方良即罔兩也。

澤有委蛇。《文選·東京賦》注引『委』作『蝼』。

倫按：《山海經·海内經》曰：『有神焉，人首，蛇身，長如轅。左右有首，衣紫衣，冠旃冠，名曰延維。人主得而饗食之，伯天下。』郭璞音延維曰委蛇。《管子》：『桓公北伐孤竹，未至卑耳之谿十里，謂左右曰：「見是前人乎？」左右對曰：「不見也。」公曰：「寡人大惑，寡人見，長尺而人物具焉，冠右祛衣，走馬前疾。」管仲對曰：「臣聞登山之神，有俞兒者，長尺而人物具焉，霸王之君興，而登山神見。」』委、延、俞皆喉音，兒、蛇皆舌音，兒維文脂聲近也。

公曰：『請問委蛇之狀何如？』皇子曰：『委蛇，其大如轂，其長如轅，紫衣而朱冠。

陸德明曰：『朱冠，司馬本作俞冠。』倫按：俞借爲朱，聲同侯類。

其爲物也惡，

吴汝綸曰：『惡字屬上讀。』倫按：惡借爲亞。

聞雷車之聲，則捧其首而立。《御覽》八七二引作「見人則舉其首而立」。

陸德明曰：『首，司馬本同，一本作手。』倫按：首字是。

見之者殆乎霸。』桓公辴然而笑，『笑』，原作『笑』，今正，後同。

段玉裁曰：『辴即欣之異文。』朱駿聲曰：『辴爲欣誤，《説文》：欣，指而笑也。讀若蜃。』

曰：『此寡人之所見者也。』於是正衣冠與之坐，不終日而不知病之去也。紀渻子爲王養鬭雞。

陸德明曰：『渻，一本作消。成玄英曰：渻，亦作消字。』

十日而問：『雞已乎？』曰：『未也，方虚憍而恃氣。』

倫按：虚憍雙聲連緜詞也，憍當作歊。《説文》曰：『歊，气上出也。』今本作『气出貌』，此從《文選·兩都賦》注引。今通作驕。

十日，又問，曰：『未也，猶應嚮景。』

陸德明曰：『嚮，本亦作響。』倫按：響字是。

十日，又問，曰：『未也，猶疾視而盛氣。』十日，又問，曰：『幾矣。雞雖有鳴者，已無變矣。望之似木雞矣，其德全矣，異雞無敢應者，反走矣。』《闕誤》引文如海、劉得一本『者』上有『見』字。

倫按：當依《闕誤》引文如海本補『見』字。成玄英疏曰：『他人之雞，見之反走。』是成本亦有『見』字。但補『見』字，『見』者應屬下讀。

孔子觀於呂梁，

陸德明曰：『司馬云：呂梁，河水有石絶處也。今西河離石西有此縣絶，世謂之黃梁。《淮南子》曰：「古者，龍門未鑿，河出孟門之上也。」』倫按：《水經注》：『河水左合，一出善無縣故城西南八十里。其水西流，歷於呂梁之山，而爲呂梁洪。其山巖層岫衍，澗曲崖深，巨石崇竦，壁立千仞。河流激盪，濤湧波襄，雷奔電洩，震天動地。昔呂梁未闢，河出孟門之上，蓋大禹所闢以通河也。』司馬彪曰：『呂梁在離石縣西，今於縣西歷山尋河，並無過阻。至是乃爲河之巨險，即呂梁矣，在離石北以東，可二百餘里也。』自酈駁司馬説，而後言呂梁者亦數家。倫取胡渭説，呂梁即《禹貢》之梁山。謂之呂梁者，《説文》曰：『呂，脊骨也。』昔大嶽爲禹心呂之臣，故封呂侯。尋許所引『昔大嶽』云者，蓋本《周語》。彼文有曰：『共工之從孫，四嶽佐之。高高下下，疏川道滯，象禹之功。』是大嶽以佐禹治水功得封。而《禹貢》言『冀州既載壺口，治梁及岐』，孔傳曰：『壺口在冀州，梁岐在雍州。』曾旼據《呂氏春秋》『龍門未闢，呂梁未鑿，河出孟門之上』，以爲河出孟門之上，則其東之壺口，其南之梁山，其西之岐山，皆墊於水。蓋壺口、梁岐一役也，其施功皆同時，不可分言於二州。紀昀謂當時水之所壅，惟雍爲甚，故治冀必先治雍，而後河口可得而疏。王鳴盛亦云：禹治河口梁山以殺河勢。及岐者，正謂治汧漆諸水以入渭也。然則禹治水實自梁山始。梁山亦名呂梁，呂梁猶今人言脊梁，以居河之高處，故名。大嶽佐禹治水，自呂梁始，故即封於呂梁，如漢高稱沛公張良爲留侯矣。

縣水三十仞，《六帖》六、《御覽》五八、又三九五、又九三二及《文選·魏都賦》劉注引『仞』作『里』，《選注》引『縣』作『懸』。**流沫四十里，黿鼉魚鼈之所不能游也。**

陸德明曰：『鼈，字又作鱉。』

見一丈夫游之，《御覽》三九五引『見』作『有』。**以爲有苦而欲死也，使弟子並流而拯之。**

倫按：《説苑·雜言篇》有此文，『流』作『崖』，『拯』作『止』，當依改。又此句下有『丈夫不以錯意』一句，亦當據補。蓋既是黿鼉魚鼈之所不能遊，則孔子弟子亦不能游矣，故僅旁崖而止其遊，丈夫不以錯意，仍游且數百步而出，故孔子問其有道否。

數百步而出，被髮行歌，

陸德明曰：『行歌，司馬本作行道。』倫按：歌字是，道字涉下文而譌。

而游於塘下。

倫按：游字疑當作休。

孔子從而問焉，曰：『吾以子爲鬼，察子則人也。請問蹈水有道乎？』曰：『亡，吾無道。吾始乎故，長乎性，成乎命。與齊俱入，

倫按：齊借爲淀，同齒音也。《説文》曰：『淀，回泉也。』

與汩俱出，

朱駿聲曰：『汩借爲𣶒，《説文》曰：「𣶒，水流貌。」』倫按：《説文》曰：『汩，治水也。』《爾雅·釋詁》曰：『淈，治也。』是《爾雅》借淈爲汩也。《説文》『淈』下曰：『一曰水出貌，即𣶒字義。』是其證也。

從水之道而不爲私焉。此吾所以蹈之也。』孔子曰：『何謂始乎故、長乎性、成乎命？』曰：『吾生於陵而安於陵，故也。長於水而安於水，性也。不知吾所以然而然，命也。』梓慶削木爲鐻，

陸德明曰：『李云：梓慶，魯大匠，梓官名，慶其名也。鐻，樂器也，以夾鐘。』俞樾曰：『《春秋·襄四年·左傳》「匠慶謂季文子」，杜注：「匠慶，魯大匠。」即此梓慶。』倫按：鐻，《説文》作虡，鐘鼓之柎也，飾爲猛獸。或從金豦作鐻。

鐻成，見者驚猶鬼神。魯侯見而問焉，《類聚》四四引『問』下有『其術』二字。**曰：『子何術以爲焉？』**《御覽》五三〇引作『子一何巧矣，何術以至此』。**對曰：『臣工人，何術之有？雖然，有一焉。臣將爲鐻，未嘗敢以耗氣也，**

陸德明曰：『秏，呼報反。司馬云：損也。』倫按：耗爲秏俗字，秏借爲眊。《説文》曰：『眊，目少精也。』此虚耗本字。

必齊以静心。

倫按：静爲瀞省，今通作净。

齊三日，而不敢懷慶賞爵禄。齊五日，不敢懷非譽巧拙。齊七日，輒然忘吾有四枝形體也。「輒」原作「輙」，依涵本改。《類聚》四四引「枝」作「支」。

倫按：輒借爲縶，音同知紐。《説文》曰：『縶，絆馬也。讀若輒。』《穀梁·昭二十年傳》『兩足不能相過，衛謂之輒。』《釋文》：『輒，本作縶。』並其例證。

當是時也，無公朝，其巧專而外滑消。

陸德明曰：『骨，本亦作滑。』倫按：專爲嫥省，《説文》曰：『嫥，壹也。』滑借爲款，猶借爲詘矣。《説文》曰：『款，意有所欲也。』

然後入山林，觀天性。形軀至矣，《類聚》四四引「軀至」作「區别矣」。**然後成，見鐻，然後加手焉。**

倫按：『然後成見鐻』五字，涉上文『鐻成見者驚猶鬼神』及下句『然後加手焉』而羨。

不然，則己。則以天合天，器之所以疑神者，《御覽》五三〇引「疑」作「凝」。**其是與？』**《闕誤》引江南古藏本『其』下有『由』字。

倫按：當依江南古藏本『其』下補『由』字。

東野稷以御見莊公，《御覽》七四六引『野』作『里』。

陸德明曰：『司馬云：孫卿作東野畢。莊公，李云：魯莊公也。或云：内篇曰「顔闔將傳衛靈公太子」，則不與魯莊同時，當是衛莊公。』梁履繩曰：『《人閒世》「顔闔將傳衛靈公太子」，《讓王篇》「魯君致幣顔闔」，李云：魯哀公。又《列禦寇篇》「魯哀公問顔闔」，則此爲衛莊公也。而《荀子・哀公篇》《韓詩外傳二》、《新序・雜事五》《家語・顔回篇》皆云魯定公問顔回東野之御，蓋傳聞異辭耳。』倫按：《魏志・王基傳》及《牟子理惑篇》、釋慧通《駁夷夏論》亦並引爲顔淵事。然此事實首見箸於本書也，稷畢之脂二類聲近相通。

進退中繩，左右旋中規。《御覽》七四六引『左右旋』作『周旋』。**莊公以爲文弗過也，**《御覽》七四六引『以爲造父弗過也』。

錢大昕曰：『《吕氏春秋・適威篇》作「以爲造父弗過也」，文蓋父之誤。』

使之鉤百而反。

倫按：鉤借爲趯，同喉音也。百爲趏省。《左・僖二十八年傳》「距躍三百」，杜注：「距躍，超越也。」《説文》曰：「距，一曰超歫。」超歫即超躍，亦借歫爲躍也。《説文》曰：「躍，迅也。」「趯，超也。」其實一字。「趏」字見《玉篇》，曰：「走貌。」《廣韻》曰：「趏，越。」則趏亦超越之義。而反，當依《呂氏春秋・適威篇》作「而少及焉」。

顔闔遇之，

陸德明曰：「闔，元嘉本作盍。」

入見曰：『稷之馬將敗。』公密而不應。少焉，果敗而反。公曰：『子何以知之？』曰：『其馬力竭矣，而猶求焉，故曰敗。』工倕旋而蓋規矩，

陸德明曰：「旋而蓋矩，司馬本矩作瞿，云：瞿，句也。」章炳麟曰：「《釋文》無規字，司馬本矩作瞿，云：瞿，句也。矩、瞿皆借爲句，旋借爲圓。《説文》：「圓，規也。」似沇切，音與旋近，蓋借爲割。《釋言》：「蓋，割，裂也。」舍人本「蓋」作「害」。《尚書》通以「割」爲「害」。《呂刑》「鰥寡無害蓋」，又以蓋爲害。明蓋、割相通。圓而割矩者，規畫圓形，割之成矩。又割矩以成觚，劉徽割圓之術，判爲九十六觚，是其術也。圓而割句者，近世程瑶田説，車人倨句度法，以爲不及矩爲句，過矩爲倨。其法：先規作圓形，判爲四矩。半矩謂之宣，一宣有半謂之欘，欘一有半謂之柯，一矩有半謂之磬折。柯與磬折皆倨，宣與欐皆句。割矩爲榻已句矣，又割檯爲宣，是爲割句。故郭作矩，司馬作瞿，而沾規字者誤也。』倫按：司馬、陸本並無規字。蓋規字讀者所以釋旋字，旁注『旋』下，淺人習於規矩連文，因轉乙於正文『矩』字上耳。巨瞿聲皆魚類，句瞿音同見紐。

指與物化，而不以心稽，故其靈臺一而不桎。

倫按：桎借爲窒，《説文》曰：『窒，塞也。』

忘足，屨之適也。忘要，帶之適也。知忘是非，《闕誤》引張君房、文如海本『知』作『口』。**心之適也。不内變，不外從，**

倫按：變從相對爲文，以『從事』絶句者，非也。

事會之適也。始乎適而未嘗不適者，忘適之適也。有孫休者，踵門而詫子扁慶子，

陸德明曰：『詫，李本作託。』倫按：詫託一字，託疑爲訊之譌。《説文》曰：『訊，問也。』或借爲誇，聲同魚類。《説文》曰：『誇，譀也。』

曰：『休居鄉，不見謂不脩，臨難不見謂不勇。然而田原不遇歲，

倫按：原野字，《説文》作『邍』，高平曰邍，今通借原爲之，聲同元類。

事君不遇世，賓於鄉里，

倫按：賓借爲姘。

逐於州部，則胡罪乎天哉？休惡遇此命也。』扁子曰：『子獨不聞夫至人之自行邪，忘

其肝膽，

倫按：忘當作亡。

遺其耳目，芒然彷徨乎塵垢之外，

逍遥乎無事之業，是謂爲而不恃、長而不宰。今汝飾知以驚愚，脩身以明汙，昭昭乎若

陸德明曰：『彷徨，元嘉本作房皇。』倫按：芒借爲忘。

揭日月而行也。汝得全而形軀，具而九竅，無中道夭於聾盲跛蹇而比於人數，涵本「夭」作「大」。亦幸矣，又何暇乎天之怨哉？子往矣。』孫子出。扁子入，坐有閒，仰天而歎。弟子問曰：『先生何爲歎乎？』扁子曰：『向者休來，吾告之以至人之德，吾恐其驚而遂至於惑也。』弟子曰：『不然。孫子之所言是邪？先生之所言非邪？非固不能惑是。孫子所言非邪？先生所言是邪？彼固惑而來矣，又奚罪焉？』扁子曰：『不然。昔者有鳥止於魯郊，魯君悦之，爲具太牢以饗之，奏《九韶》以樂之，

陸德明曰：『奏九韶，元嘉本作奏韶武。』

鳥乃始憂悲眩視，不敢飲食。此之謂以己養養鳥也。若夫以鳥養養鳥者，宜棲之深林，浮之江湖，食之以委蛇，

俞樾曰：『委蛇，未詳何物。《釋文》引李云「大鳥食蛇」，然未聞養鳥者必食之以蛇也。司馬云：委蛇，泥鰌。此亦臆説。今案《至樂篇》曰：「夫以鳥養養鳥者，宜棲之深

林，游之壇陸，浮之江湖，食之鰌鰷，隨行列而止，委蛇而處。」然則此文亦當云「食之以鰌鰷，委蛇而處」，傳寫有闕文耳。且云「委蛇而處」，方與下句「則平陸而已矣」文氣相屬。』倫按：此文意與《至樂篇》所敍相同。彼曰『委蛇而處』，委蛇是逶迆之借，此亦然也。疑此文有奪誤。『若夫以鳥養養鳥者』下，本與《至樂篇》同，當作『則宜棲之深林，游之平陸，浮之江湖，食之以鰌鰷，委蛇而處而已矣』。

則平陸而已矣。《闕誤》引魏得一本「平」上有「安」字。**今休款啓寡聞之民也，**

倫按：款爲欵譌，《説文》曰：『欵，意有所欲也。』啓借爲饮，同喉音也。《説文》曰：『饮，幸也。』

吾告以至人之德，譬之若載鼷以車馬，樂鴳以鍾鼓也。「鍾」，各本作「鐘」。

陸德明曰：『鴳，字又作鴳。』倫按：《説文》曰：『鴳，鴽也。』鍾借爲鐘。

彼又惡能無驚乎哉？』

莊子義證弟二十　外篇山木弟二十

莊子行於山中，見大木，枝葉盛茂，伐木者止其旁而不取也。《文選》盧諶《贈劉琨詩》注引『旁』作『傍』。**問其故，曰：『無所可用。』莊子曰：『此木以不材得終其天年。』**《類聚》九一引此作『山年』，下有『矣』字。《御覽》九五二引亦有『矣』字。**夫子出於山，**《類聚》九一引無『夫子』二字，『山』下有『及邑』二字。

陸德明曰：『夫出，夫如字。夫者，夫子，謂莊子也。本或即作夫子。』倫按：《吕氏春秋·必己篇》有此文，『夫』字作『矣』，無『子』字。蓋此『夫』字爲『矣』字壞文，讀者以『夫』字屬『出於山』讀，辭氣不洽，妄加『子』字。下文曰『先生將何處』，是弟子稱莊子爲先生，不曰夫子也。可證。吴汝綸以『夫』字屬上句讀，不删『子』字，亦非。此文上下文並稱莊子，無單作子者也。《吕覽》『山』下亦有『及邑』二字。

舍於故人之家。故人喜，命豎子殺鴈而烹之。

王念孫曰：『亨讀爲享。享之，謂享莊子。享與饗通，《吕氏春秋·必己篇》作饗。是其證。古書享字作亨，烹字亦作亨。故《釋文》誤讀爲烹，而今本遂改亨爲烹矣。』原文作亨，故《釋文》音普彭反，若作烹，無須音釋。郭慶藩曰：『雁，鵝也。《説文》：「鵝，雁也。」

「雁，鵝也。」《尒疋》「舒鵝」，注：「今江東呼䲵。」《方言》：「雁，自關而東謂之䲵鵝。南楚之外謂之鵝。」《廣雅》「䲵鵝，雁也」，即此所謂雁。』倫按：豎借爲孺，聲同侯類。《說文》曰：『孺，乳子也。』亨爲烹調之亨初文，此借爲饗。《說文》『雁』『鴈』異義，『雁』爲鴻雁，『鴈』爲鴈鵝。雁從隹斤聲，鴈從鳥厈聲，今篆俱譌。詳《說文六書疏證》。此當作鴈，或作雁者，非也。

豎子請，曰：『其一能鳴，其一不能鳴，請奚殺？』主人曰：『殺不能鳴者。』明日，弟子問於莊子，曰：『昨日山中之木，以不材得終其天年。今主人之鴈，以不材死。《類聚》九一引「死」上有「而」字。先生將何處？』《類聚》九一引『處』下有『焉』字。莊子笑曰：『周將處夫材與不材之閒。世本及《類聚》九一引「夫」作「乎」，「閒」下有「乎」字。材與不材之閒，世本及《意林》引無此句。似之而非也，故未免乎累。

倫按：故讀爲固。

若夫乘道德而浮遊，則不然。無譽無訾，

倫按：訾借爲呰，《說文》曰：『呰，訶也。』

一龍一蛇，與時俱化，而無肯專爲。一上一下，以和爲量，

俞樾曰：『此本作「一下一上，以和爲量」，「上」與「量」爲韻。』倫按：下亦韻量，魚陽對轉。

浮遊乎萬物之祖。物物而不物於物，則胡可得而累邪？此神農、黄帝之法則也。

倫按：《吕覽》引『法則』作『所法』，當從之。

若夫萬物之情，人倫之傳，則不然。合則離，

倫按：《吕覽》引此句在後。

成則毁。廉則挫，

陸德明曰：『剉，本亦作挫。』郭慶藩曰：『挫當爲剉，《説文》：「剉，折傷也。」』倫按：廉借爲剡。成玄英疏曰：『清廉則被剉傷。』是成本『挫』作『剉』。《吕覽》引亦作剉。《吕覽》此句上有『大則衰』一句。

尊則議，

俞樾曰：『議當讀爲俄。《詩·賓之初筵》「側弁之俄」，鄭箋：「俄，傾也。」尊則俄，謂崇高必傾側也。』倫按：尊借爲崇，同齒音也。本書《胠篋篇》『尊盧氏』，《六韜》《金樓子》並作『宗盧氏』。是其例證。議，《吕覽》作虧，無下文『有爲則虧』一句，有『直則骫，合則離，愛則隳』三句。

有爲則虧，賢則謀，

倫按：《吕覽》作多智則謀。

不肖則欺，

奚侗曰：《呂覽》於此章明述莊子語，不應有所增益，自是本書有挩誤耳。

胡可得而必乎哉？ 悲夫，弟子志之，其唯道德之鄉乎？』

倫按：鄉借爲卯。

市南宜僚見魯侯，

陸德明曰：『司馬云：熊宜僚也。李云：姓熊，名宜僚。案《左傳》云：「市南有熊宜僚，楚人也。」』俞樾曰：『高注《淮南・主術篇》云：「宜僚，姓也，名熊。」疑名姓字互誤。』倫按：本書《徐無鬼篇》曰：『仲尼之楚，楚王觴之。孫叔敖執爵而立，市南宜僚受酒而祭。』《音義》曰：案《左・宣十二年傳》楚有熊相宜僚，則與孫叔敖同時，去孔子甚遠。又本書《則陽篇》曰：『孔子之楚，舍於蟻丘之漿。其鄰有夫妻臣妾登極者。仲尼曰：「是其市南宜僚邪？」』尋《左・哀十六年傳》：『勝謂石乞曰：「王與二卿士，皆五百人當之則可矣。」乞曰：「不可得也。」曰：「市南有熊宜僚者，若得之，可以當五百人矣。」及從白公而見之，與之言，説。告之故，辭。承之以劍，不動。』是市南宜僚姓熊，與孔子同時，而非《宣十二年・左傳》之熊相宜遼也。宜遼或之魯與？所見蓋哀公也。

魯侯有憂色。市南子曰：『君有憂色，何也？』魯侯曰：『吾學先王之道，脩先君之業；吾敬鬼尊賢，親而行之，無須臾離居，

陸德明曰：『「無須臾離」絶句，崔本無「離」字，以「居」字連上句讀。』俞樾曰：『崔譔本無「離」字，而以「居」字連上句讀，當從之。《吕覽·慎人篇》「胼胝不居」，高誘訓居爲止。無須臾居者，無須臾止也。學者不達「居」字之旨，而習於《中庸》「不可須臾離」之文，遂妄加「離」字。

然不免於患，吾是以憂。』市南子曰：『君之除患之術淺矣。夫豐狐文豹，《書鈔》一五八引「文」作「之」。

倫按：豐借爲丰，或借爲芃，同脣音也。《説文》曰：『丰，艸盛丰丰也。』『芃，艸盛也。』

棲於山林，伏於巖穴，静也；夜行晝居，戒也；雖飢渴隱約，

倫按：隱約雙聲連緜詞。《周書·官人解》『隱約者觀其不懾懼』，《説苑·敬慎篇》『夫福生於隱約，而患生於得意』，隱約皆謂憂也。《吕氏春秋·義賞篇》『寡人之國危，社稷殆，身在憂約之中』，憂約即隱約也。隱借爲㥯，音同影紐。《説文》曰：『㥯，愁也。』

猶旦胥疏於江湖之上而求食焉，「旦」各本作「且」。唐人寫本「疏」下有「草」字。

郭慶藩曰：『胥即疏也。《左·宣十四年傳》「車及於蒲胥之市」，《吕氏春秋·行論》作「蒲疏」。《史記·蘇秦傳》「東有夤棗無胥」，《魏策》作「無疏」。是其證。』倫按：旦，當依各本作且，字之誤也。成玄英據誤本釋爲明旦，非也。胥疏疊韻連緜詞。胥借爲踽，聲同魚類。《説文》曰：『踽，疏行也。』又尋成玄英疏曰：『旦，明也。胥，皆也。言雖飢渴，猶斟酌明旦無人之時，相命於江湖之上，扶疏草木而求食也。』是成本『疏』下亦有『草』字。劉師培據唐人寫本謂與《音義》引李注『相望疏草者』合，且臆定郭本亦有『草』字，不悟李讀『疏』爲『蔬』，故言『疏草』，不定李本亦有『草』字。有『草』字者，由讀者不解胥疏之義，謂疏是蔬草，因注『草』字於旁，傳寫誤爲正文。若是蔬草，山林所有，何待於江湖之上而求焉？

定也。然且不免於罔羅機辟之患，

倫按：辟爲檗省。

是何罪之有哉？其皮爲之災也。崇本「災」作「灾」。

倫按：災借爲害。

今魯國獨非君之皮邪？世本「今」作「令」。**吾願君刳形去皮，**世本「刳」作「刳」。**洒心去欲，**

陸德明曰：『洒，本亦作洗。』倫按：洒洗雙聲。《説文》曰：『洒，滌也。』『洗，洒足也。』

而遊於無人之野。南越有邑焉，名爲建德之國。其民愚而朴，少私而寡欲；知作而不知藏，與而不求其報；不知義之所適，不知禮之所將；猖狂妄行，

倫按：妄借爲忘。

乃蹈乎大方，其生可樂，其死可葬。《文選》江文通《雜體詩》注引作「死可以葬」。吾願君去國捐俗，與道相輔而行。』

倫按：輔借爲俌，『輔相』字當作此。

君曰：『彼其道遠而險，又有江山，我無舟車，柰何？』市南子曰：『君無形倨無留居以爲君車。』

倫按：『君無形倨』以下文有奪譌。

君曰：『彼其道幽遠而無人，吾誰與爲鄰？吾無糧，我無食，安得而至焉？』市南子曰：『少君之費，寡君之欲，雖無糧而乃足。

陸德明曰：『我，一本作餓。』倫按：我字是，後人不達古書詞例，以爲吾我疊舉，安『食』字於『我』邊，謂是吾無糧餓而無所得食矣。

倫按：乃讀爲能。

君其涉於江而浮於海，《文選》任昉《王文憲集序》注引「涉」作「步」，「江」下有「南」字，「海」上有「四」字。望之而不見其崖，愈往而不知其所窮。送君者皆自崖而反，君自此遠矣。故有人者累，見有於人者憂。故堯非有人，非見有於人也。吾願去君之累，除君之憂，而獨與道遊於大莫之國。

倫按：莫借爲怕。

方舟而濟於河，

倫按：《説文》曰：『斻，方舟也。』又『濮』下曰：『一曰以船渡也。』以船渡，即『斻』字本義。此方舟謂斻也。

有虚船來，「船」原作「舩」，今正。《書鈔》一三七引「船」作「舡」。**觸舟，雖有惼心之人不怒。**「惼」，原作「褊」，依《書鈔》改。各本「褊」作「惼」，《書鈔》一三七、《御覽》七六八、《文選》任昉《哭范僕射詩》注引、王儉《褚淵碑文》注引作「褊」。

倫按：『惼』，《説文》作『辡』。《書鈔》引作『褊』者，音同非紐。《説文》曰：『急，褊也。』『辡，急也。』蓋褊也即辡也。是其例證。

有一人在其上，則呼張歙之。《書鈔》一三七引作「一呼張之，一呼歙嚇」。

倫按：當依《書鈔》引作『一呼張之，一呼歙之』。《淮南·詮言訓》作『一謂張之，一謂歙之』，可證。此謂兩舟相觸，各有人在，則甲舟人呼乙舟張之，乙舟人呼甲舟歙之，各不欲相攘也。

一呼而不聞，《書鈔》一三七引「聞」作「怒」。**再呼而不聞，於是三呼邪，則必以惡聲隨之。**

倫按：『惡』借爲『亞』，《淮南》作『醜』。

向也不怒而今也怒，

倫按：尚借爲囊。

向也虛而今也實。人能虛己以游世，其孰能害之？』北宮奢爲衛靈公賦斂以爲鍾，崇本『鍾』作『鐘』。

倫按：鍾借爲鐘。賦斂爲撲漱之借字，賦撲同脣音也。《淮南·時則訓》『具撲曲筥筐』，高注：『撲讀南陽人言山陵同曲簿也。』則撲薄同音。簿從尃得聲。《論語·公治長篇》『可使治其賦也』，《釋文》引梁武帝注：『賦，《魯論》作傅。』傅亦從尃聲，則賦可借爲撲。又經典通以賦爲班予之義。《說文》作奚，則賦亦借爲奚矣。《說文》曰：『撲，挨也。』『挨，擊背也。』正合治鍛之法。斂音屬娘紐，漱音來紐，古讀娘歸泥，來泥並舌音也。《說文》曰：『漱辟，漱鐵也。』

爲壇乎郭門之外，

倫按：《獨斷》曰：『壇謂築土起室。』治家鑄器之室，正築土爲之，非祭場之壇也。

三月而成上下之縣。《御覽》六二七引『月』作『日』。

陸德明曰：『上下之縣，司馬云：八音備爲縣，而聲高下。』倫按：《周禮·小胥》：『凡縣鐘磬半爲堵，全爲肆。』鄭注：『鐘磬者，編縣之。二八十六枚而在一簴。』鄭必云二八十六枚者，明一簴十六枚，上下縣之，則二八。

王子慶忌見而問焉，

倫按：此即《吕氏春秋·忠廉篇》之王子慶忌，吴王僚子，爲要離所刺者也。正在衛。

曰：『子何術之設？』《御覽》六二七引『之設』作『設之』。**奢曰：『一之間，**

倫按：閒爲耳之譌。郭象注曰：『泊然抱一耳。』是郭本猶未譌。

無敢設也。奢聞之：「既彫既琢，《御覽》六二七引『彫』作『雕』。**復歸於朴。」侗乎其無識，**

倫按：侗借爲惷，古讀徹紐歸透也。

儻乎其怠疑。《御覽》六二七引「儻乎」作「倘兮」。

王念孫曰：『怠疑即佁儗。』倫按：儻借爲恍，聲同陽類。《説文》曰：『恍，狂之貌。』怠借爲佁，疑爲譺省。

萃乎，《御覽》六二七引「乎」作「兮」。

奚侗曰：『萃爲芴之誤字。』倫按：芴借爲忽。

芒乎，

倫按：芒借爲忘。

其送往而迎來。來者勿禁，

倫按：禁借爲救。

往者勿止。從其彊梁，

倫按：彊梁疊韻連緜詞，彊梁謂剄也。

隨其曲傳，各本「傳」作「傅」。陸德明曰：『傳，本或作傅。』倫按：傳字是，成玄英疏曰：『人情曲傳。』是成本『傳』作『傳』。曲傳魚侯聲近連緜詞也。傳借爲匍，曲匍謂柔也。

因其自窮，故朝夕賦斂而毫毛不挫，倫按：挫借爲剉。

而況有大塗者乎？』孔子圍於陳蔡之閒，七日不火食。太公任往弔之，各本『太』作『大』。

俞樾曰：『《廣韻》一東「公」字注：「《世本》有太公潁叔。」然則大公乃複姓。《釋文》引李云：「大公，大夫稱。」非也。』

曰：『子幾死乎？』曰：『然。』曰：『子惡死乎？』曰：『然。』任曰：倫按：上文太公曰均不稱名，此『任』字疑衍。

『予嘗言不死之道。東海有鳥焉，其名曰意怠。世本無「其」字。倫按：怠蓋恧之誤也。下文曰『鳥莫知於鷾鴯』，即此鳥也。

其爲鳥也，翂翂翐翐，陸德明曰：『翂，字亦作溢。翐，字亦作濼。』段玉裁曰：『翂，即《說文》「翁」字，鳥聚貌，一曰飛貌。』倫按：以下文義推之，鳥聚貌也。𧾷字《説文》所無。《説文》有䟡字，云：『舖豉也。』此疑借爲秩。《説文》曰：『秩，積也。』

而似無能；引援而飛，

倫按：引援雙聲連緜詞。《説文》曰：『援，引也。』

迫脅而棲；

倫按：迫脅疊韻連緜詞。迫從辵百聲。千十爲阡陌之初文，並詳《説文六書疏證》。則十百古同音也。十劦聲同談類。脅借爲劦，《説文》曰：『劦，同力也。』

進不敢爲前，退不敢爲後，食不敢先嘗，必取其緒。

倫按：緒讀爲儲而借爲庤，澄紐雙聲。今言儲蓄、儲積者，皆庤之借。《説文》曰：『庤，儲置屋下也。』

是故其行列不斥，

倫按：斥，《説文》作㡿，卸屋也。卸屋猶今言拆屋矣。或爲『柝』『坼』之省。《説文》曰：『柝，判也。』『坼，裂也。』

而外人卒不得害，《御覽》九二七引無「外」字、「卒」字。

倫按：『外』字疑涉上句『列』字或『斥』字而誤羨。

是以免於患。直木先伐，甘井先竭。《文選》謝靈運《游赤石進帆海詩》注引「井」作「泉」。

倫按：《周書·周祝解》曰：『甘泉必竭，直木必伐。』《墨子·親士篇》曰：『是以甘井近竭，招木近伐。』

子其意者飾知以驚愚，《類聚》四〇、《文選》謝靈運《游赤石進帆海詩》注引「飾知」作「飭智」。脩身以明汙，《類聚》四〇引「汙」作「行」。昭昭乎如揭日月而行，《後漢書·王暢傳》注、《文選》謝靈運《游赤石進帆海詩》注引「如」作「若」。故不免也。昔吾聞之大成之人，曰：「自伐者無功，功成者墮，『墮』原作『隳』，今正。名成者虧。」孰能去功與名而還與衆人。

奚侗曰：『《管子·白心篇》作「孰能去名與功而還與衆人同」，當據以訂補。此以墮、虧爲韻，功、同爲韻。』

道流而不明居，

褚伯秀曰：『明爲名訛。』呂惠卿曰：『明居連讀。』

得行而不名處。

褚伯秀曰：『得爲德訛。』

純純常常，乃比於狂；削迹捐勢，不爲功名。是故無責於人，人亦無責焉。至人不聞，子何喜哉？』孔子曰：『善哉。』辭其交遊，去其弟子，逃於大澤，衣裘褐，『褐』原作『褐』，今正，後同。食杼栗，入獸不亂羣，入鳥不亂行。鳥獸不惡，而況人乎？孔子問子桑雩，世本、崇本『雩』作『雽』。

陸德明曰：『雽，本又作雩。』俞樾曰：『子桑雩，即《大宗師篇》之子桑户，亦即《漢書·古今人表》之采桑羽。《説文》：「雩，或作羿。」羽蓋羿之壞字。』

曰：『**吾再逐於魯，**《類聚》八四、《御覽》八〇六引「再」作「見」。**伐樹於宋，削迹於衛，**

陸德明曰：『「伐樹於衛」，一本作「伐樹於宋，削迹於衛」。』倫按：陸本無『宋削迹於』四字，然伐樹是宋事。成玄英疏曰：『孔子爲魯司寇，齊人聞之，遂選女樂文馬而遺魯君，間構魯，因而被逐。宋是殷後，孔子在宋及周，遂不被用，故稱窮也。』本書《讓王篇》『孔子窮於陳蔡』章，辭與此同。成疏釋魯衛宋事，而不及商周陳蔡。《天運篇》孔子西遊於衛章，辭亦與此同，而成疏歷釋宋衛商周陳蔡事，是成本此章無『伐樹』二句、《讓王篇》無『商周陳蔡』二句。或古本如是，今本此章及《讓王篇》，由後人依《天運篇》增，故致有多少也。

窮於商周，「商」原作「啇」，今正。**圍於陳蔡之閒。吾犯此數患，**

章炳麟曰：『犯借爲逢。』

親交益疏，徒友益散，何與？』《類聚》八四引『與』作『也』。**子桑雩曰：『子獨不聞於假人之亡與？**

孫詒讓曰：『司馬彪曰：「林回，殷之逃民之姓名。」則假人當爲殷人之誤。然《文選》王仲寶《褚淵碑文》李注引馬彪云：「假，國名。」』倫按：《史記·酷吏傳》『楚有殷仲』，徐廣曰：『殷，一作假。』《魯峻碑》陰『殷』作『𣪊』，形與『假』近，此『殷』『假』交譌之證。此字當爲殷，殷即宋也。疑謂宋偃王暴虐，其民有逃亡者。

林回棄千金之璧，負赤子而趨。或曰：「爲其布與？

倫按：布即《周禮・載師》『凡宅不毛者有里布』之『布』，謂口率出泉，如漢法口百二十也。布借爲賦，同脣音也。《説文》『悑』之重文作『怖』，《論語・公冶長篇》『可使治其賦也』，《魯論語》『賦』作『傅』。是其例證。《説文》曰：『賦，斂也。』

赤子之布寡矣。爲其累與？赤子之累多矣。棄千金之璧，崇本『棄』作『弃』。**負赤子而趨，何也？」林回曰：「彼以利合，此以天屬也。」夫以利合者，迫窮禍患害相棄也。**

倫按：迫借爲敀，《説文》曰：『敀，迮也。』迮也，即笮也。『笮，迫也，在瓦之下、棼之上。』壓迫當用敀。

以天屬者，迫窮禍患害相收也。夫相收之與相棄亦遠矣。且君子之交淡若水，小人之交甘若醴。君子淡以親，小人甘以絶。

倫按：《禮記・坊記篇》曰：『君子之交淡若水，小人之交甘若醴。君子淡以成，小人甘以壞。』

彼無故以合者，則無故以離。』孔子曰：『敬聞命矣。』徐行翔佯而歸，

倫按：翔佯即彷徨也。

絶學捐書，弟子無挹於前，

倫按：挹借爲集，聲同談類。《說文》曰：『集，羣鳥在木上也。』

其愛益加進。異日，桑雩又曰：『舜之將死，真命禹，涵本、崇本「命」作「泠」，世本作「泠」。

陸德明曰：『真，司馬本作直。泠，或爲命，又作令。』成玄英曰：『命，亦有作泠字者。』王引之曰：『直當爲卤。籀文乃字，隸書作迺。卤形似直，故譌作直，又訛作真。令、命古字通。』倫按：『真』、『直』或爲『貴』字之譌，『貴』爲『遺』省。

曰：「汝戒之哉。形莫若緣，情莫若率。緣則不離，率則不勞。不離不勞，則不求文以待形。不求文以待形，固不待物。」』莊子衣大布而補之，正緳係履而過魏王。

郭嵩燾曰：『緳當作絜。《說文》：「絜，麻一耑也。」履無絇，以麻繫之，故曰憊。』倫按：『正』蓋『[illegible]』字之譌。下文曰『今處昏上亂相之閒』，是宋偃王暴虐之時也。宋王以魏襄王元年自立爲王，則此魏王爲襄王矣。

魏王曰：『何先生之憊邪？』

陸德明曰：『憊，司馬本作病。』

莊子曰：『貧也，非憊也。士有道德不能行，憊也。衣弊履穿，

倫按：弊借爲㡀，《說文》曰：『㡀，敗衣也。』

貧也，非憊也。此所謂非遭時也。

倫按：非讀爲未，並脣音也。

王獨不見夫騰猿乎？《御覽》九一〇引「猿」作「猨」。

陸德明曰：『螣，本亦作騰。』倫按：騰字是。

其得柟梓豫章也，崇本及《類聚》八九引「柟梓」作「杉柟」。**攬蔓其枝，**

朱駿聲曰：『蔓借爲曼，《説文》曰：「引也。」』倫按：攬蔓幽侵對轉疊韻連緜詞。

而王長其閒，崇本及《類聚》八九、《御覽》九五七引「王」作「生」，《六帖》九七引「長」作「張」。

陸德明曰：『王，司馬本作往。長，本又作張。』倫按：王長疊韻連詞，王當依司馬本作往。

雖羿、蓬蒙，不能眄睨也。「睥」原作「睥」，今正。世本、崇本「睥」作「眄」。

陸德明曰：『眄，本或作睥。』成玄英曰：『睥睨字亦有作眄字者。』倫按：《説文》無『睥』字，攴部有『敂敓』，義同。阜部『陴』下曰：『城上女牆俾倪也。』是知目部亦當有『睥』字。『眄』下曰：『一曰：衺視也。』即『睥』字義。『睥』『眄』篆形極近，故失『睥』字而義附於『眄』下耳。

及其得柘棘枳枸之閒也，危行側視，振動悼慄。崇本、世本「慄」作「慓」。

倫按：振借爲憚，脂歌聲近，歌元對轉。《説文》『觶』之重文作『觗』。是其例證。動借爲恐，聲同東類。《呂氏春秋·論威篇》『敵人悼懼憚恐』，『憚恐』即此所謂振動也。《説文》曰：『悼，懼也。』

此筋骨非有加急而不柔也，

倫按：急借爲㑥，音同見紐。《禮記·曲禮篇》『急繕其怒』，注：『急猶堅也。』《呂氏春秋·任地篇》『急者欲緩』，高注：『急者，强剛土也。』《説文》曰：『㑥，堅土也。』是《呂覽》之『急』，即《説文》之『㑥』。《曲禮》之『急』訓『堅』，亦『㑥』之借。

處勢不便，

倫按：便借爲諞。

未足以逞其能也。《御覽》九一〇引「逞」作「騁」。

倫按：《説文》曰：『逞，通也。楚謂疾行爲逞。』尋疾行爲逞，蓋騁字義。騁，直馳也，逞騁音同。此當依《御覽》引作騁，而借爲甹。《説文》曰：『甹，使也。』

今處昏上亂相之閒，而欲無憊，奚可得邪？此比干之見剖心徵也夫。』

倫按：《音義》出『見心』二字，是陸本無『剖』字，疑此文有奪譌。本是比干、微子對舉，『徵』蓋『微』字之譌，或『微』字羨。《荀子·宥坐篇》『王子比干不見剖心乎』，辭例相同。

孔子窮於陳蔡之閒，七日不火食，左據槁木，右擊槁枝，而歌猋氏之風，涵本、世本『猋』作『焱』。

劉秀生曰：『成玄英疏曰：「猋氏，神農也。」是成本「猋」作「猋」。』

有其具而無其數，有其聲而無宮角，木聲與人聲犁然有當於人之心。

倫按：犁借爲栗，音同來紐。故《音義》引司馬彪曰：『犁然猶栗然。』《説文》曰：『㮚，木也，其實下垂，故從卤。』『卤，艸木實垂卤卤然。』是栗然即卤然，古讀來紐亦舌音也。

顏回端拱還目而窺之。崇本『目』作『自』。

倫按：還借爲瞏，聲同元類。《説文》曰：『瞏，轉目也。』《韓非·外儲説右下》『虎盼然環其眼』，『環』亦『瞏』之借字。是其例證。

仲尼恐其廣己而造大也，愛己而造哀也，曰：『回，無受天損易，無受人益難。無始而非卒也，人與天一也。夫今之歌者，其誰乎？』回曰：『敢問無受天損易。』仲尼曰：『飢渴寒暑窮桎不行，

倫按：窮借爲空，桎借爲窒。空窒猶貧富也，句疑有奪譌。

天地之行也，運物之泄也，《闕誤》引江南古藏本「物」作「化」。

章炳麟曰：『運借爲員。《越語》「廣運」，《西山經》作「廣員」。是其例。《説文》：「員，物數也。」員物猶品物。』倫按：泄借爲迻，音同喻紐。《説文》『世』下曰：『從卅而曳長之。亦取其聲。』此説非是，詳《説文六書疏證》。然明世與乀聲近矣。《説文》曰：『乀讀若移。』是其例證。《説文》曰：『迻，遷徙也。』

言與之偕逝之謂也。世本「之偕逝」作「偕之偕」。**爲人臣者，不敢去之。執臣之道猶若是，而況乎所以待天乎？』**

倫按：『爲人臣者』上疑有奪文。

『何謂無受人益難？』仲尼曰：『始用四達，

倫按：本書《刻意篇》曰：『精神四達並流，無所不極。』義與此同。疑『始用』二字譌也。

爵禄並至而不窮，物之所利，乃非己也，吾命其在外者也。世本「其」作「有」。

倫按：郭象注曰：『人之生也，外有接物之命。』是郭本『其』字作『有』。

君子不爲盜，「盜」原作「盗」，今正，後同。**賢人不爲竊。吾若取之，**

倫按：《説文》曰：『若，擇菜也。』

何哉？故曰：鳥莫知於鷾鴯，目之所不宜處，不給視。

陸德明曰：『言不可止處，目已羅絡知之，故棄之。』倫按：依《音義》似陸本『給』作『絡』也。唐寫本作『不給雒』。蓋本或誤爲『給』，讀者注『雒』字於旁，傳寫誤入正文也，又奪『視』字。絡雒並借爲略，《説文》曰：『略，眄也。』《方言》曰：『略，眄也。自關而西，秦晉之間曰眄。』此『眄』義即《説文》『眄』下『一曰衺視也』。絡、給形近，故致譌耳。

雖落其實，棄之而走。其畏人也而襲諸人閒，

倫按：襲借爲習，聲同談類。《周禮》『胥師』注：『故書襲爲習。』《説文》：『讋，傅毅讀若慴。』是其例證。《説文》曰：『習，數飛也。』

社稷存焉耳。』「社」原作「社」，今正。

倫按：社稷謂鳥巢。社稷即社也。此與《禮記》謂『大夫不得造車馬』辭例同也。

『何謂無始而非卒？』仲尼曰：『化其萬物而不知其禪之者，

尹桐陽曰：『禪借爲授，禪母雙聲。』倫按：禪借爲嬗。

焉知其所終？焉知其所始？正而待之而已耳。』『何謂人與天一邪？』仲尼曰：『有人，天也；有天，亦天也。世本無「亦」下「天」字。**人之不能有天，性也，聖人晏然體逝而終矣。』**

倫按：晏借爲宴，《説文》曰：『宴，安也。』

莊周遊乎雕陵之樊，

陸德明曰：『雕，本亦作彫。樊，或作埜，古野字。』倫按：樊當依或本作埜。

覩一異鵲，

倫按：異借爲奇，同喉音也。奇即踦之初文，《説文》曰：『踦，一足也。』

自南方來者，翼廣七尺，目大運寸，

倫按：運借爲直，脂真對轉。真從直聲，詳《說文六書疏證》。《國語·越語》『廣運百里』，韋注：『東西爲廣，南北爲運。』蓋廣運即横直也。目大直寸，言目之直徑有寸，則其口可知矣。

感周之顙，而集於栗林。《御覽》九二一引『集』作『進』。**莊周曰：『此何鳥哉？翼殷不逝，**

倫按：殷借爲㬋。

目大不覩。』蹇裳躩步，《闕誤》引張君房本『蹇』作『褰』。

王念孫曰：『蹇與攐通，《說文》：「攐，摳衣也。」』倫按：躩借爲趯，《說文》曰：『趯，大步也。』

執彈而留之。

倫按：留爲搐省，《說文》曰：『搐，引也。』謂引而未發。

覩一蟬，方得美蔭，而忘其身，螳蜋執翳而搏之，《類聚》九八引『而』字作『且將』、『搏』作『捕』。

倫按：《說文》曰：『堂蜋，一名斫父。』段玉裁曰：『堂蜋臂有斧，能斫，故曰斫父。』然則執翳而搏之，執臂而斫之也。翳臂支脂聲近通借，搏斫聲同魚類通借。

見得而忘其形。異鵲從而利之，見利而忘其真。莊周怵然曰：『噫。物固相累，

倫按：積累字當作絫。

二類相召也！』捐彈而反走，《類聚》九八『捐彈』作『狠焉』。**虞人逐而誶之。**

陸德明曰：『誶，本又作訊。』倫按：虞借爲射，聲同魚類。詳余所譔《讀書續記·五》。誶字是，本作訊者，錢大昕謂六朝人草書以卆爲卒，遂與訊相似，沿誤至今。倫謂訊誶聲亦脂真對轉。《詩·墓門》『歌以訊之』，《釋文》：『訊，本亦作誶。』此『訊』『誶』形聲相近通用之證。此當作誶者，《説文》曰：『誶，讓也。』

莊周反入，《闕誤》引江南古藏本『反入』下有『宫』字。

倫按：『入』下疑有奪字。

三月不庭。

陸德明曰：『三月，一本作三日。』王念孫曰：『下文曰「夫子何爲頃間甚不庭乎」，則當依一本作三日。』倫按：庭借爲甹，音同定紐。《左傳》『以征不庭』，《史記索隱》曰：『舊本《史記》作「不亭」。』《説文》曰：『甹，定息也。讀若亭。』

藺且從而問之，

陸德明曰：『藺，一本作蔄。』倫按：闌閒真元聲近相通，或形近而譌。

『夫子何爲頃間甚不庭乎？』莊周曰：『吾守形而忘身，

倫按：身疑爲真之譌也。

觀於濁水而迷於清淵。且吾聞諸夫子，曰：「入其俗，從其俗。」《闕誤》引江南李氏本、成玄英本作「從其令」。

倫按：成玄英疏曰：『俗有禁令，從而行之。』是成本作『從其令』，然『俗』字義長。郭象注曰：『不違其禁令也。』蓋以釋『從其俗』也。

今吾遊於雕陵而忘吾身，異鵲感吾顙，遊於栗林而忘真，

倫按：成玄英疏曰：『意在異鵲，遂忘栗林之禁令，斯忘其身也。字亦作真字者，虞人謂我偷栗。是成身恥之辱。』疑成本『真』字作『身』。

栗林虞人以吾爲戮，

倫按：戮借爲黷，同舌音也。《説文》曰：『黷，握持垢也。』今通用辱字。

吾所以不庭也。』陽子之宋，

倫按：《韓非・説林上篇》作楊子。

宿於逆旅。

倫按：旅借爲廬，音同來紐。《論語》『季氏旅於泰山』，《漢書・序傳》作『大夫臚岱』。《周禮・司儀》『皆旅擯』，注：『旅讀爲鴻臚之臚。』是其證也。《説文》曰：『寄也。』秋冬去，春夏居。

逆旅人有妾二人，《闕誤》引劉得一本『人』作『之』。

倫按：依下文『人』字當作『小子』二字。

其一人美，其一人惡。

倫按：惡當爲亞。

惡者貴而美者賤。陽子問其故，逆旅小子對曰：『其美者自美，吾不知其美也；其惡者自惡，吾不知其惡也。』陽子曰：『弟子記之，行賢而去自賢之行，安往而不愛哉？』

奚侗曰：『《韓非·説林上篇》「行」作「心」，當從之。』

莊子義證

莊子天下篇述義

下册

馬敘倫全集

許嘉璐 主編
李林 點校

浙江古籍出版社

莊子義證弟二十一　外篇田子方弟二十一

陸德明曰：『李云：田子方，魏文侯師也，名無擇。』倫按：《戰國策》：『魏文侯與田子方飲酒而稱樂。文侯曰：「鍾聲不比乎，左高。」田子方笑。文侯曰：「奚笑？」子方曰：「臣聞之，君明則樂官，不明則樂音。今君審於聲，臣恐君之聾於官也。」文侯曰：「善，敬聞命。」』《史記·魏世家》不載此，而載子擊逢文侯之師田子方於朝歌。《呂氏春秋·舉難篇》：『白圭對孟嘗君曰：「文侯師子夏，友田子方，敬段干木。」』《察賢篇》：『魏文侯師卜子夏，友田子方，禮段干木。』《韓詩外傳》：『李克謂翟璜曰：「魏成子受禄，日千鍾，什一在内，以聘約天下之士，是以得卜子夏、田子方、段干木。此三人者，君皆師友之。」』然則李謂子方是文侯師者，獨得之《史記》。白圭爲魏文侯時人，其分别必不妄。尋《史記·儒林傳》：『如田子方、段干木、吴起、禽滑釐之屬，皆受業於子夏之倫。』而《呂氏春秋·當染篇》謂田子方學於子貢、段干木學於子夏。然則白圭謂文侯友田子方、敬段干木，正以文侯師子夏，與段干木爲同門，故敬之。田子方爲子貢弟子，於子夏爲後輩，故文侯友之。李克謂此三人者，君皆師友之。師謂子夏，友謂田子方、段干木耳。《説苑·尊賢篇》：『文侯曰：「自吾友子方也，君臣益親，百姓益附。吾是以得友士之功。」』此亦友子方之明證。《説苑·奉使篇》『文侯使舍人無擇獻鵠於齊侯』，豈即田子方邪？則非文侯師又明矣。又復翫此下文，田子方亦非魏文侯師。

田子方侍坐於魏文侯，數稱谿工。

陸德明曰：『谿，司馬本作雞。』倫按：谿借爲雞，雞工猶雞人也。

文侯曰：『谿工，子之師邪？』子方曰：『非也，無擇之里人也。

郭慶藩曰：『擇當作斁。《詩·思齊》「古之人無斁」，鄭箋作「無擇」。《説文》：「斁，厭也。」無厭則有常，故字曰子方。《禮·檀弓》鄭注：「方，常也。」』倫按：《説文》『斁』下曰：『一曰終也。』終也實『殬』字義。『殬』下曰：『敗也。』乃『斁』字義。今『斁』下曰『解也』，則『譯』字義也。詳《説文六書疏證》。田子方名無斁者，方借爲法。

稱道數當，故無擇稱之。』文侯曰：『然則子無師邪？』子方曰：『有。』曰：『子之師誰邪？』子方曰：『東郭順子。』

倫按：《荀子·子道篇》：『南郭惠子問於子貢，曰：「夫子之門，何其雜也？」』《墨子·非儒篇》：『齊將伐魯，仲尼乃遣子貢之齊，因南郭惠子以見田常。』《尚書大傳·略説》《説苑·雜言篇》並作『東郭』。檢《風俗通·姓氏篇》曰：『東郭氏：東郭牙，齊大夫。』《左·哀十一年傳》『齊有東郭書』，則齊有東郭氏也，作東郭是。惠順脂真對轉。《詩·燕燕》『終温且惠』傳、《思齊》『惠於宗公』箋、《國語·晉語》『若惠於父母』注，皆訓惠爲順，即借惠爲順也。是東郭惠子即此東郭順子。以《吕氏·當染篇》田子方學於子貢推之，東郭順子蓋子貢弟子，田子方爲子貢再傳矣。

文侯曰：『然則夫子何故未嘗稱之？』子方曰：『其爲人也，真，人貌而天虚，

倫按：真字疑涉下句而誤羨。

俞樾曰：『郭象以「人貌而天」絶句，非也。此當以「人貌而天虚」爲句，虚謂心也。「人貌」「天虚」對文，下文「緣而葆真」「清而容物」，亦相對成義。

緣而葆真，

陸德明曰：葆。本亦作保。

清而容物。物無道，正容以悟之，使人之意也消，無擇何足以稱之。』子方出，文侯儻然，

倫按：儻借爲悵。

終日不言。召前立臣而語之，曰：『遠矣，全德之君子。始吾以聖知之言仁義之行爲至矣，吾聞子方之師，吾形解而不欲動，

倫按：解爲懈省，《説文》曰：『懈，怠也。』

口鉗而不欲言。吾所學者，真土梗耳。崇本「真」作「直」。

陸德明曰：『直，如字，本亦作真，下句同。元嘉本此作真，下句作直。』倫按：梗借爲偶，魚陽對轉。《國策·趙策》：『土梗與木梗鬭，曰：「汝不如我，我乃土也，逢風雨壞沮，仍復歸土。汝逢風雨，氾濫無所止。」』《史記·孟嘗君傳》，見木偶人與土偶人語，其辭相同。是土梗、木梗即土偶、木偶也。

夫魏真爲我累耳。』《文選》曹植《七啓》注引『魏』作『位』。**温伯雪子適齊，舍於魯。魯人有請見之者，温伯雪子曰：『不可。吾聞中國之君子，明乎禮義，而陋於知人心，**《弘明集》二引宗炳《明佛論》作「中國其子明於禮義而闇於知人心」。**吾不欲見也。』至於齊，反舍於魯，是人也又請見。温伯雪子曰：『往也蘄見我，今也又蘄見我，是必有以振我也。』**

王敔曰：振，拯通，謙言救己之失。

出而見客，入而歎。明日，見客，又入而歎。其僕曰：『每見之客也，必入而歎，何邪？』曰：『吾固告子矣：「中國之民，明乎禮義，而陋乎知人心。」昔之見我者，進退，一成規，一成矩。從容，

倫按：從容疊韻連緜詞也。容爲搈省，《説文》曰：『搈，動搈也。』

一若龍，一若虎。其諫我也似子，其道我也似父，《闕誤》引江南古藏本「道」作「導」。

倫按：道爲導省。

是以歎也。』仲尼見之而不言。

倫按：『言』下當依《吕氏春秋·精諭篇》補『而出』二字。

子路曰：《類聚》一七引『曰』上有『問焉』二字。『吾子欲見温伯雪子久矣，

倫按：久，吕氏作好，同淺喉音。

見之而不言，何邪？』仲尼曰：『若夫人者，目擊而道存矣，

倫按：擊借爲覿，見紐雙聲。《吕氏春秋·精諭篇》高注：『擊，一作解。』解亦見紐也。古書解遘連文，雙聲也。《説文》曰：『覿，遇見也。』

亦不可以容聲矣。』顔淵問於仲尼，曰：『夫子步，亦步；夫子趨，亦趨；夫子馳，亦馳；

夫子奔逸絶塵，《後漢書·逸民傳》注引「逸」作「轍」。

陸德明曰：『逸，司馬本作徹。』段玉裁曰：『逸借爲䟽，《説文》曰：「䟽，馬有疾足也。」』倫按：逸即失之後起字，逸䟽聲同脂類，䟽徹同舌音也。

而回瞠若乎後矣。』

倫按：瞠疑借爲敹，聲同陽類。《説文》曰：『敹，繇緩也。』或借爲党。

夫子曰：

倫按：下文作『仲尼曰』，此亦當然，疑傳寫之誤。

『回何謂邪？』曰：『夫子步，亦步也；夫子言，亦言也；夫子趨，亦趨也；夫子辯，亦辯也。夫子馳，亦馳也；夫子言道，回亦言道也。及奔逸絶塵，而回瞠若乎後者，夫子不言

而信，不比而周。

倫按：比爲庇省。

無器而民蹈乎前，各本「蹈」作「滔」。

陸德明曰：『滔，吐刀反。』章炳麟曰：『滔借爲舀，《説文》：「舀，抒臼也。」舀者，常就器，「無器而民舀乎前」，與「不言而信」、「不比而周」同意。』

而不知所以然而已矣。』仲尼曰：『惡。可不察與？夫哀莫大於心死，而人死亦次之。

日出東方，而入於西極，萬物莫不比方，

倫按：人讀爲身，身本孕之初文。古無身體之身，人即身也。

倫按：比方即比傍。

有目有趾者，待是而後成功，

倫按：目當依《天地篇》作首。

是出則存，是入則亡。萬物亦然。有待也而死，有待也而生。吾一受其成形，而不化以待盡，《文選·辯命論》注引作「吾一受其成形，而不化以待盡之也」。**效物而動，**

倫按：效借爲爻，音同匣紐。《説文》曰：『爻，交也。』

日夜無隙，而不知其所終。薰然其成形，

倫按：薰疑爲熚，音同曉紐。《儀禮·士相見禮》『問夜膳葷』，注：『古文葷作薰。』是其例證。《説文》曰：『熚，光也。』

知命不能規乎其前，

倫按：規爲窺省。

丘以是日徂。

陸德明曰：『徂，司馬本作疽。』倫按：疽借爲徂。

吾終身與汝交一臂而失之，可不哀與？汝殆著乎吾所以著也。

倫按：著疑借爲貯，聲同魚類。《爾雅·釋宮》：『門屏之閒謂之宁。』《詩·齊》『俟我於著乎而』，即借『著』爲『宁』也。《説文》『楮』之重文作『柠』。並其例證。《説文》曰：『貯，積也。』或借爲覩。

彼已盡矣，而汝求之以爲有，是求馬於唐肆也。

陸德明曰：『唐，司馬本作廣。』倫按：唐借爲康，《説文》曰：『康，屋康㝗也。』《方言》曰：『康，空也。』廣者，字之譌，聲亦陽類，或通借也

吾服汝也甚忘，

倫按：成玄英疏曰：『復者，尋思之謂也。』是成本服作復，服、復同脣音也。《禮記·喪大記》『君弔，則復殯服』，注：『復或爲服。』是服、復古通之證。服、復借爲何字

未知。

汝服吾也亦甚忘。雖然，汝奚患焉？雖忘乎故吾，吾有不忘者存。』

倫按：《淮南·齊俗訓》作『汝雖忘乎吾，猶有不忘者存』。

孔子見老聃，老聃新沐，方將被髮而乾，

陸德明曰：『而干，本亦作乾。』倫按：干、乾並借爲暵，同淺喉音。《説文》曰：『暵，乾也。』

慹然似非人。

倫按：慹借爲縶。

孔子便而待之，

陸德明曰：『待，或作侍。』章炳麟曰：『便借爲屏。《漢書·張敞傳》「以便面拊馬」，顔注：便面所以障面，蓋扇之類，亦曰屏面。便、屏一聲之轉。《説文》：「屏，蔽也。」』倫按：便、屏同脣音也。

少焉見，曰：『丘也眩與，其信然與？向者，先生形體掘若槁木，

奚侗曰：『掘借爲柮，《説文》：「柮，斷木也。」』

似遺物離人而立於獨也。』老聃曰：『吾遊心於物之初。』各本及《御覽》三九五引無『心』字。

倫按：郭象注曰：『初未有而欻有，故遊於物初。』是郭本無『心』字，蓋涉下文『心困焉而不能知』誤羨也。

孔子曰：『何謂邪？』曰：『心困焉而不能知，

倫按：困爲梱省，《説文》曰：『梱，絭束也。』

口辟焉而不能言，

王念孫曰：『辟借爲襞，《説文》：「襞，韏衣也。」』

嘗爲汝議乎其將。

倫按：將借爲奘，《説文》曰：『奘，駔大也。』《爾雅・釋詁》：『奘，駔也。』孫炎、樊光本並作『將，且也』，是其例證。

至陰肅肅，

倫按：《淮南・覽冥訓》『肅肅』作『飂飂』，聲同幽類，並借爲『揫』。《説文》曰：『揫，收束也。』《禮記・月令》『草木皆肅』，《詩・七月》『九月肅霜』，並以『肅』爲『揫』。

至陽赫赫。肅肅出乎天，赫赫發乎地。兩者交通成和而物生焉，

劉秀生曰：『成爲咸誤，咸爲諴省。《説文》：「諴，和也。」《庚桑楚篇》「不足以滑成」，亦爲「咸」之誤，可證也。』

或爲之紀而莫見其形。

倫按：紀借爲基，《爾雅·釋詁》：『基，始也。』

消息滿虛，一晦一明，日改月化，日有所爲，而莫見其功。生有所乎萌，死有所乎歸，始終相反乎無端，而莫知乎其所窮。非是也，且孰爲之宗？』孔子曰：『請問遊是。』老聃曰：『夫得是，至美至樂也。得至美而遊乎至樂，謂之至人。』孔子曰：『願聞其方。』曰：『草食之獸，不疾易藪；水生之蟲，不疾易水，行小變而不失其大常也，喜怒哀樂不入於胷次。夫天下也者，萬物之所一也。得其所一而同焉，則四支百體將爲塵垢，而死生終始，將爲晝夜，而莫之能滑。

倫按：滑借爲歆，《說文》曰：『歆，咽中息不利也。』

而況得喪禍福之所介乎？棄隸者若棄泥塗，崇本「棄」作「弃」。知身貴於隸也。貴在於我，而不失於變。且萬化而未始有極也，夫孰足以患心已。爲道者解乎此。』孔子曰：『夫子德配天地，而猶假至言以脩心，世本、崇本「假」作「偃」。古之君子，孰能脱焉？』老聃曰：『不然。夫水之於汋了，無爲而才自然矣。至人之於德也，不脩而物不能離焉，若天之自高、地之自厚、日月之自明，夫何脩焉？』《文選》束晳《補亡詩》注引作『何脩之爲』。

劉秀生曰：『成玄英疏曰：「夫何脩爲，自然而已。」則「焉」當爲「爲」，「爲」借爲「乎」。』

孔子出，以告顏回，曰：『丘之於道也，其猶醯雞與？微夫子之發吾覆也，

倫按：微讀爲無，音同微紐。

吾不知天地之大全也。』莊子見魯哀公。

陸德明曰：『司馬云：莊子與魏惠王、齊威王同時，在哀公後百二十年。』

哀公曰：『魯多儒士，少爲先生方者。』莊子曰：『魯少儒。』哀公曰：『舉魯國而儒服，

倫按：服借爲犕，同脣音也。《説文》曰：『《易》曰：犕牛乘馬。』今《易》作『服牛』。是其例證。犕者，駕具也。今《説文》『犕』下失其義。詳《説文六書疏證》。駕具以服牛馬，借爲衣服之稱。

何謂少乎？』莊子曰：『周聞之：儒者冠圜冠者，知天時；履句屨者，知地形；《御覽》六九七引「句」作「方」。緩佩玦者，

陸德明曰：『緩，司馬本作綬。』倫按：緩爲綬之譌。凡佩繫於革帶，其維佩者即綬，故曰『綬佩玦者』。

事至而斷。君子有其道者，未必爲其服也。爲其服者，未必知其道也。公固以爲不然，何不號於國中，曰：「無此道而爲此服者，其罪死。」』於是哀公號之，五日，而魯國無敢儒服者，獨有一丈夫，儒服而立於公門。公即召而問以國事，千轉萬變而不窮。莊子曰：『以魯國而儒者一人耳，可謂多乎？』百里奚爵禄不入於心，故飯牛而牛肥，使秦穆公忘其

賤，與之政也。有虞氏死生不入於心，故足以動人。宋元君將畫圖，衆史皆至，受揖而立。

倫按：揖借爲牒，聲同談類。《爾雅·釋訓》注『無舟檝』，《釋文》：『檝或作接。』《史記·魏豹傳》『喋血乘勝』，徐廣曰：『喋，一作唼。』咠、枼聲並與妾通，則葉、咠聲亦通也。《説文》曰：『牒，札也。』『立』，古『位』字。

舐筆和墨，

陸德明曰：『舐，本作䑛。』倫按：舐䑛並䑛之譌字，䑛爲䑛重文。《説文》曰：『䑛，以舌取食也。』

在外者半。有一史後至者，儃儃然不趨，

倫按：儃借爲邅，《説文》曰：『邅，趁也。』『驙，驙驙，馬載重難行也。』

受揖不立，

倫按：言受牒而不就位也。

因之舍。公使人視之，則解衣，般礴臝。世本、崇本『槃』作『般』，崇本『臝』作『羸』。

陸德明曰：『般，字又作槃。臝，本亦作羸。』倫按：槃礴借爲膀髆，槃膀雙聲，礴髆疊韻。《説文》曰：『膀，脅也。』『髆，肩甲也。』臝爲裸之重文。

君曰：『可矣，是真畫者也。』文王觀於臧，

陸德明曰：『「文王觀於臧」，司馬本作「文王微服而觀於臧」。』倫按：臧疑借爲姜，

《説文》曰：『神農居姜水，因以爲姓。』《水經·渭水》注：『岐水又東逕姜氏城南爲姜水。』周自太王國於岐山之下，則姜爲岐近地，臧即姜明矣。臧姜聲同陽類。又《吕氏春秋·謹聽篇》『太公釣於兹泉』，《水經注·渭水》注曰：『渭水之右，磻溪水注之。水出南山兹谷，乘高激流，注於溪中，謂之兹泉。』即《吕氏春秋》所謂太公釣兹泉也，今人謂之凡谷。《括地志》曰：『兹泉水出岐州岐山縣西南凡谷。』兹臧音同精紐，或臧即兹泉與？《戰國策·秦策》：『姚賈曰：太公望棘津之讎不庸。』高注：『釣魚於棘津。』倫檢《水經注》：『河水又逕東燕故城北，河水於是有棘津之名。』引司馬遷曰：『吕望行年五十，賣食棘津。』又引司馬彪曰：『吕尚賣食之困。』疑在此也。是棘津非釣處矣。《説苑·尊賢篇》亦曰：『太公望棘津迎客之舍人也。』以本書《則陽篇》『孔子之楚舍於蟻丘之漿』，《列禦寇篇》『列禦寇之齊食於十餥』證之，則賣食與迎客是一事，蓋古逆旅賣餥以供客也。

見一丈夫釣，

陸德明曰：『丈夫，本或作丈人。』倫按：當從一本作丈人。

而其釣莫釣。非持其釣有釣者也，

奚侗曰：『有借爲爲。』倫按：持其釣，謂持其鉤也。

常釣也。文王欲舉而授之政，而恐大臣父兄之弗安也；欲終而釋之，而不忍百姓之無

天也。於是旦而屬之大夫，涵本「旦」作「且」，世本、涵本「大夫」作「夫夫」，宋刊《卻埽篇》引亦作「夫夫」。

陸德明曰：「『旦而屬之夫夫』，司馬云：夫夫，大夫也。一云：夫夫，古讀爲大夫。」

倫按：下文「大夫」，陸氏不出音義，此又不言「下同」，則下文「大夫」陸本亦然也。下文作「大夫」，則此文「夫夫」爲「大夫」之譌矣。其譌已久，故陸、司馬皆然。又「夫夫」見秦刻石文。屬疑借爲誥，幽侯聲近。《説文》曰：「誥，告也。」

曰：『昔者，

郭慶藩曰：「昔借爲夕。」

寡人夢見良人，黑色而頓，

倫按：《韓詩外傳》五：「師襄爲文王之操，孔子曰：『黯然黑，幾然而長，其惟文王乎？』」疑文王似王季者，「頓」或「傾」之譌字。

乘駁馬而偏朱蹄，崇本「駁」作「馬」。

成玄英曰：「駁，亦有作騂字者。」

號曰：「寓而政於臧丈人，

倫按：《方言》曰：「寄，宋衛之間曰寓。」

庶幾乎民有瘳乎。」』

倫按：幾借爲期。

諸大夫蹵然，

陸德明曰：『蹵，本或作愀。』倫按：蹵愀並借爲款，同齒音也。

曰：『先君王也。』

俞樾曰：『「先君」下疑奪「命」字。此本作「先君命王也」，故下文曰「先君之命，王其無他」。』倫按：成玄英疏曰：『王之所夢，乃是先君教令於王。』是成本作『先君令王』也。

文王曰：『然則卜之。』諸大夫曰：『先君之命，

王其無它，又何卜焉？』遂迎臧丈人而授之政。典法無更，偏令無出。

陸德明曰：『令，本或作命。』

章炳麟曰：『偏借爲辯，《說文》：「辯，治也。」』倫按：偏疑借爲扁，《說文》曰：『扁，署也。』扁與典對文。

三年，文王觀於國，則列士壞植散羣，

倫按：植借爲職，古讀禪紐歸定、照紐歸端，皆舌音也。《書·禹貢》『厥土赤埴墳』，《釋文》：『埴，鄭作戠。』是其例證。

長官者不成德，䱐斛不敢入於四境。 各本『境』作『竟』，下『四境』同。

陸德明曰：『鍾，音臾。李云：六斛四斗曰鍾。司馬本作鍾庾，云：鍾讀曰鍾，庾讀曰臾。』倫按：斛，司馬作庾，是也。《説文》曰：『庾，量也。』鍾當是斞之譌，《説文》曰：『斞，相易物俱等爲斞。』蓋二字傳寫相譌，斞寫成鍾，因改庾爲斛，司馬妄讀鍾爲鍾也。成玄英疏曰：『庾六斗四升也。』是成本『鍾』作『庾』。

列士壞植散羣，則尚同也。長官者不成德，則同務也。鍾斛不敢入於四境，則諸侯無二心也。文王於是焉以爲大師，北面而問，曰：『政可以及天下乎？』臧丈人昧然而不應，

倫按：昧借爲懡，同脣音也。《德充符篇》作『悶然而後應』。

泛然而辭。

倫按：泛借爲覂。

朝令而夜遁，終身無聞。顔淵問於仲尼，曰：『文王其猶未邪，又何以夢爲乎？』仲尼曰：『默，

倫按：默借爲謐。

汝無言。夫文王盡之也，涵本「夫」作「天」。**而又何論刺焉？**

倫按：刺借爲諫，《説文》曰：『諫，數諫也。』或借爲呰。

彼直以循斯須也。』

倫按：斯須雙聲連緜詞，須爲頿省。

列御寇爲伯昏無人射，引之盈貫，

朱駿聲曰：「貫借爲彎。《史記·伍子胥傳》『貫弓執矢，嚮使者』，《索隱》謂滿引弓。」倫按：貫彎同喉音也。《史記·陳涉世家》「士亦不敢貫弓而報怨」，《秦始皇本紀》及《文選》賈誼《過秦論》作「彎弓」。是其證。《説文》曰：「彎，持弓關矢也。」

措杯水其肘上，發之，適矢復沓，《御覽》七四五引「適」作「鏑」。

倫按：適，《説文》曰：「之也。」之猶往也。復爲覆省，沓借爲韘，聲同談類。《説文》「揩」下「一曰韋韜」，韋韜即韘。《説文》曰：「韘，射決也，所以拘弦，以象骨韋著系右巨指。」《詩·芄蘭》箋曰：「韘之言沓，所以彄沓手指，發之適矢復沓。」言射發之時，將往之矢覆於韘上也。

方矢復寓。《御覽》七四五引「方」作「放」。

成玄英曰：「寓，亦有作隅字者。」范應元曰：「方猶方舟之方，並也。言並執之矢。」倫按：寓隅皆借爲韝，聲同侯類。《説文》曰：「韝，臂衣也。」方矢復寓者，言適矢覆韘之時，而旁矢已覆於韝，正形其捷也。

當是時，猶象人也。《御覽》七四五引「猶」作「由」。

倫按：象人即偶人。

伯昏無人曰：『是射之射，非不射之射也。嘗與汝登高，履危石，臨百仞之淵，若能射

乎？』於是無人遂登高山，履危石，臨百仞之淵，背逡巡，

倫按：逡巡雙聲連緜詞。逡借爲陖，《説文》曰：『陖，陗高也。』

足二分垂在外，揖御寇而進之。御寇伏地，

倫按：伏借爲勹。

汗流至踵。伯昏無人曰：『夫至人者，涵本「夫」作「大」。**上闚青天，下潛黄泉，**「潛」原作「潜」，世本同，今正。

倫按：潛借爲覘，聲同侵類。《説文》曰：『覘，闚視也。』

揮斥八極，涵本「斥」作「厈」。

陸德明曰：『斥，李音託。』倫按：揮借爲撝，音同曉紐。《説文》曰：『撝，裂也。』一曰『手指撝也。』指撝字《説文》作『扜』，而今通作『麾』，或作『揮』。此用本義。斥，《説文》曰：『㡿，卻屋也。』或借爲庛，古讀澄歸定、讀穿歸透，並舌音也。《説文》曰：『庛，開張屋也。』

神氣不變。今汝怵然有恂目之志，崇本「志」作「也」。

陸德明曰：『恂，李又作眴。』倫按：怵借爲𣅀，《説文》曰：『𣅀，舉目使人也，讀若颰。』恂眴並借爲彴。《説文》『鈞』之重文作『銞』，『旬』從勻省聲，而重文作『眴』。並其例證。《説文》曰：『彴，行示也。』

爾於中也殆已夫。』肩吾問於孫叔敖，曰：『子三爲令尹而不榮華，三去之而無憂色。吾始也疑子，今視子之鼻間栩栩然，

倫按：栩借爲歔，音同曉紐。《説文》曰：『歔，温吹也。』

子之用心獨奈何？』孫叔敖曰：『吾何以過人哉。吾以其來不可卻也，「卻」原作「却」，今正。其去不可止也，吾以爲得失之非我也，而無憂色而已矣。

倫按：『而憂』之『而』讀爲『能』。

我何以過人哉。且不知在彼乎，其在我乎？其在彼邪，亡乎我。在我邪，亡乎彼。方將躊躇，方將四顧，何暇至乎人貴人賤哉？』仲尼聞之，曰：『古之真人，知者不得説，

倫按：説借爲敚，《説文》曰：『敚，强取也。』

美人不得濫，

倫按：濫疑借爲攬，《説文》曰：『攬，撮持也。』

盗人不得劫，「劫」原作「刦」，今正。

陸德明曰：『劫，元嘉本作刧。』倫按：刧誤字。

伏戲、黄帝不得友。死生亦大矣，而無變乎己，況爵禄乎？若然者，其神經乎大山而無介，

奚侗曰：『介借爲界。』倫按：經借爲徑。成玄英疏曰：『經乎太山。』是成本『大』

作『太』。

入乎淵泉而不濡，處卑細而不憊，

章炳麟曰：『憊借爲偪，憊古音如偪也。』倫按：《説文》無『偪』字，『偪迫』字當作『穩』，此文義當作『畐』。《説文》曰：『畐，滿也。』

充滿天地，既以與人，己愈有。』楚王與凡君坐，

陸德明曰：『司馬云：凡，國名，在汲郡共縣。』按《左傳》：凡，周公之後也。《隱七年》『天王使凡伯來聘』。俗本此後有『孔子窮於陳蔡』及『孔子謂顔回』二章，與《讓王篇》同，衆家并於《讓王篇》音之。檢此二章無郭注，似如重出。古本皆無，謂無者是也。

少焉，楚王左右曰：『凡亡者，三。』

倫按：謂左右謂凡亡者三復也。

凡君曰：『凡之亡也，不足以喪吾存。夫「凡之亡，不足以喪吾存」，則楚之存，不足以存存。由是觀之，則凡未始亡而楚未始存也。』

莊子義證弟二十二　外篇知北遊弟二十二

知北遊於玄水之上，

陸德明曰：『司馬、崔本「上」作「北」。』倫按：『知』下『北』字羨文。『上』，當依司馬、崔本作『北』。

登隱弅之丘。《書鈔》一五七引『弅』作『盆』。

倫按：『弅』字，《説文》《玉篇》並不箸。《音義》引李云：『弅起，丘貌。』則字當爲『坋』。《説文》曰：『坋，一曰大防。』其本字又當作『墳』。《爾雅·釋獸》『鼢鼠』，《釋文》：『鼢，字又作鼖。』此分賁聲通之證。隱弅疊韻連緜詞。

而適遭無爲謂焉。知謂無爲謂，曰：『予欲有問乎若：何思何慮則知道？何處何服則安道？

倫按：服借爲勹。

何從何道則得道？』

奚侗曰：『《禮器》鄭注：「道，由也，從也。」此何道，即何從也。』倫按：道爲導省。

三問而無爲謂不答也，非不答，不知答也。

倫按：『非不答，不知答也』七字注文。

知不得問，反於白水之南，登狐闋之上，而睹狂屈焉。

陸德明曰：『屈，司馬、向、崔本作詘。』桂馥曰：『狂屈，即《甘泉賦》之儒狂。』倫按：屈借爲趫，同喉音也。《説文》曰：『趫，狂走也。』

知以之言也，問乎狂屈。狂屈曰：『唉。予知之，將語若。』中欲言而忘其所欲言。知不得問，反於帝宮，見黄帝而問焉。黄帝曰：『無思無慮始知道，無處無服始安道，無從無道始得道。』知問黄帝，曰：『我與若知之，彼與彼不知也，其孰是邪？』黄帝曰：『彼無爲謂真是也，狂屈似之，我與汝終不近也。夫知者不言，言者不知，故聖人行不言之教。道不可致，《治要》三七引「致」下有「也」字。德不可至。仁可爲也，《荀子·性惡篇》注引作「仁相僞也」。義可虧也，《荀子·性惡篇》注引作「義相虧也」。

倫按：虧疑借爲議，同淺喉音。《山木篇》『尊則議』，《吕覽》『議』作『虧』。是其例證。或借爲宜。

禮相僞也。《治要》三七引無「德不可至」下四句。故曰：「失道而後德，失德而後仁，失仁而後義，失義而後禮。禮者，道之華而亂之首也。」《治要》三七引無「華」下「而」字。崇本「首」作「者」。

倫按：華借爲誇。

故曰：「爲道者日損。損之又損之，以至於無爲。無爲而無不爲也。」今已爲物也，欲復歸根，不亦難乎？其易也，其唯大人乎？生也死之徒，

倫按：徒，《説文》曰：『步行也。』步行即步道。

死也生之始，孰知其紀？

倫按：紀借爲基。

人之生，《史記·賈誼傳》索隱引「生」下有「也」字。氣之聚也。聚則爲生，散則爲死。若死生爲徒，吾又何患？《弘明集》引慧遠《沙門不敬王者論》引作「生則爲死若死生與彼徒苦」。故萬物一也，是其所美者爲神奇，其所惡者爲臭腐。臭腐復化爲神奇，神奇復化爲臭腐。故曰：「通天下一氣耳。」《闕誤》引劉得一本作「通天地之一氣耳」。聖人故貴一。』知謂黄帝曰：『吾問無爲謂，無爲謂不應我，非不我應，不知應我也。吾問狂屈，狂屈中欲告我而不我告，非不我告，中欲告而忘之也。今予問乎若，若知之，奚故不近？』黄帝曰：『彼其真是也，以其不知也。此其似之也，以其忘之也。予與若終不近也，以其知之也。』狂屈聞之，以黄帝爲知言。天地有大美而不言，四時有明法而不議，萬物有成理而不説。聖人者，原天地之美，而達萬物之理，是故至人無爲，大聖不作，觀於天地之謂也。今彼神明至精，《闕誤》引劉得一本「今」作「合」。

奚侗曰：『今，當從劉得一本作合。』倫按：成玄英疏曰：『彼神聖明靈，至精極妙，

與物和混，變化隨流。』似成本『今』字亦作『合』。然倫疑此文本作『神明至精，與彼百化』，成疏『與物和混，變化隨流』，乃釋『與彼百化』也，『今』『彼』二字皆羨，或有奪文。

與彼百化，物、已、死、生、方、圓，莫知其根也，扁然而萬物自古以固存。

倫按：扁然所以形容固存也，疑借爲掔，聲同真類。《說文》曰：『掔，固也。』

六合爲巨，未離其内。秋豪爲小，待之成體。天下莫不沉浮，終身不故。

倫按：故借爲尻。

陰陽四時，運行各得其序。惛然若亡而存，油然不形而神，

倫按：油借爲𢎘，《說文》曰：『𢎘，木生條也。』神借爲生。

萬物畜而不知。

陸德明曰：『畜，本亦作滀。』

此之謂本根，可以觀於天矣。齧缺問道乎被衣，

陸德明曰：『被，本亦作披。』

被衣曰：『若正汝形，一汝視，天和將至。攝汝知，

倫按：攝借爲收，或借爲斂。古讀審紐歸透、娘紐歸泥，並舌音也。《說文》曰：『斂，收也。』

一汝度，

俞樾曰：『一，當作正。正汝度，即正汝形之意，《淮南·道應篇》《文子·道原篇》並作正汝度，可據以訂正。』倫按：度借爲宅，宅謂形也。

神將來舍。德將爲汝美，

倫按：美，《文子·道原篇》作容。疑當作容，容與居對文。

道將爲汝居，汝瞳焉如新生之犢，「瞳」，世本作「膧」。**而無求其故。』言未卒，齧缺睡寐。被衣大悦，**世本『悦』作『説』。**行歌而去之，曰：『形若槁骸，心若死灰，真其實知。不以故自持。**

倫按：《淮南》作『真實不知，以故自持』，《文子·道原》作『而不以曲故自持』。

倫按：瞳，《淮南·原道篇》作惷，當從之。《説文》曰：『惷，愚也。』

媒媒晦晦，

倫按：媒借爲昧，並脣音也。《禮·玉藻》『視容梅梅』，吴麦雲謂梅借爲昧。《説文》『梅』之重文作『楳』，是媒可借爲昧也。《説文》曰：『昧爽，旦明也。』

無心而不可與謀。

倫按：《淮南》無『不』字，非也。

彼何人哉。』舜問乎丞，曰：『道可得而有乎？』曰：『汝身非汝有也，汝何得有夫道？』舜曰：『吾身非吾有也，孰有之哉？』曰：是天地之委形也。

倫按：委疑爲諉省，《說文》曰：『諉，諈諉，累也。』《爾雅・釋言》郭注曰：『以事相屬累爲諈諉。』《左・成二年傳》『王使委於三吏』，杜注：『委，屬也。』《國策・齊策》『願委之於子』，高注：『委，付也。』委並諉之省也。

生非汝有，是天地之委和也。性命非汝有，是天地之委順也。孫子非汝有，《闕誤》引張君房本「孫子」作「子孫」。

成玄英疏曰：『陰陽結聚，故有子孫。』是成本『孫子』作『子孫』。

是天地之委蛻也。故行不知所往，處不知所持，食不知所味。天地之彊陽氣也，

倫按：《音義》出强陽，是陸本作强陽。彊陽疊韻連緜詞，陽借爲潒。《說文》曰：『潒，水潒瀁也。讀若蕩。』即八卦相盪之盪本字。郭象注曰：『彊陽猶運動。』得其義矣。《寓言篇》同。

又胡可得而有邪？』孔子問於老聃，曰：『今日晏閒，

倫按：晏借爲宴，《說文》曰：『宴，安也。』

敢問至道。』老聃曰：『汝齋戒。疏瀹而心，崇本「瀹」作「淪」。

倫按：疏借爲湅，同齒音也。《說文》曰：『湅，浣也。』瀹當從崇德書院本作淪，借爲浣，同喉音也。《說文》曰：『浣，濯衣垢也。』

澡雪而精神，

倫按：雪借爲洒，心紐雙聲。《説文》曰：『洒，滌也。』

掊擊而知。夫道窅然，難言哉，將爲汝言其崖略。夫昭昭生於冥冥，有倫生於無形，

倫按：倫借爲形。

精神生於道，形本生於精，而萬物以形相生，故九竅者胎生，八竅者卵生。其來無迹，其往無崖，《文選·新刻漏銘》注引「崖」作「方」。

倫按：崖借爲趌，《説文》曰：『趌，半步也。』

無門無房，四達之皇皇也。

章炳麟曰：『皇皇者，堂皇也。《漢書·胡建傳》「列坐堂皇上」，師古曰：「室無四壁曰皇。」故此言四達，又言無門無房。皇字本作廣，《説文》：「廣，殿之大屋。」《釋宫》：「無室曰榭。」李巡曰：「但有大殿。」郭璞曰：「即今堂皇。」是堂皇即殿。』

邀於此者，

俞樾曰：『邀，《説文》作徼，循也。循，順行也。然則邀亦順也。』

四枝彊，各本「枝」作「肢」。

奚侗曰：『《墨子·公孟篇》「身體强良，思慮徇通」，與此辭例相同。此文「彊」下疑奪「良」字。』倫按：成玄英疏曰：『四肢彊健。』是成本『枝』作『肢』。良借爲勍，聲同陽類。《荀子·修身篇》『則一之以易良』，《韓詩外傳》二『良』作『諒』。是其例證。《説文》曰：『勍，彊也。』或疊韻連緜詞。

思慮恂達，

倫按：恂達疊韻連緜詞。恂借爲睿，脂真對轉。《大戴禮·五帝德篇》『幼而叡齊』，《史記·五帝本紀》『叡』作『徇』。是其例證。《説文》曰：『睿，深明也。』

耳目聰明，其用心不勞，其應物無方。天不得不高，地不得不廣，日月不得不行，萬物不得不昌，

倫按：昌借爲暘。

此其道與？且夫博之不必知，辯之不必慧，聖人以斷之矣。若夫益之而不加益，損之而不加損者，聖人之所保也。

倫按：保借爲寶。

淵淵乎其若海，巍巍乎其終則復始也，

倫按：巍，陸德明本作魏，俗字也。其字下疑奪『若山』二字。

運量萬物而不匱。《闕誤》引文如海、劉得一本「匱」作「遺」。**則君子之道，彼其外與？**

倫按：疑有奪譌。

萬物皆往資焉而不匱，

倫按：匱乏字疑當作渴，聲同脂類。

此其道與？中國有人焉，非陰非陽，處於天地之間，直且爲人，

成玄英疏曰：『直，本亦有作值字者。』

將反於宗。自本觀之，生者，喑醷物也。崇本「醷」作「之」。

倫按：成玄英疏曰：『喑噫，氣聚也。』是成本『醷』作『噫』。喑當爲噫歙，歙今通作飲，傳寫殽誤。《儀禮·士虞禮》『聲三，啓户』，注：『聲者，噫歙也。』是其例證。《説文》曰：『噫，飽出息也。』『歙，歠也。』噫歙猶呼吸耳。『物』字疑羨。

雖有壽夭，相去幾何？須臾之説也，奚足以爲堯桀之是非？果蓏有理，人倫雖難，

奚侗曰：『雖讀爲唯。』倫按：人倫，猶人類也。倫類雙聲，義亦相通。難即然也，《説文》『然』之古文作『𩀨』，此即『𩀨』之省。

所以相齒。聖人遭之而不違，過之而不守。調而應之，

倫按：調借爲受，古讀禪歸定，透定皆舌音也。《爾雅·釋訓》『侜張』，《釋文》：『侜，或作倜。』《説文》曰：『受，相付也。從受，舟省聲。』則調可借爲受矣。

德也。偶而應之，

倫按：偶借爲寓，《説文》曰：『寓，寄也。』『寄，託也。』

道也。帝之所興，王之所起也。人生天地之間，若白駒之過郤，「郤」原作「卻」，今正。

陸德明曰：『郤，本亦作隙。』倫按：此『郤』字，當依一本作『隙』。成玄英疏曰：

『隙，孔也。』是成本亦作『隙』。《説文》曰：『隙，壁際孔也。』

忽然而已。

倫按：忽爲颮省，《説文》曰：『颮，疾風也。』

注然，勃然，

倫按：勃借爲䰬。

莫不出焉。油然，

倫按：油疑借爲岫，《説文》曰：『岫，山有穴也。』

漻然，

倫按：漻疑借爲谬，《説文》曰：『谬，空谷也。』

莫不入焉。已化而生，又化而死，生物哀之，人類悲之。解其天弢，墮其天袠，紛乎，

倫按：紛借爲熏，聲同真類。《説文》曰：『熏，火煙上出也。』

宛乎，

倫按：宛借爲煴，影紐雙聲。《説文》曰：『煴，鬱煙也。』鬱煙，謂煙之宛曲不直達者也。《荀子・富國篇》『使民夏不宛暍』，注：『宛讀曰蘊。』是其例證。熏煴即煙煴氤氲矣。

魂魄將往，乃身從之，

倫按：乃讀爲能，下句『乃大歸乎』同。

乃大歸乎。不形之形，形之不形，是人之所同知也，非將至之所務也，

倫按：成玄英疏曰：『斯乃人間近事，非詣理至人之達務也。』疑『至』下奪『人』字。『將』字疑誤羨。

此衆人之所同論也。彼至則不論，論則不至。明見無值，

章炳麟曰：『值借爲直，《說文》曰：「直，正見也。」』

辯不若默。道不可聞，聞不若塞。

倫按：塞當作窫。

此之謂大得。東郭子問於莊子，曰：『所謂道，惡乎在？』莊子曰：『無所不在。』東郭子曰：『期而後可。』莊子曰：『在螻蟻。』『何其下邪？』曰：崇本『曰』作『内』。**『在稊稗。』**『稗』原作『稗』。

陸德明曰：『苐，本又作稊。薜，本又作稗。』倫按：稊，《說文》作蕛，亦作荑。陸本作苐，即荑之譌。詳《說文六書疏證》。稗，陸本作薜者，同脣音通借字。

曰：『何其愈下邪？』曰：『在瓦甓。』

陸德明曰：『甓，本又作礕。』

曰：『何其愈甚邪？』曰：『在屎溺。』

陸德明曰：『屎，或作矢。』

東郭子不應。莊子曰：『夫子之問也，固不及質。正獲之問於監市履狶也，每下愈況。

羅勉道曰：『《儀禮》有司正司獲。』

倫按：況借爲仿，聲同陽類。《説文》曰：『仿，相似也。』此文本作『每仿愈下』，倒辭也。

汝唯莫必，《闕誤》引張君房本、成玄英本「必」下有「謂」字。

奚侗曰：『張君房、成玄英本「必」下均有「謂」字，依郭注亦應有。』倫按：郭象注曰：『若必謂無之逃物。』成玄英疏曰：『汝唯莫言至道逃棄於物也。必其逃物，何爲周徧乎？』是郭、成本『必』下均有『謂』字。然謂義不得有也。必，《説文》曰：『分極也。』言汝唯無分別螻蟻稊稗瓦甓屎溺，道固無處不在。

無乎逃物。

倫按：乎借爲處。

至道若是，大言亦然。周、

倫按：周借爲匊，照紐雙聲。《考工記》『舟以行水』，注：『故書舟作周。』《詩・汝墳》『惄如調飢』，《韓詩外傳》引『調』作『輖』。是其例證。《説文》曰：『匊，帀徧也。』

徧、咸，

倫按：《說文》『咸』下曰『皆也』，乃『僉』字義。咸爲鹹之初文，詳《說文六書疏證》。此借爲匌，音同匣紐。《說文》曰：『匌，帀也。』

三者異名同實，其指一也。嘗相與遊乎無何有之宫，同合而論，無所終窮乎？嘗相與無爲乎，澹而静乎，

王念孫曰：『澹借爲憺，《說文》：安也。』

漠而清乎，調而閒乎？

倫按：閒爲憪省，《說文》曰：『憪，愉也。』

寥已吾志，無往焉而不知其所至。

倫按：『無』字疑羨，下文曰『吾已往來焉』可證。

去而來，而不知其所止。各本無「而」字。**吾已往來焉，而不知其所終。彷徨乎馮閎，**

陸德明曰：『彷，本又作傍。』倫按：馮借爲泓，聲同蒸類。《說文》曰：『泓，下深貌。』

大知入焉而不知其所窮。物物者，與物無際。而物有際者，所謂物際者也。不際之際，際之不際者也。謂盈虚衰殺，

倫按：殺疑當作隆，字之譌也。《說文》曰：『隆，豐大也。』又疑有奪字。

彼爲盈虚非盈虚，彼爲衰殺非衰殺，彼爲本末非本末，「本」原作「夲」，今正。**彼爲積散非積散也。』婀荷甘與神農同學於老龍吉。**

陸德明曰：『荷，本又作苛。』

神農隱几，

陸德明曰：『机，於靳反。下同。』盧文弨曰：『今本作几。』

闔户，晝瞑。婀荷甘日中奓户而入，

朱駿聲曰：『奓借爲閜，《説文》：「大開也。」』倫按：多可聲同歌類。

曰：『老龍死矣。』神農隱几擁杖而起，

俞樾曰：『「隱几」二字，涉上文而羨。』馬其昶曰：『《白帖》引無「隱几」二字，當從之。』

曝然放杖而笑，《書鈔》一三三引『曝』作『暴』，『放』作『折』。《御覽》七八引亦作『暴』。

陸德明曰：『投杖，本亦作放杖。』倫按：曝借爲謈，《説文》曰：『謈，大嘑自勉也。』放當依或本作投，形近而譌。笑爲哭譌。笑亦作咲，與哭形近，故譌爲笑。詳味下文，意挾悲惜，故弇堈闔而云云，則不得爲笑明矣。且佛終雙樹，大迦葉不起悲慟。此是聲聞聖果，其趣則然，亦不聞聽然啓齒。況老君示寂，秦失猶且三號。顔子早夭，仲尼至於慟哭。神農位在地上，亦宜祇斷爾談，不必盡斷煩惱。況復死不足驚，亦乃何取笑爲？

曰：『天知予僻陋慢訑，《書鈔》一三三引「慢訑」作「漫誕」，羅振玉影日本抄本《玉篇》引作「謾誕」，《六帖》八八、《御覽》七八引「訑」作「誕」。

章炳麟曰：『慢當爲謾。《説文》「謾」「訑」皆訓「欺」，「訑」即「詑」之今字。』倫按：僻當作辟，陋當作㔷。《説文》曰：『辟，仄也。』『㔷，側隱也。』

故棄予而死。崇本「棄」作「弃」。已矣夫，子無所發予之狂言而死矣夫。』

倫按：陸德明以『已矣夫』絶句，『予』字依下文而猶知藏其狂言而死，則宜作『子』字。

弇堈弔，聞之，曰：『夫體道者，天下之君子所繫焉。今於道，秋豪之端，萬分未得處一焉，而猶知藏其狂言而死，又況夫體道者乎？視之無形，聽之無聲，於人之論者，謂之冥冥，所以論道而非道也。』於是泰清問乎無窮，曰：『子知道乎？』無窮曰：『吾不知。』又問乎無爲。無爲曰：『吾知道。』曰：『子之知道，亦有數乎？』曰：『有。』曰：『其數若何？』無爲曰：『吾知道之可以貴，可以賤，可以約，可以散。此吾所以知道之數也。』泰清以之言也，問乎無始，曰：『若是，則無窮之弗知，與無爲之知，孰是而孰非乎？』無始曰：『不知深矣，知之淺矣。弗知内矣，知之外矣。』於是泰清中而歎，

陸德明曰：『中，崔本作卬。』奚侗曰：『中，當依崔本作卬。《淮南·道應訓》正作仰。』

曰：『弗知乃知乎，知乃不知乎，孰知不知之知？』

奚侗曰：『「孰知不知之知」一句，語意未完。《淮南·道應訓》作「孰知知之爲弗知，弗知之爲知邪」。此文奪「知之爲不知乎」一句。』倫按：當依《淮南》補作『孰知知之爲不知，不知之爲知乎』。

無始曰：『道不可聞，聞而非也。道不可見，見而非也。道不可言，言而非也。知形形之不形乎。

奚侗曰：『「知」上奪「孰」字，當依《淮南·道應訓》補。』

倫按：此句上下有奪文，蓋有泰清復問之辭。

道不當名。』

無始曰：『有問道而應之者，不知道也。雖問道者，亦未聞道。道無問，問無應。無問問之，是問窮也。

章炳麟曰：『窮借爲空。《小雅》「不宜空我師」，傳：「空，窮也。」窮空聲相似。郭注以責空解之，深合故訓。』

無應應之，是無内也。

倫按：『無内』，即《天下篇》『至小無内，謂之小一』之『無内』。

以無内待問窮，若是者，外不觀乎宇宙，内不知乎太初，是以不過乎崑崙、不遊乎太

虚。』光曜問乎無有，曰：『夫子有乎？其無有乎？』光曜不得問，

俞樾曰：『《淮南·道應篇》「光耀不得問」上，有「無有弗應也」五字，此奪，當依補。』

而孰視其狀貌，窅然，

王念孫曰：『窅借爲窈，《説文》：「深遠也。」』

空然，終日視之而不見，聽之而不聞，搏之而不得也。世本『搏』作『摶』。

倫按：摶借爲捕，《説文》曰：『捕，取也。』或借爲拍。

光曜曰：『至矣，其孰能至此乎？予能有無矣，而未能無無也。及爲無有矣，

劉文典曰：『「及爲無有」，當依《淮南·俶真訓》《道應訓》作「及爲無無」。』

何從至此哉？』大馬之捶鉤者，

孫詒讓曰：『《淮南·道應訓》「大馬」作「大司馬」，未知孰是。《淮南》許注曰：「捶，鍛擊也。鉤，釣鉤。」訓捶爲鍛，漢儒古訓。』奚侗曰：『大司馬稱大馬，猶《漢書·食貨志》稱大司農爲大農。』倫按：捶借爲鍛。鉤者，即《考工記》『廬人句兵欲無彈』之句，注謂戈戟屬，故屬於大司馬。

年八十矣，而不失豪芒。大馬曰：『子巧與？有道與？』曰：『臣有守也。

王念孫曰：『守即道字。《達生篇》：「仲尼曰：子巧乎，有道邪？曰：我有道也。」

是其證。道字古讀若守，故與守通。』倫按：守從宀寸聲，寸爲肘之初文。《説文》『道』古文作『䢊』，亦從寸聲。詳《説文六書疏證》。故守借爲道。

臣之年二十而好捶鉤，於物無視也，非鉤無察也。是用之者，假不用者也，以長得其用，而況乎無不用者乎？物孰不資焉？』

倫按：《淮南·道應訓》『無不用』作『無用』。

冉求問於仲尼，曰：『未有天地，可知邪？』仲尼曰：『可。古猶今也。』冉求失問而退，明日，復見，曰：『昔者，吾問「未有天地，可知乎」，夫子曰「可。古猶今也」。昔日吾昭然，今日吾昧然，敢問何謂也？』仲尼曰：『昔之昭然也，神者先受之。今之昧然也，且又爲不神者求邪？無古無今，無始無終。未有子孫而有子孫，可乎？』

倫按：《音義》出『未有子孫而有孫子』，則陸本下『子孫』作『孫子』。

冉求未對。仲尼曰：『已矣，未應矣。

倫按：未讀爲末。

不以生生死，不以死死生。死生有待邪？皆有所一體。有先天地生者，物邪？物物者非物，物出不得先物也。猶其有物也，猶其有物也無已。

倫按：郭象注曰：『然則先物者誰乎哉，而猶有物無已。明物之自然，非有使然者也。』成玄英疏曰：『故非物則無先後，物出則是物，復不得有先於此物者。何以知其然邪？謂其猶有是物故也。以是推量，竟無先物者也。然則先物者誰乎哉？明物之自然耳。自然則無窮已之時也。』似郭、成本均不重『猶其有物也』五字。郭讀『己』爲『人己』之『己』，得之。

聖人之愛人也，終無已者，

倫按：『己』讀『人己』之『己』。郭象讀此字爲『已然』之『已』，則上『己』字讀『人己』之『己』非矣。

亦乃取於是者也。』顔淵問乎仲尼，曰：『回嘗聞諸夫子，曰：「無有所將，無有所迎。」回敢問其遊。』

奚侗曰：『遊借爲由。《左傳》「養由基」，《後漢書·班彪傳》作「遊基」。是其證。』

仲尼曰：『古之人，外化而内不化。今之人，内化而外不化。與物化者，一不化者也。安化安不化，安與之相靡，

倫按：靡爲礳省，或借爲摩。《説文》曰：『摩，研也。』

必與之莫多。

奚侗曰：『多借爲迻。』

狶韋氏之囿，

倫按：狶韋，《左·襄二十四年傳》作豕韋氏。《國語·鄭語》曰：『祝融之後八姓，大彭豕韋爲商伯。』

黄帝之圃，有虞氏之宫，湯武之室。

倫按：『狶韋』以下四句，於上下文不相屬。郭象讀上文『敢問其遊』如字，故此注曰『乃羣聖之所遊處』，然於上下文亦嫌不屬。

君子之人，若儒墨者師，故以是非相𩐋也，

章炳麟曰：『𩐋讀爲排擠之擠。』倫按：《説文》𩐋或從齊作齏，是其證。

而況今之人乎？

倫按：『君子之人』以下至此，疑《列禦寇篇》『鄭人緩也』章錯簡。

聖人處物不傷物。不傷物者，《文選》嵇叔夜《幽憤詩》注引作「聖人處物不傷者」。**物亦不能傷也。唯無所傷者，爲能與人相將迎。山林與？皋壤與？**「皋」原作『臯』，今正。

倫按：皋爲澤之譌字，《説文》：『臭，古文以爲澤字。』臭與皋形近。皋俗作臯，故澤譌臯。《左·襄十七年傳》『澤門之晳』，《釋文》：『本亦作臯門。』是其證。澤借爲淔。

使我欣欣然而樂與？《闕誤》引江南古藏本此句上有「與我無親」四字。**樂未畢也，哀又繼之。哀樂之來，吾不能禦，其去弗能止。悲夫，世人直爲物逆旅耳。夫知遇而不知所不遇，知能能而不能所不能。**

馬其昶曰：『郭象注曰：「所不能者，不能强能也。由此觀之，知與不知，能與不能，制不出我也，當付之自然耳。」似郭本「能能」上衍「知」字。』

無知無能者，固人之所不免也。夫務免乎人之所不免者，豈不亦悲哉。至言去言，至爲去爲。齊知之所知，則淺矣。

倫按：齊爲霽省，《説文》曰：『霽，雨止也。』

莊子義證弟二十三　雜篇庚桑楚弟二十三

陸德明曰：『以人名篇。或作庚桑楚。』盧文弨曰：『今本有楚字。』

老聃之役，有庚桑楚者，

陸德明曰：『庚桑楚，《太史公書》作亢桑。』俞樾曰：『《列子·仲尼篇》「老聃之弟子有亢倉子者」，張湛注：「音庚桑。」賈逵《姓氏英覽》云：「吳郡有庚桑姓，稱爲七族。」然則庚桑子吳人與？』倫按：庚亢聲同陽類。

偏得老聃之道，以北居畏壘之山，謝靈運《山居賦》自注引『畏壘』作『嵔嵔』，《後漢書·文苑傳·劉梁告縣人》引作『碨礧』。

陸德明曰：『畏，本或作嵔，又作猥。壘，崔本作纍。』王念孫曰：『畏壘即猥䍣，《說文》：不平也。』

其臣之畫然知者，

倫按：畫疑借爲讗，《說文》曰：『讗，言壯貌。讀若畫。』

去之；其妾之挈然仁者，各本『絜』作『挈』。

陸德明曰：『挈，本又作契。』倫按：成玄英疏曰：『潔然矜仁，苟異於物者。』是成本

絜作潔也。絜挈，當依一本作契。契爲㓞省，《説文》曰：『㓞，静也。』**遠之。擁腫之與居，**

陸德明曰：『腫，本亦作踵。』倫按：擁腫疊韻。腫借爲惷。古讀照紐歸端、徹紐歸透，同舌音也。《説文》『童』從辛，重省聲。本書《知北遊篇》『汝瞳焉如新生之犢』，《淮南·原道訓》『瞳』作『辛』。是其例證。《説文》曰：『惷，愚也。』

鞅掌之爲使。

倫按：鞅掌疊韻。掌借爲忘，聲同陽類。《説文》曰：『忘，不識也。』

居三年，畏壘大穰。涵本、世本『穰』作『壤』。

陸德明曰：『壤，本亦作穰，崔本同。』倫按：穰壤並借爲**㲋**，**㲋**爲豐穰本字。詳《説文六書疏證》。今亦作䉵。《説文》曰：『益州鄙言人盛諱其肥謂之䉵。』

畏壘之民，相與言，曰：『庚桑子之始來，吾洒然異之。世本『洒』作『灑』，《御覽》五三一引作『猶』。

朱駿聲曰：『洒借爲逌，《説文》「驚聲也」。』

今吾日計之而不足，歲計之而有餘。庶幾其聖乎？子胡不相與尸而祝之，社而稷之乎？』

倫按：尸而祝之，社而稷之，猶言社而尸之、稷而祝之。

庚桑子聞之，南面而不釋然。弟子異之。庚桑子曰：『弟子何異於予？夫春氣發而百草生，正得秋而萬實成。各本「實」作「寶」。

陸德明曰：『寶，元嘉本作實。』成玄英曰：『實亦有作寶字者。』俞樾曰：『得字疑衍，原文蓋作「正秋而萬寶成」。《易·說卦》：「兑，正秋也，萬物之所說也。」疏：「正秋而萬物成。」皆說成也，即本此文。是其證。「得」字蓋涉下句「夫春與秋豈無得而然哉」而誤衍。』倫按：草寶生成並相韻。

夫春與秋豈無得而然哉？天道已行矣。

陸德明曰：『大道，本或作天道。』

吾聞至人，尸居環堵之室，

倫按：環當作囗，或作〇，與還借爲囗同。《讓王篇》同。

而百姓猖狂不知所如往。今以畏壘之細民，而竊竊焉欲俎豆予于賢人之閒，

倫按：竊借爲諏，同齒音也。《說文》曰：『諏，聚謀也。』

我其杓之人邪？

陸德明曰：『杓，向云：馬氏作鈞。』朱駿聲曰：『杓借爲幖。《說文》曰：「幖，幟也。」』倫按：幖杓聲同宵類。

吾是以不釋於老聃之言。』弟子曰：『不然。夫尋常之溝，《御覽》七五引「溝」下有「洫」字。

倫按：『溝』下當依《御覽》引補『洫』字。『尋常之溝洫』與下文『步仞之丘陵』相對爲文。

巨魚無所還其體，

陸德明曰：『還，崔本作逮。』倫按：逮字形近而誤。還借爲旋。

而鯢鰌爲之制；

桂馥曰：『制折聲相近。《書・呂刑》「制以刑」，《墨子》引作「折則刑」。《論語・顔回篇》「片言可以折獄者」，《魯論語》作「制獄」。即其證。』倫按：古讀折歸定、制歸端，皆舌音。故制借爲折也。

步仞之丘陵，巨獸無所隱其軀，

倫按：隱借爲乚，《説文》曰：『乚，匿也。讀若隱。』

而蘖狐爲之祥。《六帖》六、《御覽》五三引「而蘖」作「則孽」，《御覽》引「祥」作「降」。

倫按：蘖借爲蠥，祥借爲翔。《易・豐卦》『天際翔也』，鄭本作『祥』。是其例證。

且夫尊賢授能，先善與利，

奚侗曰：『「善」係「義」譌。《荀子・大略篇》「義與利者，人之所兩有也，雖堯舜不能去民之欲利」，可爲本文「善」當作「義」之證。』

自古堯、舜以然，而況畏壘之民乎？夫子亦聽矣。』庚桑子曰：『小子來。夫函車之

獸，

倫按：函以同音借爲含。《説文》『𠚕』之重文作『肣』，是其例證。《説文》曰：『含，嗛也。』然其初文作甘，從口有所嗛。

介而離山，《御覽》三八引「介」作「兮」。

陸德明曰：『介，一本作分。元嘉本同。』倫按：介爲尬省，《説文》曰：『尬，行不正也。』

則不免於罔罟之患；吞舟之魚，碭而失水，《御覽》九三五，又九四七引「碭」作「蕩」，《文選·吳都賦》注引亦作「蕩」。

陸德明曰：『「碭而失水」，崔本作「去水陸居也」。』倫按：碭借爲潒。

則蟻能苦之。《御覽》九三五，又九四七及《文選》賈誼《弔屈原文》注引「蟻」上有「螻」字，《六帖》九八、《御覽》九三五引「苦」作「制」。

陸德明曰：『苦，向云：馬氏作最，又作窮。』倫按：《國策·齊策》『君不聞海大魚乎，網不能止，鈎不能牽。蕩而失水，則螻蟻得意焉』，文與此同，亦作『螻蟻』。本書《列御寇篇》『在下爲螻蟻食』，亦『螻蟻』連文。疑當依《六帖》補『螻』字。『苦』，馬作『最』者，『嘬』之省也。《孟子》『蠅蚋蛄嘬之』，是其例證。作窮者，借爲窘，音同羣紐。《楚辭·天問篇》『阻窮西征』，注：『窮，窘也。』是其例證。

故鳥獸不厭高，魚鼈不厭深。夫全其形生之人，藏其身也，不厭深眇而已矣。崇本、世本「眇」作「眇」。

倫按：眇借爲杪，《説文》曰：『杪，木標末也。』深眇即上文之高深。

且夫二子者，又何足以稱揚哉？涵本「揚」作「楊」。**是其於辯也，**

倫按：《説文》曰：『辯，治也。』

將妄鑿垣牆而殖蓬蒿也。

王引之曰：『「將妄」與「將無」同。《越語》「道固然乎，妄其欺不穀邪」，「妄」亦「無」義。其例證也。也與邪同。』

簡髮而櫛，

陸德明曰：『而扻又作櫛，亦作楖。』王引之曰：『扻當爲扻，即《玉篇》㧗字，借爲櫛髮之櫛。故《音義》音莊筆反，又音節。凡從次聲之字，可讀爲即，又可讀爲節。《説文》「垐」之古文作「垔」。又楶，欂櫨也，即「山節藻棁」之「節」。《康誥》「勿庸以次汝封」，《荀子·致士篇》引「次」作「即」。皆其例證。』倫按：簡借爲柬，聲同元類。《説文》『讕』之重文作『調』。是其例證。櫛，陸本作扻，王正爲扻，是也。扻借爲鬟，《説文》曰：『柬，分别擇之也。』『鬟，用梳比也。』

數米而炊，竊竊乎又何足以濟世哉？

陸德明曰：『竊竊，崔本作察察。』倫按：竊借爲瞭，此承『束髮』『數米』言，乃小明之義。濟借爲佽，與資借爲齎同例。《説文》曰：『佽，便利也。』

舉賢，則民相軋；任智，則民相盜。「盜」原作「盗」，世本同，今正。**之數物者，不足以厚民。民之於利甚勤，子有殺父，**

陸德明曰：『殺，本又作弑。下同。』

臣有殺君，正晝爲盜，日中穴阫。

郭慶藩曰：『阫與培同。《淮南・齊俗篇》「鑿培而遁之」，高誘注曰：「培，屋後牆也。」《呂氏・聽言篇》亦作「培」，《漢書・揚雄傳》作「坏」，音稍異而義同。』倫按：阫蓋陪之異文。阫借爲葡，同脣音也。葡從用，用爲墉之初文，葡亦培之初文。《説文》曰：『培，培敦，土田山川也。』培敦即《魯頌》之附庸。培庸皆謂城垣。並詳《説文六書疏證》。《淮南・齊俗訓》『則必有穿窬拊揵抽箕踰備之盜』，高注：『備，後垣也。』即借備爲葡。

吾語汝，涵本、崇本「汝」作「女」。

倫按：《音義》出『吾與女』，是陸本『汝』作『女』。

大亂之本，必生于堯舜之間，其末存乎千世之後。千世之後，其必有人與人相食者也。』南榮趎蹴然正坐，

陸德明曰：『南榮趎，《漢書・古今人表》作南榮疇。或作儔，又作壽。《淮南》作南榮幬，亦作疇。』倫按：古讀禪歸定、讀照歸端，故趎或作壽也。

曰：『**若趎之年者，已長矣，將惡乎託業以及此言邪？**』

倫按：《説文》曰：『業，大版也。』古者書名於版以教學者，故曰學業。

庚桑子曰：『全汝形，抱汝生，

俞樾曰：『《釋名·釋姿容》曰：「抱，保也，相親保也。」是抱與保義通，抱汝生即保汝生。』倫按：抱借爲勹，音同並紐。生爲性省。

無使汝思慮營營。

倫按：營借爲夐，並喉音也。《説文》曰：『夐，營求也。』高宗夢得傳説，使百工夐求，得之傅巖。《書序》『夐求』作『營求』。是其例證。

若此三年，則可以及此言也。』涵本、崇本『也』作『矣』。**南榮趎曰：『目之與形，吾不知其異也，而盲者不能自見。耳之與形，吾不知其異也，而聾者不能自聞。心之與形，吾不知其異也，而狂者不能自得。**

倫按：狂爲㑌省，《説文》曰：『㑌，誤也。』

形之與形亦辟矣，

倫按：辟爲嬖省，《説文》曰：『嬖，便嬖，愛也。』《廣雅·釋詁》三曰：『嬖，親也。』形之與形甚親，而物或閒之，欲相求而不能相得，文義明白。

而物或閒之邪，欲相求而不能相得。今謂趎曰：「全汝形，抱汝生，勿使汝思慮營營。」趎勉聞道達耳矣。』

陸德明曰：『勉，本或作跑。』

庚桑子曰：『辭盡矣。曰：《闕誤》引江南李氏本、張君房本「曰」字作「口」。

張伯禧曰：『曰字疑羡文。』

奔蜂不能化藿蠋，

倫按：奔借爲墳，《説文》曰：『墳，大防也。』《爾雅·釋詁》曰：『墳，大也。』蠋，《説文》作蜀，葵中蠶也。

越雞不能伏鵠卵。涵本「卵」作「卯」。

陸德明曰：『鵠，本亦作鶴。』倫按：越雞，司馬彪、向秀皆言小雞也，疑借越爲⿰飠兑，與借爲敓同例。《説文》曰：『⿰飠兑，小餟也。』又《説文》戉從戈乚聲。乚讀若窫，是戉叕聲近。越或借爲尐，《説文》曰：『尐，少也。讀若輟。』

魯雞固能矣。

倫按：魯雞，向秀曰：大雞也。今蜀雞也。《爾雅·釋畜》：『雞大者蜀。』古讀禪紐歸定，魯蜀並爲舌音，故魯雞亦作蜀雞。魯疑借爲奢，《説文》：『奢，張也。從大，者聲。』『者』從白，𠂔聲。『𠂔』古文『旅』字，聲並魚類。《史記·魯世家》『嘉天子命』，徐廣曰：『嘉，一作魯。今《書序》作旅。』是其例證。又『奢』之重文作『奓』，從大，多聲。多音端紐，舌音。此亦魯雞之所以亦爲蜀雞與？

雞之與雞，其德非不同也，有能與不能者，其才固有巨小也。今吾才小，不足以化子。子胡不南見老子？』南榮趎贏糧，

陸德明曰：『贏，音盈。《方言》：「贏，儋也，齊楚陳宋之間謂之贏。一音果。」』劉師培曰：『《宋玉篇》引贏字作攍。』倫按：《音義》曰『贏，一音果』者，贏從嬴聲。《說文》『嬴』亦從嬴聲，其重文作『裸』。是嬴果聲同也。

七日七夜，至老子之所。老子曰：『子自楚之所來乎？』南榮趎曰：『唯。』老子曰：『子何與人偕來之衆也？』世本『偕』作『皆』。**南榮趎懼然顧其後。**

陸德明曰：『懼，本又作瞿。』倫按：瞿誤字。懼借爲趯，《說文》曰：『趯，走顧也。』

老子曰：『子不知吾所謂乎？』南榮趎俯而慙，仰而歎，曰：『今者，吾忘吾荅，崇本、涵本「荅」作「答」。**因失吾問。』**

陸德明曰：『問，元嘉本作聞。』

老子曰：『何謂也？』南榮趎曰：『不知乎？人謂我朱愚。

朱駿聲曰：『朱借爲錭，鈍也。』倫按：朱愚疊韻連緜詞。朱或借爲惷，古讀皆舌音也。《說文》曰：『惷，愚也。』今通用惷字。

知乎？反愁我軀。不仁則害人，涵本「害」作「吾」。仁則反愁我身。《類聚》三五引「愁」作「傷」。不義則傷彼，義則反愁我己。我安逃此而可？此三言者，趎之所患也，願因楚而問之。』老子曰：『向吾見若眉睫之間，

陸德明曰：『向，本又作嚮。』

吾因以得汝矣，今汝又言而信之。若規規然若喪父母，揭竿而求諸海也。

倫按：規借爲䚩，同淺喉音。《說文》曰：『䚩，注目視也。』

汝亡人哉，惘惘乎。

倫按：《說文》無『惘』字，蓋借爲『悵』，聲同陽類。《說文》曰：『悵，望恨也。』

汝欲反汝情性而無由入，可憐哉。』南榮趎請入，就舍，召其所好，去其所惡。十日自愁，《闕誤》引江南李氏本、文如海本、劉得一本、張君房本『自』並作『息』。

倫按：愁借爲譙，聲同幽類。《說文》『䪒』之重文作『誚』。是其例證。《說文》曰：『譙，嬈譊也。』然字次『讓』下，《史記·朝鮮傳》索隱引《說文》作讓也。《方言》七：『譙，讓也。』則譙自當訓讓。自譙，謂自責讓也

復見老子。老子曰：『汝自洒濯熟哉？世本「自」作「目」。「洒」作「灑」。鬱鬱乎。

倫按：鬱借爲蘊，音同影紐。《說文》曰：『蘊，積也。』

然而其中津津乎猶有惡也。

陸德明曰：『津，崔本作律。』倫按：律誤字。津借爲㶳，《説文》曰：『㶳，火餘也。』

夫外韄者，不可繁而捉，

陸德明曰：『獲，本亦作韄。捉，崔作促。』倫按：韄借爲户，深淺喉音也。《説文》曰：『户，護也。』外户猶外閉。故下文曰『將内揵』。繁疑爲絜誤，《説文》曰：『絜，麻一耑也。』『繆，枲之十絜也。』此以繁綴對文，則爲絜誤明矣。捉借爲束，《釋名》曰：『束，促也。』《説文》曰：『諫，言之促也。』是古讀束如促，今四川讀束音亦如促。

將内揵。

朱駿聲曰：『揵，《説文》作楗，歫門也。』

内韄者，不可繆而捉，將外揵。外内韄者，道德不能持，而況放道而行者乎？』

倫按：陸德明曰：『放，向：方往反，云依也。』是向秀讀放爲傍，本字爲方。

南榮趎曰：『里人有病，里人問之，病者能言其病，然其病病者，猶未病也。若趎之聞大道，譬猶飲藥以加病也，

陸德明曰：『加，元嘉本作知，崔本作駕。』倫按：『知』誤字，《御覽》七三八引司馬彪注曰：『加，增加也。』是司馬本作『加』。

趎願聞衛生之經而已矣。』

倫按：經借爲徑，《説文》曰：『徑，步道也。』

老子曰：『衛生之經，能抱一乎？能勿失乎？能無卜筮而知吉凶乎？

王念孫曰：『吉凶，當爲凶吉。一失吉爲韻，止已己爲韻。《管子・心術篇》「能專乎，能一乎，能無卜筮而知凶吉乎」，是其證。』

能止乎？能已乎？能舍諸人而求諸己乎？能翛然乎？

陸德明曰：『翛，崔本作隨。』倫按：下文曰『翛然而往，侗然而來』，則此『翛然』『侗然』亦以往來言也。翛借爲跾，《説文》曰：『跾，疾也。』崔作隨者，隨古音徒禾反，在定紐，跾在審紐，皆舌音。故得借隨爲跾也。

能侗然乎？

陸德明曰：『侗，本又作侗。』倫按：侗借爲洞，《説文》曰：『洞，疾流也。』

能兒子乎？兒子終日嗥而嗌不嗄，「嗥」原作「嘷」，依各本改。

陸德明曰：『嗥，本又作號。而嗌，一本作而不嗌。李云：嗌，音厄，謂噎也。如李音有不字。嗄，本又作嚘。司馬云：楚人謂嗁極無聲爲嗄。崔本作喝。』倫按：成玄英疏曰：『心無喜怒，故終日嗁號，不破不塞。』是成本『嗥』字作『號』。當作號，嗥號音同匣紐，故借嗥爲號。《説文》曰：『號，呼也。』嗌，如字，咽也。嗄當從崔本作喝。『嗄』字《説文》所無。《史記・豫讓傳》『吞炭爲啞』，作『啞』字。『嗄』蓋『啞』之俗字。啞喝音同影紐，故借啞爲喝。嚘亦以音同影紐借爲喝。《説文》曰：『喝，㵣音也。』㵣音，即司馬所謂嘑極無聲也。

和之至也。終日握而手不掜，《玉篇》引「而手」作「手而」。

俞樾曰：『《説文》無「掜」字。角部：「觬，角觬曲也。」疑以手言，故從手耳。手不掜，謂手不拳曲也。』

共其德也。

倫按：共疑借爲空，皆淺喉音。《孟子》『禹抑洪水』，《漢書·溝洫志》『洪』作『鴻』。是其例證。德借爲㝵。

終日視而目不瞚，《玉篇》引無「目」字。

陸德明曰：『瞚，字又作瞬，本或作瞑。』倫按：瞬俗瞚字，舜瞚音同也。瞑借爲瞚，耕真聲類最近。

偏不在外也。

倫按：偏借爲辯，同脣音也。《荀子·修身篇》『扁善之度』，《韓詩外傳》『扁』作『辯』。是其例證。《説文》曰：『辯，小兒白眼也。』

行不知所之，居不知所爲，與物委蛇，

倫按：委蛇當作逶迆。

而同其波。是衞生之經已。』南榮趎曰：『然則是至人之德已乎？』曰：『非也。是乃

所謂冰解凍釋者能乎？世本、崇本無「能乎」二字。**夫至人者，相與交食乎地而交樂乎天，**

俞樾曰："《徐無鬼篇》曰：「吾與之邀樂於天，吾與之邀食於地。」與此文異義同。《左·文二年傳》「寡君願邀福於周公魯公」，此云「邀食乎地」「邀樂乎天」，語意正相似。作「邀」者，後出字，古止作「徼」。作「交」者借字。《詩·桑扈篇》「彼交匪傲」，《漢書·五行志》作「匪儌匪傲」。即其例矣。"

不以人物利害相攖，

倫按："攖當爲嬰，《説文》曰：『嬰，繞也。』"

不相與爲怪，不相與爲謀，不相與爲事，翛然而往，侗然而來。是謂衛生之經已。」曰："『然則是至乎？』曰："『未也。吾固告汝曰："「能兒子乎？」兒子動不知所爲，行不知所之，身若槁木之枝，涵本無「若」字。**而心若死灰。若是者，禍亦不至，福亦不來。禍福無有，惡有人災也。』**《文選》歐陽堅石《臨終詩》注引『災』作『灾』。

倫按："自『南榮趎』下，文有錯誤。蓋既謂『是衛生之經，非至人之德』，則不得於下文申至人後復曰『是謂衛生之經』。又不得既申至人，復以爲未至。而所復申者，乃仍説兒子，同於前文。尋義檢正，當如下文："南榮趎曰："『然則是至乎？』曰："『未也。吾固告汝曰："「能兒子乎？」兒子動不知所爲，行不知所之，翛然而往，侗然而來。是謂衛生之經已。』曰："『然則是至人之德已乎？』曰："『非也。是乃所謂冰解凍釋者，能乎。』

夫至人者，相與交食乎地，而交樂乎天。不以人物利害攖，不相與爲怪，不相與爲謀，不相與爲事。身若槁木之枝，而心若死灰。若是者，禍亦不至，福亦不來。禍福無有，惡有人災也。

宇泰定者，發乎天光。發乎天光者，人見其人。《闕誤》引張君房本此下有『物見其物』一句。

奚侗曰：『當依張君房本補「物見其物」一句。』倫按：郭象注曰：『天光自發，則人見其人，物見其物。』是郭本亦有『物見其物』一句，傳寫誤奪耳。

人有脩者，

倫按：脩疑爲循誤。

乃今有恒。有恒者，人舍之，天助之。人之所舍，謂之天民。天之所助，謂之天子。學者，學其一所不能學也。行者，行其所不能行也。辯者，辯其所不能辯也。知止乎其所不能知，至矣。若有不即是者，天鈞敗之。

陸德明曰：『敗，或作則，元嘉本作則。』倫按：則字誤。

備物以將形，

奚侗曰：『《詩·小雅》「不遑將父」，鄭箋：「將，養也。」』倫按：將借爲養，聲同陽類。《說文》曰：『養，供養也。』

藏不虞以生心，

奚侗曰：『《周禮·天官》五曰：「生以馭其福。」鄭注：「生，養也。」』倫按：虞借爲慮，《説文》曰：『慮，謀思也。』

敬中以達彼，若是而萬惡至者，皆天也，而非人也，不足以滑成，

倫按：滑借爲歆，成爲咸誤。咸爲諴省，《説文》曰：『諴，和也。』本書《德充符篇》作『不足以滑和』。可證。

不可内於靈臺。《文選·廣絶交論》注、《御覽》三七六引『不可』上有『萬惡』二字。**靈臺者，有持，而不知其所持，而不可持者也。**

奚侗曰：『下「而」字讀爲「乃」。』

不見其誠己而發，

倫按：誠讀爲真假之真。

每發而不當，業入而不舍，

倫按：業借爲㓞，同淺喉音也。《荀子·勸學篇》曰：『鍥而不舍，金石可鏤。』鍥即㓞之借字。《説文》曰：『㓞，巧㓞也。』

每更爲失。《闕誤》引劉得一本『每』下有『妄』字。

倫按：郭象注曰：『發由己誠，乃爲得也。』成玄英疏曰：『每妄發心，緣逐前境。』似郭、成本均有妄字。撿義皆承不見其誠己而發言，且郭以己誠釋誠己亦謬。劉得一本

『每』下有『安』字，非也。

爲不善乎顯明之中者，人得而誅之。爲不善乎幽閒之中者，

倫按：閒，當依《御覽》引作闇。《廣宏明集》六引釋道恒《釋駁論》引《易》曰：『爲不善於幽昧之中，鬼得而誅之。』幽昧與幽闇義同，亦可證也。《音義》出閒字，音閑。是陸本已誤。

鬼得而誅之。明乎人，明乎鬼者，然後能獨行。券内者行乎無名，

陸德明曰：『券，字又作卷。』倫按：券字是。《説文》曰：『券，勞也。』

券外者志乎期費。

倫按：《説文》曰：『期，會也。』『費，散財用也。』古書亦以費爲財。《吕氏春秋·安死篇》『非愛其費也』，高注：『費，財也。』此費字亦當爲財。期費猶斂財也，故下文曰『志乎期費者，唯賈人也』。

行乎無名者，唯庸有光。志乎期費者，唯賈人也，人見其跂，

倫按：《説文》曰：『跂，足多指也。』古書多用枝字。

猶之魁然。

倫按：『猶之魁然』，與《徐無鬼篇》『猶之暢然』同一辭例。魁疑借爲傀，《説文》曰：『傀，偉也。』或借爲貴，聲同脂類。『饋餉』字《孟子》假『餽』爲之。是其例證。《説文》曰：『貴，物不賤也。』

與物窮者，

倫按：窮借爲空。

物入焉。與物且者，

章炳麟曰：『且借爲阻。』

其身之不能容，焉能容人？不能容人者，無親。無親者，盡人。兵莫憯於志，

陸德明曰：『憯，元嘉本作潛。』朱駿聲曰：『憯借爲兓，《説文》曰：「兓，鋭意也。」』

鏌鎁爲下。寇莫大於陰陽，無所逃於天地之間。

奚侗曰：『《淮南·繆稱訓》《主術訓》並作「寇莫大於陰陽，而桴鼓爲小」，當依補。』

非陰陽賊之，心則使之也。道通，其分也。其成也，毁也。所惡乎分者，其分也以備。所以惡乎備者，其有以備。故出而不反，見其鬼。出而得，是爲得死。滅而有實，世本『滅』作『減』。**鬼之一也。以有形者象無形者而定矣。出無本，入無竅。**

倫按：竅借爲標，聲同宵類。《説文》曰：『標，木杪末也。』

有實而無乎處，有長而無乎本剽，

陸德明曰：『剽，本亦作標。』倫按：剽標並借爲標，『本』字誤羨。

有所出而無竅者有實。

章炳麟曰：『「有實」二字，涉下文而衍。』奚侗曰：『此句釋「出無本，入乎竅」之義，當移置「有實而無乎處」之上。』倫按：此文有錯亂，此句亦誤。上文曰『出無本，入無竅』，竅屬入言，此以出言，則與上文不合。當作『有所出而無本者有實，有所入而無竅者有長』，本是兩句，誤併如今文，且應移在『有實而無處』上。

有實而無乎處者，宇也。有長而無本剽者，

倫按：『本』字亦羨文。

宙也。

倫按：宙借爲壽，古讀澄禪並歸定也。壽爲長久本字，故《説文》曰：『壽，久也。』《墨子》言久宇即宙宇，即以久爲壽。

有乎生，有乎死，有乎出，有乎入。入出而無見其形，《闕誤》引張君房本『入出』作『出入』。**是謂天門。天門者，無有也，萬物出乎無有。有不能以有爲有，必出乎無有，而無有一無有。聖人藏乎是。古之人，其知有所至矣。惡乎至？有以爲未始有物者，至矣，盡矣，弗可以加矣。其次以爲有物矣，將以生爲喪也，以死爲反也，是以分已。其次曰始無有，既而有生，生俄而死。以無有爲首，以生爲體，以死爲尻。孰知有無死生之一守者，**《闕誤》引文如海本『守』作『宗』。

王念孫曰：『守借爲道。《知北遊篇》：「大馬曰：子巧與？有道與？曰：臣有守也。」《達生篇》：「仲尼曰：子巧乎？有道邪？曰：我有道也。」是其證。』

吾與之爲友。是三者，雖異，公族也，昭、景也，著戴也，

陸德明曰：『戴，本亦作載。』章炳麟曰：『籀文「戴」作「戴」，是從弋聲，則「戴」亦可借爲「代」。《冠義》「適子冠於阼階，以箸代也」，此箸代義同。昭景以謚爲氏，所以箸代。甲氏以邑爲氏，所以箸封。雖同是公族，其氏非一也。』倫按：箸借爲署，《説文》曰：『署，部署也。』《魯語》：『孟文子曰：署，位之表也。』

甲氏也，

王應麟曰：『王逸注《楚詞》自序云：「三閭之職，掌王族三姓，曰昭、屈、景。」而此釋文云：「昭、景、甲三者，皆楚之同宗也。」甲氏其即屈氏與？』倫按：甲借爲屈，音同見紐。

著封也，非一也。有生，黬也，

奚侗曰：『黬即黶之省文，《説文》曰：「黶，雖皙而黑也。」』

披然曰，

倫按：披借爲詖，《説文》曰：『詖，辯論也。』

移是。

倫按：移借爲誃，《説文》曰：『誃，離別也。』誃是，謂剖別生也。

嘗言移是，非所言也。雖然，不可知者也。臘者之有膍胲，世本『膍』作『膍』。

陸德明曰：『膍，本亦作毘。』孫詒讓曰：『胲爲胘誤。《説文》「膍」「胘」二字同訓牛百葉，則是一物也。』

可散而不可散也。

倫按：散借爲㪚，《説文》曰：『㪚，分離也。』

觀室者，周於寢廟，

倫按：周借爲匌。

又適其偃焉，《闕誤》引江南李氏本、張君房本『偃』下有『溲』字。

郭慶藩曰：『偃當爲匽。《周禮・宫人》「爲其井匽」，「井」疑「屏」之譌。鄭司農云：「匽，路廁也。」《燕策》「宋王鑄諸侯之象，使侍屏匽」，「屏」亦「庰」之譌。屏匽者，庰廁也。』倫按：匽訓廁者，借爲圂也，並屬喉音。《説文》曰：『圂，廁也。』『廁，清也。』《急就篇》『庰廁清圂糞土壤』，『清』今通作『圊』。

爲是，舉移是。請常言移是。是以生爲本，以知爲師，因以乘是非。果有名實，因以己爲質。使人以爲己節，

倫按：節借爲卪。

因以死償節。若然者，以用爲知，以不用爲愚，以徹爲名，以窮爲辱。移是，今之人也，《闕誤》引江南李氏本、張君房本『是』下有『非』字。

倫按：郭象注曰：『元古之人，無是無非，何移之有。』成玄英疏曰：『移滯是非。』是郭成本『是』下皆有『非』字，當據補。仍以『移是』絶句，『非』字屬下讀。郭、成以非對是爲文，非是。

是蜩與鷽鳩同於同也。世本『鷽』作『學』。

陸德明曰：『學，本或作鷽。』

蹍市人之足，

倫按：『蹍』字《説文》所無。《外物篇》『哽而不止則跈』，《音義》曰：『或作蹍。』《天下篇》『輪不蹍地』，《音義》曰：『蹍，本或作跈。』《説文》亦無『跈』字，並借爲『報』。蹍從展聲，展音知紐。跈從㐱聲，㐱音照紐。古讀知照歸端。報音娘紐，古娘歸泥。端泥同舌音也。《説文》曰：『報，轢也。』『轢，車所踐也。』

則辭以放驁，《六帖》一一引『驁』作『傲』。

王念孫曰：『驁與敖通。《廣雅·釋言》：「敖，放妄也。」』倫按：成玄英疏曰：『謝云己傲慢。』是成本『驁』作『傲』。《説文》曰：『傲，踞也。』

兄則以嫗，《六帖》一一引『嫗』作『傴』。

倫按：嫗借爲欨。

大親則已矣。故曰：至禮有不人，至義不物，至知不謀，至仁無親，至信辟金。《御覽》八一〇引『辟』作『碎』。

倫按：《音義》曰：『辟，必領反，除也。蓋讀爲屏，字當作姘。』《説文》曰：『姘，除也。』辟姘同脣音。

徹志之勃，

陸德明曰：『勃，本又作悖。』倫按：勃借爲庇。

解心之謬，

陸德明曰：『謬，本作繆。』成玄英疏曰：『繆，繫縛也。』是成本『謬』作『繆』。倫按：謬當從一本作繆。《説文》曰：『繆，枲之十絜也。』『鬭，經繆殺也。』是繆有繫縛義。此下文曰『去德之累』，『繆』與『累』同義。

去德之累，達道之塞。貴、富、顯、嚴、名、利，六者勃志也。容、動、色、理、氣、意，六者繆心也。世本、崇本『繆』作『謬』。

倫按：嚴爲儼省，《説文》曰：『儼，昂頭也。』

成玄英曰：『繆，本亦有作謬字者。』

惡、欲、喜、怒、哀、樂，六者累德也。去、就、取、予、知、能，六者塞道也。此四六者，不

盪胸中，

陸德明曰：『盪，本作蕩。』倫按：盪借爲潒。

則正。正則静，静則明，明則虚，虚則無爲而無不爲也。道者，德之欽也。

倫按：欽借爲㬎，同淺喉音也。《説文》曰：『㬎，衆微杪也。讀若唫。』

生者，德之光也。

陸德明曰：『光，一本作先。』倫按：光字是。

性者，生之質也。性之動謂之爲，爲之僞謂之失。知者，接也。知者，謨也。知者之所不知，猶睨也。動以不得已之謂德，動無非我之謂治，

名相反而實相順也。

倫按：『無』字疑『而』字之誤。

羿工乎中微，而拙乎使人無己譽。聖人工乎天而拙乎人。夫工乎天而佷乎人者，崇本『佷』作『俍』。

奚侗曰：『佷當爲良，善也。』

唯全人能之。唯蟲能蟲，

陸德明曰：『唯，一本作雖。下句亦爾。』

唯蟲能天。全人惡天，惡人之天，而况吾天乎人乎？一雀適羿，《類聚》九二、《御覽》七六四引『適』作『過』，《御覽》九二三引作『遇』。

孫詒讓曰：『《韓非子·難三》曰：「故宋人語曰：一雀過羿，必得之。則羿誣，以天下爲之羅，則雀不失矣。」文與此同。「適」當依《韓非》作「過」。』

羿必得之，威也。

陸德明曰：『威也，崔本作或也。』倫按：威借爲誣，送音同魚類，收音同脣音也。崔本作或者，或威同深喉音，形亦相似。

以天下爲之籠，則雀無所逃。是故湯以庖人籠伊尹，崇本、世本『庖』作『胞』，《類聚》九三、《御覽》九二二引『湯』上有『殷』字。

陸德明曰：『胞，本又作庖。』倫按：胞借字。《墨子·尚賢》上篇曰：『湯舉伊尹於庖廚之中。』中篇曰：『伊摯，有莘氏女之私臣，親爲庖人。湯得之，舉以爲己相。』下篇曰：『昔伊尹爲莘氏女師僕，使爲庖人。湯得而舉之，立爲三公。』《韓非子》曰：『上古有湯，至聖也。伊尹，至智也。然且七十説而不受，身執鼎俎爲庖宰。昵近習親，湯乃僅知其賢而舉之。』《難二篇》曰：『伊尹自以爲宰干湯。』《文選注》引《魯連子》曰：『伊尹負鼎佩刀以干湯，得意，故尊爲宰舍。』《戰國策·趙策》：『馮忌曰：伊尹負鼎俎而干湯，姓名未著而受三公。』《呂氏春秋·本味篇》曰：『有侁氏女子采桑，得嬰兒於空桑之中，獻之其君。其君令烰人養之，長而賢。湯聞伊尹，使人請之有侁氏，有侁氏不可。伊尹亦欲歸湯。湯於是請取婦爲婚。有侁氏喜，以伊尹爲媵，送女。湯得伊尹，祓之於廟，爝以爟火，釁以犧豭。明日，設朝而見之，説湯以至味。』然則如《墨》《韓》之説，伊尹未遇湯爲庖宰。如《呂氏》之説，伊尹育於庖人，故以至味説湯耳。此言湯以庖人籠伊尹，未詳也。魯連説尊以爲宰舍，舍爲臾之譌。宰臾即阿衡，故馮忌曰受三公也。

秦穆公以五羊之皮籠百里奚。

倫按：本書《田子方篇》曰：『百里奚飯牛而牛肥。秦穆公忘其賤，與之政。』而《孟子·萬章篇》曰：『百里奚自鬻於秦養牲者五羊之皮，食牛以要秦穆公。』《戰國策·秦策》曰：『百里奚虞之乞人，傳賣以五羊之皮。』《韓非·難二篇》曰：『百里奚自以爲虜干穆公。』《呂氏春秋·慎人篇》曰：『百里奚之未遇時也，亡號而虜晉。飯牛於秦，傳鬻以五羊之皮。公孫枝得而説之，獻諸繆公。三日，請屬事焉。繆公曰：「買之五羊之皮而屬事焉，無乃天下笑乎？」』《韓詩外傳》曰：『百里奚逐於齊，自賣五羊之皮，爲一軛之車，入秦。』此諸説並言百里奚自鬻於秦以五羊之皮。惟《史記·秦本紀》言：『百里奚嘗遊困於齊，而乞食。蹇叔收之。奚欲事齊君無知，蹇叔止之。脱齊難，遂之周。周王子頹好牛，奚以養牛干頹。頹欲用奚，蹇叔又止之。奚反去事虞君，不用蹇叔言，爲晉所執，以媵秦穆姬。又亡秦，走宛。楚鄙人執之。穆公欲重贖之，恐楚人不與，乃以五羖羊皮贖之。』

是故非以其所好籠之而可得者，無有也。介者拸畫，

陸德明曰：『介，崔本作兀。拸，本亦作移。』倫按：介當依崔本作兀，爲趴之省。拸移並借爲䚷，音同歌類。《説文》曰：『䚷，司人也。讀若馳。』《韓詩・羔羊》『逶迆』，《毛》作『委蛇』。《説文》『荄』下作『萎荄』。是其例證。畫借爲闖，深淺喉音也。《穀梁・桓六年傳》『以其畫我也』，《公羊傳》作『化我』。《説文》『囮』讀爲『譌』，重文作『圝』。今誤作『圝』，詳《説文六書疏證》。《方言》三：『譌，化也。』《書・堯典》『平秩南訛』，《史記・五帝紀》作『南譌』。此其例證。《説文》曰：『闖，闢門也。』䚷闖，謂司闢門者。本書《徐無鬼篇》『於是乎刖而鬻之於齊，適當渠公之街』，孫詒讓謂『當』借爲『掌』。『渠』當爲『康』，『街』借爲『闉』。是也。刖者司門，蓋是古制。《晏子・諫篇》『景公正晝，被髮，駕六馬，馭婦人以出，正門刖跪擊馬而反之』，《韓非子・外儲説左》『孔子相衛，弟子子皋爲獄吏，刖人足，所刖者守門』，《呂氏春秋・音初篇》『子長成人，幕動坼橑，斧斫其足，遂爲守門者』，並其證也。

外非譽也。胥靡登高而不懼，

倫按：《漢書・楚元王傳》：『乃與吴通謀。二人諫不聽，胥靡之，衣之赭衣，使杵臼碓舂於市。』應劭曰：『胥靡，刑名也。』胥借爲接，靡借爲縻。接縻，謂罪人相接而縻之，不械手足，使役作。《文選・解嘲》注引《墨子》曰：『傅説被褐帶索，庸築傅巖。』本書《則陽篇》曰：『築十仞之城，城者既七仞矣，則又壞之，此胥靡之所苦也。』此言登高，則如傅巖庸築矣。

遺死生也。夫復謵不餽而忘人，

陸德明曰：『餽，玄嘉本作愧。』成玄英曰：『餽，亦有作愧字者。』倫按：復借爲勹，謵借爲慴。《説文》曰：『慴，懼也。』餽當依元嘉本作愧。伏慴，謂胥靡遺死生也。不愧，謂兀者外非譽也。

忘人，因以爲天人矣。故敬之而不喜，侮之而不怒者，唯同乎天和者爲然。出怒不怒，

章炳麟曰：『怒讀爲努。』

則怒出於不怒矣。出爲無爲，則爲出於無爲矣。欲静則平氣，欲神則順心，有爲也。欲當則緣於不得已，不得已之類聖人之道。

莊子義證弟二十四　雜篇徐無鬼弟二十四

徐無鬼因女商見魏武侯，

陸德明曰：『司馬本作緡繒山人徐無鬼。』

武侯勞之，曰：『先生病矣。苦於山林之勞，故乃肯見於寡人。』

倫按：《爾雅·釋詁》曰：『故，今也。』此『故』字亦借爲『今』，音同見紐。

徐無鬼曰：『我則勞於君，君有何勞於我？君將盈嗜欲，長好惡，則性命之情病矣。君將黜嗜欲，

陸德明曰：『黜，本又作出。司馬本作咄。』倫按：黜咄並借爲柮，《說文》曰：『柮，斷也。』

掔好惡，

倫按：掔疑借爲慎，聲同真類。《說文》『鋻』讀若鏗，又讀若掔。是其例證。《說文》曰：『慎，謹也。』

則耳目病矣。我將勞君，君有何勞於我？』武侯超然不對。

朱駿聲曰：『超借爲惆。《說文》曰：「惆，失意也。」』倫按：超惆徹紐雙聲。

少焉，

劉淇曰：『少焉，猶言少頃也。』

徐無鬼曰：『嘗語君，吾相狗也。下之質，

陸德明曰：『一本無「質」字。』倫按：當有『質』字。

執飽而止，

陸德明曰：『司馬以「執」字斷句，云：放下之能執禽也。』倫按：司馬本蓋無『質』字，『執』字疑因與『質』字聲近而譌，校者以異本旁注，傳寫誤爲正文。

是狸德也。

俞樾曰：『《廣雅·釋獸》：「狸，貓也。」《秋水篇》曰：「騏驥驊騮一日而馳千里，捕鼠不如狸狌。」此本書以狸爲貓之證。《御覽》引《尸子》曰：「使牛捕鼠，不如貓狌之捷。」《莊子》言狸狌，《尸子》言貓狌，一也。貓之捕鼠，飽而止已。

中之質，若視日。

陸德明曰：『示，司馬本作視。』倫按：示爲視省。

上之質，若亡其一。吾相狗，又不若吾相馬也。吾相馬，直者中繩，曲者中鉤，方者中矩，圓者中規，是國馬也，而未若天下馬也。天下馬有成材，

陸德明曰：『材，字亦作才。』

若卹若失，《御覽》八九六引「失」作「泆」。

陸德明曰：『失，司馬本作佚。』倫按：《説文》無『卹』字，《列子》《淮南子》作『滅』。卹滅並借爲忽，聲同脂類。失爲詄省，《説文》曰：『詄，忘也，忽也。』

若喪其一。若是者，超軼絶塵，不知其所。』武侯大悦而笑。世本『悦』作『説』。**徐無鬼出，女商曰：『先生獨何以説吾君乎？』**

陸德明曰：『説，如字，又始鋭反。下皆同。司馬本作悦。』倫按：司馬作悦者，借字，此當讀始鋭反。

吾所以説吾君者，横説之，則以《詩》《書》《禮》《樂》；從説之，則以《金版》《六弢》。

陸德明曰：『版，本又作板。司馬、崔云：《金版》《六弢》，皆《周書》篇名，或曰秘讖也。本又作《六韜》，謂《太公六韜》，文武虎豹龍犬也。成玄英曰：弢，亦有作韜字者。』倫按：《漢書·藝文志》有《周史六弢》六篇。固自注曰：『惠襄之間，或曰顯王時，或曰孔子問焉。』沈濤曰：『六乃大字譌，即《人表》之周史大弢，亦即本書《則陽篇》之太史大弢。《六韜》當在《太公》二百三十七篇之内。』

奉事而大有功者，不可爲數，而吾君未嘗啟齒。今先生何以説吾君，使吾君悦若此乎？』世本『悦』作『説』。

成玄英疏曰：『遂使吾君歡説如此邪。』是成本『悦』作『説』。

徐無鬼曰：『吾直告之吾相狗馬耳。』女商曰：『若是乎？』曰：『子不聞夫越之流人乎？

倫按：流借爲汓，聲同幽類。汓，今通作游。《爾雅·釋蟲》『蛶蝣』，《釋文》：『蝣，本又作蜦。』是其例證。

去國數日，見其所知而喜。去國旬月，見所嘗見於國中者喜。及期年也，見似人者而喜矣。

張立本曰：『似人，似其本國之人也。』

不亦去人滋久，

倫按：滋當作兹，《説文》曰：『兹，草木多益。』

思人滋深乎？夫逃虚空者，

陸德明曰：『逃，司馬本作巡。』倫按：巡爲逃誤。虚，今通作墟。空借爲壙，谿紐雙聲。《書·皋陶謨》『無曠庶官』，孔傳曰：『曠，空也。』即借曠爲空。是其例證。《説文》曰：『壙，塹穴也，一曰大野。』

藜藋柱乎鼪鼬之逕，《闕誤》引文如海、張君房本「乎」作「宇」。

陸德明曰：『藋，本或作藋。逕，本亦作徑，本又作迹，元嘉本作迭。徐音逸。崔云：迭迹。』郭慶藩曰：『藋即今所謂灰藋也。《爾雅》「拜商藋」，郭注：「商藋似藜蒿也。」藜藋皆生於不治之地，其高過人，必排之而後得進。故《史記·仲尼弟子傳》曰「排藜藋」。此言「柱乎鼪鼬之逕」，亦極謂其高也。』倫按：逕，《説文》作徑，步道也。逕誤爲迹，傳寫作跡。迹迭音近，又誤爲迭。

踉位其空，

陸德明曰：『良，或作踉。』奚侗曰：『《廣雅》：「良，長也。」』倫按：良借爲長，聲同陽類。位，疑爲佢譌，佢今作住。空猶中也，或借爲中，東浸聲近。

聞人足音，跫然而喜矣，

陸德明曰：『跫然，司馬云：喜貌。崔云：行人之聲。』倫按：如司馬説，則『足音』絶句，『跫然』屬下讀。如崔説，則『聞人足音跫然而喜矣』九字爲一句。《説文》無『跫』字，倫謂巩音見紐，恐從巩聲在谿紐。《音義》引李跫，曲恭反，又曲勇反。徐：苦江反，音並谿紐，疑借爲愲。愲音疑紐，同淺喉音。《説文》曰：『愲，懼也。』則當以『音』字絶句，『跫然』屬下讀。

又況乎昆弟親戚之謦欬其側者乎？涵本「又」作「有」，世本作「而」。**久矣夫，莫以真人之言，謦欬吾君之側乎？』徐無鬼見武侯，武侯曰：『先生居山林，食芧栗，**

陸德明曰：『食芧，本亦作芧栗。』倫按：陸本蓋無『栗』字。

厭葱韭，《類聚》八二引「厭」作「歠」。

倫按：厭當作猒，《説文》曰：『猒，飽也。』

以賓寡人，

陸德明曰：『賓，本亦作擯。司馬云：棄也。』尹桐陽曰：『賓借爲姘，幫紐雙聲。』

久矣夫。今老邪？其欲干酒肉之味邪？

倫按：干借爲匄，見紐雙聲。《説文》曰：『匄，乞也。』《爾雅·釋言》：『干，求也。』《御覽》九七六引作「老病欲酒肉之味邪」。

其寡人亦有社稷之福邪？』徐無鬼曰：『無鬼生於貧賤，未嘗敢飲食君之酒肉，將來勞君也。』君曰：『何哉，奚勞寡人？』曰：『勞君之神與形。』武侯曰：『何謂邪？』徐無鬼曰：『天地之養也一，登高不可以爲長，居下不可以爲短。君獨爲萬乘之主，以苦一國之民，以養耳目鼻口，夫神者不自許也。夫神者好和而惡姦。夫姦，病也，故勞之。唯君所病之何也？』武侯曰：『欲見先生久矣。吾欲愛民而爲義偃兵，其可乎？』徐無鬼曰：『不可。愛民，害民之始也。爲義偃兵，造兵之本也。君自此爲之，則殆不成。

倫按：殆借爲似。

凡成美，惡器也。君雖爲仁義，幾且僞哉。

倫按：幾爲民字之譌，郭象注曰：『民將以僞繼之。』是郭本猶未譌。

形固造形，

倫按：疑有誤。

成固有伐，

章炳麟曰：『《說文》：「伐，一曰敗也。」成固有伐，言有成者固有敗也。』倫按：伐借爲敗，同脣音也。《說文》『伐』下『一曰敗也』，即借『伐』爲『敗』也。《說文》曰：『敗，毁也。』本書《齊物論》《庚桑楚篇》皆曰：『其成也毁也。』

變固外戰。

倫按：變疑借爲䜌，《說文》曰：『䜌，一曰治也。』『䜌』下曰『亂也』，『亂』當爲『𤔔』。𤔔也，即治也。詳《說文六書疏證》。外疑爲有之譌。『䜌固有戰』，即本書《天地篇》『治亂之率也』之義。

君亦必無盛鶴列於麗譙之間，

陸德明曰：『譙，本亦作嶕。』倫按：盛借爲嗽，古讀澄禪二紐並歸於定也。《說文》曰：『嗽，列也。』麗借爲廇，音同來紐。本書《秋水篇》『梁麗可以衝城』，『梁麗』即《爾雅》『宗廇謂之梁』之『宗廇』。是其例證。《說文》曰：『廇，中庭也。』或借爲樓，音亦來紐。《說文》曰：『樓，重屋也。』譙借爲樔，或借爲轈，幽宵聲類最近。《說文》：『䍐，讀若《夏書》「天用勦絶」。』是其例證。《史記·陳涉世家》『戰於譙門中』，《漢書·趙充國傳》『爲壍壘木樵』，顔師古注：『樵與譙同，謂爲高樓以望敵也。』《說文》曰：『樔，澤中守艸樓。』『轈，兵車，高如巢，以望敵也。』蓋古爲樓以望遠者，皆謂之巢。

無徒驥於錙壇之宮，

倫按：徒疑借爲駧，定紐雙聲。《説文》曰：『駧，馳馬洞去也。』或借爲嗽，亦定紐也。《爾雅·釋宮》『堂塗謂之陳』，『塗』即『徒』之後起字。『堂徒謂之陳』，陳以雙聲借爲『徒』也。錙當爲甾，《説文》曰：『甾，反耕田也。』又疑借爲宰，聲同之類。《論語》『涅而不淄』，《史記·屈原賈生傳》《後漢·隗囂傳》並作『泥而不滓』。是其例證。《説文》：『宰，辠人在屋下執事者。』莊述祖、何治運並謂經典無以宰爲罪人者。倫謂宰次宦守之間，蓋與官同意。故《周禮》天官稱冢宰。官爲館初文。宰亦館舍，故曰宰壇。

無藏逆於得，

陸德明曰：『藏，以本作臧。得，司馬本作德。』

無以巧勝人，無以謀勝人，無以戰勝人。夫殺人之士民，兼人之土地，以養吾私與吾神者，其戰不知孰善？勝之惡乎在？君若勿已矣，

奚侗曰：『若勿二字誤倒。』

脩胸中之誠，以應天地之情，而勿攖，夫民死已脱矣，君將惡乎用夫偃兵哉？』黄帝將見大隗乎具茨之山，《類聚》六及二七、《御覽》四九〇及六二四引『乎』作『于』。

陸德明曰：『大，司馬本作泰。茨，一本作次，司馬本作疢。』倫按：《水經》『溟水出河南密縣大騩山』，注：『大騩即具茨山也。黄帝登具茨之山，升於洪隄上，受神芝圖於華蓋童子。即是山也。』

方明爲御，《類聚》二七引『御』作『馭』。**昌寓驂乘。**《治要》三七引『寓』作『寓』，《類聚》六及二七引『寓』作『宇』、『驂』作『參』。**張若、謵朋前馬。**『謵』原作『謂』，依《音義》引元嘉本、崔本改。崇本亦作『謂』。

陸德明曰：『謵，元嘉本作謂。崔同。㞕，本作庨，本又作朋。』郭慶藩曰：『多朋字常相混。古文「多」字作「㚊」，形與「朋」相似而誤。《史記·五帝紀》「鬼神山川封禪與爲多焉」，徐廣曰：「多亦作朋。」《漢書·霍去病傳》「校尉僕多有功」，師古曰：「《功臣侯表》作僕朋。」皆傳寫之誤也。』倫按：古人名隰朋者甚多，隰朋即謵朋。隰謵聲皆談類也。朱駿聲謂朋即鳳字，則謵當爲習。《説文》曰：『習，鳥飛也。』『㞕』『庨』皆『倗』『弸』等字傳寫之誤。

昆閽、滑稽後車。

倫按：滑稽借爲頔頡或詍詰。

至於襄城之野，七聖皆迷，無所問塗。適遇牧馬童子，問塗焉，

倫按：童爲僮省。

曰：『若知具茨之山乎？』曰：『然。』『若知大隗之所存乎？』曰：『然。』黄帝曰：『異哉，小童！非徒知具茨之山，又知大隗之所存，請問爲天下。』小童曰：『夫爲天下者，亦若

此而已矣，又奚事焉？予少而自遊於六合之内，予適有瞀病，

朱駿聲曰：『瞀借爲眊，《説文》曰：「眊，少精也。」』倫按：瞀眊同脣音也，《爾雅·釋丘》『前高旄丘』，《釋文》：『旄，《字林》作嵍，又作堥。』是其例證。

有長者教予，曰：「若乘日之車，

陸德明曰：『元嘉本車作居。』倫按：元嘉本車作居者，《釋名》曰：『古者曰車，聲如居。言行所以居人也。』因借居爲車。《禮運》『天子以德爲車』，注：『車，或爲居。』是其例證。

而遊於襄城之野。」今予病少痊，

倫按：《説文》無『痊』字，借爲『瘥』。瘥讀才他切，與全音同從紐也。《説文》曰：『瘥，瘉也。』

予又且復遊於六合之外。夫爲天下，亦若此而已。予又奚事焉？』黄帝曰：『夫爲天下者，則誠非吾子之事。雖然，請問爲天下。』小童辭。黄帝又問。小童曰：『夫爲天下者，亦奚以異乎牧馬者哉？亦去其害馬者而已矣。』黄帝再拜稽首，稱天師而退。知士無思慮之變則不樂，

倫按：變借爲戀，《易·小畜》子夏傳：『有孚戀如，思也。』戀，今變字。《説文》曰：『變，慕也。』

辯士無談説之序則不樂，

倫按：序借爲諸，聲同魚類。《詩·閔予小子》『繼序思不忘』，傳曰：『序，緒也。』《爾雅·釋詁》：『舒，緒也。』此予者聲通之證。《説文》曰：『諸，辯也。』

察士無淩誶之事則不樂，世本『淩』作『凌』。《闕誤》引文如海、成玄英、張君房本『淩』作『陵』、『事』作『辭』。

陸德明曰：『誶，一本作説。』奚侗曰：『《説文》：「察，覆審也。」《周禮·秋官》「士師」，鄭注：「士，察也。義取察理訟獄之事也。」察士爲審察人，故以淩轢誶誶之事爲樂。』倫按：成玄英疏曰：『若不容主客問訊，辭鋒淩轢，則不樂也。』是成本『誶』作『訊』、『事』作『辭』。淩借爲證，古讀照歸端，來端並舌音也，聲亦同蒸類。《説文》曰：『證，告也。』『誶』『訊』形近，當作『訊』。《説文》曰：『訊，問也。』一本作説者，形聲相近而誤。

皆囿於物者也。招世之士興朝，

倫按：招借爲邵，《説文》曰：『邵，高也。』或借爲療，聲同宵類。《説文》曰：『療，治也。』興爲嬹省，《説文》曰：『嬹，悦也。』朝爲廟省，朝廷即廟廷也。

中民之士榮官，

孫詒讓曰：『《周禮》師氏，掌國中失之事。鄭注云：故書中爲得。得中義同。中民之士，即《周禮》太宰九兩章之二曰長以貴得民、七曰吏以治得民。故曰榮官也。』

筋力之士矜難，各本『矜』作『矝』。

倫按：矜借爲競。

勇敢之士奮患，『奮』原作『暫』，依各本正。**兵革之士樂戰，枯槁之士宿名，**

俞樾曰：『宿讀爲縮。《國語·楚語》「縮於財用則匱」，《戰國·秦策》「縮劍將自誅」，韋昭、高誘注並曰：「縮，取也。」枯槁之士縮名，猶言取名也。』倫按：宿爲摍省，《説文》曰：『摍，蹴引也。』《國語》《戰國策》作『縮』者，借字。

法律之士廣治，禮教之士敬容，世本『教』作『樂』。

倫按：教疑當依世德堂本作樂，本書皆以禮樂仁義對言。敬爲警儆之初文，容爲頌省。

仁義之士貴際。農夫無草萊之事則不比，

奚侗曰：『《廣雅》曰：「比，樂也。」』倫按：本字未詳。

商賈無市井之事則不比。庶人有旦暮之業則勸，百工有器械之巧則壯。

倫按：壯借爲奬，《説文》曰：『奬，嗾犬厲之也。』

錢財不積，

倫按：錢財字古作泉，《周禮》有泉府是也。然疑泉爲貨之假借，歌元對轉也。《説文》曰：『貨，財也。』錢泉聲同元類，故今字作錢。

則貪者憂。權勢不尤，《漢書・賈誼傳》注引臣瓚引『尤』作『充』。

倫按：權借爲捲，聲同元類。《說文》曰：『捲，气勢也。』尤當依《漢書注》引作充。《說文》曰：『充，長也。』

則夸者悲。勢物之徒樂變，

奚侗曰：『「物」爲「利」字之譌。』

遭時有所用，不能無爲也。此皆順比於歲，不物於易者也。

倫按：『不』字爲『而』字之譌，『物』、『易』二字誤倒。下章曰『不以物易己』，是其證。

馳其形性，潛之萬物，世本『潛』作『濳』。

倫按：潛借爲湛，聲同侵類。《說文》『糂』之重文作『糣』，是其例證。《方言》十曰：『潛，沈也。』《廣雅・釋詁》一曰：『潛，没也。』皆『湛』字義。《說文》曰：『湛，没也。』湛之萬物，猶言沈溺於萬物也。

終身不反，悲夫。』莊子曰：『射者非前期而中，謂之善射。天下皆羿也，可乎？』惠子曰：『可。』莊子曰：『天下非有公是也，而各是其所是。天下皆堯也，可乎？』惠子曰：『可。』莊子曰：『然則儒墨楊秉四，

成玄英曰：『秉者，公孫龍字也。』洪頤煊曰：『秉疑宋誤。《困學紀聞》謂公孫龍字子秉，非也。』倫按：《尸子・廣澤篇》曰：『料子貴別囿。』以本書《天下篇》考之，料子即宋榮子也。蓋宋譌爲宋，宋料形音均相近，故《尸子》作料。秉與宋形亦近，故此又作秉。

與夫子爲五，果孰是邪？或者若魯遽者邪？其弟子曰：「我得夫子之道矣，吾能冬爨鼎而夏造冰矣。」魯遽曰：「是直以陽召陽，以陰召陰，非吾所謂道也。吾示子乎吾道。」於是爲之調瑟，世本「是」下有「乎」字。**廢一於堂，**

倫按：《說文》曰：『廢，屋頓也。』廢猶今言安頓矣，故《音義》曰：『廢，置也。』

廢一於室，鼓宮宮動，鼓角角動，音律同矣。夫或改調一弦，於五音無當也，鼓之二十五弦皆動，「弦」原作「絃」，依上文及各本改。**未始異於聲而音之君已。且若是者邪？』惠子曰：『今夫儒墨楊秉，且方與我以辯，**世本「今」作「令」。

章炳麟曰：『與，敵也。』倫按：『與』即『舉』之初文。兩人相舉，故有敵義。本書《天下篇》『惠施日以其知與人之辯』，義同。

相拂以辭，世本、崇本「拂」作「排」。

倫按：拂當爲弗，《說文》曰：『弗，矯也。』

相鎮以聲，而未始吾非也，則奚若矣？』莊子曰：『齊人蹢子於宋者，

王念孫曰：『蹢借爲擿，擿即今擲字。《説文》曰：「擿，投也。」』

其命闇也，不以完。

孫詒讓曰：『此言齊人鬻其子者，各以職事自名。其欲爲閽者，則必刖之。後文説「子綦使子梱於燕，盜得之。全而鬻之則難，不若刖之則易」，即此所謂不以完也。』倫按：命借爲名。『不』疑當爲『而』，形近而誤。

其求鈃鍾也，以束縛。「縛」，各本作「縳」。當依各本作『縳』。

郭嵩燾曰：『鈃鍾當爲趼踵。束縛，謂行縢也。』倫按：鈃借爲𪒠，今通用趼。鍾借爲歱，今通作踵。《説文》曰：『𪒠，黑皴也。』『歱，跟也。』『束縛』如字讀，行縢助行疾，非阻疾行也。

其求唐子也，而未始出域。

尹桐陽曰：『唐借爲逃，透紐雙聲。』倫按：唐亦借爲失，古讀皆舌音也。亦借爲亡，聲同陽類。故《音義》曰：『唐子，謂失亡子也。』

有遺類矣夫。

俞樾曰：『「有遺類矣」當連「夫」字爲句。「有遺類矣夫」，與《襄二十四年·左傳》「有令德也夫」、「有令名也夫」句法相似。郭象以「夫」字屬下句讀，失之。』倫按：遺借爲繢，《説文》曰：『繢，織餘也。』

楚人寄而蹢閽者，

倫按：寄當爲奇，奇從尢可聲，爲跛蹇之初文，亦踦之初文。詳《説文六書疏證》。《説文》曰：『踦，一足也。』謂刖者也。蹢亦擿之借字。

夜半於無人之時而與舟人鬬，

倫按：舟爲輈省，《説文》曰：『輈，轅也。』則輈人即轅人。《左·宣十二年傳》疏：『楚陳以轅爲主。』故以轅表車。則轅人即御者也。刖者守門，不得夜半而與舟人鬬，故知舊説皆非。

未始離於岑，而足以造於怨也。』

倫按：離借爲羅，音同來紐，古書多作罹。《詩·兔爰》『雉離於罦』，《漢書注》『離』作『罹』。《書·湯誥》『罹其凶害』，《釋文》：『罹，本作羅。』《方言》七曰：『離謂之羅。』並其例證。《説文》曰：『羅，以絲罟鳥也。』後隨文別之。岑疑借爲潛，皆齒音也，聲亦同侵類。《詩》『潛有多魚』，《韓詩》『潛』作『涔』。《書·禹貢》『沱潛』，《史記·夏本紀》作『沱涔』。《説文》：『鬵，讀若岑。』並其例證。或借爲讒，音同牀紐。《吕氏春秋·審己篇》『齊攻魯，求岑鼎』，《韓非·説林篇》作『讒鼎』。是其例證。潛讒義與怨對文。

莊子送葬，過惠子之墓，顧謂從者，曰：『郢人堊漫其鼻端若蠅翼，世本「漫」作「慢」，《初學記》一八、《御覽》三六七、又七五二及《文選》嵇康《贈秀才入軍詩》注引作「墁」，《六帖》三〇引作「圬」。

陸德明曰：『郢人，《漢書音義》作獿人。服虔曰：獿人，古之善塗塈者。慢，本亦作漫。』王紹蘭曰：『郢以聲近借爲𢣱，《說文》曰：「𢣱，墀地，以巾撋之。」』錢坫曰：『郢與堊聲相近。《左・襄三十一年傳》「圬人以時塓館宮室」，塓即郢，亦即塗也，與墐同義相類。故或爲郢人，或爲塓人，或爲𢣱爲墐耳。』章炳麟曰：『漫借爲槾，《說文》曰：「槾，杇也。」「杇，所以塗也。」』

使匠石斲之。「斲」原作「斵」，世本同，今正。**匠石運斤成風，聽而斲之，**

劉師培曰：『成玄英曰：「瞑目恣手，聽聲而斲。運斤之妙，遂成風聲。」是成本「風」下有「聲」字。《文選》嵇叔夜《贈秀才從軍詩》注引亦有「聲」字，當從之。』倫按：『聽』疑即『聲』之譌字。

盡堊而鼻不傷，《闕誤》引江南李氏本句上有「瞑目恣手」四字。

倫按：《闕誤》引江南李氏本此句上有『瞑目恣手』四字，撿係郭象注語也。

郢人立不失容。宋元君聞之，召匠石，曰：「嘗試爲寡人爲之。」匠石曰：「臣則嘗能斲之。雖然，臣之質死久矣。」自夫子之死也，吾無以爲質矣，吾無與言之矣。』管仲有病，桓公問之，曰：『仲父之病病矣，可不謂云至於大病，《闕誤》引江南李氏本「謂」作「諱」。

奚侗曰：『《管子・戒篇》「謂」作「諱」，宜據正。』

則寡人惡乎屬國而可？』

倫按：屬借爲託，古讀照歸端，並舌音也。《公羊·桓十六年傳》『屬負茲』，《吕氏春秋·貴公篇》『寡人將誰屬國』，何休、高誘注皆曰：『屬，託也。』並借屬爲託。

管仲曰：『公誰欲與？』公曰：『鮑叔牙。』曰：『不可。其爲人絜廉，善士也，其於不己若者，不比之又。

孫詒讓曰：『「又」當爲「人」，《列子·力命篇》正作「人」。《吕氏春秋·貴公篇》作「不比於人」，亦作「人」字。』

一聞人之過，終身不忘。使之治國，上且鉤乎君，

陸德明曰：『鉤，亦作拘。』章炳麟曰：『鉤亦逆也。《說文》曰：「亅，鉤逆者謂之亅。」凡言鉤距者，亦有逆義。』倫按：『亅』爲『鉤』之初文，古音同見紐。

下且逆乎民。其得罪於君也，將弗久矣。』公曰：『然則孰可？』對曰：『勿已，則隰朋可。其爲人也上忘而下畔，

奚侗曰：『忘當作志，志與識同。畔當作判，判與辨同。』倫按：成玄英疏曰：『叛猶望也。』是成本『畔』作『叛』。又撿此句，《管子·戒篇》作『上識而下問』，《韓非·十過篇》作『堅中而廉外，少欲而多信』，《吕氏春秋·至公篇》作『上志而下求』，僞《列子·力命篇》作『上忘而下不叛』，《治要》三四引無此句。以義求之，《管子》爲近，《韓非》則異文矣。此作『忘』者，奚謂當作『志』，是也。志借爲識，古讀照歸端、審歸透，並舌音也。《易·大畜》『君子以多識前言往行』，《釋文》：『識，劉作志。』是其例證。畔借爲問，同脣音也。

愧不若黄帝，而哀不己若者。 世本「黄」作「皇」。**以德分人謂之聖，以財分人謂之賢。以賢臨人，未有得人者也。以賢下人，未有不得人者也。其於國，有不聞也。其於家，有不見也。勿已，則隰朋可。』吴王浮於江，登乎狙之山。衆狙見之，恂然棄而走，**

朱駿聲曰：『恂借爲愕，《説文》曰：「愕，驚辭也。」』

逃於深蓁。

王念孫曰：『蓁與榛通，《説文》曰：「榛，菆也。」』倫按：《説文》曰：『榛，木也。一曰菆也。』姚文田謂菆當作叢。玄應《一切經音義》十引《説文》：『榛，叢木也。』十一引『木叢生曰榛』，十五引『叢木曰榛』，則『木也』上奪『叢』字。『一曰菆也』，蓋非許文。

有一狙焉，委蛇攫搔，《御覽》九一〇引『搔』作『搔』，世本作『抓』。

陸德明曰：『攫，司馬本作擭。搔，本又作搔，司馬本作條。』盧文弨曰：『攫不應與上同，或是獲字之誤。』奚侗曰：『搔，當作搔。』倫按：委蛇當作逶迆，此省借也。『搔』爲『搔』『爪』二字之誤合而譌也。

見巧乎王。

陸德明曰：『巧，崔本作攻。』倫按：攻字譌。

王射之，敏給搏捷矢。

倫按：『敏給搏捷矢』，當作『敏給搏矢』，『捷』字乃讀者旁注『給』下，以釋『給』字者，誤入正文，又與『搏』字乙轉。《淮南·說山訓》曰：『楚王有白蝯，自射之，則搏矢而熙。使養由基射之，始調弓矯矢，未發而蝯擁柱號矣。』《御覽》三五〇引《韓非子》亦有此文，『柱』作『樹』。『搏矢』中無『捷』字可證。《說文》曰：『搏，索持也。』是搏矢猶持矢，亦不得中有『捷』字。俞先生樾謂捷借爲接，亦非。給借爲疌，疌爲捷之初文。

王命相者趨射之，

朱駿聲曰：『趨借爲趣，《說文》：「趣，疾也。」』倫按：相借爲俌，或爲傅，魚陽對轉。《說文》曰：『俌，輔也。』『傅，相也。』

狙執死。《御覽》七四五引『執』作『既』。

倫按：《御覽》引『執』作『既』，『既』或『即』之譌也。

王顧謂其友顏不疑，曰：『之狙也，

陸德明曰：『之，本或作是。』

伐其巧，恃其便，

倫按：便借爲諞。

以敖予，《御覽》七四五、又九一〇引「敖」作「傲」。

陸德明曰：『敖，司馬本作悻。』倫按：敖爲傲省。成玄英疏曰：『傲慢於王。』是成本正作傲。司馬本作悻者，蓋有作慠者，傳寫誤爲悻也。

以至此殛也。《御覽》七四五引「殛」作「極」。**戒之哉。嗟乎，無以汝色驕人哉。』顏不疑歸而師董梧以鋤其色，**世本、崇本『鋤』作『助』。

陸德明曰：『助，本亦作鋤。』

去樂辭顯，三年，而國人稱之。南伯子綦隱几而坐，《書鈔》一五八引『伯』作『郭』。

郭慶藩曰：『南伯子綦，《齊物論》作南郭子綦。伯、郭古聲相近。《周禮·司几筵》「其柏席用萑」，亦借「柏」爲「椁」。』

仰天而噓。顏成子入見，曰：『夫子，《書鈔》一五八引無「子」字。

陸德明曰：『夫，音符。一本作夫子，則如字。』倫按：有『子』字本是。

物之尤也。

倫按：《左·昭二十八年傳》曰：『夫有尤物。』杜注：『尤，異也。』此言物之尤，猶曰物中之奇異者，與《大宗師篇》之『畸人』同。『尤』『九』一字，《説文》曰：『尤，異也。』與『奇』同義。可證也。詳《説文六書疏證》。

形固可使若槁骸，心固可使若死灰乎？』曰：『吾嘗居山穴之口矣。世本、崇本「口」作

「中」，《書鈔》一五八引「居」作「告」。

陸德明曰：『「山穴之中」，司馬本同，一本作「之口」。』倫按：『口』，當依陸本作『中』。

當是時也，田禾一覩我，而齊國之衆三賀之。《書鈔》一五八引「禾」作「和」。**我必先之，彼故知之。我必賣之，彼故鬻之。**

奚侗曰：『先當作有，下文「若我而不有之」，可證。』

倫按：鬻借爲賫。

若我而不有之，彼惡得而知之？若我而不賣之，彼惡得而鬻之？嗟夫，我悲人之自喪者，吾又悲夫悲人者，吾又悲夫悲人之悲者，其後而日遠矣。』

仲尼之楚，楚王觴，孫叔敖執爵而立，

倫按：句疑有譌。

陸德明曰：『按《左傳》，孫叔敖是楚莊王相，孔子未生。哀公十六年，仲尼卒後，白公爲亂。宜僚未嘗事楚。又《宣十二年傳》，楚有熊相宜僚，則與叔敖同時，去孔子甚遠。蓋寄言也。』

市南宜僚受酒而祭，曰：『古之人乎。於此言已。』曰：『丘也聞不言之言矣，未之嘗言，於此乎言之。市南宜僚弄丸而兩家之難解，

陸德明曰：『司馬云：宜僚，楚之勇士也，善弄丸。楚白公勝將作亂，殺令尹子西子期。石乞曰：「市南有熊宜僚者，若得之，可以當五百人。」乃往告之，不許也。承之以劍不動，弄丸如故，曰：「吾亦不泄子。」白公遂殺子西子期，歎息兩家而已，宜僚不豫其患。』

孫叔敖甘寢秉羽而郢人投丘，

陸德明曰：『羽，司馬本作翣，云：讀曰翿。倫按：翿疑翻之誤。或作翄，雩舞者之所執，崔本作翼。』郭慶藩曰：『按「孫叔敖甘寢秉羽而郢人投兵」，與《淮南·主術訓》所謂「孫叔敖恬臥而郢人無所用其鋒」同意。「用」原作「害」，依王念孫說改。投兵，謂無所用也。』倫按：事未詳也。羽爲翳之壞文，故司馬本作翣。翣即翿字，借爲翳，幽宵聲近也。翳，《說文》曰：『所以舞也。』與音義說亦合。翳，字亦作翿。《儀禮·鄉射禮》『君國中射，則以翿旌獲』，注：『翿亦所以進退衆者，今字又作纛。』此謂『甘寢秉羽而郢人投兵』，是謂進退衆者。崔本作翼者，翼又翣之譌。本作翄者，翄爲翿之譌。

丘願有喙三尺。』彼之謂不道之道，此之謂不言之辯，

倫按：疑有奪譌。

故德總乎道之所一，而言休乎知之所不知，至矣。道之所一者，德不能周也。各本『周』作『同』。

陸德明曰：『「不能同」，一本作「相同」。』成玄英曰：『周，本亦有作同字者。』倫按：郭象注曰：『非相同也。』是郭本作『同』。『周』字義長。

知之所不能知者，辯不能舉也。名若儒墨而凶矣。『凶』原作『𠫬』，今正。**故海不辭東流，大之至也。聖人并包天地，澤及天下，而不知其誰氏。是故生無爵，死無謚，實不聚，名不立，此之謂大人。狗不以善吠爲良，人不以善言爲賢，而況爲大乎？夫爲大不足以爲大，而況爲德乎？夫大備矣，莫若天地，**

倫按：『備矣』二字涉下句而羨，當以『夫大莫若天地』連讀。

然奚求焉而大備矣。知大備者，無求，無失，無棄，崇本『棄』作『弃』。**不以物易己也。反己而不窮，循古而不摩，**

陸德明曰：『摩，一本作磨。』倫按：摩借爲靡，《說文》曰：『靡，披靡也。』或借爲隨，聲同歌類。《說文》曰：『隨，從也。』

大人之誠。子綦有八子，陳諸前，

倫按：陳爲敶省，《說文》曰：『陳，列也。』後同。

召九方歅，『歅』原作『歅』，依各本改，《北山録》四引作『堙』。

陸德明曰：『九方歅，《淮南子》作九方皋。』倫按：歅，《說文》作欭，影紐雙聲。《淮南》作皋者，皋音見紐，同喉音也。然未知正字誰是。

曰：『爲我相吾子，孰爲祥？』九方歅曰：『梱也爲祥。』子綦瞿然，

陸德明曰：『瞿，本亦作戄。』郭慶藩曰：『瞿借爲界，《説文》曰：「界，舉目驚界然也。」』

喜曰：『奚若？』曰：『梱也將與國君同食以終其身。』子綦索然出涕，

倫按：索借爲歔，之支聲近。《説文》曰：『歔，悲意。』

曰：『吾子何爲以至於是極也！』

倫按：極借爲殛，《説文》曰：『殛，殊也。』

九方歅曰：『夫與國君同食，澤及三族，而況父母乎？世本「況」下有「於」字。今夫子聞之而泣，是禦福也。子則祥矣，父則不祥。』子綦曰：『歅，汝何足以識之，而梱祥邪？盡於酒肉，入於鼻口矣，而何足以知其所自來？吾未嘗爲牧而牂生於奥，

陸德明曰：『嘗，本或作曾。牂，《爾雅》曰：牝羊也。』倫按：《説文》曰：『牂，牡羊也。』姚文田、錢坫據《爾雅》《詩傳》《初學記》證『牡』當爲『牝』。

未嘗好田而鶉生於宎，

陸德明曰：『宎，字又作窔。郭：徒忽反，字則「穴」下「犬」。』盧文弨曰：『《爾雅·釋宫》：「東南隅謂之窔，其東北隅乃宧也。」又按《説文》：「宧，户樞聲，室之東南隅。」「窔」但訓深。』朱駿聲曰：『宎即宧字。』倫按：『宎』字，《説文》《爾雅》並無，蓋借爲

『窔』，聲同宵類也。『室之東南隅』，《説文》作『窅』，《爾雅》作『窔』者，窅窔音同影紐。《説文》曰：『窅，户樞聲，室之東南隅。』『窅，冥也。』『窔，深也。』是窅窔轉注字，窅窅亦一字。詳《説文六書疏證》。故《説文》作『窅』，《爾雅》作『窔』也。郭作『宎』者，蓋有作『宎』字者，傳寫誤爲『宎』耳。

若勿怪，「怪」原作「恠」，依各本正。**何邪？吾所與吾子遊者，遊於天地。**《闕誤》引江南古藏本「地」下有「也」字。

陸德明曰：『司馬本「地」作「汨」，云：亂也。崔本同。』倫按：『汨』字誤。

吾與之邀樂於天，

倫按：『邀』，《説文》作『徼』。

吾與之邀食於地。吾不與之爲事，不與之爲謀，涵本「謀」作「悎」。**不與之爲怪。吾與之乘天地之誠，而不以物與之相攖。**世本「攖」作「櫻」，《文選》張景陽《雜詩》注引「攖」作「嬰」。**吾與之一委蛇，而不與之爲事所宜。**

倫按：『委』爲『逶』省，『蛇』借爲『迆』，『宜』字疑譌。

今也然有世俗之償焉。

倫按：『然』讀爲『乃』。

凡有怪徵者，必有怪行，殆乎非我與吾子之罪，幾天與之也。

王引之曰：『幾讀爲豈。《史記・黥布傳》曰：「人相我當刑而王，幾是乎？」徐廣曰：「幾，一作豈。」是其證。』

吾是以泣也。』無幾何，而使梱之於燕，盜得之於道，全而鬻之則難，

陸德明曰：『「全而鬻之」絶句，一本作「鬻之難」。』倫按：陸本無『則難』二字，故曰『全而鬻之絶句』。一本則無『全則』二字。今本勝矣。

不若刖之則易，於是乎刖而鬻之於齊，適當渠公之街，

陸德明曰：『街，一本作術。』成玄英曰：『街，字又有作術者。』孫詒讓曰：『「當」當爲「掌」，「渠」當爲「康」，形近而誤。齊康名貸，見《史記・齊世家》。《列子・湯問篇》「秦之西，有義渠之國」，張注引别本「渠」又作「康」。與此可以互證。「街」當爲「閭」。』

然身食肉而終。

陸德明曰：『「然身食肉終」，本或作「身肉食者」誤。』倫按：成玄英疏曰：『代主當街，終身食肉也。』字又作『術』者，云：『渠公，屠人也，賣梱在屠家，共主行宰殺之術，終身食肉也。』據其上文。則成本作『身食肉』矣。『然』讀爲『乃』。

齧缺遇許由，曰：『子將奚之？』曰：『將逃堯。』曰：『奚謂邪？』曰：『夫堯畜畜然仁，

錢大昕曰：『畜畜猶煦煦。』倫按：畜借爲昫，音同曉紐。《音義》：畜，許六反。初唐音近古，當從之。《説文》曰：『昫，日出温也。』『昷，仁也。』

吾恐其爲天下笑。後世其人與人相食與。夫民不難聚也，愛之則親，利之則至，譽之則勸，致其所惡則散。愛利出乎仁義，捐仁義者寡，利仁義者衆。夫仁義之行，唯且無誠，且假夫禽貪者器。

奚侗曰：『禽貪猶凶貪。《易·恒卦》禽與凶叶韻。《説苑·説叢篇》：盜跖凶貪。』

倫按：成玄英疏曰：『必假夫仁義爲其器者也。』是成本亦作『夫』。《荀子·不苟篇》『盜跖吟口』，王懋竑謂『吟口』當依《説苑》作『凶貪』。此作『禽』者，《説文》『禽』從今聲也，東浸聲近，故借『禽』爲『凶』。此句當屬上讀。『乎』讀爲『爲』，言仁義之行，不獨無誠，將借爲凶貪者之器，《胠篋篇》之義也。

是以一人之斷制利天下，

倫按：制字疑羨，制利篆既相近，《説文》『制』之古文作『[illegible]』，『利』之古文作『[illegible]』，形亦相似，故譌羨也。

譬之猶一覕也。

段玉裁曰：『覕借爲瞥，《説文》曰：「瞥，過目也。一曰財見也。」』倫按：《説文》曰：『覕，蔽不相見也。』『覭，暫見也。』聲皆近，義亦可通。

夫堯知賢人之利天下也，而不知其賊天下也，夫唯外乎賢者知之矣。』有暖姝者，

倫按：暖疑借爲媛，《説文》曰：『媛，美女也。』『姝，好也。』『好，美也。』

有濡需者，有卷婁者。所謂暖姝者，學一先生之言，則暖暖姝姝而私自悦也，世本、崇本『悦』作『説』。**自以爲足矣，而未知未始有物也，是以謂暖姝者也。濡需者，豕蝨是也，擇疏鬣自以爲廣宮大囿，**《御覽》九五一引『擇』下有『處』字，《闕誤》引張君房本『鬣』下有『長毛』二字，世本無『爲』字。

倫按：『擇』下宜依《御覽》補『處』字。成玄英疏曰：『擇疏長之毛鬣。』疑成本亦有『長毛』二字。

奎蹏曲限，世本『蹏』作『蹄』。

陸德明曰：『奎，本亦作睽。』倫按：睽以同音借爲奎，《説文》曰：『奎，兩髀之間。』

乳間股腳，『腳』原作『脚』，世本同，今正。

倫按：腳本作卻，股卻猶股隙也。讀者不明『卻』字之義，以與『股』連文，妄加『肉』旁耳。

自以爲安室利處，

陸德明曰：『暖室，一本作安室。』倫按：暖借爲安，聲同元類，亦並喉音也。

不知屠者之一旦鼓臂布草，操煙火，而己與豕俱焦也。此以域進，此以域退，此其所謂濡需者也。卷婁者，舜也。羊肉不慕蟻，蟻慕羊肉，羊肉羶也。舜有羶行，百姓悦之，故三

徙成都，至鄧之墟而十有萬家。世本、崇本『墟』作『虚』。

陸德明曰：『虚，本又作墟。』倫按：《尸子》曰：『舜一徙成邑，再徙成都，三徙成國。』《吕氏春秋》曰：『舜耕於歷山，陶於河濱，釣於雷澤。天下悦之，秀士從之。』《史記·五帝本紀》曰：『舜耕於歷山，歷山之人皆讓畔。漁雷澤，雷澤之人皆讓居。陶河濱，河濱之器不苦窳。一年而所居成聚，二年成邑，三年成都。』《説文》：『鄧，曼姓之國，今屬南陽。』

堯聞舜之賢，舉之童土之地，

倫按：童借爲禿，東侯對轉。《説文》曰：『禿，無髮也。』

曰冀得其來之澤。

倫按：冀以同音借爲覬。《史記·孝武本紀》『冀至殊庭焉』，《索隱》：『冀，《漢書》作幾。』《史記·黥布傳》『幾是乎』，徐廣曰：『幾，一作豈。』是冀、豈亦可通也。《説文》曰：『覬，钦幸也。』

舜舉乎童土之地，年齒長矣，聰明衰矣，『聰』，世本作『聦』。**而不得休歸，所謂卷婁者也。**

是以神人惡衆至，衆至則不比，不比則不利也。故無所甚親，無所甚疏，『疏』原作『疎』，各本同，今正。

倫按：疏借爲䟽，《説文》曰：『䟽，門户疏窗也。讀若疏。』

抱德煬和，

奚侗曰：『煬借爲養。』倫按：煬養聲同陽類。

以順天下，此謂真人。於蟻棄知，崇本『棄』作『弃』，下同。**於魚得計，於羊棄意。**

倫按：辛棄疾謂此章疑有奪誤。

以目視目，以耳聽耳，以心復心。若然者，其平也繩，其變也循。

倫按：循借爲川。

古之真人，以天待之，《闕誤》引張君房本『待之』作『待人』。

奚侗曰：『待之，當依張君房本作待人。』

不以人入天。古之真人，得之也生，失之也死；得之也死，失之也生。藥也，其實堇也。

倫按：堇爲堇省。《說文》曰：『堇，艸也。根如薺，葉如細柳，蒸食之，甘。』《音義》引司馬曰：『烏頭也，治風冷痺。』則今附子。

桔梗也，

陸德明曰：『桔，一本作結。司馬云：桔梗治心腹血瘀瘕痺。』倫按：《說文》曰：『桔梗，藥名。』

雞壅也，世本、崇本『壅』作『廱』。

陸德明曰：『䓈，本或作𧆍。司馬云：即雞頭也，一名芡。』倫按：《説文》曰：『芡，雞頭也。』

豕零也，《御覽》九八九引『零』作『橐』。

陸德明曰：『豕零，司馬本作豕囊。云：一名豬苓，根似豬卵，可以治渴。』《御覽》九引司馬注曰：『豕橐，一名豬零，根似豬矢，治渴。』

是時爲帝者也，何可勝言？勾踐也，以甲楯三千，棲於會稽。

倫按：楯當爲盾，《説文》曰：『盾，瞂也。』

唯種也能知亡之所以存，崇本『存』作『有』。

陸德明曰：『種，越大夫名也。《吴越春秋》曰：「姓文，字少禽。」「所」，本亦作「可」。』成玄英曰：『種字亦有作穜者。』

唯種也不知其身之所以愁。

倫按：愁借爲戮，聲同幽類。《説文》曰：『戮，殺也。』

故曰：鴟目有所適，鶴脛有所節，解之也悲。故曰：風之過河也有損焉，日之過河也有損焉。請只風與日相與守河，而河以爲未始其攖也，恃源而往者也。

陸德明曰：『恃，本亦作持。』

故水之守土也審，影之守人也審，物之守物也審。故目之於明也殆，耳之於聰也殆，

『聰』，世本作『聰』。**心之於殉也殆。**

倫按：殉借爲睿，與徇借爲睿同。

凡能其於府也殆，

倫按：府猶官也。

殆之成也不給改。

倫按：給借爲疌。

禍之長也茲萃，

陸德明曰：『茲萃，本或作茲萃。』奚侗曰：『殆改萃久爲韻。』倫按：萃借爲辭，《説文》曰：『辭，會五采繒色。』此會萃字，陸作莘者，形近而誤。《達生篇》『丘有崒』，陸本亦作『莘』。其例證也。

其反也緣功，其果也待久。而人以爲己寶，不亦悲乎？故有亡國戮民無已，

劉秀生曰：『有疑當讀爲或，喻紐雙聲。』

不知問是也。故足之於地也踐，

俞樾曰：『踐借爲淺，或字之誤。下文「人之知也少。雖少，恃其所不知而後知天之所謂也」，「少」與「淺」文義相近。若作「踐」，不可通矣。』

雖踐，恃其所不蹍而後善博也。

倫按：蹍借爲輾，博借爲溥。

人之於知也少，世本、崇本無『於』字。雖少，恃其所不知而後知天之所謂也。知大一，知大陰，知大目，知大均，

倫按：均借爲口，深淺喉音。口即方圓之初文。

知大方，知大信，知大定，至矣。大一通之，大陰解之，大目視之，大均緣之，大方體之，大信稽之，大定持之。盡有天，循有照，冥有樞，始有彼。則其解之也，似不解之者。其知之也，似不知之也，不知而後知之。其問之也，不可以有崖，而不可以無崖。頡滑有實，

倫按：頡滑借爲詰詘。

古今不代，而不可以虧，則可不謂有大揚搉乎。

倫按：揚搉借爲商覈，揚商聲同陽類，搉覈同淺喉音也。《説文》曰：『商，從外知内也。』『覈，考事實也。』

闔不亦問是已，

倫按：闔借爲曷。

奚惑然爲？以不惑解惑，復於不惑，是尚大不惑。

莊子義證弟二十五　雜篇則陽弟二十五

倫按：篇首『則陽游於楚』，字作『則』，餘皆作『彭陽』。倫謂『則』爲『彭』字之譌也。甲文『彭』字有作『𢁔』字者，與『則』字篆文相近，遂致誤耳。

則陽游於楚，世本『游』作『遊』。**夷節言之於王，王未之見，夷節歸。彭陽見王果，曰：『夫子何不譚我於王？』**

陸德明曰：『譚，本亦作談。』倫按：《說文》有『談』無『譚』。『談，說也。』覃談音同定紐。

王果曰：『我不若公閱休。』彭陽曰：『公閱休奚爲者邪？』曰：『冬則擉鼈於江，

倫按：擉以音近借爲簎，《說文》曰：『簎，刺也。』《周禮·鼈人》『以時簎魚鼈龜蜃』。

夏則休乎山樊。

朱駿聲曰：『樊借爲楙。』尹桐陽曰：『樊借爲旁。樊方非母雙聲。』

有過而問者，曰：「此予宅也。」夫夷節已不能，而況我乎？吾又不若夷節。夫夷節之爲人也，無德而有知，不自許以之神其交，

倫按：『不自許以之神其交』，當作『自訐以神其交』。『不之』二字，涉上文而誤羨。『許』『訐』形近而譌，『訐』借爲『迂』。郭象注、成玄英疏皆曰：『任智以干上。』是『干』上即釋『訐』字也。『神』借爲『申』，或讀如字。

固顛冥乎富貴之地，

倫按：顛借爲趚，《説文》曰：『趚，走頓也。』『冥』，《音義》曰：『音眠。』『瞑』字俗作『眠』，則趚冥疊韻連緜詞也。

非相助以德，相助消也。夫凍者假衣於春，暍者反冬乎冷風。

奚侗曰：『「反冬乎冷風」，當作「反冷風乎冬」。《淮南・俶真訓》作「凍者假兼衣於春，暍者望冷風於冬」。』倫按：『衣』上當依《淮南》補『兼』字。兼爲縑省，《説文》曰：『縑，并絲繒也。』

夫楚王之爲人也，形尊而嚴。其於罪也，無赦，如虎，非夫佞人正德，

倫按：佞借爲仁。

其孰能橈焉？故聖人，其窮也，使家人忘其貧。其達也，使王公忘爵禄而化卑。世本「卑」作「卑」。

陸德明曰：『「而化卑」，本或作「而化卑於人也」。』倫按：當作『而卑於人』。卑借爲比，同脣音也。本書《天下篇》『天與地卑』，《荀子・不苟篇》作『天地比』。《詩・節南山》『天子是毗』，《釋文》：『毗，王作埤。』是其例證。『化』字涉下文而羨。或『化』本作『比』，形近而譌。一本作『卑』，讀者校注於『比』下，因誤入正文。

其於物也，與之爲娛矣。世本「娛」作「誤」。**其於人也，樂物之通，而保己焉。故或不言而飲人以和，與人並立而使人化。父子之宜彼其乎歸居，而一間其所施。**

倫按：辭疑有譌。

其於人心者，若是其遠也。故曰待公閱休。』聖人達綢繆，

倫按：綢繆疊韻連緜詞也。繆疑借爲廫，今字作廖。《說文》曰：『廫，空虛也。』

周盡一體矣，

倫按：周借爲知。

而不知其然，性也。復命搖作，

倫按：復疑爲循字之譌，循命猶順命。搖借爲榣，《說文》曰：『榣，樹動也。』

而以天爲師，人則從而命之也。

倫按：命讀爲名。

憂乎知而所行恒無幾時，

倫按：辭疑有誤。《說文》曰：『憂，和之行也。』幾借爲期，同淺喉音。《詩·楚茨》『如幾如式』，傳：『幾，期也。』《易·小畜》『月幾望』，虞翻注：『幾，其也。』是其例證。

其有止也若之何。生而美者，人與之鑑，不告，則不知其美於人也。若知之，若不知之，若聞之，若不聞之，其可喜也終無已，人之好之亦無已，性也。聖人之愛人也，人與之名，不告，則不知其愛人也。若知之，若不知之，若聞之，若不聞之，其愛人也終無已，人之安之亦無已，性也。舊國舊都，望之暢然。

倫按：暢借爲望，聲同陽類。《説文》曰：『望，月滿也。』望然猶滿意，故《音義》曰『喜悦貌』。

雖使丘陵草木之緡入之者十九，

倫按：緡借爲惛，《説文》曰：『惛，不憭也。』不憭猶不明矣。或借爲昏，《説文》曰：『昏，日冥也。』『入之』二字，涉上『木之』二字而誤羡。

猶之暢然。況見見聞聞者也，以十仞之臺縣衆間者也。

陸德明曰：『間，元嘉本作閑。』倫按：間字是。

冉相氏得其環中，以隨成，與物無終無始，無幾無時。

倫按：幾借爲期。

日與物化者，一不化者也，闔嘗舍之。『闔』原作『闔』，今正。

倫按：闔借爲曷。

夫師天而不得師天，與物皆殉，其以爲事也，若之何？夫聖人未始有天，未始有人，

『未』原作『木』，依各本改。**未始有始，未始有物，**

章炳麟曰：『物，正字作歾。《説文》：「歾，終也。」』

與世偕行而不替，『替』原作『暜』，依各本改。**所行之備而不洫，**

倫按：洫，音義音溢，即借爲溢也。

其合之也，若之何？湯得其司御門尹登恒爲之傅之，『御』原作『御』，今正。崇本『傅』作『傳』。

倫按：《墨子·尚賢下篇》曰：『湯有小臣。』《吕氏春秋·尊師篇》曰：『湯師小臣。』

從師而不囿，得其隨成，爲之司其名，

倫按：『司』字疑誤。

之名嬴法，

倫按：嬴借爲蠃，《説文》曰：『蠃，蜾蠃也。』『蜾』正作『蠣』，今作『蝸』。然此蝸蠃非細要土蠭，乃俗所謂蝸牛。蝸牛兩角俱見俱隱，故曰『之名嬴法，得其兩見』。

得其兩見。仲尼之盡慮爲之傅之。容成氏曰：

倫按：《漢書·藝文志·陰陽家》『《容成子》十四篇』，《房中家》『《容成陰道》二十六篇』，蓋即此容成氏，亦即《世本·作篇》及《吕氏春秋·勿躬篇》作曆之容成氏，與

《胠篋篇》之容成氏異。

『除日無歲，無内無外。』

倫按：此文疑有奪譌。

魏瑩與田侯牟約，

陸德明曰：『瑩，郭本作罃，今本多作瑩。司馬云：魏惠王也。與田侯，一本作田侯牟。司馬云：田侯，齊威王也，名牟，桓公子。按《史記》，威王名因，不名牟。』俞樾曰：『《史記》，威王名因齊。田齊諸君無名牟者，惟桓公名午，與牟字相似。牟，或午之譌。然齊桓公午，與梁惠王又不相值也。』倫按：陸本有『與』字，無『牟』字。一本則有『牟』字而無『與』字。倫檢《戰國策·齊策》曰：『邯鄲之難，趙求救於齊。田侯召大臣而謀，曰：「救趙？孰與勿救？」鄒子曰：「不如勿救。」段干綸曰：「弗救則我不利。」田侯曰：「何哉？」「夫魏氏兼邯鄲，其於齊何利哉？」田侯曰：「善。」乃起兵。』又曰：『成侯鄒忌爲齊相，田忌爲將，不相説。公孫閈謂鄒忌曰：「公何不爲王謀伐魏，勝則是君之謀也，君可以有功。戰不勝，田忌不進戰而不死，曲橈而誅。」鄒忌以爲然，乃説王而使田忌伐魏。』高誘注：『田侯，齊宣王也。』檢《史記·田敬仲世家》，則二事皆屬之威王。《世家》曰：『齊因起兵擊魏，大敗之桂陵，於是齊最彊於諸侯，自稱爲王。』則此稱田侯者，由齊未王也。是田侯爲齊威王因齊矣。《世家》又曰：『威王三十三年，殺其大夫牟辛。』《集解》引徐廣曰：『一作夫人。』《索隱》曰：『按《年表》亦作夫人。』王劭按《紀年》云：『齊桓公十一年，殺其君母。宣王八年，殺王后。』然則『夫人』之字，或如《紀年》之説。然則牟豈田侯夫人之名，而莊子誤以爲田侯名邪？或當從陸本無『牟』字，一本有『牟』字，蓋因下句而加也。

田侯牟背之。

倫按：牟或借爲倍，同脣音也。《説文》曰：『倍，反也。』此『反背』之『背』本字。讀者以『背』釋『牟』，傳寫誤爲『牟背』，復加『牟』字於上句『田侯』之下。

魏瑩怒，將使人刺之。崇本『使』作『德』。**犀首聞而恥之，**

陸德明曰：『犀首，魏官名也。司馬云：公孫衍爲此官。元嘉本作齒首。』倫按：《戰國策》《史記》皆作『犀首』。

曰：『君爲萬乘之君也，而以匹夫從讎。衍請受甲二十萬，爲君攻之，虜其人民，係其牛馬，使其君内熱發於背，然後拔其國。忌也出走，

陸德明曰：『忌，元嘉本作亡。』成玄英曰：『田忌，齊將也。』孫詒讓曰：『以《史記·田齊世家》考之，是時齊相爲騶忌，將爲田忌。而威王使田忌伐魏，大敗之桂陵，則惠王所深怨者，宜是田忌也。』倫按：田忌將在外，此謂鄒忌也。鄒忌主伐魏，故衍云然。

然後抶其背，折其脊。』季子聞而恥之，《荀子·成相篇》注引『恥』作『笑』。

陸德明曰：『季子，魏臣。』倫按：此文季子與惠施同時。《韓非・外儲説左上》曰：『故季惠宋墨，皆畫策也。』《説林下》曰：『宋太宰貴而主斷，季子將見宋君，梁子聞之，曰：「語必可與太宰三坐乎？不然，將不免。」季子因説以貴生而輕國。』《説林》之季子蓋策士，或即《外儲説》與惠施、宋鈃、墨翟同稱之季子。《荀子・成相篇》曰：『復慎、墨、季、惠百家之説誠不詳。』亦以季、惠並言。《戰國策・魏策》曰：『公孫衍爲魏將，與相田繻不善。季子爲衍謂梁王，曰：「王獨不見夫服牛、驂驥乎，不可以行百步。今王以衍爲可使將，故用之也。而聽相之計，是服牛、驂驥也。牛馬俱死而不能成其功，王之國必傷矣。願王察之。」』季子與公孫衍同時，亦即與惠施同時。則《荀》《韓》《戰國策》與《莊》所指是一人，然無名字可考。《呂氏春秋・有度篇》『有客問季子』，高注：『季子，户季子，堯時諸侯。』觀察所言似非也，然亦無名字可證。《荀子・成相篇》楊注曰：『或曰：季即莊子曰季真之莫爲者也。或曰：季子聞而笑之。韓侍郎云：或曰季梁。』《列子》曰：『季梁，楊朱之友。』倫謂《列子》僞書，楊朱不與惠施同時，則此季子非梁也。以所言論之，或季真是。

曰：『築十仞之城，城者既十仞矣，

俞樾曰：『下「十」字當爲「七」。城者既七仞，則雖未十仞，而去十仞不遠矣，故壞之爲可惜。下文曰「今兵不起七年矣，此王之基也」，明是以七仞喻七年，其爲字誤無疑。』劉秀生曰：『成玄英疏曰：「夫七丈之城，用功非小。」是成本正作「七」。』

則又壞之，此胥靡之所苦也。今兵不起七年矣，此王之基也。衍亂人，不可聽也。』華子聞而醜之，

倫按：華子無考，疑即《讓王篇》之子華子。

曰：『善言伐齊者，亂人也。善言勿伐者，亦亂人也。謂伐之與不伐亂人也者，又亂人也。』君曰：『然則若何？』曰：『君求其道而已矣。』惠子聞之，而見戴晉人。世本『聞』作『明』。

戴晉人曰：『有所謂蝸者，

倫按：戴晉人，《韓詩外傳》九作戴晉生。

陸德明曰：『蝸，音瓜，郭音戈。李云：蝸蟲有兩角，俗謂之蝸牛。《三蒼》云：小牛螺也。一云：俗名黄犢。』倫按：今名蝸牛。

君知之乎。』曰：『然。』『有國於蝸之左角者，曰觸氏。有國於蝸之右角者，曰蠻氏。時相與争地而戰，伏尸數萬，逐北旬有五日而後反。』

倫按：觸疑當爲蜀，《説文》曰：『蜀，葵中蠶也。』

倫按：北借爲敗，同脣音也。《左·桓九年傳》『以戰而北』，即借北爲敗也。

君曰：『噫。其虚言與？』曰：『臣請爲君實之。君以意在四方上下有窮乎？』

倫按：意借爲啻。

君曰：『無窮。』曰：『知遊心於無窮，而反在通達之國若存若亡乎？』君曰：『然。』曰：『通達之中有魏，於魏中有梁，於梁中有王。王與蠻氏有辯乎？』

倫按：具言之，當曰『王與蠻氏、觸氏有辯乎』，辯借爲辨。

君曰：『無辯。』客出，而君惝然若有亡也。《文選·寡婦賦》注引『惝』作『惝』。

倫按：《説文》無『惝』字，蓋借爲悵，聲同陽類。《説文》曰：『悵，望恨也。』

客出，惠子見。君曰：『客，大人也，聖人不足以當之。』惠子曰：『夫吹管也，猶有嗃也。

陸德明曰：『筦，本亦作管。』倫按：陸本作莞者，借字。

倫按：《説文》無『嗃』，疑借爲『叫』，幽宵聲近。《説文》『敫』讀爲『譑』，是其例證。

《説文》曰：『叫，嘑也。』

吹劍首者，吷而已矣。

倫按：《説文》：『歠，飲也。』『吷，歠，或從口從夬。』

堯舜，人之所譽也。道堯舜於戴晉人之前，譬猶一吷也。』孔子之楚，舍於蟻丘之漿。

《類聚》八二、《御覽》九九九引『漿』作『蔣』。

陸德明曰：『漿，李云：賣漿家。司馬云：謂逆旅舍以菰蔣草覆之也。』倫按：司馬本作『蔣』，借字。

其鄰有夫妻臣妾登極者，

倫按：極借爲稧，與極借爲渴同例。《說文》曰：『稧，禾舉出苗也。』段玉裁曰：『禾采初挺出於苗，是曰稧。』倫謂《詩·周頌》『驛驛其達，有厭其傑』，『傑』借爲『稧』，亦猶借『桀』爲『竭』矣。有厭其傑，謂稧之飽實也。此言登稧者，猶《禮記·月令》言農乃登麥也。知登極是登稧者。下文曰『是稯稯何謂者邪』，又曰『自藏於畔』，皆言田事也。宜僚羞見仲尼，故亟於登稧而去。

子路曰：『是稯稯何爲者邪？』

陸德明曰：『稯稯，字亦作總，本亦作稷，一本作㯶。』『㯶』原作『稷』，盧文弨曰：『兩稷字疑有一誤。』倫謂一『稷』字當從『木』旁，輒改之。倫按：成玄英疏曰：『總總，聚也。』是成本『稯稯』作『總總』。稯爲稷之譌，總又因稯而改也。《詩·商頌》『百禄是總』，釋文：『總，本又作鬷。』是其例證。稯當爲畟，《說文》曰：『畟，治稼畟畟進也。』

仲尼曰：『是聖人僕也。

陸德明曰：『僕，司馬本作樸。』奚侗曰：『僕徒同義，《廣雅·釋詁》一曰：「僕、徒，使也。」』

是自埋於民，

倫按：埋，《説文》作薶，瘞也。

自藏於畔。其聲銷，其志無窮，其口雖言，其心未嘗言，方且與世違，而心不屑與之俱。

陸德明曰：『屑，本或作肯。』

是陸沈者也，

倫按：沈没字，《説文》作湛。

是其市南宜僚邪？』子路請往召之。孔子曰：『已矣。彼知丘之著於己也，

倫按：著疑借爲儲，《説文》曰：『儲，偫也。』

知丘之適楚也，以丘爲必使楚王之召己也，彼且以丘爲佞人也。夫若然者，其於佞人也。羞聞其言，

倫按：羞借爲醜。

而況親見其身乎？而何以爲存？』子路往視之，其室虚矣。長梧封人問子牢，

陸德明曰：『子牢，司馬云：即琴牢，孔子弟子。』倫按：孔子弟子琴張，《漢書・古今人表》作琴牢。王引之曰：『牢，本作張，後人據《家語》改之也。《人表》所載，皆經傳所有。《左・昭傳》及《孟子》並作琴張，《莊子・大宗師》作子琴張，無作琴牢者。《論語》：「牢曰：子云：吾不試故藝。」鄭注以爲子牢。蓋據《莊子・則陽篇》文，然亦不以爲琴張。牢與琴張本非一人也，惟《家語・弟子篇》始云：「琴牢，衛人，字開，一字張。」是琴牢字張，始見王肅所僞撰之《家語》，何可據之而改《漢書》？』

曰：『君爲政焉勿鹵莽，「莽」原作「莾」，今正，下同。

倫按：鹵莽魚陽對轉連緜詞。莽借爲妄，聲同陽類。《説文》曰：『妄，亂也。』

治民焉勿滅裂。

倫按：滅裂疊韻連緜詞。滅借爲懱，同得聲於戌也。詳《説文六書疏證》。《説文》曰：『懱，輕傷也。』

昔予爲禾耕而鹵莽之，則其實亦鹵莽而報予。芸而滅裂之，其實亦滅裂而報予。予來年變齊，

倫按：芸，《説文》作䅽，除苗間穢也。䅽或從芸，此作芸者，省字。

奚侗曰：『《周禮・亨人》「以給水火之齊」，鄭注：「齊多少之量。」《酒正》「辨五齊之名」，鄭注：「每有祭祀，以度量節作之多少，合乎法度，曰齊。」此言變齊，猶言變方法耳。

深其耕而熟耰之，

倫按：耰，《説文》作櫌，摩田器也。

其禾蘩以滋，涵本世「蘩」作「繁」。

倫按：蘩借爲蕃，聲同元類。《書·洪範》『庶草蕃廡』，《史記·宋世家》『蕃』作『繁』。是其例證。《説文》曰：『蕃，草茂也。』滋借爲兹。

予終年厭飧。』

陸德明曰：『厭飧，音孫，本亦作飧。』倫按：厭借爲猒，飧爲餐誤。

莊子聞之，曰：『今人之治其形，理其心，多有似封人之所謂，遁其天，離其性，滅其情，亡其神，以衆爲。

陸德明曰：『衆爲，司馬本作爲僞。』倫按：司馬本作以爲僞，當從之。金甲文『爲』字作『』，與『彔』形近，故致誤也。

故鹵莽其性者，欲惡之孽，爲性萑葦蒹葭始萌以扶吾形，

倫按：孽借爲櫱，《説文》曰：『櫱，伐木餘也。』『爲』疑『如』字之譌。『性』字涉上文而羨。『蒹葭』者，讀者旁注以釋『萑葦』，傳寫誤入正文。當讀『欲惡之櫱』絶句、『如萑葦始萌以扶吾形』絶句。

尋擢吾性，

倫按：尋借爲趣，同齒音也。《説文》曰：『趣，進也。』今用『漸』字。

並潰漏發，

章炳麟曰：並借爲旁。

不擇所出，漂疽疥癰，

際德明曰：『漂，本亦作瘭。』倫按：漂借爲剽，《説文》曰：『剽，砭刺也。』

内熱溲膏，

陸德明曰：『溲，本亦作廋。』倫按：溲借爲屎，幽宵聲近。《國語·晉語》『少溲於豕牢而得文王』，注：『溲，便也。』《史記·酈生陸賈傳》『溲溺其中』，《索隱》：『溲即溺也。』溺即借爲屎字。是其例證。《説文》曰：『屎，人小便也。』

是也。』栢矩學於老聃，曰：『請之天下遊。』老聃曰：『已矣。天下猶是也。』『猶』原作『猶』，依各本改。**又請之，老聃曰：『汝將何始？』曰：『始於齊。』至齊，見辜人焉，**

陸德明曰：『辜，元嘉本作幸。』盧文弨曰：『幸或是臯之誤。』俞樾曰：『辜，謂辜磔也。《周官·掌戮》「殺王之親者辜之」，鄭注：「辜之言枯也，謂磔之。」是其義。《漢景帝紀》「改磔曰棄市」，顔注：「磔，謂張其尸也。」是古之辜磔人者，必張其尸於市，故栢矩推而强之，解朝服而幕之也。』倫按：《説文》『辜』之重文作『殆』，從死，古聲。『死』爲『屍』之初文，則『辜』與『磔』一字。《説文》曰：『磔，辜也。』是其義一也。『磔』爲『桀』之後起字，並詳《説文六書疏證》。《説文》曰：『桀，磔也。』以今釋古耳。

推而彊之。各本『彊』作『强』，《玉篇》引作『僵』。

陸德明曰：『强，字亦作彊，借爲僵也。』倫按：《玉篇》引正作『僵』，《説文》曰：

『僵，偃也。』

解朝服而幕之，號天而哭之，曰：「子乎，子乎！　天下有大菑，子獨先離之。曰：

俞樾曰：『「子乎子乎」，乃歎辭也。《詩・綢繆》「子兮子兮」，毛傳：「子兮者，嗟兹也。」《管子・小稱篇》「嗟兹乎，聖人之言長乎哉」，《説苑・貴德篇》曰：「嗟兹乎，我必窮矣」，並以「嗟兹」爲歎辭。説詳《經義述聞》。此云「子乎子乎」，正與「子兮子兮」同義。』倫按：子借爲嗞，音同精紐。《易・明夷》『箕子之明夷』，劉向曰：『今《易》「箕子」作「荄滋」。』是其例證。《説文》曰：『嗞，嗟也。』

倫按：『曰』字疑羨，或有奪文。

莫爲盜，莫爲殺人。榮辱立，然後覩所病。貨財聚，然後覩所争。今立人之所病，聚人之所争，窮困人之身，使無休時，欲無至此，得乎？　古之君人者，以得爲在民，以失爲在己。以正爲在民，以枉爲在己。故一形有失其形者，退而自責。今則不然。匿爲物而愚不識，

陸德明曰：『愚一本作遇。』倫按：《吕氏春秋・適威篇》曰：『煩爲教而過不識，數爲令而非不從，巨爲危而罪不敢，重爲任而罰不勝。』與此文義相似。『匿爲物而愚不識』，義不可通。匿疑借爲縟，古音同泥紐。《説文》曰：『縟，繁采色也。』《廣雅・釋詁》曰：『縟，數也。』物借爲命，古音同明紐。愚，當從一本作遇，遇爲適誤。《吕覽》作過，亦適之誤。《庚桑楚》『一雀適羿』，《御覽》引或作遇，或作過。其例證也。適借爲讁，《説文》曰：『讁，罰也。』《廣雅·釋詁》『過，責也』，過亦適之譌。『讁不識』，與『罪不敢』『罰不勝』『誅不至』同辭例。

大爲難而罪不敢，重爲任而罰不勝，遠其塗而誅不至。民知力竭，則以僞繼之。日出多僞，士民安取不僞？夫力不足則僞，知不足則欺，財不足則盗。盗竊之行，於誰責而可乎？』蘧伯玉行年六十而六十化，未嘗不始於是之，而卒詘之以非也。未知今之所謂是之，非五十九非也。萬物有乎生，而莫見其根。有乎出，而莫見其門。人皆尊其知之所知，而莫知恃其知之所不知，而後知，可不謂大疑乎？已乎，已乎，且無所逃。此所謂然與然乎？

陸德明曰：『與，音餘。又如字。』倫按：如字，當連『然乎』讀。

仲尼問於太史大弢、各本『太』作『大』。

倫按：《漢書·古今人表》作周史大弢。梁玉繩、沈濤均以爲弢譌字。然大弢爲周史無考。

伯常騫、世本『騫』作『蹇』。

倫按：《漢書·古今人表》作栢常騫。《晏子春秋·問上篇》曰：『栢常騫去周之齊，見晏子，曰：「騫，周室之賤史也。」』是騫爲周史。又《諫上篇》曰：『景公出遊於公皁，日暮，西面望，睹彗星，召伯常騫，使禳去之。』《史記·齊世家》載之，不言伯常騫。又《雜下篇》曰：『景公爲路寢之臺成，而不踊焉。柏常騫曰：「君爲臺甚急。臺成，君何爲而不踊焉？」公曰：「然。有梟昔者鳴聲無不爲也，吾惡之甚，是以不踊焉。」柏常騫曰：「臣請禳而去。」柏常騫夜用事。明日，問公，曰：「今昔聞鴞聲乎？」公曰：「一鳴而不復聞。」使人往視之，鴞當堦布翼伏地而死。公曰：「子之道若此其明，亦能益寡人之壽乎？」對曰：「能。」公曰：「能益幾何？」對曰：「天子九，諸侯七，大夫五。」』

狶韋，

陸德明曰：『狶，本亦作俙。』倫按：狶、俙並《説文》所無，蓋即《説文》之豨字。《説文》：『豕，讀若豨。』而狶韋氏，《左·襄二十四年傳》作豕韋氏。可證也。豨韋又即《吕氏春秋·制樂篇》之子韋。豨子脂之聲類相近也。《吕氏春秋·制樂篇》曰：『宋景公之時，熒惑在心。公懼，召子韋而問焉。曰：「熒惑在心，何也？」子韋曰：「熒惑者，天罰也。心者，宋之分野也。禍當於君。雖然，可移於宰相。」公曰：「宰相所與治國家也，而移死焉，不詳。」子韋曰：「可移於民。」公曰：「民死，寡人將誰爲君乎？寧獨死。」子韋曰：「可移於歲。」公曰：「歲害則民饑，民饑必死。爲人君而殺其民以自活也，其誰以我爲君乎？是寡人之命固盡矣，子無復言矣。」子韋還走，北面再拜，曰：「臣敢賀君。天之處高而聽卑，君有至德之言三，天必三賞君。今夕熒惑其徙三舍，君延年二十一歲。」公曰：「子何以知之？」對曰：「有三善言，必有三賞。熒惑有三徙舍，舍行七星，星一徙當一年，三七二十一，臣故曰『君延年二十一歲矣』，臣請伏於陛下以伺候之。熒惑不徙，臣請死。」公曰：「可。」是夕，熒惑果徙三舍。《史記・宋世家》亦載之，不及延年事。蓋有合伯常騫爲齊景公禳彗與益壽而譌傳之，《吕氏》據以載之也。《宋世家》言司星子韋。尋《周禮》司星屬保章氏，職於太史之次，故此並謂太史。《漢書・藝文志》陰陽家『《宋司星子韋》三卷』。

曰：『夫衛靈公飲酒湛樂，

倫按：湛借爲酖，聲同侵類，與沈借爲煁同例。《説文》曰：『酖，樂酒也。』

不聽國家之政；田獵畢弋，不應諸侯之際，其所以爲靈公者，何邪？』大弢曰：『是因是也。』《御覽》三九五引作『是因靈也』。**伯常騫曰：『夫靈公有妻三人，同濫而浴。**《闕誤》引張君房本「濫」作「檻」。

奚侗曰：『濫借爲鑑，《説文》曰：「鑑，大盆也。」』

史鰌奉御而進，所搏幣而扶翼。

陸德明曰：『弊，郭作幣。』倫按：『所搏幣』，當作『取轉市』，所、取音形並近。搏、轉並從專聲，相通假也。《説文》曰：『轉，軶裹也。』然《玉篇》訓尻衣。市，《説文》曰：『韠也。』今字作韍作紱。韠，《説文》曰：『韍也，所以蔽前者。』《詩・齊風・載驅》正義引《乾鑿度》注曰：『古者，田漁而食，因衣其皮。先知蔽前，後知蔽後。後王易之以布帛，而猶存其蔽前者。』鄭玄《禮記·玉藻篇》注曰：『韠之言蔽也，下廣二尺，上廣一尺，其頸五寸，肩革帶博二寸。』《釋名·釋衣服》曰：『韠，蔽膝也。』《方言》四曰：『蔽膝，江淮之間謂之褘，或謂之袚。魏宋南楚謂之大巾。自關而西謂之蔽膝。』是幣即蔽膝，亦即韍也。幣韍皆脣音，故此作幣，借字耳。翼借爲挾，翼古與翌通。翌從立得聲，立夾聲同談類，是翼亦得借爲挾也。《說文》曰：『挾，俾持也。』

其慢若彼之甚也，見賢人若此其肅也，是其所以爲靈公也。』狶韋曰：『夫靈公也死，卜葬於故墓，

陸德明曰：『故墓，一本作大墓。』

不吉，卜葬於沙丘而吉。掘之數仞，得石槨焉，洗而視之，有銘焉，曰：「不馮其子，《御覽》五三引『馮』作『憑』，《博物志》八引作『不逢箕子』。

倫按：陸德明曰：『司馬以「其子」絶句。郭讀「不馮其子靈公」絶句。』倫從司馬讀。馮，《博物志》引作逢者，音同奉紐。《說文》：『豐，讀若馮。』其例證也。

靈公奪而埋之。」世本、崇本作「里之」。

陸德明曰：『奪而里之，一本作奪而埋之。』郭嵩燾曰：『一本作埋之是也。』

夫靈公之爲靈也久矣，之二人何足以識之？』少知問於太公調，曰：『何謂丘里之

言？』太公調曰：『丘里者，合十姓百名而以爲風俗者也，合異以爲同，散同以爲異。今指馬之百體而不得馬，世本『今』作『令』。而馬係於前者，立其百體而謂之馬也。是故丘山積卑而爲高，《御覽》三八引「爲」作「成」。江河合水而爲大，

俞樾曰：『水乃小字之誤，卑高小大相對爲文。』倫按：成玄英疏曰：『積土石以成丘山，聚細流以成江海。』是成本『爲高爲大』作『成高成大』也。『水』字蓋作『小』，故以細流釋之。

大人合并而爲公。

倫按：合并當作并私。『合』字涉上文而羨，又奪『私』字。

是以自外入者，有主而不執。由中出者，有正而不距。四時殊氣天不賜，

倫按：賜疑借爲私，音同心紐。下文曰『五官殊職，君不私，故國治』，辭例相同。此作賜者，爲美耳。本書《寓言篇》『吾及親仕，三釜而心樂，後仕三千鍾而不洎。吾心悲』，洎亦及也。古書多此例。

故歲成。五官殊職，君不私，故國治。文武大人不賜，故德備。

奚侗曰：『此與上下文不一律，義亦難通，恐有奪誤。』

萬物殊理，道不私，故無名。無名故無爲，無爲而無不爲。時有終始，世有變化。禍福湻湻，「湻」原作「淳」，世本同，今正。

倫按：涫疑借爲棞，言禍福同原而未分也。

至有所拂者，

倫按：拂借爲咈，《説文》曰：『咈，違也。』

而有所宜。自殉殊面，有所正者有所差。比于大澤，各本「于」作「於」。

陸德明曰：『比於大澤，本亦作宅。』盧文弨曰：『于，今作於。』倫按：比借爲𣬈，同屑音也。《周禮·考工記·輪人》『弓長六尺謂之庇軹』，鄭注：『故書庇作祕。』是其例證。《説文》曰：『𣬈，直視也。』本亦作宅者，音同澄紐。《論語·里仁篇》『擇不處仁』，《困學紀聞》引張衡《思玄賦注》引『擇』作『宅』。是其例證。澤借爲瀋，同舌音也。《説文》曰：『瀋，土得水沮也。』

百材皆度。

倫按：皆爲偕省，《説文》曰：『偕，一曰俱也。』『俱也』是本義，詳《説文六書疏證》。度借爲宅。『百材皆宅』，與『木石同壇』對文。

觀於大山，木石同壇。

倫按：壇借爲墠，與澶借爲撣同例。《説文》曰：『墠，野土也。』

此之謂丘里之言。』少知曰：『然則謂之道，足乎？』太公調曰：『不然。今計物之數，不止於萬，而期曰萬物者，以數之多者號而讀之也。是故天地者，形之大者也。陰陽者，氣

之大者也。《闕誤》引劉得一本「大」作「廣」。道者爲之公，因其大以號而讀之，則可也，已有之矣，乃將得比哉。則若以斯辯，

倫按：則若古通，疑羨一字。《説文》曰：『斯，析也。』

譬猶狗馬，其不及遠矣。』少知曰：『四方之内，六合之裏，萬物之所生惡起？』太公調曰：『陰陽相照、相蓋、

俞樾曰：『蓋當讀爲害，《爾雅·釋言》：「蓋，割裂也。」《釋文》曰：「蓋，舍人本作害。」是蓋害古字通。「陰陽相害相治」，猶下句云「四時相生相殺」也。』

相治，四時相代、相生、相殺。欲惡去就，於是橋起；

王筠曰：『橋，謂桔橰也。』倫按：下文『橋運』同。

雌雄片合，

倫按：《説文》曰：『片，判木也。』

於是庸有。安危相易，禍福相生，緩急相摩，

倫按：摩借爲礳。

聚散以成。

倫按：『安危相易』以下四句辭義並列，『以』亦當作『相』。

此名實之可紀，

倫按：紀借爲記。

精微之可志也。世本、崇本無「微」字。

倫按：成玄英疏曰：『誌，記也。』是成本『志』作『誌』。

隨序之相理，

陸德明曰：『隨序，序或作原，一本作享。』倫按：『隨序之相理』，與『橋運之相使』對文。橋即桔槔，橋運謂桔槔之往來，故下文曰『窮則反，終則始』。則隨序亦當謂物之動作終而復始者。前人以隨從次序釋之，似非。惜未能得其本字。序或作原者，疑後人依下文改之，或爲厚譌。《毛詩序》『厚人倫』，《釋文》：『厚，本亦作序。』是其例證。篆文『享』『旱』形近，故又作『享』。

橋運之相使，窮則反，終則始。此物之所有，言之所盡，知之所至，極物而已。覩道之人，不隨其所廢，不原其所起，此議之所止。』少知曰：『季真之莫爲，接子之或使，

王念孫曰：『《漢書・藝文志》：「《捷子》二篇，齊人，武帝時説。」按《古今人表》捷子在尸子之後，鄒衍之前，或作接子。《史記・田完世家》「自餘騶衍、淳于髡、田駢、接子、慎到、環淵之徒」，《正義》：「接子，齊人。《藝文志》云：《接子》二篇，在道家流。」《孟子荀卿傳》正義同。是捷子乃六國時人。「武帝時説」四字，乃涉下條「武帝時説於齊王」而衍。』沈濤曰：『《漢書・藝文志》：「《捷子》二篇，齊人，武帝時説。」按《史記・孟荀列傳》：「接子，齊人，學黃老道德之術，因發明序其指意。」《史記》又云：「田駢、捷子，皆有所論。」則捷子當作接子。《孟荀列傳》正義引亦作接子。接子箸書在戰國時，「武帝時説」四字，涉下文「《曹羽》二篇，楚人，武帝時説於齊王」而誤衍。』俞樾曰：『《尚書・微子篇》「殷其弗或亂正四方」，《多士篇》「時予乃或言」，枚傳並云：「或，有也。」此文「莫爲」或「使」對文。莫，無也。或，有也。《周易・益・上九》「莫益之，或擊之」，亦以「莫」「或」相對。』倫按：接借爲捷，《風俗通・姓氏篇》曰：『《漢・藝文志》有《捷子》二篇，六國時人。』是應據本作『捷』也，説詳《人間世篇》。或讀爲有，音同喻紐，聲同之類。《詩・烈祖》『奄有九有』，傳曰：『九有，九州也。』《文選・册魏公九錫文》注引《韓詩章句》曰：『九域，九州也。』是《韓詩》『九有』作『九域』。其例證也。

二家之議，孰正於其情，孰偏於其理？』各本『偏』作『徧』。

倫按：陸德明曰：『偏，音遍。徐：音篇。』是陸本『偏』作『徧』也，『徧』借字。

太公調曰：『雞鳴狗吠，是人之所知。雖有大知，不能以言讀其所自化，又不能以意其所將爲。

倫按：『意』下有奪字。成玄英疏曰：『故雖大聖至知，不能用意測其所爲，不能用言道其所以。』是成本『意』下有一字，而成以『測』字釋之，或即是『測』字。

斯而析之，精至於無倫，

倫按：倫借爲形，《秋水篇》曰：『至精無形，至大不可圍。』辭義相同。

大至於不可圍，或之使，莫之爲，未免於物，而終以爲過。或使則實，莫爲則虛。有名有實，是物之居。無名無實，在物之虛。可言可意，言而愈疏。未生不可忌，已死不可阻。

崇本、世本「阻」作「徂」。

死生非遠也，理不可覩。或之使，莫之爲，疑之所假。

陸德明曰：『徂，一本作阻。』

倫按：假借爲家，或借爲假。

吾觀之本，其往無窮。吾求之末，其來無止。無窮無止，言之無也，

倫按：之讀爲其，下句『言之本也』同。

與物同理。或使莫爲，言之本也，與物終始。道不可有，有不可無。

倫按：羨一『有』字。成玄英疏曰：『夫至道不絕，非有非無。故執有執無，二俱不可也。』疑成本即不重『有』字。

道之爲名，所假而行。或使莫爲，在物一曲，夫胡爲於大方？言而足，則終日言而盡道。言而不足，則終日言而盡物。道物之極，言默不足以載。非言非默，議有所極。』世本作『議其有極』。

莊子義證弟二十六　雜篇外物弟二十六

外物不可必，

盧文弨曰：『宋本必作心。』

故龍逢誅、比干戮，箕子狂、惡來死、桀紂亡。人主莫不欲其臣之忠，而忠未必信，故伍員流于江，萇弘死于蜀，崇本、涵本『弘』作『宏』、『于』作『於』。

倫按：《吕氏春秋·必己篇》有此文，無『於蜀』二字，當依删。

藏其血，三年而化爲碧。

陸德明曰：『《吕氏春秋》：「藏其血，三年化爲碧玉。」』倫按：成玄英疏曰：『蜀人感之，以匱盛其血，三年而化爲碧玉。』是成本亦有『玉』字。《太平御覽》八〇九引司馬曰：『萇弘忠而流，故其血不朽而化爲碧。』則司馬本無『玉』字。今《吕氏春秋》亦無『玉』字。彼高注曰：『萇弘，周敬王大夫，號知天道，欲城成周，支天之所壞。故衞奚知其不得没也。及范吉射荀寅叛其君，萇弘與知之。周劉氏、范氏世爲婚姻，萇弘事劉文公，故周人與范氏，晉人讓周，周爲之殺萇弘，不當其罪，故血三年而爲碧也。』是高所據吕書無『玉』字。《説文》曰：『碧，石之青美者。』蓋似玉者也。

人親莫不欲其子之孝，而孝未必愛，故孝己憂而曾參悲。

陸德明曰：『孝己，李云：殷高宗之太子。』徐文靖曰：『《秦策》：「陳軫曰：孝己愛其親，天下欲以爲子。」《尸子》曰：「殷高宗之子，曰孝己，有孝行。事親一夜五起，視衣之厚薄、枕之高下也。其母早死，高宗惑後妻言，放之而死。」又《家語》曰：「曾參既出妻，終身不娶。其子元請焉，曾子曰：『高宗以後妻殺孝己，尹吉甫以後妻殺伯奇。吾上不及高宗，中不及吉甫，庸能免於非乎？』遂不娶。」』陳逢衡曰：『《竹書紀年》：「武丁二十五年，王子孝己卒于野。」不云放，當亦如武丁居於河之類耳。後世因其卒於外，遂謂之放。《世紀》云：「武丁有子孝己，其母早死。高宗惑後妻之言，放之而死。天下哀之。」《世說》亦云：「高宗放孝子孝己。」此其誤自《尸子》《家語》而來，而不知武丁實無此事。』倫按：《尸子》記孝己事，見《書鈔》一二九及三四引，亦見《藝文類聚》二〇及《文選・長笛賦》注引，均以『枕之高下也』止。《荀子・性惡篇》曰：『天非私曾騫孝己而外衆人也。』《戰國策・燕策》：『蘇代謂燕昭王曰：「孝如曾參孝己。」』不詳其孝之蹟。《吕氏春秋・必己篇》高誘注亦但言『孝己，殷王高宗子也』。惟《後漢書・郅惲傳》：『惲授皇太子《韓詩》，及郭后廢，太子意不自安。惲乃說太子曰：「昔高宗明君，吉甫賢臣，及有纖介，放逐孝子。《春秋》之義，母以子貴。太子宜因左右及諸皇子，引愆退身，奉養母氏。」』蓋放逐之說，《韓詩》有之。今《韓詩外傳》七曰：『伯奇孝而棄於親。』惟不及孝己。察惲之説，亦止明孝己、伯奇之放逐。孝己之放以高宗惑後妻之言，未易審也。『憂』字，《吕氏春秋》作『疑』。

木與木相摩則然，《御覽》八六九引『然』作『燃』。**金與火相守則流。陰陽錯行，**

倫按：錯借爲遺，《説文》曰：『遺，交遺也。』

則天地大絯。《御覽》一三引『絯』作『駭』。

奚侗曰：絯借爲駭，《説文》曰：『駭，驚也。』

於是乎有雷有霆，水中有火，乃焚大槐。有甚憂兩陷而無所逃，

倫按：甚，《説文》曰：『尤安樂也。』或爲媅省，《説文》曰：『媅，樂也。』

螴蜳不得成，

陸德明曰：『螴，郭：音陳。又楮允反。徐：敕盡反。蜳，郭：音惇。又柱允反。徐：敕轉反。李：餘準反。司馬曰：螴蜳，讀曰忡融。』倫按：此二字《説文》均無，以義求之，疑爲惲憞也。憞今作惇，惲惇今通作渾沌，或作混沌，陳軍聲同真類。《説文》曰：『惲，重厚也。』『惇，厚也。』或螴蜳真類疊韻連緜詞。螴借爲梱，聲同真類。《説文》曰：『梱，完木未析也。』

心若縣於天地之間，慰暋沈屯，崇本『暋』作『暋』。

王念孫曰：『暋與愍通，屯與頓通。合言之，則曰頓愍。《廣雅・釋詁》曰：「頓愍，亂也。」』倫按：《音義》出『慰暋』，是陸本『暋』作『暋』。然《説文》有『暋』無『暋』，則『暋』字是。慰暋脂真對轉連緜詞。暋借爲怋，《説文》曰：『怋，亂也。』屯同舌音連緜詞。屯爲惷省，《説文》曰：『惷，亂也。』

利害相摩。生火甚多，衆人焚和，月固不勝火，於是乎有僓然而道盡。《類聚》三五引『僓』作『積』。

倫按：僓當依《類聚》引作積。《説文》曰：『積，秃貌。』『秃，無髮也。』或借爲潰，《説文》曰：『潰，漏也。』

莊周家貧，故往貸粟於監河侯。

陸德明曰：『監河侯，《説苑》作魏文侯。』

監河侯曰：『諾。我將得邑金，將貸子三百金，可乎？』莊周忿然作色，曰：『周昨來，有中道而呼者。周顧視車轍中，有鮒魚焉。周問之，曰：「鮒魚來，子何爲者邪？」對曰：「我東海之波臣也。《類聚》三五、《御覽》六〇引『臣』作『神』。**君豈有斗升之水而活我哉？」**

倫按：而讀爲能。

周曰：「諾。我且南遊吴越之王，世本『我』作『哉』，《類聚》三五引『且』作『將』，《闕誤》引張君房本『遊』下有『説』字，《御覽》四八五引『王』作『土』。**激西江之水而迎子，可乎？」鮒魚忿然作色，**《類聚》三五引「然」作「焉」。**曰：「吾失我常與，我無所處。吾得斗升之水然活耳，**《類聚》三

五、《御覽》四八五引『然』作『爲』，《御覽》九三七引『然』作『可』。

倫按：然讀爲能，泥紐雙聲。

君乃言此，曾不如早索我於枯魚之肆。」』

倫按：枯借爲殆，肆借爲市。肆從長隶聲。隶音定紐，市禪紐，古讀歸定也。《説文》曰：『市，買賣所之也。』後同。

任公子爲大鉤巨緇，《文選》謝靈運《七里瀨》詩注引作『大釣巨綸』，《御覽》八三四引作『大綸巨鉤』，古逸叢書本《玉篇》引亦作『巨鉤』。

陸德明曰：『鉤，本亦作釣。』倫按：『大鉤巨緇』當作『巨鉤大緇』，下文曰『牽巨鉤』可證也。緇爲綸之誤字，《文選注》及《御覽》引並作綸，是其證。綸借爲緡，聲同真類。《説文》曰：『緡，釣魚繁也。』

五十犗以爲餌，

陸德明曰：『犗，《説文》云：「騬牛也。」』

蹲乎會稽，《山海經・大荒東經》注引『蹲』作『踆』。

倫按：蹲爲夋之後起字，詳《説文六書疏證》。故《山海經注》引作踆。踆又夋之俗字也。

投竿東海，旦旦而釣，期年不得魚。

陸德明曰：『期，本亦作朞。』朱駿聲曰：『期借爲稘，《説文》：「稘，復其時也。」』

已而大魚食之，牽巨鉤，錎没而下。『錎』原作『鋁』，世本同，今正。《文選》謝靈運《七里瀨》詩、曹植《七啟》注引『錎』作『陷』。

陸德明曰：『錎，音陷。《字林》猶陷字也。』倫按：『錎』當依《文選注》引作『陷』。

成玄英疏曰：『於是牽鉤陷没。』是成本『錎』作『陷』。

鶩揚而奮鬐，世本、崇本『鶩』作『鶩』。

陸德明曰：『鶩，一本作鶩。』倫按：『鶩』字義長。

白波若山，涵本『白』作『曰』。**海水震蕩，**《御覽》八三四引『震』作『振』。**聲侔鬼神，憚赫千里。**

倫按：憚借爲悼，音同定紐。赫奭一字，詳《説文六書疏證》。奭音審紐，古讀歸透。是憚赫爲雙聲連緜詞也。『憚赫千里』承上『聲侔鬼神』而言，令千里之内聞者皆爲恐懼也。

任公子得若魚，

陸德明曰：『若魚，猶言此魚。』倫按：若魚猶今言那魚，古讀皆泥紐也。

離而腊之，自制河以東，《文選》謝靈運《七里瀨詩》注引及《御覽》八三四引『制』作『淛』，九三五引作『浙』。

陸德明曰：『制，依字應作浙，《漢書音義》音逝。河亦江也，北人名水皆曰河。浙江今在餘杭郡，後漢以爲吴會分界。司馬曰：浙江，今在會稽錢唐。』桂馥曰：『古制聲與浙同。《論語・顔淵篇》「片言可以折獄」，鄭注：「魯讀折爲制。」《書・吕刑》「制以墨刑」，《墨子・尚同篇》「制」作「折」。是其證也。』倫按：司馬貞曰：『韋昭云：浙江在今錢塘，浙音折獄之折。晉灼音逝，非也。蓋其流曲折。《莊子》所謂淛河，即其水也。淛折聲相近也。』《説文》曰：『浙，江水東至會稽山陰爲浙江。』

蒼梧已北，莫不厭若魚者。已而後世輇才諷説之徒，

陸德明曰：『輇，本或作軨，本又或作輕。』倫按：輇借爲恮，《説文》曰：『恮，謹也。』軨輕皆形近而誤。

皆驚而相告也。夫揭竿累，上虞羅氏影日本抄本《玉篇》引『累』作『纍』。

陸德明曰：『累，本亦作纍。』倫按：揭借爲竭。

趨灌瀆，世本、崇本『趨』作『趣』。

陸德明曰：『趣，本又作趨。』倫按：灌借爲〜，今作涓，音同見紐。《説文》曰：『小流也。』

守鯢鮒，

陸德明曰：『鮒，本亦作蒲。』朱駿聲曰：『鯢借爲鰤。《説文》曰：「鰤，魚子。」』倫按：《説文》曰：『鮒，魚名。』《易・井》『井谷射鮒』，虞翻注曰：『小鮮，今鰿魚也。』本作蒲者，音同並紐也。

其於得大魚難矣。

倫按：其爲期省。

飾小説以干縣令，

倫按：縣讀爲郡縣之縣。《史記・趙世家》：『以萬户都三封太守，千户都三封縣令。』是戰國時縣小於郡，縣長稱令矣。

其於大達亦遠矣，是以未嘗聞任氏之風俗，其不可與經於世亦遠矣。儒以詩禮發冢，

涵本『冢』作『冢』，世本作『家』。

大儒臚傳，

朱駿聲曰：『臚借爲尃，《説文》：「尃，布也。」』倫按：聲同魚類。

曰：『東方作矣，事之何若？』《類聚》八四引「之」作「久」。

小儒曰：『未解裙襦，「裙襦」原作「裙襦」，依世本正。**口中有珠。《詩》固有之，曰：「青青之麥，生於陵陂。**《類聚》八四引作『生陵之陂』，《御覽》八三六引『陂』作『坂』。**生不布施，**

倫按：之猶其也。

倫按：布借爲奚，音同幫紐。《説文》曰：『奚，賦事也，讀若頒。古書多以頒爲之。』

死何含珠爲？」』接其鬢，

倫按：接借爲掞。

擪其顪，世本、崇本「擪」作「壓」。

陸德明曰：『壓，本亦作擪。顪，本亦作噦，許穢反。』倫按：擪字是，《説文》曰：『擪，一指按也。』《説文》無『顪』，《音義》音許穢反，疑借爲喙。《説文》曰：『喙，口也。』

儒以金椎控其頤，《類聚》八四引「儒」作「而」，《御覽》七六三引作「徐」，成玄英《老子疏》引「椎」作「鎚」。

王念孫曰：『「儒以金椎控其頤」，《藝文類聚・寶玉部》引「儒」作「而」，是也。「而」「儒」聲相近，上文又多「儒」字，故而誤作「儒」。而，汝也。』倫按：自『詩固有之』以下，皆大儒答小儒之辭。兩人之辭而省『曰』字，古書多有其例。詳俞先生《古書疑義舉例》。『儒』字，王謂當作『而』，是也，但不必作『汝』解。

徐别其頰，

倫按：徐借爲俆，《説文》曰：『俆，緩也。』别爲八之後起字，詳《説文六書疏證》。《説文》曰：『八，别也。』

無傷口中珠。』老萊子之弟子出薪，《闕誤》引張君房本『出』下有『拾』字。

陸德明曰：『老萊子，楚人。』沈欽韓曰：『《漢書・藝文志》：「《老萊子》十六篇。」班固曰：「楚人，與孔子同時。」案《魏策》：「或謂黄齊曰：不聞老萊子之教孔子事君乎，示之其齒之堅也，六十而盡靡也。」《孔叢·抗志篇》曰：「子思見老萊子。老萊子曰：『子不見夫齒乎，齒堅剛卒盡相磨，舌柔順終以不弊。』」蓋紀載者誤分爲兩事也。《史記》云：「著書十五篇，與孔子同時。」《大戴記·將軍文子篇》：「孔子語子貢老萊子之行。」則《孔叢》所記妄矣。《文選》注十一劉向《别録》云：「老萊子，古之壽者。」畢沅《道德經序》謂古有萊氏，《左傳》有萊駒，老萊子應是萊子。如列禦寇師老商氏，以商氏稱老矣。』倫按：汪中謂老萊即老子，畢沅、梁玉繩、洪亮吉、洪頤煊並以爲二人。倫謂《史記·老子傳》雖若疑老子與老萊子爲一人，《仲尼弟子傳》固判其爲二人矣。畢沅以老萊子本爲萊子而以壽考稱老萊子，其説最可信。《春秋·僖三十三年左傳》『萊駒爲晉襄公戎右』，《哀二十四年·左傳》『齊有大夫萊章』，《昭四年傳》『魯有萊書』，萊蓋以國爲氏者。《春秋·襄六年》『齊侯滅萊』，《左傳》曰：『遷萊於郳。』杜預《春秋釋例·土地名》曰：『郳、小邾二名。』又《世族譜》曰：『小邾國，邾挾之後也。夷父顔有大功於周，其子友别封爲附庸。』居郳曾孫犁來始見於春秋，附從齊桓，以尊周室，命爲小邾子。穆公之孫惠公以下，春秋後六世而楚滅之，則萊之後亦入於楚矣。司馬遷以老萊子爲楚人者，蓋以其子孫居楚而言之也。

遇仲尼，反以告曰：『有人於彼，脩上而趨下，世本「趨」作「趍」，《御覽》三六〇引「脩」作「修」、「趨」作「趣」。

陸德明曰：『趨，音促。李云：短也。』倫按：諸書言孔子狀者，《荀子·非相篇》曰：『仲尼之狀，面如蒙倛。』《韓詩外傳》九曰：『得堯之顙、舜之目、禹之頸、皋陶之喙。從前視之，盎盎乎似有王者。從後視之，高肩弱脊。』《史記·孔子世家》曰：『生而首上圩頂。』又曰：『其顙似堯，其項類皋陶，其肩類子產。然自要以下不及禹三寸。』《論衡·骨相篇》曰：『孔子反羽。』《理惑論》曰：『孔子反頨。』

末僂而後耳，

孫詒讓曰：『《淮南·墬形訓》云：「其人面末僂脩頸。」「面上」下疑有捝文。高注曰：「末猶脊也。」《説文·人部》云：「僂，尪也。周公韤僂，或言背僂。」末韤聲近字通。《荀子·禮論篇》「絲末」，「末」即《禮記·曲禮》及《詩·大雅·韓弈》之「幭」。是其例也。依許義，蓋韤僂、背僂義同。《白虎通義·聖人篇》亦云：「周公背僂。」是漢人舊詁皆以「末僂」爲「背脊」。』倫按：末借爲背，同脣音也。僂，尪也。尪，彶曲脛也。背僂謂背曲也。《爾雅·釋宮》曰：『陝而脩曲曰樓。』是古謂曲者曰婁，故在宮爲樓，在人爲僂。《孔叢·嘉言篇》曰：『仲尼河目而隆顙，脩肱而龜背。』龜背正狀其曲。《韓詩外傳》曰：『高肩弱脊。』《説文》曰：『弱，橈也。』『橈，曲木也。』是弱脊爲曲背，尤爲明證矣。『後耳』疑爲『修頸』之譌，《史記》曰：『其項類皋陶。』或即謂是與？

視若營四海，

劉師培曰：『營即營周之營，謂帀徧也。』倫按：或借爲敻，同喉音也。《説文》曰：『敻，營求也。』

不知其誰氏之子。』老萊子曰：『是丘也，召而來。』仲尼至。曰：『丘，去汝躬矜，與汝容知，斯爲君子矣。』仲尼揖而退，蹙然改容而問，曰：『業可得進乎？』老萊子曰：『夫不忍一世之傷，而驁萬世之患，

陸德明曰：『而，本又作女。』盧文弨曰：『今書作汝。』

陸德明曰：『驁，本亦作敖，下同。下或作鶩。』成玄英曰：『謷，亦有作鶩者。』倫按：成本蓋作謷，然字當作鶩。鶩借爲務，《説文》曰：『務，趣也。』

抑固窶邪，

倫按：窶，《説文》作寠，無禮居也。

亡其略弗及邪？

郭慶藩曰：『亡讀如無。無其轉語也。《史記·范雎蔡澤傳》「亡其言臣者賤不可用乎」，《吕氏春秋·愛類篇》「亡其不得宋且不義猶攻之乎」，《韓策》「又亡其行子之術而廢子之謁乎」，是凡言無其，皆轉語詞也。』倫按：《國語·越語》：『道固然乎？妄其欺不穀邪？』此辭例正與彼同。『略』疑爲『賂』之借字。

惠以歡爲驁，

章炳麟曰：『惠，發聲詞。』奚侗曰：『鶩當作騖，借爲務。』倫按：歡借爲患，聲同元類。《爾雅·釋訓》：『灌灌傜傜，憂無告也。』即借灌爲患。《説文》曰：『患，憂也。』成玄英疏曰：『故謷慢者多矣。』是成本『鶩』亦作『謷』。

終身之醜，中民之行進焉耳，《闕誤》引張君房本「行」下有「易」字。

奚侗曰：『進借爲盡。』倫按：郭象注曰：『言其易進。』成玄英疏曰：『中庸之人，易爲進退。』是郭、成本『進』上皆有『易』字。倫謂焉讀爲然。

相引以名，相結以隱。

俞樾曰：『隱當訓爲私。《吕氏春秋·圜道篇》「分定則下不相隱」，高注曰：「隱，私也。」《文選·赭白馬賦》「恩隱周渥」，李善注引《國語注》曰：「隱，私也。」相結以隱，謂相結以恩私。』倫按：如俞説，則字本作「厶」。「厶」爲厶之譌，後人以「厶」讀如隱，改爲隱字耳。厶今通用私字。

與其譽堯而非桀，不如兩忘而閉其所譽。

陸德明曰：『閉，一本作門。』倫按：『閉』字是，『所』蓋『非』字之譌也。

反，無非傷也。動，無非邪也。

倫按：邪借爲施。

聖人躊躇以興事，以每成功。

章炳麟曰：『每與謀聲近。古文謀作𧦝。』

奈何哉，其載焉終矜爾？』

倫按：載借爲始，聲同之類。《爾雅·釋詁》：『哉，始也。』即借哉爲始。是其例證。焉讀爲然。

宋元君夜半而夢人被髮闚阿門，《類聚》九六引『夢』下有『有』字，《文選·江賦》注引『而』字在『髮』字下，『闚』作『窺』，《御覽》三九九、又九三一引亦作『窺』。

倫按：阿借爲闉，音同影紐。《説文》曰：『闉，城曲重門也。』

曰：『予自宰路之淵，《御覽》九三一引「路」作「露」，《文選·江賦》注引「宰路」作「罕露」、「淵」作「泉」。**予爲清江使河伯之所，**《御覽》三九九引「伯」作「北」。**漁者余且得予。』**《類聚》七九、又九六、《御覽》三九九、又九三一引『余』作『豫』，《文選·江賦》注引作『預』。

俞樾曰：『余且，《史記·龜策傳》作豫且。』胡繼序曰：『余且即漁之合音。』

元君覺，使人占之，《類聚》九六、《御覽》三九九、《文選·江賦》注引作『召占夢者占之』。**曰：『此神龜也。』君曰：『漁者有余且乎？』左右曰：『有。』君曰：『令余且會朝。』明日，余且朝。君曰：『漁何得？』對曰：『且之網得白龜焉，其圓五尺。』**世本『其』作『箕』。

孫詒讓曰：『其，世本作箕者，《説文》「箕」籀文作「其」也。圓，運之聲轉。《山海經·西山經》云：「是山也，廣員百里。」《國語·越語》云：「句踐之國，廣運百里。」韋注云：「東西爲廣，南北爲從。」此以圓爲運，猶《山海經》以員爲運也。其運五尺，言龜大徑五尺也。猶《山木篇》説異鵲云「翼廣七尺，目大運寸」矣。』倫按：圓借爲直，與運借爲直同。

君曰：『獻若之龜。』龜至，君再欲殺之，再欲活之，心疑，卜之，曰：『殺龜以卜，吉。』乃刳龜，七十二鑽而無遺筴。『鑽』原作『鑚』，世本同，今正，下同。《御覽》三九九引『筴』作『策』。**仲尼曰：『神龜能見夢於元君，**

奚侗曰：『《藝文類聚・夢部》引無「龜」字，是。「神」與「知」對文。』

而不能避余且之網。知能七十二鑽而無遺策，不能避刳腸之患。如是則知有所困，

陸德明曰：『知有所困，一本作知有不同。』倫按：當從一本作『知有所不同』，『同』爲『周』字之譌。《徐無鬼篇》『德不能周也』，陸本『周』字作『同』。是其例證。

神有所不及也。雖有至知，萬人謀之。魚不畏網而畏鵜鶘。去小知而大知明，去善而自善矣。嬰兒生無石師而能言，

陸德明曰：『石師，一本作所師，又作碩師。』倫按：『石』『所』音同魚類，『所』字義長。

與能言者處也。』惠子謂莊子，曰：『子言無用。』莊子曰：『知無用而始可與言用矣。天地非不廣且大也，世本「天」作「夫」，《文選・秋興賦》注引亦作「夫」，《嬾真子》二引無「天」字，《後漢書·方術傳》注作「夫地非不廣也」。

倫按：『天』字當依世德堂本作『夫』。

人之所用容足耳。《嬾真子》二引「人」作「今」，《後漢書·方術傳》注引作「且人之所欲用容足耳」。

然則側足而墊之，世本「則」作「而」，崇本、涵本「側」作「廁」，世本作「厠」。

陸德明曰：『墊，本又作塹。』倫按：墊借爲埶，《說文》曰：『埶，屋傾下也。』『塹』誤字。

致黄泉，

陸德明曰：『致，本亦作至。』

人尚有用乎？』惠子曰：『無用。』莊子曰：『然則無用之爲用也亦明矣。』莊子曰：『人有能遊，且得不遊乎？人而不能遊，且得遊乎？夫流遁之志，決絶之行，

倫按：決絶疑借爲趹踀，踀絶聲同脂類。《說文》曰：『趹，馬疾行貌。』『踀，輕足也。』

噫，其非至知厚德之任與？

倫按：噫，本作意，借爲啻，與《駢拇篇》『意仁義其非仁人情乎』辭例同。

覆墜而不反，火馳而不顧，

孫詒讓曰：『火爲乢譌。』

雖相與爲君臣，時也，易世而無以相賤。故曰：至人不留行焉。夫尊古而卑今，學者之流也。且以狶韋氏之流，觀今之世，夫孰能不波，

劉師培曰：『波借爲頗。』倫按：亦得如字讀。

唯至人乃能遊於世而不僻，順人而不失己。彼教不學，

倫按：彼疑借爲誹，下句同。

承意不彼。目徹爲明，耳徹爲聰，鼻徹爲顫，

奚侗曰：『顫疑膻之譌。《説文》曰：「膻，自知臭香所食也。」』

口徹爲甘，

倫按：甘爲甞省，《説文》曰：『甞，甘艸也。』

心徹爲知，知徹爲德。凡道不欲壅，壅則哽，哽而不止則跈，

陸德明曰：『跈，本或作蹍。』倫按：跈疑借爲涊，《説文》曰：『涊，水不行也。』

跈則衆害生。物之有知者恃息，其不殷非天之罪。

倫按：『殷』字未審借爲何字，以義度之，疑『不』字或涉上句郭象注『亦不恃息也』而誤羨。殷借爲垔，音同影紐。《説文》曰：『垔，塞也。』

天之穿之，日夜無降，

俞樾曰：『降當作癃，即㾖之籀文。《素問·宣明五氣篇》「膀胱不利爲癃」，又《五

常政大論篇》「其病癃閟，日夜無瘁」，謂不癃閟也。』倫按：《説文》曰：『癃，罷病也。』

人則顧塞其竇。胞有重閬，

倫按：胞借爲庖。《庚桑楚篇》『湯以庖人籠伊尹』，陸本『庖』作『胞』。是其例證。《説文》曰：『閬，高門也。』下文『室無空虚』，即承此言也。

心有天遊。

倫按：遊以同音借爲�，《説文》曰：『遊，行徑也。』依段玉裁説。

室無空虚，則婦姑勃谿。涵本、崇本「谿」作「豀」。

朱駿聲曰：『勃借爲悖。』倫按：《説文》曰：『誖，亂也。』悖、誖或從心。𧬤，籀文誖從二或，是誖爲相争亂之義。谿借爲謑，《説文》曰：『謑，恥也。』『詬，謑詬，恥也。』詬與呞一字。詳《説文六書疏證》。呞，怒聲也。

心無天遊，則六鑿相攘。

朱駿聲曰：『攘借爲孃，《説文》曰：「孃，煩擾也。」』

大林丘山之善於人也，《闕誤》引張君房、文如海本無「丘山」二字。

倫按：『善』字疑譌。

亦神者不勝。德溢乎名，名溢乎暴，

郭嵩燾曰：『《説文》：「暴，晞也。」《孟子》「暴之於民而民受之」，《荀子·富國篇》

「聲名足以暴炙之者」，皆表暴之一意。此暴字義同。』

謀稽乎誸，

陸德明曰：『誸，向本作弦。』倫按：稽爲稺誤。稺借爲焯，焯即明箸之箸。《説文》曰：『焯，明也。』『誸』當作『慲』，《説文》無『誸』字，由古文『言』字與篆文『心』字相似，故致譌耳。慲借爲衒，音同匣紐。《説文》曰：『衒，行且賣也。』

知出乎争，柴生乎守，

尹桐陽曰：『柴借爲堺，穿母雙聲。《説文》曰：「堺，遏遮也。」』倫按：《天地篇》曰：『且夫趣舍聲色以柴其内。』又曰：『内支盈於柴栅。』均借爲『棧』，此亦然也。尹説亦通。

官事果乎衆宜。

倫按：果借爲敢，見紐雙聲。《説文》曰：『敢，進取也。』

春雨日時，草木怒生，

倫按：怒讀爲努。

銚鎒於是乎始脩，

錢坫曰：『銚與斛同。』倫按：《説文》曰：『銚，温器也，一曰田器。』斛，斛旁有斛。《爾雅》曰：『斛謂之疀，古田器也。』是銚斛本義均非田器。《説文》曰：『錢，銚也，古者田器。』則錢乃田器，銚斛並其借字也。《爾雅》《方言》均借斛爲錢。斛音透紐舌音，錢音精紐齒音，疑古讀錢如田，亦舌音，故通借也。《國語·齊語》曰：『時雨既至，挾其槍刈耨鎛，以旦暮從事於田野。』與此辭例略同。耨即鎒之異文。鎛，韋昭注曰：『鉏也。』倫撿《説文》『鎛』下『一曰田器』，蓋即鉏字義也。詳《説文六書疏證》。則鎛即鉏之借字。此銚鎒連文，鎒爲槈之重文。槈者，薅器也。則銚蓋借爲鉏。《説文》曰：『鉏，立薅也。』魚宵古通，故《爾雅》《方言》借斛爲之。

草木之到植者過半，

陸德明曰：『植，本亦作置。』

而不知其然。靜然可以補病，《文選》江文通《雜體詩》注引「然」作「默」。

奚侗曰：『然係默字之誤。《文選》江文通《雜體詩》注引正作默。』

眥㜸可以休老，《玉篇》引「眥㜸」作「揃㨆」，《闕誤》引張君房本「休」作「沐」。

陸德明曰：『眥，本亦作揃。㜸，本亦作㨆。』奚侗曰：『眥疑爲㧗之誤。《説文》：「揃，㨆也。」「㨆，㧗也。」揃㧗義同，因㧗誤爲眥耳。』倫按：《説文》曰：『㨆，批也。』批當作㧗。『㧗』下曰『一曰㨆頰旁也』，即借㧗爲揃，同齒音也。揃㨆同義，《玉篇》曰：『揃，㨆也。』『㨆，磨也。』是揃㨆即今按摩術也。成玄英疏曰：『衰老之容，以此而沐浴。』是成本『休』作『沐』。『休』字是。

寧可以止遽。

倫按：寧借爲甹，遽借爲勮。《説文》曰：『甹，定息也。』『勮，務也。』今作劇。

雖然，若是勞者之務也，非佚者之所未嘗過而問焉。

倫按：郭象注曰：『若是，猶有勞，故佚者超然不顧。』是郭本當無『非』字。『非』字涉上文郭象注『非不病也，非不老也』誤羨。

聖人之所以駴天下，

倫謂：成玄英疏曰：『駭，驚也。』是成本『駴』作『駭』，《淮南·淑真訓》亦作『駭』。《音義》引王云：『駴爲改百姓之視聽也。』則讀『駴』爲『革』。倫按：借爲誡也，《説文》曰：『誡，敕也。』

神人未嘗過而問焉。賢人所以駴世，聖人未嘗過而問焉。君子所以駴國，賢人未嘗過而問焉。小人所以合時，君子未嘗過而問焉。演門有親死者，

成玄英曰：『演，亦有作寅者，隨字讀之。』

以善毁，爵爲官師，其黨人毁而死者半。堯與許由天下，許由逃之。湯與務光，務光怒之。紀他聞之，帥弟子而踆於窾水，

陸德明曰：『踆，古蹲字。』倫按：帥借爲逹，古音同心紐。《爾雅·釋蟲》『蟋蟀蛬』，《釋文》：『蟀，本或作蟋。』是其例證。成玄英疏曰：『弟子蹲踞水旁。』是成本『踆』

作『蹲』。踆爲夋之俗字，夋爲蹲之初文。

諸侯弔之。三年，申徒狄因以踣河。

倫按：踣借爲仆。

筌者所以在魚，各本「筌」作「荃」，下同。

陸德明曰：『荃，七全反，崔音孫，香草也，可以餌魚。或云：積柴水中，使魚依而食焉。一云：魚笱也。』成玄英曰：『筌，魚笱也，以竹爲之，故字從竹，亦有從艸者，意荃蓀也。』盧文弨曰：『如《音義》或云，是罧也，見《詩·周頌》。』倫按：筌各本作荃。然筌字不見《說文》。如《音義》『或云積柴水中』者，《說文》作『罧』字。段玉裁曰：『《毛詩》「潛有多魚」，《韓詩》作「涔」。《釋器》曰：「糝謂之涔。」毛傳曰：「潛，糝也。」《爾雅》《毛傳》糝本從米，舍人、李巡皆云：「以米投水中養魚，曰涔。」從米是也。自《小爾雅》改作槮，云：「橬，槮也，積柴水中而魚舍焉。」郭景純因之云：「今之作槮者，聚積柴木於水，魚得塞入其裏藏隱，因以薄圍捕取之。」「槮」非古字。至若「罧」字，雖見《淮南鴻烈解》，然與「槮」皆俗字也。《毛詩》《爾雅》音義皆云《字林》作「罧」，不云出《說文》，疑或取《字林》羼入許書。』倫謂『罧』字或本爲《說文》所無，然是潛涔之本字，毛、韓借潛涔爲之，《爾雅》借糝爲之，此則借荃爲之。罧音心紐，涔音從紐，同齒音也。潛音亦從紐，故《書·禹貢》『沱潛』，《史記·夏本紀》作『沱涔』。《說文》：『鬵，讀若岑。』又林晉岑聲同侵類，故罧亦可借潛爲之也。糝音心紐，故《爾雅》作糝。荃音清紐，故得借爲罧。以《詩》曰『潛有多魚』，《雅》屬之《釋器》，則必非以米投水中，或以香艸餌魚可知矣。《說文》曰：『罧，積柴水中以聚魚也。』

得魚而忘筌。蹄者所以在兔。

陸德明曰：『蹄，大兮反，兔罥也。又云：兔弶也。係其脚，故曰蹄也。』倫按：蹄疑罟之借字，之支聲類相近也。《說文》曰：『罟，兔罟也。』《戰國策·趙策》：『魏魀謂建信君曰：「人有置係蹄者而得虎，虎怒，決蹯而去。」可證蹄爲捕獸之器。

得兔而忘蹄。言者所以在意，得意而忘言。吾安得夫忘言之人而與之言哉？』

莊子義證弟二十七　雜篇寓言弟二十七

倫按：寓借爲託。

寓言十九，重言十七，

倫按：重爲緟省，《説文》曰：『緟，增益也。』即『重複』之『重』本字。重言者，重説者艾之言也。

卮言日出，

陸德明曰：『卮，字又作巵，音支。《字略》云：「卮，圓酒器也。」李：起宜反。王云：夫卮器滿即傾，空則仰，隨物而變，非執一守固者也。施之於言，而隨人從變，已無常主者也。』倫按：陸本字作『卮』，《説文》作『卮，圜器也，一名觛，所以節飲食者』。倫謂如《音義》引王云，則卮即《荀子·宥坐篇》之欹器。欹器爲宥坐之器，彼文楊倞注曰：『《文子》曰：三王五帝有勸戒之器名侑卮。』是宥即侑之借字。其義正與《説文》所謂『節飲食者』合，《荀子》作『欹』者合。荀子作『欹』者，字當從奇支聲，詳《説文六書疏證》。與卮音同紐，古讀皆歸端，故卮一名觛。

和以天倪。寓言十九，藉外論之。

倫按：藉借爲借。成玄英疏曰：『籍，假也。』是成本『藉』作『籍』。

親父不爲其子媒。親父譽之，不若非其父者也。非吾罪也，人之罪也。與己同，則應。不與己同，則反。同於己爲是之，

王引之曰：『爲猶則也。』

異於己爲非之。重言十七，所以已言也，

倫按：已借爲此。此，止也，即終止字。

是爲耆艾。

倫按：艾借爲耋，聲同脂類。《廣雅·釋詁》曰：『艾，至也。』即借艾爲至。《周頌·臣工篇》『奄觀銍艾』，《廣雅·釋器》曰：『銍謂之刈。』刈即艾之譌字。此借刈艾爲銍也。是其例證。《方言》曰：『老，宋衛兗豫之間曰耋。』又曰：『老，東魯衛之間曰㑃，或謂之艾。』㑃借爲壽，艾借爲耋也。耆艾，猶今言耆老、耆舊矣。

年先矣，而無經緯本末以期年耆者，

倫按：期，會也。會，合也。此謂年雖先人，而其知識不與其年相合也。

是非先也。人而無以先人，無人道也。人而無人道，是之謂陳人。

倫按：陳爲敶省。敶列之人，謂屍耳。

卮言日出，和以天倪，因以曼衍，所以窮年。不言則齊，齊與言不齊，言與齊不齊也，故

曰無言。言無言，終身言，未嘗不言。

倫按：終身言未嘗言，終身不言未嘗不言，相對爲文，此羨『不』字。郭象注曰：『雖出吾口，皆彼言耳。』是郭本無『不』字。《文選・遊天台山賦》注引作『言無言，終身未嘗言。終身不言，未嘗不言』。雖『終身』下奪『言』字，『未嘗』下正無『不』字。

終身不言，未嘗不言。有自也而可，有自也而不可。有自也而然，有自也而不然。惡乎然？然於然。惡乎不然？不然於不然。惡乎可？可於可。惡乎不可？不可於不可。物固有所然，物固有所可，無物不然，無物不可。非巵言日出，和以天倪，孰得其久？萬物皆種也，以不同形相禪，始卒若環，

倫按：環爲〇之後起字，《天下篇》『連環可解也』同。

莫得其倫，是謂天均。天均者，天倪也。莊子謂惠子，曰：『孔子行年六十而六十化，始時所是，卒而非之，未知今之所謂是之非五十九非也。』惠子曰：『孔子勤志服知也。』

倫按：志借爲識，服借爲葡。

莊子曰：『孔子謝之矣，而其未之嘗言。孔子云：

倫按：云借爲曰，音同喻紐。《説文》曰：『曰，詞也。』又本書謂詞無作云者，或傳寫者所改也。

「夫受才乎大本，復靈以生。」

孫詒讓曰：『復，疑與腹通。腹靈猶言含靈也。』章炳麟曰：『復從畗聲。《説文》畗讀若伏。是復可借爲伏也。褚先生《補史記·龜策傳》曰：「下有伏靈，上有兔絲。」所謂伏靈者，在兔絲之下，掘取之，入四尺至七尺，得矣。伏靈者，千歲松根也。是此草所以名伏靈者，以其受才乎大本。凡受才乎大本者，皆伏藏靈氣於内。草所受才之大本，則松根也。人所受才之大本，則天地根也。』倫按：大本即《天道篇》『此之謂大本大宗』之『大本』。復疑爲复省，《説文》曰：『复，重也。』此包裹之義。

鳴而當律，言而當法，利義陳乎前，而好惡是非直服人之口而已矣。使人乃以心服而不敢蘁，《文選·雪賦》注引「蘁」作「忤」。

倫按：蘁借爲啎，音同疑紐。《爾雅·釋天》『在酉曰作噩』，《史記·曆書》『噩』作『鄂』。《史記·楚世家》『熊噩』，《十二諸侯年表》『噩』作『鄂』。《楚辭·懷沙》『重華不可遌兮』，《史記·屈原傳》『遌』作『牾』。《説文》無『噩』字。『驚噩』字《説文》作『咢』。『鄂』，《説文》作『遻』。『遌』，《説文》作『遻』。則『噩』與『咢』同，『遻』可通『牾』，『咢』亦可通『牾』矣。『牾』當作『啎』，《説文》曰：『逆也。』郭象、成玄英並以『噩立』絶句，倫從《文選注》引『蘁』字絶句。

立定天下之定。

倫按：疑『立定』形近，誤羨一字。

已乎，

倫按：已借爲嗞。

已乎！吾且不得及彼乎？』曾子再仕而心再化，曰：『吾及親仕，三釜而心樂。後仕，三千鍾而不洎，世本無『而』字，《御覽》七五七引『洎』下有『吾親』二字。

倫按：洎借爲及，音同羣紐。《説文》曰：『及，逮也。』

吾心悲。』弟子問于仲尼，曰：『若參者，可謂無所縣其罪乎？』

章炳麟曰：『罪，《説文》曰：「捕魚竹罔也。」無所縣其罪，猶云無所挂其網耳。』

曰：『既已縣矣。夫無所縣者，可以有哀乎？

倫按：可爲何省。

彼視三釜三千鍾，如觀雀蚊虻相過乎前也。』崇本『觀』作『鸛』，《闕誤》引張君房本『觀』下有『鳥』字。

陸德明曰：『鸛，本亦作觀。元嘉本作如鸛蚊，無虻字。』俞樾曰：『雀字衍文。《釋文》云：元嘉本作如鸛蚊，無虻字。則陸所據本尚未衍「雀」字，故元嘉本作「鸛蚊」，陸但言其無「虻」字，不言其無「雀」字也。《釋文》又云：鸛，本作觀。疑古本作「如觀蚊虻相過乎前也」。《淮南·淑真篇》「毁譽之於己，猶蚊虻之一過也。」義與此同。』倫按：郭象注曰：『視榮禄若蚊虻鳥雀之在前，而過去耳。』成玄英疏曰：『鳥雀大以諭千鍾，蚊虻小以比三釜。』是郭、成本皆作『鳥雀』『蚊虻』。《音義》引王曰『鸛蚊取大小相縣』，是王本與元嘉本同。又引司馬曰『觀雀飛疾與蚊相過』，則司馬本作『觀雀蚊』，亦無『虻』字。蓋有以『雀』釋『觀』者，誤入正文。倫謂司馬本與郭、成同，郭增『鳥』『虻』二字以釋『雀』『蚊』耳。當去『虻』字。

顔成子游謂東郭子綦，曰：『自吾聞子之言，一年而野，

倫按：野疑借爲失，失即逸之初文，音同喻紐。《説文》曰：『失，縱也。』

二年而從，三年而通，四年而物，

倫按：『物』疑爲『利』之譌，或『物』字當在下句『五年而來來』字上，此奪一字。

五年而來，

倫按：『來』上有奪字。成玄英疏曰：『爲衆歸也。』或奪『物』字，或奪『人』字。

六年而鬼入，七年而天成，八年而不知死不知生，九年而大妙。

朱駿聲曰：『妙借爲杪，《説文》曰：「杪，木標末也。」』

生有爲死也，勸公以其死也有自也，《闕誤》引張君房本「其」下有「私」字。

奚侗曰：『當據張君房本「以」其下補「私」字。郭注曰：「由私其生故有爲。」是郭本亦有「私」字。』倫按：據下句『而生陽也無自也』，疑此『死也有自也』當作『死陰也有自也』。

而生陽也無自也。而果然乎？惡乎其所適？惡乎其所不適？天有歷數，

陸德明曰：『天有歷，一本作天有歷數。』

地有人據，

章炳麟曰：『人借爲夷，據借爲勮。夷勮猶言夷險難易耳。』倫按：人借爲侇，《說文》曰：『侇，平易也。』據，疑本作𧽤，借爲阻。《說文》曰：『阻，險也。』

吾惡乎求之？莫知其所終，若之何其無命也？莫知其所始，若之何其有命也。有以相應也，若之何其無鬼邪？無以相應也，若之何其有鬼邪？』衆罔兩問於影，世本、崇本『影』作『景』。

陸德明曰：景，本或作影。

曰：『若向也俯，而今也仰。向也括，《闕誤》引張君房本『括』下有『撮』字。

倫按：括借爲髻，《說文》曰：『髻，絜髮也。』成玄英疏曰：『撮，束髮也。』是成本『括』作『撮』。

而今也被髮。「被」原作「彼」，依各本改。**向也坐，而今也起。向也行，而今也止，何也？』影曰：『叟叟也，**世本、崇本「叟」作「搜」。

陸德明曰：『搜，本又作叟。』劉師培曰：『搜讀如《禮·樂記》「謏聞」之「謏」，猶區區也。』

奚稍問也。

倫按：奚稍問，猶言何消問，即何須問也。消須音同心紐，稍從肖得聲，肖音亦心紐也。《説文》曰：『，顉，待也。』今通作須。

予有而不知其所以。

倫按：『有』讀爲『爲』，下文『又何以有問乎』同。

予蜩甲也，蛇蜕也，似之而非也。火與日吾屯，陰與夜吾代也。彼吾所以有待邪？而況乎以有待者乎？《闕誤》引張君房本「以」下有「無」字。

倫按：屯爲庉省，《説文》曰：『庉，樓牆也。』《廣雅》曰：『舍也。』《文選》謝靈運《遊南亭詩》注引「邪」作「也」。

倫按：以讀爲又，聲同之類。《齊物論》：『景曰：吾有待而然者邪？吾所待又有待而然者邪？』是其證。

彼來，則我與之來。彼往，則我與之往。彼彊陽，則我與之彊陽。彊陽者，又何以有問乎？』陽子居南之沛，各本「彊」作「强」。《御覽》一八六引『南』下有『郭』字。**老聃西遊於秦，邀於郊，**《御覽》一八六引『邀』下有『遠』字。**至於梁而遇老子。**

倫按：『邀於郊』句當乙在此下。

老子中道仰天而歎，曰：『始以汝爲可教，今不可也。』陽子居不答。至舍，進盥漱巾

櫛，脱屨户外，膝行而前，『膝』原作『膝』，今正，後同。**曰：『向者，弟子欲請夫子，**

倫按：《説文》曰：『請，白也。』

夫子行不閒，崇本『閒』作『間』，下同，《御覽》一八六引作『閑』。

奚侗曰：『「閒」讀「閒斷」之「閒」。』

是以不敢。今閒矣，請問其過。』老子曰：『而睢睢盱盱，

倫按：睢當爲王鴡，借爲嫭。《説文》曰：『嫭，驕也。』盱借爲夸，《説文》曰：『夸，奢也。』

而誰與居？大白若辱，

倫按：辱借爲黷，《説文》曰：『黷，握持垢也。』

盛德若不足。』陽子居蹵然變容，曰：『敬聞命矣。』其往也，舍者迎將，其家公執席，

陸德明曰：『家公，李云：主人公也。一讀「舍者迎將其家」爲句。』倫按：陸讀至「迎將」爲句，是。

妻執巾櫛，舍者避席，煬者避竈。其反也，舍者與之争席矣。

莊子義證弟二十八　雜篇讓王弟二十八

堯以天下讓許由，許由不受。又讓於子州支父，子州支父曰：『以我爲天子，猶之可也。雖然，我適有幽憂之病，方且治之，未暇治天下也。』夫天下至重也，而不以害其生，又況他物乎？唯無以天下爲者，可以託天下也。舜讓天下於子州支伯。

俞樾曰：『《漢書・古今人表》有子州支父，無支伯，則支父、支伯是一人也。』倫按：父伯聲同魚類。

子州支伯曰：『予適有幽憂之病，方且治之，未暇治天下也。』故天下大器也，而不以易生。此有道者之所以異乎俗者也。舜以天下讓善卷。

俞樾曰：『《呂覽・下賢篇》作善綣。』倫按：《荀子・成相篇》曰：『堯舜尚賢身辭讓，許由、善卷重義輕利行顯明。』

善卷曰：『余立於宇宙之中，冬日衣皮毛，夏日衣葛絺。春耕種，《御覽》一九引「耕」下有「夏」字。形足以勞動。秋收斂，《御覽》一九引「收」下有「冬」字，二四引「斂」作「之」。身足以休食。《御覽》二四引無「身」字、「食」字。日出而作，日入而息，逍遥於天地之閒，而心意自得。吾何以天下爲哉？悲夫，子之不知余也。』遂不受。於是去而入深山，莫知其處。舜以天

下讓其友石户之農。

陸德明曰：『石，本亦作后。』成玄英曰：『户字亦有作后者，隨文讀之。』倫按：石、后一字。《尚書·舜典》『擊石』，唐寫本《經典釋文》曰：『石，古作后。』《墨子·非攻篇》『則是鬼神之喪其主后』，主后即主祏。《説文》『磬』，古文作『硜』。並其例證。詳《説文六書疏證》。

石户之農曰：『捲捲乎後之爲人，

朱駿聲曰：『捲借爲券，《説文》作勬，勞也。』

葆力之士也。』

陸德明曰：『葆，字亦作保。』倫按：葆疑借爲寶。

以舜之德爲未至也，於是夫負妻戴，攜子以入於海，終身不反也。大王亶父居邠，狄人攻之。《文選》干寶《晉紀總論》注引『邠』作『豳』，《御覽》四一九引『大王』作『古公』、『邠』亦作『豳』。**事之以皮帛而不受，事之以犬馬而不受，事之以珠玉而不受，狄人之所求者，土地也。大王亶父曰：『與人之兄居而殺其弟，與人之父居而殺其子，吾不忍也。子皆勉居矣。**《文選·晉紀總論》注引『勉』作『免』。**爲吾臣與爲狄人臣奚以異？且吾聞之，不以所用養害所養。』因杖筴而去之。**《御覽》四一九引『筴』作『策』。

倫按：筴當依《御覽》作策，《吕氏春秋·審爲篇》亦作策。

民相連而從之，

陸德明曰：『司馬云：連，讀曰輦。』章炳麟曰：『連本古文輦字。』

遂成國於岐山之下。夫大王亶父可謂能尊生矣。能尊生者，雖貴富不以養傷身，雖貧賤不以利累形。今世之人，居高官尊爵者，皆重失之，見利輕亡其身，豈不惑哉？越人三世弑其君，《史記·越世家》索隱引無『世』字。《書鈔》一五八引『弑』作『煞』，《御覽》五四引作『殺』。**王子搜患之，**

陸德明曰：『搜，《淮南子》作翳。』洪頤煊曰：『《史記·越世家》：「句踐五世孫爲王之侯。」侯授搜三字聲皆相近。』畢沅曰：『案《竹書紀年》，翳之前，唯有不壽見殺，次朱句立，即翳之父也。翳爲子所弑，越人殺其子，立無余。又見弑，立無顓。是無顓之前，始可云三世殺其君。王子搜似非翳也。』梁玉繩曰：『《史記·越世家》索隱據樂資，以搜爲翳子無顓，當是。』林春溥、徐文靖同。俞樾曰：『搜，《淮南》作翳。然翳之前無三世弑父之事。《史記·越世家》以搜爲翳之子無顓。據《竹書紀年》，翳爲子所弑。越人殺其子，立無余。又見弑，而立無顓。是無顓以前，三君皆不善終。則王子搜是無顓之異名無疑矣。』倫按：《呂氏春秋·貴生篇》載此文，字作『搜』，《審己篇》作『授』。高誘注曰：『句踐五世之孫。』《淮南·原道篇》作『翳』。倫按：授搜形聲並近。高誘謂授『句踐之五世孫』，則所據爲《越世家》。是授即翳，亦即王之侯。

侯與搜授聲亦相近。獨翳字形聲俱遠。倫以爲翳乃翳之譌也。然翳雖與授搜同聲，與侯亦近，而翳與授爲一人，搜與侯爲一人。越之世次，《史記·世家》及《紀年》《越絶書》《吴越春秋》均互異，錢培名以《越世家》索隱、《路史·夏后紀》注所引《竹書紀年》參合考定，爲句踐、鹿郢、即鼫與，亦即鼦與。不壽、即盲姑。朱句、即王翁。諸枝、即孚錯枝。無余、即莽安。無顓、即菼蠋。無彊。倫謂王翁即王翳之譌。朱句之切音爲周爲州，《説文》『禂』之重文作『騶』，『騶』之重文作『𦙏』。以此證之，翳即朱句。而翁爲翳譌，明矣。搜即孚錯枝，去王翳一世，則孚錯枝正爲句踐五世之孫。《紀年》，不壽、王翳，即朱句。皆見弑。翳子諸咎亦見殺，則是三世弑君也。《吕氏春秋·審己篇》：『越王授有子四人，越王之弟曰豫，欲盡殺之，而爲之後，惡其三人而殺之矣。國人不悦，大非上，又惡其一人而欲殺之。越王未之聽，其子恐必死，因國人之欲逐豫，圍王宫。』此授即翳子，即諸咎。授爲諸咎所弑，事與《紀年》合。越人殺諸咎，越滑吴人立孚錯枝。而《世家》謂王翳卒，子王之侯立。《吴越春秋》有『王侯自立爲君』之語，蓋春秋戰國之立君，貴族頗與有力。而之侯之立不由貴族，故《紀年》謂之『越滑吴人立孚錯枝』，而《吴越春秋》謂之『自立爲君』。至無顓之立，由大夫寺區之弟思，《紀年》有明文，則非此文之王子搜矣。洪頤煊謂侯授搜三字聲皆相近，蓋疑而未斷。倫按：越君之名，皆以音録，無定字。侯搜皆由孚字而來，孚音亦幽類也。《文選》嵇康《答二郭詩》『越稷嗟王輿』，『稷』疑爲『搜』之譌。

逃乎丹穴。而越國無君，求王子搜，不得，從之丹穴。王子搜不肯出，越人薰之以艾。《史記・越世家》索隱引『以』作『葉』。**乘以玉輿。**《御覽》五四引『乘』作『承』，世本、崇本『玉』作『王』。

陸德明曰：『王輿，一本作玉輿。』成玄英曰：『玉，亦有作王字者，隨字讀之。』

王子搜援綏登車，仰天而呼，

陸德明曰：『呼，本或作歎。』朱駿聲曰：『呼借爲嘑，《説文》：「嘑，號也。」』

曰：『君乎。君乎。獨不可以舍我乎？』王子搜非惡爲君也，惡爲君之患也。若王子搜者，可謂不以國傷生矣，此固越人之所欲得爲君也。韓、魏相與爭侵地。子華子見昭僖侯，

俞樾曰：『《呂覽・貴生》引《子華子》曰：「全生爲上，虧生次之，死次之，迫生爲下。」又《誣徒篇》引《子華子》曰：「王者樂其所以王，亡者樂其所以亡。」高注並云：「子華，古之體道人。」昭僖侯，釋文引司馬云：「韓侯。」案韓有昭侯，有僖王，無昭僖侯。』倫按：《呂氏春秋・先己篇》引《子華子》曰：『丘陵成而穴者安矣，大水深淵成而龜鼉安矣，松柏成而塗之人已蔭矣。』《知度篇》引《子華子》曰：『厚而不博，敬守一事，正性是喜。』據此，與韓昭僖侯同時，非孔子所見者矣。僖，《呂氏春秋・審爲篇》作釐，聲同之類。《詩・蟋蟀》序『刺僖公也』，《史記》作『釐侯』。是其例證。高誘曰：『昭釐復謚，韓武子五世之孫，哀侯之子也。』又《吕氏春秋·任數篇》曰：『韓昭釐侯視所以祠廟之牲，其豕小。申不害聞之。』高誘曰：『申不害，昭釐侯之相也。』《史記·韓世家》，申不害爲韓昭侯相，則昭僖侯即韓昭侯矣。

昭僖侯有憂色。世本無『昭僖侯』三字。

倫按：『天下』二字疑涉下文『必有天下』而誤羨。**子華子曰：『今使天下書銘於君之前，書之言曰：「左手攫之，**《御覽》三六九引『攫』作『擾』。**則右手廢。**《御覽》三六九引『廢』作『癈』。

倫按：廢借爲癈，《説文》曰：『癈，固病也。』

右手攫之，則左手廢。然而攫之者，必有天下。」君能攫之乎？』崇本無『乎』字。

倫按：能，《吕氏春秋》作將。倫謂能借爲寧，音同泥紐。《説文》曰：『寧，所願也。』

昭僖侯曰：『寡人不攫也。』子華子曰：『甚善。自是觀之，兩臂重於天下也，身亦重於兩臂。韓之輕於天下亦遠矣，今之所争者，其輕於韓又遠。

陸德明曰：『其輕於韓又遠』絶句。

君固愁身傷生以憂戚不得也。』

倫按：《吕氏春秋》『憂』下有『之』字，『戚』字作『臧』。高誘注曰：『臧，近也。』倫謂當依呂書『憂』下補『之』字，『戚』改爲『臧』。臧借爲將。將不得也，猶言將未得邪。

僖侯曰：『善哉。教寡人者衆矣，未嘗得聞此言也。』子華子可謂知輕重矣。魯君聞顔闔得道之人也，

陸德明曰：『魯君，一本作魯侯。李云：哀公也。』倫按：成玄英疏曰：『魯侯，魯哀公。』是成本作『魯侯』。

使人以幣先焉。顔闔守陋閭，苴布之衣，《書鈔》一二九引『苴』作『麄』，《御覽》八二〇引作『粗』，八九〇引作『麤』。

陸德明曰：『苴，音麤，徐：七餘反。李云：有子麻。本或作麤，非也。』倫按：成玄英疏曰：『著粗惡之布衣。』是成本作『粗』。《呂氏春秋・貴生篇》作『鹿』，乃『麤』字壞文。苴借爲苧，同齒音也。《説文》曰：『苧，麻母。』

而自飯牛。魯君之使者至，顔闔自對之。使者曰：『此顔闔之家與？』顔闔對曰：『此闔之家也。』使者致幣，顔闔對曰：『恐聽者謬而遺使者罪，

俞樾曰：『上「者」字衍文。聽即使者聽之，非聽者一人，使者一人也。《呂氏春秋・貴生篇》正作「恐聽謬而遺使者罪」。』倫按：遺借爲饋，後章『官遺之粟』『遺先生食』同。

不若審之。』使者還反，審之，復來，求之，則不得已。故若顔闔者，真惡富貴也。故

曰：道之真以治身，

倫按：《吕氏春秋》『真』作『貞』，『治』作『持』。真貞古讀皆歸端紐，持治聲皆之類也。此是。

其緒餘以爲國家，

倫按：緒借爲宁，音同魚類。《説文》『楮』之重文作『柠』。是其例證。《説文》曰：『宁，辨積物也。』今通用貯。

其土苴以治天下。

倫按：土疑爲吐省，苴疑借爲咀。《説文》曰：『咀，含味也。』故《音義》引李云：『土苴，糟魄也。』

由此觀之，帝王之功，聖人之餘事也，非所以完身養生也。今世俗之君子，多危身棄生以殉物，豈不悲哉？凡聖人之動作也，必察其所以之與其所以爲。今且有人於此，以隨侯之珠彈千仞之雀，世必笑之。是何也？則其所用者重，而所要者輕也。《御覽》七五五引『要』作『取』。**夫生者，豈特隨侯之重哉？**《意林》引『侯』下有『珠』字。

俞樾曰：『「隨侯」下當有「珠」字。若無「珠」字，文義不足。《吕氏春秋·貴生篇》作「夫生豈特隨侯珠之重也哉」，當據補。』

子列子窮，

倫按：窮借爲穴，同喉音也。《説文》曰：『穴，貧居也。』

容貌有飢色。客有言之於鄭子陽者，曰：『列禦寇蓋有道之士也，世本「道」作「好」。居君之國而窮，君無乃爲不好士乎？』鄭子陽即令官遺之粟。子列子見使者，再拜而辭。使者去，子列子入，其妻望之而拊心，曰：『妾聞爲有道者之妻子，皆得佚樂。今有飢色，君過而遺先生食，先生不受，豈不命邪？』

陸德明曰：『過，本亦作遇。』倫按：過字長。

先生不受，豈不命邪。

王引之曰：『「不」與「非」同。《書・呂刑》「何擇非人，何敬非刑，何度非及」，《墨子・尚賢篇》引作「何擇否人，何敬不刑，何度不及」，是其證。』

子列子笑謂之，曰：『君非自知我也，以人之言而遺我粟。至其罪我也，又且以人之言。此吾所以不受也。』其卒，民果作難而殺子陽。楚昭王失國，屠羊説走而從於昭王。昭王反國，將賞從者，及屠羊説。屠羊説曰：『大王失國，説失屠羊。大王反國，説亦反屠羊。臣之爵禄已復矣，又何賞之有？』世本『有』作『言』。王曰：『强之。』屠羊説曰：『大王失國，非臣之罪，故不敢伏其誅。

倫按：伏借爲𠬝，音同奉紐，與伏借爲服同例。《説文》曰：『𠬝，治也。』

大王反國，非臣之功，故不敢當其賞。』王曰：『見之。』屠羊説曰：『楚國之法，必有重

賞大功而後得見，

倫按：『重賞大功』，《韓詩外傳》八作『大獻重質』。《説文》曰：『賜有功也。』則『重賞大功』不得連文。周廷寀謂『賞』疑『質』之譌。然《外傳》『必』有上有『商人欲見於君者』一句，『大獻重賞』承商人言也。此無所承，則指凡人言。『賞』疑『勛』字之譌，《説文》曰：『勳，能成王功也。』勛、勳或從員，此本作『員』字，借爲『勛』字。讀者不明其指，又見上文有『賞』字，妄加『尚』字，遂成今文耳。下文『知不足以存國』兩句，正承重勛大功言。

今臣之知不足以存國，而勇不足以死寇。吴軍入郢，説畏難而避寇，世本、崇本「説」作「越」。**非故隨大王也。今大王欲廢法毁約而見説，**

倫按：約借爲該，同喉音也。《説文》曰：『該，軍中約也。』《史記·周勃世家》曰：『將軍約，軍中不得馳驅。』即借約爲該也。

此非臣之所以聞於天下也。』世本無『於』字。**王謂司馬子綦，**

倫按：《韓詩外傳》作期。

曰：『屠羊説居處卑賤，而陳義甚高，子其爲我延之以三旌之位。各本「其」作「綦」，《御覽》八二八引無「其」字，「旌」作「珪」，《類聚》八三引「旌」作「圭」，《御覽》八〇六引作「圭」。

陸德明曰：『三旌，司馬本作三珪。』成玄英曰：『旌，亦有作珪字者。』孫詒讓曰：

『司馬本是也，楚爵以執珪爲最貴。《楚辭・大招》曰：「三圭重侯。」《戰國策・楚策》：「昭陽說楚，貴，爵爲上執珪。」然則執珪有上中下之異歟？』倫按：『其』字各本作『綦』，由讀者以上文作『子綦』妄改，或傳寫誤，益『糸』字於其下。俞先生謂此昭王與司馬子綦言，當稱子，不當稱子綦，是也。《呂氏春秋・異寶篇》：『丈人不肯受，曰：「荆國之法，得五員者，爵執圭。」』《知分篇》：『荆有次非者，得寶劍於干遂，還反，涉江，至於中流，有兩蛟夾繞其船。次非赴江，刺蛟，殺之，而復上船。舟中之人皆得活。荆王聞之，仕之執圭。』《淮南・道應訓》作『荆爵以執圭』，亦執圭爲楚爵之證。

屠羊說曰：『夫三旌之位，吾知其貴於屠羊之肆也。萬鍾之禄，吾知其富於屠羊之利也。然豈可以貪爵禄而使吾君有妄施之名乎？說不敢當，願復反吾屠羊之肆。』遂不受也。原憲居魯，《類聚》三五、《後漢書・橋玄傳》注、《史記・游俠傳》正義引『居』作『處』，《正義》引無『魯』字。**環堵之室，**《類聚》三五、《後漢書・橋玄傳》注、《史記・游俠傳》正義引『環』上有『居』字，《御覽》一七四引『環』作『圜』。**茨以生草。蓬户不完，桑以爲樞。而甕牖，**《史記・游俠傳》正義引『桑以』作『以桑』，《類聚》三五、《御覽》四八五引『以』作『木』，《御覽》一七四引『而甕牖』作『甕以爲牖』。**二室，褐以爲塞。**世本『褐』作『褐』，《類聚》三五、《御覽》一七四、又四八五、《史記・游俠傳》正義、《後漢書・橋玄傳》注引無此六字。

陸德明曰：『褐，字或作褐。』倫按：陸謂褐字或作褐，則不須出也。蓋當曰『字或作褐』，今本《音義》傳寫有訛謁耳。《韓詩外傳》《新序·節士篇》有此文，無『二室褐以爲塞』六字，當依《藝文類聚》《御覽》《史記正義》《後漢書注》引删。

上漏下濕，匡坐而弦。《史記·游俠傳》正義引『匡』作『獨』，《御覽》一七四、又三九二引『弦』作『絃』，《類聚》三五、《御覽》一七四、又三九二、《史記·游俠傳》正義引、《闕誤》引張君房本『弦』下有『歌』字。

奚侗曰：『《新序》《韓詩外傳》「弦」下有「歌」字，《御覽》及張君房本亦有「歌」字，當依補。』倫按：匡借爲尪，《説文》曰：『尪，𡯌曲脛也。』成玄英疏曰：『逢雨濕而弦歌，自娱。』是成本『弦』下有『歌』字。

子貢乘大馬，中紺而表素，軒車不容巷，往見原憲。原憲華冠，

倫按：華冠，《韓詩外傳》作楮冠，《新序》作桑葉冠。楮華聲同魚類，桑則篆形近華而譌。華借得樗，《説文》『華』重文作『荂』。『謣』重文作『誇』。是其例證。

縰履，《御覽》九九六引『縰』作『屦』。

陸德明曰：『縰，本或作縰，并下曳縰同。司馬本作踐。履，或作屦。』倫按：縰借爲鞭，《説文》曰：『鞭，鞮屬。』

杖藜而應門。《類聚》三五引『藜』作『蔾』。

陸德明曰：『杖藜，司馬本作扶杖也。』

子貢曰：『嘻。

倫按：嘻，當作譆。

先生何病？』《類聚》三五引『病』下有『也』字。**原憲應之，曰：『憲聞之：無財謂之貧，**《意林》、《類聚》三五引「謂之」作「之謂」，下句同。**學而不能行謂之病。今憲貧也，非病也。』子貢逡巡而有愧色。**《類聚》三五、《御覽》四八五及《意林》引『而』下有『退』字，《意林》引『愧』作『媿』。

倫按：當依類聚《意林》引『而』下補『退』字。

原憲笑曰：『夫希世而行，

倫按：希爲睎省，《説文》曰：『睎，望也。』

比周而友，

葉大壯曰：『周州古通。《廣雅·釋詁》曰：「州，國也。」比州，猶言比國，喻子貢交游之廣。』倫按：古書多『比周』連文。《管子·形勢篇》『左右朋黨比周以壅其主』，《荀子·臣道篇》『朋黨比周以環主圖私爲務』，《吕氏春秋·諭大篇》『父子兄弟相與比周於一國』，皆其例。然此文『周』字似以葉説爲長。『希世』『比州』對文也。

學以爲人，教以爲己，仁義之慝，

倫按：慝借爲態，古讀日娘歸泥也。《説文》曰：『態，意也。』

輿馬之飾，憲不忍爲也。』曾子居衛，緼袍無表，世本『袍』作『袍』。**顔色腫噲，**

陸德明曰：『種，本亦作腫。』章炳麟曰：『噲借爲殨，《説文》：「殨，爛也。」噲殨相通，猶繪繢互用矣。

手足胼胝。三日不舉火，十年不製衣，《書鈔》一二九引『衣』下有『服也』二字。**正冠而纓絶，捉衿而肘見。**《類聚》六七引『捉衿』作『斂襟』，《御覽》六八六引『捉』作『斂』。**納屨而踵決。**《御覽》三八又五七一引『屨』作『履』。**曳縰而歌商頌，**『曳』原作『曳』，今正。《書鈔》一〇六引『縰』作『屣』，《御覽》三八八引作『屣』，五七一引作『履』。『商』原作『商』，今正。

倫按：縰，當從《御覽》作屣。

聲滿天地，若出金石。天子不得臣，諸侯不得友。故養志者忘形，養形者忘利，致道者忘心矣。孔子謂顔回曰：『回，來。家貧居卑，胡不仕乎？』顔回對曰：『不願仕。回有郭外之田五十畝，足以給飦粥。《類聚》三五引「飦粥」作「餰鬻」，《御覽》一九三、又四六八、又四八五、又八五九引「飦」作「饘」。

陸德明曰：『飦，字或作饘。』倫按：《説文》『飦』爲『鬻』之重文，亦作『餰』、作『饘』。《禮記·檀弓篇》釋文引《説文》曰：『宋衛謂之餰。』則字當依《藝文類聚》作『餰』，鬻也。『饘』『飦』一字，故或作『饘』。詳《説文六書疏證》。『粥』爲『鬻』省。

郭内之田十畝，足以爲絲麻。

孫詒讓曰：『郭内之田以爲絲麻者，即《周禮·載師》云「以場圃任園地」也。凡園地在國門之外、郭門之内。《管子・輕重甲篇》曰:「桓公憂北郭民之貧,召管子而問曰:『北郭者,盡屨縷之甿也,以唐園爲本利。』」唐園即場圃。屨縷之甿,即爲絲麻者也,與此可以互證。」

鼓琴足以自娱,所學夫子之道者,足以自樂也。回不願仕。』孔子愀然變容,《類聚》三五引『容』作『色』。

陸德明曰:『愀,一本作欣。』倫按:欣字爲長。

曰:『善哉。《類聚》三五、《御覽》四八五引「善」作「美」。**回之意。丘聞之:「知足者,不以利自累也。**《闕誤》引江南李氏本『利』下有『羨』字。**審自得者,失之而不懼。行修於内者,**崇本、世本『修』作『脩』。**無位而不怍。」**崇本「怍」作「作」。**丘誦之久矣,今於回而後見之,是丘之得也。』中山公子牟謂瞻子,**

陸德明曰:『瞻子,《淮南》作詹子。』倫按:《呂氏春秋・審爲篇》《淮南・道應訓》有此文,『瞻』皆作『詹』。《呂氏春秋・執一篇》曰:『楚王問爲國於詹子。詹子對曰:「何聞爲身,不聞爲國。」』《淮南・詮言訓》曰:『詹何曰:未嘗聞身治而國亂者也,未嘗聞身亂而國治者也。』《韓非・解老篇》曰:『詹何坐,弟子侍,有牛鳴於門外。弟子曰:「是黑牛也,而白在其題。」詹何曰:「然。是黑牛也,而白在其角。」使人視之,果黑牛而以布裹其角。』《淮南子・説山訓》曰:『詹公之釣,千歲之鯉不能避。』《覽冥訓》曰:『故蒲且子之連烏於百仞之上，而詹何之鶩魚於大淵之中，此皆得清浄之道、太浩之和也。』《原道訓》曰：『加之以詹何娟嬛之數，猶不能與罔罟争得也。』《吕氏春秋·重言篇》曰：『故聖人聽於無聲，視於無形，詹何、田子方、老耽是也。』詳諸文紀詹何事，蓋道家之流，與此文義合。詹子即詹何也。

曰：『**身在江海之上**，《御覽》一七九引「江」作「滄」。**心居乎魏闕之下**，世本「居」下有「心」字。

陸德明曰：『魏，《淮南》作魏，司馬本同，云：魏讀曰魏。象魏觀闕，人君門也。』許慎曰：『天子兩觀也。』

柰何？』瞻子曰：崇本『瞻』作『膽』。**『重生。重生則利輕。』**

倫按：『利輕』，《吕氏春秋·審爲篇》、《淮南·道應訓》並作『輕利』，當從之。成玄英疏曰：『重於生道，則輕於榮利。』是成本亦作『輕利』。

中山公子牟曰：『雖知之，未能自勝也。』世本無『自』字。**瞻子曰：『不能自勝則從，**

陸德明曰：『「不能自勝則從」絶句，一讀至「神」字絶句。』俞樾曰：『《釋文》曰「不能自勝則從絶句」，是也。《吕氏春秋·審爲篇》作「不能自勝則縱之」，《文子·下德篇》《淮南子·道應篇》并疊「從之」二字，則「從」「神」之不當連讀明矣。《吕氏春秋》「從」作「縱」，則當讀子用反。』倫按：從，《説文》曰：『隨行也。』此義當作從。古無平去之分，『從』下當依《吕覽》補『之』字。

神無惡乎？《闕誤》引張君房本「乎」作「也」。

陸德明曰：『「乎」絶句，一讀連下「不能自勝」爲句。』倫按：句上當依《淮南·道應訓》補『從之』二字。此是公子牟辭，『乎』絶句。

不能自勝而强不從者，此之謂重傷。

俞樾曰：『《吕氏春秋·審爲篇》高誘注曰：「重讀『重復』之『重』。」是也。』倫按：重爲緟省。

重傷之人，世本無「重傷」二字。**無壽類矣。』**

章炳麟曰：『壽借爲疇，言殃及子孫。漢人多作「噍類」，「噍」亦「疇」字，子孫相繼稱疇人疇官。』倫按：無壽類，猶無遺類。壽借爲續，幽脂聲通。《史記·淮南王傳》『子孫無遺類』，徐廣曰：『遺一作噍。』噍聲亦幽類也。《説文》曰：『續，織餘也。』無續類也，無餘種也。《國語·越語》曰：『今吴稻蟹不遺種子。』是其例也。

魏牟，萬乘之公子也，世本『也』作『曰』。**其隱巖穴也，難爲於布衣之士。**

倫按：隱借爲「」。

倫按：『爲』即『於』也，本作『爲』，讀者以『於』字釋之，傳寫誤入正文也。

雖未至乎道，可謂有其意矣。孔子窮於陳蔡之間，七日不火食，

陸德明曰：元嘉本無火字。

藜羹不糝，崇本『糝』作『慘』。顔色甚憊，而弦歌於室。《書鈔》一一二三引『弦』作『絃』。顔回擇菜，

奚侗曰：『《呂氏春秋·慎人篇》「擇菜」下有「於外」二字，當據補。』倫按：《風俗通義·窮通篇》載此事，『擇菜』下有『於户外』三字。

子路、子貢相與言，曰：『夫子再逐於魯，削迹於衛，伐樹於宋，窮於商周，「商」原作「商」，今正。圍於陳蔡，

倫按：成玄英疏魯衛宋事，不及商周陳蔡事，疑成本無『窮於商周圍於陳蔡』兩句。《風俗通·窮通篇》無『商周』句，『圍於陳蔡』作『今復厄於此』，義較長矣。

殺夫子者無罪，藉夫子者無禁。

倫按：藉借爲簎，《説文》曰：『簎，刺也。』

弦歌鼓琴，未嘗絶音，君子之無恥也若此乎？』顔回無以應，入，告孔子。孔子推琴喟然而歎，曰：『由與賜細人也，召而來，吾語之。』子路子貢入。子路曰：『如此者，可謂窮矣。』孔子曰：『是何言也。君子通於道之謂通，窮於道之謂窮。今丘抱仁義之道，以遭亂世之患，《御覽》四八六引「患」作「暴」。其何窮之爲？《意林》引「爲」作「有」。

奚侗曰：『爲，猶有也。《吕覽·慎人篇》「爲」正作「有」。』

故内省而不窮於道，

倫按：《風俗通義·窮通篇》『窮』作『疚』。是也。《説文》無『疚』字，『宄』下曰：『貧病也。』蓋即『疚』字義。此窮借爲疚，同淺喉音也。

臨難而不失其德，天寒既至，

俞樾曰：『「天」乃「大」字之譌。《國語·魯語》「大寒降」，韋昭注曰：「謂季冬建丑之月大寒之後也。」若作天寒既至，失其義矣。《吕氏春秋·慎人篇》正作「大寒」。』倫按：《風俗通義·窮通篇》亦作『大寒既至』。

霜雪即降，吾是以知松柏之茂也。「茂」原作「茂」，今正。《闕誤》引江南古藏本此下有「桓公得之莒、文公得之曹、越王得之會稽」三句。

倫按：江南古藏本此下有『桓公得之莒，文公得之曹，越王得之會稽』三句，并有注文。撿此三句，《吕氏春秋·慎人篇》《風俗通義·窮通篇》皆有之。誼義固當有之。郭象於此類事不出注，《音義》亦不云某本有此，唐後始奪之也，當依補。並當於『桓公』上補『昔者』二字。

陳蔡之隘，於丘其幸乎？』孔子削然反琴而弦歌，

陸德明曰：『削，亦作梢，音消。』盧文弨曰：『宋本梢作俏。』倫按：削亦作俏，疑俏爲傛之譌，聲同宵類。《説文》曰：『傛，喜也。』

子路仡然執干而舞。《書鈔》一二三、《御覽》五一引『抎』作『仡』、『干』作『戈』。

王念孫曰：『抎與仡通，《説文》曰：「仡，勇壯也。」』

子貢曰：『吾不知天之高也、地之下也。』古之得道者，窮亦樂，通亦樂。所樂非窮通也，道德於此，

俞樾曰：『德，當作得。《呂覽・愼人篇》作「道得於此」。』

則窮通爲寒暑風雨之序矣。

俞越曰：『《呂氏春秋・愼人篇》「窮通」下有「一也」二字，疑此文亦當有而今奪之。』倫按：爲疑當作如。

故許由娛於潁陽，《闕誤》引江南古藏本『娛』作『虞』，世本『潁』作『穎』。

陸德明曰：『虞，一本作娛。』倫按：陸本作虞，《呂氏春秋・愼人篇》亦作虞，借爲娛也。

而共伯得乎共首。《困學紀聞》一〇引『得』下有『之』字，『乎』作『於』。《闕誤》引江南古藏本『得』下有『志』字。

陸德明曰：『共首，本或作丘首。司馬云：共伯名和，脩其行，好賢人，諸侯皆以爲賢。周厲王之難，天子曠絶，諸侯皆請以爲天子。共伯不聽，即於王位。十四年，大旱，屋焚，卜于太陽。兆曰：「厲王爲祟。」召公乃立宣王，共伯復歸於宗，逍遥得意共山之首。《魯連子》云：「共伯後歸於國，得意共山之首。」《紀年》云：「共伯和即于王位。」孟康注：「《漢書・古今人表》以爲入爲公。」』郭慶藩曰：『《路史・發揮二》注引司馬云：厲王之難，天子曠絶，諸侯知共伯賢，立爲天子。共伯不聽，弗獲免，遂即王位。』顧炎武曰：『《汲冢紀年》：「厲王十三年，共伯和攝行天子事。二十六年，王陟於彘，周定公、吕穆公立太子靖爲王，共伯和歸其國。」此即《左氏》王子所謂諸侯釋位以閒王政者也。』梁玉繩曰：『《左・昭二十六年傳》曰：「厲王戾虐，萬民弗忍，流王於彘，諸侯釋位，以閒王政。宣王有志而後效官。」則知厲宣之閒，諸侯有代王行政者矣。周召本王朝卿士，倘果攝行天子之事，不可言釋位，别立名稱，若後世之年號，古亦無此法。故顔師古以《史記》周公、召公二相攝政號曰共和之説爲無據也。考《竹書紀年》《莊子・讓王篇》《吕氏春秋・開春篇》及索隱引《世紀》、正義引《魯連子》，並以共和爲共伯和。共國，伯爵，和其名。《人表》厲王後有共伯和。共地近衛，即漢河内郡之共縣，周時亦謂之共期。《吕氏春秋・誠廉篇》：「武王使召公盟微子於共期之下。」是已。』左暄曰：『《紀年》：「厲王亡奔彘，共伯和攝行天子事。」《漢書・古今人表》共伯和居第四等，次於厲王時，則在漢時必有可據之書。不然，班氏何以知之？況《吕氏春秋・開春篇》曰：「共伯和修其行，好賢仁，而海内皆以來爲稽矣。周厲之難，天子曠絶，而天下皆來謂矣。」與《紀年》

所載明是一事。《史記》：「周召行政，號曰共和。」無所據也。』陳逢衡曰：『余疑共和或即共王之後，與厲王爲同曾祖之族，故其封邑亦謂之共，而子孫遂世爲共伯也。傳至和，以厲王出奔，遂入守王國。』倫按：《呂氏春秋·慎人篇》有此文，高誘注曰：『不知出何書。』則以《竹書》時猶未出耳。《路史·發揮》曰：『向秀、郭象援古之説，以爲共和者，周王之孫也，懷道抱德，食封於共。厲王之難，諸侯立之。宣王立，乃廢。立之不喜，廢之不怒。』撿此以向秀、郭象連稱，必是本文之注，而今本奪之。『湯將伐桀』章郭注引舊説曰『如卞隨、務光者』云云。則此羅謂向、郭援古之説，或亦如『伐桀章』之例，此文本有郭注之證。又成玄英疏每同象注，今此文疏曰：『共伯名和，周王之孫也，懷道抱德，封於共。厲王之難，天子曠絶，諸侯知共伯賢，請立爲王。共伯不聽，辭不獲免，遂即王位。一十四年，天下大旱，舍屋生火，卜曰：「厲王爲祟。」遂廢共伯而立宣王。共伯退歸，還食本邑。立之不喜，廢之不怨，逍遥於丘首之山。』蓋即本之向、郭。則以共和爲周之王孫，向、郭已立其説，或亦有所本也。共伯事以《左氏春秋傳》《呂氏春秋》《竹書紀年》覈之無疑也。

舜以天下讓其友北人無擇，

俞樾曰：『北人無擇，《漢書·古今人表》作亡擇。』

北人無擇曰：『異哉，后之爲人也，居於畎畝之中。世本作「畎」。《御覽》四二四引作「甽」。

而遊堯之門。不若是而已，又欲以其辱行漫我。《文選》桓温《薦譙元彦表》、嵇康《絶交書》注引「漫」作「慢」。《御覽》七八一、又四一四、《荀子·榮辱篇》注引「漫」上有「汙」字。

章炳麟曰：「漫借爲槾，《説文》曰：『槾，杇也。』」倫按：辱借爲黷，下章同。

吾羞見之。』因自投清泠之淵。湯將伐桀，因卞隨而謀。

倫按：卞，《説文》作弁。

卞隨曰：『非吾事也。』湯曰：『孰可？』曰：『吾不知也。』湯又因務光而謀。各本『務』作『瞀』。

陸德明曰：『瞀，本或作務。』倫按：《荀子·成相篇》曰：『天乙湯論舉當，身讓卞隨舉牟光。』

務光曰：『非吾事也。』湯曰：『孰可？』曰：『吾不知也。』湯曰：『伊尹何如？』曰：『强力忍垢，涵本「垢」作「坘」，《御覽》四二四引作「詬」。

朱駿聲曰：『垢借爲詬，恥也。』

吾不知其他也。』湯遂與伊尹謀伐桀，勀之，『勀』原作『尅』，各本作『剋』，今正。以讓卞隨。卞隨辭，曰：『后之伐桀也，《御覽》四二四引「后」字作「君」。謀乎我，必以我爲賊也。勝桀而讓我，必我爲貪也。各本「必」下有「以」字。

倫按：『必』下當依各本補『以』字。

吾生乎亂世，而無道之人，再來漫我，以其辱行，吾不忍數聞也。』乃自投稠水而死。涵本，世本『稠』作『椆』，《御覽》四二四引作『桐』。

陸德明曰：『稠，本又作桐，又作椆。司馬本作洞。』成玄英曰：『稠字又作桐。』朱謀瑋曰：『《呂氏春秋·離俗篇》作「潁水」，《高士傳》作「洞水」。潁洞古字通用，故《禮記》「潁衣」一作「絅衣」。是其例也。椆桐二字皆誤耳。』倫按：《水經·潁水》注：『《呂氏春秋》曰：「卞隨恥受湯讓，自投此水而死。」』張顯《逸民傳》、嵇叔夜《高士傳》並言『投洞水而死』，未知其孰是，不及本書。

湯又讓務光，曰：『知者謀之，武者遂之，仁者居之，古之道也。吾子胡不立乎？』務光辭，曰：『廢上，非義也。殺民，非仁也。人犯其難，我享其利，非廉也。吾聞之，曰：「非其義者，不受其祿。無道之世，不踐其土。」況尊我乎？吾不忍久見也。』乃負石而自沈於廬水。《御覽》四二四引『沈』作『投』。

陸德明曰：『廬水，司馬本作盧水。』

昔周之興，有士二人，處於孤竹，曰伯夷、叔齊。二人相謂曰：『吾聞西方有人，似有道者，試往觀焉。』至於岐陽，武王聞之，使叔旦往見之，與盟，世本『與』下有『之』字。曰：『加富二等，就官一列。』血牲而埋之。

陸德明曰：『血牲，一本作殺牲。司馬本作血之以牲。』

二人相視而笑，曰：『嘻。

倫按：嘻借爲誒。

異哉。此非吾所謂道也。昔者神農之有天下也，時祀盡敬而不祈喜。

俞樾曰：『喜，當作禧。《爾雅·釋詁》：「禧，福也。」《呂氏春秋·誠廉篇》作「祈福」，與此字異義同。』

其於人也，忠信盡治而無求焉。樂與政爲政，樂與治爲治，

俞樾曰：『《呂氏春秋·誠廉篇》作「樂正與爲正，樂治與爲治」，疑此文亦當同，傳寫誤倒。』

不以人之壞自成也，不以人之卑自高也，不以遭時自利也。今周見殷之亂而遽爲政，

倫按：《呂氏春秋·誠廉篇》『而遽爲政』作『而遽爲之正與治』。此當依補『與治』二字。成玄英疏曰：『速爲治政，彰紂之虐。』是成本有『與治』二字。

上謀而下行貨，

王念孫曰：『「上謀而下行貨」，「下」字後人所加也。上與尚同。「上謀而行貨」、「阻兵而保威」，句法正相對。後人誤讀「上」爲「上下」之「上」，故加「下」字。《呂氏春秋·誠廉篇》正作「上謀而行貨，阻兵而保威」。』倫按：《韓非·喻老篇》曰：『周有玉版，紂令膠鬲索之。文王不予。費仲來求，因予之。』是膠鬲賢而費仲無道也。周惡賢者之得志也，故予費仲。《内儲説篇》曰：『文王資費仲而游於紂之旁，令之閒紂而亂其心。』《吕氏春秋·順民篇》曰：『文王處岐事紂，寃侮雅遜，朝夕必時上貢適，祭必敬。紂喜，命文王稱西伯，賜之千里之地。文王再拜稽首而辭，曰：「願爲民請炮烙之刑。」文王非惡千里之地，以爲民請炮烙之刑，必欲得民心也。得民心，則賢於千里之地。』《淮南·道應訓》曰：『屈商乃拘文王於羑里，於是散宜生乃以千金求天下之珍怪，得騶虞雞斯之乘，玄玉白工，大貝百朋，玄豹、黄羆、青豻、白虎、文皮千合，以獻於紂。因費仲而通。紂見而説之，乃免其身，殺牛而賜之。文王歸，乃爲玉門，築靈臺，相女童，擊鐘鼓，以待紂之失也。紂聞之，曰：「周伯昌改道易行，吾無憂矣。」乃爲炮烙，剖比干，剔孕婦，殺諫者。文王乃遂其謀。』《史記·齊世家》曰：『西伯昌之脱羑里，歸，與吕尚陰謀，脩德以傾商政。其事多兵權與奇計。』《論衡·語增篇》曰：『案周取殷之時，太公陰謀之書，食小兒丹，教云亡殷。』《恢國篇》曰：『傳書或稱武王伐紂，太公陰謀食小兒以丹，令身純赤，長大，教言殷亡。殷民見兒身赤，以爲天神。及言殷亡，皆謂商滅。』

阻兵而保威，

倫按：《吕氏春秋·誠廉篇》高誘注曰：『阻，依也，則字當作庢。』《説文》曰：『庢，人相依庢也。』威借爲畏，音同影紐。《書·洪範》『威用六極』，《史記·宋世家》《漢書·五行志》《谷永傳》並作『畏用六極』。《考工記》『弓人』注：『故書畏作威。』是其例證。《説文》曰：『畏，惡也。』可畏故爲威，後同。

割牲而盟以爲信，揚行以悦衆，各本「悦」作「脱」。

劉秀生曰：『成玄英疏曰：「顯物行説以化黎庶。」是成本「悦」作「説」，如字讀。』倫按：《吕氏春秋·誠廉篇》『割牲』句下有『因四内與共期以明行』一句，此句『行』字作『夢』。惟彼文『至於岐陽下』，作：『則文王已没矣。武王即位，觀周德。則王使叔旦就膠鬲於次四内而與之盟，曰：「加富三等，就官一列。」爲三書，同辭，血之以牲，埋一於四内，皆以一歸。又使保召公就微子開於共期之下而與之盟，曰：「世爲長侯，守殷常祀，相奉桑林，宜私孟諸。」爲三書，同辭，血之以牲，埋一於共期之下。皆以一歸。伯夷、叔齊聞之，相視而笑。』其下文與此同。此文既無盟膠鬲於四内、盟微子於共期事，則自不當有『因四内與共期以明行』句。而此行字又似爲脱譌之迹可尋者。豈此篇固由後人薈萃羣書而成，故有割裂之弊歟？揚行，當依《吕氏》作揚夢。《藝文類聚》七八、又八九，《太平御覽》三九七、又五三三、又九五三、又九五八、又九五九並引《周書·程寤解》言太姒吉夢事。兹擇其尤詳者，《御覽》三九七引《周書》曰：『文王去商在程。正月，既生魄。太姒夢見商之庭産棘。小子發取周庭之梓樹於闕。閒，化爲松柏柞。寤驚，以告文王。王及太子發並拜吉夢，受商之大命於皇天上帝。』

殺伐以要利，是推亂以易暴也。吾聞古之士，遭治世不避其任，遇亂世不爲苟存。今

天下闇，周德衰，《闕誤》引江南古藏本「周」作「殷」。其並乎周以塗吾身也，

倫按：並猶依傍也。塗借爲杇，聲同魚類。『老子朝甚除』，借『除』爲『杇』，是其例證。

不如避之，《史記·伯夷列傳》正義引作「不若避之」。以絜吾行。』二子北至於首陽之山，遂餓而死焉。《史記·伯夷列傳》正義引『餓』上有『飢』字。若伯夷、叔齊者，其於富貴也，苟可得已，則必不賴。高節戾行，

倫按：《吕氏春秋·離俗篇》『戾』作『厲』，皆借爲『勱』，音同脂類。《説文》曰：『勱，勉力也。』今作勵。

獨樂其志，不事於世，此二士之節也。

莊子義證弟二十九　雜篇盜跖弟二十九

陸德明曰：『以人名篇。李奇注《漢書》曰：「跖，秦之大盜也。」』俞樾曰：『《史記·伯夷列傳》正義又曰：「蹠，黄帝時大盜之名。」是跖之爲何時人，竟無定説。』倫按：《史記·伯夷列傳》作盜蹠，音同照紐。《説文》『摭』爲『拓』之重文。其例證也。

孔子與柳下季爲友。

陸德明曰：『柳下惠，姓展，名獲，字季禽。一云：字子禽。』案《左傳》云，展禽是魯僖公時人。至孔子生，八十餘年。若至子路之死，百五六十歲，不得爲友。

柳下季之弟，名曰盜跖。盜跖從卒九千人，横行天下，侵暴諸侯，穴室樞户，《闕誤》引劉得一本『樞』作『摳』。

倫按：樞借爲㝡，聲同侯類。《荀子·大略篇》『流丸止於甌臾』，『甌臾』連文，即甌瘉也。《説文》曰：『瘉，甌瘉，器也。』是甌瘉爲疊韻轉注。《方言》六曰：『凡物，樹稼早成熟，燕齊之間謂之摳揄。』樞揄亦以疊韻連文。此樞可借爲㝡之證。《説文》曰：『㝡，穿木户也。』成玄英疏曰：『穿穴屋室，解脱門樞，而取人牛馬也。』亦有作『空』字『驅』字者，疑成本『穴』字作『空』。下句『驅人牛馬』之『驅』字作『取』。

驅人牛馬，取人婦女，貪得忘親，《後漢書·馮緄傳》注引『忘』作『無』。不顧父母兄弟，不祭先祖。所過之邑，大國守城，小國入保，

倫按：保借爲堢，聲同幽類。《禮記·雜記》『匠人執羽葆御柩』，『羽葆』即《說文》之翳也。是其例證。《說文》曰：『堢，保也。』

萬民苦之。孔子謂柳下季曰：『夫爲人父者，必能詔其子。爲人兄者，必能教其弟。若父不能詔其子、兄不能教其弟，則無貴父子兄弟之親矣。今先生世之才士也，弟爲盜跖，爲天下害，而弗能教也，丘竊爲先生羞之。丘請爲先生往說之。』柳下季曰：『先生言爲人父者必能詔其子，爲人兄者必能教其弟，若子不聽父之詔、弟不受兄之教，雖今先生之辯，將奈之何哉？且跖之爲人也，心如涌泉，意如飄風，强足以距敵，世本「距」作「拒」。辯足以飾非，順其心則喜，逆其心則怒，易辱人以言。先生必無往。』孔子不聽，顏回爲馭，子貢爲右，往見盜跖。盜跖乃方休卒徒太山之陽，《闕誤》引江南古藏本『徒』下有『於』字，崇本『太』作『大』。

陸德明曰：『大，音太。』倫按：此謂東魯泰山也，當作太。

膾人肝而餔之。孔子下車而前，見謁者，曰：『魯人孔丘，聞將軍高義，敬再拜謁者。』謁者入通。盜跖聞之，大怒，目如明星，髮上指冠，曰：『此夫魯國之巧僞人孔丘非邪？爲我告之：「爾作言造語，《御覽》六八四引『作』作『詐』。妄稱文武，冠枝木之冠，《御覽》六八四引『枝』作『拔』。

倫按：『枝』疑爲『枯』字之譌，『枯木』『死牛』對文。

帶死牛之脅，多辭謬説，世本『謬』作『繆』。不耕而食，不織而衣，摇脣鼓舌，擅生是非，以迷天下之主，使天下學士不反其本，妄作孝悌，崇本、世本『悌』作『弟』。

陸德明曰：『弟本亦作悌。』

而僥倖於封侯富貴者也。子之罪大極重，

俞樾曰：『極當作殛，《爾雅·釋言》：「殛，誅也。」』倫按：罪借爲辠，《説文》曰：『殛，殊也。』

疾走，歸。不然，我將以子肝益晝餔之膳。」』孔子復通，曰：『丘得幸於季，願望履幕下。』

陸德明曰：『司馬本幕作綦。成玄英曰：幕，亦有作綦字者。』倫按：幕當依司馬本作綦，字譌也。綦借爲縞，《説文》曰：『綼，帛艾色也。一曰不借綼。』綦，或從其，段玉裁曰：『不借綼，如今草鞋襻。』《士喪禮》『組綦』注云：『綦，屨係也，所以拘止屨也。』倫謂『一曰不借綼』，即借『綦』爲『縞』也。《説文》曰：『縞，以絲介履也。』

謁者復通。盜跖曰：『使來前。』孔子趨而進，避席反走，再拜盜跖。盜跖大怒，兩展其足，

倫按：展疑借爲闡，聲同元類。《詩·君子偕老》『其之展也』，箋：『展衣字誤。』

《禮記》作『襢衣』。《儀禮·士冠禮》『嘉亶時』，注：『古文亶爲癉。』展可借爲襢，亦可借爲闡矣。《説文》曰：『闡，開也。』

案劍瞋目，

倫按：案當作按，《説文》曰：『按，下也。』按即印之後起字。《説文》曰：『印，按也。』《説劍篇》『按之無下』同。

聲如乳虎，曰：『丘來前。若所言，順吾意則生，逆吾心則死。』孔子曰：『丘聞之，凡天下有三德：《闕誤》引張君房本「下」字下有「人」字。

倫按：當依張君房本『天下』下補『人』字。

生而長大美好無雙，少長貴賤見而皆悦之，各本「悦」作「説」。**此上德也。知維天地，**

倫按：維爲雒誤，雒借爲籠。

能辯諸物，

倫按：辯借爲徧。

此中德也。勇悍果敢，聚衆率兵，此下德也。凡人有此一德者，足以南面稱孤矣。今將軍兼此三者，身長八尺二寸，《御覽》三六五引「八」作「九」。**面目有光，脣如激丹，**

章炳麟曰：『激借爲敫，《説文》曰：「敫，光景流也。」』

齒如齊貝，《御覽》三六五引「齊」作「含」。

陸德明曰：『齊，一本作含。』倫按：齊字長。

音中黄鍾，各本「鍾」作「鐘」。

倫按：鍾當依各本作鐘，此借。

而名曰盜跖，丘竊爲將軍恥不取焉。將軍有意聽臣，臣請南使吴越，北使齊魯，東使宋衛，西使晉楚，使爲將軍造大城數百里，立數十萬户之邑，尊將軍爲諸侯，與天下更始，罷兵休卒，收養昆弟，共祭先祖。

倫按：共爲龔省。

此聖人才士之行，而天下之願也。』盜跖大怒，曰：『丘來前。夫可規以利而可諫以言者，皆愚陋恒民之謂耳。

陸德明曰：『恒，一本作順。後亦爾。』倫按：蒸真聲類古通，故蔆之重文作遴。恒順義皆通。

今長大美好人見而悦之者，此吾父母之遺德也。丘雖不吾譽，吾獨不自知邪？且吾聞之，好面譽人者，亦好背而毁之。今丘告我以大城衆民，是欲規我以利而恒民畜我也，安可久長也。世本「久長」作「長久」。

倫按：畜借爲育。

倫按：成玄英疏曰：『言大城衆民不可長久也。』是成本『久長』作『長久』。

城之大者，莫大乎天下矣。堯舜有天下，子孫無置錐之地。湯武立爲天子，而後世絶滅。

倫按：莊子時，周雖失其共主之資，猶未亡也，豈以其列而爲東西周故邪？不然，是可疑也。

非以其利大故邪？且吾聞之，古者禽獸多而人少，世本及《御覽》七六引「人」下有「民」字，《類聚》八七引「人」作「民」。於是民皆巢居以避之，《御覽》七六引「民」作「人」。晝拾橡栗，暮栖木上，故命之曰有巢之民。古者民不知衣服，夏多積薪，冬則煬之。故命之曰知生之民。神農之世，臥則居居，起則于于，民知其母，不知其父，與麋鹿共處，《御覽》七六引「共」作「同」。耕而食，織而衣，無有相害之心，此至德之隆也。然而黄帝不能致德，與蚩尤戰於涿鹿之野，

陸德明曰：『涿，本又作濁。』倫按：濁涿並舌音也。《説文》：『斁，去陰之刑也。』《書・吕刑》作『椓』。是其例證。

流血百里。堯舜作，立羣臣，湯放其主，武王殺紂。自是之後，以强陵弱，《意林》引「陵」作「淩」。

倫按：陵當作夌，《説文》曰：『夌，越也。一曰：夌，偓也。』或借爲賸，聲同蒸類。《説文》『賸』之重文作『淩』。是其例證。《説文》曰：『賸，物相增加也。』

以衆暴寡。湯武以來，皆亂人之徒也。今子脩文武之道，掌天下之辯，以教後世。縫衣淺帶，

陸德明曰：『摓，本又作縫。』郭慶藩曰：『《禮・儒行》「逢掖之衣」，注：「逢猶大也，字亦作縫。」《墨子・公孟篇》「絳衣博袍」，絳博皆大也。』倫按：縫借爲絳，東浸聲近。《說文》：『夆讀若鴻。』『洪，洚水也。』是其例證。《說文》曰：『絳，大赤也。』

矯言僞行，以迷惑天下之主，而欲求富貴焉。盜莫大於子，天下何故不謂子爲盜丘，而乃謂我爲盜跖？子以甘辭說子路而使從之，使子路去其危冠，解其長劍，而受教於子，天下皆曰孔丘能止暴禁非。其卒之也，子路欲殺衛君而事不成，身菹於衛東門之上，

倫按：菹爲薀省，《說文》曰：『薀，醢也。』

是子教之不至也。子自謂才士聖人邪？則再逐於魯，削迹於衛，窮於齊，圍於陳蔡，不容身於天下。子教子路菹此患，

倫按：菹借爲羅，歌魚聲近。

上無以爲身，下無以爲人，

倫按：『子教子路菹此患，上無以爲身，下無以爲人』，此三句當在『身菹於衛東門之上』下。

子之道，豈足貴邪？世之所高，莫若黃帝。黃帝尚不能全德，而戰於涿鹿之野，流血

百里。堯不慈，

倫按：下文曰『堯殺長子』，《韓非·說疑篇》曰：『記曰：堯誅丹朱。』

舜不孝，

倫按：《韓非·忠孝篇》曰：『瞽叟爲舜父而舜放之。』

禹偏枯，

倫按：偏借爲痛，枯借爲姑。然疑此句有譌。上下文指斥黄帝堯舜湯武惡德，此獨以形體言，爲不倫。《吕氏春秋·當務篇》曰：『堯有不慈之名，舜有不孝之行，禹有淫湎之意，湯武有放殺之事。』文義相類。疑此亦當作『禹淫湎』。

湯放其主，武王伐紂，文王拘羑里。

倫按：依次，此句當在『武王伐紂』上。又下文曰『此六子者』，則是黄帝、堯、舜、禹、湯、武，不數文王也，疑後人增。

此六子者，《闕誤》引江南古藏本「六」作「七」。

倫按：成玄英疏曰：『六子者，謂黄帝、堯、舜、禹、湯、文王也。』是成本無『武王伐紂』句，而『六』字唐初本不作『七』也。江南古藏本作『七』者，後人依有文王句而改也。

世之所高也，孰論之，

倫按：孰借爲諄，《說文》曰：『諄，告曉之孰也。』

皆以利惑其真，而强反其情性，其行乃甚可羞也。

陸德明曰：『羞，本又作惡。』倫按：羞借爲醜。本又作惡者，惡當爲亞。亞，醜也。

世之所謂賢士伯夷、叔齊。伯夷、叔齊辭孤竹之君，世本不重「伯夷叔齊」四字。**而餓死於首陽之山，骨肉不葬。鮑焦飾行非世，抱木而死。**

倫按：《戰國策·趙策》：『魯仲連曰：「世以鮑焦爲無從頌而死者，皆非也。」』《燕策》：『蘇代謂燕昭王，曰：「廉如鮑焦、史鰌。」』《史記·魯仲連傳》正義引《韓詩外傳》曰：『姓鮑，名焦，周時隱者也。飾行非世，廉潔而守。荷擔採樵，拾橡充食。故無子胤，不臣天子，不友諸侯。子貢遇之，謂之曰：「吾聞非其政者，不履其地。汙其君者，不受其利。今子履其地食其利，其可乎？」鮑焦曰：「吾聞廉士重進而輕退，賢人易愧而輕死。」遂抱木立枯焉。』

申徒狄諫而不聽，負石自投於河，

陸德明曰：『申徒狄將投於河，崔嘉止之，曰：「吾聞聖人仁士，民之父母也。若濡足故，不救溺人，可乎？」申徒狄曰：「不然。昔桀殺龍逢，紂殺比干，而亡天下。吴殺子胥，陳殺泄冶，而滅其國。非聖人不仁，不用故也。」遂沈河而死。』倫按：陸所校蓋《韓詩外傳》文。

爲魚鼈所食。介子推至忠也，自割其股，以食文公。

倫按：《韓非・用人篇》曰：『昔者，介子推無爵禄而義隨文公，不忍口腹而仁割其肌，故人主結其德，書圖著其名。』《漢書・邴吉傳》：『伍尊上書曰：「雖介之推割肌以存君，不足比也。」』顏注曰：『《韓詩外傳》云：「晉公子重耳之亡也，過曹，里鳧須以從，因盜其資而逃。重耳無糧，餒不能行。介子推割其股肉以食重耳，然後能行也。」』

文公後背之，子推怒而去，抱木而燔死。

顧炎武曰：『介子推事見於《左傳》，無割股事，亦未燔死。《左傳》曰：「晉侯求之不得，以緜上爲之田，以志吾過，且旌善人。」《吕氏春秋》則曰：「負擔蓋簦，終身不見。」《史記》曰：「使人召之，則亡。聞其入緜山中，於是環緜上之田而封之，以爲介推田，號曰介山。」至《楚辭・惜往日》，始有立枯之説，《莊子》遂有燔死之文。當以《左傳》爲正。』倫按：《水經注》引王肅《喪服要記》曰：『昔魯哀公祖載其父，孔子問，曰：「寧設桂樹乎？」哀公曰：「不也。桂樹者，起於介子推。子推晉之人也，文公有内難，出國之狄，子推隨其行，割肉以續軍糧。後文公復國，忽忘子推。子推奉唱而歌，文公始悟，當受爵禄。子推奔介山，抱木而燒死。國人葬之，恐其神魂霣於地，故作桂樹焉。吾父生於宫殿，死於枕席，何用桂樹爲？」』倫謂肅説介子推事，謂出之魯哀公，鄙道元言其誣矣。然其言割肉及抱木焚死，與此合，或即本此。《新序・節士篇》曰：『推遂去而之介山之上。文公使人求之不得，爲之避寢三月，號哭朞年。待之不肯出，求之不能得。以謂焚其山宜出。及焚其山，遂不出而焚死。』倫謂劉向蓋本之《韓詩》。知者，今《韓詩外傳》一曰：『是伯夷、叔齊、卞隨、介子推、原憲、鮑焦、袁旌目、申徒狄之行也。』今《外傳》一載原憲、鮑焦、申徒狄事，介子推事僅見十里𠙶須事中。而《新序》載申徒狄、鮑焦事，皆本《外傳》。《外傳》載焦狄事，皆引詩證之。《新序》載介子推事亦然。則本於《韓詩》明矣。倫疑此文本作『子推怒而去，燔而死』，『抱木』字涉上文而譌羨，復乙『燔而』爲『而燔』，遂如今文。『燔死』不謂介子推自燔，蓋如《新序》所記，文公燔山，因而死耳。《楚辭・惜往日》曰：『介子忠而立枯兮，文公寤而追求。封介山而爲之禁兮，報大德之優遊。思久故之親身兮，因縞素而哭之。』封緜與《史記》説同。縞素而哭之，蓋即《新序》所謂避寢號哭也。惟立枯爲異。

尾生與女子期於梁下，

陸德明曰：『尾生，一本作微生，《戰國策》作尾生高，魯人。』倫按：微尾音同微紐。《戰國策・燕策》：『蘇代謂燕昭王，曰：「信如尾生高。」』又武安君謂燕：『信如尾生，期而不來，抱梁柱而死。』《史記・蘇秦傳》與此同。

女子不來，水至不去，抱梁柱而死。此六子者，世本「六」作「四」，無「子」字。

陳景元曰：『六子，江南古藏本如此。舊作四。』倫按：《音義》不出六子，陸於『而乞者』下引李云：『言上四人不得其死。』疑陸本亦作『四子』。

無異於磔犬流豕操瓢而乞者，「豕」原作「豕」，今正。

陸德明曰：『乞，或作走。』成玄英曰：『豕，亦有作死字者。乞字，亦有作走字者。隨字讀之。』孫詒讓曰：『流豕，疑當作沈豕。《周禮·大宗伯》：「以貍沈祭山林川澤，以疈辜祭四方百物。」此磔犬即所謂疈辜，沈豕即所謂沈。言犬豕見磔，沈棄於溝壑，乞人亦然。《荀子·榮辱篇》「是其所以不免於凍餓操瓢囊爲溝中瘠者也」，可證此章之義。』倫按：乞爲钦省，《說文》曰：『钦，幸也。』此言沈磔之物，而乞者操瓢乞之也。『走』字譌。

皆離名輕死，《闕誤》引張君房本「離」作「利」。

倫按：離，張君房本作利，《音義》音力智反，亦讀爲利。皆借爲賴，脂歌聲近也。

不念本養壽命者也。

陸德明曰：『本，或作卒。』倫按：『卒』字譌。

世之所謂忠臣者，莫若王子比干、伍子胥。子胥沈江，「沈」原作「沈」，今正。**比干剖心。此二子者，世謂忠臣也，然卒爲天下笑。自上觀之，至於子胥、比干皆不足貴也。丘之所以説我者，若告我以鬼事，則我不能知也。若告我以人事者，不過此矣，皆吾所聞知也。今吾告子以人之情，目欲視色，耳欲聽聲，口欲察味，志氣欲盈。人，上壽百歲，中壽八十，下壽六十，除病瘦死喪憂患，**《意林》引「瘦」作「瘐」。

王念孫曰：『瘦當爲瘐字之誤也。瘐亦病也。《漢書・宣帝紀》：「今繫者或以掠辜若饑寒瘐死獄中。」蘇林曰：「瘐，病也。囚徒病，律名瘐。」』

其中開口而笑者，一月之中，不過四五日而已矣。天與地無窮，人死者有時。操有時之具，而託於無窮之間，忽然無異騏驥之馳過隙也。

倫按：忽爲颮省，《說文》曰：『颮，疾風也。』

不能悅其志意，世本、崇本「悅」作「説」。

倫按：《音義》曰：說，音悅。則陸本『悅』作『說』。

養其壽命者，皆非通道者也。丘之所言，皆吾之所棄也。亟去，

陸德明曰：『亟，本或作極。』倫按：亟爲㥛省，《說文》曰：『㥛，疾也。』

走歸，無復言之。子之道，狂狂伋伋，各本「伋」作「汲」。

陸德明曰：『汲，本亦作伋。』朱駿聲曰：『汲借爲彶，《說文》曰：「彶，急行也。」』倫按：狂爲㤮省，《說文》曰：『㤮，誤也。』

詐巧虛僞事也，非可以全真也，奚足論哉？』孔子再拜，趨走。出門，上車，執轡三失，目芒然無見，

倫按：芒借爲瞢，《說文》曰：『瞢，不明也。』

色若死灰。據軾低頭，不能出氣。歸到魯東門外，適遇柳下季。柳下季曰：『今者闕

然數日不見，

倫按：闕借爲闃，音同谿紐。《説文》曰：『闃，事已閉門也。』

車馬有行色，得微往見跖邪？』

倫按：微讀爲無，音同微紐。下文『跖得無逆汝意若前乎』，是其證。

孔子仰天而歎，曰：『然。』柳下季曰：『跖得無逆汝意若前乎？』孔子曰：『然。丘所謂無病而自灸也，疾走，料虎頭，《六帖》九七引「料」作「掩」。

陸德明曰：『料虎頭，一本作料頭。』倫按：『料』借爲『撩』，《六帖》引作『掩』，即『撩』之譌。《説文》曰：『料，讀若遼。』撩，理之也，今通作料。

編虎須，

陸德明曰：『扁虎頚，一本作編虎須。』倫按：編借爲掮，《説文》曰：『掮，撫也。』頚借字。

幾不免虎口哉。』《六帖》九七引『免』作『脱』，《後漢書·皇后紀》注引『免』下有『於』字。子張問於滿苟得，曰：『盍不爲行？「盍」原作「盇」，今正。

倫按：盍借爲曷。

無行則不信，不信則不任，不任則不利。故觀之名計之利而義真是也。若棄名利，反之於心，則夫士之爲行，不可一日不爲乎？』滿苟得曰：『無恥者富，多信者顯。

倫按：『多』疑爲『失』字或『不』字之誤。

夫名利之大者，幾在乎無恥而信。

倫按：『而』疑爲『不』字之誤，或『而』下奪『失』字或『不』字。

故觀之名計之利而信真是也。若棄名利，反之於心，則夫士之爲行，抱其天乎？』

倫按：以上辭疑有奪譌。

子張曰：『昔者，桀紂貴爲天子，富有天下，今謂臧聚，

孫詒讓曰：『聚讀爲騶。《說文》曰：「騶，廄御也。」《周禮》「趣馬」，鄭注：「趣，養馬者也。」《國語・楚語》說齊有騶馬儒，《月令》「命七騶咸駕」，鄭注亦謂即趣馬。趣聚同從取得聲，古字通用。臧聚皆僕隸賤役，故並舉之。

曰：汝行如桀紂，則有怍色。《闕誤》引張君房本「有」字作空圍識之，「怍」作「作」。**有不服之心者，**

倫按：『有』字涉上而羨。

小人所賤也。仲尼、墨翟窮爲匹夫，今謂宰相，世本「謂」作「爲」。

倫按：仲尼、墨翟並稱，始見於《戰國策》惠盎之說宋康王，正莊子時。宰相之名，又見《韓非・顯學篇》《呂氏春秋・制樂篇》。

曰：子行如仲尼、墨翟，則變容易色，稱不足者，士誠貴也。故勢爲天子，未必貴也。

窮爲匹夫，未必賤也。貴賤之分，在行之美惡。』滿苟得曰：『小盜者拘，世本「拘」作「狗」。**大盜者爲諸侯。諸侯之門，義士存焉。**

劉師培曰：『義士，當依《胠篋篇》作仁義。《淮南·齊俗訓》「故仕鄙在時，不在行」，《論衡·命禄篇》引作「仁鄙」，猶此文誤「仁」爲「士」也。校者以「士義」不可通，因乙之。』倫按：『存焉』當作『焉存』。

昔者，桓公小白殺兄入嫂，

倫按：入嫂事未聞。

而管仲爲臣。

陸德明曰：『臣，或作相。』

田成子常殺君竊國，

倫按：田成子常即田恒，亦即陳恒。《淮南·説山訓》作田成子恒。

而孔子受幣。

倫按：《論語》：『陳恒弑其君，孔子沐浴而朝，請討之。』而《墨子·非儒篇》乃謂齊景公受晏子之言，留尼谿之封。孔某乃恚怒於景公與晏子，乃樹鴟夷子皮於田常之門，告南郭惠子以所欲爲，歸於魯。有頃間，齊將伐魯，告子貢，曰：『賜乎，舉大事，於今之時矣。』乃遣子貢之齊，因南郭惠子以見田常，勸之伐吴。以教高國鮑晏使毋得害田常之亂。受幣事無聞。

論則賤之，行則下之，則是言行之情悖戰於胷中也，不亦拂乎？故書曰：「孰惡孰美？成者爲首，不成者爲尾。」』子張曰：『**子不爲行，即將疏戚無倫，**

倫按：戚讀爲親，清紐雙聲。

貴賤無義，長幼無序。五紀六位，

俞樾曰：『五紀，即五倫也。六位，即六紀也。《白虎通·三綱六紀篇》曰：「六紀者，謂諸父、兄弟、族人、諸舅、師長、朋友也。」』

將何以爲別乎？』滿苟得曰：『堯殺長子，

陸德明曰：『崔云：堯殺長子考監明。』

舜流母弟，

陸德明曰：『弟謂象也，流謂放也。《孟子》云：「舜封象於有庳，不得有爲於其國。天子使吏治其國，而封納貢稅焉。故謂之放也。」』

疏戚有倫乎？湯放桀，武王殺紂，貴賤有義乎？王季爲適，

倫按：適，古書亦作嫡。《說文》無嫡字，『嫡庶』字當作『帝』。

周公殺兄，長幼有序乎？儒者僞辭，墨者兼愛，五紀六位，將有別乎？且子正爲名，我正爲利。名利之實，不順於理，

倫按：順借爲循。

陸德明曰：『監，本亦作鑑。』倫按：監爲覽省，《説文》曰：『覽，觀也。』

不監於道。

吾日與子訟於無約，《闕誤》引張君房本「日」作「昔」。

奚侗曰：『日猶日者。』

曰：「小人殉財，君子殉名。其所以變其情易其性則異矣。乃至於棄其所爲而殉其所不爲，

王引之曰：『乃猶若也。《孟子・公孫丑篇》曰：「乃所願則學孔子也。」是其例。』

則一也。」故曰：無爲小人，反殉而天。無爲君子，從天之理。

倫按：從當作从，从爲北譌。君子殉名北天理，猶小人殉利反殉而天也。

若枉若直，相而天極。崇本「而」作「爲」。**面觀四方，與時消息。若是若非，執而圓機。獨成而意，與道徘徊。無轉而行，**

王念孫曰：『「無轉而行」，「轉」讀爲「專」。《山木篇》：「一龍一蛇，與時俱化，而無肯專爲。」即此所謂「無專而行」也。《秋水篇》：「無一而行，與道參差。」一亦專也。無專而行，猶言無一而行也。』

無成而義，將失而所爲。無赴而富，無殉而成，世本「殉」作「徇」。

倫按：成爲誠省。《説文》曰：誠。信也。富誠即上文所謂利信。此變其詞耳。**鮑子立乾，將棄而天。比干剖心，子胥抉眼，忠之禍也。直躬證父，尾生溺死，信之患也。**

倫按：乾謂枯乾也，謂鮑焦抱木立枯也。

申子不自理，世本「申」作「勝」。

陸德明曰：『勝子自理，一本理作俚。本又作申子自埋。或云：謂申狄抱甕之河也。一本作申子不自理，謂申生也。』倫按：當依一本作申子自埋，即申徒狄事也。

廉之害也。孔子不見母，

陸德明曰：『孔子不見母，李云：未聞。』盧文弨曰：『「母」字疑當與下句「父」字互易。』朱亦芹曰：『《檀弓》：「孔子少孤，不知其墓。」諸説紛紛。竊謂「墓」字乃「母」字之誤。孔子少孤，非獨早喪父，亦早喪母也。正此一字，則《檀弓》可解，《莊子》可通矣。否則《莊子》文或是「孔子不見父，匡子不見母」，後人傳寫誤耳。』俞樾曰：『孔曰無不見母事，疑仲子之誤。即所謂避兄離母之陳仲子也。』

匡子不見父，

陸德明曰：『司馬云：匡子，名章，齊人。諫其父，爲父所逐，終身不見父。案此事見《孟子》。』

義之失也。此上世之所傳，下世之所語，以爲士者，正其言，必其行，故服其殃，離其患也。』無足問於知和，

陸德明曰：『無足，一本作無知。』

曰：『人卒未有不興名就利者。彼富，則人歸之，歸則下之，下則貴之。夫見下貴者，所以長生安體樂意之道也。今子獨無意焉，知不足邪，意知而力不能行邪，故推正不忘邪？』

倫按：意借爲啻。

知和曰：『今夫此人以爲與己同時而生、同鄉而處者，以爲夫絶俗過世之士焉。

陸德明曰：『忘，或作妄。』倫按：疑有奪誤。

是專無主正，所以覽古今之時，是非之分也，與俗也。

倫按：絶借爲越。

世去至重，棄至尊，崇本「棄」作「弃」。以爲其所爲也。此其所以論長生安體樂意之道，不亦遠乎？

倫按：疑有奪譌。

慘怛之疾，涵本「怛」作「怚」。恬愉之安，崇本「愉」作「揄」。不監於體。

倫按：監疑借爲戒，音同見紐。《説文》曰：『戒，警也。』

怵惕之恐，欣懽之喜，不監於心。知爲爲而不知所以爲，是以貴爲天子、富有天下，而

不免於患也。』無足曰：『夫富之於人，無所不利，窮美究勢，崇本、世本「勢」作「埶」。

陸德明曰：『埶，音勢。本亦作勢。』

至人之所不得逮，賢人之所不能及，世本「賢」作「聖」。俠人之勇力，

倫按：俠當爲夾，《説文》曰：『夾，持也。』

而以爲威强，秉人之知謀以爲明察，

倫按：察借爲焯，脂宵通轉也。《説文》曰：『焯，明也。』或借爲睽。

因人之德以爲賢良，非享國而嚴若君父。各本「享」作「亯」。且夫聲色滋味權勢之於人，心不待學而樂之，體不待象而安之。夫欲惡避就固不待師，此人之性也。天下雖非我，孰能辭之？』知和曰：『知者之爲，故動以百姓，不違其度，是以足而不爭。無以爲，故不求。不足，故求之。爭四處而不自以爲貪。有餘，故辭之。棄天下而不自以爲廉。廉貪之實，非以迫外也，反監之度。

倫按：監爲覽省，度借爲庶。《説文》：『庶，屋下衆。』『反覽之庶』，即上文所謂動以百姓耳。

勢爲天子而不以貴驕人，富有天下而不以財戲人。

倫按：《説文》曰：『戲，三軍之偏也。一曰兵也。』俞先生謂《太平御覽》引《説文》『兵也作相弄也』，《國語・晉語》『聞牛談有力，請與之戲』，韋注：『戲，角力也。』角力

是戲本義，戲弄其引申義也。倫謂戲或借爲詡，音同曉紐。《說文》曰：『詡，大言也。』

計其患，慮其反，以爲害於性，故辭而不受也，非以要名譽也。堯舜爲帝而雍，

孫詒讓曰：『雍，疑當爲推，形近而誤，謂推位於善卷、許由也。《漢書・田千秋傳贊》「劉子推」，《鹽鐵論・雜論篇》「推」作「雍」。是其例證。』

非仁天下也，不以美害生也。善卷、許由得帝而不受，非虚辭讓也，不以事害己。

倫按：事借爲勢，古讀禪審皆舌音。『不以美害生』『不以事害己』，承上『窮美究勢』而言。

此皆就其利辭其害而天下稱賢焉，則可以有之，彼非以興名譽也。』無足曰：『**必持其名，苦體絶甘，約養以持生，則亦久病長阨而不死者也。**』《闕誤》引江南古藏本『亦』下有『猶』字。

倫按：成玄英疏曰：『亦何異乎久病固疾長阨不死，雖生之日猶死之年。』似成本『亦』字下有『猶』字，宜依江南古藏本補『猶』字。

知和曰：『平爲福，有餘爲害者，物莫不然，而財其甚者也。今富人耳營鍾鼓管籥之聲，各本「管」作「筦」。

陸德明曰：『筦，本亦作管。一本筦籥作壎篪。』倫按：營借爲敻，鍾借爲鐘。筦，當從一本作管。籥，《說文》作龠。

口嗛於芻豢醪醴之味，

倫按：嗛如字，或借爲㥷，與慊借爲㥷同。《説文》曰：『嗛，有所銜也。』『㥷，快也。』

以感其意，遺忘其業，

倫按：忘當作亡。

可謂亂矣。侅溺於馮氣，

王念孫曰：『《楚辭·離騷》「馮不厭乎求索」，王注曰：「馮。滿也。楚人名滿曰馮。」是馮爲盛滿之義。』倫按：侅借爲閡，《説文》曰：『閡，外閉也。』溺借爲搦，《説文》曰：『搦，按也。』或以聲同宵類借爲𨷲。《説文》曰：『𨷲，關下牡也。』馮借爲懣，同脣音也。《説文》曰：『懣，煩也。』下則溺則馮同。

若負重行而上也，《闕誤》引張君房本「上」字下有「坂」字。

倫按：成玄英疏曰：『猶如負重上坂而行。』是成本『上』字下有『阪』字，當依補。

可謂苦矣。貪財而取慰，

陸德明曰：『慰，亦作畏。』倫按：慰借爲慍，音同影紐。《詩·車舝》『以慰我心』《韓詩》『慰』作『慍』。是其例證。《説文》曰：『慍，怨也。』

貪權而取竭，

倫按：竭爲羯謁，《説文》曰：『羯，不成遂急戾也。』

静居則溺，體澤則馮，

倫按：澤疑借爲殬，《説文》曰：『殬，敗也。』

可謂疾矣。爲欲富就利，故滿若堵耳而不知避，且馮而不舍，世本「馮」作「凴」。

倫按：馮借爲凭。

可謂辱矣。財積而無用，服膺而不舍，

郭慶藩曰：『「服膺而不捨」，即上文「馮而不舍」之義。服膺即憑也。《文選·高祖功臣頌》「有馮膺而尚缺」，服膺之爲馮膺，猶伏軾之爲憑軾、伏琴之爲憑琴、茵伏爲茵憑也。』倫按：服馮同脣音也。

滿心戚醮，

奚侗曰：『醮爲醮誤。』倫按：滿爲懣省，戚爲慽省。

求益而不止，可謂憂矣。内則疑刼請之賊，

倫按：刼，《説文》作劫。請疑借爲甹，聲同耕類。《説文》曰：『聘，訪也。』《詩·采薇》傳：『聘，問也。』《説文》曰：『請，謁也。』玄應《一切經音義》七引《廣雅》曰：『請，問也。』《大戴禮記·朝事篇》：『朝聘之禮者，所以正君臣之義也。』《史記·魏其武安侯傳》：『不得入朝請。』是漢人所謂朝請，即周之朝聘。是其例證。《説文》曰：『甹，俠也。』

外則畏寇盜之害，内周樓疏，

章炳麟曰：『疏借爲𥨪，《説文》曰：「𥨪，門户青𥨪窗也。」《釋名》：「樓，謂牖户之間有射孔慺慺然也。」』倫按：周從用口聲，用爲墉之初文，詳《説文六書疏證》。故義爲周密也。

外不敢獨行，可謂畏矣。此六者，天下之至害也，皆遺忘而不知察。及其患至，求盡性竭財，單以反一日之無故，

陸德明曰：『單，本或作蘄。』倫按：成玄英疏曰：『殫，盡也。』是成本『單』作『殫』。倫謂此文本作『性竭財單，求以反一日之無故』。『盡』字乃讀者以釋『單』字，誤入正文，并與『求』字轉乙於上。或本作『盡性竭財單以反一日之無故』，『單』爲『蘄』之壞文，讀者旁注『求』字以釋之，而誤乙於上，并爲正文矣。『求』字或涉下文而羨。

而不可得也。故觀之名，則不見。求之利，則不得。繚意體而争此，涵本、世本「體」上有「絶」字。

倫按：成玄英疏曰：『情纏繞於名利，心決絶於争求。』是成本『意』下有『絶』字。然『纏繞名利，決絶争求』，義與本文不合，蓋有奪譌矣。

不亦惑乎？』

倫按：成玄英疏曰：『以此而言，豈非大惑之甚也。』成以『此』字屬此句讀。倫謂此指名利，故連上讀。

莊子義證弟三十　雜篇説劍弟三十

昔趙文王喜劍，

陸德明曰：『趙文王，司馬云：惠文王也，名何，武靈王子，後莊子三百五十年。《洞紀》云：周赧王十七年，趙惠文王之元年。一云：案長歷推，惠文王與莊子相值，恐彪之言誤。』倫按：本書記莊子事，無加『昔』字者。趙惠文王元年，爲宋康王三十一年，是得與莊子相值。

劍士夾門而客，三千餘人，日夜相擊於前，死傷者歲百餘人，好之不厭。

倫按：《音義》出『無厭』二字，是陸本『不厭』作『無厭』也。成玄英疏曰：『好無厭足。』是成本亦作『無厭』。

如是三年，國衰，諸侯謀之。太子悝患之，

俞樾曰：『惠文王之子爲孝成王丹，則此太子蓋不立。』倫按：《史記・趙世家》：『惠文王二十二年，置公子丹爲太子。』

募左右，曰：『孰能説王之意、止劍士者，賜之千金。』左右曰：『莊子當能。』太子乃使人以千金奉莊子。莊子弗受，與使者俱往，《御覽》三四四引『俱』作『皆』。**見太子，曰：『太子**

何以教周，賜周千金？』太子曰：『聞夫子明聖，謹奉千金，以幣從者。

陸德明曰：『以幣從，一本作以幣從者。』倫按：成玄英疏曰：『以充從車之幣帛也。』疑成本『從者』作『從車』。幣從者，猶言贈從者也。《史記·趙世家》：『孝成王曰：「今以城市邑十七幣吾國。」』然則蓋趙語。

夫子弗受，悝尚何敢言？』《闕誤》引張君房本『尚』作『當』。莊子曰：『聞太子所欲用周者，欲絶王之喜好也。使臣上説大王，而逆王意，下不當太子，則身刑而死，周尚安所事金乎？使臣上説大王，

倫按：説讀爲悦。

下當太子，趙國何求而不得也？』太子曰：『然。吾王所見唯劍士也。』莊子曰：『諾。周善爲劍。』太子曰：『然吾王所見劍士，皆蓬頭、

陸德明曰：『蓬，本或作縫。』倫按：蓬借爲髼，聲同東類。《説文》曰：『髼，亂髮也。』《字林》作『鬔』，髮亂貌。

突鬢、

陸德明曰：『鬢，司馬本作賓。』倫按：突借爲㐬，音同透紐。《説文》曰：『㐬，子順忽出也，從倒子。』今本《説文》作『不順忽出也』，誤。詳《説文六書疏證》。《易》曰：『突如其來如。』許引《易孟氏》。孟氏《易》『突』蓋作『㐬』，故引以爲證。此與『𠒆』下引《孝經》説

上下有别同，皆爲後人以今改古也。㐬鬈即倒鬈。今戲劇中飾武士者，其髮蓬然。鬈上指，即蓬頭㐬鬈也。

垂冠，

倫按：『垂』爲『䂮』之借字，《説文》曰：『䂮，小口罌也。』言冠狀如䂮然。今戲劇中飾武士者，其冠正如此。

曼胡之纓，《御覽》三四四、《文選》張景陽《雜詩》李注、《魏都賦》劉注引「曼」作「縵」。

朱駿聲曰：『曼借爲縵，《説文》曰：「縵，繒無文也。」』倫按：胡讀爲模，曼模雙聲連緜詞也。

短後之衣，瞋目而語難，《文選·魏都賦》劉注引「語難」下有「者」字。**王乃悦之。**世本、崇本「悦」作「脱」。

倫按：《音義》出『乃説』，下『大説』同。是陸本『乃悦』『大悦』，並作『説』也。

今夫子必儒服而見王，事必大逆。』莊子曰：『請治劍服。』治劍服三日，乃見太子。太子乃與見王。王脱白刃待之。

陸德明曰：『脱，一本作説。』倫按：脱説並借爲蜕。

莊子入殿門，不趨。見王，不拜。王曰：『子欲何以教寡人，使太子先？』《御覽》三四四引『先』下有『焉』字。**曰：『臣聞大王喜劍，故以劍見王。』王曰：『子之劍何能禁制？』曰：**

『臣之劍，十步一人，千里不留行。』王大悦之，世本『悦』作『説』。曰：『天下無敵矣。』莊子曰：『夫爲劍者，示之以虛，開之以利，後之以發，先之以至。願得試之。』王曰：『夫子休，就舍。待命，令設戲，

倫按：戲借爲麾，音同曉紐。《漢書·項羽高帝紀》『諸侯罷戲下』，師古曰：『戲，軍中之旌旗也，音許宜反，亦讀曰麾。』又《灌夫傳》『馳入吴軍，至戲下』，師古曰：『戲，大將之麾也，讀與麾同，又音許宜反。』《史記·韓信傳》『居戲下』，徐廣曰：『戲，一作麾。』是皆借戲爲麾之證。《説文》曰：『麾，旌旗所以指麾也。』今通作麾。

請夫子。』王乃校劍士，

陸德明曰：『校，本或作教。』倫按：『考校』字當作『斆』，此借。本或作『教』者，亦借字，聲同宵類。《爾雅·釋鳥》『鴢頭鵁』，《釋文》：『鵁，本或作鵁。』是其例證。

七日，《御覽》三四四引作『七日七夜』。死傷者六十餘人，得五六人，使奉劍於殿下，乃召莊子。王曰：『今日試使士敦劍。』《御覽》三四四引作『今日使劍士交劍』。

倫按：敦借爲對，音同端紐。《説文》『憝』『懟』皆訓怨也，蓋雙聲轉注。是其例證。《説文》曰：『對，譍無方也。』或借爲當，亦同端紐。《説文》曰：『當，田相值也。』

莊子曰：『望之久矣。』王曰：『夫子所御杖，《玉篇》引「杖」作「仗」。長短何如？』曰：『臣之所奉，

陸德明曰：『奉，司馬本作奏。』倫按：『奉』字是。

皆可。然臣有三劍，唯王所用，請先言而後試。』王曰：『願聞三劍。』曰：『有天子劍，有諸侯劍，有庶人劍。』王曰：『天子之劍何如？』曰：『天子之劍，以燕谿石城爲鋒，齊岱爲鍔，《類聚》六〇引「岱」作「代」。

倫按：《水經・淄水》注曰『至於燕鋒代鍔魏鋏齊鋌』，與今劍不殊，蓋本於此。『岱』字作『代』，又疑本爲『齊口爲鋌，口代爲鍔』二句。

晉魏爲脊，《書鈔》一二三、《類聚》六〇、《御覽》三四四引「魏」作「衛」。

倫按：下文曰『韓魏爲夾』，則此『魏』字當依《書鈔》引作『衛』也。

周宋爲鐔，韓魏爲鋏。世本「鋏」作「夾」。

陸德明曰：『夾，一本作鋏。』朱駿聲曰：『夾借爲挾，手所持挾處也。』

包以四夷，裹以四時，繞以渤海，《類聚》六〇、《御覽》三四四引「繞」作「統」。帶以常山，制以五行，

倫按：本書不言五行義，此雖泛論，可致疑也。

論以刑德，開以陰陽，持以春夏，行以秋冬。此劍，直之無前，舉之無上，案之無下，運之無旁，《書鈔》一二二引「旁」作「傍」。上決浮雲，

倫按：決當爲夬。

下絶地紀。

倫按：紀借爲基。

此劍一用，匡諸侯，天下服矣。此天子之劍也。』文王芒然自失，

倫按：芒借爲忘。

曰：『諸侯之劍何如？』曰：『諸侯之劍，以知勇士爲鋒，《類聚》六〇引「知」作「智」。以清廉士爲鍔，《類聚》六〇引「清」作「精」。以賢良士爲脊，以忠聖士爲鐔，世本「聖」作「勝」，《御覽》三四四引「鐔」作「鐔」。以豪桀士爲鋏。世本及《類聚》六〇引「桀」作「傑」。此劍，直之亦無前，舉之亦無上，案之亦無下，運之亦無旁。上法圓天，《書鈔》一二二引「法圓」作「圓法」。以順三光；下法方地，《書鈔》一二二引「法方」作「方法」。以順四時；中和民意，函本、世本「和」作「知」，《御覽》三四四引「民」作「人」。以安四鄉。此劍一用，如雷霆之震也，《書鈔》一二二、《御覽》三四四引「霆」作「電」，《文選》張景陽《七命》注引作「而雷之震、雷之霍」。四封之内，無不賓服，而聽從君命者矣。《書鈔》一二二引「命」作「令」。此諸侯之劍也。』王曰：『庶人之劍何如？』曰：『庶人之劍，蓬頭、突鬢、垂冠，曼胡之纓，短後之衣，瞋目而語難。《類聚》六〇引「瞋」作「瞑」。相擊於前，上斬頸領，《御覽》三四四引「領」作「頷」。下決肝肺。此庶人之劍，無異於鬭雞，一旦命已絶矣，《類聚》六〇引「已」作「以」。無所用於國事。今大王有天子之位，而好庶人之劍，臣竊爲大王薄之。』王乃牽而上殿。宰人上食，王三環之。

倫按：環借爲還。

莊子曰：『大王安坐定氣，劍事已畢奏矣。』於是文王不出宫，三月，劍士皆服斃其處也。

《御覽》三四四、又四六二引『服』作『伏』。

倫按：服借爲勹。

莊子義證弟三十一　雜篇漁父弟三十一

孔子遊乎緇帷之林，涵本『帷』作『惟』。

陸德明曰：『帷，本或作惟。』

休坐乎杏壇之上。弟子讀書，孔子弦歌、鼓琴。奏曲未半，《類聚》六四引『半』作『終』。**有漁父者，**

陸德明曰：『元嘉本有漁父者，作有漁者父』。

下船而來，《御覧》三六八引『下』作『刺』。**鬢眉交白，**各本『鬢』作『須』，《闕誤》引張君房本『交』作『皎』。

陸德明曰：『須眉，本亦作鬢眉。交，一本作皎。』

披髮揄袂，『被』原作『被』，『袂』原作『袂』，今正。世本『揄』作『楡』。**行原以上，距陸而止。左手據膝，**《世説新語》四注引作『挈』。**右手持頤，**《御覽》一八五引『持』作『拄』。**以聽曲終，而招子貢、子路二人俱對。客指孔子，曰：『彼何爲者也？』子路對曰：『魯之君子也。』客問其族。子路對曰：『族孔氏。』客曰：『孔氏者，何治也？』子路未應，子貢對，曰：『孔氏者，性服忠信，身行仁義，飾禮樂，**

陸德明曰：『飾，本又作飭。』

選人倫，

倫按：選疑借爲譔，《説文》曰：『譔，專教也。』

上以忠於世主，下以化於齊民，

陸德明曰：『「下以化齊民」，元嘉本作「化於齊民」，後句如無於字。』

將以利天下。此孔氏之所治也。』又問，曰：『有土之君與？』子貢曰：『非也。』『侯王之佐與？』子貢曰：『非也。』客乃笑而還行，言曰：『仁則仁矣，恐不免其身。苦心勞形，以危其真。

陸德明曰：『危，或作僞。』王念孫曰：『危古音魚戈反，亦在歌部，故本亦作僞。』

嗚呼，遠哉。其分於道也。』

陸德明曰：『分，本又作介。』倫按：介爲𠔁之譌。分𠔁均借爲倍，同脣音也。《説文》曰：『倍，反也。』

子貢還報孔子。孔子推琴而起，曰：『其聖人與。』乃下求之，至於澤畔，《御覽》七六八引『澤』作『津』。**方將杖拏而引其船。**涵本、世本『拏』作『挐』。

尹桐陽曰：『《方言》九、《小爾雅·廣器》均云：「楫謂之橈。」拏橈娘母雙聲。』倫按：《説文》曰：『楫，所以擢舟也。』依段本。幽宵聲近，幽侵對轉，故後又造櫂字、棹字，復借橈字。橈拏雙聲，故此作『拏』。拏艕疊韻亦雙聲，故今作『槈』、作『艕』。

顧見孔子，還鄉而立。

陸德明曰：『鄉，或作嚮。下同。』

孔子反走，再拜而進。客曰：『子將何求？』孔子曰：『曩者，先生有緒言而去，

倫按：《説文》曰：『緒，絲端也。』緒言，謂言其耑也。

丘不肖，未知所謂，竊待於下風，《闕誤》引張君房本「待」作「侍」。

陸德明曰：『待，或作侍。』

幸聞咳唾之音，以卒相丘也。』客曰：『嘻。甚矣！子之好學也。』孔子再拜而起，曰：『丘少而脩學，以至於今，六十九歲矣，無所得聞至教，敢不虚心？』客曰：『同類相從，同聲相應，固天之理也。吾請釋吾之所有而經子之所以。

倫按：經借爲行。

子之所以者，人事也。天子、諸侯、大夫、庶人，此四者自正，治之美也。四者離位，而亂莫大焉。官治其職，人憂其事，

倫按：《説文》曰：『憂，行之和也。』

乃無所陵。故田荒室露，

倫按：露借爲殬，同舌音也。《説文》曰：『殬，敗也。』《方言》曰：『露，敗也。』即借露爲殬。

衣食不足，徵賦不屬，妻妾不和，長少無序，庶人之憂也。能不勝任，官事不治，行不清白，羣下荒怠，

倫按：荒借爲忘。

功美不有，爵禄不持，大夫之憂也。廷無忠臣，國家昏亂，世本「昏」作「昬」。**工技不巧，**世本「工」作「國」。**貢職不美，**

陸德明曰：『職，或作賦。』倫按：職當從或本作賦。

春秋後倫，

陸德明曰：『春秋後倫，朝覲不及等比也。』倫按：《史記·吴王濞傳》集解引孟康曰：『律，春曰朝，秋曰請，如古諸侯朝聘也。』

不順天子，諸侯之憂也。陰陽不和，寒暑不時，以傷庶物，諸侯暴亂，擅相攘伐，

倫按：攘借爲讓，《説文》曰：『讓，相責讓。』

以殘民人，世本「殘」作「賤」。**禮樂不節，財用窮匱，**

倫按：窮匱借爲空潰。

人倫不飭，百姓淫亂，「淫」原作「滛」，今正。**天子有司之憂也。**

倫按：『有司』涉下句而誤羨。

今子既上無君侯有司之勢，而下無大臣職事之官，而擅飾禮樂，選人倫，以化齊民，不泰多事乎？

陸德明曰：『泰，本又作大。』

且人有八疵，事有四患，不可不察也。非其事而事之，謂之摠。「摠」原作「揔」，今正。

章炳麟曰：『總借爲傯。《地官·廛人》「掌斂市總布」「肆長，斂其總布」，杜子春皆云：「總當爲傯。」古者東談相轉也。《曲禮》：「長者不及，毋傯言。」是傯者不應豫而豫之也。』倫按：未詳，疑借爲謥，同齒音也。《韓非·詭使篇》『社稷之所以立者，安靜也，而謥險讒諛者任』。『謥險』『讒諛』並言，略與此同。《說文》曰：『謥，擾也。』

莫之顧而進之，謂之佞。希意導言，古逸叢書本《玉篇》引「希」作「晞」，崇本、世本「導」作「道」。**謂之諂。**古逸叢書本《玉篇》引「諂」作「讇」。**不擇是非而言，謂之諛。好言人之惡，謂之讒。析交離親，謂之賊。稱譽詐僞，以敗惡人，**《闕誤》引張君房本「惡」作「德」。**謂之慝。不擇善否，兩容顔適，**世本、崇本「顔」作「頰」。

陸德明曰：『頰，或作顔。』章炳麟曰：『頰從夾聲。夾之平聲爲兼，此頰借爲兼字。』

偷拔其所欲，

倫按：偷借爲揄，《說文》曰：『揄，引也。』

謂之險。

朱駿聲曰：『險借爲憸，《說文》曰：「憸，詖也。」』

此八疵者，外以亂人，内以傷身，君子不友，明君不臣。所謂四患，好經大事，

倫按：經借爲行。

變更易常，

倫按：『變更易』三字義一也，疑『更』字爲誤。

以挂功名，

倫按：挂疑借爲系，支脂聲近。係從人系系亦聲，係系一字。詳《說文六書疏證》。《說文》『謑』之重文作『謨』。是其例證。《說文》曰：『系，繫也。』

謂之叨。

倫按：『叨』，《說文》爲『饕』之重文，當讀如字。

專知擅事，侵人自用，謂之貪。見過不更，聞諫愈甚，謂之很。世本「很」作「狠」，崇本作「狠」。**人同於己則可，不同於己，雖善不善，謂之矜。**

倫按：矜借爲誩。

此四患也。能去八疵，無行四患，而始可教已。』孔子愀然而歎，

倫按：愀借爲款。

再拜而起，曰：『丘再逐於魯，削迹於衛，伐樹於宋，圍於陳蔡。丘不知所失而離此四

謗者，

劉秀生曰：『成玄英疏曰：「罹，遭也。」是成本「離」作「罹」。』

何也？』客悽然變容曰：『甚矣，子之難悟也！

陸德明曰：『「難語」下同，本或作「悟」。』倫按：悟字義長。

人有畏影惡迹而去之走者，《文選》枚乘《上書諫吴王》注引「影」作「景」。舉足愈數而迹愈多，《文選》枚乘《上書諫吴王》注引「愈」作「逾」。

走愈疾而影不離身，

倫按：數借爲速。

倫按：疾借爲疌。

自以爲尚遲，疾走不休，絶力而死。不知處陰以休影，處静以息迹，愚亦甚矣。子審仁義之間，察同異之際，觀動静之變，適受與之度，理好惡之情，和喜怒之節，而幾於不免矣。謹脩而身，慎守其真，還以物與人，則無所累矣。《世説新語》二注引「累」作「異」。今不脩之身而求之人，不亦外乎？』《世説新語》二注引『外』下有『事者』二字。孔子愀然，曰：『請問何謂真？』客曰：『真者，精誠之至也。《文選》嵇叔夜《幽憤詩》注引「至」作「志」。不精不誠，不能動人。故彊哭者，雖悲不哀。各本「彊」作「强」，下同。

倫按：《音義》出强字，是陸本『彊』字作『强』也。

彊怒者，雖嚴不威。彊親者，雖笑不和。真悲無聲而哀，真怒未發而威，真親未笑而和。真在内者，神動於外，是所以貴真也。其用於人理也，事親則慈孝，事君則忠貞，飲酒則歡樂，處喪則悲哀。忠貞以功爲主，飲酒以樂爲主，處喪以哀爲主，事親以適爲主。功成之美，無一其迹矣。事親以適，不論所以矣。飲酒以樂，不選其具矣。

倫按：選借爲柬，聲同元類。《説文》曰：『柬，分别之也。』『選』下曰：『一曰擇也。』『擇也』即『柬』字義。

處喪以哀，無問其禮矣。禮者，世俗之所爲也。真者，所以受於天也。自然不可易也。故聖人法天貴真，不拘於俗。愚者反此。不能法天而恤於人，不知貴真，禄禄而受變於俗，

陸德明曰：『禄，司馬云：録。』郭慶藩曰：『禄，司馬本作録。』奚侗曰：『禄借爲娽，《説文》曰：「隨從也。」《史記·平原君列傳》「公等録録」，《索隱》引王邵云：「録借字耳。」《説文》云：「娽娽，隨從之貌也。」』

故不足。惜哉，子之早湛於人僞，各本「早」作「蚤」。

陸德明曰：『蚤，字亦作早。』倫按：蚤借字，聲同幽類。

而晚聞大道也。』孔子又再拜而起，曰：『今者，丘得遇也，

陸德明曰：『「丘得過也」，「過」，或作「遇」。』郭慶藩曰：『遇字是。』

若天幸然。先生不羞而比之服役，而身教之。敢問舍所在，請因受業，而卒學大道。』

客曰：『吾聞之，可與往者，與之至於妙道。不可與往者，不知其道，慎勿與之，身乃無咎。子勉之，吾去子矣，吾去子矣。』乃刺船而去，延緣葦間。

倫按：延借爲沿，音同喻紐。《説文》曰：『沿，緣水而下也。』緣借爲掾。

顔淵還車，子路授綏，孔子不顧，待水波定，不聞拏音，《御覽》七六八引『拏』作『拏』。

倫按：拏當作拏，下同。

而後敢乘。子路旁車而問，曰：『由得爲役久矣，未嘗見夫子遇人如此其威也。萬乘之主，千乘之君，見夫子未嘗不分庭伉禮。《文選・應詔讌曲水作詩》注引「伉」作「抗」。夫子猶有倨敖之容。世本「敖」作「傲」。今漁父杖拏逆立，

倫按：逆，疑借爲屰，音同疑紐。《説文》曰：『屰，定也。』或借卬，亦同疑紐。迎逆雙聲轉注。是其例證。卬即仰之初文，《説文》曰：『卬望，欲有所庶及也。』『卬立』與『曲要』『罄折』對文。或借爲㐼，同淺喉音。《説文》曰：『㐼，相踦㐼也。』㐼立，曲一足而立也。

而夫子曲要磬折，言拜而應，崇本「言」作「再」。得無太甚乎？門人皆怪夫子矣，漁父何以得此乎？涵本、世本「父」作「人」。孔子伏軾而歎，《文選》顔延年《拜陵廟詩》注引「軾」作「軫」。

倫按：伏借爲勹。

曰：『甚矣，由之難化也。湛於禮義有閒矣，

陸德明曰：『湛，或作其。』倫按：『其』爲『甚』之爛文，『甚』爲『湛』省也。

而樸鄙之心，至今未去。進，吾語汝。夫遇長不敬，失禮也。見賢不尊，不仁也。彼非至人，世本「人」作「仁」。不能下人，下人不精，不得其真，故長傷身。惜哉。不仁之於人也，禍莫大焉。而由獨擅之。且道者，萬物之所由也，庶物失之者死，得之者生，爲事逆之則敗，順之則成。故道之所在，聖人尊之。今漁父之於道，可謂有矣，吾敢不敬乎？』

莊子義證弟三十二　雜篇列御寇弟三十二

列御寇之齊，中道而反，遇伯昏瞀人。世本『昏』作『昬』。**伯昏瞀人曰：『奚方而反？』**涵本『反』作『使』。

倫按：方爲妨省，《説文》曰：『妨，害也。』

曰：『吾驚焉。』曰：『惡乎驚？』曰：『吾嘗食於十漿，世本、崇本「漿」作「饗」。**而五漿先饋。』伯昏瞀人曰：『若是，則汝何爲驚已？』曰：『夫内誠不解，**

陸德明曰：『饗，本亦作漿。』倫按：《説文》作漿。

形諜成光，

倫按：解爲懈省，《説文》曰：『懈，怠也。』

孫詒讓曰：『諜，疑借爲渫。内誠不解，謂積誠於中。形渫成光，謂形宣渫於外爲光儀也。』

以外鎮人心，使人輕乎貴老而𩐈其所患。

倫按：𩐈，《説文》作𩐈，此借爲齎。《説文》『𩐈』重文作『齏』。是其例證。《説文》曰：『齎，持遺也。』

夫漿人特爲食羹之貨，多餘之贏，《闕誤》引江南李氏本、張君房本「多」上有「無」字。

奚侗曰：『「多餘」上捝「無」字，《列子・黄帝篇》有「無」字。江南李氏本、張君房本並作「無多餘之贏」。』倫按：成玄英疏曰：『夫賣漿之人，獨有食羹爲貨，所盈之物，蓋亦不多。』似成本『多餘』上亦有『無』字。但食羹之貨，謂漿之賣。多餘之贏，謂賣漿財貨之贏。今語猶曰：『爲賣了漿多餘幾箇錢。』且『食羹之貨』『多餘之贏』對文，不得有『無』字。

其爲利也薄，其爲權也輕，而猶若是，世本「是」作「食」。**而況於萬乘之主乎？身勞於國，而知盡於事，彼將任我以事，而效我以功，**

陸德明曰：『效，本亦作校。』倫按：校、效並借爲覈。

吾是以驚。』伯昏瞀人曰：『善哉。觀乎！汝處已，各本「汝」作「女」，《闕誤》引江南李氏本「已」作「己」。

倫按：成玄英疏曰：『汝安處己身。』是成本『己』作『人己』之『己』。非是。

人將保汝矣。』崇本、涵本『汝』作『女』。**無幾何而往，則户外之屨滿矣。伯昏瞀人北面而立，敦杖，**

倫按：敦借爲𡎺，《説文》曰：『𡎺，磊𡎺，重聚也。』今吾杭謂豎物曰篤起來，即此字。

蹙之乎頤，

倫按：《戰國策·齊策》：『齊謡曰：「修劍拄頤。」』辭意與此同，則蹙亦拄也，疑借爲㨫，聲同幽類。《説文》曰：『㨫，戟持也。』段玉裁曰：『戟持者，曲其肘如戟而持之也。』

立有間，不言而出。賓者以告列子。

陸德明曰：『賓，本亦作儐。』倫按：《説文》曰：『儐，導也。』賓省。

列子提屨，跣而走，暨乎門，

倫按：暨借爲及。

曰：『先生既來，曾不發藥乎？』

陸德明曰：『發，司馬本作廢。』

曰：『已矣，吾固告汝，曰人將保汝，果保汝矣。非汝能使人保汝，而汝不能使人無保汝也，而焉用之感豫出異也。

奚侗曰：『《列子·黄帝篇》作「而焉用之感也，感豫出異也」，此捝「也感」二字。』而讀爲汝。之，是也。』倫按：不增『也感』二字亦得。豫借爲宁，聲同魚類。《説文》曰：『宁，辨積物也。』

必且有感，摇而本性，世本、崇本「性」作「才」。

陸德明曰：『本才，一本才作性。』奚侗曰：『郭象注曰：「必將有感，則與本性動也。」則郭本「才」亦作「性」。』倫按：摇借爲徭，性字是。**又無謂也。與汝遊者，又莫汝告也。彼所小言，**《説文繫傳》三五引「所」作「其」。**盡人毒也。莫覺莫悟，何相執也？**

倫按：執借爲毒，聲同幽類。《老子》『亭之毒之』，河上本作『成之熟之』。是其例證。

巧者勞而知者憂，無能者無所求，《書鈔》一四二引無「所」字。**飽食而遨遊，**世本及《書鈔》一四二引無「飽」字。

陸德明曰：『食而敖遊，一本作飽食而遨遊。』

汎若不繫之舟，《書鈔》一三七「汎若」作「泛然」，一四二引「汎」作「浮」、「繫」作「係」，《御覽》七六八引重「汎」字，「繫」作「係」。

倫按：《賈誼傳》『汜兮若不繫之舟』，《索隱》曰：『出《莊子》。』則賈所見本『汎若』作『汜若』，多『兮』字。

虚而敖遊者也。』鄭人緩也，呻吟裘氏之地。

陸德明曰：『呻，本或作呻吟之地，崔本作之地蛇。』洪頤煊曰：『《水經·渠水》注：「沙水又東逕陳留縣裘氏鄉裘氏亭西。」』倫按：《音義》引崔云：『呻，誦也。』是崔本亦無『吟』字。《禮·曲禮》：『衛柳莊死，獻公與之邑裘氏，縣潘氏。』是裘氏地名。『之地』，崔作『之地蛇』者，『蛇』爲『地』之譌字。蓋有一本作『蛇』，校者旁注『地』下，傳寫誤入正文也。

祇三年而緩爲儒，世本『祇』作『祗』。**河潤九里，澤及三族。使其弟墨。儒墨相與辯，其父助翟。**

奚侗曰：翟當作墨。

十年而緩自殺。其父夢之，曰：『使而子爲墨者予也。闔胡嘗視其良，《闕誤》引文如海、成玄英、江南李氏本無「胡」字。

陸德明曰：『良，本作埌，冢也。』成玄英曰：『良，亦有作垠字者。』垠，冢也。俞樾曰：『良，或作埌。是也。埌猶壙也，壙埌本叠韻字。《應帝王篇》「以處壙埌之野」是也。』倫按：成玄英疏曰：『闔，何不也。何不看視我爲賢良之師。』是成本無『胡』字。無者是。蓋有一本作『胡』者，讀者旁注『闔』下，傳寫誤入正文也。

既爲秋柏之實矣。』

奚侗曰：『爲借爲有，秋借爲楸。』

夫造物者之報人也，不報其人，而報其人之天。彼故使彼。夫人以己爲有以異於人，以賤其親。

孫詒讓曰：『賤爲賊之誤。』

齊人之井飲者，相捽也。

倫按：其事未詳。

故曰今之世皆緩也。

倫按：《知北遊篇》『君子之人若儒墨者師，故以是非相鳌也，而況今之人乎』，疑當在此下。

自是有德者以不知也，而況有道者乎？古者謂之遁天之刑。聖人安其所安，不安其所不安。衆人安其所不安，不安其所安。

倫按：疑有奪譌。

莊子曰：『知道易，勿言難。知而不言，所以之天也。知而言之，所以之人也。古之人，天而不人。』朱泙漫學屠龍於支離益，《後漢書·張衡傳》引『漫』作『曼』，注引同，又『益』作『蓋』。**單千金之家，**《類聚》九八、《六帖》九五、《御覽》八二八、又九二八、《文選》張景陽《七命》注引『單』作『殫』。**三年，技成，而無所用其巧。**《御覽》八二八、又九二八引『技』作『伎』。

陸德明曰：『家，本亦作賈，又作價。』倫按：單爲殫省，家字是，賈字借。

陸德明曰：『「三」絶句，崔云「用千金也三」也。一本作「三年」，則上句至「家」絶。』倫按：一本是也。

聖人以必不必，故無兵。衆人以不必必之，故多兵。順於兵，

陸德明曰：『慎，或作順。』倫按：順當從陸本作慎，聲同真類通借。本篇下文有『順懁而達』，《音義》曰：『順，王作慎。』《詩·下武》『應侯順德』，《淮南·繆稱訓》引『順』作『慎』。《史記·魯世家》『順公』，《世本》作『慎公』。《荀子·成相篇》『慎墨季惠百家之説誠不詳』，《修身篇》『術順墨而精雜汙』，『順』亦『慎』之借。是其例證。

故行有求。

倫按：求爲救省。

兵恃之，則亡。小夫之知，不離苞苴竿牘，

章炳麟曰：『竿借爲簡，古干聲間聲相通。《聘禮記》「皮馬相間」，古文「間」作「干」。《小雅》「秩秩斯干」，傳以「干」爲「澗」。是其例證。』倫按：苞借爲罟，苴借爲罝，竿借爲〈，昔同見紐。牘借爲瀆，《説文》曰：『罟，覆車也。』『罝，兔网也。』『〈，小流也。』『瀆，溝也。』此與《外物篇》『揭竿累趨灌瀆』同意。竿牘或如章説。

敝精神乎蹇淺，

倫按：蹇淺借爲次羨，聲同元類。《史記·自序》作健羨。《説文》曰：『次，慕欲口液也。』『羨，貪欲也。』

而欲兼濟導物，世本、崇本『導』作『道』。

陸德明曰：『道，音導。』倫按：導當依陸本作道，『道物』『形虛』相對爲文。

太一形虛。

倫按：太一猶合一、至一也。

若是者，迷惑于宇宙形累，

倫按：『形累』涉郭象注文『形爲累』而羨。《知北遊篇》：『外不觀乎宇宙，內不知乎太初。』可相證也。

不知太初。彼至人者，歸精神乎無始，而甘瞑乎無何有之鄉。世本、崇本『瞑』作『冥』。

陸德明曰：『冥，本亦作瞑。』俞樾曰：『冥，當從一本作瞑。瞑眠古今字。』

水，流乎無形，發泄乎太清。悲哉乎，

陸德明曰：『悲哉乎，一本作悲哉悲哉。』

汝爲知在毫毛，各本『毫』作『豪』。**而不知大寧。**崇本、世本『寧』作『甯』。**宋人有曹商者，**『商』原作『商』，今正，下同。**爲宋王使秦。其往也得車數乘。王悅之，**崇本、世本『悅』作『說』。

倫按：《音義》出『王説』，是陸本作『説』也。

益車百乘。反於宋，見莊子，曰：『夫處窮閭阨巷，困窘織屨，槁項黃馘者，

陸德明曰：『槁，本亦作矯。』奚侗曰：『馘，疑顣之誤字。《説文》曰：「顣，食不飽面黃起行也。」《北史·崔㥄傳》「黃頷兒何足拜也」，黃頷即黃顣。』倫按：矯借字。

商之所短也。崇本作「商」。**一悟萬乘之主，**

倫按：悟借爲遻，音同疑紐。《楚辭·懷沙》『重華不可遻兮』，《史記·屈原傳》『遻』作『悟』，『遻』即『遻』之俗字。是其例證。《說文》曰：『遻，相遇驚也。』《爾雅·釋詁》曰：『遻，見也。』

而從車百乘者，商之所長也。』莊子曰：『秦王有病，《類聚》七一引「病」作「疾」。**召醫，破癰、**「癰」原作「癕」，今正。**潰痤，**《御覽》七三三引「潰」作「瘨」、「痤」作「疽」，《文選·廣絶交論》注「痤」作「髮」。

倫按：痤，當依《御覽》作疽，同齒音通假也。《說文》曰：『疽，久癰也。』

得車一乘。舐痔者，

陸德明曰：『舐，字又作䑛。』

得車五乘。所治愈下，

陸德明曰：『愈，本又作俞。』

得車愈多。《御覽》七七三引「車」作「乘」。**子豈治其痔邪，**《後漢書·趙壹傳》注引作「子豈舐痔邪」，《文選·廣絶交論》注引作「子豈能療其痔邪」。**何得車之多也？**《後漢書·趙壹傳》注引「也」作「乎」。**子行矣。』魯哀公問乎顏闔，曰：『吾以仲尼爲貞幹，**

倫按：貞借爲株，音同知紐。《說文》曰：『株，木根也。』幹，《說文》作榦，此借爲𣏌。《文選·魏都賦》注、《贈劉琨詩》注引《説文》曰：『榦，本也。』章炳麟謂此𣏌字義，泰對轉寒所變也。《説文》曰：『𣏌，木本也。』

國其有瘳乎？』曰：『殆哉圾乎。世本「圾」作「汲」。**仲尼方且飾羽而畫，**

倫按：郭象諸家皆以『仲尼連圾乎』讀絶，非是。

從事華辭，

倫按：華借爲誇。

以支爲旨。

倫按：支爲枝省。

忍性以視民，而不知不信。受乎心，宰乎神，夫何足以上民？彼宜汝與？世本「汝」作「女」。

倫按：《音義》出『女與』二字，是陸本『汝』作『女』。

予頤與？

倫按：『頤養』字《説文》作𦣞，養也。

誤而可矣。

倫按：『誤』疑借爲『娛』，然以上文疑有奪誤。

今使民離實學僞，非所以視民也。爲後世慮，不若休之。難治也。』施於人而不忘，非

天布也。商賈不齒，雖以事齒之，世本『事』作『士』。**神者弗齒。爲外刑者，金與木也。爲內刑者，動與過也。宵人之離外刑者，金木訊之。**

朱駿聲曰：『宵借爲小。』

陸德明曰：『訙，本又作訊。』盧文弨曰：『訙俗字。』

離內刑者，陰陽食之。夫免乎外內之刑者，唯真人能之。孔子曰：『凡人心險於山川，難於知天。《御覽》三七六引作「難知於天」。

《後漢書·郭泰傳論》引「心」作「情」。

倫按：『難於知天』，當依《御覽》引作『難知於天』。成玄英疏曰：『人心難知，甚於山川，過於蒼昊。』是成本尚作『難知於天』也。

天猶有春秋冬夏旦暮之期，人者，厚貌深情。故有貌愿而益，

倫按：益爲隘省，隘猶險也。或借爲險，並喉音也。

有長若不肖，

倫按：『長』下疑奪『者』字。

有順懁而達，《闕誤》引江南古藏本「順」作「慎」，世本「達」下有「者」字。

陸德明曰：『順，王作慎。』倫按：順當依王本作慎。此句疑當作『有慎而懁』。『達』字蓋本作『還』，讀者旁注以釋『懁』音，傳寫誤入正文，復誤爲達。後人以爲難通，則乙『懁』字於上矣。《説文》曰：『懁，急也。』

有堅而縵，

俞樾曰：『縵者，漫之借字。』倫按：堅借爲緊，《説文》曰：『緊，纏絲急也。』

有緩而釬。

倫按：釬借爲忓，《説文》曰：『忓，極也。』極當爲慱。

故其就義若渴者，其去義若熱。故君子遠使之而觀其忠，近使之而觀其敬，煩使之而觀其能，卒然問焉而觀其知，

倫按：卒爲窣或猝之省，《説文》曰：『窣，從穴中卒出。』『猝，犬從艸暴出逐人也。』或借爲趀，音同清紐。《説文》曰：『趀，倉卒也。』

急與之期而觀其信，委之以財而觀其仁，告之以危而觀其節，醉之以酒而觀其則，崇本「則」作「側」。

陸德明曰：『側，或作則。』俞樾曰：『則者，法則也。《國語·周語》曰「威儀有則」，《周書·官人篇》作「醉之酒以觀其恭」，《大戴禮·文王官人篇》作「醉之以觀其不失也」，與此語意相近，可證也。』倫按：《音義》引王云：『側謂凡爲不正也。』是王本『則』作『側』，陸本亦作『側』。

雜之以處而觀其色。九徵至，不肖人得矣。』正考父一命而傴，再命而僂，三命而俯，

循牆而走，孰敢不軏。『軏』原作『軌』，今正。

倫按：《左傳》載正考父鼎銘曰：『一命而僂，再命而傴，三命而俯。循牆而走，莫余敢侮。』《史記・孔子世家》載『莫余敢侮』作『亦莫敢余侮』，下更有『饘於是，粥於是，以糊余口』三句。

如而夫者，

劉淇曰：『而夫猶云若人。』章炳麟曰：『而夫即女夫。《左氏・昭六年傳》：「左師曰：女夫也必亡。」』

一命而呂鉅，

倫按：《後漢書・馬援傳》『黠欲旅距』，『旅』爲『膂』省。『呂』『膂』古今字。李賢注曰：『旅距，不從之貌。』倫謂古人雙聲疊韻連語，詞同而義不盡同，如『鞅掌』之或爲『忘』或爲『悤』。此呂鉅亦疊韻連緜詞，鉅借爲倨，音同見紐。《説文》曰：『倨，不遜也。』

再命而於車上儛，

倫按：『儛』字《説文》作『舞』。成玄英疏曰：『再命則提綏作舞。』是成本『儛』作『舞』。

三命而名諸父，孰協唐許？ 賊莫大乎德有心，而心有睫。涵本『睫』作『眼』，下同。

倫按：睫當從涵芬樓本作眼。《淮南·主術訓》曰：『德有心則險，心有目則眩。』正解此文。睫者，《説文》作睞，目旁毛也。義不可通。

及其有睫也，而内視，内視而敗矣。凶德有五，『凶』原作『㐫』，今正。**中德爲首。何謂中德？中德也者，有以自好也，而吡其所不爲者也。**

王念孫曰：『吡與訿同，《玉篇》：「訿，呰也。」』孫詒讓曰：『郭象注云：「吡，呰也。」則吡即呰之或體。』

窮有八極，達有三必，形有六府。

奚侗曰：『形爲刑誤。』

美、髯、長、大、

倫按：《國語·晉語》曰：『瑶之賢於人者五，美鬢長大則賢，射御足力則賢，伎藝畢給則賢，巧文辯惠則賢，彊毅果敢則賢。』是古通以鬢髯之好爲賢也，髯一字爲義。

壯、

倫按：壯爲奘省。

麗、勇、敢，八者俱過人也，因以是窮。緣循，

倫按：緣循借爲掾揗。

偃佒，

陸德明曰：『佒，本亦作央。』郭嵩燾曰：『偃俠當爲偃仰，央卬一聲之轉。《大雅》「顒顒卬卬」，《韓詩外傳》作「顒顒盎盎」。是其例證。』

困畏，

倫按：困疑借爲恐，音同谿紐。《說文》曰：『恐，懼也。』

不若人，三者俱通達。

倫按：郭象注曰：『緣循杖物而行者也，偃佒不能俯執者也，困畏怯弱者也。』是郭以『緣循』『偃佒』『困畏』平列。郭注又曰：『此三者既不以事見任，乃將接佐之，故必達也。』意不可曉。然無『不若人』三字可知也。倫謂此文本作『緣循偃佒困畏三者俱過人者因以是達』，今有奪誤。『通』蓋即『過』之誤，或涉下句而羨。

知慧外通，

倫按：『外通』爲『多適』之誤，『適』即『謫』之借字。

勇動多怨，仁義多責。 世本『責』作『則』，《闕誤》引劉得一本此下有『六者所以相刑也』一句。

奚侗曰：『「仁義多責」下，當據劉得一本補「六者所以相刑也」一句。今本奪去，則上文「刑有六府一句」無結語矣。』

達生之情者傀，

倫按：《方言》曰：『趙魏之間或謂慧曰鬼。』此借爲慧，聲同脂類。

達於知者肖。

郭慶藩曰：『《文選》謝靈運《初發郡詩》注引司馬云：「傀讀曰瑰。瑰，大也。情在故大也。胥，多智也。」是司馬本「肖」作「胥」。』倫按：「肖」當依司馬本作「胥」。胥爲諝省，《說文》曰：『諝，知也。』

達大命者隨，達小命者遭。人有見宋王者，錫車十乘，

倫按：錫借爲賜。

以其十乘驕穉莊子。

倫按：穉，徐鉉本《說文》作稺。稺謘均當從犀，詳《說文六書疏證》。《說文》曰：『稺，語諄謘也。』

莊子曰：『河上有家貧，《類聚》八四引作「有人家貧窮」。**恃葦蕭而食者，**各本「葦」作「緯」，《御覽》八〇三引「緯」作「織」，崇本「簫」作「蕭」。

陸德明曰：『緯蕭，本亦作葦。』倫按：本作織蕭，讀者以蕭是荻蕭，故注『葦』字於旁，傳寫又以『葦』字易『蕭』字，一本遂作織葦。校者又以作『蕭』者注『葦』字下，傳寫誤爲『葦蕭』。讀者以爲不可通，乃作『緯蕭』耳，一本遂復有作『緯葦』者。

其子沒於淵，《六帖》七引「淵」作「川」。**得千金之珠。其父謂其子，**《御覽》九二八引「其父」

上有「歸與其父」一句。曰：「取石來鍛之。『鍛』原作『鍜』，世本同，今正。夫千金之珠，必在九重之淵而驪龍頷下，子能得珠者，必遭其睡也。使驪龍而寤，子尚奚微之有哉？」《類聚》八四引「微」作「徵」，《御覽》九二八引作「徵」。

倫按：微，當依《御覽》作徼。《説文》曰：『憿，幸也。』

今宋國之深，非直九重之淵也。宋王之猛，非直驪龍也。子能得車者，「子」原作「予」，依各本改。必遭其睡也。使宋王而寤，子爲**韲**粉夫。』世本『韲』作『齏』。或聘於莊子。莊子應其使，曰：『子見夫犧牛乎？衣以文繡，食以芻菽，《類聚》九四、《文選·幽通賦》注引「芻」作「蒭」，世本、崇本「菽」作「叔」。

倫按：《音義》出『芻叔』二字，是陸本『菽』作『叔』也。

及其牽而入於太廟，涵本、崇本「太」作「大」。

倫按：《音義》出『大』字，音太。是陸本『太』作『大』。

雖欲爲孤犢，其可得乎？』莊子將死，弟子欲厚葬之。莊子曰：『吾以天地爲棺槨，以日月爲連璧，星辰爲珠璣，萬物爲齎送。《御覽》五五五引「齎」作「齊」。

陸德明曰：『齎，本或作濟。』倫按：成玄英疏曰：『資送備矣。』疑成本『齎』作『資』。

吾葬具豈不備邪？何以加此？』弟子曰：『吾恐烏鳶之食夫子也。』《御覽》五五五引

『鳶』作『鳶』。

莊子曰：『在上爲烏鳶食，在下爲螻蟻食，奪彼與此，何其偏也？』以不平平，其平也不平。以不徵徵，其徵也不徵。明者唯爲之使，神者徵之。夫明之不勝神也久矣，而愚者恃其所見，入於人，其功外也，不亦悲乎。

倫按：奪借爲敓，音同透紐。《説文》：『敓，彊取也。』

莊子義證弟三十三　雜篇天下弟三十三

天下之治方術者，

倫按：方借爲法。

多矣，皆以其有，爲不可加矣。

倫按：郭象注曰：『爲其所有爲。』是讀『有爲』絶句。倫從宣穎讀至『有』字爲句。

古之所謂道術者，果惡乎也？曰：『無乎不在。』曰：『神何由降？明何由出？』『聖有所生，王有所成，皆原於一。』不離於宗，謂之天人。不離於精，謂之神人。不離於真，謂之至人。以天爲宗，以德爲本，以道爲門，兆於變化，

陸德明曰：『兆，本或作逃。』倫按：兆疑爲八誤。

謂之聖人。以仁爲恩，以義爲理，以禮爲行，以樂爲和，薰然慈仁，

倫按：薰借爲惲，聲同真類。《儀禮・士相見禮》『問夜膳葷』，注：『古文葷作薰。』《史記・五帝紀》『北逐葷粥』，《漢書・谷永傳》作『薰鬻』。皆其例證。《說文》曰：『惲，重厚也。』或借爲昷，亦同真類。《周禮》『染人』注：『故書纁作䋎。』《荀子・哀公篇》『富有天下而無怨財』，楊注：『怨讀爲蘊。』此薰可通昷之證。《說文》曰：『昷，仁也。』

謂之君子。以法爲分，以名爲表，

倫按：表借爲標，同脣音也。《周禮·肆師》『祭之日表齍盛』，注：『故書表爲剽。』是其例證。《説文》曰：『標，木杪末也。』標猶準也。

以操爲驗，各本『操』作『參』。

陸德明曰：『參，本又作操。』朱駿聲曰：『參借爲三。』倫按：三猶多也。驗借爲譣，《説文》：『譣，問也。』

以稽爲決，崇本『決』作『決』。

倫按：稽借爲卟，決借爲叏。

其數一二三四是也，

倫按：其猶若也，詳見《經傳釋詞》。四當作三，《説文》曰：『三，籀文四。』

百官以此相齒，以事爲常，以衣食爲主，蕃息畜藏，

倫按：畜爲蓄省，《説文》曰：『蓄，積也。』

老弱孤寡爲意，皆有以養，民之理也。古之人其備乎？配神明，醇天地，

章炳麟曰：『醇借爲準，《地官·質人》「壹其淳制」，《釋文》：「淳，音準。」是其例。《易》曰：「易與天地準，配神明，準天地。」二句意同。』倫按：醇借爲埻，《説文》曰：

『埻，射臬也，讀若準。』此『準的』字。

育萬物，和天下，澤及百姓，明於本數，係於末度，涵本『末』作『未』。**六通四闢，**各本『闢』作『辟』。

陸德明曰：『辟，本亦作闢。』倫按：辟爲闢省。

小大精粗，其運無乎不在。其明而在數度者，崇本『數度』作『歷數』。**舊法世傳之，史尚多有之。**

倫按：尚爲掌省，言史官所掌亦多有之也。《周禮·太史》：『掌法以道官府之治，凡辨法者考焉，不信者刑之，凡邦國都鄙及萬民之有約劑者藏焉。』即『史掌多有之』也。

其在於《詩》《書》《禮》《樂》者，鄒魯之士、

陸德明曰：『鄒，孔子父所封邑。』倫按：《説文》曰：『郰，魯下邑，孔子之鄉。』則鄒借爲郰，音同照紐。《吕氏春秋·尊師篇》『顔涿聚』，《史記·弟子傳》『聚』作『鄒』。是其例證。小名在上者，行文重聲讀便利，故不曰魯郰也。或曰：《史記·孟子列傳》：『孟子，騶人也。』『騶』爲『鄒』之借字。此『鄒』謂孟子生邑，則非也。孟、莊同時，今孟書不稱莊，莊亦不及孟，不得於此忽斥言其鄉矣。

搢紳先生多能明之。《詩》以道志，涵本『道』作『導』，下同。**《書》以道事，《禮》以道行，《樂》以道和，《易》以道陰陽，《春秋》以道名分。**

倫按：『詩以道志』以下六句，疑古注文，傳寫誤爲正文。

其數散於天下，而設於中國者，《書鈔》九五引『中』作『四』。**百家之學，時或稱而道之。**

天下大亂，賢聖不明，道德不一，天下多得一察焉以自好。

王念孫曰：『郭象斷「天下多得一」爲句，非是。當讀「天下多得一察焉以自好」爲一句，與下文「天下各爲其所欲焉以自爲方」句法正同。』俞樾曰：『王斷句是。察當讀爲際，一際猶一邊也。下文云「不該不偏，一曲之士也」，一際與一曲同。』

譬如耳目鼻口，皆有所明，不能相通。猶百家衆技也，世本『百』作『有』，《文選·演連珠》注引『家』作『官』。『技』原作『枝』，依各本改。**皆有所長，時有所用。雖然，不該不偏，**

一曲之士也。判天地之美，析萬物之理，察古人之全，

倫按：該借爲晐，《説文》曰：『晐，兼晐也。』

倫按：察借爲㮚，與殺借爲瞭同例。《説文》曰：『𥺝㮚，散之也。』

寡能備於天地之美，稱神明之容。是故内聖外王之道，闇而不明，

倫按：闇借爲暗，《説文》曰：『暗，日無光也。』

鬱而不發，

倫按：鬱借爲宛。

天下之人，各爲其所欲焉以自爲方。悲夫，百家，往而不反，必不合矣。後世之學者，

不幸不見天地之純、

倫按：純借爲均。

古人之大體，道術將爲天下裂。

郭慶藩曰：『裂，當作列。《說文》曰：「列，分解也。」《易·艮·九三》「列其夤」《管子·五輔篇》、《曾子·天圓篇》「瘞大袂列」，古「分解」字皆作「列」。

不侈於後世，

倫按：侈借爲哆，《說文》曰：『哆，張口也。』此侈大義之本字，或借爲迻。

不靡於萬物，

倫按：靡如字，《說文》曰：『靡，披靡也。』或借爲摩，《說文》曰：『摩，䃺也。』

不暉於數度，

陸德明曰：『暉，崔本作渾。』倫按：暉借爲曅，或爲翬，或爲睴。《說文》曰：『曅，大口也。』『翬，大飛也。』『睴，大目出也。』或借爲運。

以繩墨自矯，而備世之急，古之道術有在於是者。墨翟、

孫詒讓曰：『墨子，名翟，姓墨氏，魯人。蓋生於周定王時。魯惠公使宰讓請郊廟之禮於天子，桓王使史角往，惠公止之。其後在於魯，墨子學焉。宋昭公時，嘗爲大夫。昭公末年，司城皇喜專政劫君而囚墨子。老而至齊，見太王田和。卒於周安王末年。所箸書，漢劉向校之爲七十一篇，今存五十三篇。』

禽滑釐，

孫詒讓曰：『禽子，名滑釐，與田子方、段干木、吴起受業於子夏，後學於墨子。』倫按：禽滑釐，《吕氏春秋·當染篇》作滑鬣，《尊師篇》作滑黎，《漢書·古今人表》作屈釐，《儒林傳》作滑氂。孫詒讓謂正當作屈氂。陳漢章謂戰國有二禽滑釐，其一墨子弟子，其一子夏弟子，舉《列子·楊朱篇》『禽滑釐譏端木叔』爲證。倫謂《史記·儒林傳》曰：『如田子方、段干木、吴起、禽滑釐之屬，皆受業於子夏之倫。』其説蓋本《吕氏春秋·當染篇》而增損其文。《當染篇》曰：『禽滑鬣學於墨子。』則與子夏無涉。使司馬遷别有所本，禽滑釐塙爲子夏弟子，則先儒後墨，猶文子子夏弟子問於墨子矣。《列子》僞書，又屬孤證，未可信也。

聞其風而悦之，崇本、世本『悦』作『説』。

倫按：風借爲凡。《音義》出『而説』，音悦，是陸本『悦』作『説』，當從之。

爲之太過，世本『太』作『大』。

倫按：《音義》出『大過』，音太，後『大過』『大多』『大少』倣此，是陸本『太』作『大』。

已之大循。世本、崇本『循』作『順』。

陸德明曰：『順，或作循。』俞樾曰：『已讀爲以，用也。』章炳麟曰：『順借爲踳。踳爲舛或字，俗亦作僢。爲之大過，謂沐風櫛雨日夜不休者也。此説已之大踳，謂節葬非樂反天下之心也。』倫按：成玄英疏曰：『適周己身自順，未堪被教於人。』是成本『己』字作『人己』之『己』。『循』字作『順』也。

作爲《非樂》，命之曰《節用》。

陸德明曰：『《非樂》《節用》，《墨子》篇名。』倫按：雖《墨子》有此篇，檢此文義，乃氾言耳。

生不歌，死無服。墨子氾愛兼利而非鬭，其道不怒。又好學而博，不異，不與先王同，

馬其昶曰：『墨子南遊，載書甚多，自言嘗見百國《春秋》。是其好學之事。《荀子》偁其大儉約而優差等，曾不足以容辯異。蓋墨子之學，以不異爲宗旨。《淮南》偁其「背周道而用夏政」，故曰「不與先王同」。先王謂周先王也。』章炳麟曰：『「又好學而博」爲句，「不異」爲句，「不與先王同」爲句。不異者，尊天敬鬼尚儉，皆清廟之守所有事也。不同者，節葬非樂，非古制本然也。』

毁古之禮樂。黄帝有《咸池》，堯有《大章》，世本『大』作『太』。**舜有《大韶》，禹有《大夏》，湯有《大濩》，文王有辟雍之樂，武王、周公作《武》。**

倫按：《白虎通義》引《禮記》曰：『黄帝樂曰《咸池》，顓頊樂曰《六莖》，帝嚳樂曰

《五英》，堯樂曰《大章》，舜樂曰《簫韶》，禹樂曰《大夏》，湯樂曰《大濩》，周樂曰《大武》，周公之樂曰《酌》，合曰《大武》。」《初學記》引《叶徵圖》「黄帝」至「湯」同前，惟「周」作「周曰酌，又曰大武」，與此小殊。蓋武王樂曰《象》，《墨子》三辯、《淮南·氾論訓》、《春秋繁露·三代改制》並作「武王樂曰《象》」，惟《呂氏春秋·古樂篇》謂「武王作《大武》，成王作《三象》」。周公樂曰《酌》，合曰《大武》。此言武王、周公曰《武》，據其合者言之。

古之喪禮，貴賤有儀，上下有等，天子棺槨七重，諸侯五重，大夫三重，士再重。

倫按：《荀子·禮論篇》同此，惟「七」作「十」。王引之謂古書「七」「十」二字多互譌，「十」當作「七」。郝懿行謂「十」當作「五」。天子七重，於古無文。以此證之，王説爲長。以此見《莊子》舉事多合古制。

今墨子獨生不歌，死不服，桐棺三寸而無槨，以爲法式。以此教人，恐不愛人。以此自行，固不愛己。世本無「愛己」二字。**未敗墨子道，**涵本「未」作「末」。

陸德明曰：「敗，或作毀。」章炳麟曰：「未與非同，敗與伐同，言非攻伐墨子之道也。」倫按：《荀子·富國篇》曰：「我以墨子之非樂也，則使天下亂。墨子之節用也，則使天下貧。非將敗墮之也，説不免焉。」意與此同。《説文》曰：「敗城曰墮。」則《荀子》「非將墮之，説不免焉」，即此所謂「未敗墨子道」也。作毀者，毀墮音同曉紐，猶作墮矣。《説文》曰：「毀，缺也。」

雖然，歌而非歌，哭而非哭，樂而非樂，是果類乎？其生也勤，其死也薄，其道大觳。《荀子·富國篇》注引『道』下有『也』字，世本『觳』作『㲉』。

倫按：觳借爲觸，聲同侯類。《説文》曰：『觸，牴也。』

使人憂，使人悲，其行難爲也，恐其不可以爲聖人之道，反天下之心，天下不堪。

倫按：堪借爲任，聲同侵類。《説文》曰：『任，保也。』

墨子雖獨能任，奈天下何？離於天下，其去王也遠矣。墨子稱道曰：『昔禹之湮洪水，世本「昔」下有「者」字。

倫按：湮借爲垔，洪借爲洚，東侵聲近。《説文》曰：『垔，塞也。』『洚，水不遵道也。』

決江河而通四夷九州也，名川三百，崇本、世本「川」作「山」。

俞樾曰：『世德堂本「川」作「山」，字之誤也。名川支川，猶言大水小水也。《襄十一年·左傳》曰：「名山名川。」是山川並得言名。學者多見名山，少見名川，故誤改之。』郭慶藩曰：『名川，大川也。《禮·禮器》「因名山升中於天」，鄭注：「名猶大也。」高注《淮南·墬形訓》亦曰：「名川，大川也。」《王制》言名山大川，《月令》言大山名源，其義一也。《魯語》「取名魚」，韋注：「名魚，大魚也。」《秦策》「賂之一名都」，高注：「名，大也。」此皆訓「名」爲

「大」之證。』倫按：《御覽》六八引亦作『名川三百』。

支川三千，

陸德明曰：『支川，一本作支流。』倫按：支爲枝省。

小者無數。禹親自操橐耜，涵本、崇本「橐」作「槖」，《書鈔》八引作「纋」。

陸德明曰：『槖，崔、郭音託。』則字應作『槖』。倫按：『槖』當依陸説作『橐』。成玄英疏曰：『橐，盛土器也。』是成本亦作『橐』。耜，《説文》作枱，耒耑也，此當作梠。《説文》曰：『梠，臿也。』或作梩。古書多用『梩』，後人不識『梠』字，因誤爲『枱』，復改爲『耜』矣。《韓非・五蠹篇》『禹之王天子也，身執耒臿以爲民先』，《御覽》引作『木臿』。《淮南・要略篇》『禹身執虆垂以爲民先』，《御覽》引作『畚插』。以彼校此，知非槖耜矣。

而九雜天下之川。《御覽》八二引「雜」作「滌」，《闕誤》引江南李氏本亦作「滌」。

陸德明曰：『九，本亦作鳩。雜，本或作衆。』成玄英曰：『九，本又作鳩。』倫按：九借爲救，音同見紐。《尚書・堯典》『方鳩僝功』，《説文・人部》引『鳩』字作『救』。是其例證。《説文》曰：『救，止也。』雜，本或作衆者，字書所無，江南李氏本及《御覽》引作『滌』。滌雜音同，衆或雜之壞文。雜雜宵談對轉，形亦相近，疑皆借爲壓，壓聲談類也。《説文》曰：『壓，一曰塞補也。』止壓天下之川，即上文所謂堙洪水也。《書・堯典》『共功方鳩僝功』，『方』即『防』之省文，『鳩』即『救』之借字。防救與此救壓義正同。成玄英疏曰：『又解古者字少，以滌爲盪、川爲原。』是成見别本『雜』作『滌』、『川』作『原』也。《文選·海賦》注引《周書》曰：『禹湮七十川，大利天下。』則雜滌或均爲湮之借。湮今通用泄。

腓無胈，《御覽》八二引「腓」作「股」。**脛無毛，沐甚雨，**世本「雨」作「風」。

陸德明曰：『甚，崔本作湛，音淫。』倫按：甚借爲霖，聲同侵類。《說文》曰：『雨三日以上爲霖。』《淮南·修務訓》作『霪雨』。『霪』爲『霖』之别體。

櫛疾風，世本「風」作「雨」。

倫按：櫛借爲鬒。

置萬國。禹大聖也，而形勞天下也如此。』使後世之墨者，多以裘褐爲衣，崇本『裘』作『喪』。**以跂蹻爲服，**世本、崇本『跂』作『跋』，《御覽》八二引『跂蹻』作『屐屩』。

倫按：『跂蹻』當依《御覽》引作『屐屩』，此借字。

日夜不休，以自苦爲極，曰：『不能如此，非禹之道也，不足謂墨。』相里勤之弟子，

俞樾曰：『《韓非·顯學篇》：「墨子之死也，有相里氏之墨，有相夫氏之墨，**孫詒讓依《元和姓纂》謂唐本『相』或作『柏』，或當作『柏』，與『相』形近。**有鄧陵氏之墨。取舍相反不同，而自謂真墨。」』

五侯之徒，

孫詒讓曰：『五與伍同。古書伍子胥多作五。非五人也。』

南方之墨者，苦獲、已齒、

倫按：已當爲辰巳之巳。巳，姓也。

鄧陵子之屬，俱誦《墨經》，

倫按：墨經，畢沅、孫詒讓、張爾田、胡適諸家多異説。倫謂魯勝《墨辯序》曰：『墨子箸書，作《辯經》以立名本。』又曰：『《墨辯》有《上》《下經》，經各有説，凡四篇。』魯説最明塙。此謂『墨經』，即墨子所箸之辯經，故下文有曰『以堅白同異之辯相訾，以觭偶不仵之辭相應』。

而倍譎不同，

倫按：譎字蓋本作遹，遹爲適之譌字。《荀子・儒效篇》『若夫譎德而定次』，下文作『譎德而序位』。『譎』字字書所無，亦『譎』字之譌。是其例證。《文心雕龍・正緯篇》『經正緯奇，倍擿千里』，即本於此。則劉所見本『譎』字作『擿』，借爲『適』也。倍適即背行。

相謂別墨。以堅白同異之辯相訾，以觭偶不仵之辭相應，

倫按：觭當作奇。仵借爲伍，音同疑紐。《周禮・壺涿氏》『午貫象齒』，注：『故書午爲五。』《左·成十七年傳》『夷羊五』，《晉語》『五』作『午』。是其例證。不伍猶不倫也。

以巨子爲聖人，

陸德明曰：『向、崔本巨作鉅。向云：墨家俩號其道理成者爲鉅子，若儒家之碩儒。』倫按：巨，《説文》曰：『規巨也，從工，象手持之。』巨子蓋是執墨家之法者。

皆願爲之尸，冀得爲其後世，至今不決。墨翟、禽滑釐之意則是，其行則非也。將使後世之墨者，必自苦以腓無胈、脛無毛，相進而已矣。

倫按：進借爲盡。

亂之上也，治之下也。雖然，墨子真天下之好也，

倫按：之好猶是好也。

將求之不得，

倫按：求爲救省。

雖枯槁不舍也。才士也夫！

倫按：《漢書·執文志》曰：『墨家者流，蓋出於清廟之守。茅屋采椽，是以貴儉。養三老五更，是以兼愛。選士大射，是以上賢。宗祀嚴父，是以右鬼。順時而行，是以非命。以孝視天下，是以上同。見儉之利，因以非禮，推兼愛之意，而不知别親疏。』《荀子·天論篇》曰：『墨子有見於齊，無見於畸。』《志》於墨家首列《尹佚》一篇，固自注曰：『周臣，在成康時。』然《國語·晉語》：『胥臣曰：文王訪於辛尹。』注：『辛甲、尹佚，皆周太史。』《周書·世俘解》曰：『武王降自車，乃俾史佚、繇書於天號。』則佚生之時，上及文武，而其官則太史也。《呂氏春秋·當染篇》：『魯惠公使宰讓請郊廟之禮於天子。天子使史角往。魯公止之。其後在於魯，墨子學焉。』則墨學之出於史官彰然。《漢書》謂出於清廟之守者，周壽昌曰：『《左·桓三年傳》：「臧哀伯曰：是以清廟茅屋，大路越席，太羹不致，粢食不鑿，昭其儉也。」志蓋以墨之儉出於此也。』倫謂史官所掌，不止郊廟之事。故《漢志》推本道家，謂其出於史官。而於墨家，乃曰出於清廟之守。由墨家以尊天右鬼爲宗，此獨以史官有事於大祭祀，故有習於天鬼之說，而其流遂爲墨子之學耳，則非徒以其儉矣。墨學出於清廟之守，而遠源於秩宗。禮以辯名爲先，故墨子有《辯經》。《荀子·解蔽篇》曰：『墨子蔽於用而不知文，由用謂之道盡利矣。』《韓非·外儲説》：『田鳩曰：「墨子之説，傳先王之道，論聖人之言，以宣告人。若辯其辭，則恐人懷其文忘其用，直以文害用也。」』上『用』字依顧廣圻説補。此言才士，亦善其用耳。

不累於俗，不飾於物，不苟於人，

章炳麟曰：『苟者，苟之譌字。《説文叙》言苟之字止句，是漢時俗書「苟」「苟」相亂。下言「苛察」，一本作「苛」，亦其例也。』倫按：苛借爲訶，《説文》曰：『訶，大言而怒也。』

不忮於衆，願天下之安寧，以活民命。人我之養，畢足而止。以此白心，古之道術有在於是者。宋鈃、

倫按：《荀子・非十二子篇》楊注曰：『宋鈃，《孟子》作宋牼。《孟子・告子篇》趙注曰：「宋牼，宋人。」』本書《逍遥遊篇》『而宋榮子猶然笑之』，《音義》曰：『宋榮子，司馬、李云：宋國人也。』《韓非・顯學篇》曰：『宋榮子之議，設不鬬争，取不隨仇，不羞囹圄，見侮不辱。』與此下文言『見侮不辱、救民之鬬』義同。則宋鈃即宋榮子。

尹文，

陸德明曰：『尹文，崔云：齊宣王時人，著書一篇。』倫按：《漢書・埶文志・名家》：『《尹文子》一篇。』固自注曰：『説齊宣王，先公孫龍。』顔師古曰：『劉向云：與宋鈃俱遊稷下。』《説苑・君道篇》：『齊宣王謂尹文曰：「人君之事何如？」尹文曰：「人君之事，無爲而能容下。」』《吕氏春秋・正名篇》曰：『齊湣王是以知説士而不知所謂士也，故尹文問其故。』高注曰：『湣王，宣王之子也。』則尹文及湣王時矣。

聞其風而悦之，作爲華山之冠以自表，

陸德明曰：『華山上下均平，作冠象之，表己心均平也。』倫按：華山，《説文》作崋山。

接萬物以别宥爲始。

倫按：宥借爲囿，《尸子·廣澤篇》曰：『料子貴别囿。』是其證也。料子無考，疑即宋子。宋子或本作𡩜子。《説文》：料讀若遼。敹從寮聲，讀洛蕭切。後人以『𡩜』字難識，改爲『料』字。《徵異録》載『寀』姓，謂見李鼎祚《周易姓氏目》，徐鼒謂即『宋』字之訛。倫謂『寀』即『𡩜』之譌。《説文》『𡩜』下引《詩》曰：『罙入其阻。』今《詩》『罙』作『宎』。『宎』今字作『宋』。其證也。『𡩜』字今作『宋』者，由『宋』傳寫而譌。又『宋』字，况祥麟、陳立並謂從宀松省聲，則或『宋』有從松不省字作『寀』者，形近而譌也。又今浙江永嘉縣讀龍若遼，此東由侯轉通宵也。或古讀『宋』有料聲，故作『宋』也。尸子爲秦相衛鞅客，《孟子》載宋牼將之楚，曰：『我將見楚王，説而罷之。楚王不説，我將見秦王，説而罷之。』是時秦惠文王爲孝公子，則尸子正與宋子同時，故聞其學旨。别囿者，《吕氏春秋·去宥篇》曰：『鄰父有與人鄰者，有枯梧樹。其鄰之父，言梧樹之不善也。鄰人遽伐之。鄰父因請以爲薪。其人不悦，曰：「鄰者若此其險也，豈可爲之鄰哉？」此有所宥也。夫請以爲薪與弗請，此不可以疑枯梧樹之善與不善也。齊人有欲得金者，清旦被衣冠，往鬻金者之所。見人操金而奪之。吏搏而束縛之，問曰：「人皆在焉，子攫人之金，何故？」對吏曰：「殊不見人，徒見金耳。」此真大有所宥也。夫人有所宥者，固以晝爲昏，以白爲黑，以堯爲桀。宥之爲敗亦大矣。亡國之主，其皆甚有所宥邪？故凡人必別宥，然後知。別宥則能全其天矣，囿爲有所蔽，別囿謂解蔽也。』《尹文子・大道篇》曰：『接萬物，使分別海内，使不雜。』義與此異。今《尹文子》出仲長統所撰定。然仲長統之序，前儒證其僞作。余觀二篇辭既庸近，不類戰國時文，陳義尤雜，蓋並出僞作。此文『別宥』，既有《尸子》《吕覽》可證，則今尹文書所記，定由作僞者不得『別宥』之義而强造其説也。洪邁謂《尹文子》五卷共十九篇，其言論膚淺，多及釋氏，蓋晉、宋時納人所作。宋濂亦謂僞作。

語心之容，

倫按：心之容，猶言心之現象也。

命之曰心之行，以聏合驩，崇本『聏』作『胹』。

陸德明曰：『聏，崔本作胹。』倫按：『聏』爲『⿰丸而』字之譌，篆文作『』，左方『丸』字與篆文『耳』字相似，故譌爲『聏』。《説文》曰：『⿰丸而，丸之孰也。』『丸，圜也。』驩借爲懽，《説文》曰：『懽，喜歡也。』以⿰丸而合懽，言以圜熟合懽矣。

以調海人，請欲置之以爲主。見侮不辱，救民之鬭，禁攻寢兵，救世之戰。

倫按：《荀子・正論篇》曰：『子宋子曰：明見侮之不辱，使人不鬭。人皆以見侮爲辱，故鬭也。知見侮之爲不辱，則不鬭矣。』《韓非・顯學篇》曰：『宋榮子之議，設不鬭争，取不隨仇，不羞囹圄，見侮不辱。』《吕氏春秋・正名篇》曰：『尹文見齊王。齊王謂尹文曰：「今有人如此，事親則孝，事君則忠，交友則信，居鄉則悌。有此四行者，可謂士乎？」齊王曰：「此真所謂士矣。」尹文曰：「王得若人，肯以爲臣乎？」王曰：「所願而不能得也。」尹文曰：「使若人於朝廟中，深見侮而不鬭，王將以爲臣乎？」王曰：「否。夫見侮而不鬭，則是辱也。辱則寡人弗以爲臣矣。」尹文曰：「雖見侮而不鬭，未失其四行也。未失其四行者，是未失其所以爲士一矣。未失其所以爲士一，而王以爲臣。失其所以爲士一，而王不以爲臣。案上句當曰『不以爲臣』，此句當曰『以爲臣』。則鄉之所謂士者乃士乎？」王無以應。尹文曰：「今有人如此，將治其國，民有非則非之，民無非則非之；民有罪則罰之，民無罪則罰之，而惡民之難治可乎？」王曰：「不可。」尹文曰：「竊觀下吏之治齊也，方若此也。」王曰：「使寡人治信若是，則民雖不治，寡人弗怨也。意者未至此乎？」尹文曰：「言之不敢無說，請言其說。王之令曰：『殺人者死，傷人者刑。』民有畏王之令，深見侮而不敢鬭者，是全王之令也。而王曰「見侮而不敢鬭是辱也」。夫謂之辱者，非此之謂也。以爲臣不以爲臣者，罪之也，此無罪而王罰之也。」齊王無以應。』此宋、尹『見侮不辱』之説之僅存者。

以此周行天下，上説下教，雖天下不取，强聒而不舍者也。故曰上下見厭而强見也。

倫按：《孟子・告子篇》曰：『宋牼將之楚，孟子遇之於石丘，曰：「先生將何之？」

曰：「吾聞秦、楚搆兵，我將見楚王，説而罷之。楚王不悦，我將見秦王，説而罷之。二王我將有所遇焉，曰軻也請無問其詳，願聞其指。』『説之將何如？』曰：『我將言其不利也。』」

雖然，其爲人太多，其自爲太少，曰：『請欲固置五升之飯足矣。』「升」原作「升」，今正。

章炳麟曰：固借爲姑。

先生恐不得飽，弟子雖飢，

林希逸曰：『每日但置五升之飯，師與弟子共之。先生以此五升，猶且不飽，弟子安得不飢。言其師弟子皆忍饑以立教。』

不忘天下，日夜不休，「休」原作「休」，今正。**曰：『我必得活哉。』圖傲乎，**「傲」原作「徼」，依各本改。

倫按：圖本作啚。『啚』爲『喬』字之譌，讀者少見『啚』字，因改爲『圖』。『喬』爲『歊』省，即『驕敖』字。郭象注曰：『圖傲，揮斥高大之貌。』或郭本『喬』字尚未誤也。《尚書大傳》：『禦貌於喬忿。』『喬忿』即『驕忿』也。是其例。《説文》曰：『歊，气出皃。』

救世之士哉！

倫按：喬傲乎救世之士哉，乃莊子稱宋、尹之辭。

曰：『君子不爲苛察，

陸德明曰：『苛，一本作苛。』倫按：成玄英疏曰：『終不用取捨之心苟且伺察於物也。』與上文『不苟於物』同。是成本『苛』作『苟』。

不以身假物。』

倫按：『假』疑爲『役』譌。

以爲無益於天下者，明之不如已也。以禁攻寢兵爲外，以情欲寡淺爲内，《荀子·正論》注引『寡』作『少』。

倫按：《荀子·正論篇》曰：『子宋子曰：「人之情欲寡，而皆以己之情欲爲多。」』王念孫曰：『「人之情」三字連讀，「欲寡」二字連讀，「而皆以己之情欲爲多」，吕本作「而以己之情爲欲多」，是也。自錢本始誤以「己之情欲爲多」。《天論》注引此正作「以己之情爲欲多」。倫按：日本久保愛本引宋本「欲爲」作「爲欲」，是古本作「己之情爲欲多也」。此宋鈃『情欲寡淺』之説略可徵者。

其小大精粗，其行適至是而止。

倫按：《荀子·天論篇》曰：『宋子有見於少，無見於多。』《解蔽篇》：『宋子蔽於欲而不知得。』《非十二子篇》曰：『不知壹天下建國家之權稱，上功用，大儉約，而僈差等，曾不足以容辨異、縣君臣。然而其持之有故，其言之成理，足以欺惑愚衆，是墨翟、宋鈃也。』《漢書·埶文志·小説家》：『《宋子》十八篇。』班固注曰：『孫卿道宋子，其言黄老意。』而書不入道家。蓋所謂『言黄老意』者，即指『情欲寡淺』之説。荀子與墨翟並言，則以上平等、禁攻、寢兵相合也。尹文書，《漢志》在名家。洪邁曰：『劉歆云：其學本於黄老。』案劉歆之説，不知何據。原文『其學本於黄老』下有『居稷下，與宋鈃、彭蒙、田駢等同學於公孫龍』語，與僞仲長統《尹文子序》同，而序無上句，有『劉向亦以其學本於黄老』一句。疑洪氏乃連其文，而以歆爲向耳。《序》云劉向以爲其學本於黄老者，疑作僞《尹文子》者尚見《别録》，或《别録》尹文在道家，如管子《别録》在法家也。《説苑》載尹文對齊宣王曰：『事寡易從，法省易因。』亦近黄老言。

公而不當，

陸德明曰：『黨，崔本作當。』倫按：當借爲攩，《説文》曰：『攩，朋羣也。』

易而無私，

倫按：易疑借爲𢓊，支脂聲近。《説文》曰：『𢓊，平行也。』

決然無主，

倫按：《説文》曰：『決，下流也。』主爲住省。

趣物而不兩，不顧於慮，不謀於知，於物無擇，與之俱往，古之道術有在於是者。彭蒙、

俞樾曰：『據下文，彭蒙當是田駢之師。《意林》引《尹文子》有彭蒙曰：「雉兔在野，衆皆逐之，分未定也。雞豕滿市，莫有志者，分定故也。」』倫按：彭蒙無考。僞《尹文子》曰：『田子讀書，曰：「堯時太平。」宋子曰：「聖人之治以致此歟？」彭蒙在側，越次答曰：「聖人之法以致此，非聖人之治也。」宋子猶惑，質於田子。田子曰：「蒙之言然。」』胡應麟曰：『《莊子》所舉墨翟、禽滑釐之倫，皆一師一弟子。此下文曰「田駢亦然，學於彭蒙，得不教焉」。是田駢爲蒙弟子。乃彭蒙有越次之答，田駢有名師之言，其爲僞託，斷然無疑。然則彭蒙姓氏遺説獨存於此。

田駢、

陸德明曰：『田駢，齊人也，遊稷下，箸書十五篇。《慎子》云：名廣。』俞樾曰：『《呂覽·不二篇》「陳駢貴齊」，即田駢也。《淮南·人間篇》「唐子短陳駢子於齊威王」云云，即田駢之事實，亦可見貴齊之一端矣。』倫按：《史記·孟荀列傳》曰：『慎到，趙人。田駢、接子，齊人。環淵，楚人。皆學黄老道德之術，因發明序其指意。故慎到箸十二論，環淵箸上下篇，而田駢、接子皆有所論焉。』《漢書·埶文志·道家》：『《田子》二十五篇。』班固自注曰：『名駢，齊人，遊稷下，號天口駢。』《音義》引《慎子》云：『名廣。』今僞《慎子》無此言。《意林》卷《尹文子》引『田駢曰』，周廣業注曰：『《釋文》引《慎子》云：名榮。』倫謂榮、駢聲近爲得之。

慎到，

倫按：《漢書·埶文志·法家》：『《慎子》四十二篇。』自注曰：『名到，先申韓，申韓稱之。』《史記・孟荀列傳》曰：『慎到，趙人。』《風俗通義・姓氏篇》曰：『慎到爲韓大夫，箸《慎子》三十篇。』《孟子》有慎子名滑釐，趙岐注：『滑釐，慎子名。』程大中《四書逸箋》謂滑釐姓禽，墨子弟子，慎子師也。慎子名到。慎子云滑釐不識者，言不獨我不識此，我師事之滑釐所不識也。蓋甚不解之辭。此直不識文義之説，而實本僞孫奭疏。僞孫奭疏謂慎子即慎到。倫謂滑釐爲屈氂借字，屈氂急言合於到音。然慎子爲齊稷下先生之一，齊以列大夫撑寵之，何至遽爲魯伐齊？僞疏又引《墨子・公輸篇》曰：『臣之弟子滑釐等三百人已持魯國之器，案《墨子》，「滑釐」上有「禽」字，「魯國」作「守圉」。在宋城上而待楚寇矣。』謂墨子弟子滑釐即慎子。然禽滑釐爲墨子弟子，必主非攻之説，安有聞《孟子》之説而反不悦者？惟《墨子・耕柱篇》有：『子墨子謂駱滑氂曰：「吾聞子好勇。」駱滑氂曰：「然。我聞其鄉有勇士焉，吾必從而殺之。」』駱滑氂疑即《孟子》之慎滑釐。『慎』古文作『昚』，形與『各』似，誤爲『各』，讀者因增爲『駱』也。則《孟子》之慎子，非此所謂慎到也。《楚策》《頃襄王傳》亦號慎子。

聞其風而悦之，齊萬物以爲首，

倫按：《尸子・廣澤篇》曰：『田子貴均。』《呂氏春秋・不二篇》曰：『陳駢貴齊。』陳駢即田駢。如《荀子・非十二子篇》『陳仲』，《不苟篇》作『田仲』是也。

曰：『天能覆之，而不能載之。地能載之，而不能覆之。大道能包之，而不能辯之。

倫按：辯借爲平，同脣音也。《書·堯典》「平章百姓，平秩東作」，《大傳》作「辯章」「辯秩」。是其例證。

知萬物皆有所可，有所不可，故曰選則不徧，

倫按：選借譔。

教則不至，

陸德明曰：「至，一本作王。」倫按：至，古文作𡉚，爛捝成王也。

道則無遺者矣。」

陸德明曰：「遺，本又作貴。」倫按：貴爲績省。

是故慎到棄知去己，而緣不得已，崇本「棄」作「弃」。**泠汰於物，**崇本「泠」作「冷」。

倫按：泠本作泠，借爲隆，聲同侵類。汰借爲替，聲同脂類。

以爲道理，曰知不知，將薄知而後鄰傷之者也，

姚範曰：「薄，迫也。」孫詒讓曰：「後，疑當爲復，形近而誤。」奚侗曰：「鄰借爲蹸，《說文》曰：『蹸，轢也。』」倫按：薄借爲迫。到言「知即不知，將强迫爲知。雖知而復傷之也」，即「棄知」之意。

謑髁無任，

倫按：「謑」者，《說文》與「謨」爲一字，此借爲「奊」。《說文》曰：「奊，頭衺骫奊態也。』髁借爲骫，歌元對轉。《説文》：『媧，從丸，咼聲，讀若骫。』『𩠔，從旡，咼聲，讀若夥。』『騧，從馬，咼聲，重文作驧。』『媧，從女，咼聲，重文作嫋。』『蝸，從虫，咼聲，重文作蜾。』此果聲丸聲相通之證。《説文》曰：『骫，骨耑骫奊也。』奊骫，猶言傾滑也。

而笑天下之尚賢也。縱脱無行，

倫按：脱，疑當爲蜕，或爲挩。《説文》曰：『蜕，蛇蟬所解皮也。』『挩，解挩也。』

而非天下之大聖。椎拍輐斷，

章炳麟曰：『輐借爲刓，《説文》曰：「刓，剸也。」』倫按：斷即䥫之省文，重文作剸。

與物宛轉，

倫按：宛借爲夗，《説文》曰：『夗轉，卧也。』

舍是與非，苟可以免，不知前後，魏然而已矣。

倫按：魏疑借爲𣌭，音同疑紐。《説文》曰：『𣌭，定也。』

推而後行，曳而後往，『曳』原作『曵』，今正。**若飄風之還，**

倫按：還借爲般。

若羽之旋，若磨石之隧，

陸德明曰：『徐「隧」字絶句，一讀至「全」字絶句。』倫按：隧借爲回，聲同脂類。《説文》曰：『回，轉也。』徐絶句是。

全而無非，動静無過，未嘗有罪。是何故？夫無知之物，無建己之患，無用知之累，動静不離於理，是以終身無譽。故曰至於若無知之物而已，無用賢聖，夫塊不失道。

倫按：塊借爲慧。不爲而譌，慧而失道，領下文之辭。諸家屬上爲義，失之。

豪桀相與笑之，

倫按：桀爲傑省。

曰：『慎到之道，非生人之行，而至死人之理，適得怪焉。』田駢亦然，學於彭蒙，得不教焉。彭蒙之師曰：『古之道人，至於莫之是莫之非而已矣。其風窢然，

陸德明曰：『窢，字亦作罭，又作閾。』倫按：窢借爲侐，同喉音也。《説文》『閾』，重文作『闆』。《詩·文王有聲》『築城伊淢』，《韓詩》『淢』作『洫』。是其例證。《説文》曰：『侐，静也。』

惡可而言？』

王念孫曰：『而猶以也。』

常反人，

王先謙曰：『下文云「以反人爲實」。』

不聚觀，崇本、世本『聚』作『見』。

陸德明曰：『不見觀，一本作不聚觀。』倫按：見爲觀之壞字，一本誤羨奪『聚』字，

『觀』復壞爲『見』，讀者旁注『觀』字於下，遂成『不見觀』耳。

而不免於魭斷。

陸德明曰：『一本無「斷」字。』倫按：『魭』字，《説文》作『鯇』。鯇斷疊韻，即斷也。一本無『斷』字，借『鯇』爲『斷』。斷者，對常而言，與上文『輐斷』異。

其所謂道非道，而所言之韙不免於非。彭蒙、田駢、慎到不知道。雖然，槩乎皆嘗有聞者也。

涵本、崇本『槩』作『概』。

倫按：槩借爲僾，《説文》曰：『僾，仿佛也。』槩僾並喉音。田駢書不傳，《呂氏春秋·執一篇》《淮南·道應訓》曰：『田駢以道術説齊王。王應之，曰：「寡人所有者，齊國也。道術難以除患，願聞齊國之政。」田駢曰：「臣之言，無政而可以得政。譬之若林木，無材而可以得材。願王察其所謂，而自取齊國之政焉。」』《淮南·人間訓》曰：『唐子短陳駢於齊威王。威王欲殺之。孟嘗君聞之，使人以車迎之。孟嘗君問之，曰：「夫子何思於齊？」對曰：「臣思夫唐子者。」孟嘗君曰：「唐子非短子者邪，子何爲思之？」對曰：「臣之處齊也，糲粢之飯，藜藿之羹，冬日則寒凍，夏日則暑傷。自唐子之短臣，以身歸君，食芻豢，飯黍粱，服輕煖，乘牢良，臣故思之。」』《呂氏春秋·士容篇》曰：『客有見田駢者，被服中法，進退中度，趨翔閑雅，辭令敏遜。田駢聽之畢而辭之。客出，田駢送之以目。弟子謂田駢曰：「客士與？」田駢曰：「殆乎非士也。今者，客所弇斂，士所術施也。士所弃斂，客所術施也。客殆乎非士也。故火燭一隅，則室偏無光。骨節蚤成，空竅哭歷，身必不長。衆無謀方，乞謹視見，多故不良，志必不公，不能立功，好得惡予。國雖大不爲王，禍災日至。故君子之容，純乎其若鍾山之玉，桔乎其若陵上之水，淯淯乎慎謹畏化而不肯自足，乾乾乎取舍不悦而心甚樸。」』此田駢道術之旨，大略可睹。《戰國策·齊策》曰：『齊人見田駢，曰：「聞先生高議，設爲不宦而願爲役。」田駢曰：「子何聞之？」對曰：「臣聞之鄰人之女。」田駢曰：「何謂也？」對曰：「臣鄰人之女，設爲不嫁，行年三十而有七子。不嫁則不嫁矣，然嫁過畢矣。今先生設爲不宦，訾養千鍾，徒百人。不宦則然矣，而宦過畢矣。」田子辭。』蓋田駢奊骫無任而非天下之尚賢，故設爲不宦而願爲役；縱脱無行而非天下之大聖，故受齊王之訾養。稷下先生皆受供養，非真仕者。椎拍輐斷與物宛轉，故齊王予之則受，齊人説之則辭，此又其行之略可見者。慎到書，《唐書·埶文志》尚存十卷，晉滕輔注，今才有五篇。而馬總《意林》所載十二條，具不見五篇中。十二條中有滕輔注一條誤入。五篇之旨，蓋雜儒法家言，或非其真。惟《韓非·難勢篇》曰：『慎子曰：「飛龍乘雲，騰蛇遊霧。雲罷霧霽，而龍蛇與螾螘同矣，則失其所乘也。賢人而詘於不肖者，則權輕位卑也。不肖而能服於賢者，則權重位尊也。堯爲匹夫，不能治三人。而桀爲天子，能亂天下。吾是以知勢位之足恃，而賢智之不足慕也。夫弩弱而矢高者，激於風也。身不肖而令行者，得助於衆也。堯教於隸屬而民不聽，至於南面而王天下，令則行，禁則止。由此觀之，賢智未足以服衆而勢位足以詘賢也。」』《呂氏春秋·慎勢篇》曰：『慎子曰：「今一兔走，百人逐之。非一兔足爲百人分也，由未定也。由未定，堯且屈力，而況衆人乎？積兔滿市，行者不顧，非不欲兔也，分已定矣。分已定，人雖欲不爭。故治天下及國，在乎定分而已矣。」』《淮南·道應訓》曰：『慎子曰：「匠人知爲門，能以門，所以不知門也，故必杜然後能門。」』此慎到不尚賢之説，與其學近黄老者，亦略可睹矣。《荀子·非十二子篇》曰：『尚法而無法，不循而好作。上則取聽於上，下則取從於俗。終日言成文典，反紃察之，不可以經國定分。然而其持之有故，其言之成理，足以欺惑愚衆，是慎到、田駢也。』《天論篇》曰：『慎子有見於後，無見於先。』《解蔽篇》曰：『慎子蔽於法而不知賢。』此足與本書相明者。

以本爲精，以物爲粗，以有積爲不足，澹然獨與神明居，古之道術有在於是者。關尹、

陸德明曰：『關尹，關令尹喜也。』倫按：《漢書·埶文志·道家》，老子後有文子、蜎子。班固注曰：『文子、蜎子，皆老子弟子。』蜎子，班固曰：『名淵蜎。』『淵』，《史記·孟荀列傳》作『環淵』，與稷下先生之數，則與孟子、莊子同時，何以得爲老子弟子？豈老壽又逾子夏與？其次爲關尹子，固注曰：『名喜，爲關吏。老子過關，喜去吏而從之。』《呂氏春秋·審己篇》高注曰：『關尹喜，師老子也。』檢《史記·老聃列傳》曰：『老子居周久之，見周之衰，乃遂去至關。關令尹喜曰：「子將隱矣，强爲我箸書。」』則去吏而從與師老子者，未知班、高何所本也。然《吕氏春秋·不二篇》敍列老聃在孔子前，關尹在墨翟後、列子前。則關尹之於老聃，雖不若禽滑釐之於墨翟，田駢、慎到之於彭蒙，亦不當先老子。此列尹在聃前，未能詳也。《漢志》『《關尹子》九篇』，而隋、唐《志》皆不録。今存《一宇》至《九藥》凡九篇，前有劉向校定序，後有葛洪序。前人謂其皆出僞託，是也。

老聃，

陸德明曰：『老聃，即老子也，爲喜著書十九篇。』俞樾曰：『考《老子》一書，《漢志》有《鄰氏經傳》四篇、《傅氏經説》三十七篇、《徐氏經説》六篇，未聞有十九篇之説。』

聞其風而悦之，建之以常、無、有，

倫按：『常無有』三字，當每字讀絶。具言之，當云：『建之以常，建之以無，建之以有也。』《老子》曰：『道可道，非常道。名可名，非常名。無，名天地之始。有，名天地之母。故常無，欲以觀其妙。常有，欲以觀其徼。此兩者同出而異名。同謂之玄，玄之又玄，衆妙之門。』又曰：『知常曰明。不知常妄作，凶。』又曰：『知和曰常，知常曰明。』是『常』『無』『有』分建三諦，非并一談。常者，和有無之名，故曰『知和曰常』也。

主之以太一，

倫按：古書多言太一，義各有指。此言太一，謂常無有之體也，如佛法言清净法身矣。

以濡弱謙下爲表，

倫按：濡借爲腝，音同日紐。

以空虚不毁萬物爲實。關尹曰：『在己無居，形物自著。

倫按：『著』讀爲『著落』之『著』，借爲『住』字。古讀知歸端、讀禪歸定，並舌音也。

其動若水，其静若鏡，其應若響。芴乎若亡，

倫按：芴借爲忽，亡爲忘省。

寂乎若清，

倫按：寂借爲淑，《説文》曰：『淑，清湛也。』清爲瀞省。

同焉者和，得焉者失。未嘗先人而常隨人。』老聃曰：世本『聃』作『耼』。**『知其雄，守其雌，爲天下谿。知其白，守其辱，爲天下谷。』**

倫按：今《老子》曰：『知其雄，守其雌，爲天下谿。知其白，守其黑，爲天下式。知其榮，守其辱，爲天下谷。』易順鼎據此正彼，謂彼文經後人竄改，是也。

人皆取先，己獨取後，

倫按：今《老子》無此文，蓋莊子標老子之旨歸。下文曰『受天下之垢』，曰『苟免於咎』，曰『堅則毁矣，鋭則挫矣』，雖有『曰』字閒别，而皆不見今《老子》。蓋莊子取老子之意言之。《老子》曰：『天長地久。天地所以能長且久者，以其不自生，故能長生。是以聖人後其身而身先，外其身而身存。』又曰：『不敢爲天下先。』又曰：『舍後取先，死矣。』

曰受天下之垢。

倫按：《老子》曰：『受國之垢，是謂社稷主。』又曰：『處衆人之所惡，故幾於道。』

人皆取實，己獨取虚，無藏也，故有餘，巋然而有餘。

陸德明曰：『巋，本亦作魏。』倫按：巋借爲績，聲同脂類。《論語》『詠而歸』，《論衡·明雲篇》作『詠而饋』。是其例證。《説文》曰：『績，織餘也。』

其行身也，徐而不費，

倫按：徐與費對言。徐借爲賒，《説文》曰：『賒，貰買也。』《周禮·泉府》：『凡賒者，祭祀無過旬日，喪紀無過三月。』鄭司農曰：『賒，貸也。』是賒爲暫用之意。賒而不費者，譬諸財用，暫貸於人，終無消散也。

無爲也而笑巧，

奚侗曰：『笑爲媄之破字。《説文》曰：「媄，巧也。」』

人皆求福，己獨曲全，

倫按：《老子》曰：『曲則全。』

曰苟免於咎。以深爲根，以約爲紀。

倫按：約借爲貶，紀借爲基。《老子》曰：『治人事天莫若嗇。夫唯嗇，是謂早服。早服謂之重積德。重積德，則無不克。無不克，則莫知其極。莫知其極，可以有國。有國之母，可以長久。是謂深根固柢、長生久視之道。』

曰堅則毀矣，

倫按：《老子》曰：『人之生也柔弱，其死也堅强。萬物草木之生也柔脆，其死也枯槁。故堅强者死之徒，柔弱者生之徒。是以兵强則不勝，木强則兵。强大處下，柔弱處上。』

鋭則挫矣。

倫按：挫借爲剉，《老子》曰：『挫其鋭。』又曰：『揣而鋭之，不可長保。』

常寬容於物，不削於人，

倫按：削借爲娋，《説文》曰：『娋，小小侵也。』

可謂至極。《闕誤》引江南李氏本、文如海本『可謂』作『雖未』。**關尹老聃乎，古之博大真人哉！**

倫按：《吕氏春秋·不二篇》曰：『老聃貴柔，關尹貴清。』《漢書·執文志》曰：『道家者流，蓋出於史官，歷記成敗存亡禍福古今之道，然後知秉要執本。清虚以自守，卑弱以自持，此君人南面之術也。合於堯之克讓，《易》之嗛嗛，一謙而四益，此其所長也。

及放者爲之，則欲絶去禮學，兼棄仁義，曰獨任清虛，可以爲治。』然則《吕》之『貴清』，即《漢志》之『清虛以自守』也。清爲瀞省。《吕》之『貴柔』，即《漢志》之『卑弱以自持』也。《荀子・天論篇》曰：『老子有見於詘，無見於信。』詘亦謂卑弱也。莊子許老聃、關尹以真人。真人即篇首所謂『不離於真，謂之至人』之『至人』也。

寂漠無形，崇本、世本『寂』作『芴』。

陸德明曰：『芴，元嘉本作寂。』

變化無常，死與生與，天地並與，神明往與？芒乎何之，

倫按：芒借爲忘。

忽乎何適，萬物畢羅，莫足以歸，古之道術有在於是者。莊周聞其風而悦之，以謬悠之説，

倫按：謬悠疊韻連緜詞也，《説文》曰：『謬，狂者之妄言也。』

荒唐之言，

倫按：荒唐疊韻連緜詞也，《説文》曰：『唐，大言也。』

無端崖之辭，時恣縱而不儻，《書鈔》三〇引無『而』字。

倫按：《書鈔》三〇引無『而』字。《音義》出『而儻』二字，是陸本無『不』字，『而』『不』形近誤羨。成玄英疏曰：『隨時放任而不偏黨。』是成本『儻』作『黨』。皆借爲潒，聲同陽類。潒，《説文》曰：『潒，瀁也。』潒瀁，不定也。

不以觭見之也。以天下爲沈濁，

倫按：沈借爲黕，《説文》曰：『黕，滓垢也。』

不可與莊語，

陸德明曰：『郭云：莊，莊周也。一曰：莊，正也。一本作壯。』倫按：莊借爲正，音同照紐。

以卮言爲曼衍，以重言爲真，以寓言爲廣。獨與天地精神往來，而不敖倪於萬物，《文選·江賦》注引『倪』作『睨』。

倫按：敖爲敫誤，形相近也。倪借爲䀹，《説文》曰：『敫，毁也。』『䀹，敫也。』郭注不解二字，而曰『其言通至理，正當萬物之性命』，或郭時『敫』字尚未誤。

不譴是非，以與世俗處。其書雖瓌瑋，而連犿無傷也。

陸德明曰：『犿，亦作抃。』倫按：瓌瑋疊韻連緜詞，瑋借爲偉。《説文》曰：『偉，奇也。』連犿借爲夗轉，聲同元類。或犿借爲環，亦同元類。

其辭雖參差，而諔詭可觀。

倫按：諔當作憰。

彼其充實，不可以已。上與造物者遊，而下與外死生無終始者爲友。其於本也，弘大

而闢，涵本『弘』作『宏』，各本『闢』作『辟』。**深閎而肆。其於宗也，可謂調適而上遂矣。**

陸德明曰：『稠，本亦作調。』倫按：稠調並借爲卣。《説文》曰：『卣，艸木實垂卣卣然，讀若調。』適借爲秝，古讀來審並舌音。《説文》曰：『秝，稀疏適秝也。』遂爲𦃃省。

雖然，其應於化而解於物也，其理不竭，其來不蜕，芒乎，

倫按：芒借爲夢。

昧乎，未之盡者。

倫按：此莊子自説其道也。姚鼐謂莊子以關尹、老聃不過如篇首所云『不離於真』之至人，猶未至極。王夫之謂莊子以『不離於宗』之天人自命，而謂内聖外王之道皆自此出。斯言近之矣。荀子論之，曰：『莊子蔽於天而不知人。由天謂之，道盡因矣。』

惠施多方，其書五車，

倫按：『五』本『交互』字，五車猶言滿車。

其道舛駁，

郭慶藩曰：《文選》左太沖《魏都賦》注引司馬云：『踳讀曰舛。』是司馬本『舛』作『踳』也。駁當作馳，《淮南·淑真訓》『二者代謝舛馳』，《説山訓》『分流舛馳』，《氾論訓》『見聞舛馳於外』，《法言序》曰『諸子各以其知舛馳』。是其例證。

其言也不中。歷物之意，世本、崇本『歷』作『秝』。

陸德明曰：『厤，古歷字，本亦作厤。』倫按：歷借爲𢿢。

曰：『至大無外，謂之大一。至小無内，謂之小一。無厚，

倫按：《荀子・修身篇》曰：『夫堅白同異有厚無厚之察，非不察也。』《韓非・問辯篇》曰：『堅白無厚之辭章。』《吕氏春秋・君守篇》曰：『堅白之察，無厚之辯，外矣。』是『無厚』當絶句。無厚二字，乃領不可積也。其大千里，言厚者皆有積也。無厚故不可積也，可積者皆有量。有量則有盡，不可積則無量，無量則無盡。其大千里，乃形容其無盡之意，非謂止於千里也。

不可積也，其大千里。天與地卑，

孫詒讓曰：『卑借爲比。《荀子・不苟篇》曰：「山淵平，天地比。」是其證。』

山與澤平。日，方中方睨。物，方生方死。大同而與小同，異，此之謂小同異。萬物畢同畢異，此之謂大同異。

倫按：《荀子・正名篇》曰：『故萬物雖衆，有時而欲徧舉之，故謂之物。物也者，大共名也。推而共之，共則有共，至於無共然後止。有時而欲偏舉之，故謂之鳥獸。鳥獸也者，大别名也。推而别之，别則有别，至於無别然後止。』王念孫曰：『「共則有共」之「有」讀爲「又」，「有時而欲偏舉」，「偏」當爲「别」，今作「偏」者，涉上文而誤。』俞先生曰：『下「偏」字乃「偏」字之誤。』荀所謂物，此所謂大同。荀所謂鳥獸，此所謂小同。物爲大共名，鳥獸爲大别名，則大同與小同異矣。荀所謂『推而共之，共則有共』者，若物對鳥獸，物爲共，鳥獸爲别。鳥獸對燕、雀、牛、羊，鳥獸復爲共，燕、雀、牛、羊爲别也。荀所謂『推而别之，别則有别者』，義得反徵。然則别之與共，其同異至小，故曰『大同而與小同，異，此之謂小同異』。推而别之至於無别然後止，則萬物畢同矣。推而共之至於無共然後止，則萬物畢異矣。此其同異至大，故曰『萬物畢同畢異，此之謂大同異』。

南方無窮而有窮，今日適越而昔來。連環可解也。我知天下之中央，世本無「下」字。

倫按：音義出『知天之中央』，是陸本無『下』字。成玄英疏曰：『故燕北越南，可爲天中者也。』則成本亦無『下』字，依義亦當無『下』字。《音義》引司馬曰：『天下無方，故所在爲中。』疑司馬本有『下』字。

燕之北、越之南，是也。氾愛萬物，

倫按：氾愛即博愛。氾疑借爲溥，同脣音也。

天地一體也。』惠施以此爲大觀於天下而曉辯者，

倫按：《荀子・不苟篇》曰：『山淵平，天地比。齊秦襲。入乎耳，出乎口。鈎有須，卵有毛，是説之難持者也，而惠施、鄧析能之。』

天下之辯者相與樂之。

倫按：『樂』讀如『樂山樂水』之『樂』，借爲學，聲同宵類。

卵有毛，雞三足，郢有天下，犬可以爲羊，馬有卵，丁子有尾，

倫按：『丁』即用以綴箸物之『釘』本字，詳《説文六書疏證》。篆文作『』，象形。丁子謂其箸物處爲頭，則其上出處爲尾也。

火不熱，

倫按：《淮南·詮言訓》高注曰：『公孫龍以白馬非馬、冰不寒、炭不熱爲論。』

山出口，

倫按：《荀子·不苟篇》曰：『入乎耳，出乎口。』楊注曰：『未詳所明之意，或謂即山出口也。』倫謂『出』疑『有』字之誤。山有口，謂回聲也。

輪不蹍地，

陸德明曰：『蹍，本又作跈。』

目不見，

倫按：佛書言：『眼有九緣，其八同耳。獨資明緣，若除明緣，目即不見。』

指不至，至不絶，

倫按：僞《列子·仲尼篇》引《公孫龍》曰：『有指不至，有物不盡。』即此文所謂『指不至，至不絶』也。當依彼文作『指不至，物不絶』。《世説新語·文學篇》：『客問樂令：「旨不至，不連至不絶。」』是指不至、物不絶爲二事也。僞《列子》引魏牟曰：『無指則皆至，盡物者常有。』張湛注曰：『忘指則無所不至，常有盡物之心，物既不盡而心更滯有也。』倫謂魏説善矣。

龜長於蛇，矩不方，規不可以爲圓，

倫按：圓借爲圓。

鑿不圍枘。飛鳥之景，未嘗動也。鏃矢之疾，而有不行不止之時。

郭慶藩曰：『鏃爲鍭字之誤，《爾雅》「金鏃翦羽謂之鍭」，《説文》同。《方言》曰：「箭，江淮之間謂之鍭。」《大雅》「四鍭既均」，《周官·司弓矢》曰「殺矢鍭矢」，《考工記·矢人》曰「鍭矢三分」。故知鏃爲鍭之誤也。』

狗非犬，

胡適曰：『《爾雅》曰：「犬未成豪曰狗。」《墨子·經下》曰：「狗，犬也。而殺狗非殺犬也，可。」』

黄馬驪牛三，白狗黑，孤駒未嘗有母。

陸德明曰：『本亦無此句。』

一尺之捶，世本『捶』作『棰』，《文選》江文通《古别離》詩引亦作『棰』。

陸德明曰：『一尺，一本無一字。』倫按：音義出『之棰』，是陸本作『棰』。捶借爲箠，《説文》曰：『箠，擊馬也。』

日取其半，萬世不竭。辯者以此與惠施相應，終身無窮。桓團、

胡濬遠曰：『桓團，《列子》作韓檀。』倫按：桓、韓音同匣紐，團、檀聲同元類。

公孫龍辯者之徒，飾人之心，易人之意，能勝人之口，不能服人之心，辯者之囿也。惠

施日以其知與人之辯，

倫按：與猶敵也，之猶是也。

特與天下之辯者爲怪，

成玄英曰：『特，字亦有作將字者。』倫按：特字義長。

此其柢也。然惠施之口談，自以爲最賢，曰天地其壯乎。

倫按：壯爲奘省。

施存，雄而無術。

倫按：『存』字絶句。雄借爲勇。

南方有倚人焉，

陸德明曰：『倚，本或作畸。』

曰黄繚，

徐廷槐曰：『《戰國策》載魏王使惠子於楚，楚中善辯者如黄繚輩争爲詰難。

問天地所以不墜不陷，『陷』原作『陷』，依世本改。風雨雷霆之故。惠施不辭而應，不慮而

對，偏爲萬物說，說而不休，多而無已，猶以爲寡，益之以怪。以反人爲實，而欲以勝人爲名，是以與衆不適也。

倫按：適借爲敵。

弱於德，强於物，其塗隩矣。

倫按：隩當爲陜，字之譌也。《說文》曰：『陜，隘也。』

由天地之道，觀惠施之能，其猶一蚉一䖟之勞者也。其於物也何庸？夫充一尚可，曰愈貴道，幾矣。

倫按：『充一』以下，前人絶句，其見不一，良由辭義難通，今不强絶也。

惠施不能以此自寧，涵本、崇本『寧』作『甯』。**散於萬物而不厭，**

劉師培曰：『散乃殽誤。《齊物論》「樊然殽亂」，《釋文》云：「郭作散。」是其證。』

倫按：殽借爲爻。

卒以善辯爲名。惜乎！惠施之才，駘蕩而不得，

倫按：駘蕩透紐雙聲連緜詞。蕩借爲愓，《說文》曰：『愓，放也。』

逐萬物而不反，是窮響以聲，形與影競走也。悲夫！

倫按：王應麟依《北齊書·杜弼傳》曰『弼嘗注《莊子·惠施篇》』，謂今無此篇，亦逸篇也。倫疑此篇當終於『未之盡者』，『惠施多方』以下，乃《惠施篇》文。觀《音義》引崔譔、向秀之音説，自『惠施以下』，訖不一見，則向、崔本此篇終於『未之盡者』可知也。然觀郭象注曰：『此篇評較諸子。至於此章，則曰：「其道舛駁，其言不中。」』則郭據本已然。《荀子·非十二子篇》曰：『不法先王，不是禮義，而好治怪説，玩琦辭。甚察而不惠，辯而無用，多事而寡功，不可以爲治綱紀。然而其持之有故，其言之成理，足以欺惑愚衆，是惠施、鄧析也。』《解蔽篇》曰：『惠子蔽於辭而不知其實。由辭謂之，道盡論矣。』

莊子義證附録

莊子佚文輯録序

莊子書,《漢書·藝文志》著録五十二篇。今所行者,郭象注本三十三篇。其所刊落者甚衆,陸德明《莊子音義·序録》言之矣。然唐世司馬彪注猶存,則五十二篇之文固在也。今司馬本既亡,而郭象本奪譌不可讀者亦多。至於《藝文類聚》引《天運篇》『孔子見老聃,出謂弟子語』,雖郭本不得無,是其闕奪之顯證。余治此書久,既依郭本疏證其文,爲《莊子義證》三十三卷。復思戢其闕佚。昔王應麟撰《困學紀聞》,録《世説注》《文選注》《後漢書注》《藝文類聚》《太平御覽》所引者,凡三十九事。閻若璩、孫志祖、翁元圻又就而補綴。閻氏所補,乃誤取僞嚴遵《老子指歸》語,張琦已斥之。孫氏所録,並今本所有而内之佚文,故翁氏謂其考之未詳。而翁氏取《音義》所引《逍遥遊篇》佚文之見於崔、向、司馬本者一事,則《音義》所取不止一事,亦何其疏也! 孫馮翼、茆泮林戢司馬彪注,因亦得佚文若干事,出諸家所録之外。黄奭《子史鉤沈》中之佚《莊子》,全同茆氏。然孫、茆引『尹需學御』事,謂出《藝文類聚》八十二車部。尋《類聚》車部屬七十一卷,實無此文。别卷有之，則引自《吕氏春秋》，未審孫、茆何據。至孫氏引《文選》鮑照《行藥至城東橋詩》注所引司馬彪《莊子注》曰：『九夫爲井，井有市。』附於《徐無鬼篇》『商賈無市井之事則不比』下。然《選注》引司馬注，屬於所引《莊子》『仲尼曰：商賈且於市井以求其羸』下。則司馬所注爲今本之佚文，而孫氏轉誤出之。至以《至樂篇》『食於道徒』爲佚文，茆氏已正之矣。余頃於上海見鍾文烝手評《莊子》，後附佚文。讀之倉卒，不知其視諸家又何如也。今於諸家所録外，復從桓譚《新論》、仲長統《昌言》、張華《博物志》、張湛《列子注》、謝靈運《山居賦》自注、顧野王《玉篇》、劉孝標《世説注》、梁元帝《金樓子》、釋僧順《三破論》、杜臺卿《玉燭寶典》、陸法言《切韻》、虞世南《北堂書鈔》、成玄英《老子義疏》、歐陽詢《藝文類聚》、李賢《後漢書注》、司馬貞《史記索隱》、李善《文選注》、慧琳《一切經音義》、湛然《輔行記》、楊倞《荀子注》、徐堅《初學記》、白居易《六帖》、李昉《太平御覽》、釋慧寶《北山録注》、陳文燿《天中記》引，卄録得六七十事。合之舊卄，得一百餘事。視王氏所録，將再倍之。其間或有所疑，輒附所見。然宋以前載籍所引，當猶有可搜獲者。即前列諸事中，許有披覽疏略，以致漏失者。古人譬校書如掃落葉，卄書殆同然歟？彈雀之懲，固不待於後賢，抑且喜見其補苴之速也。崔、向、司馬本所有，而爲郭本所無，及諸書所引爲今郭本所奪者，既見於《義證》，則不具。中華民國十一年九月七日，馬叙倫寫於京師。

莊子佚文

堯問孔子。桓譚《新論》　鮑崇城刊太平御覽六〇二引

倫按：《意林》引桓譚《新論》曰：『莊周病劇，弟子對泣之。應曰：「我今死，則誰先。更百年生，則誰後。必不得免，何貪於須臾。」』疑亦《莊子》文。

左手據天下之圖，右手刎其喉，愚夫猶知難之。王先謙刊《後漢書·仲長統昌言·法誡篇》。

倫按：《法誡篇》有此文，不云出《莊子》。李賢《後漢書注》曰『事見《莊子》』。《御覽》四七四引《韓詩外傳》曰：『楚襄王遣使者持金千斤、白璧百雙，聘莊子，欲以爲相。莊子曰：「子獨不見太廟之牲乎，衣以玄繡，食以芻豢。出則清道而行，止則居帳之内。此豈不貴乎，乃其不免於死。宰執旌居前，或持在後。當此之時，雖欲爲孤犢，從雞鼠遊，豈可得乎？僕聞之：左手據天下之圖，右手刎其頸，愚者不爲也。」』疑《外傳》文本出《莊子》。《淮南·精神訓》：『使之左據天下圖，而右手刎其喉，愚夫不爲。』蓋亦本《莊子》文。又《後漢書·馬融傳》：『其友人曰：古人有言：左手據天下之圖，右手刎其喉，愚夫不爲。』注曰：『《莊子》曰：言不以名害其生者。』則李賢所見《莊子》有此文。《三國志·彭羕傳》，獄中與諸葛亮書，亦引先民有言云云，與此同。

地三年，種蜀黍。其後七年多蛇。士禮居叢書本《博物志》。

生物者不生，化物者不化。湖海樓叢書本《列子·天瑞篇》張湛注。

生乃徭役，死乃休息。《淮南·淑真訓》高注。

生爲徭役，死爲休息。《列子·天瑞篇》注、武英殿本《梁書·劉歊傳·革終論》、胡克家重刊本《文選·幽通賦》李善注。

倫按：《藝文類聚》一七引張衡《髑髏賦》曰：『死爲休息，生爲役勞。』蓋本此文。

易姓而王，封於泰山，禪於梁父者七十二代，其有形兆垠堮勒石凡千八百餘處。陳仁錫本《後漢書·祭祀志》劉昭注。

倫按：《北堂書鈔》九一引《莊子》李奇注曰：『云云山，在梁父東也。』疑即此文。

海人有機心，鷗鳥舞而不下。武英殿本《宋書·謝靈運傳·山居賦注》。

倫按：引有司爲彪注。

海上之人好鷗者。每旦之海上，從鷗鳥遊，鷗之至者數百而不止。其父曰：『吾聞鷗鳥從汝遊，取來玩之。』明日，之海上，臨鳥舞而不下。袁褧本《世説新語》注。

海上有人好鷗者，旦而之海上，從鷗鳥遊。鷗鳥至者百數。其父曰：『吾聞鷗從汝遊，試取來，吾從玩之。』曰：『諾。』明旦，至海上，鷗鳥舞不下。《文選·雜體詩》注。

謂之不善持生。《山居賦》自注。

積石爲樹，名曰瓊枝。其高一百二十仞，大三十圍，以琅玕爲之寶。澤存堂本《玉篇》。

有人三頭，遞臥遞起，以伺琅玕與玕琪子。涵芬樓影明成化本《山海經·海内西經》注。

老子見孔子，從弟子五人。問曰：『爲誰？』對曰：『子路爲勇，其次子貢爲智，曾子爲孝，顔回爲仁，子張爲式。』老子歎曰：『吾聞南方有鳥，其名爲鳳。所居積石千里。天爲生食，其樹名瓊枝，高百仞，以璆琳琅玕爲寶。天又爲生離珠一人，三頭，遞臥遞起，以伺琅玕。鳳鳥之文，戴聖嬰仁，右智左賢。』陸子玄本《藝文類聚》一。

南方積石千里，名瓊枝，故高百二十仞。《文選·吴都賦》注。南方積石千里，樹名瓊枝。《雪賦》注。南方生樹名瓊枝。《琴賦》注。老子歎曰：『吾聞南方有鳥，其名爲鳳，居積石千里，河出下，鳳凰居上。天爲生樹，名瓊枝，高百二十仞，大三十圍，以琳琅爲實。』《雜體詩》注。

鳳之所居也，積石千里，河水出下，鳳皇居上。《太平御覽》四〇。

老子見孔子，從弟子五人。問曰：『前爲誰？』對曰：『子路勇且多力，其次子貢爲智，曾子爲孝，顔回爲仁，子張爲式。』老子歎曰：『吾聞南方有名鳥，名爲鳳。所居積石千里。天爲生食，其樹名瓊枝，高百仞，以璆琳琅玕爲寶。天又爲生離珠一人，三頭，遞起以伺琅玕。鳳鳥文，戴聖嬰仁，右智左賢。』《御覽》九〇五。

倫按：《山海經·南山經》曰：『有鳥焉，名曰鳳皇。』郭璞注曰：『莊周説鳳。』文字與此有異，蓋即此文。

問焉則頟然。《玉篇》。

大甘而嘾。《玉篇》。

仲尼諀汝一方。古佚叢書本《玉篇》。

所以咢人。《玉篇》。

甘繩窮劲。《玉篇》。

嘗喝而不犯。《玉篇》。

綏夫正陘。《玉篇》。

倫按：引有司馬彪注。

陷大矛。《玉篇》。

國有待絯而後見。《玉篇》。

言不廣，不足以明道。涵芬樓本《弘明集》八僧順釋《三破論》。

全德不刑。知不足齋叢書本《金樓子》。

倫按：疑此即《德充符》篇之全德不形，譌『形』爲『刑』耳。

紼謳所生，必於斥苦。《世説新語》注、蘊石齋本、《初學記》一四、《御覽》五五二。

倫按：《新語》注引有司馬彪注。

魄二首。抱經堂叢書本《顔氏家訓》三。

乘時鵲起。《家訓》三。

鵲上高城之垝，而巢於高榆之巔。城壞巢折，淩風而起。故君子之居世也，得時則義行，失時則鵲起。《類聚》八八。鵲上高城危，而巢於高枝之顛。城壞巢折，淩風而起。故君子之居世也，得時則義行，失時則鵲起。九二。

鵲巢於高榆之巔，巢折，淩風而起。《文選·贈馮文熊詩》注、《直中書省詩》注、《演連珠》注。鵲上城之垝，巢於高榆之巔。巢折，淩風而起。故君子之居時也，得時則義行，失時則鵲起。《和伏武昌登孫權故城詩》注。

倫按：《文選·登孫權故城》詩注引有司馬彪注。

鵲上高城之垝，而巢於高樹之顛。城壞巢折，淩風而起。故君子之居世也，得時則義行，失時則鵲起也。《御覽》九二一。鵲上高城之墉，而巢於高枝之顛。城壞，淩風而起。九二八。鵲上高城之垝，而巢於高榆之顛。城壞巢折，淩風而起。故君子之居世也，得時則義行。失時則鵲起。九五六。

潛鯁春日毀滴而蓋衢者，鱓也。古佚叢書本《玉燭寶典》。

倫按：《寶典》引有司馬彪注。

故馬小童謂黄帝，曰：『熱艾宛其聚氣雄黄。』《玉燭寶典》。

斲雞於户，懸韋炭於其上，插桃其旁，連灰其下，而鬼畏之。《玉燭寶典》。

插桃枝於户，連炭其下。童子入而不畏，而鬼畏之。是鬼智不如童子也。《類聚》八六。有掛雞於户，懸葦炭其上，樹桃其旁，而鬼畏之。《御覽》二九。

游島問雄黄曰：『今逐疫出魅，擊鼓呼噪，何也？』『昔黔首多病，黄帝氏立巫咸，教黔首，使之沐浴齋戒以通九竅，鳴鼓振鐸以動其心，勞形趨步以發陰陽之氣。春月，毗巷飲酒茹葱，以通五藏。夫擊鼓呼噪，非以逐疫出魅。黔首不知，以爲魅祟也。』《玉燭寶典》。

春月飲酒茹葱，以通五臧也。《類聚》八二、《初學記》四、《御覽》二九。

遊島問雄黄曰：『今逐疫出魅，擊鼓呼噪，何也？』雄黄曰：『黔首多疾，黄帝氏立巫咸。黔首沐浴齋戒，以通九竅。鳴鼓振鐸，以動其心。勞形趨步，以發陰陽之氣。飲酒茹葷，以通五臧。夫擊鼓呼噪，逐疫出魅鬼。黔首不知，以爲魅祟也。』《御覽》五三〇。

倫按：《音義》謂莊子有《游凫篇》，疑此即《游凫篇》文。『島』字譌。

多言而不砦。王先謙刊《漢書·司馬相如傳》蕭該《音義》。

倫按：《音義》引有司馬彪注。

田鼠化爲鶉。巴黎國民圖書館藏唐寫本《切韻》殘卷十八淳『鶉』字下、《御覽》九二四。

諲諲如也。唐寫本《切韻》殘卷十三耕『諲』字下。

倫按：疑此即《至樂篇》之『諲諲然如，將不得已』，文有省易耳，非佚文。

務成子。唐寫本《切韻》殘卷十四清『成』字下。

鷂爲鸇，鸇爲布穀，此物變也。唐寫本《切韻》殘卷二十五笑『鷂』字下。

鷂爲鸇，鸇爲布穀，布穀復爲鷂，此物變也。《類聚》九一、《御覽》九二六。

秉二地。孔廣陶刊《北堂書鈔》七。

養性愛民。《書鈔》一五。

孔廣陶曰：宋刊《莊子》無此文，考《御覽》七十九引蔣子《萬機論》言黄帝事，有此句。

無爲而天下化。《書鈔》一五。

功不賞，賢不使。《書鈔》一五。

人而不學，謂之視肉。學而拂命，謂之揖囊。《書鈔》八三。

孔廣陶曰：案陳禹謨本，『拂命』作『弗用』，『揖』作『緝』。

人而不學，譬之視肉而食。汲古閣本《史記·李斯傳》索隱。

人而不學，謂之視肉。學而不行，命之撮囊。《御覽》六〇七。人而不學，命之曰視皮。學而不行，命之曰撮囊。七〇四。

倫按：《御覽》引注曰：『撮，繫也。』以例推之，蓋司馬注。

文惠君彈臣彈焉，爲具彈雀人弟十丸，君得丸，疑當作九。而爲得一。君賞而罰爲也。《書鈔》一二四。

至人之道如鏡，有明有照，有引有致。明則物斯監也。《書鈔》一三六。

孔廣陶曰：按陳禹謨本及《初學》皆作《符子》，無明則以下。

倫按：『至人至有致』，《六帖》一三引作《符子》。

今以木爲舟，則彌衞舟大白。《書鈔》一三七。

倫按：《書鈔》引注曰：『大白，舶名也。』以《一切經音義》引證知是司馬彪注。

以水爲舟，則稱衞舟大白。日本刊慧琳《一切經音義》八九。

倫按：《音義》引有司馬彪注。

鹹者不作而欲食之，夜必夢飲三冷。《書鈔》一四四。

孔廣陶曰：俞安期本『冷』作『泠』。

倫按：《書鈔》引注曰：『冷，瓶也。』以例推之，蓋司馬彪注。

騰水溢上爲霧。《書鈔》一五一、《御覽》一五。

陰陽分争爲雷。《書鈔》一五二、《御覽》一三。

陰陽分争故爲電。《書鈔》一五二。

倫按：『陽』上原奪『陰』字，故下原奪『爲電』二字。以所引在電部，故依《類聚》

二補。

陰氣伏於黄泉，陽氣上通於天，陰陽分争故爲電。玉女投壺，天爲之笑，則電。《類聚》二。

倫按：《類聚》七五引《神仙傳》『玉女投壺，天爲之笑』，疑此誤連。

陰氣伏重泉，陽氣上通於天，陰陽分争故爲雹。明刊本《六帖》二。

陰氣伏於黄泉，陽氣上通於天，陰陽分争故爲雹。《御覽》一三。

宋景公時，大旱三年。卜之，以人祠，乃雨。公下堂頓首曰：『吾所以求雨，將自當之。』言未卒，天下大雨，方千里。何德於天而惠於民也。《類聚》二。梁君出獵，見白雁羣下，彀弩欲射之。道有行者，梁君謂行者止。行者不止，白雁羣駭。梁君怒，欲射行者。其御公孫龍止之。梁君怒，曰：『龍不與其君而顧他人。』對曰：『昔宋景公時，大旱。卜之，必以人祠，乃雨。景公下堂頓首曰：「吾所以求雨，爲民也。今必使吾以人祠乃雨，將自當之。」言未卒而大雨，何也？爲有德於天而惠於民也。君以白雁故，以欲射殺人。主君譬人，無異於豺狼也。』梁君乃與龍上車，歸，呼萬歲曰：『樂哉。人獵得禽獸，吾獵得善言而歸。』六六。梁君出獵，見白雁羣。君欲射之。道有行者，駭之。君怒，欲射行者。其御公孫龍下車，撫矢曰：『昔先公時，大旱三年。卜之，以人祠，乃雨。公下堂頓首曰：「吾欲所以求雨，以爲民也。當之。」言未卒而天下大雨方千里者何？爲德而惠於民。今君主以白雁而欲殺人乎？』一〇〇。

宋景公時，大旱三年。卜云，以人祠，乃雨。公下堂頓首曰：『吾所以求雨者，爲人。

今殺人，不可，將自當之。』言未卒，天大雨千里。《御覽》一〇。梁君出獵，見白雁羣集。梁君下車彀弓，欲射之。道有行者，白雁羣駭。梁公怒，欲射行者。其御公孫龍下車，撫其心。梁君忿然作色，怒曰：『龍不欲其君而顧與他人，何也？』公孫龍對曰：『昔者齊景公之時，天旱三年。卜之曰：「必以人祠，乃雨。」景公下堂頓首曰：「吾所以求雨者，爲民也。今必使吾以人祠乃且雨，寡人將自當之。」言未卒而天下大雨方千里何？爲有德於天而惠施於民也。今主君以白雁之故而欲殺人，無異於虎狼。』梁君與援手上車，歸入郭門，呼萬歲，曰：『樂哉，今日也。人獵皆禽獸，吾獵獨得善言而歸。』四五七。梁君出獵，見白雁羣。下車，彀弓欲射之。道有行者不止，白雁羣駭。梁君怒，欲射行者。其御公孫龍撫轡曰：『今主君以因白雁故，而欲射殺人，無異於虎狼。』梁君援其手與歸，呼萬歲曰：『樂哉今日獵也，人得獸，吾獨得善言。』八三二。

陽灸陰爲虹。《類聚》二、《御覽》一四。

海水三歲一周，流波相薄，故地動。《類聚》八、《六帖》六、《御覽》三六、六〇。

童子夜嘯，鬼數若齒。《類聚》一九。

童子夜嘯，鬼若數齒。《御覽》三九二。

以十鈞射者，見天而不見雲。以七鈞射者，見鵠而不見鶴。以五鈞射者，見鶴而不見雀。《類聚》七四。

仲尼讀書，老聃倚竈觚而聽之，曰：『是何書也？』曰：『《春秋》也。』《類聚》八〇。

仲尼讀書《春秋》，老聃踞竈觚而聽。《御覽》一八六。

倫按：《御覽》引注曰：『觚，竈額也。』以例推之，蓋司馬注。

小巠見大巠，明大字本作『巫』，《御覽》亦作『巫』。拔茅而棄。此其終身弗如也。《類聚》八二、《御覽》九九六。

小巫見大巫，拔毛而棄。此其終生弗如也。《御覽》七三五。

朽瓜化爲魚，物之變。《類聚》八七。

朽瓜化爲魚，物之變。《初學記》二八、三〇、《御覽》九三五、九七八。

槐之生也，入季春，五日而兔目，十日而鼠耳。《類聚》八八、《初學記》二八。

倫按：《類聚》引有司馬彪注。

空門來風，桐乳致巢。《類聚》八八、《御覽》九五六。

倫按：《類聚》引有司馬彪注。

空閱來風，桐乳致巢。此以能苦其性者。《文選·江賦》注。空閱來風，桐乳致巢。《風賦》注。空穴來風。《悼亡賦》注、《六帖》二。

倫按：《文選·悼亡賦》注引有司馬彪注。

夫人生天地之間，猶騁駟而過隙。然在用之，有盈篋，爨之不足，食之則厭。一則令人用其身也，若爨之然。故曰不足。若用之於善，則與天地相弊。《類聚》八九。

倫按：此文次所引《人間世》『桂可食，故斧伐之』下，今本無之。《知北遊篇》曰：『人生天地之間，若駒之過隙。』與此首二句小異，疑注文。

莊子謂惠子曰：『羊溝之雞，三歲爲株。相者視之，則非良雞也。然而數以勝人者，以狸膏塗其頭。』《類聚》九一、《御覽》九一八。

倫按：《類聚》引有司馬彪注。

伏雞搏狸。《類聚》九一。

子張見魯哀公，哀公不禮焉，去之。曰：『君之好士也，有似葉公子高之好龍，雕文畫之。於是閫而下之，窺頭於牖，拖尾於堂。葉公見之，失其魂魄，五色無主。是葉公非好龍也，好夫似龍非龍也。今君非好士也，好夫似士者。』《類聚》九六。

子張見魯哀公，哀公不禮，去。曰：『君之好士，有似葉公子高之好龍也。葉公好龍，室屋彫文，盡以寫龍。於是天龍聞而下之，窺頭於牖，拖尾於堂。葉公退走，失其魂魄，五色無主。是葉公非好真龍也，好夫似龍而非龍也。今君之好士也，好夫似士而非士者。』《文選・天監三年策秀才文》注。葉公見龍，失其魂魄，五情無主。《勸進表》注。

倫按：胡克家本《文選・策秀才文》注引作《説苑》，此從涵芬樓本。

葉公子高好龍，室屋皆畫龍。於是天龍聞而下來，窺頭於牖，拖尾於屋。葉公見之，棄而遠走，失其魂魄。葉公非好龍，好似龍也。《六帖》九五。

子張見魯哀公，哀公不禮。曰：『臣聞君好士，故不遠千里以見公。今見公之好士也，有一似葉公子高之好龍。葉公好龍，室屋彫文，盡以寫龍。於是天龍聞而下之，窺頭於牖，拖尾於堂。葉公見而棄之還走，失其魂魄，五神無主。是葉公非好龍也，好夫似龍而非龍也。今君非好士也，好夫似士而非士者也。』《御覽》三八九。子張見魯哀公，哀公不禮。語僕夫而去，曰：『臣聞君好士，故不遠千里以見。君之好士也，有似葉公子高之好龍。室屋彫文，盡以寫龍。於是天龍聞而下之，窺頭於牖，拖尾於堂。葉公見之，棄而還走，失其魂魄，五神無主。是葉公非不好龍，好夫似龍而非龍也。今君非不好士也，好夫似士而非士者也。』四七五。子張見魯哀公，哀公不禮。託僕夫而去，曰：『君之好士，有似葉公子高之好龍也。葉公好龍，室屋彫文，盡以寫龍。於是天龍聞而下之，窺頭於牖，拖尾於堂。葉公見之，棄而還走，失其魂魄，五色無主。是葉公非好龍也，好夫似龍而非龍。今君之非好士也，好夫似士而非士者也。九二九。

其所矜惜，無非名善。劉承幹刊《道藏》本成玄英《老子義疏》。

倫按：疑注文。

智似深淵，明如日月，謂之聖。《初學記》一七。

倫按：此文引次所引《徐無鬼篇》『分人以財謂之聖』下，疑非《莊子》文。

楚人賣矛及楯者，見人來買矛，即謂之曰：『此矛無何不徹。』見人來買楯，則又謂之曰：『此楯無何能徹者。』買人曰：『還得爾矛刺爾楯，若何？』文選樓本《春秋·哀二年穀梁傳》疏。

楚狂接輿者，楚人也，耕而食。楚王聞其賢，使使者持金百鎰、車二駟聘之，曰：『願煩先生理江南。』接輿笑而不應。使者去而遠徙，莫知所之。《後漢書·崔駰傳》注。

函牛之鼎沸，蟻不得措一足焉。《後漢書·劉陶傳》注、《文苑傳》注。

函牛之鼎沸，蟻不得置一足焉。《御覽》九四七。

倫按：《御覽》引注曰：『喻聖王之法，奸臣不敢蹈之。』蓋司馬注。

有繫謂之懸，無謂之解。《文選·吴都賦》注。

倫按：《養生主篇》曰：『古者謂是帝之縣解。』注曰：『以有係者爲懸，無者懸解也。』疑此乃注文。

尹需學御，三年而無所得。夜夢受秋駕於其師。明日，往朝其師。其師望而謂之曰：『吾非獨愛道也，恐子之未可與也。今將教子以秋駕。』《文選·魏都賦》注。尹需學御，三年而無所得。夜夢受秋駕。明日，往朝其師。師曰：『今將教子以秋駕。』《三月三日曲水詩序》注。

倫按：《文選》引有司馬彪注。又案：《漢書·禮樂志》顔師古注曰：『《莊子》有秋駕之法者，亦言駕馬騰驤秋秋然也。』

鉗墨翟之口。《文選·西征賦》注、《上建平王書》注、《爲袁紹檄豫州》注、《謝平原表内史》注。

倫按：《胠篋篇》曰：『鉗楊墨之口。』疑此非逸文。

襄公之應司馬目夷，知大體者也。《文選·西征賦》注。

化窮數盡謂之死。《文選·蕪城賦》注。

倫按：《文選·歸去來》注引作《家語孔子》曰。

川谷通氣，故飄風。《文選·江賦》注。

不肖繫俗窘拘囚之皃。《文選·鸚鵡賦》注。

倫按：《人間世篇》曰：『剋核太至，則必有不肖之心應之。』疑此乃其注文。

闕弈之隸，與殷翼之孫、遏氏之子，三士相與謀致人於造物，共之元天之上。元天者，其高四見列星。《文選·車駕幸京口侍遊蒜山作詩》注。

倫按：《文選》引有司馬彪注。又案：此即《音義》所謂《閼奕篇》文。

仲尼曰：商賈曰於市井以求其羸。《文選·行藥至城東橋詩》注。

倫按：《文選》引有司馬彪注。

此之謂要妙。《文選·七里瀨詩》注。

倫按：《老子》曰：雖智大迷，是謂要妙。

其生也柔脆，其死者枯槁。《文選·盧陵王墓下作詩》注。

倫按：《老子》有此文。

無爲無治，謂之道基。《文選·雜詩》注。

倫按：《文選考異》曰：『無治，原本作而治。』

泚然汗出。《文選·七發》注。

倫按：《大宗師篇》音義曰：『崔本「蘧然覺」下，更有「發然汗出」一句。』疑此作泚者，特異文。

夫輕爵禄者，人之所託材。《文選·七啓》注。

倫按：《文選》引有司馬彪注。

徧謂周曰：吾知道，近乎無内，遠乎無外。《文選·七命》注。

倫按：《知北遊篇》曰：『至道若是，大言亦然。周徧咸三者，異名同實。其指一也。甞相與游於無何有之宫，同合而論，無所終窮乎。』疑此乃《知北遊篇》逸文。

庚市子肩之毁玉也。《文選·七命》注。

倫按：《文選》又引《淮南子·莊子后解》曰：『庚市子，聖人也，無欲者也。人有争財相鬭者，庚市子毁玉於其間，而鬭者止也。』

豫章初生，可抓而絶。《文選·上書諫吴王》注。

兩祖女浣於白水之上者，禹過之而趨，曰：『治天下奈何？』女曰：『股無胈，脛不生毛，顔色凍裂，手足胼胝，何以至是也。』《文選·難蜀父老文》注。

兩神女於白水之上，禹過而趨，曰：『治天下奈何？』女曰：『股無胈，脛不生毛，手足胼胝，何足以至。』《御覽》六三。

倫按：《御覽》引有司馬彪注。

軸不運而輪致千里也。《文選·運命論》注。

軸不運而致千里。《六帖》一一。

夫差瞑目東粤。《文選·廣絶交論》注。

倫按：疑此爲《音義》所謂《子胥篇》文。

晉之善戰者牛丑，以寡擊衆。《文選·馬汧督誄》注。

小人殉財，君子殉名，天下皆然，不獨一人。《文選·王仲宣誄》注。

倫按：《盗跖篇》有『小人殉財，君子殉名』兩句。又案：《文選·鵩賦》注引《列子》曰：『胥士之殉名，貪夫之殉財，天下皆然，不獨一人。』司馬彪曰：『殉，營也。』今《列子》無此語，司馬彪亦無《列子注》。尋《駢拇篇》曰：『小人則以身殉利，士則以身殉名，大夫則以身殉家，聖人則以身殉天下。』《音義》引司馬彪曰：『殉，營也。』疑李善括《莊子》語意，而又誤莊爲列。

邠人謂邠王曰：『挈吾妻子以從王乎此。』《文選·故安陸昭王碑》注。

倫按：《讓王篇》曰：『民相連而從之，遂成國於岐山之下。』疑此亦括莊子語意，非逸文。

桓侯行，未出城門，其前驅呼避。蒙人止之。後爲狂也。《史記·宋世家》索隱。

宋桓侯行，未出城門，其前驅呼避。至於家，家人正之，以爲狂也。《御覽》七三九。

倫按：《索隱》《御覽》並引有司馬彪注。

送人以軒。《史記·孔子世家》索隱。

天下大器是也。《史記·伯夷列傳》索隱。

尾閭之穴，上下出也。《六帖》六。

倫按：疑《秋水篇》注文。

碧雞之詞。《六帖》三。

人長七尺不以爲大，蟻螻七寸而得大名。滂喜齋叢書本《輔行記》三之一。

殺盜賊不爲殺人。古佚叢書本《荀子·正名篇》楊倞注。

倫按：楊倞注曰：『殺盜非殺人，亦見《莊子》。』又曰：《莊子》又云：『殺盜賊不爲殺人。』然則楊見《莊子·天運篇》『殺盜非殺人』一句外，別篇又有此一句也。《則陽篇》曰：『莫爲盜，莫爲殺人。』覈上下文義不貫，疑有脱譌。此句即《則陽篇》文，非逸文。

聽居居，視于于。《荀子·儒效篇》注。

倫按：《應帝主篇》曰：『泰氏，其臥徐徐，其覺于于。』《盜跖篇》曰：『臥則居居，起則于于。』此『聽』字當是『臥』字之譌，疑非逸文。

乃有鷄子五熏鍊形。《御覽》二九。

倫按：《玉燭寶典》引，不云出《莊子》。《北堂書鈔》一五五引作《風土記》，『薰』字作『辛』。《初學記》四亦作《風土記》。

亡羊而得牛，斷指而得頭。《御覽》三六四。

盧敖見若士，深目鳶肩。《御覽》三六九。

夢者，陽氣之精也。心所喜怒，則精氣從之。《御覽》三九七。

善卷，堯聞其得道之士，乃北面而師事之。蒲衣八歲而爲舜之師。《御覽》四〇四。

田光答太子曰：『竊觀太子賓客，無可用者。夏扶血勇之人，怒而面赤。宋膪脈勇之人，怒而面青。武陽骨勇之人，怒而面白。光所知荆軻神勇之人，怒而色不變。』《御覽》四三七。

倫按：燕太子丹使荆軻刺秦王，事在宋康王死温後六十年，去莊子死久矣，詳《莊子年表》。疑此乃引《燕丹子》。

闔閭試其民於五湖，劍皆加於眉，地流血，幾不可止。《御覽》四三七。

趙簡子出田，鄭龍爲右。有一野人。簡子曰：『龍下射彼，使無驚吾馬。』三命鄭龍，鄭龍不對。簡子怒。鄭龍曰：『昔踐土之盟，不戮一人。虎狼殺人，固將救之。』簡子還車，啜田，曰：『今吾田也得士。』《御覽》四五七。趙簡子田，鄭龍爲右。有一野人。簡子曰：『龍下射彼，使無驚吾馬。』龍曰：『昔吾先君伐衛免曹，退爲踐土之盟，不戮一人。吾今一朝田，而必曰爲我殺人。是虎狼殺人，故將救之。』簡子愀焉，曰：『不愛其身以活人者，可無從乎？』還車，輟田，曰：『人之田也得獸，今吾田也得人。』八三二。

孔子舍於沙丘，見主人，曰：『辯士也。』子路曰：『夫子何以識之？』曰：『其口窮踦，其鼻孔大，其服博戲，其睫流撝。其舉足也高，其踐地也深，鹿與而牛舍。』《御覽》四六四。

惠子始與莊子相見，而問焉。莊子曰：『今日自以爲見鳳凰而徒遭燕鵲耳。』坐者皆笑。《御覽》四六六。

倫按：張海鵬本『焉』字作『乎』。

宋桓侯築蘇宮，使蔡謳。觀者數百倍。去之，無有憂色。君乃賞蔡。《御覽》四八八。

倫按：《御覽》引注曰：『謳爲土唱也。』蓋司馬注。

叔文相莒，三年，歸，其母自績。謂母曰：『文相莒三年，有馬千駟，今母猶績。文之所得事，皆將棄之已。』母曰：『吾聞君子不學書射御，必有博塞之心。小人不好田作，必有竊盜之心。婦人不好紡績織紝，必有淫佚之行。好學爲福也，猶飛鳥之有羽翼也。』《御覽》六〇七。叔文相莒三年，歸，其母自績。請其母，曰：『文相莒三年，有馬千駟，今主君猶自績。文之所得事，皆將去之。』曰：『婦人不好紡績織紝，必有淫佚之心。』八二六。

祝牧謂其妻曰：『天下有道，吾韍子佩。天下無道，吾負子戴。』《御覽》六九一。

倫按：《御覽》引注曰：『當，隱藏也。』蓋司馬注。又案四〇三引作《子思子》。

流脈並作，則爲驚怖。陽氣獨上，則爲顛病。《御覽》七五二。

市上之人，有善戴尊者，累十尊而行千里。與之更者，行道未半，而以其尊顛。《御覽》七六一。

倫按：《御覽》引注曰：『酒尊也。』蓋司馬注。

禮若亢鋸之柄。《御覽》七六三。

倫按：《御覽》引注曰：『亢，舉也。禮有所斷割，猶舉鋸之柄以斷物也。』蓋司馬注。

師曠爲晉平公作清角。一奏，有雲從西北起。再奏，大雨大風隨之，裂帷幕，破俎豆，墮廊瓦。平公懼，伏於室内。《御覽》七六七。

羌人死，燔而揚其灰。《御覽》七九四。

金鐵蒙以大鍱，載六驥之上，則致千里。《御覽》八一三。

堯以天下讓許由。許由不受，退而耕於潁水之陽，終身不見。《御覽》八二二。

秋禽之肥，易牙和之。非不美也，彭祖以爲傷壽，故不食之。《御覽》八四九。

廉者不食不義之食，不飲不義之水。《御覽》八四九。

孔子病，子路出卜。孔子曰：『汝待也。吾坐席不敢先。居處若齋，飲食若祭。吾卜之久矣。』《御覽》八四九。

馬血爲燐，人血爲野火。《御覽》八六九。馬血之爲燐也，人血之爲野火也，大鷃之爲鸇，鸇之爲布穀，布穀之復爲鷃也。燕之爲蛤也，田鼠之爲鶉也，老韭之爲莧也，老羭之爲猨也，魚卵之爲蟲也。此皆物之變者。八八七。

倫按：《御覽》引注曰：『羭，狀羊。』蓋司馬注。

聲氏之牛，夜亡而過夔。止而問焉，曰：『我尚有四足，動而不善。子一足而起踊，何以然？』夔曰：『以吾一足，王於子矣。』《御覽》八九九。

青鵽愛子忘親。《御覽》九二二。

倫按：《御覽》引有司馬彪注。

鴟，嗜鼠之鳥也。《御覽》九二四。

倫按：《齊物論篇》曰：『鴟鴉嗜鼠。』《秋水篇》曰：『鴟得腐鼠。』疑此或取莊子語意，或是注文。

大鶬飽食，仰天而噓。《御覽》九二五。

倫按：《御覽》引有司馬彪注。

周周銜羽以濟河。《御覽》九二八。

童子埋蜻蛉頭而化爲珠。《御覽》九五〇。

茚泮林曰：《太平廣記》四百三十七，引李淳風《感應經》，轉引《莊子》司馬彪注曰：『言童子埋蜻蛉之頭，不食而舞，曰「此當爲珠」。人笑之。』

宋有狙公者，恐衆狙之不訓於已也，先誑之，曰：『與若芧，朝三而暮四。』衆狙皆超然而怒。《御覽》九六四。

生者死之悲，死者生之悲也。影宋本《北山録》五注。

倫按：《知北遊篇》曰：『生也死之徒，死也生之始。』疑此即《知北遊篇》文。

老子卒於扶風槐里。《北山録》五注。

倫按：此蓋注文也。又案：釋道宣《書孫盛老子疑問反訊後》曰：『老子遁於西裔，行及秦壤，死于扶風，葬于槐里。』

介鬬閭里有狗，宋人之鶩狗也，其家命之爲㵾。逐狗不及，止而望之，自以爲過矣。明刊本《天中記》五四。

莊子天下篇述義

李林　點校

莊子天下篇述義目録

序言之一

我寫這篇文章，是由研究《莊子》認識到《莊子》雖然有三十三篇，僅僅只有内七篇確實是莊子自己寫的，外篇就不敢隨便下斷語了；至於雜篇，除《天下篇》外前人都説不是莊子自己的作品，我完全同意這個論斷。至於《天下篇》，我認爲是作一個時代的學術的結論，可能也是莊子寫的。我們如果説不是莊子寫的，很難找出另外一個人有這樣精通一個時代的學術，更有這樣的大手筆。如果作爲莊子寫的自序，那是天衣無縫了。另外一面，我很難解，在春秋末戰國初，除《老子》外又有這樣一種思想。這種思想，以我的研究，認爲完全和佛家相同。這是偶然的嗎？還是確有因緣？這待别人來作定論吧。馬夷初。

序言之二

莊子學説，似受印度哲學之影響頗深；其《天下篇》曰：『不離於宗，謂之天人；不離於精，謂之神人；不離於真，謂之至人；以天爲宗，以德爲本，以道爲門，兆於變化，謂之聖人；以仁爲恩，以義爲理，以禮爲行，以樂爲和，薰然慈仁，謂之君子；以法爲分，以名爲表，以參爲驗，以稽爲決；其數一二三四是也，百官以此相齒；以事爲常，以衣食爲主，蕃息畜藏老弱孤寡爲意，皆有以養，民之理也。』郭象於『謂之聖人』下出注云：『凡此四名一人耳，所自言之異。』又於『謂之君子』下出注云：『此四名之粗迹，而賢人君子之所服膺也。』又於『皆有以養民之理也』下出注曰：『民理既然，故聖賢不逆。』余謂『不離於宗』至於『民之理也』通是一人。大區則三：『天人』一也，『神人』『至人』二也，『聖人』『君子』『民』三也。小區則六，具如本文。如次言之，初大區三者，《佛地經》卷七云：『自性法受用，變化差別轉。』論云：『雖諸如來所依清净法界體性無有差別，而有三身種種相異轉變不同，故名差別。』《成唯識論》十之三云：『如是法身有三相別：〔一〕自性身。謂諸如來真净法界，受用變化平等所依，離相寂然，絶諸戲論，具無邊際真常功德。是一切平等實性，即是此性，亦名法身，大功德法所依止故。〔二〕受用身。此有二種：一、自受用。謂諸如來三無數劫，修集無量福慧資糧，所起無邊真實功德，及極圓浄常遍色身，相續湛然，盡未來際，恒自受用廣大法樂。二、他受用。謂諸如來由平等智，示現微妙浄法功德身，居純浄土，爲住十地諸菩薩衆，現大神通，轉正法輪，決衆疑網，令彼受用大乘法樂。合此二種名受用身。〔三〕變化身。謂諸如來由成事智變現無量隨類化身，居浄穢土，爲未登地諸菩薩衆、二乘異生，稱彼機宜，現通説法，令各獲得諸利樂事。』此中『天人』，當彼經『自性身』，亦名『法身』。此中『神人』『至人』，當彼經『受用身』。此中『聖人』『君子』『民』，當彼經『變化身』。如是大區爲三。次復小區爲六者，彼論法身止一，此中天人當之。受用身有二種：一、自受用。二、他受用。此中『至人』當彼『自受用身』，『神人』當彼『他受用身』。又依《觀佛三昧海經》云：『佛化身有三類：一、大化身。謂如來爲應十地已前諸菩薩衆演説妙法，令其修進向於佛果故，化現千丈大身也。二、小化身。謂如來爲應二乘凡夫説於四諦等法，令其舍妄歸真而得開悟故，化丈六小身也。三、隨類不定。謂如來誓願弘深，慈悲普覆，隨諸種類，有感即應，或現大身滿虚空中，或現小身丈六、八尺等。』此言變化，亦開三類，此中『聖人』當彼經『大身』，此中『君子』當彼小身，此中『民』者當彼『不定身』。而《逍遥遊》爲開宗明義之文，即以北海之鯤諭染汙心，南海之鵬諭清浄心，鯤化爲鵬，諭染汙心轉爲清浄心；其『皆大不知其幾千里也』，諭二心本一，而歸於無用之用，即轉妄爲真後之自然大用，亦即是逍遥也。逍遥者，愉之緩言。愉即樂也。《逍遥遊》明是往生極樂之義，其他事相同者亦非一二，而最奇者即《至樂篇》『莊子妻死』一章，與《佛説緣起聖道經》義無不同。《達生篇》『田開之』一章，即修三觀之法；而『桓公田於澤』一章，竟符《大乘起信論》十鬼之説。《天地篇》『無爲爲之之謂天』一章，又大乘十度波羅密法門也。《天地篇》：『凡有首有趾無心無耳者衆，有形者與無形無狀而皆存者盡無。』乃破時空。《秋水》《在宥》《天運》《田子方》《知北遊》皆有勝義，而内七篇實揭其綱要。《德充符》云：『以其知得其心，以其心得其常心。』又明是由六識以得八識，由八識以得無垢識也。《大宗師》與《天運》兩言：『吾師乎，𩐋萬物而不爲義，澤及萬世而不爲仁，長於上古而不爲老，覆載天地、刻琱象形而不爲巧。』乃説常樂我净。此皆遠之虉山、近之楊仁山所未曾見到。而余自昔研鑽，偶爾會心，然非徒事飾附，實乃相義兩徵。余因疑佛法已在周末入於中國，《莊子·天道篇》記士成綺問道於老子一章，末有『邊境有人焉，其名爲竊』兩句，詞義似非完文，蓋有脱簡。然疑與《荀子·解蔽篇》『空石之中有人焉，其名曰觙』者是一事。《解蔽》曰：『空石之中有人焉，其名曰觙，其爲人也善射以好思，射如射覆之射，見俞曲園先生《諸子平義》。耳目之欲接則敗其思，蚊之聲聞則挫其精，是以闢耳目之欲而遠蚊之聲，閒居静思則通。思仁若是，可謂微乎？闢耳目之欲，遠蚊之聲，可謂危矣，未可謂微也。』原文有衍誤，今訂。余以孔伋字子思，燕伋字子思推之，則此人思仁而名觙，『觙』字自與好思有關。然疑此非人名，乃以此人好思而人名之。莊子作『竊』，聲相近也。此人習静而好思，蓋修佛法禪那、般若兩度之行者。莊子言邊境，而荀子言空石，空石即窮石，《春秋左傳·襄四年》傳曰：『昔有夏之方衰也，后羿自鉏遷於窮石。』《說文》『窮』字下曰：『夏后氏諸侯夷羿之國。』《山海經》《離騷》《淮南》皆謂弱水出於窮石。《說文》謂溺水自張掖刪丹西至酒泉合黎，餘波入於流沙；漢之刪丹，今之甘肅山丹縣，《說文》次『窮』於『鄯』字下，固謂邊地也。空石既是邊地，則觙、䆲是一非二明矣。蘇曼殊據印度婆羅多朝之紀事詩，證知支那之名，遠在西曆紀元千四百年前已有。蓋婆羅多王嘗親率大軍行至此境，見其文物特盛，民多智巧，以爲支那分族。是在我國商代，印度已與今新疆之于闐、莎車有交通，而新疆之東與甘肅接壤，則佛法在周末自有傳入刪丹、張掖之可能。而觙者蓋達摩之儔，其聲遠著，故莊、荀皆援而說之。莊書記及此事，而其書述義大氐與佛法相同，其爲受印度思想之影響可知。

莊子天下篇述義

天下之治方術者多矣，皆以其有，爲不可加矣。古之所謂道術者，果惡乎在？

案：宣穎以『有』字句絶，『爲』字屬下讀，是也；諸家以『有爲』連讀者失之。道術者，本書《齊物論》云『已而不知其然之謂道』，《在宥》云『一而不可不易者道也』，《天地》云『夫道：覆載萬物者也』，並是莊子自立所詮。《天地》又云『行於萬物者道也』，則又道術之定詁。由是欲建一行而使萬物畢出於是者亦謂之道術。下文墨翟、禽滑釐諸子並欲建立道術者也。莊子因平議之。

曰，無乎不在。

案：此答前問也。《知北遊》云『東郭子問於莊子曰：所謂道，惡乎在？莊子曰：無所不在』。無所不在者，猶無處不在也。《知北遊》又云『道在螻蟻、在稊稗、在瓦甓、在屎溺』。又云『夫子之問也，固不及質』。此即《密嚴》所云『如來非蘊，亦非異蘊。非依蘊，亦非不依蘊。非生，非滅。非知，非所知。非根，非境』。又所謂『如是於蘊界處諸行之中，内外循求，不見如來』。蘊中無如來，乃至分析至於極微，皆悉不見也。『無乎不在』者，《瑜伽》所謂『遍行真如，謂此真如二空所顯，無有一法而不在故』。

曰：神何由降？明何由出？

案：此又申問。神明者，《列御寇》云『明者唯爲之使，神者徵之』，是其義也。此問神明何由降出，郭象注云『神明由事感而後降出』。乃答出降因由。事感即無明突起。

聖有所生，王有所成，皆原於一。

案：此下皆是答語。無曰字簡别者，古書多此例。詳俞先生樾《古書疑義舉例》。『聖王』已見《天地》。此言『聖王』，對上『神明』。此言『生』『成』，對上『降』『出』。又下文云『是故内聖外王之道，闇而不明，鬱而不發』。聖王别内外者，『聖』是『相大』，謂『如來藏』具足無量性功德故；『王』是『用大』，謂能生一切世、出世間善因果故。『相』『用』之異，故别内外。『聖有所生、王有所成，皆原於一』者，一即天地『一之所起』之一。彼文曰『太初有無，無有無名。一之所起，有一而未形。且然無閒謂之命』。『一之所起』，謂突然自起，能所未形，故謂之一。『無明』與『體大』不殊也。『無明』雖起而『能』『所』未形，故曰『且然無間』。『命』者，字當作『令』。『令』字於文，亼卪相合。荀子所謂『節遇謂之命』也。亼卪相合爲令，即喻『緣起』矣。上文郭注云『神明由事感而後降出』，亦知之以此矣。又心性不生不滅，一切諸法，唯依妄念而有差别。若離心念，則無一切境界之相。是故一切心識之相，皆是『無明』。『無明』之相，不離覺性。故『一』者，又復即是『體大』，謂一切法『真如平等』，不增不減故；謂『法性』從無始來，唯是一心，無一一法而非心故；謂諸法從本已來，平等一味，獨存真理。無二體故；爲『相』『用』所依故。故云『聖有所生，王有所成。皆原於一』也。

不離於宗，謂之天人；不離於精，謂之神人；不離於真，謂之至人；以天爲宗，以德爲本，以道爲門，兆於變化，謂之聖人；以仁爲恩、以義爲理、以禮爲行、以樂爲和，薰然慈仁，謂之君子；以法爲分、以名爲表、以參爲驗、以稽爲決；其數一二三四是也，百官以此相齒；以事爲常，以衣食爲主，蕃息畜臧，老弱孤寡爲意，皆有以養，民之理也。

案：郭於『謂之聖人』下出注云：『凡此四名，一人耳，所自言之異』。又『謂之君子』下出注云：『此四名之粗迹，而賢人君子之所服膺也』。又『皆有以養民之理也』下出注云：『民理既然，故聖賢不逆』。此注頗諦。竊謂『不離於宗』至於『民之理也』，通是一人，大區則三：『天人』一也，『神人』、『至人』二也，『聖人』、『君子』、『民』三也。小區則六，具如本文。如次言之。初大區三者，《佛地經》卷七云：『自性法受用，變化差別轉』。論云：『雖諸如來所依清淨法界體性無有差別，而有三身種種相異，轉變不同，故名差別』。《成唯識論》十之三云：『如是法身，有三相別：（一）「自性身」：謂諸如來真淨法界、受用變化平等所依，離相寂然，絕諸戲論，具無邊際真常功德，是一切平等實性，即此自性，亦名「法身」，大功德法所依止故。（二）「受用身」：此有二種：一、「自受用」：謂諸如來三無數劫，修集無量福慧資糧，所起無邊真實功德，及極圓淨常遍色身，相續湛然，盡未來際，恒自受用廣大法樂；二、「他受用」：謂諸如來由平等智。示現微妙净法功德身，居純净土，爲住「十地」諸菩薩衆、現大神通，轉正法輪，決衆疑網，令彼受用大乘法樂。合此二種，名「受用身」。（三）「變化身」：謂諸如來由成事智，變現無量隨類化身，居净、穢土，爲未登地諸菩薩衆、二乘異生，稱彼機宜，現通説法，令各獲得諸利樂事。』此中『天人』，當彼經『自性身』，亦名『法身』。尋《唯識述記》六十云：『言法身者，非三身中之法身也。』蓋佛地屬果義邊，故《攝大乘論》一云，三種佛身：一『自性身』，二『受用身』，三『變化身』。説名彼果智體。然因果義雖差别，其爲平等一相，超過一切尋思戲論，抑無以異。又妙光别『宗』『體』不同：『宗』是『因果』，『體』非『因果』。觀莊生云：『明白於天地之德者，此之謂大本大宗。』『宗』，亦謂『因果』。然宗體若異，亦復不然。宗非顯體之宗，宗則邪倒無印。體非宗家之體，體則狹而不周故。然則不一而一，不二而二也。此中『神人』、『至人』，當彼經『受用身』。此中『聖人』、『君子』、『民』，當彼經『變化身』。如是大區爲三。次小區爲六者，依彼《論》『法身』止一，此中『天人』當之。『受用身』有二種，一『自受用』，二『他受用』，此中『至人』當彼『自受用』，『神人』當彼『他受用』。又依《觀佛三昧海經》云佛化身有三類：一『大化身』，謂如來爲應『十地』已前諸菩薩演説妙法，令其修進向於佛果，故化現千丈大身也；二『小化身』，謂如來爲應二乘凡夫説於『四諦』等法，令其舍妄歸真而得開悟，故化丈六小身也；』三『隨類不定』，謂如來誓願弘深，慈悲普覆，隨諸種類，有感即應。或現大身滿虛空中，或現小身丈六八尺等。此言變化，亦開三類：此中『聖人』，當彼經『大身』。此中『君子』，當彼『小身』。此中『民』者，當彼『不定身』。如是小區則六。復次，對校六身相用，亦如本次。初，總釋人稱。人者，於文當作人，象人之身，側視之形。彼經用『身』字，身乃懷妊之象。《詩》所謂『太任有身』者也。『人』正『身』借，合如此文。已明人稱，次説『天人』。文云：『不離於宗，謂之天人。』又《天道》云：『明白於天地之德者，此之謂大本大宗。』則莊生自詮宗義，毋煩更詳。佛法以法體爲宗本法。《起信論》云：「心真如者，即是一法界大總相法門體。』龍樹釋《摩訶衍論》云：『一切諸法唯一心之量甚深宗。』又云：『一切法本來唯心，實無於念，即是第一自宗正理。』佛書宗名本取莊書。此彼合符，其義可徵。天者，自然之異名。《老子》『道法自然』，本書《天地》云『道兼於天』，是天即自然。然與《楞伽》中説摩陀羅論師言『自在天』，無因論師説『自然生』者有別。往昔沙門不憭於此，因誣莊生爲外道。《天地》云：『無爲爲之之謂天。』亦莊生自詮『天』義也。無爲爲之，非謂若孔雀等種種畫色，皆無人作，自然而有。即無因論師説。《起信論》云：『真如自體相者，一切凡夫、聲聞、緣覺、菩薩、諸佛無有增減，非前際生，非後際滅，畢竟常恒，從本已來，性自滿足一切功德。名爲「如來藏」，亦名「如來法身」』。龍樹釋云：『人自是五，謂人夫等。真自唯一，所以者何？真如自體，無有增減，亦無大、小，亦無有、無，亦無

「中」、「邊」，亦無去、來，從本已來，一自成一，同自作同，厭異捨别，唯一真故。如是無量性之功德，從「具縛地」乃至「無上大覺智地」，具足圓滿，無所少闕。所以者何？如是諸德，從無始來，自然本有，非假緣力而建立故。』論説體相，亦契莊生所謂『天』義。故約此云『天』者，平等一際，一切功德自然本有之義也。『不離於宗』，即是離於諸相，義可反徵。『不離於宗，謂之天人』，即彼經云『諸佛法身不應尋思，非尋思境，超過一切尋思戲論』。亦即彼《論》云『是故一切法，從本已來，離言説相，離名字相，離心緣相，畢竟平等，無有變異，不可破壞，唯是一心，故名「真如」』。已明『天人』，次説『神人』。文云：『不離於精，謂之神人。』精者，《秋水》云：『夫精粗者，期於有形者也。』又云：『可以言論者，物之粗也。』夫『精』『神』，亦屢顯前文。又本書『精』『神』連文。如《刻意》云『精神四達』，是也。此雖『精』、『神』分屬上下句中，而實一義。『神』以引出萬物爲義。此云『如來』爲『他受用』，示現微妙浄功德身，爲住十地菩薩衆現大神通，轉正法輪，能令十地菩薩出離縛障，向於佛果，成辦如是受用事，又復不能起現一切自在作用，即非佛果。故云『不離於精，謂之神人』。又復如《孟子·盡心》云：『大而化之之謂聖，聖而不可知之謂神。』此説『神』『聖』差别，與佛書言『受用身』即『後得智』。即由此智殊勝力故。『變化身』即『後得智』之差别，即能變化名『變化身』。此增上力之所顯現同。見《攝大乘論》二『無性』釋。已明『神人』，復説『至人』。文云：『不離於真，謂之至人。』真者，

《說文》云：『仙人變形而登天也。』仙者，《說文》云：『長生䙴去。』本書《天地》云：『千歲厭世，去而上仙。』是『仙』者，出世間，解脱生死，而得『無生法忍』者也。然此義晚出。『真』，爲顛倒之『顛』本字。顛倒爲變聲連語，義無二致。倒之初文爲『𥄉』。『真』『𥄉』實非異文。此土故書真僞字皆作誠，變形即得『解脱身』，登天即歸法界。至者極義，即謂極圓、浄、常、遍。『不離於真，謂之至人』者，謂經劫修持，至於變形登天，恒自受用廣大法樂、恒不離舍，所現極圓浄常遍色身也。已明『至人』，復説『聖人』。文云：『以天爲宗，以德爲本，以道爲門，兆於變化，謂之聖人。』《在宥》云：『中而不可不高者，德也；一而不可不易者，道也；神而不可不爲者，天也。故聖人觀於天而不助，成於德而不累，出於道而不謀。』《佛地經論》云：『又法身者，能起一切自在作用。』此云神而不可不爲者，天也。謂天有自在作用，不爲即是起念相違，故云『觀於天而不助』。天即體大。功德無量，得而不高，應不圓滿，故云『中而不可不高者，德也』。中借爲得。自然成就，雖累不加，故云『成於德而不累』。德即相大。生一切用，故云『一而不可不易者，道也』。自然生起，非待作意，故云『出於道而不謀』。道即用大。此云『以天爲宗、以德爲本，以道爲門』，義準可知。謂具三者而後能變化也。『兆』字，陸德明云：『本作「逃」』，疑當爲「𠔁」。《説文》云：『𠔁，分也』。本『八』之茂文。『八』，本『臂』字，而借爲『分』。此『𠔁於變化』，謂分别變化也。分别變化，謂爲化地前，則現千丈大身；爲化二乘凡夫，則現丈六小身，爲化一切衆生，則或現大身，滿虚空中，或現小身，丈六八尺等。如是分別變化，而止一身。『聖』者，《説文》『通也』。《風俗通》云：『聖者，聲也。』言聞聲知情，『聲』『聖』實一義也。《論語》記孔子自説『六十而耳順』，尋『耳順』者，謂到耳無不通順，微與佛法説『九地菩薩』得『四無礙解』相應。又《楞嚴》説觀世音菩薩從聞、思、修入『三摩地』，成三十二應，入諸國土，令各成就。以六根唯耳最利故。然則『聖人』之爲稱，以耳根入者，無不通與。華梵修悟，不以地齊之殊而有其契。此云『兆於變化，謂之聖人』，與《楞嚴》説又相符合也。又復本書《在宥》云：『大人之教，若形之於影，聲之於響，有問而應之，盡其所懷，爲天下配。處乎無嚮，行乎無方。』詳『大人』即是『聖人』殊稱。《史記索隱》二十六引《易·乾卦》向秀注云：『聖人在位，謂之大人。』《論語》『畏大人』，《集解》云『大人即聖人』，是其證也。《易》『大人虎變，君子豹變』，義尤與此合。『教』者，《説文》云：『上所施、下所效也。』是大人之教，即謂如來應十地已前諸菩薩衆，演説好法，令其修進向於佛果也。若『形之於影』云云，又與變現無量隨類化身稱彼機宜，事相亦同。然則大人即是千丈大身，義無二致。已明『聖人』，須説『君子』。文云：『以仁爲恩，以義爲理，以禮爲行，以樂爲和，薰然慈仁，謂之君子。』仁、義、禮、樂，並如常釋。『恩』者，《説文》云：『惠也。』『惠』，『仁』也。然則『以仁爲恩』，即是以仁爲愛人利物也。『愛人利物之謂仁』，見《天地》。『理』者，本治玉之名。《説文》：『理，治玉也。』治玉別其條理，引申遂爲『界』義。『以義爲理』，謂愛人利物以各稱其宜爲界也。『以禮爲行』者，謂以『禮』行其『仁』也。『以樂爲和』者，『和』『龢』一字。龢者，調也。《説文》。謂『以樂樂物而使相調』也。此文前以仁、義、禮、樂四事平列，下云『薰然慈仁』，獨舉一事，不及彼三者，『仁』有『通』、『別』二義。蓋此土言『仁』，有專指一行，有兼該萬德。先賢有云，孔獨言仁，孟兼説義，非孟異孔，一談通相，一開別度耳。至程顥云：『禮、義、智、信皆仁也。』先賢亦共贊其説，許其知言也。彼知者，以《論語》所記，賢人每問於仁，聖人答止他目也。若以佛法相校，則菩薩行中一『波羅密』具一切『波羅密』者，即當此土所言通相之仁矣。略本章炳麟説。此文上下二『仁』字義分『通』、『別』。下之『仁』字是通義，攝上之四事。薰義如芬，言其慈仁若芬香四布。『君子』者，《在宥》云：『睹有者昔之君子。』又《禮記·哀公問》云：『君子也者，人之成名也。』《管子·侈靡》云：『君子者，勉於糾人者也。』然則有見於有而未睹於無，以其説成名，而能糾邪以入正理也，斯謂之君子矣。於佛法當『小乘菩薩』。一切有部是小乘法。如來爲應二乘凡夫説於四諦等法，故化小乘菩薩。經言爲聲聞説『四諦』乃至『六度』。按三藏教詮生滅四諦六詮事六度行，此屬小乘。則此事相無殊。又復君子不言人者，省詞。知者，《論語》『君子人與？君子人也』。以彼例此，理亦應然。已明『君子』，其次説『民』。文云：『以法爲分，以名爲表，以參爲驗，以稽爲決，其數一二三四是也。百官以此相齒，以事爲常。以衣食爲主，蕃息畜臧，老弱孤寡爲意，皆有以養，民之理也。』尋郭象以『皆有以養』讀絶，諸家並從。惟林希逸云：『凡其分官列職，爲政爲教，皆是養民之理。』則以『皆有以養民之理也』一句讀絶，於義未諦，仍從舊讀。又諸家於『君子』以上分爲五等。『以法爲分』以下，視同通論。獨宣穎知亦與上五等爲類，孤識卓然，然又分『百官以此相齒』以上爲第六等人，『以事爲常』以下爲第七等人，則智者之失矣。此文『以法爲分』五句，猶上文『以天爲宗』三句、『以仁爲恩』四句。『百官以此相齒』以下，亦猶上文『兆於變化，謂之聖人』二句、『薰然慈仁，謂之君子』二句也。不得列爲二等，較然易明。『以法爲分』者，《説文》：『灋，刑也。平之如水，從水。廌所以觸不直者去之，從「廌」「去」。』是法者，軌於正理之義也。『分』，《説文》别也。『以法爲分』者，謂以軌於正理爲分别也。『以名爲表』者，『名』『明』一字。《釋名》：『名，明也。名實使分明也。』《荀子·正名》：『名也者，所以期累實也。』《春秋繁露·深察名號》：『名之爲言真也。』又：『名者，大理之首章也。』本書《逍遥遊》：『名者，實之賓也。』《天運》：『名，公器也。』詳此諸文，名之爲義，所以區别其實，使之不得游謬者也。『表』，《説文》『上衣也』，以聲近借爲『標』。《周禮》肆師表齍盛告絜，注云：故書表爲剽。案剽亦從票聲，故借爲標。《墨子·非命上》『故言必有三表』，洪頤煊據《非命中》《非命下》皆作『言有三法』，謂『法』《説文》作『灋』，『表』古文作『褾』，字形相近，因誤爲『表』。然《荀子》《韓子》皆有表字，義亦相同，未必皆是『法』字之誤。或《墨子》本作褾字，後人不識，度文義改爲『瀌』字。《説文》：『標，木杪末也。』居木之最高，引申則爲標舉、標準。又望末可以知本，『以名爲表』者，謂『以名爲標』，可以覈實，使之不游謬也。『以參爲驗』者，『參』，《釋文》云：『本又作操，蓋本有作摻者。』隸書喿多作桑，故訛爲操。然作『參』者正。參，《説文》『商星也』。古書多借爲『三』。又參星形相差次，故引申爲參差。又西方七宿最明大者莫如參，故古人多用以紀時。本汪中說。復有參準之義，《管子·君臣上》『若望參表』，是也。此文『參』字，寔兼三準一義。古書言數之多者，輒以三爲節，本汪中說。明不以一二然即爲閲實，此三義也。三者相同，乃成定例，此準義也。『驗』借爲『譣』。《説文》云：『問也。』『以參爲驗』者，謂以多例爲譣問也。『以稽爲決』者，『稽』借爲『計』。《説文》：『計，合也。』『合也』當作『詥也』。『詥』爲核計之核本字。『決』當爲『夬』。《説文》：『夬，分決也。』『以稽爲決』者，謂以會合而後決斷也。『其數一二三四是也』，『其』，猶若也。詳《經傳釋詞》五。『四』當作『三』，謂由上四者而得事理，若數一二三是也，言其易明。舊説謂一二三四即上四者，失之。王闓運謂：法不出奇耦參倍，尚不必至五而數窮矣。亦曲説。『百官以此相齒』，『百官』猶百工，謂百工皆以上陳四者相齒序也。『以事爲常』以下本文已明，不須釋也。

古之人其備乎！配神明，醇天地，育萬物，和天下，澤及百姓，明於本數，係於末度，六通四辟，大小精粗，其運無乎不在。

案：章炳麟云：『「醇」借爲「準」。《易》曰：「易與天地準。」「配神明，準天地」，二句意同。「古之人」，謂古之内聖外王者也。「本數」「末度」，成疏謂「仁義」與「名法」也。尋《天運》記孔子云：「吾求之於度數，五年而未得也。」此云「數度」，義不殊彼。又《天道》云：「禮法度數，形名比詳，治之末也。」「禮法」「形名」「度數」「比詳」爲偶語，則知「度數」謂禮法、形名矣。「六通四辟」，「辟」當從或本作「闢」。義見《天運》。「運」，《説文》：「移徙也。」引申爲「行」。言内聖外王之道，其行無所不在。』

其明而在數度者，舊法世傳之，史尚多有之。

案：此言舊法世既傳之，而史官所掌亦多有之也。「尚」即「掌」之省文。周官太史掌法，以道官府之治，凡辨法者考焉，不信者刑之。凡邦國都鄙及萬民之有約劑者藏焉。即「史尚多有之」也。

其在於詩書禮樂者，鄒魯之士、搢紳先生多能明之，《詩》以道志，《書》以道事，《禮》以道行，《樂》以道和，《易》以道陰陽，《春秋》以道名分。

《釋文》云：『道，音導。』案：《春秋繁露》云：『《詩》《書》具其志，《禮》《樂》純其養，《易》《春秋》明其知。』《史記・自序》云：『《易》著天地陰陽四時五行，故長於變；《禮》經紀人倫，故長於行；《書》記先王之事，故長於政；《詩》記山川、谿谷、禽獸、草木、牝牡、雌雄，故長於風；《樂》樂所以立，故長於和；《春秋》辨是非，故長於治人。』然此是注文誤入。

其數散於天下而設於中國者，百家之學時或稱而道之。天下大亂，聖賢不明，道德不一，天下多得一察焉以自好。

案：王念孫云：『郭象斷天下多得一爲句。《釋文》云：「『得一』，偏得一端。」案：「天下多得一察焉以自好」，當作一句讀。一察謂察其一端，而不知其全體。下文云「天下之人各爲其所欲焉以自爲方」，句法正同。』俞先生樾云：『當從王讀，惟察當讀爲際。一際，猶一邊也。《廣雅・釋詁》「際」「邊」並訓「方」。是「際」與「邊」同義。得其一際，即得其一邊。察際並從祭聲，故得通用。』

譬如耳目鼻口皆有所明，不能相通，猶有家衆技也。

案：孫詒讓云：『「有」當從成玄英本作「百」。上文云：「百家之家，時或稱而道之。」下文云：「夫百家往而不返，必不合矣。」是其證。』

皆有所長、時有所用。雖然，不該不徧。

案：『該』借爲『豥』。《說文》：『豥，一埶也。』說詳《天道》。

一曲之士也，判天地之美，析萬物之理，察古人之全，寡能備於天地之美，稱神明之容。

案：《禮記・鄉飲酒》義，『愁以時察守義者也』，注云：『察或爲殺。』《說苑・正諫》：『若以鬼道諫我，我則殺之。』俞先生樾據《記注》證『殺』字爲『察』之誤。此『察』、『殺』交訛之證。此『察』字當爲『㮕』。《説文》：『㮕、𥽜㮕，散之也。』此與判析連類。是察古人之全，謂析古人之全也。

是故内聖外王之道，闇而不明，鬱而不發。天下之人各爲其所欲焉以自爲方。悲夫。百家往而不返，必不合矣。後世之學者，不幸不見天地之純，古人之大體，道術將爲天下裂。

案：『鬱』借爲『宛』。《禮記·内則》『兔爲宛脾』，注『宛』或作『鬱』，是其例證。《説文》：『宛，屈草自覆也。』注云：『裂，分離也。道術流弊，遂各奮其方，或以主物，則物離性以從其上而性命喪矣。』案：『純』借爲『醇』，此謂古之人得其全，全謂道術。故内聖外王。後之學者，不得其全而道術分裂矣。

不侈於後世，不靡於萬物，不暉於度數，以繩墨自矯，而備世之急。

案：『侈』當讀爲『哆』，《説文》：『哆，張口也。』與靡暉爲韻。『暉』借爲『暉』，或借爲『暉』，或借爲『翬』。《説文》：『暉，大目出也。』『暉，大口也。』『翬，大飛也。』並有大義，與『侈』『靡』義同。『不侈於後世，不靡於萬物，不暉於數度』，並不張大之意。故下云『以繩墨自矯，而備世之急也』。

古之道術有在於是者，墨翟、禽滑釐聞其風而説之，爲之大過，已之大循。

案：『爲之大過』，謂『節用，生不歌，死無服』，大過於己也。己之大循者，謂『氾愛、兼利而非鬥，其道不怒』，大順於人也。

作爲非樂，命之曰節用，生不歌，死無服，墨子氾愛兼利而非鬥，其道不怒。又好學而博，不異，不與先王同。

案：章炳麟云：『「又好學而博」爲句，「不異」爲句，「不與先王同」爲句。言墨子既不苟於立異，亦不一切從同。不異者，尊天、敬鬼、尚儉，皆清廟之守所有事也。不同者，節葬、非樂，非古制本然也。』

毁古之禮樂。黄帝有《咸池》，堯有《大章》，舜有《大韶》，禹有《大夏》，湯有《大濩》，文王有《辟雍》之樂，武王、周公作《武》。古之喪禮，貴賤有儀，上下有等：天子棺椁七重，諸侯五重，大夫三重，士再重。今墨子獨生不歌，死不服，桐棺三寸而無椁，以爲法式。以此教人，恐不愛人。以此自行，固不愛己。未敗墨子道。

案：章炳麟謂『未』借爲『非』，是也。『敗』如字。本或作『毁』者。《説文》：『敗，毁也。』『非敗墨子道』，猶言非毁墨子之道乎？即自攻之意。古書有反言省乎字例。《尚書·西伯戡黎》篇『我生不有命在天』，《史記》於句末有『乎』字。《老子》：『其猶橐籥乎？』易州唐景龍二年刻石本無『乎』字。『抱一能無離乎……』六句，僞河上公本並無『乎』字，並其證也。『以此教人，恐不愛人，以此自行，固不愛己』，明其與墨子氾愛、兼利之道舛，故云非敗墨子之道乎。

雖然，歌而非歌，哭而非哭，樂而非樂，是果類乎？ 其生也勤，其死也薄，其道大觳。

案：『「觳」讀如《李斯傳》「方作觳抵優俳之觀」之「觳」，正字當爲「觸」。《說文》：「觸，牴也。」觸從角，蜀聲。蜀聲、㱿聲並侯類通借。此言生勤而死薄，其道相抵觸也。

使人憂，使人悲，其行難爲也，恐其不可以爲聖人之道。反天下之心，天下不堪。墨子雖獨能任，奈天下何！ 離於天下，其去王也遠矣。

注云：『王者必合天下之懽心而與物俱往也。』案：王者，往也。其道無所不行。今墨子反天下之心，天下不堪，知非王也。

墨子稱道曰：昔者，禹之湮洪水，決江河，而通四夷九洲也，名山三百，支川三千，小者無數。

案：俞先生樾云：『「名山」當作「名川」，字之誤也。名川支川，猶言大水小水。下文「禹親操橐耜而九雜天下之川」，可見此文專以川言。《襄十一年·左傳》「名山」「名川」，是山川並得言名。學者多見名山，少見名川，故誤改之耳。《呂氏春秋·有始覽》《淮南子·地形篇》並曰「名川六百」。』郭慶藩云：『名川，大川也，見《淮南·地形篇》高注。《魯語》「取名魚」，韋注：「名魚，大魚也。」亦「名」訓「大」之證。』案俞、郭二說是也。性通本正作『名川』。

禹親自操橐耜而九雜天下之川。

《釋文》云：『橐，舊古考反。崔、郭音託，字則應作橐。崔云：囊也。司馬云：盛土器也。耜，《釋名》：耜，似也，似齒斷物。《三蒼》云：耒頭鐵也。崔云：棰也。司馬云：盛水器也。九，本亦作鳩，聚也。雜，本或作㕘，音同。崔云：所治非一，故云雜也。』章炳麟云：『九，當從別本，鳩字之義，然作九者是故書。「雜」借爲「集」。』奚侗云：『九，當爲旬。「旬」訛爲「勼」，因訛爲「九」。《說文》：「旬，帀遍也。」「雜」借爲「帀」。言禹親操橐耜而旬遍天下之川也。《韓非子·五蠹》：「禹之王天下也，身執耒臿以爲民先。」《淮南·要略》：「禹身執虆垂，以爲民先。」《御覽》引作木臿。《御覽》引作畚插。以彼校此，知非橐耜也。』案：『橐』當依《釋文》云作『櫜』，形近而訛。『耜』，《說文》作『檯』，云：『耒耑也。』然此字當作㠯。《說文》云：臿也。或從里，作梩。古書多用梩。後人不識㠯字，因誤爲檯，復改爲耜矣。櫜以盛土，㠯以刺土，兩者皆謂治水之器，『九』，當作『勼』，《說文》云：『聚也，從勹，九聲，讀若鳩。』此作九者，省文。或作鳩者，假讀若字也。然此九字疑借爲救。《尚書·堯典》『方鳩僝功』，《說文·人部》引『鳩』作『救』。唐寫本《經典釋文》亦作救，蓋古作救，不作鳩也。此九聲、求聲通假之證。《說文》：『救，止也。』『雜』，《釋文》云：本或作『㕘』。字書所無，疑是『[illegible]』字爛脫右邊，或六朝俗書省訛。[illegible]，雜、宵談二類對轉，形亦相近。或本有作[illegible]者也。陳景元《莊子闕誤》所據本，『雜』作『滌』，云：『江南李氏本舊作「雜」。』案『糴』與『滌』聲同，可證。然疑雜聲與壓聲同在談類，借爲『壓』字。《說文》：『壓，一曰：寘，補也。』止壓天下之川，即上文所云湮洪水也。《書·堯典》『共工方鳩僝功』，方即防之省文。作『旁』者借字。鳩爲救之借字。謂防救具功也。僞孔傳訓僝爲見，以方鳩僝功爲方萬聚見其功，曲説。《史記·堯本紀》作共工旁聚布功。以聚代鳩本《爾雅》，亦不可解。與此救壓義正同。若以『聚集』解『九雜』，則聚集天下之水，詞義未完，必如馬其昶云：『洪水泛濫，故聚之川以歸於海。』而後義始全矣。

腓無胈。

王闓運云：『胈』字字書所無。韋昭曰：『股上小毛。』案：『胈』不知是何解。《説文》：『腓，脛腨也。腨，腓腸也。』段玉裁謂腓腸，言脛骨後之肉也。疑腓無胈者，謂脛腨無肉。《史記·司馬相如傳》稱禹之勤民，躬胝無胈，膚胈不生毛。徐廣云：『胈，踵也。』尋《説文》：『胝，腄也。』『腄，跟胝也。』依段本。『跟，足踵也。』是胝已謂踵。胝無胈，蓋謂踵上無肉。又《史記·司馬相如傳》索隱引《莊子》云：『禹腓無胈，脛不生毛。』李頤云：『胈，白肉也。』則李注不以爲毛。腓無白肉，於理亦切。《韓非子·五蠹》：『禹之王天下也，身執耒臿以爲民先，股無胈，脛不生毛。』顧廣圻云：『肢』當作『胈』。

脛無毛，沐甚雨，櫛疾風。

《釋文》云：『甚，如字。崔本作湛，音淫。』郭慶藩云：『崔本「甚」作「湛」，是也。《論衡・明雩篇》「久雨爲湛」。』案：『甚』即『湛』之省，『湛』借爲『淫』。

置萬國，禹大聖也，而形勞天下也如此。使後世之墨者，多以裘褐爲衣，以跂蹻爲服。

《釋文》云：『李云麻曰屩，木曰屐。屐與跂同，屩與蹻同。』案：『跂』借爲『屐』，『蹻』借爲『屩』。

日夜不休。以自苦爲極。

注云：『謂自苦爲盡理之道。』案：郭説是也。

曰：不能如此，非禹之道也，不足謂墨。相里勤之弟子，五侯之徒，南方之墨者，苦獲、已齒、鄧陵子之屬，俱誦墨經而倍譎不同，相謂『別墨』。

案：《韓非子・顯學》：『自墨子之死也，有相里氏之墨，有相夫氏之墨，孫詒讓據《元和姓纂》，謂唐本『相』或作『伯』，或當作『柏』，與『相』形近。有鄧陵氏之墨。』相里、鄧陵與此同。五侯，孫詒讓謂蓋姓五，『五』與『伍』同。古書伍子胥多作五，非五人也。苦獲、已齒，《釋文》引李云：『二人姓字也。』孫詒讓云『姓字』當作『姓名』。墨經，魯勝《墨辯序》云：『墨子著書作辯經以立名本。』又云：『墨辯有上、下經，經各有説，凡四篇。』畢沅謂《經》上下、《經説》上下及《親士》《修身》六篇。孫詒讓謂即《墨辯》，今書《經説》四篇及《大取》《小取》二篇。然《玉海》引《中興館閣書目》云：『一本自《親士》至《上同》凡十三篇。』宋濂《諸子辯》云：『上卷七篇號曰經，下卷六篇號曰論，共十三篇。』宋所見蓋即《書目》所著録之十三篇。又《黄氏日抄》云：『墨子之書凡二，其後以「論」稱者多衍復，其前以「經」稱者善文法。』是墨子書自有『經』『論』之別。經乃《親士》至《尚同》七篇。張采田亦曰：『似本書所謂「墨經」，即魯勝所謂「墨辯」，而《親士》《修身》《所染》《法儀》《七患》《辭過》《三辯》七篇爲「墨經」。』《史微・原墨》。竊謂此謂『墨經』，必指墨書之《經》上、下，故下文有『以堅白同異之辯相訾』云云。《經》上、下，《經説》是墨子所作。如《韓非・説儲》之有經説也。墨學近出於史官而遠源於秩宗，禮以辯名爲先，則墨子有經上、下，不與其學相背。至宋書目所稱十三篇，既不合於《漢志》，而『經』『論』之別，復不知何據，當從闕疑。若此謂『經』，必不宜以他篇當之，辨文自當憭然也。『墨辯』魯勝所立名。勝云：墨子著書作『辯經』。或『經』上本有『辯』字。『倍譎』當作『倍適』。《荀子・儒效》『若夫謪德而定次』，下文作『譎德而序位』。謪字，字書所無，蓋即謫字之訛。謫，借爲譎也。此則借譎爲適。《文心雕龍・正緯》『經正緯奇，倍擿千里』，是其證也。『擿』，當爲『適』。『倍』，《説文》：『反也。』『適』，《説文》：『之也。』『倍適』，猶言背行。孫詒讓云：『《方言》：適，牾也。倍適猶背牾也。』亦通。孫説見《文心雕龍・札迻》。郭慶藩謂『倍譎』，『背鐍』之借字。據《漢書・天文志》注引孟康説爲證。然《淮南・覽冥》：『臣心乖則背譎見於天。』《呂氏春秋・明理》有『倍僪』，畢校云：亦作『背鐍』，又作『背譎』，《漢志》作『背穴』。上承『君臣相賊，長少相殺，父子相忍，兄弟相誣，知交相倒，夫妻相冒』，意與淮南同。是星名倍譎，亦取反適之義。孟康『形如半鐍』、如淳『氣刺日爲鐍』，皆不可據。

以堅白同異之辯相訾，以觭偶不仵之辭相應，以巨子爲聖人。

《釋文》云：『「巨子」，向、崔本作「鉅」。向云：墨家號其道理成者爲「鉅子」，若儒家之「碩儒」。』王闓運云：『巨子，矩也。墨工制器，所至執矩以往，海外遂奉祀之。今耶穌天教所奉十字架也。有師弟無父子是也。』案：堅、白、同、異是四事，『訾』借爲『呰』。説詳《山木》。《説文》：『呰，訶也。』此謂以堅白同異之辯相詆訶也。『觭』，《説文》：『角一俛一仰也。』引申爲不耦。『偶』當作『耦』。《説文》：『耕廣五寸爲伐，二伐爲耦。』引申爲匹耦。『仵』借爲『伍』，《周禮・壺涿氏》『午貫象齒』，注：故書午爲五。《左・成十七年傳》『夷羊五』，《晉語》作『夷陽午』。蓋五、午聲並魚類通假。『伍』，《説文》：『相差伍也。』引申有同義。故此《釋文》云：『午，同也。應當作譍。』此謂以觭耦不仵之辭相應和也。『巨』，《説文》：『規巨也，從工，象手持之。』巨子蓋是執墨家之法者。王謂耶穌教所奉十字架，此附會也。

皆願爲之尸，冀得爲其後世，至今不決。墨翟、禽滑釐之意則是，其行則非也。將使後世之墨者必自苦，以腓無胈，脛無毛，相進而已矣。

馬其昶云：『進，謂自勉强也。』案：脛，腨也。腨，段玉裁謂言脛骨後之肉也。疑腓無胈者，謂脛腨無肉。《史記·司馬相如傳》稱：『禹之勤民，躬胝無胈，膚不生毛。』徐廣云：『肢，踵也』。尋《説文》：『胝，腄也。』『跟，足踵也。』是胝已謂踵。胝無胈，蓋謂踵上無肉。又《史記·司馬相如傳》索隱引《莊子》云：『禹腓無胈，脛不生毛。』『胈，白肉也』。則李注不以爲毛，腓無白肉，於理亦切。『進』，讀爲『盡』。僞《列子·天瑞》『終進乎不知也』，注：『進當爲盡。』《漢書·高帝紀》：『蕭何爲主吏，主進。』《集注》云：『進字本作賮。』此其例證。『必自苦，以腓無胈，脛無毛，相進而已矣』，即上文『以自苦爲極』也。

亂之上也，治之下也。雖然，墨子真天下之好也！將求之不得也。雖枯槁不舍也。

俞樾云：『「真天下之好也」，謂其真好天下也，即所謂墨子兼愛也。下文曰「將求之不得也，雖枯槁不舍也」，此求字即心誠求之之求。求之不得，雖枯槁不舍，即所謂「摩頂放踵利天下爲之」也。郭注未得。』王闓運云：『損己益人，故人争求之也。』案：俞説是也。王以求之句屬上，不連下，未是。求字當讀爲救。《周禮·大司徒》：『正日景以求地中。』注：『故書求爲救。』杜子春云：『當爲求。』是求、救古書相通之證。『舍』借爲『釋』。《鄉飲酒禮》『主人釋服』，注：『古文釋作舍。』是其例證。《説文》：『釋，解也。』

才士也夫！

案：《漢書・藝文志》云：『墨家者流，蓋出於清廟之守，茅屋采椽，是以貴儉。養三老五更，是以兼愛。選士大射，是以尚賢。宗祀嚴父，是以右鬼。順四時而行，是以非命。以孝視天下，是以上同。此其所長也。及蔽者爲之，見儉之利，因以非禮，推兼愛之意而不知別親疏。』班氏又於墨家首列《尹佚》一篇，固自注云：『周臣，在成康時也。』然《晉語》胥臣曰：『文王仿於辛尹。』注：『辛甲、尹佚皆周太史。』《周書・世浮解》：『武王降自車，乃俾史佚繇書於天號。』則佚生之時，上及文、武，而其官則太史也。《吕氏春秋・當染》：『魯惠公使宰讓請郊廟之禮於天子，天子使史角往，惠公止之，其後在於魯，墨子學焉。』則墨學之出於史官彰彰然。《漢志》謂『出於清廟之守』者，周壽昌云：『《左傳・桓二年》：臧哀伯曰：「是以清廟茅屋，大路越席，太羹不致，粢食不鑿，昭其儉也。」《志》蓋以墨之儉出於此也。』竊謂史官所掌，不止郊廟之事，故《志》推本道家，謂其出於史官。而於墨家乃云出於清廟之守。蓋墨家以尊天右鬼爲宗，此獨以史官有事於大祭祀，故有習於天鬼之説，而其流遂爲墨子之學耳。然則非獨以其儉合於臧哀伯之説也。《國語・周語》引史佚曰：『動莫若敬、居莫若儉、德莫若讓，事莫若咨。』是史佚以儉爲居之誡約，亦墨子所本。道家出於史官，故老子亦貴儉與讓。『才士』也者，莊生舉墨子之長，謂其有用之才。《荀子・解蔽》云：『墨子蔽於用而不知文，「文」疑當爲「義」。下文：「由用謂之，道盡利矣。」

「義」「利」對文可證。不知義，謂不知等威之義。俗寫義字作义，故誤爲文。故由用謂之，道盡利矣。』荀子訂墨，意與莊同。王夫之云：『無才不可以爲墨。今世天主教者近之。』竊謂墨子言『天志』『上同』，此與《楞伽經》中外道小乘涅槃論所云摩醯首羅論師計自在天爲生滅因者同。又其『日夜不休，以自苦爲極』，則與行苦行論師計修苦行并受苦盡自然得樂者又同。要不離外道者近是，故莊生斥之甚矣。

不累於俗，不飾於物，不苟於人，不忮於衆。

章炳麟云：『「苟」者，「苛」之誤。《說文》言：「苛之字，止句。」是漢時俗書「苛」「苟」相亂。下言「苛察」，一本作「苟」，亦其例也。』劉師培說同。案：章說是也。『累』當作『絫』。『不累於俗』，謂不增累於俗習也，非係纍字。

願天下之安寧，以活民命，人我之養，畢足而止，以此白心。

《釋文》云：『「白心」，崔云：明白其心也。「白」或作「任」。』案：此句當屬上讀。『白心』，崔說是也。或作『任』者，疑傳寫之訛。

古之道術有在於是者，宋鈃、尹文聞其風而悅之。

《釋文》云：『鈃，音刑。徐：胡泠反。郭：音堅。尹文，崔云：齊宣王時人，著書一篇。』案：《藝文志》『《尹文子》一篇』，固自注云：『說齊宣王。』《荀子·非十二子》，楊注云：『宋鈃，《孟子》作宋牼。』《孟子·告子》趙注云：『宋牼，宋人。』本書《逍遥遊》

『而宋榮子猶然笑之』，《釋文》：『宋榮子，司馬、李云：宋國人也。』《韓非子·顯學》：『宋榮子之議，設不鬥爭，取不隨仇，不羞囹圄，見侮不辱。』與下文云『見侮不辱，救民之鬥』，義同。蓋宋榮子亦即宋鈃。巠聲、熒聲、幵聲，並在耕類，《禮·月令》『腐草爲螢』，《吕氏春秋》作『蚈』，此熒聲、幵聲相通之證。《説文》刑、剄轉注。此幵聲、巠聲相通之證。故得通假。尹文，《漢書·藝文志》班固自注云：『説齊宣王，先公孫龍。』顔師古曰：『劉向云：與宋鈃俱游稷下。』《吕氏春秋·正名》高注云：『尹文，齊人，作名書一篇，在公孫龍前，公孫龍稱之。』又《正名》云：『齊湣王是以知説士，而不知所謂士也，故尹文問其故。』注云：『湣王，宣王之子也。』則尹文及湣王時矣。

作爲華山之冠以自表。

注云：『華山上下均平。』《釋文》云：『華山上下均平，作冠象之，表己心均平也。』

案：華山，《説文》作崋山。

接萬物以別宥爲始。

注云：『不欲令相犯錯。』《釋文》云：『別，彼列反，又如字。崔云：「以別善惡，宥不及也。」』王闓運云：『不賞罰，但別之宥之。』案：諸説並非也。『宥』借爲『囿』。《尸子·廣澤》云『料子貴別囿』，是其證也。唯《尸子》所舉料子無考，疑即宋子。《徵異録》載歷朝異姓有『宎』姓，謂見李鼎祚《周易集解》姓名目，徐鼒謂即『宋』字之訛。蓋

『宋』字有誤爲『宷』字者，後人以其字難識，改爲『料』字。《説文》『料』讀若『遼』。敹，從攴，宷聲，音與料同。又宋聲侯類，料聲宵類，侯、宵古通。段玉裁以宋屬弟九部歸東類，東侯對轉。而宋聲當在侵類，侵、幽對轉，幽、宥最近。又今浙江永嘉縣謂『龍』爲『遼』，亦東、侯對轉，由侵通宥之證。或古讀『宋』有『料』聲與？尸子爲秦相衛鞅客，鞅死逃入蜀。《孟子》載宋牼將之楚云：『我將見楚王説而罷之。楚王不悦，我將見秦王説而罷之。』是時秦惠文王爲孝公子，則尸子、宋子正同時，故得聞其學恉。又《吕氏春秋·去宥》云：『鄰父有與人鄰者，有枯梧樹。其鄰之父言梧樹之不善也，鄰人遽伐之。鄰父因請以爲薪。其人不悦曰：「鄰者若此其險也，豈可爲之鄰哉？」此有所宥也。夫請以爲薪與弗請，此不可以疑枯梧樹之善與不善也。齊人有欲得金者，清旦被衣冠往鬻金者之所，見人操金，攫而奪之。吏搏而束縛之，問曰：「人皆在焉，子攫人之金，何故？」對吏曰：「殊不見人，徒見金耳。」此真大有所宥也。夫人有所宥者，固以晝爲昏，以白爲黑，以堯爲桀。宥之爲敗亦大矣。亡國之主，其皆甚有所宥邪？故凡人必别宥然後知。别宥則能全其天矣。』畢沅謂『宥』疑與『囿』同，是也。汪繼培以爲《吕覽》之説蓋本料子。然則宥非寬義，謂有蔽也。《韓非·顯學》説宋榮子之術，『世主以爲寬而禮之』，乃以『設不鬥争，取不隨仇，不羞囹圄，見侮不辱』，言非定指『别宥』之『宥』字言。故又云『將非宋榮之恕也』可知。『别宥』者，『别』，説文：『分解也。』别宥，謂解其宥也。故《吕覽》以『去宥』爲名，蓋宋子以爲泯分別而後可以平等。所蔽皆由分別，故別宥則白心之始也。《尹文子·大道》云：『接萬物使分別，海内使不雜。』義與此異。今《尹文子》二篇出仲長統所撰定，然仲長之序，前儒證其僞作。余觀二篇詞既庸近，不類戰國時文，陳義尤雜，蓋並出僞作。此文『別宥』，既有《尸子》《吕覽》可證，則尹文所記，定由作僞者不得『別宥』之義，而强造其説也。洪邁謂《尹文子》五卷，共十九篇，其言論膚淺，多及釋氏，蓋晉宋時衲人所作。

語心之容，命之曰心之行。

章炳麟云：『容借爲欲，同從谷聲，東侯對轉也。《樂記》：「感於物而動，性之欲也。」《樂書》作「性之頌也」，頌、容古今字。頌借爲欲，故容亦借爲欲。《荀子·正論篇》：「子宋子曰：人之情欲寡，而皆以己之情欲爲多。」是宋鈃語心之欲之事。』案：章説是也。語心之欲，命之曰心之行者，如佛法謂貪《説文》：欲，貪也。是心所法，即心現行也。

以聏合驩，以調海内。

《釋文》云：『聏，崔本作聏，音而。郭：音餌，司馬云：色厚貌。崔、郭、王云：和也。一云：調也。』章炳麟云：『聏借爲而。《釋名》：餌，而也，相黏而也。是古語訓而爲黏，其本字當作暱。暱或作昵。《左氏傳》「不暱」，《説文》引作「不𥝖」，𥝖，黏也。相親暱者，本有黏合之意。故此云「以而合驩」，亦即以暱合驩也。《説文》：「暱，日近也。」古音「而」如「耐」，「暱」亦作舌頭音，同部、同紐相借也。』案：章説迂曲。聏者㛹字之譌。《説文》云：『丸之孰也，篆文作𠂰。』左方丸字與篆文耳字相似，故譌爲聏。《説文》：『丸，圜也。』然則丸之孰，猶圜之孰。以㛹合驩，謂以圜孰合驩，下文『見侮不辱』是也。或本作胹，楊慎《莊子闕誤》據本作胹，郭嵩燾謂當作胹。而借爲儒。《説文》：弱也。或借爲儒，《説文》：駑弱也。『以儒合驩』，謂以柔輭合驩。驩借爲懽。《説文》：『懽，喜穎也。』《説文》：『歡，喜樂也。』與懽音義略近，然此乃借爲懽。懽訓喜穎，穎訓意有所欲，正與宋子『語心之欲』事相應。蓋宋子能泯分别，故破己執而善從人。

請欲置之以爲主。

注云：『二子請得若此者，立以爲物主也。』羅勉道云：『請欲斯人立此心以爲主也。』案：二説並通。王敔於『請欲』絶句，非是。

見侮不辱，救民之鬥，禁攻寢兵，救世之戰。

案：《荀子・正論》云：『子宋子曰：「明見侮之不辱，使人不鬥。」人皆以見侮爲辱，故鬥也。知見侮之爲不辱，則不鬥矣。』《韓非子・顯學》云：『宋榮子之議，設不鬥争，取不隨仇，不羞囹圄，見侮不辱。』《吕氏春秋・正名》云：『尹文見齊王。齊王謂尹文曰：「寡人甚好士。」尹文曰：「願聞何謂士」王未有以應。尹文曰：「今有人於此，事親則孝，事君則忠，交友則信，居鄉則悌。有以四行者，可謂士乎？」齊王曰：「此真所謂士已。」尹文曰：「王得若人肯以爲臣乎？」王曰：「所願而不能得也。」尹文曰：「使若人於廟朝中，深見侮而不鬥，王將以爲臣乎？」王曰：「否。大夫見侮而不鬥，則是辱也。畢沅云：大夫疑衍大字。辱則寡人弗以爲臣矣。」尹文曰：「維見侮而不鬥，未失其四行也。未失其四行者，是未失其所以爲士一矣。未失其所以爲士一，而王以爲臣。失其所以爲士一，而王不以爲臣。案上句當云『而王不以爲臣』，此句當云：『而王以爲臣』，二句互誤。則嚮之所謂士者乃士乎？」』此宋鈃、尹文之説僅存者。今《尹文子・大道》云：『見侮不辱，見推不矜，禁暴息兵，救世之鬥，此仁君之德，可以爲主矣。守職分使不亂，慎所任而無私，飢飽一心，毁譽同慮，賞亦不忘，罰亦不怨，此居下之節，可爲人臣矣。』蓋即因此篇文義附會成之，不可據。二子欲破己執，故見侮而不辱。此佛法所謂修『羼提波羅密』者也。

以此周行天下，上説下教，雖天下不取，强聒而不舍者也。故曰上下見厭而强見也。

案：『厭』當作『猒』。

雖然，其爲人太多，其自爲太少，曰請欲固置五升之飯足矣。

章炳麟云：『固，借爲姑。』案：章説是也。宣穎於『請欲』絶句，王闓運於『固置』絶句，並未是。

先生恐不得飽，弟子雖飢，不忘天下，日夜不休。

注云：『宋鈃、尹文稱天下爲先生，自稱爲弟子也。』林希逸云：『其爲説曰：每日但置五升之飯，師與弟子共之。先生以此五升猶且不飽，弟子安得不飢。言其師弟子皆忍飢以立教，而謂我不忘天下，日夜不止。』案林説是也。

曰我必得活哉！圖傲乎救世之士哉！

注云：『謂民亦當報己也。』「圖傲」，揮斥高大之貌。』吕惠卿云：『言我日夜不休，以救世人，人必不至於圖傲乎。救世之士，而不我顧，則我必得活。』林希逸云：『言我之自苦如此，豈爲久活之道哉？但以此矯夫托名救世而自利之人。圖，謀也。傲，矯之也。亦猶豫讓曰：「吾之爲此極難，所以愧天下之爲人臣而懷二心者。」』王敔云：『勞而死亦甘之，使圖傲逸，何得爲救世之士？』章炳麟云：『「圖」，當爲「啚」之誤。「啚」即「鄙陋」「鄙夷」之本字。啚傲猶今言鄙夷耳。』案：我必得活哉，郭説爲勝。圖傲諸説並迂。章謂圖當爲啚，是也。謂『啚傲』即『鄙夷』，於義難通。『圖傲』疑是『喬傲』之訛。『喬傲』即『驕傲』也。喬字爛脱，傳寫成啚，讀者少見啚字，復改爲圖。郭注『揮斥高大之貌』，或所見本猶未誤也。《史記・司馬相如傳》『低卬夭蟜據以驕驁兮』，兮即『揮斥高大』之意。本書《在宥》借喬爲趫。此借『喬』爲『驕』，例同。蓋此乃莊生稱二子之詞，猶上章稱墨子爲才士也。故下文復有『曰』字簡別。王闓運以必得、傲乎皆絶句，未是。

曰：君子不爲苛察。

注云：『務寬恕也。』《釋文》云：『苛音河。一本作苛。』馬其昶云：『《説苑》：尹文對齊宣王曰：「事寡易從，法省易因。」是其不爲苛察也。』案：『苛』即『苛』之訛字。據郭説，則郭本『苛』字未訛。

不以身假物。

注云：『必自出其力也。』陳壽昌云：『不以己故假借物力。』案：『假』疑借爲『瑕』。《禮記·檀弓》『公肩假』，《漢書·古今人表》作『瑕』。《史記·六國表》『魏王假』，《列女傳》作『瑕』，並『假』『瑕』通借之證。『不以身瑕物』，謂不以身害物，與《大宗師》『假於異物』殊誼，陳説亦通。

以爲無益於天下者，明之不如己也。

案：二子以爲人爲旨，無益於人者，皆所不爲。故云：『以爲無益於天下者，明之不如己也。』

以禁攻寢兵爲外。

《疏》云：『爲利他，外行也。』案：《孟子·告子》云：『宋牼將之楚，孟子遇於石丘，曰：「先生將何之？」曰：「吾聞秦楚搆兵，我將見楚王説而罷之；楚王不聽，我將見秦王説而罷之。二王我將有所遇焉。」曰：「軻也請無問其詳，願聞其指。説之將何如？」曰：「我將言其不利也」。』此宋子禁攻寢兵之説，略可徵者也。

以情欲寡淺爲内。

《疏》云：『爲自利，内行也。』案：《荀子·天論》云：『宋子有見於少，無見於多。』《正論》云：『子宋子曰：「人之情欲寡，而皆以己之情欲爲多。王念孫云：『人之情三字連讀，欲寡二字連讀，非以情欲連讀也。而皆以己之情欲爲多，吕本作「而以己之情爲欲多」，是也。己之情三字連讀，欲多二字連讀，謂人皆以己之情爲欲多，不欲寡也。自錢本始誤以己之情欲爲多，則似以情欲二字連讀矣。《天論》注引此，正作以己之情爲欲多。』案：日本久保愛增注本引宋本『欲爲』作『爲欲』，是古本本作『己之情爲欲多』也。是過也。故率其群徒，辨其談説，明其譬稱，將使人知情欲之寡也。」楊注云：「情欲之寡或爲情之欲寡也。」王念孫云：「或本是也，此謂宋子將使人知情之欲寡，不欲多也。下文云『古之人以人之情爲欲多而不欲寡，今子宋子以人之情爲欲寡而不欲多也』，是其證。」應之曰：「然則亦以人之情爲欲，盧文弨云：此欲字衍，句當連下。目不欲綦色，耳不欲綦聲，口不欲綦味，鼻不欲綦臭，形不欲綦佚。此五綦者，亦以人之情爲不欲乎？」曰：「人之情欲是已。」曰：「若是，則説必不行矣。以人之情爲欲此五綦者而不欲多，譬之是猶以人之情爲欲富貴久保愛云：貴字疑衍。而不欲貨也，好美而惡西施也，古之人爲之不然。以人之情爲欲多而不欲寡。故賞以富厚，而罰以殺損也。是百王之所同也。故上賢禄天下，次賢禄一國，下賢禄田邑，愿慤之民定衣食。今子宋子以是之情王念孫云：人之情三字凡七見，此是字當依改人字。爲欲寡而不欲多也。然則先王以人之所不欲者賞，而以人之所欲者罰耶？亂莫大焉。今子宋子嚴然而好説，聚人徒，立師學，成文曲，王念孫云：『「文曲」當作「文典」，《非十二子篇》「終日言成文典」，是其證。』此宋子情欲寡淺之説略可徵者也。然依此文情欲連詞，在荀書情欲不連，不必同也。宋子書亡失，其説之詳，不可得聞。《漢書·藝文志》，小説家《宋子》十八篇，班固自注云：『孫卿道宋子，其言黄老意。』而書不入道家。然所謂『其言黄老意』，疑即指情欲寡而不欲多。蓋略與『去健羨』之説同也。

其小大精粗，其行適至是而止。

案：此謂宋、尹二子其術以禁攻寢兵爲外，以情欲寡淺爲内。行是則天下安寧，人我養足，故適是而止，不復求餘。然宋鈃之言，意同黄老。尹文篇籍，録在名家。或謂《列子》周穆王有老成子學幻於尹文先生。老成子，《漢志》在道家列子後，公子牟前。疑道家亦有尹文。然今本《列子》既是僞書，老成學幻，亦無旁證。言溯其始，名出禮官，道由史氏，周官五史，統於宗伯。則名道可通，抑在古之師學，無不兼名，是又不必强復分别者也。抑洪邁云：『劉歆云其學本於黄老。』《容齋續筆》卷十四，案劉歆之説，不知何據。原文其學本於黄老下，有居稷下與宋鈃、彭蒙、田駢等同學於公孫龍語，與僞仲長統《尹文子序》同。而序無上句，有『劉向亦以其學本於黄老』一句，疑洪氏乃連其文而以歆爲向耳。序云劉向以爲其學本於黄老者，疑作僞者尚見《别録》，或《别録》尹文在道家。如《管子》，《别録》在法家也。《説苑》載尹文對齊宣王曰：『事寡易從，法省易因。』亦近黄老言。則此文宋、尹並稱，殆得其真。若《荀子·非十二子》以墨翟、宋鈃同舉，而《解蔽》云：『墨子蔽於用而不知文；宋子蔽於欲而不知得。』俞樾云：古得、德字通用。又《天論》云：『墨子有見於齊，無見於畸；宋子有見於少，無見於多。』則墨、宋見別而或同舉者，蓋以上功用、大儉約而優差等，墨、宋有同者與？荀意墨之『日夜不休，以自苦爲極』，與宋之『不忘天下，日夜不休』，同爲上功用。墨之『節用、非樂』，與宋之『以情欲寡淺爲内』，同爲大儉約。墨之『氾愛、兼利』，與宋之『人己之養，畢足而止』，同爲優差等。今尹文書亡，今存者僞作。其遺説復無詳者。觀宋鈃之論，其大較可知矣。若二子者，殆《楞伽經》中所謂『苦行論師』之流，亦外道也。此外道師説身盡，福德盡，名爲『涅槃』。蓋計修苦行以酬往因，謂因盡苦盡也。

公而不當，易而無私，決然無主，趣物而不兩。

《釋文》云：『「當」，崔本作「黨」。云至公無黨也。』案：崔本作黨，是也。然正字又當作『攩』，《説文》：『朋群也。』易，《説文》：『蜥易也，象形。』秘書説日月爲易，無平義。經籍訓平者，疑爲齊之借字。支、脂兩部古通。《説文》：『齊，禾麥吐穗上平也。』或爲齏之借字。《説文》：『齏，等也。』舊以易借爲夷，蓋據《説文》夷字下云平也。段玉裁謂夷本無平義，訓平者借爲易字，不悟易本義亦無平意也。等之義。『易』蓋爲『傷』之省。『私』，當作『厶』。『決』，疑借爲『宎』。《説文》：『穿也。』『穿』有『空』義。穿，《説文》：『通也。』通、空古通。又『寮』，《説文》：『穿也。』《倉頡篇》：『小空也。』是『穿』有『空』義。古書通假缺字爲之，《逍遥遊》『吾自視缺然』是也。『決然無主』，謂心虚無所主。『趣』，《説文》云：『疾也。』又：『赴，趣也。』此云『趣物』，猶言赴物。『不兩』，謂與物爲一。『趣物而不兩』，謂隨物而往，不持己意。郭注云：『物得所趣故一。』似未僚此。

不顧於慮，不謀於知，於物無擇，與之俱往。

《釋文》云：『知，音智。下同。』案：《説文》：『顧，還視也。』引申爲轉顧之意。慮，《説文》：『謀思也。』慮難曰謀。『不顧於慮』，謂不轉念以慮難。『不顧於慮，不謀於知』，下文所謂『去智』是也。『於物無擇，與之俱往』，下文所謂『去己』是也。上文四句，亦此二意。

古之道術有在於是者：彭蒙、田駢、慎到聞其風而説之。

《釋文》云：『田駢，齊人也，遊稷下，著書十五篇。慎子云名廣。』案：《史記·孟荀列傳》：『慎到，趙人；田駢、接子，齊人；環淵，楚人；皆學黄老道德之術，因發明序其指意。故慎到著十二論，環淵著上、下篇，而田駢、接子皆有所論焉。』《漢書·藝文志》法家：『《慎子》四十二篇。』自注：『名到，先申、韓。申、韓稱之。』《風俗通義·姓氏篇》：『慎到爲韓大夫，著《慎子》三十篇。』而《孟子》有慎子名滑釐。趙岐注：『滑釐，慎子名。』僞孫疏云：『自稱名爲滑釐，因知滑釐爲慎子名也。』程大中《四書逸箋》謂滑釐姓禽，墨子弟子，慎子師也。

慎子名到。慎子云『滑釐不識』者，言不獨我不識此，我師事之滑釐所不識也。蓋甚不解之辭，此直不識文義之説，然其説實本僞孫疏，詳見下文。僞孫疏謂慎子即慎到。尋『滑釐』爲『屈氂』借字，詳上。『屈釐』急言，合於『到』音。然慎子爲齊稷下先生之一，齊以列大夫尊寵之，何至遽欲爲魯伐齊？僞疏又引《墨子·公輸》云：『臣之弟子滑釐等三百人已持臣魯國之器，案《墨子》滑釐，上有「禽」字。「魯國」作「守圉」。尋「圉」字誤「國」。《史記集解》引已然「守」字作「魯」。毛刻、盧刻《孟子疏》皆然，不知僞孫所見墨子本然，抑刻疏時之誤也？在宋城上而待楚寇矣。』謂墨子弟子滑釐即慎子，然禽滑釐爲墨子弟子，必主非攻之説，安有聞孟子之説而反不悦者？惟《墨子·耕柱》有『子墨子謂駱滑氂曰：「吾聞子好勇。」駱滑氂曰：「然。我聞其鄉有勇士焉，吾必從而殺之。」』駱滑氂疑即《孟子》之慎滑釐。『慎』，古文作『昚』，形與『各』相似，誤爲『各』，讀者因增爲『駱』也。《楚策·頃襄王傳》亦號慎子。然則《孟子》之慎子，與此各爲一人矣。道家：『《田子》二十五篇。』班固自注云：『名駢，齊人。游稷下，號「天口駢」。』《釋文》云『慎子云名廣者』，不知何據。並言田子名駢。周廣業《意林》卷二『尹文子引田駢曰』注云：『《釋文》引慎子云，名榮。』不知周據何本。《釋文》，今《慎子》中亦無此言。然『駢』『榮』聲近，爲得之。彭蒙他書亦無徵，惟僞《尹文子》云：『田子讀書曰：「堯時太平。」宋子曰：「聖人之治以致此與？」彭蒙在側，越次答曰：「聖人之法以至此，非聖人之治也。」宋子猶惑，質於田子。田子曰：「蒙之言然。」』胡應麟謂《莊子》所舉墨翟、禽滑釐之倫，皆一師一弟子。此下云：『田駢亦然，學於彭蒙，得不教焉。』是田駢爲彭蒙弟子，乃彭蒙有越次之答，田駢有名師之言。其爲僞託，斷然無疑。然則彭蒙姓氏遺説，獨存於此書耳。

齊萬物以爲首，曰：天能覆之而不能載之，地能載之而不能覆之，大道能包之而不能辯之。

陳壽昌云：『其學以齊萬物爲首務，小大如一，不起分別也。』奚侗云：『首，借爲道。《史記·秦始皇紀》：『追首高明。』《索隱》曰：『今碑文「首」作「道」。』是其例。案：陳、奚二説是也。『包』，當作『勹』。『辯』借爲『平』。《書·堯典》『平章百姓』、『平秩東作』，大傳作『辯章』、『辯秩』，是其例證。彭蒙、田駢、慎到以等齊萬物爲首。其説謂天地雖大，然天能覆而不能載，地能載而不能覆，大道能包之矣，而不能使之皆等平也。

知萬物皆有所可，有所不可。

案：此即上文『大道能包之而不能平之』之義。謂萬物不能皆可，不能皆不可，而皆有所可，皆有所不可也。既萬物皆有所可，有所不可，不能等平矣。而三子欲齊之，蓋以可不可爲齊。上文所謂『決然無主，趣物而不兩』『於物無擇，與之俱往』之恉也。與莊生《齊物論》標義相符，故下文有『皆嘗有聞』之歎。

故曰：選則不遍，教則不至，道則無遺者矣。

《釋文》云：『至，一本作王。遺本又作貴。』案：《説文》，至，古文作𡉀。爛脱其上，則成王字。遺，從貴聲，故『貴』借爲『遺』，或脱辵邊。『選』借爲『譔』。《説文》：『譔，專教也。』譔則不徧，教則不至。如天不能載、地不能覆也。道則無遺，可不可皆包之也。

是故慎到棄知去己，而緣不得已；泠汰於物，以爲道理。

《釋文》云：『泠，音零。汰，音泰。郭云：「泠汰猶聽放也。」一云：「泠汰，猶沙汰也。謂沙汰使之泠然也。」皆泠汰之歸於一。以此爲道理也。或音裔，又音替。』呂惠卿云：『泠者清其濁，汰者去其擾。』羅勉道云：『泠者清泠之意，汰者洗滌之意。泠汰於物，猶言遇事灑脱也。』王闓運云：『泠，零也。汰，溢也。或損之，或益之。』案：『智』，《釋文》：知，音智。謂倒智。於諸諦理顛倒推度，妄生分别。舍棄此智，即上文云『不顧於慮，不謀於知』也。己，謂『我見』：執有身、邊等不正惡見，成『分别惑』。去此『我見』，即上文云『公而不黨，易而無私，決然無主，趣物而不兩』也。『緣不得已』，即不得已而後起也。『泠汰』，郭解及一説並難通。陸云『或音裔，又音替』，蓋謂汰或讀此二音也。疑『泠、汰』當讀爲『隆、替』。『泠』聲『真』類，『隆』聲『侵』類，『真』、『侵』古通。《説文》：『農，從晨，囟聲。』其證也。汰，替聲，並脂類。『隆替於物』，謂或隆或替，皆順物而不自執，此承上『棄知去己而緣不得已』言。三子以此爲道理也。

曰：知不知，將薄知而後鄰傷之者也。

注云：『謂知力淺，不知任其自然，故薄之而又鄰傷之也。』姚範云：『薄，迫也。鄰，與磷同。』孫詒讓云：『此「後」疑當爲「復」，形近而誤。』蓋言慎到不惟菲薄知者，而復務損其知以自居於愚。鄰，當讀爲磷。磷傷，猶言毀傷也。《考工記》：『鮑人雖敝不甐。』鄭注：『甐，故書或作鄰。』鄭司農讀爲『磨而不磷』之磷，此鄰正與鮑人故書字同。奚侗云：『鄰爲蹸誤。』《說文》：『蹸，轢也。』案：姚說是也。『薄』借爲『迫』，猶借爲『怕』、『泊』也。慎到之說，謂知即不知，將强迫爲知，雖知而復傷之也。此棄知之意。王闓運以將薄、後、鄰皆句絶，未安。

謑髁無任，而笑天下之尚賢也。

注云：『不肯當其任而任夫衆人，衆人各自能，則無爲橫復尚賢也。』《釋文》云：『謑，胡啓反，又音奚，又苦迷反，《說文》云：恥也。五米反。髁，户寡反。郭，勘禍反。「謑髁」，訛倪不正貌。王云：謂謹刻也。「無任」，無所施任。王云：雖謹刻於法，而猶能不自任以事事，不與衆共之，則無爲尚賢，所以笑也。』羅勉道云：『「謑」，忍恥也。「髁」，獨行也。「無任」，無所事任也。』郭嵩燾云：『《說文》：「謑，詬恥也。」「髁，髀骨也。」通作「跨」。《廣韻》「跨」同「踝」。《釋名》踝居足旁磽確，亦因其形踝然也。「謑髁」，謂堅確能忍恥辱。』案：諸說均未碻。或謂『謑髁』即《荀子·儒效》『解果其冠』之

『解果』。『謑』『解』通假，説見《胠篋》。彼文楊注云：『《説苑》：淳于髡謂齊王曰：「臣笑鄰圃之祠田，以一壺酒，三鮒魚，祝曰：蟹螺者宜禾，汙邪者百車。」蟹螺，蓋高地也。今冠蓋亦比之。』尋所引《説苑》，文見《尊賢》。『蟹螺』彼作『蟹堁』。《史記·滑稽》：『淳于髡云：甌窶滿篝，汙邪滿車。』集解引司馬彪云：『汙邪，下地田也。』是甌窶當爲高地。《索隱》云：『甌窶，猶壞塿也。』然字又作『甌窶』。俞樾謂：『「蟹螺」與「汙邪」對文，則「蟹螺」猶平正也』。又謂：『蟹螺亦即累解。』見《荀子·富國》及《韓非子·揚搉》。然『累解』疑是『纍解』之借，説見拙著《古書疑義舉例札迻》。要與此文不合。疑『謑髁』即『懈惰』之借。髁、惰聲同歌類，故通。慎子棄知去己，而緣不得已。狀若懈惰不負責然，故云『懈惰無任而笑天下之尚賢也』。與下『縱脱』文義相對。

縱脱無行，而非天下之大聖。

注云：『欲壞其迹，使物不殉。』案：此與上句義同。

椎拍輐斷，與物宛轉。

注云：『法家雖妙，猶有椎拍，故未泯合。』《釋文》云：『輐，圓也。斷，方也。王云：「椎、拍、輐、斷，皆刑戳者所用。」』章炳麟云：『輐斷，借爲刓剸。《説文》：「刓，剸也。」下言輐斷，亦同此讀。』案：章謂『輐』借爲『刓』，是也。『斷』即《説文》之『𣃔』省文，其重文作『剸』。小徐本無此篆，刀部刓字下云『剸』也，則許書自有此字。『椎拍』者，《説文》：

『拍，拊也。』《釋名》：『拍，搏也。』《方言》：『㧖，扰椎也。南楚凡相椎搏曰㧖。』是『椎』亦『拍』也。『宛』當作『夗』。《説文》：『夗，轉臥也。』『椎拍輐斷，與物宛轉』，即上文『於物無擇，與之俱往』之意。

舍是與非。苟可以免。

案：此即上文『決然無主，趣物而不兩』之意。

不師知慮，不知前後。

《釋文》云：『知，音智。』案：『不師知慮』，即上文『不顧於慮，不謀於知』也。『不知前後』者，既不師於知慮，即無生於推度。前後自斷。

魏然而已矣。

注云：『任性獨立。』《釋文》云：『魏，魚威反。李：五回反。』案：『魏』即『巍』之省。《繕性》云：『危然處其所而反其性已。』義與此同。

推而後行，曳而後往。

注云：『所謂緣於不得已。』案：郭説是也。

若飄風之還，若羽之旋，若磨石之隧。

《釋文》云：『《爾雅》云：「回風爲飄。」還，音旋，一音環。隧，音遂，回也，絶句。一讀至全字絶句。』案：讀隧字絶句是也。羽之旋，謂翔也。《説文》：翔，回飛也。隧，《説文》作『隊』，從高落也。然此處義，當借爲『回』。《説文》：『回，轉也。』遂，回聲；同脂類也。方以智謂隧磨齒，古無可證。

全而無非，動静無過，未嘗有罪。

《釋文》云：『全而無非，磨石所剴，粗細全在人，言德全無見非貴時，言其無心也。』疏云：『如飄風之回，如落羽之旋，若磑石之轉，三者無心，故能全得。是以無是無非，無罪無過，無情任物，故致然也。』案：成説是也。陸似以『全而無非』一句但屬『磨石之隧』言，微失其旨。

是何故？夫無知之物，無建己之患，無用知之累，動静不離於理，是以終身無譽。

案：是何故者，假設疑問，以顯其能。本疏説。『無知』以下，九答其理。譽，《説文》：『偁也。』『無譽』，言無所稱譽也。或云：當讀爲『與』。《易·雜卦》傳『或與或求』注云：『以我臨物，故曰與。』此『與』義同彼文，言終身不以我臨物也。此『棄知去己』之旨。

故曰：至於若無知之物而已。無用賢聖。

案：『至於若無知之物』，此『斷滅道』，『自度』不求『利他』，故無用賢聖。

夫塊不失道，豪傑相與笑之曰：慎到之道，非生人之行，而至死人之理，適得怪焉。

案：諸家並以『夫塊不失道』句屬上讀，而讀『塊』如字，解爲如土塊之無知，殆望文生説耳。『至於若無知之物而已，無用賢聖』，二句結束前文，詞義已了。此一句者，起下之詞。『塊不失道』者，不當爲而形近致誤。『塊』，借爲『慧』。《列禦寇》『達生之情者傀』，借『傀』爲之。此作『塊』者，同從鬼聲也。三子達生之情，故爲慧矣。未明中道，猶失之也。或謂『塊』讀爲『怪』。《周禮·大司樂》云：『大傀異災。』鄭注：『傀，猶怪也。』是古讀『怪』如『鬼』。故《周禮》『借傀爲之』，此借塊爲之。『塊不失道』，言慎到之言雖怪而不失於道。然豪傑乃相與笑之，謂『非生人之行而至死人之理』。則適得人之怪焉。

田駢亦然，學於彭蒙，得不教焉。

案：『得不教焉』，謂得不言之教。《史記》謂田駢、慎到皆學黄老道德之術。此亦云田駢與慎到同其術。而《漢志》駢在道家，到入法家。或如劉向列《管子》於法家與？

彭蒙之師曰：古之道人，至於莫之是莫之非，而已矣。其風窢然，惡可而言。

《釋文》云：『窢字亦作罭，又作閾。』郭云：『逆風聲。』惡，音烏。』方以智云：『窢即閾，古文作闆。唐人用洫然是也。』王念孫云：『而，猶以也。』奚侗云：『成疏謂「窢然，迅速貌也」，是也。字當作淢。』《説文》：『淢，疾流也。』案：『窢，又作閾』者，是也。『閾』借爲『侐』。《説文》：『静也。』『其風閾然，惡可而言』，謂其風寂静不可得而言也。王敔以『惡可而言』屬下，『常反人』絶句，謂不喜許可而所言常與人相反，非是。

常反人，不見觀，而不免於魭斷。

注云：『不順民望，雖立法而魭斷無圭角也。』《釋文》云：『不見觀，一本作不聚觀。』林希逸云：『言其見常與世人相反，不能聚合倫類而觀，故爲一偏之説，不免於但求無圭角而已。』宣穎云：『蒙常自師處反歸，人固無復指目之者。然蒙猶有意於輐斷，未合自然也。』王先謙云：『常反人之意議，不見爲人所觀美。下文云以反人爲實。』陳壽昌云：『人情好論是非，其道獨以無是非爲至，故常相反也。不聚人之觀聽，而意主於魭斷，未能純任自然也。』馬其昶云：『反人，謂其笑賢非聖。不聚觀，謂其終身無譽。魭斷，謂其與物宛轉。』案：王敔以『不聚觀而不免於魭斷』一句讀，謂不與衆遂隊而所尚者圓脱，非是。『常反人』，王先謙引下文『以反人爲實』相證，是也。『常反人』之旨，則以林、陳二説爲勝。『不見觀』，當從一本作『不聚觀』。『見』字蓋涉『觀』字而誤，因復奪『聚』字矣。『常反人，不聚觀』，謂務齊萬物，棄知去己，反於『世間法』，而不聚觀照。然仍不能免於與物宛轉，故云不免於魭斷。此三句乃莊生論其術也。

其所謂道非道，而所言之韙，不免於非。

案：三子以『斷滅』爲道，此非『第一中道義諦』，故莊生斷之曰：『其道非道，其是不免於非。』

彭蒙、田駢、慎到不知道，雖然，概乎皆嘗有聞者也。

注云：『但不至也。』案：《尸子·廣澤》云：『田子貴均。』《呂氏春秋·不二》云：『陳駢貴齊。』陳駢即田駢。如《荀子·非十二子》『陳仲』，《不苟》作『田仲』是也。『貴齊』，高誘云：『齊死生、等古今也。』此上文云以齊萬物爲首，亦揭櫫其貴齊之意。駢書不傳。《呂氏春秋·執一》《淮南·道應》載其説云：『田駢以道術説齊王，王應之曰：「寡人所有者《淮南》引無『者』字。，齊國也。道術難以除患，《呂氏春秋》引無此句，據《淮南》引補。願聞齊國《淮南》引無『齊』字。之政。」田駢對曰：「臣之言無政而可以得《淮南》引作『爲』。政，譬之若林木，無材而可以得《淮南》引作『爲』。材。願王察其所謂而自取齊國之政焉。」』《呂氏春秋》作『願王之自取齊國之政也』，其下有『駢猶淺言之也』云云。《淮南》則此下有「己雖無除其患害」云云。馬國翰並據以爲駢説，非是。《淮南子·人間》：『唐子短陳駢於齊威王，威王欲殺之。孟嘗君聞之，使人以車迎之。孟嘗君問之曰：「夫子何思於齊？」對曰：「臣思夫唐子者。」孟嘗君曰：「唐子非短子者耶？子何爲思之？」對曰：「臣之處齊也，糲粢之飯，藜藿之羹，冬日則寒凍，夏日則暑傷。自唐子之短臣也，以身歸君，食芻豢，飯黍粱，服輕煖，乘坐良，臣故思之。」』此田駢等齊一切，以無用爲用之旨，大略可睹。又《齊策》載：『齊人見田駢，曰：「聞先生高議，設爲不官，而願爲役。」田駢曰：「子何聞之？」對曰：「臣聞之鄰人之女。」田駢曰：「何謂也？」對曰：「臣鄰人之女設爲不嫁，行年三十而有七子。不嫁則不嫁，然嫁過畢矣。今先生設爲不官，訾養千鍾，徒百人。不官則然矣，而富過畢矣。」田子辭。』蓋田駢『謑髁無任，而非天下之尚賢』，故『設爲不官而願爲役』。『縱脱無行而非天下之大聖』，故受齊王之貲養。稷下先生皆客卿，非真任者。『椎拍輐斷，與物宛轉』，故齊王與之則受，齊人説之則辭。此又其行之略可見者。慎到書，《唐書·藝文志》尚存十卷，晉滕輔注。今才有五篇。而馬總《意林》所載十二條具不見五篇中。十二條中有滕注一條誤入。五篇之旨，蓋雜儒、法家言，或非其真。惟《韓非子·難勢》引《慎子》有『吾以是知勢位之足恃，而賢智之不足慕也』云云，與此言慎子『笑天下之尚賢也』同。《吕氏春秋·慎勢》亦引《慎子》『今一兔走，百人逐之』云云，要皆法家之旨。而《史記》所謂『學黄老道德之術』者，獨見於此耳。《淮南·道應》引《慎子》曰：『匠人知爲門，能以門，所以不知門也。故必杜然後能門。』亦黄老之言。《荀子·非十二子》云：『尚法而無法，下修而好作。王念孫云：「下修」當爲「不循」。上則取聽於上，下則取從於俗，終日言成文典，反訓察之，則倜然無所歸宿。謝本從盧校，「反」作「及」，王念孫據《榮辱篇》「反鉛察之」，謂當從元刊本作「反」，是也。不可以經國定分。然而其持之有故，其言之成理，足以欺惑愚衆，是慎到田駢也。』《天論》云：『慎子有見於後，無見於先。』《解蔽》云：『慎子蔽於法而不知賢。』並足與本書相明。司馬遷謂申、韓原於黄老，蓋謂法家不尚賢而一斷於法，即道家絶聖棄智而任自然之遺意。然田駢、慎到之術，卒以道德之意爲多，此質之莊、荀二子之言，可斷也。莊生列舉墨翟、禽滑釐、宋鈃、尹文、彭蒙、田駢、慎到、關尹、老聃，惟關尹、老聃得『博大真人』之稱，惟彭蒙、田駢、慎到得『皆嘗有聞』之許。王夫之謂彭蒙、田駢、慎到略似莊子而無所懷無所照，蓋浮屠之所謂『枯木禪』者，斯言近之矣。觀其『棄知去己』，蓋是『知苦』而懷厭離之情，『斷集』而息潤生之惑也。至於若『無知之物，無用聖賢』，則是『證滅』而契無爲修道，唯求『自度』之恉也。此乃『聲聞』聖果，未離『惡貝』。《楞伽經》二外乘道，皆倆惡見。所以斥爲非道，而復許爲有聞也。

以本爲精，以物爲粗，以有積爲不足，澹然獨與神明居。

案：『澹』借爲『憺』。《説文》云：『安也。』

古之道術有在於是者，關尹、老聃聞其風而説之。

《釋文》云：『關尹，令尹喜也。或云：尹喜字公度。老聃，即老子也。爲喜著書十九篇。』俞樾云：『《釋文》云：「老子爲喜著書十九篇。」考老子一書，《漢志》有《鄰氏經傳》四篇，《傅氏經説》三十七篇，《徐氏經説》六篇，未聞有十九篇之説。《吕覽・不二篇》高註：「關尹，關正也，名喜，能相風角，知得有神人而老子到。喜説之，請著上至經五千言。」「上至經」之名，他書所未見也。』王闓運云：『今謂關尹在老子前，别有書，則不强老子著書明矣。蓋老子前人也。』案：關尹考，見《達生》。兹欲詳者，《漢志》道家老子後有文子、蜎子。班固自注：文子、蜎子皆老子弟子。蜎淵，《史記・孟荀列傳》作環淵，與稷下先生之數，則與孟子、莊子同時，何以得爲老子弟子？豈老壽又逾子夏者歟？其次爲關尹子，自注云：『名喜。爲關吏。老子過關，喜去吏而從之。』《呂氏春秋·審己》高注云：『關尹喜師老子也。』是關尹之於老聃，猶禽滑釐之於墨翟，田駢、慎到之於彭蒙。本書《達生》：『子列子問關尹子曰：「至人潛行不窒，蹈火不熱，行乎萬物之上而不慄，請問何以至於此？」』《呂氏春秋·審己》：『子列子常射中矣，請之於關尹子。』則關尹於列子爲先輩。列子師壺丘子林，壺子師老子，亦可證關尹從老子，非先老子者也。又《不二》敘列關尹在老聃、孔子、墨翟後，列子前。今尹在聃上，與前文例殊，其故不能詳也。又《史記·老子列傳》云：『老子居周，久之，見周之衰，乃遂去。至關，關令尹喜曰：「子得隱矣，强爲我著書。」』則喜師老子，未知何本。《漢志》箸録《關尹子》九篇，而隋唐《志》皆不録。今存《一宇》至《九藥》凡九篇，前有劉向校定序，後有葛洪後序。前人謂其書與序皆出僞作也。

建之以常、無、有，主之以太一，以濡弱謙下爲表，以空虚不毁萬物爲實。

注云：『夫無有，無一所能建，建之以常無有，則明有物之自建也。自天地以及群物皆各自得而已，不兼他飾，斯非主之以太一耶？』楊文會云：『即釋氏所謂「如實空」「如實不空」。』章炳麟云：『「建之以常無有」者，「如實空」也。「主之以太一」者，等同一味，唯一真如也。「空虚不毁萬物」者，不壞相而即泯也。即此爲實者，泯相顯實也。周顯之難張融曰：「即色非有，佛絶群家，諸法真性。老無其旨，何不取斯語觀之？」』空虛非謂鄰礙之空。鄰礙之空，今所謂真空，亦是色法，亦不得謂非萬物以服識所得故。案：『建』，《説文》云：『立朝律也。』引申凡立曰建。『建之以常無有』者，此老聃、關尹所立『正諦』。『常、無、有』者，當每字讀絶。郭注似以『無有』爲『無所有』，『常無有』爲『常無所有』，失之。《道德經》云：『道可道，非常道；名可名，非常名。無名天地之始，有名天地之母。故常無欲以觀其妙，常有欲以觀其徼。此兩者同出而異名。同謂之玄，玄之又玄，衆妙之門。』又云：『知常曰明，不知常妄作凶。』又云：『知和曰常，知常曰明。』是『常、無、有』者，分建三諦，非并一談。蓋『常』是『中道弟一義諦』。『無』是『真諦』即空。『有』是『俗諦』即假即色。無者，謂一切法皆無，即泯一切法之謂也。蓋諸法本無，衆生不了，執之爲實，而生妄見。若以『真空觀』蕩之，則謂實之情自忘，情忘即能離於諸相。諸相若離，則是本無一法也。有者，謂一切法皆有，即立一切法之謂也。諸法雖即本無，皆不可得，若以假觀照之，則能諦了緣生，諸法非有，而不妨皆有也。常者，謂一切諸法本來不離有無，不即有無，即諸法常有常無之謂也。此『常有』『常無』，亦遮絶百非，知者以『有』『無』統在『常』也。諸法既不離二邊，不即二邊，若以『中觀』觀之，則能諦了諸法，非有非無，即有即無，有無圓融。故云：『此兩者同出而異名，同謂之玄。』此三隔歷，便是次弟三諦。三一無礙，即是『圓融一乘』。故云：『玄之又玄，衆妙之門。』由斯以談，『建之以常無有』者，建三即一，舉『常』，即『無』『有』咸晐，故云『主之以太一』。太一，詳在《徐無鬼》。『濡』，《釋文》云：『一音儒。』蓋即儒之借字。《説文》：『儒，柔也。』『以濡弱謙下爲表』者，表是在外之稱，亦是標的之義。『濡弱謙下』是『不建己而隨順』之意。即《經》所云『不敢爲天下先』也。言其在外可標示於人者，止是『濡弱謙下』之容而已。『以空虚不毁萬物爲實』者，此説『圓成實性』、『圓成實相』也。初『空虚』顯此體之『遍』，章謂『空虚非謂鄰礙之空』，其義甚正。『不毁萬物』顯此體之『常』。體是遍常，名『圓成實性』也。次『空虚』表『平等』，『不毁』表『真如』，『萬物』表『一切法』。『平等真如一切法』，即『一切法平等真如』。一切法平等真如，名『圓成實相』也。章指亦然。《疏》説亦可觀。

關尹曰：在己無居，形物自著。

注云：『物來則應，應而不藏，故功隨物去；不自是而委萬物，故物形各自彰著。』章炳麟云：『就「衆生緣起」言，不守「自性」，故動，依動故「能見」，依「能見」故境界妄起也；就「真如」自在用言，離於「見」「相」，自體顯照一切妄法也。』案：章説亦美。『在己無居』者，謂『真如』不守自性也。『形物自著』者，謂隨緣成一切法也。蓋以『真心』不守自性，隨『薰』和合，似『一』似『常』，故諸愚者，以『似』爲『真』，取爲内我，即有『我見』。境界妄起，一切法成矣。

其動若水，其靜若鏡，其應若響。

注云：『常無情也。』案：此約喻明義也。郭説簡了。今爲敷詳，以餉來者。『其動若水』者，謂如水因風，起於波浪。波雖起盡，水性不變。不變之性，不礙起浪。浪雖萬動，不礙爲水。故風止浪息，而水湛然常住，無有變異。《起信論》云：『如大海水，因風波動，水相風相，不相捨離。而水非動性。若風止滅，動相則滅，溼性不壞。』同此喻也。『其靜若鏡』者，謂鏡之體離諸物相，而諸物相悉於中現。雖現物相，鏡無出入。物相本離，故鏡自靜。鏡自静故，能令物物各以其相。《起信論》亦有喻云：『覺體相者，有四種大義：與虚空等，猶如静鏡。云何爲四？一者：如實空鏡，遠離一切心境界相，無法可現，非覺照義故。二者：因薰習鏡，謂如實不空，一切世間境界悉於中現，不出不入，不失不壞，常住一心，以一切法即真實性故，又一切「染法」所不能染，智體不動，具足「無漏」，熏衆生故。三者：法出離鏡，謂不空法，出「煩惱礙」、「智礙」、離「和合相」，淳净明故。四者：緣熏習鏡，謂依法出離故，遍照衆生之心，令修善根，隨念示現故。』『其應若響』者，謂如響之應聲也。上之二者，喻動如水，而水不變；喻静如鏡，而鏡常照。明動静之不二，而即動即静，即静即動，則如響之應聲，未有聲不生響，響不應聲者也。又復聲動不生聲而生響，又復聲全爲響。無聲可聞，響無非聲，亦無響得。此猶『真心』動而生『無明』，『真心』隨熏，全作識浪，故無『心』相；而彼識浪無非是真，故無『無明』

相。後之一喻，復喻前二；義既通澤，約此三喻，以顯體空，詞尤彰灼。夫就『衆生緣起』言，則云『不守自性』；就『真如』自體言，復得云『守自性』。何則？既明動、靜之無二，亦知『隨』、『守』之未殊，故郭於前注云『功隨物去』，於此注云『常無情』也。

芴乎若亡，寂乎若清。

案：『芴』，《釋文》音『忽』，即讀爲忽也。《説文》：『忽，忘也。』『忘，不識也。』『亡』，即『忘』之借。『寂』，借爲『淑』。《説文》：『淑，清湛也。』『清，朖也。澂水之貌。』澂，清也。『忽乎若忘，淑乎若清』者，謂一念不動，湛然常住也。此仍承上約喻明義也。

同焉者和，得焉者失，未嘗先人，而常隨人。

案：『同焉者和』，謂有來會合，與之相和。《説文》：『同，合會也。』『和，譍也。』『得焉者失』者，《大宗師》云：『且夫得者時也，失者順也。安時而處順，哀樂不能入也，此古之所謂「縣解」也。』是其義也。解在彼文，不復釋也。『未嘗先人，而常隨人』者，成疏謂『和而不唱』，即隨順而不『作意』也。

老聃曰：知其雄，守其雌，爲天下谿；知其白，守其辱，爲天下谷。

注云：案《老子》云：『知其雄，守其雌，爲天下谿，常德不離，復歸於嬰兒；知其白，守其黑，爲天下式，常德不忒，復歸於無極；知其榮，守其辱，爲天下谷；爲天下谷，常德乃足，復歸於樸。』此乃約其詞，古書每有此例。見俞樾《古書疑義舉例》。又《老子》云『大白若辱』，即此文所本。彼文王弼注云：『雄先之屬，雌後之屬，知爲天下之先也，必後也。是以聖人後其身而身先也。谿不求物而物自歸之，嬰兒不用智而合自然之智。』此文郭注云：『物各自守其分，則静默而已。無雄白也。夫雄白者，非尚勝自顯者邪？尚勝自顯，其非逐知過分以殆其生邪？故古人不隨無涯之知，守其分内而已。故其性全。其性全，然後能及天下。能及天下，然後歸之如谿谷也。』二家之言，各當於義。今更釋之，仍如本文。『雄』『雌』，喻强弱也。『白』『辱』，喻净染也。『谿』是山隤無所通者，『谷』是泉出通川者。並《説文》。『谿』喻無有能入，『谷』喻無所不出。知强而守弱，以弱爲强也；知白而守辱，以染爲净也。以弱爲强，雖天下之强者無所加，故云爲天下谿也；以染爲净，雖天下之染者無所損，故云爲天下谷也。約釋此義，即是『無爲無不爲』也。

人皆取先，己獨取後。

案：老子云：『天長地久。天地所以能長且久者，以其不自生，故能長生。是以聖人後其身而身先，外其身而身存。』又云：『不敢爲天下先，舍後且先死矣。』尋老君取後之旨，以其『不自生』。『不自生』即不起念施作，取後便是隨順。

曰：受天下之垢。

案：《老子》云：『受國之垢，是謂社稷主；受國不祥，是爲天下王。』又云：『上善若水，水善利萬物而不争，處衆人之所惡，故幾於道。』『處衆人之所惡』，亦受垢也。佛法『六度』，其曰『羼提』者，此翻『安忍』，謂内心能安忍外所辱境，故亦與『受垢』皆不相殊。《金剛經》云：『若復有人知一切法無我，得成於忍。』蓋欲忍行成就者，必了知一切法無我，則一心不動，諸相不生。上云『人皆取先，己獨取後』者，正明『一心不動，諸相不生』；而致之者，在能『安忍外辱』。故此繼之云『受天下之垢』。『人皆……』兩句，是莊生標老君之旨歸。此句乃引老説以明其得入方便也，故以『曰』字簡别，下可例推。

人皆取實，己獨取虚。

案：《老子》云：『致虚極，守静篤，萬物並作，吾以觀復。』尋老君取虚之旨，以『如實空』，即『如實不空』也。詳味下文，便知不謬。

無臧也，故有餘，巋然而有餘。

案：『巋』，《釋文》云：『本或作魏。』『魏』爲『巍』省，則『巋』即『巍』之或體。『無臧』謂『如實空』，『有餘』謂『如實不空』。《起信論》云：『此真如者，依言説分别，有二種義。云何爲二？一者「如實空」，以能究竟顯實故；二者「如實不空」，以有自體具足無漏性功德故。所言「空」者，從本已來，一切染法不相應故，謂離一切差别之相，以無虚妄心念故。當知「真如自性」，非有相，非無相，非非有相，非非無相，非有無俱相；非一相，非異相，非非一相，非非異相，非一異俱相，乃至總説。依一切衆生以有妄心，念念分别，皆不相應，故説爲「空」。若離妄心，實無可空故。所言「不空」者，已顯法體空無妄故，即是真心常恒不變，浄法滿足，則名「不空」，亦無有相可取，以離念境界唯證相應故。』此云『無藏也，故有餘』者，即《論》所謂『若離妄心，實無可空故』。此云『巍然而有餘』者，即《論》所謂『真心常恒不變，浄法滿足，則名不空』。郭注云：『獨立自足之謂獨立。』即離念境界自足，即浄法滿足。

其行身也徐而不費，無爲也而笑巧。

注云：『巧者有爲，以傷神器之自成。故無爲者因其自生，任其自成，萬物各得自爲。蜘蛛猶能結網，則人人自有所能矣。無貴於工倕也。』王闓運云：『費，拂也。』章炳麟曰：『徐，讀爲餘。同從余聲也。《左氏·文元年傳》「歸餘於終」，《曆書》作「歸邪於終」；《邶風》「其虚其邪」，釋訓作「其虚其徐」。是「徐」、「邪」、「餘」三通。『餘而不費』者，《老子》云『治人事天莫若嗇』。譏之者乃云積歛無涯矣。』馬其昶云：『笑巧，即《老子》之所謂「絶巧棄利」也。』奚侗云：『笑，爲媄之破字。《説文》：媄，巧也。』案：王、章二説並非也。『徐』與『費』對言。《説文》：『費，散財用也。』則『徐』亦是財用之義。蓋『賖』之借字。《説文》：『賖，貰買也。從貝，余聲。』《周禮·泉府》：『凡賖者祭祀無過旬日，喪紀無過三月。』鄭司農云：『賖，貸也。』是賖爲暫用之意。『其行身也徐而不費』者，謂應化故，『以百姓之心爲心』，暫時隨順，實無施作。譬諸財用暫賖與人，終無費散也。『無爲』『笑巧』，亦相對之詞。《説文》：『巧，技也。』巧須造作，是有爲故。『無爲而笑巧』，明『無爲法』不壞，『有爲法』有壞滅也。郭説亦善明其旨。奚謂娭巧，義亦得通。

人皆求福，己獨曲全，曰：苟免於咎。

案：《老子》云：『曲則全，枉則直，窪則盈，敝則新，少則得，多則惑，是以聖人抱一爲天下式。』

以深爲根，以約爲紀。

案：《老子》云：『治人事天莫若嗇。夫唯嗇，是謂早服。早服謂之重積德。重積德則無不克。無不克則莫知其極。莫知其極，可以有國。有國之母，可以長久。是謂深根、固柢、長生、久視之道。』本書《大宗師》云：『古之真人，其寢不夢，其覺無憂，其食不甘，其息深深，真人之息以踵。』此下文『關尹、老聃乎，古之博大真人哉！』是古之真人其息深深，即老君之謂也。

曰：堅則毁矣，鋭則挫矣。

案：《老子》云：『人之生也柔弱，其死也堅强。萬物艸木之生也柔脆，其死也枯槁。故堅强者死之徒，柔弱者生之徒。是以兵强則不勝，木强則兵。强大處下，柔弱處上。』又云：『揣而棁之，不可長保。』

常寬容於物，不削於人，可謂至極。

案：此即《老經》『貴慈』之旨也。陳景元《莊子闕誤》據本作『雖未至極』，陳云『江南李氏文本同舊作可謂至極』，案亦得通。姚鼐云：『莊子以關尹、老聃不過如篇首所云「不離於真」之「至人」，猶未至極。』

關尹、老聃乎！古之博大真人哉！

案：姚説是也。《呂氏春秋·不二》云：『老聃貴柔，關尹貴清。』《漢書·藝文志》云：『道家者流，蓋出於史官。歷記成敗存亡禍福古今之道，然後知秉要執本，清虛以自守，卑弱以自持。此君人南面之術也。合於堯之「克攘」，《易》之「嗛嗛」，一謙而四益，此其所長也。及放者爲之，則欲絶去禮學，兼棄仁義，曰獨任清虛，可以爲治。』然則《呂》之『貴清』，即《漢志》之『清虛以自守』也。《呂》之『貴柔』，即《漢志》之『卑弱以自持』也。所貴若殊，其實未異。若爲明之，《密嚴經》云：『佛體最清净，非有亦非無，遠於「能」「所」覺，及離於限量。妙智相應心，殊勝之境界。諸相妄所現，離相是「如來」。能斷諸煩惱，於定無所染。無動及所動，住於無染路。』『清虛以自守』，即住於無染之旨。《起信論》云：『若知一切法雖説無有能説可説，雖念無有能念可念，是名「隨順」。』『卑弱以自持』，即『隨順』之旨。夫雖念無念，即離諸相，離相是『如來』，亦即清净體。然則『貴清、貴柔』，從體用而異言，即體即用，合清柔而同道。關、老既契佛性，故莊子尊謂『真人』，列敘四家，獨無損詞，其以此哉！又『真人』即上文『不離於真謂之至人』之『至人』也。然則莊生以『至人』推老君，而自居『天人』，王闓運以『聖人』爲莊子自喻，失之。故下文別出。後世耳食之徒，并老、莊爲一道，或謂莊不及老，是猶未讀斯篇矣。

芴漠無形，變化無常。

《釋文》云：『芴，元嘉本作寂。』疏云：『妙本無形，故寂漠也；迹隨物化，故無常也。』案：元嘉本作『寂』者，是也。『漠』借爲『嫫』。『寂漠無形，變化無常』者，本書《大宗師》云：『夫道有情有信，無爲無形，可傳而不可受，可得而不可見，自本自根，未有天地，自古以固存。神鬼神帝，生天生地。在太極之先而不爲高，在六極之下而不爲深；先天地生而不爲久，長於上古而不爲老。狶韋氏得之，以挈天地；伏戲氏得之，以襲氣母；維斗得之，終古不忒；日月得之，終古不息；堪壞得之，以襲崑崙；馮夷得之，以遊大川；肩吾得之，以處大山；黄帝得之，以登雲天；顓頊得之，以處玄宮；禺强得之，立乎北極；西王母得之，坐乎少廣，莫知其始，莫知其終；彭祖得之，上及有虞，下及五伯；傅説得之，以相武丁，奄有天下，乘東維，騎箕尾，而比於列精。』又《起信》云：『真如自性，非有相，非無相，非非有相，非非無相，非有無俱相。非一相，非異相，非非一相，非非異相，非一異俱相，乃至總説。依一切衆生以有妄心，念念分別，皆不相應。』《月燈三昧經》云：『其際無可取，是名爲「實際」。十方遍推求，本際不可得。』《密嚴經》云：『如於虛空中，無樹而有影。風禦及鳥迹，此見悉爲難。於「能造」「所造」，「色」及「非色」中。欲求見「如來」，其難亦如是。「真如」「實際」等，及諸佛體性。内證之所行，非諸語言境。「涅槃」名爲佛，佛亦名「涅槃」。離「能」「所」分別，云何而可見？碎末於金礦，礦中不見金。智者巧融鍊，真金方可顯。分剖於諸「色」，乃至爲「極微」。及析求諸「蘊」，若一若異性。佛體不可見，亦非無有佛。定者觀如來，勝相三十二。苦樂等衆事，施作皆明顯。是故不應説，如來定是無。有「三摩地佛」、「善根」、「善巧佛」、「一切世勝佛」及「正等覺佛」。如是五種佛，所餘皆變化。「如來藏」具有，三十二勝相。是故佛非無，定者能觀見。』莊佛深契，若此明顯，非所謂一乘法耶？

死與？生與？天地並與？神明往與？芒乎何之？忽乎何適？

呂惠卿云：『以爲死與，則未嘗有生；以爲生與，則未嘗有死；以爲天地並與，未嘗有古今；以爲神明往與，未嘗有彼是。然則芒芴無爲，寂然不動而已。』案：呂説亦善。本書《大宗師》云：『彼方且與造物者爲人，而遊乎天地之一氣。彼以生爲附贅縣疣，以死爲決疣潰癰。夫若然者，又惡知死生先後之所在？假於異物，託於同體，忘其肝膽，遺其耳目，反覆終始，不知端倪，芒然彷徨乎塵垢之外，逍遥乎無爲之業。』此文即約彼義，今更約釋。順凡情，以二儀爲不壞之常；談法相，則『五大』亦『因緣』所合。是故言『真如』不死不生，與天地並其常存；言『真如』隨順死生，獨神明顯其俱往，既芒兮忽兮，亦何之何適？明不識不知之境，亦獨來獨往之區也。

萬物畢羅，莫足以歸。

疏云：『包羅萬物，囊括宇內，未嘗離道，何處歸根。』案『真如』等編，故『萬物畢羅』也。離於『一』『異』，故莫足以歸也。

古之道術有在於是者，莊周聞其風而説之。以謬悠之説、荒唐之言、無端崖之辭，時恣縱而不儻，不以觭見之也。

《釋文》云：『謬悠，謂若忘於情實也。荒唐，謂廣大無域畔者也。而「儻」，丁蕩反。徐：「敕蕩反」。』盧文弨云：『今書「時恣縱而不儻」，有「不」字。』王先謙云：『無不字近之。』王闓運云：『謬讀爲寥，遠也。悠，亦遠也。』奚侗云：『「儻」係「攩」之誤。案：『謬悠』『荒唐』並疊韻字。《説文》：『謬，狂者之妄言也。』『唐，大言也。』然則『謬悠之説、荒唐之言』，謂狂大之説耳。端，當作耑。《説文》：『物初生之題也。』『崖，高邊也。』『無端崖』，猶無邊際，與狂大義聯。『時恣縱而不儻』，當從《釋文》無『不』字，『儻』借爲『潒』，謂其辭潒瀁不定，非可一端求，故云『不以觭見之也』。

以天下爲沈濁，不可與莊語。

注云：『累於形名，以莊語爲狂而不信，故不與也。』《釋文》云：『莊語並如字。郭云：莊，莊周也。一云：莊，正也。一本作壯。』郭慶藩云：『莊、壯古通。《詩》「君子偕書·古今人表》作「柳壯」。』案：郭注然矣。

以卮言爲曼衍，以重言爲真，以寓言爲廣。

案：『卮言』、『圓言』也；『重言』、『實言』也；『寓言』、『權言』也。解在《寓言》。『曼衍』即《秋水》之『反衍』，流行不定之義。『圓言』無所不圓，故曰以卮言爲曼衍。『實言』以詮表真理，故云以重言爲真。『權言』以廣接諸類，故云以寓言爲廣。此在佛法，即『圓教』『實教』『權教』也。

獨與天地精神往來，而不敖倪於萬物。

疏云：『敖倪，猶驕矜也。抱真精之智，運不測之神，寄迹域中，生來死往，謙和萬物，固不驕矜。』吕惠卿云：『敖倪，猶疏親也。』姚鼐云：『若莊生之獨與天地精神往來，則所謂不離於宗之天人者。』陸樹芝云：『敖，遊也。倪，同睨。不敖倪，不與萬物同遊而相睥睨也。』宣穎云：『敖，樂也。倪，端倪也。言不樂見端倪於萬物也。』王闓運云：『敖倪，視貌。言不與物競也。』案：諸說並望文曲解。敖，當作『敫』，以形與『敖』近，誤爲『敖』字。『倪』借爲『眑』。《說文》：『敫，毁也。』『眑，敫也。』《篇》《韻》皆二字連舉。『不敖倪於萬物』，即不毁於萬物也。郭注不解二字，而云『其言通至理，正當萬物之性命』。蓋郭時『敫』字尚未誤也。此義郭解亦得。乃承上三言而言。體止一如，無所不在，雖現『受用』變化，無非『法身』自在大用。既以三教隨機接引，即不壞事相共得成就也。姚謂莊生是『天人』，得之。

不譴是非。

注云：『已無是非，故恣物兩行。』案：郭義美矣。《説文》：『譴，謫問也。』

以與世俗處。

注云：『形群於物。』案：此謂不離世間也。

其書雖瓌瑋，而連犿無傷也。

《釋文》云：『瓌，古回反。瓌瑋，奇特也。「犿」本亦作「抃」，同芳袁反，又音獾，又敷晚反。李云：皆宛轉貌。一云：相從之貌。謂與物相從不違，故無傷也。』案：『瓌瑋』，即『玫瑰』之借字。《説文》：『玫，致瑰火齊珠，一曰石之美者。瑰，玫瑰也，一曰「圜好」。』『連犿』，即《在宥》之『臠卷』，《秋水》之『天蹇』。李云『宛轉貌』，是也。此莊生自説本書義雖圜好，而宛轉從物，故無傷也。

其辭雖參差，而諔詭可觀。

疏云：『參差者，或虛或實，不一其言也。諔詭，猶滑稽也。』案：成説是也。諔詭説在《齊物論》。

彼其充實不可以已。

注云：『多所有也。』疏云：『已，止也。彼所著書，辭清理遠，括囊無實，富贍無窮，故不止極也。』案：二説是也。

上與造物者遊，而下與外死生無終始者爲友。

案：《大宗師》云：『與造物者爲人而遊乎天地之一氣。』《在宥》云：『睹無者天地之友。』此即彼義，詳在彼文矣。

其於本也，宏大而辟，深閎而肆。其於宗也，可謂稠適而上遂矣。

《釋文》云：『稠，音調，本亦作調。』案：『本』，即『體』也。『宏大而辟』，是横遍也；『深閎而肆』，是直遍也；體『宏大而辟，深閎而肆』者，謂體無不遍。『稠』，借爲『卤』。『適』，讀爲『適庶』之『適』。稠、適連字形容語。『遂』，當爲『豙』。《説文》：『從意也。』『宗』，是由『因』致『果』，故云『稠適而上遂』。

雖然，其應於化而解於物也，其理不竭，其來不蜕，芒乎昧乎，未之盡者。

注云：『莊子通以平意，説已與説他人無異也。案其辭明爲汪汪然，禹亦昌言，亦何嫌乎此也。』疏云：『芒昧，猶窈冥也。』言莊子之書，窈窕深遠，芒昧恍忽，視聽無辨，若以言象徵求末窮其趣也。』林希逸云：『自冒頭而下分别五者之説，而自處其末。繼於老子之後，明言其學出於老子也。前三段著三箇「雖然」，皆斷説其學之是非。獨老子無之。至此又著「雖然」兩字，謂其學非無用於世者。』王夫之云：『莊子之學，初亦沿於老子而朝徹見獨以後，寂寞變化，皆通於一。而兩行無礙，其妙可懷也，而不可與衆論。論是非也畢羅萬物而無不可逍遥，故又自立一家，而與老子有異焉。老子知雄而守雌，知白而守黑，知者博大而守者卑弱。其意以空虛爲物之所不能距，故宅於虛以待陰陽人事之挾實而來者。窮而自服，是以機而制天人者。《陰符經》之説，蓋出於此。以忘機爲機，機尤險矣。若《莊子》之「兩行」，則進不有雄、白，退不爲雌、黑。知止於其所不知，而以不持持者；無所守，雖虛也而非以致物喪我，而於物無攖者；與天下而休乎天均。非枯以示槁木死灰之心形，以待物之自伏也。嘗探其所自悟，蓋得之於渾天。蓋容成氏所言除日無歲，無内無外者，乃其所師之天，是以「不離於宗」之「天人」自命，而謂内聖外王之道皆自此出。而先聖之道、百家之説、散見之用，而我言其全體，其實一也。則關尹之形物自箸，老子之以深爲根，以物爲紀，皆其所不事，故曼衍連犿無擇於溟海枋榆，而皆無待以遊，以成内七篇之瑋詞。博也而不僅博，大也而不可名，爲大真也而審乎假以無假，其高過於老氏而不啓天下陰側之機，故申、韓、孫、吴皆不得竊，不至如老氏之流害於後世。於此殿諸家而爲物論之歸墟，而猶自以爲未盡，望解人於後世，遇其言外之旨焉。』

案：此謂應機於變化而解釋於物情，其理既不竭，其來復非有所嬗蜕。直是大用自然，圓音廣覆。故恍忽幽昧，未之盡也。至於林、王二家，平議莊生，王爲勝矣。猶感未能洞教相之分理，達宗本之玄微。是以明而未融。蓋由斯篇含藴，未畢憭然，亦以文字扞格，古義未諦，遂多闕陷爾。約而論之：墨翟、宋鈃，分明『外道』，彭蒙之流，復墮『斷滅』。關、老深矣，猶有『用相』。莊生位極天、人，體用圓融，三一『平等』，既闕、老且遜其獨步，則申、韓又惡窺其樊離哉？

惠施多方，其書五車，其道舛駁，其言也不中。

郭慶藩云：『司馬本作「踳駁」。《文選》左太沖《魏都賦》注引司馬云：「踳」讀曰「舛」。舛，乖也。駁，色雜不同也。又引司馬作「踳馳」。《淮南·俶真》：「二者代謝舛馳。」《說山》：「分流舛馳。」《氾論》：「見聞舛馳於外。」《法家敘》曰：「諸子各以其知舛馳。」是其證。』王闓運云：『五帝之傳書故五車。』案：郭說是也。《漢書·藝文志》名家《惠子》一篇，今書已亡。然其說猶時時見於《荀》《韓》二子及《呂氏春秋》《國策》《說苑》。要之，劉氏去周末未遠，所見《惠子》書僅一篇，安得當時遽有五車之衆？尋五本交互本字，五車蓋猶滿車耳。王說未是。

厤物之意，

《釋文》云：『厤，古歷字。本亦作歷。歷物之意，分別歷說之。』王闓運云：『厤，當爲厤，即林也。林之言微也，散也。』章炳麟云：『厤，即巧歷之歷，數也。意者，《禮運》云：「非意之也。」注：「意，心之所慮也。」《廣雅·釋訓》無「慮」。都凡也。在心計其都凡曰意。在物之都凡亦曰意。歷物之意者，陳數萬物之大凡也。』案：《詩·文王》『其麗不億』，傳：『麗，數也。』吴麦雲云：『麗之言，歷也。』歷數釋詁文，《説文》作𠪚，云數也。疑此文『厤』字，亦假爲𠪚。歷、麗通假，證已見前。馬國翰以『厤物』爲《惠子》篇名。又《説文》：『厤，治也。』段玉裁云：『厤，從秝。秝者，稀疏適秝也。』然則『秝物』，謂治物而使有疏解，意謂大意。

曰：至大無外，謂之大一；至小無内，謂之小一。

《釋文》云：『司馬云：無外不可一，無内不可分，故謂之一也。天下所謂大小皆非形。所謂一二，皆非至名也。至形無形，至名無名。』章炳麟云：『大未有不可斥，小未有不可分。雖有利器致之，校以算術可知也：諸在形者，至小爲「點」，引「點」以爲「線」，比「線」以爲「面」，倍「面」以爲「體」。「點」者，非自然生，猶「面」之積已。故因而小之「點」復爲「體」，謂之「小一」可也。「點」復可析，絫下而「點」無盡，以爲無内，非也。因而鉅之，「體」復爲「點」，謂之大一可也。「體」復可倍，絫上而「體」無盡，以爲無外，非也。』胡適云：『惠施之根本觀念，止是認定天地一體，認定止有一箇繼續不斷不可分析卻又時時刻刻變换遷徙之宇宙。「至大無外，謂之大一」，是説宇之全體；「至小無内，謂之小一」，是説宇之極微細之一部分。』案：惠施之意，以爲『至大』即不可以『有外』，『有外』不可謂『至大』也。『至小』即不可以『有内』，有内不可謂『至小』也。『至大無外，至小無内』，皆一矣。《大集經》：『問：風住何處？曰風住虚空。又問：虚空爲何所住？答言虛空住於至處。又問：至處復何所住？答言至處何所住者，不可宣説。何以故？遠離一切諸處所故，一切處所所不攝故，非數非稱不可量故。是故至處無有住處。』此文『至』字若宜同彼解釋。故云然也。不悟既落『偏計』名言，雖『至大』猶有外，雖『至小』猶有内。章以算術證之是已。司馬云：『無外不可一，無内不可分。』故謂之一者，其理即説至大無外，至小無内，皆一也。不可一之一，與不可分之分，對文。與大一小一之一不同。

無厚不可積也，其大千里。

《釋文》云：『司馬云：物言形爲有，形之外爲無。無形與有，相與表裏。故形物之厚，盡於無厚。無厚與有，同一體也。其有厚大者，其無厚亦大。高因廣立，有因無積。則其可積因不可積。苟其可積，何但千里乎？』章炳麟云：『言極微者，「順世」「勝論」以爲「無方分」。「無方分」者，謂之「因量極微」。極微著見爲子微，以爲「有方分」。「有方分」者，謂之「果色極微」。前者今通言原子，後者今通言分子。「果色極微」書之所謂「小一」也。「因量極微」，書之所謂「無厚」也。浮屠難之曰：「誠無方分，日光照柱，何故一端有蔭。承光發影，必有方分明矣。有方分者，則有上下四極，是謂六際。一不爲六，以六爲一不可。」約《瑜伽師地論佛性論成唯識論》説。惠施固知之。言「無厚不可積」，又稱「其大千里」。不可積者，尚無杪忽，安得千里哉？要以算術析之：「無」至小之倪，尺度無所起。於無度立有度，是度爲幻。度爲幻，即「至大」與「至小」無擇，而「無厚」

與「千里」亦無擇。』胡適云：『此亦是説宇。以止是一箇不可分析之空間，所以無厚不可積，亦是宇。其大千里亦是宇。』案：《荀子・修身》云：『夫堅白、同異、有厚、無厚之察，非不察也。』楊注引本文爲證。又《呂氏春秋・君守》云：『堅白之察，無厚之辯，外矣。』然則『無厚』當絶句。『無厚』二字，乃領『不可積』也。『其大千里』兩句，言厚者皆有積也。無厚故不可積也，可積者皆有量。有量則有盡。不可積，則無量。無量，則無盡。其大千里，乃形容其大無盡之意，非謂止於千里也。因不可積，故大千里。喻如地球：以有厚故，有積可度，其大有窮。又如虛空：此言虛空，非指『鄰礙』，以『鄰礙空』屬『無顯色』，猶可積故。以無厚故，無積可度，其大無盡。以『詮表』故，設言其大；『遮表』，即大亦不可説。

天與地卑，山與澤平。

《釋文》云：『卑如字，又音婢。李云：以地比天，則地卑於天。若宇宙之高，則天地皆卑。天地皆卑，則山與澤平矣。』孫詒讓云：『李説非也。「卑」與「比」通。《荀子・不苟》：「山淵平，天地比。」《韓詩外傳》三文同。楊注：「比，謂齊等也。」亦引此文，是其證也。《廣雅・釋詁》：「比，近也。」此「比」亦指近之義。天與地相距本絶遠，而云相接近，猶山與澤本不平，而謂之平。皆名家合同異之論也。李讀「卑」如字，固誤，楊釋「比」爲「齊等」，亦未得其義。』章炳麟云：『「白蘿門」書道瓢末今此爲空間真空。之空，與特蘿驃今此爲實。之實相受。瓢末分扐節度不可量，故特蘿驃分扐節度亦不可量。若畫工爲圖矣，分間布白、雜采調之，使無高下者而有高下，使無窪突者視之窪突。故曰天與地卑，卑借爲比。山與澤平，是分齊廢也。』胡適云：『以宇是永遠變運者，故說「天與地卑，山與澤平」。又復此言，含有地圓之理，以地圓旋轉，故上面有天，下面還有天；上面有澤，下面還有山。』案：孫謂『卑』是『比』之借字，是也。斥楊說『「比」爲「齊等」義非是』，則不然。尋楊注又云：『或曰天無實形，地之上空虛者盡皆天也。是天地長親比相隨，無天高地下之殊也。在高山則天亦高，在深泉則天亦下。故曰天地比。地去天遠近皆相似，是山澤平也。』是楊亦釋『比』爲接近。又《荀子·正名》：『山淵平，情欲寡，芻豢不加甘，大鍾不加樂，此惑於用實以亂名者也。』楊注云：『山淵平，即《莊子》云「山與澤平」也。』其義亦較舊說勝也。夫世所謂天，實指鄰礙之空。則天與地本無間隔。不得謂名家合同異之論獨然矣。山高澤窪，高窪相當，故云『山與澤平』也。如章說者，義契唯識。佛書言『色』，謂顯形『表顯色』是實，餘色皆假。高下屬形，即是假色。眼識之所不緣。然則現量所得，天地卑而山澤平也。胡說於理，亦屬融通。《荀子·不苟》引此爲惠施、鄧析說。

日方中方睨，物方生方死。

《釋文》云：『睨，音詣。李云：睨，側視也。謂日方中，而景已復昃。謂景方昃，而光已復没。謂光方没，而明已復升。凡中昃之與升没，若轉樞循環，自相與爲前後。始終無别，則存亡死生與之何殊也。』章炳麟云：『諸言時者，有過去、見在、未來。過去已滅，未來未生，其無易知。而見在亦不可駐，時之短者，莫如「竭沙那」，舊譯「刹那」簡稱。而「竭沙那」非不可析。雖析之，勢無留止。方念是時，則已爲彼時也。析之不可盡，而言即時，則是於無期立有期也。勢無留止，而言是時，則彼是無别也。故雖「方中方睨，方生方死」可。』。胡適云：『「日方中方睨」，是説時間變遷之速。才是見在，已成過去矣。「物方生方死」，是説萬物之壽命，比於無窮無極之久，案久謂時間。竟可謂極短。才有生，便又死矣。』案：二説並通，章義尤勝。今以地球及日並轉之説相證，是日竟無中睨也。故言『日方中方睨』可，言『日方睨方中』亦可。又今生物學家諗得諸物並由細胞集起，而細胞生死相續，則是謂『物方生方死』可，謂物『方死方生』亦可。又復佛書謂一刹那時心有九百生滅。是生滅與時分相俱。故云：『日方中方睨，物方生方死。』

大同而與小同異，此之謂小同異；萬物畢同畢異，此之謂大同異。

《釋文》云：『同體異分，故曰小同異。死生、禍福、寒暑、晝夜、動静、變化衆辨莫同，異之至也。衆異同於一物，同之至也。則萬物之同異一矣。若堅白無不合、無不離也。若火含陰、水含陽、火中之陰異於水，水中之陽異於火。然則水異於水，火異於火，至異異所同，至同同所異。故曰大同異。』章炳麟云：『物固無畢同者，亦未有畢異者。浮屠之言曰：從一青計之，以青爲自相。以凡青爲共相，青同也。以凡青爲自相，以赤、白、黄、紫爲共相，「顯色」同也。以「顯色」爲自相，以聲、香、味、觸爲共相，「色聚」同也。「色聚」之「色」，謂諸有對者皆名爲色。以「色聚」爲自相，以「受」「想」「行」「色」爲共相，法同也。本《成唯識論述記》説。無畢同，故有自相；無畢異，故有共相。大同而與小同異，此物之所有。萬物畢同畢異，此物之所無。皆大同也。』胡適云：『萬物皆有箇性，故《墨子·經説上》云「二必異」。此便是大同而與小同異。然萬物卻無一物單獨存立，不與他物有連屬之關係者。若是萬物無連屬之關係，吾等便不能有知識矣，更不能有科學矣。科學之系統方法，全依此萬物畢同畢異一個怪現象。』案：此謂大同而與小同有異，此之謂『小同異』。萬物盡同盡異，此之謂『大同異』。《荀子·正名》：『故萬物雖衆，有時而欲徧舉之，故謂之物。物也者，大共名也。推而共之，共則有共，至於無共然後止。有時而欲偏舉之，故謂之鳥獸。鳥獸也者，大别名也。推而别之，别則有别，至於無别然後止。』王念孫云：『「共則有共」之「有」，讀爲「又」。』又云：『「有時而欲偏舉之，故謂之鳥獸」之「偏」，當爲「别」。』今作『偏』者，涉上文而誤。俞樾云：下『偏』字乃『徧』字之誤。物茂卿、王先謙説同。《荀》所謂物，此文所謂大同。《荀》所謂鳥獸，此文所謂小同。物爲『大共名』，鳥獸爲『大别名』，則大同與小同異矣。《荀》云『推而共之，共則有共』者，若物對鳥獸，物爲共，鳥獸爲别。鳥獸對燕、雀、牛、羊，鳥獸復爲共，燕、雀、牛、羊爲别也。《荀》所謂『推而别之，别則有别』，義得反徵。然則别之與共，其異至小。故云大同，而與小同異，此之謂小同異。『推而別之，至於無別然後止』，則萬物畢同矣。『推而共之，至於無共然後止』，則萬物畢異矣。此其同異至大。故云『萬物畢同畢異，此之謂大同異』。章、胡二説，理俱攝此。

南方無窮而有窮。

《釋文》云：『司馬云：「四方無窮也。」李云：「四方無窮，故無四方上下，皆不能處其窮，會有窮耳。」一云：「知四方之無窮，是以無無窮。無窮也，形不盡形，色不盡色。形與色，相色也，知不窮知，物不窮物，知與物相盡也。獨言『南方』，舉一隅也。」』章炳麟云：『「南方無窮而有窮，是有際無際一也。」』胡適云：『「久與宇雖無窮無極，不可分析，不可割斷，但於實際應用，不妨看作有窮有極，可以分析，可以割斷。所以説「南方無窮而有窮」。」』案：《墨子·經下》説：「無窮不害兼。」又説「不知其數而知其盡也，説在明」者，亦此理。』案：地形既圜，則竟無南方也。假立爲南，南則又南，是南方無窮也。至於無可復南則止矣。是『南方無窮而有窮』也。又復假立南方，則南而復南，勢無窮止。然既立爲南，竟止於南，故云『南方無窮而有窮』。胡説理不相違。

今日適越而昔來。

《釋文》云：『智之適物，物之適智，形有所止，智有所行。智有所守，形有所從。故形智往來相爲逆旅也。鑒以鑒影，而鑒亦有影。兩鑒相鑒，則重影無窮。萬物入於一智，而智無閒。萬物入於一物，而物無朕。天在心中，則身在天外。心在天内，則天在心外也。遠而思親者，往也。病而思親者，來也。智在物爲物，物在智爲智。』林希逸云：『足雖未至乎越，而知有越之名，而後來，則是今日方往，而亦可以爲昔來矣。』司馬云：『彼日猶此日。則見此猶見彼也，彼猶此見，則吳與越人交相見矣。』宣穎云：『知有越時，心已先到。』章炳麟云：『諸有割制一期，命之以今者，以一「朅沙那」言今，可以一歲言今猶可。方夏言今歲，不遺春秋。方禺中言今日，不遺旦莫。去者來者皆今也。禺中適越，餔時而至，從人定言之，命以一期，則爲今日適越矣。分以數期，則爲昔至越矣。以是見時者唯人所命，非有實也。』按『今日適越而昔來』，《齊物論》作『今日適越而昔至』。是『來』，訓『至』也。胡適云：『以地球既是圓，又是旋轉成晝夜者，故此國之今日，或爲彼國之昨日。如北京今日午時之事，紐約今日晨報已登。故可説今日適越而昔來。』案：宣、章、胡各説均通。

連環可解也。

《釋文》云：『司馬云：「夫物盡於形，形盡之外，則非物也。連環所貫，貫於無環，非貫於環也。若兩環不相貫，則雖連環故可解也。」』疏云：『夫環之相貫，貫於空處，不貫於環也。是以兩環貫空，不相涉入，各自適轉，故可解者也。』章炳麟云：『連環可解，是有分無分均也。』案：二説明矣。

我知天下之中央，燕之北、越之南是也。

《釋文》云：『司馬云：「燕之去越有數，而南北之遠無窮。由無窮觀有數，則燕、越之間，未始有分也。天下無方，故所在爲中。循環無端，故所行爲始也。」』章炳麟云：『「我知天下之中央，燕之北、越之南是也」，是方位廢也。』王先謙云：『此擬議地球中懸，陸路可達，故燕北即是越南。』胡適云：『此說地圓，更爲明顯。圓面上無論何點皆可作爲中央。故燕之北、越之南，是天下之中央。』案：諸說均通。

氾愛萬物，天地一體也。

章炳麟云：『大同而與小同異，此物之所有。萬物畢同畢異，此物之所無，皆大同也。故天地一體。一體，故氾愛萬物也。惠施之言，無時、無方、無形、無礙。萬物幾幾皆如矣。推擣異論，使齏粉破碎，己亦不立。唯識之論不出，而曰萬物無有哉？人且以爲無歸宿。』胡適云：『上說九事，都可證明天地一體之根本觀念。以宇宙是一體，故欲氾愛萬物。故惠施之學「去尊」。「去尊」，便是平等之義。』『去尊』見《吕氏春秋》。案：章、胡二說，均得之矣。

惠施以此爲大觀於天下而曉辯者，天下之辯者相與樂之。

《釋文》云：『樂音洛。』案：『樂』讀如《論語》『智者樂水』之『樂』，借爲『效』字。言天下辯者亦效其說也。《釋文》音樂，失之。

卵有毛。

《釋文》云：『司馬云：「胎卵之生，必有毛羽。雞伏鵠卵，卵不爲雞。則生類於鵠也。毛氣成毛，羽氣成羽。雖胎卵未生，而毛羽之性已著矣。故鳶肩蜂目，寄感之分也。龍顔虎喙，威靈之氣也。神以引明，氣以成質，質之所剋，如户牖明暗之懸以晝夜。性相近，習相遠，則性之明遠有習於生。」』宣穎云：『卵無毛，則鳥何自有也？』胡適云：「萬『《莊子》言：「種有幾。」幾，即是「種子」。又云：「萬物皆出於幾，皆入於幾。」又云：「萬物皆種也，以不同形相禪。」如果萬物都從一種極細微之種子變化出來，則種子中定已含有已形性之可能性。故可以說「卵有毛」。如果萬物都由種子漸漸以不同形性相禪，自極細微「幾」，進化到最高等之人，則竟可以說「犬可以爲羊，丁子有尾，成玄英說：楚人謂蝦蟆爲丁子。馬有卵，白狗黑，龜長於蛇」。』此數條，均說一種之內，未必不含有別一種之可能性。案：宣、胡二說是也。《荀子·不苟》引爲惠施、鄧析之說。僞《孟子外書》性善辯，孟子謂子石曰：『卵有毛，信乎？』子石曰：『信。』孟子曰：『何爲其然也？』子石曰：『卵無毛，雞無翼。』

雞三足。

《釋文》云：『司馬云：「雞兩足，所以行，而非動也。故行由足發，動由神御。今雞雖兩足，須神而行。故曰三足也。」』案：司馬說是也。佛書言五識之動，一分『意識』與之俱動。司馬謂神即『意識』也。

郢有天下。

《釋文》云：『郢，楚都也。在江陵北七十里。李云：「九州之内，於宇宙之中，未萬中之一分也。故舉天下者，以喻盡而名大。夫非大，若各指其所有而言其未足，雖郢方千里，亦可有天下也。」』羅勉道云：『郢本侯國而稱爲王，是有天下之號。』案：舊説以羅義爲長。

犬可以爲羊。

《釋文》云：『司馬云：「名以名物而非物也。犬羊之名，非犬羊也。非羊可以名爲羊，則犬可以名羊。鄭人謂玉未理者曰璞。周人謂鼠腊者亦曰璞。故形在於物，名在於人。」』胡適云：『《荀子·正名》説名未制定之時，有異形、離心、交喻、異物、名實互紐之大害。此云「犬可爲羊」，與下云「白狗黑」，是説犬、羊、黑、白都是人定之名。當名約未定之時，呼犬爲羊，稱白爲黑，都無不可。此便是異形、離心、交喻、異物、名實互紐。亦便是公孫龍所説彼此。而彼且此、此彼而此且彼矣。』案：司馬義通，胡説亦善。

馬有卵。

《釋文》云：『李云：「形之所託，名之所寄，皆假耳，非真也。故犬羊無定名，胎卵無定形，故鳥可以有胎，馬可以有卵也。」一云：「小異者大同，犬羊之與胎卵，無分於鳥馬也。」』案：見『卵有毛』句下，李説亦通。

丁子有尾。

《釋文》云：『李云：「夫萬物無定形，形無定稱，在上爲首，在下爲尾。世人爲右行曲波爲尾。今丁子二字雖左行曲波，亦是尾也。」』疏云：『楚人呼蝦蟆爲丁子也。夫蝦蟆無尾，天下共知。此蓋物情，非關至理。以道觀之者，無體非無，非無尚得稱無，何妨非有。可名尾也。』羅勉道云：『《荀子》曰：「鉤有鬚，卵有毛，此說之難持者也，而鄧析、惠施能之。」彼注云：「鉤有鬚，即丁子有尾也。丁之曲者爲鉤，鬚與尾類。」』錢大昭云：『《說文》：「鉤，曲也。」丁之曲者爲鉤，今鉤曲而丁直，故云生實。』洪頤煊云：『丁子當是孑孓二字之訛。《說文》：孑，無左臂也。孓，無右臂也。無左右臂而有尾，此事之必無也。故以爲辯。』王先謙云：『成玄英以丁子爲蝦蟆，蝦蟆初生無足有尾，聞雷後足出而尾没矣。』章炳麟云：『大小篆丁字皆非左行曲波，李說非也。或言丁子即科斗，說亦無據。洪頤煊以爲孑孓之誤，皆無義。「丁子」蓋「頂趾」之借。「頂趾」與尾本殊體，而云頂趾有尾。猶云「白狗黑，犬可以爲羊」耳。』胡適云：『成說楚人謂蝦蟆爲丁子。丁子有尾，生物學亦云然。』案：成說蝦蟆爲丁子無據。洪、章二說亦難通。羅引《荀子》爲說，然前儒謂『鉤』爲『姁』之借字。則義雖相類，事實不同。尋『丁』即《說文》『釘』之古文，詳《說文解字六書疏證》。爲干支義所專，別造『釘』字，今則『丁』廢而用『釘』。『釘』亦從丁聲也。丁篆作，象形。尾爲上出者也。丁子謂箸物處爲頭，則其上出處爲尾也。

火不熱。

《釋文》云：『司馬云：「木生於水，火生於木，木以水潤，火以木光，金寒於水而熱於火。而寒熱相兼無窮，水火之性有盡。謂火熱水寒，是偏舉也。偏舉，則水熱火寒可也。」一云：「猶金木加於人有楚痛，楚痛發於人，而金木非楚痛也。如處火之馬，火生之蟲，則火不熱也。」』疏云：『火熱水冷，起自物情。據理觀之，非冷非熱。何者？南方有食火之獸，聖人則入水不濡。以此而言，固非冷熱也。又譬杖加於體，而痛發於人，人痛杖不痛。亦猶火加於體，而熱發於人，人熱而火不熱也。』胡適云：『區别異同，都由於心神之作用。如無能知覺之心神，雖有火亦不覺熱。』案：聞有譫心疾者，今謂神經病。朱鬃木箸，佯若火炙鐵箸，出之灶中，驟加疾者手，疾者狂呼楚痛，譫其手亦得火傷痕。以此言之，寒熱生於心，而不在物也。本書《達生》云：『至人潛行不窒，入火不熱。』『至人入火不熱』者，至人無己，無『分别識』故也。

山出口。

《釋文》云：『司馬云：「形、聲、氣、色合而成物，律吕以聲兼形，玄黄以色兼質。呼而一山，一山皆應。一山之聲，入於耳，形與聲並行，是山猶有口也。」』案：《荀子·不苟》引惠施、鄧析之説云：『入乎耳，出乎口。』楊注云：『未詳所明之意，或曰即山出口也。言山有口耳也。凡呼於一山，衆山皆應，是山聞人聲而應之，故曰「入乎耳，出乎口」也。或曰山能吐納雲霧，是有口也。』尋楊初義，略同司馬。夫呼於一山，衆山皆應者，聲理然也。然能聞是耳，能應是口，能聞能應，謂之有口耳可也。

輪不蹍地。

《釋文》云：『蹍，本又作跈。司馬云：「地平輪圓，則輪之所行者迹也。」』案：此言車行之時也，方止方行，故輪竟不踐地也。

目不見。

《釋文》云：『司馬云：「水中視魚，必先見水。光中視物，必先見光。魚之濡鱗非曝鱗，異於曝鱗則視濡也。光之曜形，異於不曜，則視於曜形，非見形也。目不夜見非暗，晝見非明，有假也。所以見者明也，目不假光而後明，無以見光。故目之於物，未嘗有見也。」』疏云：『夫目之見物，必待於緣。緣既體空，故知目不能見之者也。』宣穎云：『見則何以不自照？』案：宣説契於佛義。佛書云：眼有『九緣』，其八同耳，獨資明緣。若除明緣，目即不見。目之見必有空明根境。然目不夜見，非無空與根境之資，獨缺明緣耳。知除明緣，目即不見也。司馬謂『目不夜見非暗，晝見非明，有假也。所以見者明也』，義即契彼。然心有所思，思者如睹；心不在焉，視而不見。則目之見者，本非目見。見者是目，能見是心也。佛書『九緣』：空、明、根、境四緣之外，五曰『作意緣』，六曰『分別依』，七曰『染净依』，八曰『根本依』，九曰『種子依』。此五者皆具於心，而能見實資於是，故云『目不見』也。又復如司馬説云：『視見於曜形，非見形也。』此義甚深，理亦契當。何則？目之所見，顯形表色。而是三者，意識分別，離色本際，非意識境。既非意境，目若爲見。然則凡曰所見，皆是顯形表三。譬見白紙，見白未見紙也。又見方石，見方未見石也。若有難云：『吾見其柔，故執是紙，吾見其堅，故執是石。』然柔與堅，既非目得，即許目見，猶屬表故，仍未見於紙、石本際。司馬謂『曜形』，義屬色邊。司馬謂『形』，義屬本際。

指不至，至不絶。

《釋文》云：『司馬云：「夫指之取物，不能自至，要假物故至也。然假物由指不絶也。」一云：「指之取火，以鉗；刺鼠，以錐；故假於物，指是不至也。」』王先謙云：『下「至」字疑「耳」之誤。數語皆就人身言，耳雖有絶響之時，然天下古今究無不傳之事物，是不絶也。「至」字緣上而誤，遂不可通矣。』胡適云：『指字作物之表德解。公孫龍《指物篇》之「指」字，大抵都説物體之種種表德，如形色等。吾人知物，止須知物之形色等種種表德，並不到物之本體。如白馬，去白色與馬形，便無白馬可知。亦並不用到物之本體。即使欲知物之本體，亦復徒想，至多不過從此物指，進至彼物指而已。例如吾人知水，止知水之性質，化學家更進一層，説水是輕、養二氣所成。其實還止知輕氣、養氣之重量作用等等物指。即使更進一層，説到輕氣、養氣之元子或電子，還止知元子、電子之性質作用，終不知元子、電子之本體。正如算學上之無窮級數，故云「指不至，至不絶」。』案：僞《列子》引公孫龍云『有指不至，有物不盡』，即此文所謂『指不至，至不絶』也。疑當從《列子》作『物不絶』，與『指不至』爲二事。《世説・文學》：客問樂令：『指不至，不連至不絶。』可證。魏牟解之曰：『無指則皆至，盡物者常有。』張湛復解之曰：『忘指故無所不至，常有盡物之心，物既不盡，而心更滯有也。』義並可觀。夫無指是泯意識分别，既泯分别，即無一異，即離虛假，是爲本體，是名『實際』。故云皆至也。盡物是析求諸蘊，雖復分析至於極微，不離『能』、『所』、『詮』、『表』，本體畢竟不可得。以絶詮表故，故云『常有』也。有，即有所詮表。胡説『指不至』，義非二致。又《世説・文學》記客問樂令指不至者，樂亦不復剖析文句，直以麈尾柄确几曰：『至不？』客曰：『至。』樂因又舉麈尾曰：『若至，那得去？』劉孝標注云：『夫藏舟潛往，交臂恒謝，一息不留，忽焉生滅。故飛鳥之影，莫見其移，馳車之輪，曾不掩地。是以去不去矣，庸有至乎？至不至矣，庸有去乎？然則前至不異後至，至名所以生；前去不異後去，去名所以立。今天下無去矣，而去者非假哉？既爲假矣，而至者豈實哉？』於舊義爲較勝。

龜長於蛇。

《釋文》云：『司馬云：「蛇形雖長，而命不久；龜形雖短，而命甚長。」』疏云：『長短相形，無長無短。謂蛇長龜短，乃物之滯情。今欲遣此迷惑，故云然也。』俞樾云：『此即「莫大於秋豪之末，而太山爲小」之意。司馬説不以形言而以壽言，真爲龜蛇短矣，殊非其旨。』案：見上『卵有毛』注。

矩不方，規不可以爲圓。

《釋文》云：『司馬云：「矩雖爲方而非方，規雖爲圓而非圓。譬繩爲直而非直也。」』胡適云：『從自相上看來，萬物畢異。一規不能成兩物完全相同之圓，一矩不能成兩物完全相同之方。故云「矩不方，規不可以爲圓」。』案：二説義均可從。余謂割圓以益方，則方者爲圓，而圓者爲方。是矩不方，規不可以爲圓也。此言方圓之形非定，亦示方圓之體本空也。

鑿不圍枘。

《釋文》云：『司馬云：「鑿枘異質，合爲一形。鑿積於枘，則鑿枘異圍，是不相圍也。」』疏云：『鑿者，孔也。枘者，内孔中之木也。然枘入鑿中，本穿空處，不關涉，故不能圍。此猶「連環可解」義也。』宣穎云：『枘自入之耳，鑿未嘗圍之。』胡適云：『此與「矩不方，規不可以爲圓」，義同也。』案：成説是也。鑿、枘並處空間，非相圍也。

飛鳥之景，未嘗動也。

《釋文》云：『鳥之蔽光，猶魚之蔽水。魚動蔽水，而水不動。鳥動影生，影生光亡。

亡非往，生非來。《墨子》云：「影不徙也。」』疏云：『過去已滅，未來未至。過未之外，更無飛時。唯鳥與影，嶷然不動。是知世間即體皆寂。故論云：「然則四象風馳，璇璣電卷，得意豪微，雖遷不轉。」所謂「物不遷」者也。』胡適云：『《列子・仲尼篇》作「影不移」。魏牟解云：「影不移，説在改也。」《墨子・經下》亦云：「景不徙。説在改爲。」《經説》云：「景：光至景亡，若在，萬古息。」此是説影處處改換，後影已非前影，前影雖不見，其實止在原處。』案：諸説並善，成義尤勝。

鏃矢之疾，而有不行不止之時。

《釋文》云：『鏃，子木反。郭：音族，徐：朱角反。《三蒼》云：矢，鏑也。』司馬云：『形分止，勢分行；形分明者行遲，勢分明者行疾。目明無行分，無所止，則其疾無間。矢疾而有間者，中有止也。質薄而可離，中有無及者也。』疏云：『夫機發雖速，不離三時。無異輪行，何殊鳥影。既不蹍不動，鏃矢豈有止有行。亦如利刀割三條線，其中亦有過去、未來、見在三者也。』郭慶藩云：『鏃，郭音族。非也。鏃爲鍭字之誤。亦誤爲錐，見《淮南・兵略篇》「疾如錐矢」。《爾雅》：「金鏃翦羽謂之鍭。」《説文》同。《方言》曰：「箭，江淮之間謂之鍭。」《周官・司弓矢》曰：「殺矢鍭矢。」《考工記・矢人》曰：「鍭矢三分。」故知鏃爲鍭之誤也。』案：司馬説『形分止，勢分行』，是也。成義尤勝。郭證鏃字亦是。

狗非犬。

《釋文》云：『司馬云：「狗、犬同實異名。名實合，則彼所謂狗，此所謂犬也。名實離，則彼所謂狗，異於犬也。」』胡適云：『《爾雅》云：「犬未成豪曰狗。」《墨子・經下》云：「狗，犬也。而殺狗非殺犬也可。」蓋從共相上觀之上，狗是犬之一部。故可云：「狗，犬也。」若從自相上觀之，未成豪之犬始可名狗。故可云：「狗，非犬也。」』案：胡説是也。

黃馬驪牛三。

《釋文》云：『驪，力智反。又音梨。司馬云：「牛馬以二爲三。曰牛，曰馬，曰牛馬，形之三也。曰黃，曰驪，曰黃驪，色之三也。曰黃馬，曰驪牛，曰黃馬驪牛，形與色爲三也。故曰：一與言爲二，二與一爲三也。」』郭慶藩云：『《文選》劉孝標《廣絶交論》注引司馬云：「牛馬以二爲三，兼與别也。曰馬，曰牛，形之三也。曰黃，曰驪，色之三也。曰黃馬，曰驪牛，形與色之三也。」』與《釋文》小異。疏云：『夫形非色，色乃非形，故一馬一牛，以之爲二。添馬之色，而可成三。曰黃馬，曰驪牛，曰黃驪，形爲三也。亦猶一與言爲二，二與一爲三者也。』胡適云：『此與堅白石二同意。』案：胡説是也。

白狗黑。

《釋文》云：『司馬云：「狗之目眇，謂之眇狗。狗之目大，不曰大狗。此乃一是一非，然則白狗黑目，亦可爲黑狗。」』疏云：『名謂不實，形色皆空，欲反執情，故指白爲黑也。』案：説詳『犬可以爲羊』句注。

孤駒未嘗有母。

《釋文》云：『李云：「駒生有母，言『孤』則無母。孤稱立，則母名去也。母嘗爲駒之母，故孤駒未嘗有母也。本亦無此句。」』案：李説是也。

一尺之捶，日取其半，萬世不竭。

《釋文》云：『一尺，一本無一字。司馬云：「捶，杖也。若其可析，則常有兩。若其不可析，其一常存。故曰萬世不竭。」』洪邁云：『雖爲寓言，此理固具。蓋但取其半，正碎爲微塵，餘半猶存，雖至於無窮可也。』案：二説是也。

辯者以此與惠施相應，終身無窮。桓團、公孫龍辯者之徒。

《釋文》云：『桓團，李云：人姓名。』胡濬遠云：『桓團，《列子》作韓檀。』案：胡適謂桓團、公孫龍乃是辯者之徒，與惠施相應者是辯者。公孫龍時代差後，不得與惠施相應，其説非是。詳年表見後録。則惠施、公孫龍同時，施年輩差長耳。此云『桓團、公孫龍辯者之徒』，於辯者中舉列一二人，若云桓團、公孫龍與其他辯者之徒，審前後文，自憭知也。

飾人之心，易人之意，能勝人之口，不能服人之心，辯者之囿也。惠施日以其知與人之

辯，特與天下之辯者爲怪，此其柢也。

林疑獨云：『施之辯能反人之心，或與天下辯其名，狗非犬是也；或與天下辯其數，雞三足是也；或與天下辯其色，白狗黑是也；或辯其上下，天與地卑是也；或辯其長短，龜長於蛇是也。其論大率以爲萬物無高下、長短之殊，無形名方圓之異，無青黄黑白之别，以齊萬物爲首，謂大道散而有形名，皆出於人之私以爲差别而已。』俞樾云：『與人之辯，義不可通。蓋涉下句「天下之辯者」而衍「之」字。柢與氐通，《史記·秦始皇紀》：「大氐盡畔秦吏。」《正義》曰：「氐，猶略也。」「此其柢也」，猶云「此其略也」。』王闓運云：『特，當爲持。』馬其昶云：『與，讀爲舉。《徐無鬼篇》：「知之所不能知者，辯者不能舉也。」』王先謙云：『特字有作「將」者。』案：林有精言，俞説亦是。王闓運讀『特』爲『持』，王先謙謂『特』有作『將』者，並非。又『之』、『是』古通。『與人之辯』，謂『與人是辯』。

然惠施之口談，自以爲最賢，曰：天地其壯乎，施存雄而無術。

《釋文》云：『司馬云：「惠施唯以天地爲壯於己也。意在勝人，而無道理之術。」』疏云：『壯，大也。術，道也。言天地與我並生，不足稱大。意在雄俊超世過人，既不謙柔，故無真道，而言其壯者，猶獨壯也。』林希逸云：『施以爲其壯與天地同所存，雖自以爲雄高，而實無學術。』案：如司馬説，似讀『施』字絶句。余謂『曰』者，引施之説也。

『天地其壯乎，施存雄而無術』者，施自謂天地雖大，我存則雄於辯者，無所用其術也。似與上下詞義相銜。一説：『天地其壯乎』，是施語。『施存雄而無術』，是莊論惠語。施自謂其賢比天地，莊則謂施才『存』字疑『才』之誤。雄而無用也。《易·系辭》『慎斯術也』，《釋文》本作『斯用』。疑此『術』字亦『用』之誤。又術亦有用義。

南方有倚人焉，曰黄繚。

《釋文》云：『倚，本或作畸。李云：異也。黄繚，李云：賢人也。』徐廷槐云：『《戰國策》載魏王使惠子於楚。楚中善辯者如黄繚輩争爲詰難。』郭慶藩云：『倚當作奇。王逸注《九章》云：「奇，異也，字或作畸。」《大宗師篇》「敢問畸人」，李頤曰：「畸，奇異也。」』案：郭説是也。

問天地所以不墜、不陷、風雨雷霆之故。惠施不辭而應，不慮而對，遍爲萬物説，説而不休，多而無已，猶以爲寡。益之以怪，以反人爲實。而欲以勝人爲名，是以與衆不適也。

案：適，讀爲敵，猶匹也。

弱於德，强於物，其塗隩矣。

《釋文》云：『李云：隩，深也；謂其道深。』案：《説文》：『隩，水隈厓也。』『隈，水曲也。』『厓，山邊也。』然則隩，是邊曲之義；德，是即體之相。物是境界。不悟體自具足，無量功德，而切切於境界，雖復遍説萬物，而止局於一方。故云『其塗隩矣』。一説：

『陝』是『陜』字之誤。《説文》：『陜，隘也。』謂其塗隘而不徧也。

由天地之道，觀惠施之能，其猶一蚉一虻之勞者也。其於物也何庸。

案：『庸』，即『用』之後起字。詳《説文解字六書疏證》。

夫充一尚可曰愈貴道幾矣。

《釋文》云：『愈貴，李云：自謂所慕愈貴近於道也。』疏云：『幾，近也。夫惠施之辯，詮理不弘，於萬物之中尚可充一數而已。而欲銳情貴道，飾意近真，慤而論之，良未可也。』林希逸云：『充，足也。若但以一人之私見而自足，猶可。若以此爲勝於貴道者，則殆矣。愈，勝也。幾，殆也。』性涵云：『言施之才施之天下，充一尚可。而曰愈貴於道，則危矣。』王敔云：『充其一端，尚可較勝，幾殆也。以語於道，則殆矣。』王以『愈』字絶句。陸樹芝云：『得道之一端而充之，即以自成一道，尚可曰：以一曲之足貴，愈知大道之可貴。似是而幾矣。』陸以『道』字絶句。宣穎云：『内聖外王皆原於一。充之豈不可乎？何須逐物？由充一而愈尊夫道，庶幾矣。』宣以『可』字絶句。陳壽昌云：『使不囿於一，其才尚堪造就，果能情見乎詞，益貴道術，則庶幾矣。』陳以『可』字絶句。王闓運云：『統一自極，詣於一行者，愈踰也，賢於衆也。』王以『愈』字絶句。王先謙云：『内聖外王皆原於一，充之而可，愈自貴重，不須多言，於道亦庶幾矣。』王以『可』字絶句。馬其昶云：『「愈」屬上讀，與「幾矣」爲對文。充一貴道，皆惠子之説。前闢其舛駁，此舉其説之近理者。』案：未詳，然以下文『惠施不能以此自寧，散於萬物而不厭，卒以善辯爲名』觀之，似宜以『可』字、『貴』字絕句。謂不散而一之者可，若愈遺其一，『貴』讀爲『遺』。上文『道則無遺者矣』，『遺』一本作『貴』，可證。即道近矣。蓋莊生之意，以施之説頗有見於即物體空，使能如是觀照，悟於萬物，唯是一『識』所變，進而更忘此萬物唯識之心，即是『無垢真心』。惠施既不能以此自寧止，乃更散而遍爲萬物説，説而不休，多而無已，如是則究竟得一善辯之名而已，於道無見也。此深惜之。

惠施不能以此自寧，散於萬物而不厭，卒以善辯爲名，惜乎惠施之才，駘蕩而不得。

《釋文》云：『駘，李：音殆。駘者，放也；放蕩不得也。』林疑獨云：『施卒以善辯爲名，此古人所不爲，故不曰「古之道術」，惜其有才而終於逐物，喪其本真也。』劉師培云：『「散，乃殺字之誤。《齊物論》「樊然殽亂」，《釋文》云：「郭作散，殽恒誤散。」是其明證。』案：《説文》：『駘，馬銜脱也。』蕩，疑借爲駺，《説文》：『馬奔也。』或借爲駔，《説文》『駔』次『駘』，下云：『壯馬也。』大徐：『子朗反。』段玉裁云：此相傳下文『一曰駔令也』之音也。然《後漢書》注引徐廣曰：『駔，音祖朗反。』《説文》：『奘，駔大也。』《爾雅·釋言》：『奘，駔也。』似並以音近相訓，蓋駔從且聲，古音且，在魚類，魚陽對轉，故駔從且聲，而讀子朗、祖朗反也。惟許訓『駔』爲壯馬，則當次『驥』『駿』『驍』『騒』之間。今在『睪』『駘』等下，疑本訓當是驕矯之義，故《淮南·氾論》：『段干木，晉國之大駔也。』高注：『駔，驕怚。』與蕩同部通假，得讀爲中，證義在前。

逐萬物而不反，是窮響以聲，形與影競走也，悲夫！

案：王應麟依《北齊書·杜弼傳》云『弼嘗注《莊子·惠施篇》』，謂今無此篇，亦逸篇也。余疑此篇或當終於未之盡者，『惠施多方』以下，乃《惠施篇》文。然觀子玄注云：此篇評較諸子，至於此章，則曰『其道舛駁，其言不中』，則郭見本已然。杜注無證，難尋大論。夫歷説諸子而特終於此章，前儒謂施是方術，未嘗聞道，故曾不足比於墨、宋之流，倘亦然與？余謂郢匠既標夫契合，斯章復致其悲憐，則莊生之於惠子，宜若沆瀣之相投，鍼石之互引，乃觀『濠梁』之詰，迅霆不發聾聵之聞；『無用』之談，大覺難齊倒迷之夢。然則啓予者商，而『一貫』之告無與，亦斯類矣。又復莊生者，域中之上哲，斯文者『法相』之歸墟。談相不拒『雕龍』之辯，契性即貴忘言之教，殿惠子於兹篇，深垂意於群倫矣。

莊子天下篇述義後記

中國古代——春秋戰國正是學術界被解放後『百家争論』的開始，周盛時學術掌於王官。那時如老聃、荀卿、韓非、莊周的著作最爲傑出，尤以莊周的著作更是文質彬彬，不過其中如外篇或已有爲莊子之徒所作，至雜篇，顧名思義已非莊子所作甚明，其談理意義浮淺，文字鄙陋，顯非莊子筆墨，但其末《天下篇》則非莊子不能爲，蓋與内七篇條理一貫而《天下篇》爲總結。

研究漢以前學者的著作，較有困難的一件事是文字問題，老莊等的著作，自然没有像《尚書》那樣的詰屈聱牙，但也有許多一下子讀不下去的，因爲那時的著作家已多不盡用本字而用假借。假借有兩種：第一種是造字時候即爲了假借，許慎《説文》中所謂六書中的假借，他是造字的原則即爲假借；第二種則是本有其字，但下筆時卻忘記了，便用同音的字來代用一下，這種假借歷史已久，《莊子》中也就不少。因此我們現在讀漢時人的著作，已覺有許多文字一下子不容易瞭解，至更前的古書更覺詰屈聱牙，要用翻譯了，《莊子》也逃不出這個範圍。所以清朝有一派訓詁學家，專做這種工作，可也不是容易的事。本書就作者自評，雖然對讀者有或多或少的幫助，但仍惟恐未能解決困難，或者更有大謬不然的，希望讀者不吝指示。

《天下篇》既有總的意義，研究《莊子》的也可以當作提要看，這也是我特爲《天下篇》寫這篇的目的。

附：莊子年表

莊子年表序

莊子生卒，書闕不可考。《史記・莊子列傳》云：周與梁惠王、齊宣王同時。又云：楚威王聞莊周賢，使使厚幣迎之。然梁惠王二十九年，齊宣王始立。又三年，爲楚威王元年。威王立十一年卒。《六國表》。威王聘周，不知在何年。計其卒於十一年，當梁惠王之後六年。今《史記・六國表》，梁惠王卒於三十六年，楚威王十一年爲梁襄王六年者，此司馬遷誤以惠王卅六年更元爲卒，而以更元年至十六年爲襄王，多哀王一世。前儒據《竹書紀年》及《世本》正之，是也。齊宣王之十四年，猶同時也。周能致楚聘，必已三四十歲，本書於魏文侯、武侯皆稱謚，《田子方》《徐無鬼》。而於惠王初稱其名，《則陽》。又稱爲王，《山木》。是周之生或在魏文侯、武侯之世，最晚當在惠王初年。本書稱宋王者再，《列禦寇》。宋君偃以十一年自立爲王。《宋世家》。當魏襄王之元年，楚懷王之十一年，齊湣王之六年，韓惠王之十五年，秦惠文王之更七年，趙武靈王之八年，燕王噲之三年，而本書載之噲讓國事，《秋水》。燕噲讓國子之在五年，國絶在八、九年。當宋已稱王之後六、七年矣。本書又有公孫龍，《秋水》。龍爲平原君客，平原君爲趙相，在惠文王時。本書亦有周見趙文王，《説劍》。是周於趙惠文王之世猶存。然前賢謂《讓王》至《漁父》四篇皆僞作。所謂莊子以説劍見趙文王者，不可信。固然。然本書載『莊子送葬過惠子之墓』，《徐無鬼》。惠施以梁襄王十三年失相之楚。《楚策》及《六國表》襄王十三年，今表内爲哀王十三年。當趙武靈王之二十年，施未必即死，假令施死於十年内，即當趙武靈、惠文之間，是周得見趙惠文與公孫龍也。本書載事無後於此者。使周生梁惠王之初年，至趙惠文王之初年，已七八十歲，略與孟子、荀卿之年相若矣。本書載宋王事，皆其國强暴盛之際，亦適當趙惠文王時，意周不及見宋之亡者，故表以齊滅宋而止。周，蒙人。蒙於戰國爲楚邑。《藝文志》注『宋人者』，蒙本爲宋邑。《經典釋文》云：梁國蒙縣人者，《漢·地理志》蒙屬梁國也。而生梁惠王之初年。故表始成元年。其齊、楚、梁、韓、趙、秦、燕，並以本書所及而復當周之世者登焉。若周則其共主也。大略如左，以俟後之君子復能詳之。

莊子年表

周	楚	齊	魏	韓	趙	秦	燕	宋
烈王七年	宣王元年	威王十年	惠王二年	莊侯二年	成侯六年	獻公十六年	桓公四年	剔成元年
顯王元年	二	十一	三	三	七	十七	五	二
二	三	十二	四	四	八	十八	六	三
三	四	十三	五	五	九	十九	七	四
四	五	十四	六	六	十	二十	八	五
五	六	十五	七	七	十一	廿一	九	六
六	七	十六	八	八	十二	廿二	十	七
七	八	十七	九	九	十三	廿三	十一	八
八	九	十八	十	十	十四	孝公元年	文公元年	九
九	十	十九	十一	十一	十五	二	二	十
十	十一	二十	十二	十二	十六	三	三	十一
十一	十二	廿一	十三	昭侯元年	十七	四	四	十二

《讓王篇》:『韓、魏相與争侵地。子華子見昭僖侯,僖侯有憂色。』案:《吕氏春秋·任數篇》:『韓昭釐侯視所以祠廟之牲,其豕小。申不害聞之。』高誘注:『申不害,昭釐侯之相也。』《史記·韓世家》『申不害爲韓昭侯相』,則昭釐侯即昭侯。此作昭僖者,古書僖、釐二字通用。《詩·蟋蟀》序,『刺晉僖公也』,《史記》作釐侯,是其例證。《韓策》亦作『昭釐』。

周	楚	齊	魏	韓	趙	秦	燕
十二	十三	廿二	十四	二	十八	五	五
十三	十四	廿三	十五	三	十九	六	六
十四	十五	廿四	十六	四	二十	七	七
十五	十六	廿五	十七	五	廿一	八	八
十六	十七	廿六	十八	六	廿二	九	九

《則陽篇》:『魏瑩與田侯牟《釋文》:「魏瑩,郭本作罃,今本多作瑩。司馬云:魏惠王也。與田侯,一本作田侯牟。司馬云:「田侯齊威王也,名牟。桓公子。」案:《史記》威王名因,不名牟。俞樾云:「田齊諸君無名牟者,惟桓公名午,與牟字相似,牟或午之誤,然齊桓公午與梁惠王又不相值也。」案:陸本無牟字,司馬説不知何據。或誤以桓公名爲齊威王名,轉寫復誤爲牟耶? 若是,則一本作田侯牟者,牟字是後人加矣。約,田侯牟背之。魏瑩怒,將使人刺之。犀首聞而恥之,曰:「君爲萬乘之君也,而以匹夫從讎,衍請受甲二十萬,爲君攻之,虜其人民,係其牛馬,使其君内熱發於背,

然後拔其國。忌也出走，然後抶其背，折其脊。」』案：《史記·田敬仲完世家》：『威王二十六年，魏惠王圍邯鄲，趙求救於齊，齊威王召大臣而謀曰：「救趙孰與勿救？」騶忌子曰：「不如勿救。」段干朋曰：「不救則不義，且不利。」威王從之。其後騶忌與田忌不善。公孫閱謂騶忌曰：「公何不謀伐魏？田忌必將。戰勝有功，則公之謀中也。戰不勝，非前死則後北，而命在公矣。」於是騶忌言威王，使田忌南攻襄陵。十月，邯鄲拔。齊因起兵擊魏，大敗之桂陵。於是齊最强於諸侯，自稱爲王。』是此云『忌也出走』，謂騶忌也。本書成玄英疏云：『姓田，名忌，齊將也。』非是。知者，田忌將在外，不得云『拔其國，忌也出走』。稱田侯者，齊未王也。從始事言。《則陽篇》又云：『惠子聞之而見戴晉人。』《釋文》：『惠子，惠施也。戴晉人，梁國賢人，惠施薦之於魏王。』《秋水篇》『惠子相梁』，《釋文》云：『相梁惠王。』《呂氏春秋·淫辭篇》：『惠子爲魏惠王爲法。』高誘注：『惠子，惠施，宋人，仕魏，爲惠王相也。』《不屈篇》：惠王謂惠子曰：『上世之世，有國必賢者也。今寡人實不若先生，願得傳國。』《開春篇》：『魏惠王死，將葬，天大雨雪。群臣欲緩葬。太子不肯。群臣莫敢諫，而告犀首。犀首曰：「請告惠公。」』高注：『惠公，惠王相惠施也。』《魏策》：惠施爲齊、韓、魏交，令太子鳴爲質於齊。事在惠王末。《楚策》：張儀逐惠施於魏，惠子之楚。案：儀相魏爲襄王十三年，則惠子相梁惠王、襄王在魏三十餘年。

《秋水篇》『公孫龍問於魏牟曰』，《釋文》引司馬彪云：『龍，趙人；牟，魏之公子。』《讓王篇》『中山公子牟謂瞻子曰』，《釋文》引司馬彪云：『魏之公子，封中山，名牟。』案：《史記·六國年表》魏惠王二十九年中山君爲相，《魏世家》在二十八年。疑即牟也。說詳《札記》卷十七。又《天下篇》：『彭蒙、田駢、慎到聞其風而説之。』案：《漢書·藝文志》注：『田駢，

周	楚	齊	魏	韓	趙	秦	燕
十七	十八	廿七	十九	七	廿三	十	十
十八	十九	廿八	二十	八	廿四	十一	十一
十九	二十	廿九	廿一	九	廿五	十二	十二
二十	廿一	三十	廿二	十	肅侯元年	十三	十三
廿一	廿二	卅一	廿三	十一	二	十四	十四
廿二	廿三	卅二	廿四	十二	三	十五	十五
廿三	廿四	卅三	廿五	十三	四	十六	十六
廿四	廿五	卅四	廿六	十四	五	十七	十七
廿五	廿六	卅五	廿七	十五	六	十八	十八
廿六	廿七	卅六	廿八	十六	七	十九	十九
廿七	廿八	宣王元年	廿九	十七	八	二十	二十

齊人，游稷下，號天口騈。』《史記·田敬仲完世家》：『宣王喜文學游説之士，自如騶衍、淳于髡、田騈、接子、慎到、環淵之徒七十六人，皆賜列第爲上大夫。不治而議論，是以齊稷下學士復盛，且數千百人。』是田騈、慎到皆齊宣王時人。《淮南子·人間篇》：『唐子短陳騈子於齊威王，威王欲殺之。孟嘗君聞之，使人以車迎之。』案：《史記·孟嘗君列傳》，田文代立於薛，在湣王時。湣王乃威王孫也。或誤以湣王爲威王邪？則騈又下及湣王時矣。《天下篇》：『宋鈃、尹文聞其風而説之。』案：《漢志》注：『尹文説齊宣王。』顔師古引劉向云：『與宋鈃俱游稷下。』則宋、尹亦宣王時人。《吕氏春秋·正名篇》：『齊湣王是以知説士而不知所謂士也。故尹文問其故。』則尹文亦下及湣王時矣。

周	楚	齊	魏	韓	趙	秦	燕
廿八	廿九	二	卅	十八	九	廿一	廿一
廿九	卅	三	卅一	十九	十	廿二	廿二
卅	威王元年	四	卅二	二十	十一	廿三	廿三

《秋水篇》：『莊子釣於濮水，楚王使大夫二人往見焉。曰：願以境内累矣。』《列禦寇篇》：『或聘於莊子。』案：《史記》本傳合兩事爲一，而以楚王爲楚威王，故本傳又云：『與梁惠王、齊宣王同時。』

周	楚	齊	魏	韓	趙	秦	燕
卅一	二	五	卅三	廿一	十二	廿四	廿四
卅二	三	六	卅四	廿二	十三	惠文王元年	廿五
卅三	四	七	卅五	廿三	十四	二	廿六
卅四	五	八	卅六	廿四	十五	三	廿七
卅五	六	九	襄王元年	廿五	十六	四	廿八

《山木篇》：『莊子衣大布而補之，正緳係履而過魏王。』案：《釋文》引司馬彪云：『魏王，惠王也。』據《秋水篇》『惠子相梁，莊子往見之』，則莊子或以是時見魏王，正惠王也。然《史記・魏世家》：『襄王元年與諸侯會徐州。相王也，追尊父惠王爲王。』是魏之稱王自襄王始。然《汲冢紀年》魏惠成王之三十六年稱更爲一年，又十六年卒。子今王立，其敘事盡今王之二十年，時未卒，故不稱謚。蓋惠成王即惠王，今王即襄王也。又《世本》魏惠王卒，子襄王立，襄王卒，子昭王立，無哀王。前賢以二書相證，知《史記》誤以惠王三十六年更元爲其卒年，而以後元十六年爲襄王之世，增哀王一世，其説極是。蓋哀王即襄王，字形相近。司馬遷所見《世本》等書，蓋有誤襄爲哀者，因之兩出耳。然則莊子所見爲惠王亦明矣。梁惠王已稱王，孟子亦可證。今表本《史記》，而著其説如此。

周	楚	齊	魏	韓	趙	秦	燕
卅六	七	十	二	廿六	十七	五	廿九
卅七	八	十一	三	宣惠王元年	十八	六	易王元年
卅八	九	十二	四	二	十九	七	二
卅九	十	十三	五	三	二十	八	三
四十	十一	十四	六	四	廿一	九	四
四十一	懷王元年	十五	七	五	廿二	十	五
四十二	二	十六	八	六	廿三	十一	六
四十三	三	十七	九	七	廿四	十二	七
四十四	四	十八	十	八	武靈王元年	十三	八
四十五	五	十九	十一	九	二	初更元年	九
四十六	六	湣王元年	十二	十	三	二	十
四十七	七	二	十三	十一	四	三	十一
四十八	八	三	十四	十二	五	四	十二
慎靚王元年	九	四	十五	十三	六	五	王噲元年
二	十	五	十六	十四	七	六	二

《山木篇》：『子獨不聞假人之亡與？林回棄千金之璧，負赤子而趨。』《釋文》云：『李云：假，國名。司馬云：林回，殷之逃民之姓名。』案：據司馬說，則『假』宜作『殷』，殷即宋也。本書亦或作商。宋人之亡，指康王偃暴其民事。又《列禦寇》：『宋人有曹商者，爲宋王使秦。』『莊子曰：秦王有病。』『人有見宋王者，錫車十乘，以其十乘驕稚莊子。』據《史記・宋世家》：『偃自立爲宋君。君偃十年，自立爲王。』『四十七年，《六國表》作四十三年，是。齊湣王與魏、楚伐宋，殺王偃，遂滅宋而三分其地。』此書稱宋王者二，已是王偃十一年後也。又稱秦王者，則惠文王也。惠文稱王，楚懷王元年，亦宋康王元年也。

周	楚	齊	魏	韓	趙	秦	燕
三	十一	六	哀王元年	十五	八	七	三
四	十二	七	二	十六	九	八	四
五	十三	八	三	十七	十	九	五

《秋水篇》：『之噲讓而絕。』案：《史記・六國表》燕王噲五年，讓其臣子之國。七年，君及太子相子之皆死。九年燕人共立公子平。《燕世家》係讓國於三年後，不云五年。然云三年國大亂，燕子之亡二年，而燕人共立太子平。是表係讓國於五年，不誤。

周	楚	齊	魏	韓	趙	秦	燕
六	十四	九	四	十八	十一	十	六
赧王元年	十五	十	五	十九	十二	十一	七
二	十六	十一	六	二十	十三	十二	八
三	十七	十二	七	廿一	十四	十三	九

《天下篇》：『宋鈃、尹文聞其風而説之。』案：宋鈃即《孟子》之宋牼。説見前。《孟子》載宋牼將見秦、楚之王，説以罷兵。是時楚爲懷王，秦爲惠文王。據《史記·楚世家》懷王元年，秦惠王初稱王。《六國表》楚懷王元年，秦惠文君十年也。宋牼並稱秦、楚之王，當在惠文君稱王後。《楚世家》懷王十一年，蘇秦約從，山東六國共攻秦。楚懷王爲從長。《秦本紀》惠文王更十三年楚懷王十七年，庶長章擊楚於丹陽，虜其將屈匄，斬首八萬，又攻楚漢中，取地六百里，置漢中郡。楚圍雍氏。宋牼説秦、楚，當在是時。

周	楚	齊	魏	韓	趙	秦	燕
四	十八	十三	八	襄王元年	十五	十四	昭王元年
五	十九	十四	九	二	十六	武王元年	二
六	二十	十五	十	三	十七	二	三

七	廿一	十六	十一	四	十八	三	四
八	廿二	十七	十二	五	十九	四	五
九	廿三	十八	十三	六	二十	昭王元年	六
十	廿四	十九	十四	七	廿一	二	七
十一	廿五	廿	十五	八	廿二	三	八
十二	廿六	廿一	十六	九	廿三	四	九
十三	廿七	廿二	十七	十	廿四	五	十
十四	廿八	廿三	十八	十一	廿五	六	十一
十五	廿九	廿四	十九	十二	廿六	七	十二
十六	卅	廿五	二十	十三	廿七	八	十三
十七	頃襄王元年	廿六	廿一	十四	惠文王元年	九	十四

《說劍篇》『趙文王喜劍』，『國衰』。『太子悝患之，募左右曰：「孰能説王之意？」』『左右曰：「莊子當能。」』《釋文》：『司馬彪云：「趙文王，惠文王也，名何，武靈王子。後莊子三百五十年。」』《洞紀》云：「周赧王十七年，趙惠文王之元年。」一云：「案長歷推，惠文王與莊子相值，恐彪之言誤。」悝，苦回反，太子名。』案：《秋水篇》『公孫龍問於魏牟曰』，據《吕氏春秋·審應覽》『趙惠王謂公孫龍曰』，又《淫辭篇》『趙王以告平原君，平原

君以告公孫龍』。龍與惠文王同時。本書載公孫龍，則莊子與惠文王正相值。然《趙世家》惠文三十三年卒。太子丹立，是爲孝成王，則不名丹。俞樾謂此是不得立者，或然與？或即長安君。《魏策》有太子鳴，而《魏世家》惠王子唯太子申及太子赫名，亦其例。

周	楚	齊	魏	韓	趙	秦	燕
十八	二	廿七	廿二	十五	二	十	十五
十九	三	廿八	廿三	十六	三	十一	十六
廿	四	廿九	昭王元年	釐王元年	四	十二	十七
廿一	五	卅	二	二	五	十三	十八
廿二	六	卅一	三	三	六	十四	十九
廿三	七	卅二	四	四	七	十五	廿
廿四	八	卅三	五	五	八	十六	廿一
廿五	九	卅四	六	六	九	十七	廿二
廿六	十	卅五	七	七	十	十八	廿三
廿七	十一	卅六	八	八	十一	十九	廿四
廿八	十二	卅七	九	九	十二	廿	廿五
廿九	十三	卅八	十	十	十三	廿一	廿六

附：莊子宋人考

《史記·莊子列傳》曰：『莊子，蒙人也。』《索隱》引劉向《别録》曰：『宋之蒙人也。』高誘《淮南鴻烈解·修務訓》注亦曰：『宋蒙縣人也。』張衡《髑髏賦》曰：『吾宋人也，姓莊名周。』是漢人皆以莊子爲宋人。惟《史記集解》引《地理志》曰『蒙縣屬梁國』。《經典釋文·莊子音義·序録》因之，曰：『梁國蒙縣人也。』尋《春秋·莊十一年左傳》『宋萬弑閔公於蒙澤』，賈逵注曰：『蒙澤，宋澤名也。』杜預注曰：『蒙澤，宋地。梁國有蒙縣。』蓋杜以蒙於戰國時爲宋地，於漢晉爲梁國蒙縣。《漢書·地理志》梁國領縣八，其三曰蒙，獲水受甾獲渠東北至彭城入泗。《説文解字·水部》：『汳水受陳留浚儀陰溝至蒙爲獲水，東入於泗。』《水經》：『汳水入陰溝於浚儀縣北，又東至梁郡蒙縣爲獲水，餘波入睢陽城中。』《漢書·地理志》梁國領縣，其八曰睢陽，故宋微子所封。蓋漢之睢陽，即春秋之商邱，宋都也。蒙與商邱，其地相比，故《史記·宋世家》謂湣公與南宫萬獵，因博，争行，萬遂以局殺湣公於蒙澤。蓋獵於蒙澤也。又《史記·宋世家》索隱引本書曰：『桓侯行，未出城門，其前驅呼辟。蒙人止之，後爲狂也。』司馬彪注曰：『呼辟，使人避道。蒙人以桓侯名辟，而前驅呼辟，故爲狂也。』蒙爲宋地，此亦一證。又《國語·楚語》曰：『宋有蕭蒙，實弑昭公。』《左·文十六年傳》曰：『宋昭公將田孟諸，未至。夫人王姬使帥甸攻而殺之。』《淮南·齊俗訓》

曰：『惠子從車百乘，以過孟諸。莊子見之，棄其餘魚。』高誘注曰：『孟諸，宋澤。』尋孟諸即盟豬。《書·禹貢》『被孟豬』，《史記·夏本紀》作『明都』，《漢書·地理志》作『盟豬』，其證也。《漢書·地理志》『梁國睢陽』下曰：『盟諸澤在東北。』此與《水經》『汳水東至梁郡蒙縣爲獲水，餘波入於睢陽城中』者合。則孟諸即蒙澤。然則莊子又家於蒙澤者也。《太平寰宇記》曰：『楚有蒙縣，俗謂之小蒙城也，莊周之本邑。』尋《水經》曰：『汳水又東逕蒙縣故城北。』酈道元曰：『俗謂之小蒙城也。』《西征記》：『在汳水南十五六里，即莊周之本邑也。』此則漢之蒙縣。其城稍遷，故曰故城。非別有小蒙爲楚縣知者。《寰宇記》又謂：『今復有大蒙城，在縣北四十一里。』尋《水經》『汳水又東逕大蒙城北』，酈道元曰：『自古不聞有二蒙，疑即蒙亳也。』蒙亳蓋即《左傳》所謂公子禦説奔亳之亳。杜預謂蒙縣西北有亳城，是也。以此相證，小蒙即《左傳》之蒙澤，大蒙即《左傳》之亳矣。惟宋亡後，魏、楚與齊争宋地。或蒙入於楚，楚置爲縣，漢則屬於梁國歟？莊子之卒，蓋在宋之將亡，詳《年表》。則當爲宋人也。